ÜBERSICHT HKKA

Historisch-Kritische Gottfried Keller-Ausgabe

HKKA

Band 23.2

Sieben Legenden

Apparat 2 zu Band 7

Gottfried Keller
Sämtliche Werke

Historisch-Kritische Ausgabe

Stroemfeld Verlag
Verlag Neue Zürcher Zeitung

Gottfried Keller
Sämtliche Werke

Historisch-Kritische Ausgabe

Herausgegeben unter der Leitung von
Walter Morgenthaler
im Auftrag der
Stiftung Historisch-Kritische Gottfried Keller-Ausgabe

Band 23.2
Sieben Legenden
Apparat 2 zu Band 7

Herausgegeben von

Walter Morgenthaler
Ursula Amrein
Thomas Binder
Peter Villwock

Stroemfeld Verlag
Verlag Neue Zürcher Zeitung

Erstellt und veröffentlicht mit Unterstützung durch
den Schweizerischen Nationalfonds
zur Förderung der wissenschaftlichen Forschung,
den Kanton Zürich,
die Bank Hoffmann AG, Zürich,
die Jubiläumsstiftung der Zürich Versicherungs-Gruppe

Mitarbeit: Peter Stocker
Beratung: Dominik Müller

Eine Gemeinschaftsproduktion von
Stroemfeld Verlag, Basel und Frankfurt am Main
Verlag Neue Zürcher Zeitung, Zürich

Die Deutsche Bibliothek – CIP-Einheitsaufnahme

Keller, Gottfried:
Sämtliche Werke / Gottfried Keller.
Hrsg. unter der Leitung von Walter Morgenthaler
im Auftr. der Stiftung Historisch-Kritische Gottfried Keller-Ausgabe. –
Historisch-Kritische Ausg. –
Basel ; Frankfurt am Main : Stroemfeld ;
Zürich : Verl. Neue Zürcher Zeitung
NE: Morgenthaler, Walter [Hrsg.]; Keller, Gottfried: [Sammlung]

Bd. 23.2 ; Abt. D, Apparat.
Sieben Legenden ; Apparat 2 zu Band 7 / hrsg. von Walter Morgenthaler ... 1998
ISBN 3-87877-734-5 (Stroemfeld)
ISBN 3-87877-723-X (Stroemfeld, Bd. 23.1 und 23.2 mit CD-ROM)
ISBN 3-85823-686-1 (NZZ)

Stiftung Historisch-Kritische Gottfried Keller-Ausgabe
CH-8000 Zürich

Stroemfeld Verlag
CH-4027 Basel, Altkircherstrasse 17
D-60322 Frankfurt am Main, Holzhausenstraße 4

Verlag Neue Zürcher Zeitung
CH-8021 Zürich, Falkenstrasse 11

Satz: Marco Morgenthaler, CH-8005 Zürich
Druck: NZZ Fretz, CH-8952 Schlieren
Einband: Buchbinderei Burkhardt, CH-8617 Mönchaltorf

Inhalt

Allgemeiner Kommentar

1.1 ENTSTEHUNG UND PUBLIKATION

1.1.1 CHRONOLOGISCHE ÜBERSICHT

⟨1851/52⟩	*Berlin. – Erste Beschäftigung mit Teilen des* Galatea-*Zyklus*
1857/58	*Zürich. – Beschäftigung mit dem* Galatea-*Zyklus; frühe Niederschrift der* Sieben Legenden *(H1)*
1860	**22. April** *Projekt der Integration der* Sieben Legenden *in den* Galatea-*Zyklus (an Freiligrath)*
1862/63	*Erfolglose Verhandlungen mit Adolf Strodtmann über Publikation der* Legenden *in der Zeitschrift* Orion
⟨vor Ende 1866⟩	*Lesung aus dem* Legenden-*Manuskript anläßlich einer Einladung bei Familie Wesendonck*
1871	**2. April** *Hinweis auf regelmäßige Verbesserungen an H1 (an Heyse)*
	2. August *Erkundigung Ferdinand Weiberts nach Manuskript für seinen Verlag (Göschen)*
	20. August *Angebot der* Sieben Legenden *an Weibert*
	ab 1. Oktober *Briefwechsel mit Friedrich Theodor Vischer über Titel und Vorwort*
	⟨Oktober – Dezember⟩ *Herstellung des Druckmanuskripts H2*
	6. November *Übergabe von 4 vollendeten Legenden aus H2 an Eugène Rambert zwecks Übersetzung*
	28. Dezember *Absendung des Druckmanuskripts an Weibert*
	30. Dezember *Vertrag mit der Göschenschen Verlagshandlung über* Sieben Legenden
1872	**11. Februar** *Nachsendung der Schlußerweiterung des* Tanzlegendchens
	19. März *Abschluß des Drucks*
	Ende März *Auslieferung der 1. Auflage der* Sieben Legenden *(E1)*
	21. April *Erste Anzeige der* Sieben Legenden *durch die Göschensche Verlagshandlung in der* Neuen Zürcher-Zeitung

Mai La Petite Légende de la danse *in der* Bibliothèque universelle et Revue suisse

Mai Frère Eugenius *in der* Revue des deux Mondes

28. Mai *Vorbereitung der 2. Auflage*

Juni *Auslieferung der 2. Auflage*

1875 **25. Dezember** *Vorschlag einer Erweiterung der* Sieben Legenden *(an Weibert)*

1883 **28. Juni** *Planung der 3. Auflage (Weibert an Keller)*

29. Juni *Früherer Erweiterungsplan aufgegeben (an Weibert)*

bis 16. Juli *Letzte eigenhändige Revision: neue Orthographie, Änderung des Schlusses von* Eugenia

29. September *Empfang der Freiexemplare der 3. Auflage (Datierung auf 1884)*

1885 **9. März** *Übernahme aller Verlagsrechte durch Wilhelm Hertz*

1887 **10. Dezember** *Planung der 4. Auflage (Hertz an Keller)*

1888 **Februar** *Auslieferung der 4. Auflage*

1889 **10. Februar** *Vertrag mit Hertz über GW*

⟨September⟩ *Auslieferung der* Sieben Legenden-*Bogen*

15. November *Auslieferung der gebundenen Ausgabe von GW in 10 Bänden*

1.1.2 DER „GALATEA"-ZYKLUS UND DIE „SIEBEN LEGENDEN"

Die Entstehungsgeschichte der Sieben Legenden *ist eng verknüpft mit den* Galatea-*Novellen, dem späteren* Sinngedicht; *sie reicht jedoch vermutlich nicht bis in die Anfänge des* Galatea-*Konzepts zurück.*[1] *Auf der Berliner Motivliste für geplante Erzählungen im Notizbuch Ms. GK 70 (Sommer 1851), auf der mehrere Novellenkonzepte der späteren Zyklen* Das Sinngedicht *und* Die Leute von Seldwyla *erstmals auftauchen, fehlt jeder Hinweis auf sie. In Kellers Angebot der* Galatea-*Novellen an Eduard Vieweg (5. November 1853) ist von einem Band mit etwa vier Erzählungen von je gut 80 Seiten die Rede;*[2] *um Legenden, zumal um sieben, kann es in dieser Berechnung nicht gegangen sein. Auch die klare konzeptionelle Differenzierung zwischen* Galatea- *und* Seldwyla-*Zyklus nach dem Vertrag mit Hugo Scheube über* Lebensbilder *(September 1854) läßt noch nichts vom Projekt*

1 *Zum folgenden vgl. HKKA 23.1, Kap. 1.1 Entstehung.*

2 *Vgl. Keller an Eduard Vieweg, 5.11.1853, HKKA 23.1, Dok.*

der Sieben Legenden *erkennen, selbst wenn die atmosphärische Nähe zum nun klarere Konturen annehmenden* Galatea-*Projekt unbestreitbar ist.*[3] *Den einzigen Hinweis auf eine Beschäftigung Kellers mit den* Legenden *noch in Berlin (vor der Rückkehr nach Zürich im Dezember 1855) gibt sein autobiographischer Rückblick aus dem Jahr 1889:* In Berlin hatte er noch die „sieben Legenden" begonnen und schrieb sie nun zu Hause fertig.[4] *Auch die von Ermatinger erwähnten Motivparallelen zu anderen Werken, an denen Keller im letzten Berliner Jahr arbeitete und die einen biographischen Hintergrund in der unglücklichen Liebe zu Betty Tendering haben dürften,*[5] *schaffen hier keine Sicherheit. Erst ab 1857 läßt sich eine Beschäftigung Kellers mit der Niederschrift der* Sieben Legenden *eindeutig nachweisen, denn er selbst datierte das erste erhaltene Manuskript (H1) – vermutlich 1878, als er es verschenkte*[6] *– mit* 1857/58.

Wie die Datierung, so liegt auch der Charakter der ersten Konzeption der Sieben Legenden *im Dunkeln. Insbesondere muß die Frage offenbleiben, ob sie ursprünglich als Teil der* Galatea-*Novellen oder unabhängig von ihnen geplant waren. Zwar könnte die im März 1857 dem Verleger Franz Duncker vorgeschlagene Umfangserweiterung des* Galatea-*Projektes*[7] *damit zusammenhängen, daß Keller zu diesem Zeitpunkt die* Legenden *in den Novellenzyklus integrieren wollte. Spätestens vier Monate später hätte er diese Idee aber wieder aufgegeben.*[8] *Am 6. Juli 1857 sprach er von einer unabhängigen*

---

3 *Vgl. Keller an Vieweg, 15.6.1855, Ms. GK 78v Nr. 53; GB 3.2, S. 103.*

4 Gottfried Keller *[...]. In:* Chronik der Kirchgemeinde Neumünster. *Zürich 1889, S. 433. – Die zentrale Anregung für die* Sieben Legenden *war: Ludwig Theoboul Kosegarten:* Legenden. *2 Bde. Berlin: Voß 1804 (ZB: 42.739 + a). Wann und wo Keller sie las bzw. erwarb, muß offenbleiben.*

5 *Zendelwald aus der Legende* Die Jungfrau als Ritter *ist wie der grüne Heinrich ein armer, vor allem in der Phantasie lebender junger Mann; beiden führt das Schicksal eine schöne, reiche Geliebte zu (Bertrade bzw. Dortchen Schönfund). Theophil aus* Dorotheas Blumenkörbchen, *der auf einen Scherz Dorotheas mit Schmollen reagiert, entspricht in manchen Zügen Pankraz aus der Novelle* Pankraz der Schmoller *in seinem Verhältnis zu Estherchen und Lydia. Auch die Agnes-Episode aus dem* Grünen Heinrich *mit dem Motiv der Einkehr in eine Kapelle vor einer entscheidenden Lebenswende (HKKA 2, 211.02–213.11) erinnert an die* Sieben Legenden, *v. a. an* Die Jungfrau und der Teufel *und* Die Jungfrau als Ritter *(vgl. Ermatinger 1915, Bd. 1, S. 442–444). Das Kapellenmotiv erscheint bereits in Kellers Jugenddrama* Fridolin oder der Gang nach dem Eisenhammer *(vgl. dazu HKKA 18 und 31 sowie den Stellenkommentar in DKV 6, S. 852).*

6 *Vgl. Kap. 1.2 Die Textzeugen, zu H1, S. 23.*

7 *Vgl. Keller an Franz Duncker, 16.3.1857, HKKA 23.1, Dok.*

8 *Vgl. Keller an Duncker, 4.7.1857, HKKA 23.1, Dok.*

und bereits fertig vorliegenden Reihe v. Novellchen.[9] *Unabhängig davon, ob sie wirklich schon vollständig niedergeschrieben waren – Keller stellte häufig erst entworfene oder teilweise vollendete Werke als schon fertige dar –, liegt die Vermutung nahe, daß hier von der ersten Niederschrift der* Sieben Legenden *(H1) die Rede ist, die somit jetzt als ein* Ganzes *für sich, unabhängig vom* Galatea-*Zyklus, angesehen worden wären. Allerdings zeigt H1 in der* Legende der Eugenia *Spuren eines möglichen Zusammenhangs mit dem* Galatea-*Zyklus (explizites Hervortreten eines Erzählers am Anfang und am Schluß), und die komplementäre Anlage von* Eugenia *und* Der bekehrte Märtyrer *(der also ev. zunächst als Antwort- oder Gegenerzählung innerhalb des* Galatea-*Rahmens geplant gewesen sein könnte) sowie eine gewisse inhaltliche Affinität zum* Galatea-*Konzept unter dem Aspekt der Variation des Geschlechterverhältnisses stehen außer Zweifel.*[10]

Den einzigen sicheren Hinweis auf eine geplante Integration der Sieben Legenden *in den* Galatea-*Rahmen und zugleich die erste eindeutige Erwähnung des Werkes gibt erst der Brief an Ferdinand Freiligrath vom 22. April 1860, in dem Keller zwei vor der Vollendung stehende Novellenbändchen mit dem Titel* Die Galatee *beschreibt und beifügt:*

> In diesen Novellen sind unter anderm 7 christliche Legenden eingeflochten. Ich fand nämlich eine Legendensammlung v. Kosegarten in einem läppisch frömmelnden u einfältiglichen Style erzählt (von einem norddeutschen Protestanten doppelt lächerlich) in Prosa u Versen. Ich nahm 7 oder 8 Stück[11] aus dem vergessenen Schmöcker, fing sie mit den süßlichen u heiligen Worten Kosegärtchens an und machte dann

9 *Keller an Theodor Creizenach, 6.7.1857, Dok. Keller lehnte einen Vorabdruck einer einzelnen Novelle aus dieser* Reihe *in Creizenachs Zeitschrift* Frankfurter Museum *ab, wollte ihm aber eine andere Novelle (wohl aus dem* Galatea-*Komplex) dafür überlassen (vgl. Keller an Duncker, 4.7.1857, HKKA 23.1, Dok und HKKA 23.1, Kap. 1.1 Entstehung, S. 27). – Zur vermutlichen Reihenfolge der Niederschrift von H1 vgl. Kap. 1.2 Die Textzeugen, S. 24–29.*

10 *Ein eindeutiges Integrationskonzept mit daraus ableitbarer Entstehens-Chronologie, wie es Karl Reichert anhand einer Strukturanalyse des* Sinngedichts *und der* Sieben Legenden *entwickelt, läßt sich allerdings weder aufgrund der Handschrift noch mit den erhaltenen Dokumenten bestätigen (Karl Reichert:* Die Entstehung der „Sieben Legenden" von Gottfried Keller. *In:* Euphorion *57 (1963), S. 97–131. Vgl. auch Kap. 1.3 Editionen, S. 65.*

11 *Die erweiternde Formulierung läßt sich ev. als Hinweis darauf verstehen, daß in die 7 Erzählungen Anregungen aus mehr als 7 Kosegarten-Legenden eingegangen sind. – Vgl. dazu auch Albert Leitzmann:* Die Quellen zu Gottfried Kellers Legenden. *[...] Halle: Niemeyer 1919, S. XXVII.*

> eine erotisch-weltliche Historie daraus, in welcher die Jungfrau Maria die Schutzpatronin der Heirathslustigen ist.[12]

Nur zu diesem Zeitpunkt bildeten die Legenden, *deren Siebenzahl schon feststand, und der* Galatea-*Zyklus nachweislich in Kellers Vorstellung einen zusammengehörenden Komplex.*

1.1.3 DIE „SIEBEN LEGENDEN" ALS SELBSTÄNDIGER ZYKLUS

Das Konzept, die läppisch frömmelnden *Kosegarten-Legenden in* erotisch-weltliche Historien *zu verwandeln, konnte durchaus auch einen selbständigen Zyklus begründen, und 1862 bot denn Keller die Legenden auch Adolf Strodtmann an, der um Beiträge für seine neue* literarisch-kritische Monatsschrift unter dem Titel „Orion" *bat.*[13] *Kellers Honorarforderung überstieg jedoch laut Strodtmanns Antwort die beschränkten Möglichkeiten der Zeitschrift von höchstens 25 Talern (75 Mark) pro Bogen.*[14]

So blieb dieses Manuskript während der ersten Beamtenzeit Kellers als jederzeit vorlegbarer Ausweis souveräner Schriftstellerei *vorläufig in der Schublade liegen.*[15] *Aus dem Brief an Friedrich Theodor Vischer vom 1. Oktober 1871 (Dok) geht hervor, daß Keller daraus anläßlich einer Einladung bei den Wesendoncks während Vischers Zürcher Zeit (1855–66) gelesen hatte, und im Brief an Heyse vom 2. April 1871 wird eine periodische Überarbeitung behauptet:*

> Auch habe ich eine Anzahl Novellchen ohne Lokalfärbung liegen, die ich alle 1½ Jahr einmal besehe u ihnen die Nägel beschneide, sodaß sie zuletzt ganz putzig aussehen werden.[16]

So fiel die Anfrage des Stuttgarter Verlegers Ferdinand Weibert im August 1871 auf fruchtbaren Boden. Weibert, auf Keller aufmerksam geworden durch die Lektüre von Romeo und Julia auf dem Dorfe, *erkundigte sich, ob dieser sich nicht entschließen könnte, einiges aus seiner Mappe,* welche gewiß

---

12 *Keller an Ferdinand Freiligrath, 22.4.1860, Dok.*

13 *Adolf Strodtmann an Keller, 13.9.1862, Dok.*

14 *Vgl. Strodtmann an Keller, 23.2.1863, Dok. – Zu Honorarfragen vgl. insgesamt HKKA 23.1, Kap. 1.1.4 Entstehung: Autorhonorar, S. 55–62.*

15 *Vgl. Keller an Ludmilla Assing, 10.10.1867, Ms. GK 99a Nr. 11; GB 2, S. 119.*

16 *Keller an Paul Heyse, 2.4.1871, Dok. – Allzu zahlreich sind die Spuren nachträglicher Überarbeitung übrigens nicht, wie der Befund von H1 zeigt. Ein Bezug der zitierten Stelle auf die* Galatea-*Novellen ist theoretisch denkbar, aber unwahrscheinlich.*

manches Fertiges enthält, *der G. J. Göschenschen Verlagshandlung zum Verlag zu übertragen.*[17] *Im* Legenden-*Manuskript H1 besaß Keller ausnahmsweise tatsächlich etwas* Fertiges, *das er in seiner vorsichtigen Antwort als ein* wunderliches Werklein *charakterisierte,* das im Druck etwa 8–10 Bogen stark würde, *und das er* einmal wieder vornehmen und durchsehen *wolle. Die Aussicht auf eine neue, vielversprechende Verlagsbeziehung motivierte offensichtlich die Überarbeitung:* Wenn ich dazu gelange, dasselbe zu überarbeiten, und zu veröffentlichen, so wird es mir Vergnügen machen, Ihnen alsdann die Sache mitzutheilen, da die Verlagsgesellschaft, welche Sie unsereinem anbieten, eine so gute u ehrenvolle ist.[18]

1.1.4 DIE VORBEREITUNG ZUM DRUCK: VON *H1* ZU *H2*

*In die Zeit der erneuten Durchsicht von H1 fällt der schon erwähnte Brief Kellers an Friedrich Theodor Vischer. Keller erkundigte sich darin nach Weiberts verlegerischer Seriosität (*Wenn man so wenig zu drucken hat, so mag man es eben nicht noch mit Verdruß und Schaden thun*) und bat auch um Rat in Bezug auf den Rahmen, in dem er die nun endgültig als selbständiges Werk geltenden, aber noch keinen Gesamttitel tragenden* Sieben Legenden *präsentieren sollte:*

> Als Titel dächte ich mir, auf alte Heiligenbilder anspielend, zu setzen „Auf Goldgrund, sieben Legenden von N. N" Hielten Sie diesen Titel für affektirt, oder irreführend, oder läppisch usw? Ferner ist eine kleine Vermittlung nöthig bei dem „plötzlichen" Gegenstand. Wäre ein kurzes ebenfalls humoristisches Vorwort *[...]* taktlos, mißverständlich oder schädlich und thäte man besser, gar nichts zu sagen?[19]

In seiner Antwort garantierte Vischer Weiberts Solidität. Den Titel Auf Goldgrund *verwarf er als zu* ironisch *und* subjectiv, *in der Frage des Vorworts äußerte er sich unentschiedener, riet aber im Sinn möglichst großer Objektivität eher ab.*[20]

In Bezug auf den Titel folgte Keller Vischers Ratschlag, hingegen glaubte er auf die kleine Vermittlung *bei dem* „plötzlichen" Gegenstand *doch nicht ganz verzichten zu können, wie er Vischer nachträglich erklärte:*

17 *Ferdinand Weibert an Keller, 2.8.1871, Dok.*

18 *Keller an Weibert, 20.8.1871, Dok.*

19 *Keller an Vischer, 1.10.1871, Dok.*

20 *Vischer an Keller, 18.10.1871, Dok.*

> Etwas Vorwort glaubte ich doch anfertigen zu müssen, um einer allzu großen Willkür in Beschreibung oder Erwähnung des Büchleins wenigstens das Loch zuzumachen.[21]

Als ein „plötzlicher" Gegenstand *konnte das neue Buch erscheinen, da Kellers bisherige erzählerische Veröffentlichungen (*Der grüne Heinrich, Die Leute von Seldwyla, Das Fähnlein der sieben Aufrechten*) alle ein bestimmtes Lokalkolorit und einen mehr oder weniger aktuellen zeitgeschichtlichen Rahmen hatten und in keiner Weise auf religiöse Vorbilder zurückgingen. Um außerdem dem Vorwurf des* Plagiats[22] *und des* Heinisirens[23] *zu entgehen, mußte im Vorwort sowohl das Ausgehen von einer Quelle wie das besondere Verhältnis zu ihr und die über bloße Reproduktion oder Parodie hinausgehende schriftstellerische Intention klargestellt werden.*

Was die Überarbeitung des Manuskripts betrifft, kann ihr wohl der Eintrag des Mottos am linken Rand von Seite 1 der Legende der Eugenia *(337.02–05) sowie der neue Schluß der* Legende von der Maria Stellvertreterin *mit dem Marienfest und dem Kranzwunder in der Kirche (384.16–385.25), der sich auf den Deutsch-Französischen Krieg 1870/71 beziehen dürfte,*[24] *zugeordnet werden.*

Keller muß während dieser Arbeit am ersten Teilkonvolut von H1 jedoch sehr bald erkannt haben, daß die erforderlichen Korrekturen und Ergänzungen sich nicht alle in H1 anbringen ließen, wenn dieses Manuskript einigermaßen lesbar bleiben sollte. Jedenfalls wurde schon der Ersatz für die gestrichene Einleitung der Legende der Eugenia *(337.06–09) nicht mehr in H1 eingetragen. Vielmehr legte Keller nun im Hinblick auf die Veröffentlichung das Druckmanuskript H2 an. Er behandelte dabei jede Legende als selbständige Einheit mit eigener Bogennumerierung. Erst am Schluß wurden diese Einheiten in eine endgültige Reihenfolge gebracht, die mit Sicherheit nicht der Reihenfolge der Überarbeitung entsprach.*[25]

Bei der Neubearbeitung wurde der Legenden-*Charakter der nun unter diesem Titel erscheinenden Erzählungen klarer herausgearbeitet.*[26] *Unter den Streichungen finden sich auch die wenigen Stellen, die sich als Indiz für*

---

21 *Keller an Vischer, 22.3.1872, Dok.*

22 *Keller an Freiligrath, 22.4.1860, Dok. Vgl. auch HKKA 23.1, Kap. 1.1 Entstehung, S. 28 f.*

23 *Keller an Vischer, 1.10.1871, Dok.*

24 *Vgl. Kap. 1.2 Die Textzeugen, zu H1, S. 25.*

25 *Vgl. Kap. 1.2 Die Textzeugen, zu H2, S. 31–34.*

26 *In diesem Zusammenhang wurde die Betitelung einzelner Erzählungen (SL1 und SL4) mit* Legende *überflüssig.*

einen früheren Plan zur Integration der Legenden *im ‚Erzählwettstreit' des* Galatea-*Zyklus deuten ließen. Die wichtigsten Veränderungen und Ergänzungen von H2 gegenüber H1: in* Eugenia *wurde die männliche Pointierung der Perspektive durch einen veränderten Anfang (337.06–09) gemildert und ein neuer Schluß (354.22–26) ergänzt, der vom Märtyrerschicksal der ‚Hyazinthen' berichtet und eine zeitgeschichtliche Anspielung enthält. In* Die Jungfrau als Ritter *wurde die Turnierszene (370.16–372.31), der Kampf Marias mit den beiden Rittern Guhl und Maus, der ebenfalls einen versteckten Bezug zur jüngsten Zeitgeschichte enthält,*[27] *eingefügt. In* Die Jungfrau und die Nonne *formulierte Keller die Auseinandersetzung zwischen Beatrix und dem Baron (381.06–382.01) neu und klarer, während er den neuen Schluß mit den aktuellen Anspielungen schon in H1 ergänzt hatte.* Dorotheas Blumenkörbchen *wurde vollständig neu verfaßt und durch viele veranschaulichende Details dem Erzählgestus der übrigen Legenden angepaßt; zudem erhielt die Legende einen neuen Schluß, der die Vereinigung des Paars im Himmel schildert (419.22–420.09). Auch das* Tanzlegendchen *wurde um die Schlußszene im Himmel erweitert, die zunächst das himmlische Festmahl bis zum Zusammensein der Musen mit Maria umfaßte (425.29–426.32). Die bedeutsamste Neuerung bestand aber wohl in der Bestimmung einer verbindlichen Reihenfolge.*[28] *Die Hinzufügung der Mottos nach den teilweise veränderten Einzeltiteln signalisiert eine scheinbare Einordnung in die christliche Tradition und zugleich eine ironische Distanzierung von dieser.*

1.1.5 DIE DRUCKE

Im November 1871 fragte Eugène Rambert, Professor für französische Literatur an der eidgenössischen polytechnischen Schule Zürich und Mitarbeiter der Zeitschrift Bibliothèque universelle et Revue suisse, *bei Keller an, ob eine der Legenden in dieser Zeitschrift vorabgedruckt werden könnte; die Übersetzung sollte seine Frau besorgen.*[29] *Keller übergab den Ramberts das schon beendete Manuskript von H2, das* Eugenia, Der schlimm-heilige Vitalis, Das Tanzlegendchen *und eine vierte Legende (*Die Jungfrau und die

---

27 *Vgl. Keller an Vischer, 29.6.1875, Dok.*

28 *Zur zyklischen Struktur der* Sieben Legenden *vgl. Karl Polheim:* Die zyklische Komposition der Sieben Legenden Gottfried Kellers. *In:* Euphorion *15 (1908), S. 753–765 und Christine Renz:* Gottfried Kellers „Sieben Legenden". *[...] Tübingen: Niemeyer 1993.*

29 *Vgl. Eugène Rambert an Keller, 5.11.1871, Dok.*

Nonne *oder* Dorotheas Blumenkörbchen*) enthielt.*[30] Tanzlegendchen, Vitalis *und* Eugenia *wurden von Marie Rambert übersetzt, aber nur* La Petite Légende de la danse *erschien in der* Bibliothèque, *und zwar erst nach Versendung des inzwischen gedruckten Buches Ende März 1872, aber ohne die zweite Schlußergänzung. In der Mai-Nummer der Pariser* Revue des deux Mondes *erschien zudem* Frère Eugenius *in einer anderen, von Keller höher geschätzten Übersetzung, eingebettet in einen kurzen Kommentar, der auch* la Vierge et le Diable, la Vierge Chevalier, la petite Légende de la Danse *und* le conte du „Moine Vitalis" *erwähnt.*[31]

Am 28. Dezember 1871 hatte Keller das Druckmanuskript H2 an Weibert geschickt mit dem Wunsch, das Buch möge noch vor Ostern erscheinen und Weibert solle sich, falls ihm das kleine Vorwort nicht zweckmäßig erscheine, mit Vischer in Verbindung setzen.[32] *Am 30. Dezember schickte Weibert einen Vertrag, der Kellers Vorstellungen weitgehend entsprach und in den dieser (auf Weiberts Wunsch*[33]*) nach eigenem Ermessen ein Honorar von 350 Gulden (600 Mark)*[34] *eintrug. Nachdem Mitte Januar die Druckbogen gesetzt waren*[35] *und Keller die ersten Revisionsbogen am 25. Januar 1872 schon nach Stuttgart zurückgeschickt hatte, übersandte er Weibert am 11. Februar noch die telegraphisch angekündigte zweite Schlußerweiterung des* Tanzlegendchens *mit dem Gesang der Musen im Himmel und deren endgültiger*

---

30 *Aus dem Briefwechsel mit Eugène und Marie Rambert ergibt sich indirekt, daß Keller* Die Jungfrau und der Teufel *und* Die Jungfrau als Ritter *sowie* Die Jungfrau und die Nonne *oder* Dorotheas Blumenkörbchen *nicht vorzeitig weggab, also (abgesehen von der 2. Schlußerweiterung des* Tanzlegendchens*) zuletzt bzw. am längsten an ihnen arbeitete. Anderseits legt die Tatsache, daß dem* Tanzlegendchen *das Motto erst nachträglich beigefügt wurde, nahe, daß diese Legende bis zur 1. Schlußerweiterung zuerst bearbeitet wurde. Auch* Der schlimm-heilige Vitalis *dürfte zu den früh bearbeiteten Legenden gehören, da er zuerst das Motto hatte, das später für* Die Jungfrau und der Teufel *verwendet wurde (Vgl. Kap. 1.2 Die Textzeugen, zu H2, S. 33).*

31 La Petite Légende de la danse. *In:* Bibliothèque universelle et Revue suisse, *Jg. 77, Bd. 44 (1872), S. 115–121.* – Légendes humoristiques d'un conteur allemand. *In:* Revue des deux Mondes, *Jg. 42, Bd. 99 (1872), S. 211–224. Vgl. B. Badau an Keller, 22.4.1872, Dok und Keller an Weibert, 31.5.1872, Dok.*

32 *Vgl. Keller an Weibert, 28.12.1871, Dok.*

33 *Vgl. Weibert an Keller, 30.12.1871, Dok.*

34 *Vgl. Keller an Weibert, 7.1.1872, Dok. – Zur Frage einer ev. in das Buch aufzunehmenden* Verwahrung gegen Nachdrucke *vgl. Keller an Weibert, 18.1. und 25.1.1872, Dok sowie Weibert an Keller, Januar 1872, Dok.*

35 *Vgl. Weibert an Keller, 12.1.1872, Dok.*

Verbannung (427.01–427.30).[36] *Am 19. März erhielt er die vertraglich vereinbarten 25 Freiexemplare der* Sieben Legenden, *eine Woche später begann die Auslieferung an die Buchhandlungen.*

Schon im Mai konnte Weibert von der Notwendigkeit einer 2. Auflage schreiben.[37] *Keller wünschte auch diesmal ausdrücklich Revisionsbogen, denn schon hatte er* in der 1t. Auflage ein Dutzend Stylkorrekturen angemerkt, u zwar keine überflüssigen.[38]

Als 1883 eine 3. Auflage notwendig wurde, schlug Weibert die Einführung der neuen Orthographie aufgrund der preußischen Orthographiereform von 1880 vor, über die er schon anläßlich der 3. Auflage der Züricher Novellen *(1883) mit Keller verhandelt hatte. Dieser verhielt sich in der Frage schwankend:*

> Die neue Orthographie ist in den Zürch. Novellen allerdings etwas ungleich und incorrekt ausgefallen, und zwar durch meine Schuld. Da sich seit 10 Jahren für die Legenden eine Reihe kleiner stilistischer Correkturen angesammelt hat (in meinem Handexemplar) so wünschte ich die Revision der neuen Auflage jedenfalls zu besorgen und werde dann auch versuchen, das th in Ordnung zu bringen, das in Fremdwörtern und Eigennamen etc. bestehen bleiben soll.[39]

Weibert, an sich kein Anhänger orthographischer Modernisierung um jeden Preis, nahm dann selber eine konsequente orthographische Revision vor.[40]

Eine inhaltliche Änderung vollzog Keller für diese Auflage am Ende von Eugenia, *indem er das Bild von den beiden toten Hyazinthen, die* gleich zwei Lämmchen in einer Bratpfanne *in ihrem Sarkophag liegen (bei 354.25),*

36 *Laut Ermatingers Bericht kam Keller die Idee zur zweiten Schlußerweiterung (Gesang und Verbannung der Musen) am 1. Februar 1872, nachdem er mit Professor Geiser in der Kirche St. Peter in Zürich ein Orgelkonzert von Theodor Kirchner besucht hatte:* Wie sie die Kirche verlassen, sehen sie ein wundervolles Nordlicht am Himmel. Auf einmal bemerkt Keller, es sei ihm während des Konzertes eingefallen, daß er an dem Legendenmanuskript noch etwas ändern müsse. Er wolle Weibert telegraphisch Bericht schicken. Darauf geht er nach Hause und schreibt den neuen Schluß hinzu. *(Ermatinger 1915, Bd. 1, S. 445)*

37 *Weibert an Keller, 28.5.1872, Dok.*

38 *Keller an Weibert, 31.5.1872, Dok.*

39 *Keller an Weibert, 29.6.1883, Dok.*

40 *Vgl. Weibert an Keller, 4.7.1882, Ms. GK 79b Nr. 236; GB 3.2, S. 307. – Zur Wichtigkeit der Orthographiefrage vgl. HKKA Einführungsband, Kap. 7.1 Werk und Textkonstitution, S. 225 f.*

strich – ev. eine Reaktion auf Theodor Fontanes Kritik an dieser Stelle in einer gerade erschienenen Rezension[41] *von Otto Brahms Essay über Keller*[42].

1875 hatte Keller seinem Verleger eine Erweiterung der Sieben Legenden *vorgeschlagen.*[43] *Zu dieser Erweiterung kam es nicht: Keller erklärte 1883, er sei jetzt* nicht in der Lage, die bezügliche Arbeit auszuführen, deren Opportunität *ihm* außerdem nun wieder problematisch *erscheine.*[44]

1885 gingen die von Weibert verlegten Werke Kellers an den Verlag Wilhelm Hertz in Berlin über. Die übernommenen Exemplare der 3. Auflage der Sieben Legenden *erhielten ein entsprechendes neues Titelblatt. 1888 brachte Wilhelm Hertz eine 4. Auflage auf den Markt, an deren Korrektur sich Keller nicht mehr selber beteiligte und die – wie Keller selber feststellte*[45] *– gegenüber der 3. Auflage auch mehrere Verschlechterungen aufwies.*

1889 schließlich gingen die Sieben Legenden *zusammen mit dem* Sinngedicht *als Band 7 in die Gesammelten Werke (GW) bei Hertz ein, nachdem sie zuvor mit den Gedichten für Band 9/10 vorgesehen gewesen waren.*[46] *In dieser Fassung, die der generellen Orthographieregelung von GW entspricht, sind Druckfehler weitgehend berichtigt.*

Die Entstehungsgeschichte der meisten Keller-Werke ist lang. Die Sieben Legenden *haben aber – ähnlich wie* Der Apotheker von Chamouny *– insofern eine Sonderstellung, als sie über 10 Jahre lang als mehr oder weniger fertiges Manuskript bereit lagen, während Keller seine literarischen Projekte*

---

41 *(Theodor Fontane:)* Gottfried Keller. Ein literarischer Essay von Otto Brahm. *In:* Vossische Zeitung, *Nr. 14, 8.4.1883, Dok.*

42 *Otto Brahm:* Gottfried Keller. Ein literarischer Essay. *Berlin: Auerbach 1883. Zuerst in leicht abweichender Fassung erschienen in: DR, Bd. 31 (April–Juni 1882), S. 403–435 (Juni; ZB: 42.331).*

43 *Keller an Weibert, 25.12.1875, Dok. – Baechtold vermerkt ohne Angabe einer schriftlichen Quelle, Keller habe an eine Bearbeitung der Kosegarten-Legende* Die Irrfahrten des heiligen Brandanus. Eine Mönchs-Odyssee *gedacht (Baechtold 1894, Bd. 2, S. 222). Albert Leitzmann vermutet, das Erweiterungprojekt könnte teilweise in den Schwank des Gottesmachers von den berühmten Marien eingegangen sein, den Keller 1878/79 in die Neufassung des* Grünen Heinrich *(HKKA 3, 232.04–233.11) einarbeitete (Leitzmann 1919, S. XXX f.).*

44 *Keller an Weibert, 29.6.1883, Dok.*

45 *Vgl. Keller an Hertz, 10.5.1888, Dok. In diesem Brief beklagt Keller den* Vorschmack der unheilbaren Verwitterung, welche die Zeit bringt und schon bei Lebzeiten eintritt, wenn man alt wird. *Dies mag ihm bei den* Sieben Legenden *um so mehr aufgefallen sein, als er auf die Erstellung des Druckmanuskripts und auf die Revision der 2. und 3. Auflage besondere Sorgfalt verwendet hatte.*

46 *Vgl. Vertrag* Gesammelte Werke, *10.2.1889, HKKA 23.1, Dok.*

sonst meist nur unter massivem Druck zu Papier brachte. Außerdem fiel die Publikation der Legenden *in die literarisch mageren Jahre der vollen amtlichen Inanspruchnahme. Sie hatte wohl für Keller die Bedeutung eines Prüfsteins für die Fortsetzung seiner Karriere als Schriftsteller. Der große Erfolg gerade dieses Werks, die Tatsache, daß bereits nach zwei Monaten eine 2. Auflage gedruckt werden konnte, war für den Schriftsteller – 16 Jahre nach seiner letzten Buchpublikation – von großer Bedeutung, wie er gegenüber Weibert andeutete:*

> ich möchte es gerne als ein aufmunterndes Glückszeichen betrachten für eine anhaltende Wiederaufnahme u Abrundung meiner poetisch-literarischen Existenz.[47]

Die poetisch-literarische Existenz *erhielt eine zunehmend festere Basis, so daß Keller 1873 schreiben konnte, daß er* erst anfange, ein größeres Publikum zu kriegen; die Legenden haben offenbar den Verkauf der Leute v. S. beschleunigt.[48]

47 *Keller an Weibert, 31.5.1872, Dok.*

48 *Keller an Weibert, 5.3.1873, Dok.*

Übersicht

H1 *Niederschrift von 1857/58 mit späteren Korrekturen*
- *α* *Grundschicht*
- *β* *Bleistiftkorrekturen von Keller*
- *γ* *Tintenkorrekturen von Keller, vermutlich gegen Ende 1871*
- *δ* *Korrekturen mit Rotstift von Keller*
- *ε* *Tintenkorrekturen von Keller, vermutlich 1878*

H2 *Druckmanuskript von 1871*
- *α* *Grundschicht*
- *β* *Bleistiftkorrekturen von Keller*
- *γ* *Tintenkorrekturen von Keller*
- *δ* *Übertragung der Änderungen von e1 durch Weibert (1872)*

E1 *1. Auflage (Göschen) 1872*

p1 *Kellers 2 Handexemplare von E1*

e1 *Druckvorlage für E2 (auf Basis von E1)*
- *α* *Text von E1*
- *β* *Bleistiftkorrekturen von Keller*
- *γ* *Tintenkorrekturen von Keller*
- *δ* *Eine Korrektur mit roter Tinte von Weibert*

E2 *2. Auflage (Göschen) 1872*

e2 *Druckvorlage für E3 (auf Basis von E2)*
- *α* *Text von E2*
- *β* *Bleistiftkorrekturen von Weibert*
- *γ* *Bleistiftkorrekturen von Keller*
- *δ* *Tintenkorrekturen von Weibert*

k3 *Korrekturbogen für E3*
- *α* *Gesetzter Text für E3*
- *β* *Tintenkorrekturen von Weibert*
- *γ* *Bleistiftkorrekturen von Keller*

E3 *3. Auflage (Göschen) 1884*

p3 *Kellers Handexemplar von E3*

E4 *4. Auflage (Hertz) 1888*

GW Gesammelte Werke, *Band 7 (Hertz) 1889*

Titel-Siglen

SL1	Eugenia
SL2	Die Jungfrau und der Teufel
SL3	Die Jungfrau als Ritter
SL4	Die Jungfrau und die Nonne
SL5	Der schlimm-heilige Vitalis
SL6	Dorotheas Blumenkörbchen
SL7	Das Tanzlegendchen

1.2.1 DIE HANDSCHRIFTLICHEN TEXTZEUGEN *(H1–H2)*

H1 Niederschrift von 1857/58

Standort: *ZB: Ms. GK 14a*

Früheste erhaltene Niederschrift der Sieben Legenden. *12 teils ineinandergelegte, teils aneinandergefügte Dbll und 1 Bl.; 25,2 x 18,8 cm, nachträglich gebunden.*[1] *Vergilbtes, bräunliches Papier, mittelstark, mit horizontaler Faltspur etwas unter der Blattmitte, die vermutlich vom Versand an den Schriftstellerverein* Concordia *herrührt.*[2] *S. 1–49, von Keller beschrieben, sind aoR innen von fremder Hand mit Bleistift paginiert,*[3] *S. (50) ist leer.*

Keine separate Titelseite; Inhaltsverzeichnis, Vorwort und Mottos zu den einzelnen Legenden fehlen noch (mit Ausnahme des nachgetragenen Mottos von SL1).

Das Gesamtkonvolut läßt sich in 4 Teilkonvolute gliedern, die ursprünglich vermutlich nicht miteinander verbunden waren. Sie enthalten folgende Texte (Titel nach der frühesten Version):

Konv. 1: *2 Lagen mit je 2 ineinandergelegten Dbll*

SL1	Legende der Eugenia.	*S. 1–9*	
SL4	Legende von der Maria Stellvertreterin.	*S. 10–14*	
SL7	Tanzlegendchen.	*S. 16–14*	*von hinten beginnend*

1 *Für die Herstellung der Reproduktionen der HKKA wurde der Einband entfernt, so daß die Bogen wieder in ihrem früheren Zustand zugänglich waren. Dadurch entfällt auch die durch falsche Faltung und Heftung entstandene Umkehrung der Reihenfolge von S. 39/40 und 41/42 (vgl. dagegen SW 10, S. 355).*

2 *Vgl. S. 23.*

3 *S. 1 und 3 abweichend aoR außen paginiert, die Ziffer* 1 *größer als sonst üblich. – Die Paginierung von H1 dürfte die Seitenabfolge so wiedergeben, wie sie bei der Schenkung an den Schriftstellerverein und vermutlich schon bei Erstellung von H2 vorlag. Allerdings kann eine Verschiebung einzelner Konvolute (z.B. Konv. 4) nicht völlig ausgeschlossen werden.*

Konv. 2: *4 aufeinanderfolgende Dbll und 1 Bl.*
SL5 Der bekehrte Märtyrer. *S. 17–34*

Konv. 3: *1 Dbl.*
SL6 Das Blumenkörbchen der heil. Dorothea. *S. 35–38*

Konv. 4: *3 aufeinanderfolgende Dbll*
SL2 Die Jungfrau und der Teufel. *S. 39–44*
SL3 Die Jungfrau als Ritter. *S. 44–49* *S. (50) leer*

Die Blätter sind mit kleiner Schrift eng beschrieben und haben (mit Ausnahme des Beginns von Konv. 2)[4] *jeweils nur auf der vorderen Seite (recto) innen einen Korrekturrand, der zwischen 3 und 5 cm variiert.*[5] *Am äußeren Seitenrand ist die Schrift z. T. sehr gedrängt, so daß die Wortenden manchmal kaum mehr lesbar sind. Zeilenzahl (außer Konv. 2) meistens zwischen 40 und 43. Die Zeilen steigen i. d. R. von links nach rechts leicht an. Laut Kellers eigener Eintragung stammt die Grundstufe aus den Jahren 1857/58. Zwischen 1857 und Ende 1871 (Erstellung der Druckvorlage) wurden Korrekturen zu verschiedenen Zeitpunkten eingetragen, die sich aber nur soweit unterscheiden lassen, als unterschiedliches Schreibzeug verwendet wurde (verschiedene Tinten, Bleistift, Rotstift). Am 25. Januar 1878 stellte Keller das Manuskript als Beitrag für einen Kunstbazar des Journalisten- und Schriftstellervereins* Concordia *in Wien zur Verfügung.*[6] *In diesem Zusammenhang wurde vermutlich auch der Gesamttitel, gedrängt zwischen der Überschrift von SL1 und dem oberen Seitenrand, in breitgezogener Schrift nachgetragen:*

[X] Gottfried Keller, Sieben Legenden.
1857 [-7]¬ /58.[7]

4 *Abweichend von allen übrigen Seiten weisen die Rückseiten von Konv. 2 ebenfalls einen Rand auf, der am Anfang (S. 18, 20, 22) mit einer Breite von ca. 3,5–4 cm eingehalten und ausschließlich für Korrekturen verwendet, in der Folge aber immer mehr durchbrochen und ab S. 30 ganz aufgegeben wurde.*

5 *Die Randbreite beträgt 3 cm in Konv. 1, 4 cm in Konv. 3 und 5 cm in Konv. 2 und 4. Durchgehend am dichtesten beschrieben sind die geraden Seiten von Konv. 1.*

6 *Ein beiliegender frankierter Briefumschlag trägt die Anschrift:* Manuscript \ An den verehrl. \ Journalisten- u Schriftsteller- \ Verein "Concordia" \ in \ Wien \ I. Werderthorgasse 12. *Rückseite:* Absender: Dr. G. Keller \ in Zürich. *Stempelaufdruck auf der Vorderseite:* Zürich 26. 1. 78, *auf der Rückseite:* K. K. POST AMBULANCE No. 12 \ 27 1 78. – *Vgl. auch die Anfrage des Vereins von November 1878 (Dok).*

7 *Der Bindestrich zwischen den Zahlen wurde mit einem Schrägstrich durchkreuzt. Vermutlich hatte Keller zuerst zur Angabe des ganzen Zeitraums zwischen 1857 und den 70er Jahren angesetzt.*

Beschreibung der Konvolute:

Konv. 1: *SL1, SL4, SL7*

S. 1	*SL1*	*337.01*	Legende der Eugenia.
S. 2	*SL1*	*338.28*	
S. 3	*SL1*	*340.27*	
S. 4	*SL1*	*342.27*	
S. 5	*SL1*	*345.06*	
S. 6	*SL1*	*347.09*	
S. 7	*SL1*	*349.10*	
S. 8	*SL1*	*351.09*	
S. 9	*SL1*	*353.04*	
S. 10	*SL4*	*377.01*	Legende von der Maria Stellvertreterin.
S. 11	*SL4*	*378.32*	
S. 12	*SL4*	*380.24*	
S. 13	*SL4*	*382.22*	
S. 14	*SL7*	*425.02*	Tanzlegendchen. *(Schluß)*
	SL4	*384.27*	Legende von der Maria Stellvertreterin. *(Schluß)*
S. 15	*SL7*	*423.06*	
S. 16	*SL7*	*421.01*	Tanzlegendchen. *(Beginn)*

Das Konvolut beginnt von vorne mit SL1, von hinten (aber nicht auf dem Kopf stehend) mit SL7. Über dem Titel [Legende der] Eugenia *wurde später der Gesamttitel mit Jahreszahlen auf engem Raum nachgetragen. Im oberen Drittel des Korrekturrandes, in Längsrichtung, ein ebenfalls nachgetragenes (und nur bei dieser Legende vorhandenes) Motto. Abschluß von SL1 auf S. 9 (neues Dbl.) mit kurzem Querstrich.*[8] *SL4, beginnend auf der anschließenden Rückseite, endete ursprünglich auf S. 13 unten, ebenfalls mit abschließendem Querstrich. Die obere Hälfte der Folgeseite 14 wurde durch den Schluß des* Tanzlegendchens *(SL7) belegt. Für die spätere Fortsetzung von SL4 war Keller daher gezwungen, die untere Hälfte, nach einem dicken, die ganze Blattbreite einnehmenden Querstrich, mitzuverwenden.*

Alle Texte von Konv. 1 trugen ursprünglich die Gattungsbezeichnung Legende *mit im Titel, wodurch sie (und das ganze Konvolut) sich von allen übrigen unterschieden. Die Abfolge der Niederschrift läßt sich nur hypothetisch rekonstruieren:*

8 *Der Umstand, daß ein neues Dbl. angefügt werden mußte, könnte bedeuten, daß SL1 die möglicherweise ursprünglich vorgesehene Länge von 2 (ineinandergelegten) Dbll überschritt.*

*1 Beginn mit SL1 (*Eugenia*), 2 ineinandergelegte Dbll und die erste Seite eines weiteren Dbl. (S. 9) füllend. Zu diesem Zeitpunkt war SL1 vermutlich noch nicht als Beginn des Legendenzyklus vorgesehen.*
*2 Von der letzten Seite her Niederschrift von SL7 (*Tanzlegendchen*), mit Rückwärtszählung von 2 Seiten aoR links durch Keller (*1 = *S. 16, mit Zusatzvermerk* rückwärts 2; 2 = *S. 15). Für die 3. Seite (14) wurde ein weiteres Dbl. eingeschoben und damit auch Raum für eine weitere einzufügende Legende geschaffen.*
*3 Beginn mit SL4 (*Legende von der Maria Stellvertreterin*) im Anschluß an SL1 (S. 10). Ende auf S. 13 (unteres Viertel).*
4 Spätere Fortsetzung von SL4 auf S. 13 unten und S. 14, untere Hälfte, abgetrennt vom Ende des Tanzlegendchens *durch einen dicken Querstrich und den (unterstrichenen) Vermerk* Küsterin. *Der Vermerk läßt annehmen, daß zu dieser Zeit der neue Legenden-Titel* Die Jungfrau [Maria] als Küsterin *bereits in H1 eingetragen worden war. Vom Inhalt her (385.12* der eiserne Greis, *385.22* Kränze von jungem Eichenlaub, *385.07* Reichsheere*) dürfte ein Zusammenhang mit dem Deutsch-Französischen Krieg 1870/71 und damit ein Terminus post quem gegeben sein.*[9]

Das zeitliche Nacheinander von Punkt 2 und 3 läßt sich nicht durch graphische Befunde erhärten.[10] *Denkbar ist auch die umgekehrte Abfolge, wonach im direkten Anschluß an SL1 mit der Niederschrift von SL4 begonnen worden wäre, unter Einbezug des neuen Dbl. Schwer erklärbar bliebe allerdings in diesem Fall, warum Keller nach dem abschließenden Querstrich auf S. 13 unten mit SL7 nicht direkt auf der Folgeseite (S. 14) eingesetzt hätte.*

Konv. 2: *SL5* Der bekehrte Märtyrer.

Bogenzählung (1.–5.) auf S. 17, 21, 25, 29, 33 aoR links mit Bleistift von Keller. S. 17 aoR links eine mit Bleistift gezeichnete Figur, welche aus der Ziffer 9 und einem Einweispfeil zu bestehen scheint und ev. mit der späteren Umgruppierung der Blätter zu tun hatte.[11] *Rechts neben dem Titel wurde (wohl von Keller) die Zahl 2¼, vermutlich eine Umfangsangabe, mit Blei-*

9 *Vgl. Reichert 1963, S. 117.*

10 *Möglicherweise sollte das* Tanzlegendchen *zuerst – in Parallele und Kontrast zu SL1 und bei beabsichtigter Einfügung weiterer Stücke – den Abschluß des Konvoluts bilden.*

11 *S. 17 entspricht Bl. 9; auch umfaßt SL5 9 Doppelseiten, und die Zahl der Dbll und Bll ab S. 17 beläuft sich auf 9. – Links neben der Figur findet sich eine unentzifferte Zeichenfolge (Bleistift) von ev. 4 Buchstaben.*

stift notiert und wieder ausradiert.[12] *Um Umfangsberechnungen handelt es sich vermutlich auch bei den Zahlen, die Keller am Korrekturrand von S. 29 notierte.*[13]

Bis S. 23 Mitte (393.07) große, flüssige Schrift, vermutlich Abschrift eines ersten Entwurfs: breiter Korrekturrand auf Vorder- und Rückseiten; 30–34 Zeilen pro Seite (bei den übrigen Konv. meist 40–43). Danach neuer Ansatz in kleinerer, den übrigen Texten vergleichbarer Schrift (35–41 Zeilen pro Seite). Ein Neuansatz mit Tintenwechsel findet sich vermutlich auch S. 22 Mitte (392.04), ein Wechsel des Schriftduktus auch S. 25, Z. 11 (395.21) bis S. 32 oben (ca. 406.19).[14] *Das zu den 4 Dbll hinzugefügte Einzelblatt (S. 33/34) ist Indiz dafür, daß auf SL5 ursprünglich keine weiteren Texte direkt folgten.*

Eine gesonderte Stellung hat das Konvolut auch durch hakenförmige Markierungen im Text und am Korrekturrand, die der Einfügung zusätzlicher Absätze dienten: 392.28, 393.06, 393.18, 393.32, 394.13, 394.25, 394.31, 395.10, 397.24. Diese Markierungen setzten vermutlich S. 26, Z. 23 (397.24), mit Wirkung nach rückwärts (bis zu S. 23), ein. Der Folgetext nach 397.24 weist dann kürzere Absätze auf, was sich in Konv. 4 – nicht aber in den übrigen Konvoluten – fortsetzt.

Die genannten Merkmale und ein übergroßer Abstand zwischen Titel und Textanfang manifestieren für SL5 einen prägnanten Neubeginn.[15] *Die starke Vergilbung der ersten Seite könnte damit zusammenhängen, daß dieses Konvolut vielleicht sogar für längere Zeit den Anfang der ganzen Sammlung bildete.*

Konv. 3: *SL6* Das Blumenkörbchen der heil. Dorothea.

Separates Dbl. (S. 35–38), mit Schlußstrich nach dem Text (S. 38 Mitte). Korrekturrand deutlich schmaler als in Konv. 2 und 4, ein Indiz dafür, daß SL6 vermutlich vor SL5 und SL2 / SL3 entstand.

SL6 weist die geringste sprachliche Durchformung in H1 auf und wurde bei der späteren Abschrift (H2) weitaus am stärksten überarbeitet. Auf-

---

12 *Es könnten 2 ¼ Druckbogen gemeint sein, was auch etwa der tatsächlichen späteren Anzahl Bogen von SL5 in E1 entspricht; vgl. auch Anm. 17.*

13 *alR untereinander stehen die Zahlen* 8, 9, 56, 67; *rechts darüber* 25, 2 ¼, 12 *(und das Bruchstück einer weiteren Zahl) – vgl. Reproduktion, S. 284.*

14 *Die Schriftwechsel fallen meist nicht mit größeren inhaltlichen Einschnitten zusammen.*

15 *Als weiteres Indiz für einen Neuansatz kann auch der nur in SL5 vorkommende Korrekturrand auf den Blattrückseiten gelten; vgl. Anm. 4.*

Textzeugen-Siglen

E1, E2 ...	*Selbständige Publikationen (Novellenzyklen, Romane)*
H1, H2 ...	*Handschriften*
J1, J2 ...	*Publikationen in Zeitschriften*
D1, D2 ...	*Separatdrucke einzelner Texte*
e1, e2 ...	*Drucke (E1, E2 ...) mit handschriftlichen Einträgen, als Vorlagen für neue Auflagen*
k1, k2 ..., kJ	*Korrekturbogen (für E1, E2 ..., J1)*
p1, p2 ...	*Handexemplare des Autors mit Korrektureintragungen*

Titel-Siglen

EG	Gedichte *1846*
GG	Gesammelte Gedichte
GH	Der grüne Heinrich
GH I	Der grüne Heinrich, *1. Aufl., 1854/55 (bei Differenzierung)*
GH II	Der grüne Heinrich, *2. Aufl., 1879/80 (bei Differenzierung)*
GW	Gesammelte Werke. *Berlin: Hertz 1889*
LS	Die Leute von Seldwyla
LS I	Die Leute von Seldwyla, *1. Aufl., 1856 (bei Differenzierung)*
LS II	Die Leute von Seldwyla, *2. vermehrte Aufl., 1874 (bei Differenzierung)*
MS	Martin Salander
NG	Neuere Gedichte *1851/1854*
SG	Das Sinngedicht
SL	Sieben Legenden
SL1	Eugenia
SL2	Die Jungfrau und der Teufel
SL3	Die Jungfrau als Ritter
SL4	Die Jungfrau und die Nonne
SL5	Der schlimm-heilige Vitalis
SL6	Dorotheas Blumenkörbchen
SL7	Das Tanzlegendchen
ZN	Züricher Novellen

Beilage zu:
Gottfried Keller. Sämtliche Werke. Historisch-Kritische Ausgabe. Band 23.1/2.

Stroemfeld Verlag, Basel und Frankfurt am Main
Verlag Neue Zürcher Zeitung, Zürich

	Korrekturen:
[Text]	*Texttilgung*
⟨Text⟩	*Texteinfügung*
[Text]¬	*Textabbruch (mit Sofortkorrektur des eingeklammerten Ausdrucks)*
Text ¬¬	*Textabbruch (mit Korrektur im vorangehenden Textzusammenhang)*
I–>	*Beginn einer zeilenübergreifenden Korrektur*
–>I	*Ende einer zeilenübergreifenden Korrektur*
α, β, γ, δ …	*Zeitlich oder graphematisch separierbare Schichten*
1, 2, 3 …	*Zeilenübergreifende zusammengehörige Korrekturen*
A, B …	*Kleinere, sich ersetzende Textansätze*
I, II …	*Umfangreichere, sich ersetzende Textansätze*
¶	*Absatzende (nur wenn besondere Kennzeichnung nötig)*
	Herausgeberbezogene Zeichen:
*/*Text*/*	*Tilgung durch Herausgeber*
[…]	*Auslassung durch Herausgeber*
*⟨*Text*⟩*	*Einfügung durch Herausgeber*
/	*Zeilenumbruch durch Herausgeber*
Te*xt*	*Unsichere Entzifferung*
x, xx …	*Unentzifferte(s) Zeichen*
X	*Unentzifferte Zeichenfolge (Wort)*
¿	*Unsichere Schichtbezeichnung oder unsichere Zusammengehörigkeit von Textteilen oder unsichere Einfügung/Streichung oder unsicheres Satzzeichen*
Text^Text	*Unsichere Getrenntschreibung*
	Sonstiges:
grotesk	*Textpassage in lateinischer Schreibschrift bzw. Antiqua-Druck*
[…]	*Textlücke wegen Schreibabbruch, Textzeugenbeschädigung u. ä.*
\	*Zeilenumbruch*
|	*Seitenumbruch*
°	*Verweis auf kritischen Apparat (Textband) oder Verweis auf Stellenkommentar (Variantenverzeichnis)*
i	*Aufhebung der Generalisierungsregel (Variantenverzeichnis)*
→	*Verweis auf Korrektur in Korrekturbogen u. ä. (Variantenverzeichnis; z. B. k3 →)*

fallend ist die nicht ansteigende Zeilenführung und die stark variierende Zeilendichte (S. 35 und 37 umfassen 41, S. 36 nur 36 Zeilen), mit unvermitteltem Wechsel von weitem zu engem Schriftduktus v. a. S. 37, Z. 5 (415.27). Der szenische Anfang hebt SL6 auch erzähltechnisch von den anderen Legenden ab. Trotzdem steht SL6 in thematischer Nähe zu SL1 und SL7 (eine Heiligenlegende wie diese) und ist ev. vor Konv. 1 entstanden.

Auf einem Dbl. im Sammelband Ms. GK 20 findet sich, gestrichen, der Beginn des Titels in seiner ursprünglichen Form: [Das Blumenkörbchen der]¬ *und darunter etwas eingerückt nochmals, in neuem Ansatz:* [Dor]¬. *Es handelt sich ev. um den abgebrochenen Ansatz zu einer überarbeitenden Reinschrift, für die vermutlich auch schon der neue Titel (*Dorotheas Blumenkörbchen*) gefunden war.*[16]

Konv. 4: *SL2, SL3* Die Jungfrau und der Teufel. / Die Jungfrau als Ritter.

Bogenzählung (1.–3.) auf S. 39 (Tinte), 43 und 47 (Bleistift), analog zu Konv. 2. Letzte Seite (S. 50) leer. Rechts aoR die Ziffern 1¾, *vermutlich eine Umfangsangabe.*[17] *Die beiden Legenden folgen unmittelbar aufeinander (ohne neuen Seitenbeginn) und sind auch inhaltlich aufeinander bezogen.*

Dieses Konv. weist auf den Vorderseiten einen ähnlich breiten Korrekturrand auf wie Konv. 2, enthält auch wie dieses eine mit Haken nachgetragene Absatzmarkierung (355.22) und vergleichbare Korrekturen; es ist vermutlich im Anschluß an Konv. 2 entstanden.

Zur Chronologie der Niederschrift von H1:

Die Behandlung der Absätze durch Keller läßt gewisse Rückschlüsse auf die Entstehung von H1 zu. Wie bei der Beschreibung von Konv. 2 erwähnt, wurde das Absatzkonzept innerhalb der Niederschrift von SL5 geändert zugunsten von signifikant kürzeren Absätzen mit je 1 bis maximal 5 Sätzen.

---

16 *Dieses Blatt (Ms. GK 20 Nr. 84; Format 26,5 x 16,5 cm) wurde später für Gedichtentwürfe verwendet, die nie zur vollen Ausführung gelangt sind:* Es brennt das Dach, der Estrich brennt *etc. (vgl. SW 15.2, S. 172 und 255 und die abweichende Entzifferung dort:* Das Blumenkörbchen der Dor⟨othea⟩*).*

17 *Die Ziffern* 3 *und* 4 *(Tinte) überschreiben vermutlich eine vorher mit Bleistift notierte Zahl, von der auch noch der Schrägstrich (Bleistift) herstammen dürfte. Möglicherweise bedeutet das Notat 1,75 Druckbogen, d. h. 28 Seiten, was etwa der Seitenzahl von SL2 und SL3 zusammen in E1 entspricht (abzüglich der Titelseiten und der späteren Erweiterung der Turnierszene in SL3); vgl. auch Anm. 12. Links davor steht die nur unsicher zu entziffernde, vermutlich von Keller mit Bleistift eingetragene und wieder ausradierte Bemerkung* gut?

Diesem Konzept folgen SL2 und z.T. SL3, nicht aber die übrigen Legenden. Eine Gegenüberstellung der Absatzanzahl in H1 und H2 (ohne Einbezug der textlichen Erweiterungen in H2) bestätigt diesen Befund: In SL2, SL3 und SL5 liegt die Anzahl der in der Druckvorlage neu hinzugekommenen Absätze unter dem Durchschnitt. Diese Legenden dürften von Anfang an auf das neue, feingliedrigere Absatzkonzept hin angelegt worden und zuletzt entstanden sein.

Anzahl der Absätze:

	H1	*H2*	*Zunahme*
SL1	*28*	*57*	*103 %*
SL2	*25*	*28*	*12 %*
SL3	*19*	*28*	*47 %*
SL4	*18*	*32*	*77 %*
SL5	*65*	*93*	*43 %*
SL6	*12*	*(24)*	*(100 %)*
SL7	*7*	*14*	*100 %*

Unter Einbezug der genannten Merkmale ergibt sich folgende hypothetische Chronologie:

1 Das Blumenkörbchen der heil. Dorothea. *(ev. nach 2)*
2 Legende der Eugenia. / Tanzlegendchen. / Legende von der Maria Stellvertreterin.
3 Der bekehrte Märtyrer. *(zum Teil nach einem vorherigen Entwurf)*
4 Die Jungfrau und der Teufel. / Die Jungfrau als Ritter.
5 Legende von der Maria Stellvertreterin. *Schluß (um 1871)*
6 *Umgruppierungen, Einfügung des Mottos zu SL1*

Unterscheidbare Schichten der Niederschrift:[18]

α *Niederschrift 1857/58; sehr viele (meist kleinere) Korrekturen innerhalb des Schreibverlaufs*
β *Bleistiftkorrekturen von Keller*
γ *Korrekturen mit blaßbrauner Tinte von Keller, dickere Feder; vermutlich gegen Ende 1871 entstanden, gleichzeitig mit Motto-Eintrag in SL1. Diese Korrekturschicht ist nur in* Eugenia *mit einiger Sicherheit identifizierbar*

18 *Die Möglichkeiten der zeitlichen Bestimmung sind sehr begrenzt. Im Gegensatz zum unmittelbaren Anschein lassen sich selbst die Korrekturen am Blattrand nur selten sicher als nachträglich identifizieren. In der Mehrzahl der Fälle handelt es sich auch hier um Korrekturen, die bald nach Niederschrift der entsprechenden Stelle oder zumindest vor Abschluß des Einzeltextes (z.B. beim Namen* Wonnebold *in SL4) vorgenommen wurden. Wo der Korrekturrand fehlt, sind sie manchmal in den rechten Randbereich integriert, also mit Sicherheit noch vor Beendigung der Zeile eingesetzt worden. Das wiederholte nachträgliche* Beschneiden der Nägel, *von dem Keller am 2.4.1871 (Dok) an Heyse schrieb, hielt sich auf jeden Fall in engen Grenzen.*

δ *Korrekturen mit Rotstift von Keller: Streichung des Beginns von* Eugenia *und 2 weitere Korrekturen in SL2 (355.10, 361.32)*

ε *Korrekturen mit schwarz-brauner Tinte von Keller, vermutlich 1878 (vor der Schenkung); außerdem Nachtrag des Haupttitels, der Jahreszahlen und des Autornamens, Streichung der (falschen) Stellenangabe des Mottos*

Dazu kommt eine zeitlich nicht lokalisierbare Unterstreichung mit Blaustift (361.22).

H2 Druckmanuskript von 1871

Standort: *ZB: Ms. GK 14*

Druckmanuskript für E1 von 1871; Konvolut von 26 Dbll und 8 Bll; starkes Papier, 33,7 x 21 cm, nachträglich gebunden. 1 Titelblatt mit leerer Rückseite; 1 Bl. mit Vorwort (recto) und Inhaltsverzeichnis (verso); die übrigen Blätter (außer der letzten Seite von SL1, SL2, SL5–SL7) sind beidseitig beschrieben und wurden nachträglich aoR außen von Keller mit Blaustift paginiert: 1–109.[19] *Die Dbll wurden aneinandergereiht und z.T. (vorwiegend an Textenden) durch Einzelblätter ergänzt. S.* 31–38 *erhielten zuerst fälschlich die Zahlen* 30–37, *was danach korrigiert wurde. Am Ende ist ein zusätzliches Blatt (1½ Ss) mit dem erweiterten Schluß des* Tanzlegendchens *beigefügt: dünnes kariertes Papier, 27 x 21 cm; oben links die Ziffer* 9 *– vermutlich für S. 9 von SL7, wobei S. (8) leer blieb.*[20]

Jede Legende hat auch eine separate Bogenzählung aoR links, die Keller vor der Niederschrift der Texte anbrachte (fehlt am Anfang von SL1, SL2 und SL4).

Sorgfältige Reinschrift; regelmäßig beschriebene Seiten mit ausgeprägtem, durch Knickfalte bestimmtem Korrekturrand außen, anfangs ca. 8, ab S. 13 ca. 6 cm breit.

Titelseite:

Sieben Legenden. *Schrift Keller*

Von
Gottfried Keller.

———

19 *Da die leeren Seiten unpaginiert blieben, sind die Blattvorderseiten z.T. mit geraden Seitenzahlen versehen.*

20 *Dieses Zusatzblatt erhält in der HKKA, im Gegensatz zu SW 10, S. 357 und DKV 6, S. 835, keine separate Sigle.*

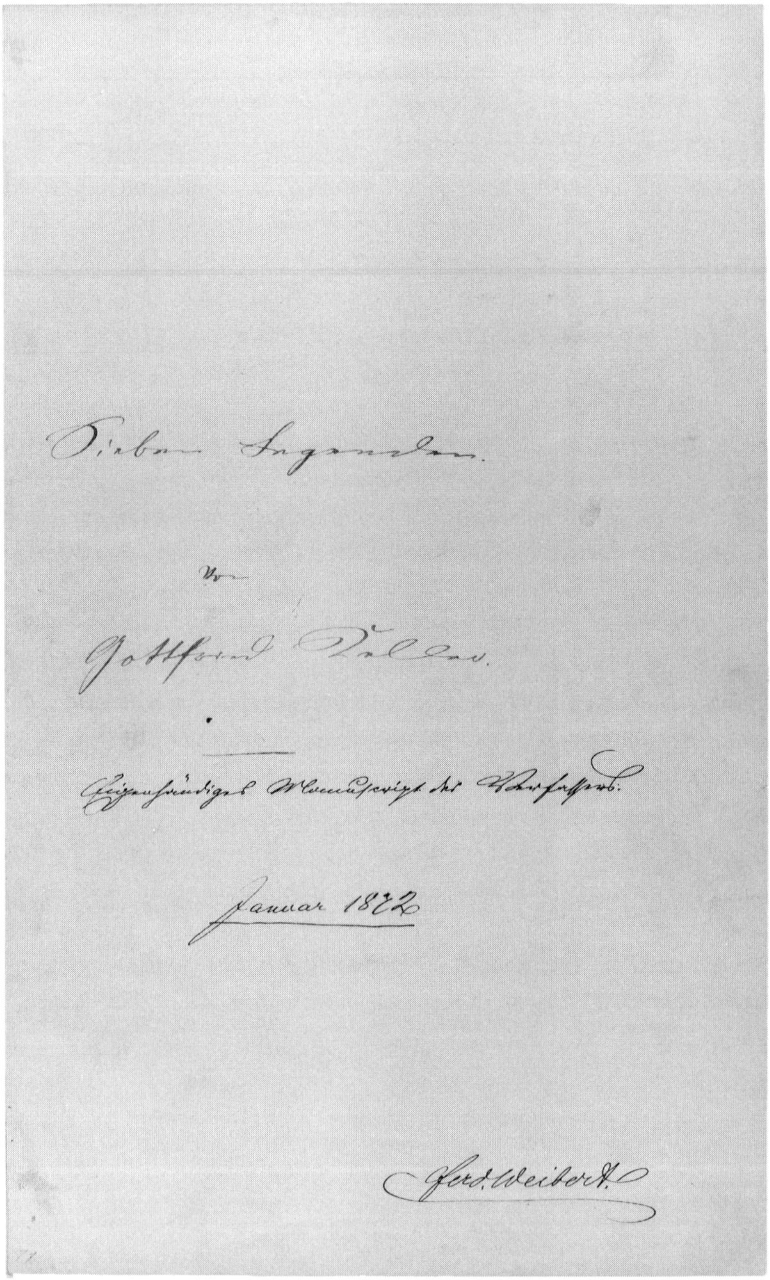
Sieben Legenden.

von

Gottfried Keller.

Eigenhändiges Manuscript des Verfassers.

Januar 1872

Ferd. Weibert.

Titelseite von H2

Druckmanuskript für E1

ZB: Ms. GK 14 (vgl. S. 29–35)

Eigenhändiges Manuscript des Verfassers. *Schrift Weibert, dunklere Tinte*

Januar 1872

Ferd. Weibert.

Inhaltsverzeichnis:

Inhalt.

—

Eugenia.
Die Jungfrau und der Teufel.
Die Jungfrau als Ritter.
Die Jungfrau und die Nonne.
Der schlimm-heilige Vitalis.
Dorothea's Blumenkörbchen.
Das Tanzlegendchen.

———

Die Textanordnung entspricht E1, mit Sicherheit aber nicht der Abfolge der Niederschrift. Als Keller Eugène Rambert zu Übersetzungszwecken 4 Legenden (SL1, SL5, SL7 und vermutlich SL4 oder ev. SL6) zustellte,[21] *war er noch nicht fertig mit der Erstellung des gesamten Manuskripts. Die einzelnen, durch eine meist schleifenförmige Linie abgeschlossenen Texte wurden vermutlich auf separaten (numerierten) Dbll niedergeschrieben und erst später zusammengefügt.*

SL1	Eugenia.	*S. 1–23*	*6 Dbll (nach S. 23 leere Seite)*
SL2	Die Jungfrau und der Teufel.	*S. 24–34*	*3 Dbll (nach S. 34 leere Seite)*
SL3	Die Jungfrau als Ritter.	*S. 35–50*	*4 Dbll*
SL4	Die Jungfrau und die Nonne.	*S. 51–60*	*2 Dbll + 1 Bl.*
SL5	Der schlimm-heilige Vitalis.	*S. 61–89*	*7 Dbll + 1 Bl.*
			(nach S. 89 leere Seite)
SL6	Dorotheas Blumenkörbchen.	*S. 90–102*	*1 Dbl. + 1 Bl. + 2 Dbll*
			(nach S. 102 leere Seite)
SL7	Das Tanzlegendchen.	*S. 103–109*	*1 Dbl. + 2 Bll*
			(nach S. 109 leere Seite)
	Neuer Schluß		*1 Bl. (1½ Ss)*

S. 1–8 (337.01–343.06) von fremder Hand (Marie Rambert). Bei der Übersetzung waren die beiden ersten Dbll so beschädigt worden, daß sie neu geschrieben werden mußten.[22]

21 *Vgl. Eugène Rambert an Keller, 9.12.1871, Dok.*

22 *Vgl. Rambert an Keller, 9.12.1871, Dok, 25.12.1871, Dok und Keller an Rambert, 10.12.1871, Dok; vgl. auch Kap. 1.1 Entstehung, S. 16 f.*

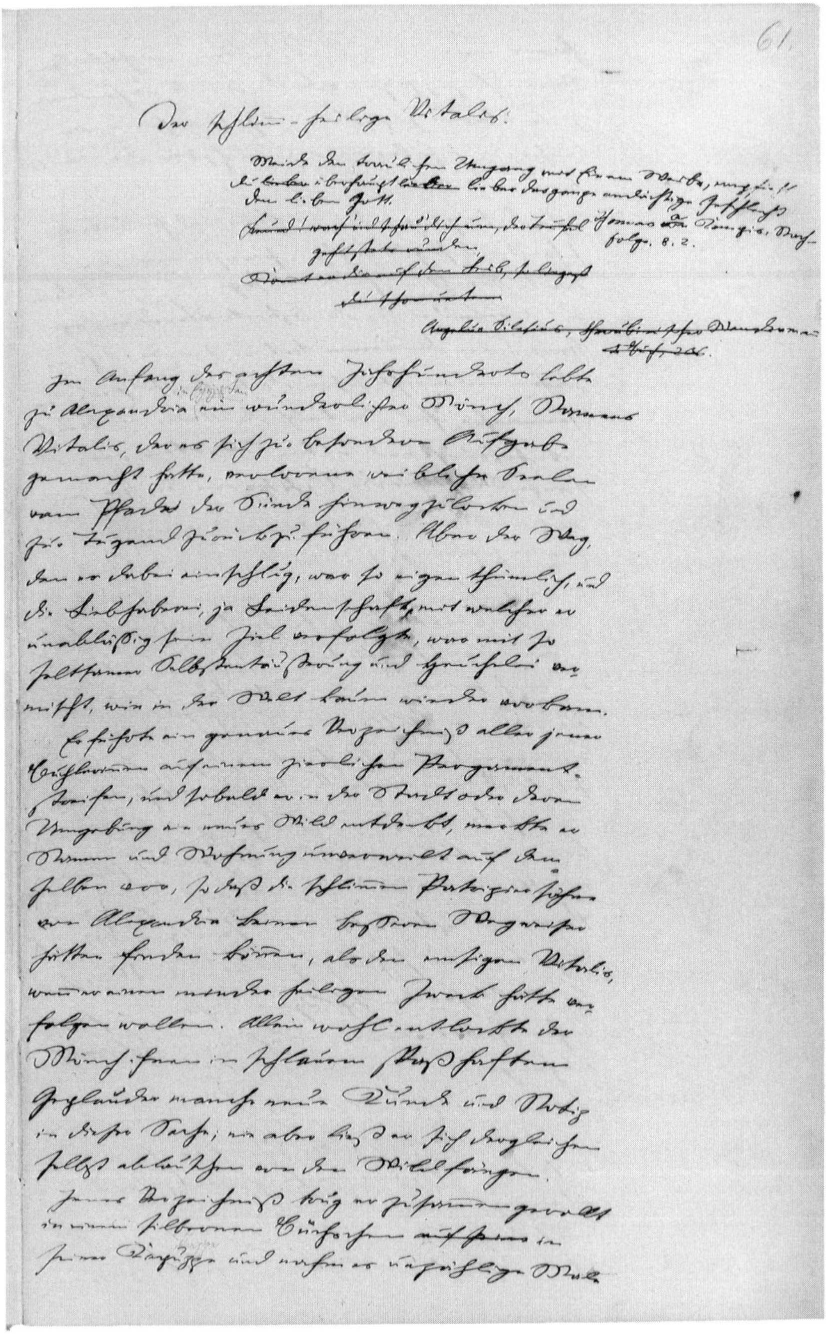

S. 61 von H2: Beginn von SL5 "Der schlimm-heilige Vitalis."
Druckmanuskript für E1
ZB: Ms. GK 14 (vgl. S. 29–35)

Das ursprüngliche erste Dbl. von SL6 wurde vermutlich nach Niederschrift von S. 97 (obere Hälfte, bis 416.16) neu geschrieben (hellere Tinte, stumpfere Feder, weniger Zeilen pro Seite) und durch ein Einzelblatt (S. 94/95) ergänzt, das die Bogennummer 2 erhielt und auf S. 96 die Änderung der ursprünglichen Nummer 2 in 3 veranlaßte (das vierte Dbl. stand noch aus). S. 95 ist nur zur Hälfte beschrieben und bricht mitten in einem Satz ab, der auf S. 96 fortgesetzt wird. Der Textanschluß wird durch eine z-förmige Linie mit Blaustift (wie Paginierung) angedeutet, welche die leere untere Blatthälfte durchstreicht.[23]

(neu)	*S. 90*	*411.01*	
1	*S. 91*	*411.22*	
	S. 92	*412.21*	
	S. 93	*413.13*	
2	*S. 94*	*414.05*	
	S. 95	*414.30 (½ S. leer)*	… und sobald
[2] ⟨3⟩ *(alt)*	*S. 96*	*415.07*	und sobald diese es vermerkten …
	S. 97	*416.02–416.16*	… fortwährend im Herzen behielt.
		416.17	So zog sich der Zustand …
(Fortsetzung)	*S. 98*	*416.27*	
	S. 99	*417.18*	
…			

Als Motto für SL5 (S. 61) diente zuerst das später für SL2 verwendete Silesius-Zitat. Es wurde dann – frühestens nach Beginn der Niederschrift von SL2 – gestrichen und durch das Zitat von a Kempis ersetzt: ein möglicher Hinweis darauf, daß SL5 als eine der ersten Legenden neu geschrieben wurde und daß bei Schreibbeginn die Mottos noch nicht überall fest zugeordnet waren. Das Motto von SL7 wurde nachträglich eingefügt (vielleicht handelt es sich um die erste ins reine geschriebene Legende).

Bei SL7 war vermutlich zunächst der gleiche Schluß wie in H1 vorgesehen (S. 108 Mitte = 425.28), so daß ein Dbl., ergänzt durch das zusätzliche Bl. 107/108, ausreichen konnte. Für die auf S. 108 begonnene erste Schlußerweiterung (425.29–426.32), die im Gegensatz zum übrigen Manuskript eine starke Bearbeitung mit größeren Ergänzungen aufweist, wurde dann

23 *Die gleichen z-förmigen Linien finden sich auch auf den leeren (unpaginierten) Rückseiten, aber ebenso auf den unteren leeren Hälften von S. 34 und 102 (Ende von SL2 und SL6), was die Absicht eines direkten Anschlußes des jeweils folgenden Textstückes nahelegt. Das stimmt bei S. 34 mit H1 überein, wo auch SL3 unmittelbar an SL2 anschloß, und könnte nun auch auf S. 102 SL6 mit SL7 verbinden (was auch mit den beiden gegenüber H1 erweiterten Schlüssen korrespondiert). Dadurch tritt die neue Gesamtkomposition von H2 stärker und akzentuierter hervor.*

Bl. 109/110 angefügt. Diesem folgte während der Druckphase ein weiteres (unpaginiertes) Blatt mit der zweiten Erweiterung (ab 427.01), welches Keller dem Verleger am 11.2.1872 (Dok) zusandte. Ein nachträgliches Notat von Weibert auf S. 109 unten verweist darauf: Es ist etc. (nachfolgendes Blatt.)

	S. 103	*421.01*	
1	*S. 104*	*422.06*	
	S. 105	*422.31*	
	S. 106	*423.29*	
	S. 107	*424.21*	
	S. 108	*425.15–425.28*	... sich in den ... Reihen verlor.
		425.29	Im Himmel war eben hoher Festtag ...
	S. 109	*426.10–426.32*	... Musen im Paradies bleiben könnten.
	S. 110	*(leer)*	
	(S. 111)	*427.01*	Es ist freilich nicht so gekommen ...
	(S. 112)	*427.22*	

Hypothetische Chronologie der Niederschrift von H2:

1	*SL7*	Das Tanzlegendchen. *(ohne 2. Schlußerweiterung)*
	SL1	Eugenia.
	SL4	Die Jungfrau und die Nonne.
	SL5	Der schlimm-heilige Vitalis.
2	*SL2*	Die Jungfrau und der Teufel.
	SL3	Die Jungfrau als Ritter.
3	*SL6*	Dorotheas Blumenkörbchen.
4	*SL7*	Das Tanzlegendchen. *(2. Schlußerweiterung)*

(SL4 und SL6 sind ev. auszutauschen)

Schichten der Niederschrift:

α	*Grundschicht 1871 (S. 1–8 von M. Rambert, Rest von Keller), v. a. mit Sofortkorrekturen. Dunkelbraune Tinte; S. 90–95, S. 97 (unten)–102 und Ergänzungsblatt zu SL7 mit hellerer brauner Tinte*
β	*Bleistiftkorrekturen von Keller*
γ	*Korrekturen mit z. T. hellerer Tinte von Keller*
δ	*Spätere Übertragung der Änderungen von e1 mit roter Tinte durch Weibert (1872)*

*Dazu kommt eine Streichung mit Blaustift in 415.31 (wie Paginierung). Ein Einweisbogen in 354.25 für ein eingeschobenes Wort (*ihre *β) mit gleicher Tinte wie γ erlaubt die zeitliche Lokalisierung von Stufe β vor Stufe γ (ev. Gleichzeitigkeit).*

Da H2 keinerlei Spuren der Satzerstellung (z. B. Textaufteilungen, Seiteneintragungen) aufweist und das Manuskript sogar später von Weibert sorgfältig ergänzt wurde (δ), könnte es sein, daß als Satzvorlage gar nicht direkt H2, sondern eine (durch Weibert veranlaßte) Abschrift davon verwendet wurde.

Zu den textlichen Unterschieden gegenüber H1 vgl. Kap. 1.1 Entstehung, S. 15 f.

1.2.2 DIE ERSTEN BEIDEN DRUCKAUFLAGEN *(E1–E2)*

E1 **Buchausgabe, 1. Auflage (Göschen) 1872**

Standort:	*ZB: GK 156 ad*
Verlag:	*Göschen'sche Verlagshandlung, Stuttgart*
Druckerei:	*Carl Grüninger, Stuttgart*
Format:	*8°, 18,2 x 11,7 cm; Fraktursatz*
Bogennorm:	Keller, Sieben Legenden. *Keine Wiederholung der Bogensigle auf der 3. Bogenseite*
Auflagenhöhe:	*1200*
Auslieferung:	*März 1872*
Textvorlage:	*H2*

S. (I)	*Vortitel:* Sieben Legenden.
S. (III)	*Titelseite:* Sieben Legenden. \ Von \ Gottfried Keller. \ Stuttgart. \ G. J. Göschen'sche Verlagshandlung. \ 1872. *Englische Linie zwischen Autorname und Verlagsort*
S. (IV)	*Druckereivermerk:* K. Hofbuchdruckerei Zu Guttenberg (Carl Grüninger) in Stuttgart.
S. (V)–VI	Vorwort.
S. (VII)	Inhalt.

S. (1)–148 *Haupttext (9 Bogen und 4 Seiten)* [24]

Ursprünglich broschiertes Exemplar, z.T. unsorgfältig aufgeschnitten; die erste Umschlagseite mit einer hs Widmung Kellers an Ludmilla Assing.[25]

24 *4 zusätzliche Seiten mit Verlagswerbung, beginnend mit Freiligraths* Gesammelten Dichtungen, *füllen den angefangenen halben Schluß-Bogen (entfällt ab E2).*

25 *Eintrag mit Tinte von Keller auf der ersten Umschlagseite:* Ludmilla Assing d. Verfass. \ Vorläufige winzige Abschlagszahlung *und auf S. 1 unterhalb des Mottos zu SL1:* oder: \ honnis soit qui mal y pense – *Vgl. den Dankesbrief von Ludmilla Assing, 20.4.1872, Dok.*

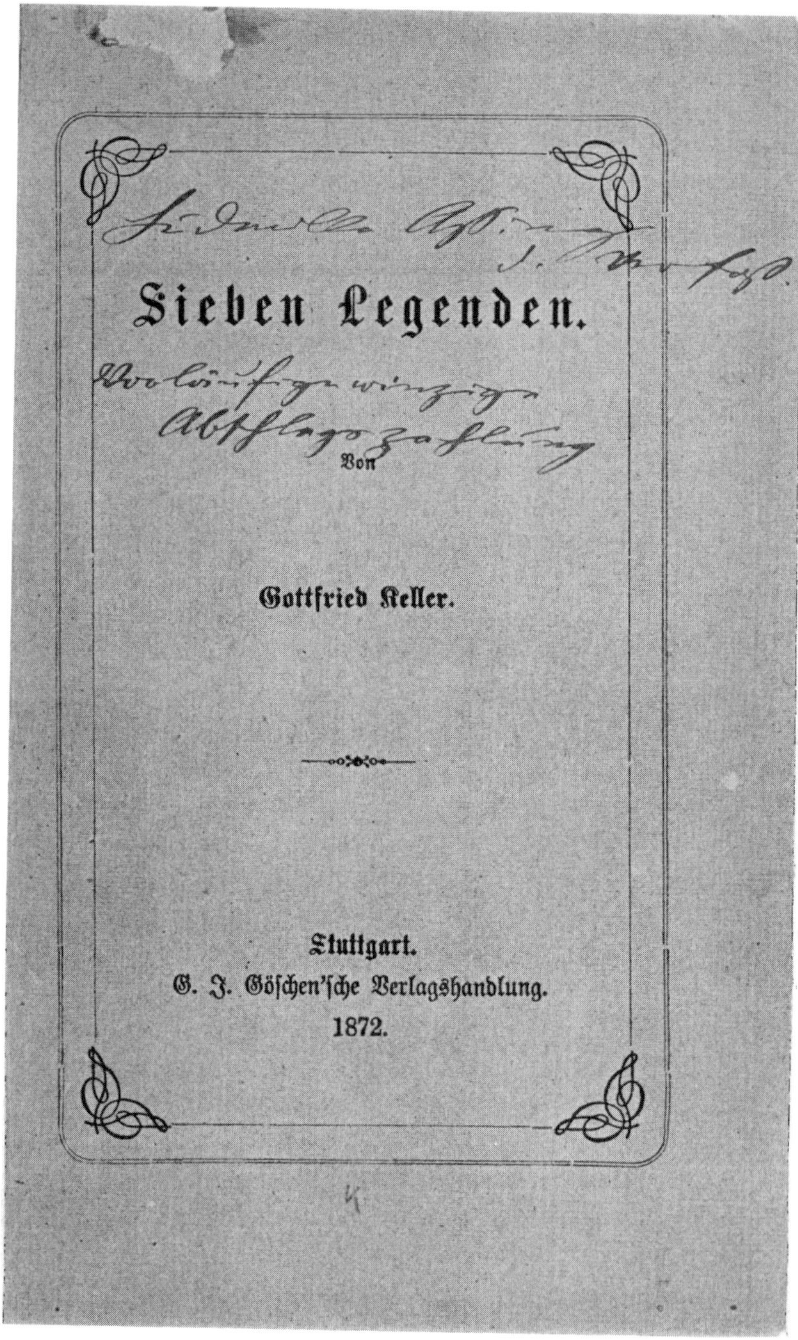

Sieben Legenden.

Von

Gottfried Keller.

Stuttgart.
G. J. Göschen'sche Verlagshandlung.
1872.

Umschlagtitel von E1 mit Kellers Widmung an Ludmilla Assing
1. Auflage 1872
ZB: GK 156 ad (vgl. S. 35–40)

Legenden-Titel und Motto stehen jeweils auf einem separaten Blatt (recto) mit leerer Rückseite (Motto in kleinerer Type) und sind – mit Ausnahme von SL2 – durch eine Leerseite von der jeweils vorangehenden Legende getrennt. Die einzelnen Texte sind durch eine einfache Linie abgeschlossen. Zeilenzahl pro Seite: 26,[26] bei Beginn einer neuen Legende 19;[27] Vorwort mit etwas größerem Zeilendurchschuß.

*Die Korrekturbogen, die Keller portionenweise an Weibert zurückschickte, sind nicht erhalten.[28] Es kann deshalb nicht belegbar zwischen den Anteilen des Setzers und Kellers beim Zustandekommen der Abweichungen von E1 gegenüber H2 unterschieden werden (außer bei den Stellen im Motto und in 425.32 und 426.02, zu welchen direkte briefliche Äußerungen vorliegen).[29] Im folgenden werden die semantisch bedeutsamen Abweichungen (auch Wortumstellungen) aufgelistet. Mit * markiert sind jene, welche möglicherweise dem Setzer zuzuschreiben sind; auf die H2-Stellen, die als kritische Lesarten in HKKA 7 aufgenommen wurden, wird speziell hingewiesen.*

	H2	*E1*	
337.02	was dem Mann zusteht	Mannsgeräthe	
337.04	seinem Gott	deinem Gott	
337.05	Genes. 5.	5. Mos.	*Fehlerkorrektur*
337.07	und ... hervorthun wollen	um ... hervor zu thun	
337.10	sogar	sogar schon	
338.26	Irrgängen	*Irrgärten	*vgl. krit. Lesarten*
338.29	Elternrechtes	Vaterrechtes	
340.06	seltsame Zumuthung	hochgetragene Zumuthung	
340.17	sind	sein könnten	
341.10	reizender	merkwürdiger	
344.23	Sündenzeit	*Sündengeist	*vgl. krit. Lesarten*
347.04	sich dieser dessen	er sich's *(*versah*)*	
354.18	wie	wie nun	
355.25	Herrschaften und Rechte	Herrschaften	
358.13	vielen großen ehernen	vielen ehernen	

26 *Ausnahmen: Auf S. 135 (SL6) schließt sich an Z. 26 abstandlos die Schlußlinie an, die bei den übrigen Legendentexten mit einigen Zeilen Abstand folgt. Damit wird S. 136 als Übergangsseite zur nächsten Legende freigehalten. S. 64 umfaßt 25 Zeilen mit 2 größeren Durchschüssen nach den Absätzen, vermutlich um auf S. 65 (Ende von SL 3) wenigstens 4 Zeilen Text plazieren zu können.*

27 *Ausnahmen: S. 31 und 47 mit je 20 Zeilen, wohl zur Vermeidung von isolierten Einzelzeilen (‚Hurenkindern') am Anfang von S. 34 bzw. 51.*

28 *Vgl. Keller an Weibert, 25.1.1872, Dok.*

29 *Vgl. Kap. 2.3 Stellenkommentar, S. 368.*

Vorwort.

Beim Lesen einer Anzahl Legenden wollte es dem Urheber vorliegenden Büchleins scheinen, als ob in der überlieferten Masse dieser Sagen nicht nur die kirchliche Fabulirkunst sich geltend mache, sondern wohl auch die Spuren einer ehmaligen mehr profanen Erzählungslust oder Novellistik zu bemerken seien, wenn man aufmerksam hinblicke.

Wie nun der Maler durch ein fragmentarisches Wolkenbild, eine Gebirgslinie, durch das radirte Blättchen eines verschollenen Meisters zur Ausfüllung eines Rahmens gereizt wird, so verspürte der Verfasser die Lust zu einer Reproduktion jener abgebrochen schwebenden Gebilde, wobei ihnen freilich zuweilen das Antlitz nach einer anderen Himmelsgegend hingewendet wurde, als nach welcher sie in der überkommenen Gestalt schauen.

S. (III) von E1

1. Auflage 1872

ZB: GK 156 ad (vgl. S. 35–40)

360.24	den Zügel	die Zügel	
361.18	das Wasser aber	das Wasser	
361.31	giebt mir die Kraft	giebt mir Kraft	
364.25	solch'	ein so	
	Besitzthum	Lehen	
365.16	zu irgend einer	zu einer	
369.01	sommergrüne	*sonnengrüne	
370.05	so daß es	*daß es	
372.07	erst jetzt	*jetzt erst	
372.08	eben	ebenso	
372.24	zerfetzten	umherstäubenden	
375.05	voll Freuden	*voll Freude	
378.16	sein Auge seitwärts gelenkt	seine Augen hin gelenkt	
378.27	könne? *Absatz*	*könne? *Absatz entfällt*	*vgl. krit. Lesarten*
378.31	weder aus noch ein	*weder ein noch aus	
382.17	jagte mit ihnen	jagte	
394.21	Spieß	Speer	
395.02	den Todten	den Mann	
395.12	führte ... zu	führte ... zu ... zurück	
	aber mittlerweile	mittlerweile	
395.14	abermals	wiederum	
395.18	der höllische Geist	der böse Geist	
399.30	hineinmarschirt	hinein spaziert	
400.27	gar so	so	
405.18	und an der Nase hinführe	und es an der Nase hinführe	
409.01	einen Haufen Kohlen	*Kohlen	
417.05	als er Dorothea nun	*als er nun Dorothea	
417.06	schreien	klagen	
419.19	mit jähem Zorne	von jähem Zorne	
422.16	bammelten	*baumelten	*vgl. krit. Lesarten*
425.32	sitzen	saßen	
426.02	leisten	leisteten	
	bekommen	bekamen	
	müssen aber Abends	mußten aber nach verrichteter Sache	

Insgesamt weist E1 über 330 Abweichungen gegenüber H2 auf; davon fallen, neben einigen Fehlerkorrekturen, gegen ein Drittel auf die Änderung von Satzzeichen, Apostrophen, Zusammen- und Getrenntschreibung, Klein- und Großschreibung. Über 50 Abweichungen (z.T. Fehler und eindeutige Textverschlechterungen) wurden später rückgängig gemacht oder durch neue Varianten ersetzt (v.a. in E2 und E3).

*Viele Abweichungen entstanden durch eingeschobene oder weggelassene Vokale in unbetonten Silben und an Wortenden (*Ruhbett > Ruhebett, Ernste > Ernst, den Herren > den Herrn, anderm > Anderem*). Sie dürften zu einem Teil von Keller selbst veranlaßt (Hiatus-Vermeidung, Vermeidung rhythmischer Wiederholung etc.), in der Mehrzahl aber durch Anpassungen* *an Konventionen bei der Satzerstellung verursacht (und von Keller geduldet) worden sein.*

*Mit Sicherheit dem Setzer zuzuschreiben sind jene Abweichungen, die in e1 rückgängig gemacht wurden und vorwiegend Satzzeichen, aber auch die Orthographie, reine Druckfehler und die Wortvariante in 369.01 (*sommergrüne / sonnengrüne*) betreffen. Vom Setzer stammen auch die häufigen zusätzlichen Anführungs- und Schlußzeichen bei direkten Reden (Inquit) und der größte Teil der Satzzeichen- und Apostroph-Änderungen.*

p1 Kellers Handexemplare von E1

Keller besaß zwei broschierte Handexemplare von E1, in die er je einige Korrekturen eintrug. Sie werden im folgenden separat beschrieben, im Variantenverzeichnis (Kap. 2.1) aber unter einer einzigen Sigle (p1) zusammengefaßt.

p1 (1)

Standort: *ZB: 42.693*

Kellers erstes Handexemplar von E1. 18 x 11 cm; späterer Einband: Stadtbibliothek Zürich. *Auf der ersten Umschlagseite vor dem Autornamen Eintrag mit Tinte von Keller:* Vorläufige. *Auf der Schmutztitel-Seite arR oben sind von Kellers Hand mit Bleistift die Seiten notiert, welche Korrekturen aufweisen.*[30]

Das Exemplar enthält 8 Bleistiftkorrekturen, wovon allerdings nur 5 in e1 Aufnahme fanden, während die 3 übrigen erst in e2 berücksichtigt und vermutlich auch erst nach dem Druck von E2 von Keller notiert wurden. Kellers briefliche Mitteilung an Weibert vom 31.5.1872:

> denn schon habe ich in der 1t. Auflage ein Dutzend Stylkorrekturen angemerkt, u zwar keine überflüssigen

dürfte sich auf die 5 genannten und 3 weitere Korrekturen aus p1 (2) beziehen (was allerdings noch kein Dutzend ergibt).

---

30 S. [25] \ [73] \ [92] \ [93] \ [9]. *Die Seitenangaben sind einzeln durchgestrichen. Darunter, nicht durchgestrichen:* 142, 43; *die entsprechenden Markierungen und Korrekturen finden sich in p1 (2).*

	S. p1	*E1*	*in p1 korrigiert zu*	*berücksichtigt in*
341.14	*9*	satyrische	satirische	*e2*
352.11	*25*	absonderliche	merkwürdige	*e1*
352.17	*25*	verflossen	zerflossen	*e1*
		hier hingegen	dagegen	*e1*
352.24	*25*	wonach	wodurch	*e1*
380.12	*73*	belebt	bevölkert	*e1*
391.29	*92*	seiner	ihrer	*e2*
391.32	*93*	er	er,	*e2*

p1 (2)

Standort: *ZB: 42.692*

Kellers zweites Handexemplar von E1. 17,7 x 11,3 cm; kein Vortitel; späterer Einband: Stadtbibliothek Zürich. *Auf dem Vorsatzblatt arR oben notierte Keller mit Bleistift die Seiten, welche Korrekturen aufweisen.*[31]

Das Exemplar enthält 10 Bleistiftkorrekturen und 3 Markierungen. 3 Korrekturen wurden von Keller selbst in e1, die übrigen, die vermutlich erst nach dem Druck von E2 eingetragen wurden, in e2 übernommen.

	S. p1	*E1*	*in p1 korrigiert zu*	*berücksichtigt in*	
338.07	*4*	ward	wurde	*e1*	
338.16	*4*	stets	immer	*e2*	
338.30	*5*	machen	machen,	*e1*	
340.11	*7*	was und wie ich beschaffen	was ich	*e2*	
340.24	*8*	gleichgiltig	gleichgültig	*e1*	
341.14	*9*	satyrische	satirische	*e2*	*vgl. p1 (1)*
343.16	*12*	war	blieb	*e2*	
354.25	*28*	[Erst neuerlich ... verbrannt haben]		*e2*	*Tilgung*
423.31	*142*	Da schlug sie voll Sehnsucht	Voll Sehnsucht schlug sie	*e2*	
424.06	*143*	Da ging Musa	Aber Da ging Musa	*e2*	

Auf S. 142/143 wurden drei aufeinanderfolgende gleichstrukturierte Absatzanfänge am Rand mit Bleistift markiert: 423.26 Da winkte David *[...], 424.01* Da war er *[...], 424.06* Da ging Musa *[...]. Im letzten Fall wurde der Zeile ein* Aber *(ohne Syntaxänderung) vorangestellt. Ein weiterer gleichbeginnender Satz (423.31* Da schlug sie*) wurde durch Umstellbogen geändert. Der ganze Komplex wurde erst bei Erstellung von E3 revidiert.*

31 S. [142] \ [143] \ [4] \ [7] \ [8] \ [9] \ [12] \ [28]. *Die Seitenangaben sind einzeln durchgestrichen.*

e1 Druckvorlage für E2

Standort: *ZB: Ms. GK 34*

Bogen von E1 zur Vorbereitung der 2. Auflage (E2), mit handschriftlichen Korrekturen; Bogen und Blätter ungleich zugeschnitten, (18,5–19) x (11,5 –12) cm, nachträglich gebunden.

Vorsatzblatt:	*Titel:* Sieben Legenden.
	aoR links Bleistifteintrag von Keller: Revision v. Keller
	unter dem Titel Bleistifteintrag von Weibert: revidirter Druck als 2te Auflage
Titelseite:	*Bleistifteintrag von Keller:* Zweite Auflage.

Am Beginn jedes neuen Bogens oben rechts Revisionsbestätigung von Kellers Hand:

S. 1, 17, 97	Revision des Autors	*braune Tinte*
S. 33, 49, 65, 81	Revision des Autors.	*braune Tinte*
S. 113, 129	Revision v. Keller	*Bleistift*
S. 144	Revision v. Keller.	*Bleistift*

Obwohl Keller und Weibert die Revisionsbogen wie Korrekturabzüge des neuen Satzes von E2 behandelten, sind es tatsächlich Druckbogen von E1,[32] *während vermutlich die eigentlichen Korrekturabzüge später von Keller nicht durchgesehen wurden, was auch die neuen Fehler in E2 erklärt.*

Schichten:

- α *Gedruckter Text von E1*
- β *Bleistiftkorrekturen von Keller*
- γ *Tintenkorrekturen von Keller (nur S. 52 und 73)*
- δ *Eine Korrektur mit roter Tinte von Weibert (S. 60; 373.21)*

Von den rund 60 Korrekturen entfallen 25 auf das Rückgängigmachen von Abweichungen gegenüber H2, welche in E1 durch Setzerhand entstanden (vorwiegend fehlende Satzzeichen sowie orthographische und syntaktische Fehler). Bei den übrigen Korrekturen handelt es sich, neben Satzzeichenänderungen, v. a. um stilistische Wortänderungen. Sie wurden von Weibert mit roter Tinte in H2 nachgetragen (H2δ). In einigen Fällen wurde dabei von Weibert auch ein in H2 undeutlicher, in E1 falsch übernommener Buch-

32 *Vgl. Weibert an Keller, 28.5.1872, Dok und 7.6.1872, Dok. – Auch der Umstand, daß alle im Text vorzunehmenden Korrekturen am Rand notiert und zusätzlich durch einen Strich markiert wurden (gleiches Verfahren auch in k3, nicht aber in e2), deutet darauf hin, daß die Bogen als Korrekturabzüge eines noch nicht publizierten Textes angesehen wurden.*

stabe (z. B. m *für* n*) nachgezogen: 365.31* wenige, *369.01* sommergrüne, *371.08* seiner, *372.18* vom, *378.18* Es, *381.22 Schlußzeichen*, *402.27* ihm, *403.10* dem, *415.08* darin.

E2 **Buchausgabe, 2. Auflage (Göschen) 1872**

Standort:	*ZB: GK 3017; GK 155 a; AK 6325*
Verlag:	*Göschen'sche Verlagshandlung, Stuttgart*
Druckerei:	*Carl Grüninger, Stuttgart*
Format:	*8°, 17 x 11 cm;*[33] *Fraktursatz*
Bogennorm:	Keller, Sieben Legenden. *Keine Wiederholung der Bogensigle auf der 3. Bogenseite; keine Auflagenbezeichnung*
Auflagenhöhe:	*1200*
Auslieferung:	*Juni 1872*
Textvorlage:	*e1*

S. (III) *Titelseite:* Sieben Legenden. \ Von \ Gottfried Keller. \ Zweite Auflage. \ Stuttgart. \ G. J. Göschen'sche Verlagshandlung. \ 1872.
Englische Linie zwischen Auflagenbezeichnung und Verlagsort

Übrige Gestaltung wie E1. Seitenumbruch mit einer Ausnahme (S. 26/27 Aquili-nus *E1 /* Aqui-linus *E2) wie E1; Zeilenumbruch folgt E1, mit geringfügigen Abweichungen zur Ausgleichung von Wortzwischenräumen.*

Außer den durch e1 vorgezeichneten Änderungen kamen über 30 neue, mit ziemlicher Sicherheit durch den Setzer verursachte Abweichungen gegenüber E1 hinzu, von denen einige in k3 rückgängig gemacht, die meisten aber in allen Folgeausgaben beibehalten wurden. Erst 1909 wurde der Fehler im Motto von SL2 korrigiert: IV. *(statt* VI.*)* Buch. *Semantisch bedeutsame Abweichungen:*

	E1	*E2*	
343.30	fester	besser	*korr. in k3*
348.30	Stimmen,	Stimme,	*vgl. krit. Lesarten*
353.11	sich	sie	*korr. in k3*
355.07	VI.	IV.	*vgl. krit. Lesarten*
380.32	in der Höhe	in die Höhe	*korr. in k3*
393.03	schüttete	schüttelte	*vgl. krit. Lesarten*

Mit dem Titelblatt einer Zweiten Auflage *wurden auch Restexemplare der*

33 *Die Größenangaben beziehen sich hier und im folgenden auf die Seitengröße des jeweils ersten unter ‚Standort' genannten Exemplars.*

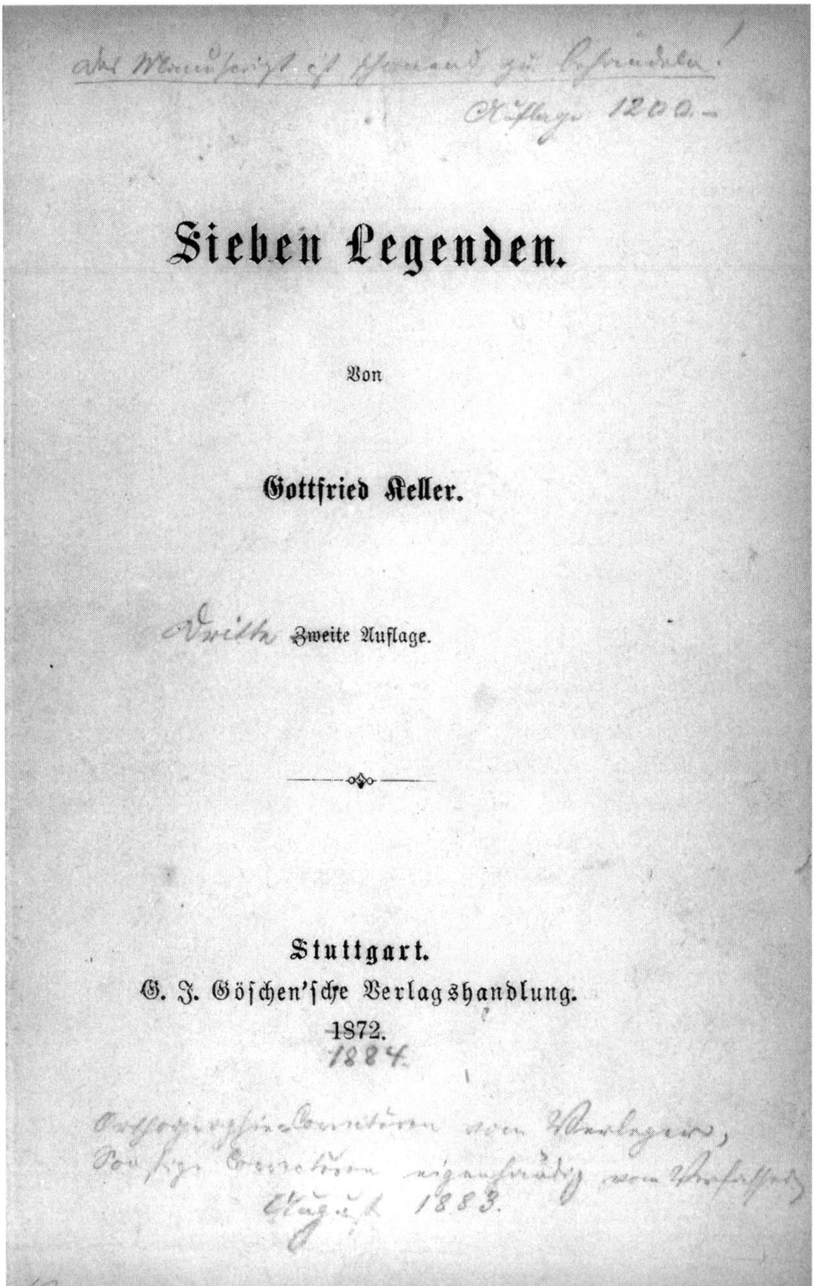

Sieben Legenden.

Von

Gottfried Keller.

~~Zweite~~ Dritte Auflage.

Stuttgart.
G. J. Göschen'sche Verlagshandlung.
~~1872.~~ 1884

Auflage 1200.–

August 1883.

Titelseite von e2
Druckvorlage für E3
ZB: Ms. GK 35 (vgl. S. 45–49)

1. Auflage vertrieben.[34] *Die Titelseite unterscheidet sich von derjenigen der regulären 2. Auflage nur darin, daß die horizontale Linie unter der Auflagenbezeichnung keine Verzierung aufweist.*

1.2.3 DIE WEITEREN EINZELDRUCKE *(E3–E4)*

e2 **Druckvorlage für E3**

Standort: *ZB: Ms. GK 35*

Bogen von E2 zur Vorbereitung der 3. Auflage (E3), mit handschriftlichen Korrekturen; ungleich zugeschnitten, (18,5–19) x (11,2–12) cm, nachträglich gebunden.

Titelseite: *Eintragungen von Weibert mit Bleistift:*
aoR: Das Manuscript ist schonend zu behandeln! \ Auflage 1200. –
auR: Orthographie-Correcturen vom Verleger, \
Sonstige Correcturen eigenhändig vom Verfasser \ August 1883.
Änderungen von Weibert mit Bleistift:
[Zweite] ⟨Dritte⟩ Auflage. *und* [1872] ⟨1884⟩.

Schichten:

- α *Gedruckter Text von E2*
- β *Bleistiftkorrekturen von Weibert*
- γ *Bleistiftkorrekturen von Keller*
- δ *Tintenkorrekturen von Weibert; vermutlich Nachträge während der Korrektur von k3*

Rund einem Dutzend stilistischen Änderungen von Kellers Hand (γ) stehen etwa 450 v.a. orthographische Korrekturen Weiberts (β) gegenüber. Nach rein graphischen Kriterien sind die Stufen β und γ allerdings nicht immer mit Sicherheit zu unterscheiden, so daß die obige Notiz von Weibert manchmal das Hauptkriterium für die Variantenzuordnung abgibt. Die Korrekturen von Weibert sind häufig ohne Randvermerk nur direkt im Text angebracht, da dieser sowieso neu gesetzt werden mußte. Rund 25 von Weiberts Korrekturen finden sich in k3 wieder. Ob sie beim Neusatz nicht berücksichtigt

34 *Exemplar: Hessische Universitäts-Bibliothek Gießen. – Dieses Verfahren war durchaus üblich: Restbestände alter Auflagen (v.a. Remittendenexemplare von Sortimentern) wurden mit neuen Titelblättern, Inhaltsverzeichnissen usw. versehen und dann zusammen mit den neuaufgelegten Büchern angeboten. Gegenüber Wilhelm Hertz gab Keller im Zusammenhang mit der Zweitauflage des* Sinngedichts *in einem Brief vom 29.10.1881 (HKKA 23.1, Dok) seine explizite Zustimmung zu diesem Vorgehen.*

oder überhaupt erst nachträglich in e2 eingetragen wurden, läßt sich nicht mit Sicherheit entscheiden; letzteres ist aber zumindest für die Tinteneintragungen (δ) anzunehmen. [35]

Die Korrekturen von β und δ hängen zum größten Teil mit der Orthographiereform von 1880 zusammen. [36] *Obwohl Keller anläßlich der 3. Auflage der* Legenden *die Revision (auch betreffs Orthographie) selbst besorgen wollte,* [37] *überließ er dann die orthographische Bereinigung offenbar doch Weibert, der durchgreifend und konsequent entsprechend den offiziellen Regelungen verfuhr.*

Liste der hauptsächlichen orthographischen Korrekturen:

- th > t *in Wörtern wie* Demut, Mut, Wert, Tau, Not, Heimat, Altertum, anmutig, erröten, ratschlagen, gerieten*; nicht dagegen im Anlaut vor langen Silben in Wörtern wie* Thal, That, Thüre, Thräne, thun *(Regeln 1880, § 18)*
- *Langes* i > ie *in Fremdwörtern wie* fabulieren, musizieren, traktieren, polieren, spintisieren*; aber auch bei* gieb / giebt *(Regeln 1880, § 17)*
- ie > i *in* erwidern, widerspiegeln, empfing
- aa > a *in* Schale, Scharen
- ß > s *im Auslaut bei* dies *und bei Wörtern auf* -niß*:* Geheimnis, Verhältnis, Gefängnis *u. a.*
- dt > t *in* tot, töten *(Regeln 1880, § 6)*
- ck > k *in* Spuk, buk, erschrak *u. a.*
- c > k *in* Kap., Karneol
- mm > m *in* samt, sämtliche *u. a.*
- tt > t *in* Witwe, Witib
- e > ä *in* Gebärde
- Ae, Oe, Ue > Ä, Ö, Ü
- *Der Apostroph entfällt bei* ins, ans *(Regeln 1880, § 28),* aufs, fürs*; aber auch bei* weh *und* gespeist
- *Pronomina und Zahlwörter wie* alles, andere, jemand, erster, einer, jedermann *werden klein geschrieben (Regeln 1880, § 22)*
- *Wendungen wie* recht behalten, mit nichten, im stillen, im reinen, im geheimen, im geringsten, im entferntesten, aufs neue, *aber auch* im stich lassen *werden klein geschrieben*
- *Wendungen wie* tausendmal, drittenmal, tagelang, ihresgleichen *werden in einem Wort geschrieben*
- *Der Gebrauch von rundem und langem* s *wird normalisiert* [38]

35 *Vgl. zu k3, S. 50.*

36 *Vgl. Regeln 1880 und Duden 1880. – Vgl. auch Kap. 1.1 Entstehung, S. 18 und HKKA Einführungsband, S. 225 f.*

37 *Vgl. Keller an Weibert, 29.6.1883, Dok.*

38 *An folgenden Stellen wurden 2 lange* s *in rundes und langes* s *aufgelöst: 349.17, 352.05, 382.04* dasselbe, *353.13, 422.08* desselben. *In den Verbindungen* -st- *und* -sp- *wurden Ligaturen eingeführt: 360.12* Purpurknospen, *371.15* umkreiste, *372.24* auflöste, *387.21* Gebetlispeln, *388.01* erbost*; außerdem nachträglich in k3: 355.18* speiste.

Wegen vieler übersehener Stellen sind Doppelformen vorhanden, die zumeist beim Satz von k3, z.T. bei der Korrektur von k3 oder in E3, vereinzelt auch erst in E4 und GW aufgehoben wurden (vgl. dort).

Ein besonderer Fall ist der Wechsel zwischen alter und neuer Orthographie in den Mottos. Weiberts Randnotiz zum Motto von SL2: alte Orthographie wohl belassen? *wurde von Keller mit* Ja *beantwortet, und entsprechend verfährt k3 in SL2. Modernisiert wurden dagegen die biblischen Mottos zu SL1 (*Mannsgeräte, Greuel*) und zu SL7 (*pauken*) – ev. eine bewußte Rücksichtnahme auf die unterschiedlichen Quellen.*

Änderungen von Zeilen- und Seitenumbruch durch Weibert:

- *Auf S. 59–65 wurden einige Markierungen für neue Zeilenumbrüche eingetragen (Einklammerung der überschüssigen Zeilen am Seitenbeginn und Bleistiftnotate wie:* auf S. 61 *etc.), was zunächst die Einsparung von einer Zeile (S. 59–60), später (S. 61–64) von 2 Zeilen und einen in k3 entsprechend veränderten Seitenumbruch zur Folge hatte. Zusammen mit der Beseitigung von zwei zu großen Durchschüssen zwischen den Absätzen auf S. 64 ermöglichte diese Umgruppierung, daß die 4 Schlußzeilen von SL3, bisher auf S. 65, auf S. 64 Platz fanden und dadurch S. 65 und die darauffolgende Leerseite eingespart werden konnten. Ab S. 67 (Beginn von SL4) bis zum Buchende sind alle Seiten mit Bleistift neu paginiert (um 2 Seiten vorverschoben).*
- *Geändert wurde auch der Zeilenumbruch von S. 126–135 (neu 124–133), was für S. 126 einen Überschuß von 1 Zeile, für S. 127–128 von 2 Zeilen, für S. 129–133 von 3 und für S. 134–135 von 4 Zeilen brachte, welche jetzt die in E1 und E2 leergehaltene S. 136 (134) belegten und damit S. 135 entlasteten.*[39]

Änderungen von Keller:

Die einschneidendste Änderung ist möglicherweise auf Theodor Fontanes Artikel in der Vossischen Zeitung *zurückzuführen:*[40] *die Streichung des Schlusses von SL1, nach 354.25 (*Lämmchen in einer Bratpfanne*).*

Die Reihe kleiner stilistischer Correkturen, *die sich* seit 10 Jahren *in den Handexemplaren von Keller angesammelt hatte,*[41] *war eher bescheiden.*

---

39 *Vgl. die Angaben zu E1 in Anm. 26.*

40 *Vgl. Kap. 1.1 Entstehung, S. 18 f. und die Auszüge des Fontane-Artikels in der* Vossischen Zeitung, *8.4.1883, Dok.*

41 *Keller an Weibert 29.6.1883, Dok. – Vgl. auch zu p1, S. 40 f.*

Eigenhändige Correcturen des Verfassers diejenigen mit Bleistift.
August 1883

Sieben Legenden.

Von

Gottfried Keller.

Dritte Auflage.

Stuttgart.
G. J. Göschen'sche Verlagshandlung.
1884.

Titelseite von k3
Korrekturbogen für E3
ZB: Ms. GK 36 (vgl. S. 49–51)

Dazu kamen die Änderung der in p1 vorgemerkten Absatzanfänge 424.01 und 424.06 und 6 weitere stilistische Änderungen:

343.15	plötzlich verschwunden war	>	unerklärlich verschwunden blieb	
354.20	welche vor ihrem Tode die merkwürdigsten Wunder verrichtete	>	die erst jetzt ihre große Geistesstärke bewies	
357.12	bemerkte	>	gewahrte	
357.14	übersehen	>	überblicken	*ab E4 wieder* übersehen
357.20	eines … Aussehens	>	des … Aeußern	
407.13	recht	>	recht Ernst	

k3 **Korrekturbogen für E3**

Standort: *ZB: Ms. GK 36*

Korrekturbogen für die 3. Auflage mit handschriftlichen Korrekturen; dünnes bräunliches, vergilbtes Papier; Bogen und Blätter sehr ungleich zugeschnitten, (17–18) x (12,5–13,5) cm, nachträglich gebunden. S. (I)–(VII) dünnes weißes, stark durchscheinendes Papier.

S. (I)	*Vorangestelltes Titelblatt, wie S. (III), mit Bleistift-Eintrag von Weibert:* Eigenhändige Correcturen des Verfassers diejenigen \ mit Bleistift. \ August 1883
S. (III)	*Titelseite: wie E3; rechts oben Eintrag von Weibert:* Correctur.*; darunter mit anderer Tinte:* Noch eine Revision *Druckereivermerk: wie E1*
S. (IV)	*Eintrag von Keller:* Das Recht der Uebersetzung in fremde Sprachen wird vorbehalten.
S. (V)–VI	Vorwort.
S. (VII)	Inhalt*; neue Seitenzahlen ab SL4, entsprechend der in e2 abgeänderten Paginierung* [42]

Auf jedem Bogenanfang oben rechts Eintrag von Weibert: Correctur. *Auf S. 1 oben rechts von Keller mit Bleistift:* Durchgesehen. \ Keller. *S. 97 alR längs Bleistifteintrag von Keller:* Bogen 6 habe ich nicht erhalten. \ Keller. *S. 140 steht auf dem Kopf, Eintrag aoR von Weibert:* verschossen.

Schichten:

- *α* *Gesetzter Text für E3*
- *β* *Tintenkorrekturen von Weibert*
- *γ* *Bleistiftkorrekturen von Keller*

42 *Vgl. zu E3, S. 53. – Abweichend von E3 ist nur der Apostroph bei* Dorothea's

In den Korrekturbogen nahm Keller nochmals – und eingehender als in e2 – Textänderungen vor: an über 60 Stellen finden sich stilistische Änderungen, v.a. Wortersetzungen, Worteinfügungen und -tilgungen (z.T. als Wiederholungsvermeidung). Dazu kommt eine beträchtliche Zahl von kleinen Korrekturen. – Der Grundtext (α), gesetzt auf der Basis von e2, enthält, neben neuen orthographischen Anpassungen und einigen rein graphischen Verderbnissen, eine Anzahl von Druck- und Orthographiefehlern, die in einer ersten Durchsicht von Weibert (β) korrigiert wurden (z.B. Johle > Jole, Stadthalter > Statthalter, Zendelwad > Zendelwald*). – Seltsamerweise machte Keller einzelne von Weibert in e2 eingesetzte orthographische Anpassungen rückgängig (γ). Dies – zumindest im Fall der* th-*Schreibung – entgegen den vorherigen Modernisierungsbestrebungen bei der dritten Auflage der* Züricher Novellen[43] *und entgegen der eigenen Schreibweise in der Druckvorlage für die* Gesammelten Gedichte *(1882). Die Auswahl der betroffenen Stellen blieb zufällig und führte zu neuen Uneinheitlichkeiten:*

348.23	verteidigt	> vertheidigt	*nicht 388.10*
388.13	teilte	> theilte	*nicht 427.06*
370.15, 417.02	beteiligen, Beteiligung	> betheiligen, Betheiligung	
404.07	Gegenteil	> Gegentheil	
366.21	Tier	> Thier	
423.15	Irrtum	> Irrthum	
351.08, 357.30	vorgiebst, gieb	> vorgibst, gib	*nicht aber bei den 3 Vorkommen von* giebt
346.12, 426.01	Hilfe, Aushilfe	> Hülfe, Aushülfe	*nicht 343.32*
358.22	fürs	> für's	

Rund 15 von Weibert eingetragene orthographische Korrekturen kommen schon in e2β vor, wurden also bei der Erstellung von k3 nicht beachtet und nun bei den Korrekturen von k3 offenbar wiederholt.[44] *Daneben gibt es 8 Wiederholungen von Korrekturen in e2δ (Tinteneinträge von Weibert):*

369.01	Tage lang	> tagelang
373.12	Banket	> Bankett
411.15	Schaale	> Schale *(auch 411.18, 412.12, 413.29, 414.31)*
427.06	theilten	> teilten

Vermutlich trug Weibert diese Korrekturen erst nachträglich, parallel zur

43 *Vgl. Kap. 1.1 Entstehung, S. 18 und HKKA 22, Kap. Entstehung.*

44 *V.a. 346.32, 352.06, 361.02, 362.15, 365.24, 375.09, 376.25, 380.23, 381.24, 393.11, 394.31, 402.25, 406.21, 415.28, 420.04.*

Durchsicht von k3, in e2 ein.[45] *Bestärkt wird diese Annahme v.a. durch eine andere Korrektur: S. 62 aoR steht bezüglich 375.09 eine Notiz von Weibert:* nachzutragen wäre \ Correctur nach dem amtl. Verzeichnis (S 15. Absatz e): \ Legenden S 41 Z 4. im stich lassend.[46] *Keller, bei dem die Bogen der betreffenden vorangehenden Legende lagen, führte die Korrektur auch entsprechend aus (362.10). Sie war also wohl vorher in e2 noch nicht vorhanden und ist dort erst während der Durchsicht von k3 durch Weibert nachgetragen worden.*[47] *Analoges dürfte für die beiden anderen, von Weibert in k3 und e2 korrigierten,* stich-*Stellen (375.09, 380.23) gelten, die zwar in e2 mit Bleistift (β) eingetragen sind, sich aber durch schwachen Druck und auffallenden Aufstrich auszeichnen. Nicht auszuschließen ist, daß auch die übrigen erwähnten Doppelkorrekturen (e2β / k3) in gleicher Weise entstanden sind.*

Neben den expliziten Korrekturen finden sich mehr als 50 Abweichungen gegenüber E2, die vermutlich vom Setzer stammen und von Keller entweder übersehen oder stillschweigend gebilligt und in spätere Ausgaben übernommen wurden. Die Hälfte davon betrifft die Interpunktion, ein Viertel die Zusammen- und Getrenntschreibung. Bemerkenswert sind v.a. die folgenden Fälle, die auch als kritische Lesarten in HKKA 7 verzeichnet sind:

	E2	*k3*
357.03	die nächtigen Tannen	die mächtigen Tannen
371.09	der ihn ... umhüllte	der ihn ... verhüllte
380.22	der ... erfolgende Wurf	der ... erfolgte Wurf
385.23	auf den Häuptern	an den Häuptern
397.10	am gleichen Vormittag	im gleichen Vormittag

In zwei Fällen trat neben eine im Legenden-*Kontext schon vorhandene Wortform (341.11* allbereits; *366.26* Glückes*) eine zweite, welche innerhalb von GW insgesamt singulär ist (*allbereit, Glücks*).*

45 *Auch die zwei verbleibenden Tintenkorrekturen in e2 ohne Parallele in k3 (372.26, 417.01) lassen sich in ähnlicher Weise verstehen: Da die entsprechenden Stellen in k3 von vorneherein richtig gesetzt waren, brauchten die Korrekturen nur noch in e2 nachgetragen zu werden. Dagegen wurde die fehlerhafte Form* floßen *in 393.20, obwohl in k3 richtig gesetzt, in e2 nicht nachkorrigiert.*

46 *Regeln 1880, § 22e. – Die Kleinschreibung der Wortverbindung* im stich lassen *ist in Analogie zu den in Regeln 1880 aufgeführten Beispielen gebildet. Der allgemeinen Unsicherheit solcher Schreibungen begegnend, ergänzte die Zweitausgabe von 1887 § 22e durch eine Anmerkung:* In anderen derartigen Verbindungen behauptet sich der große Anfangsbuchstabe, z.B. Folge leisten, Rede stehen, Takt halten, Trotz bieten, Platz greifen, im Stiche lassen, im Begriff sein, zu Füßen fallen, zu Mute sein, zu Werke gehen u. a. m.

47 *In gleicher Art hatte Weibert früher die Änderungen von E2 in dem bei ihm verbliebenen Druckmanuskript H2 nachgetragen.*

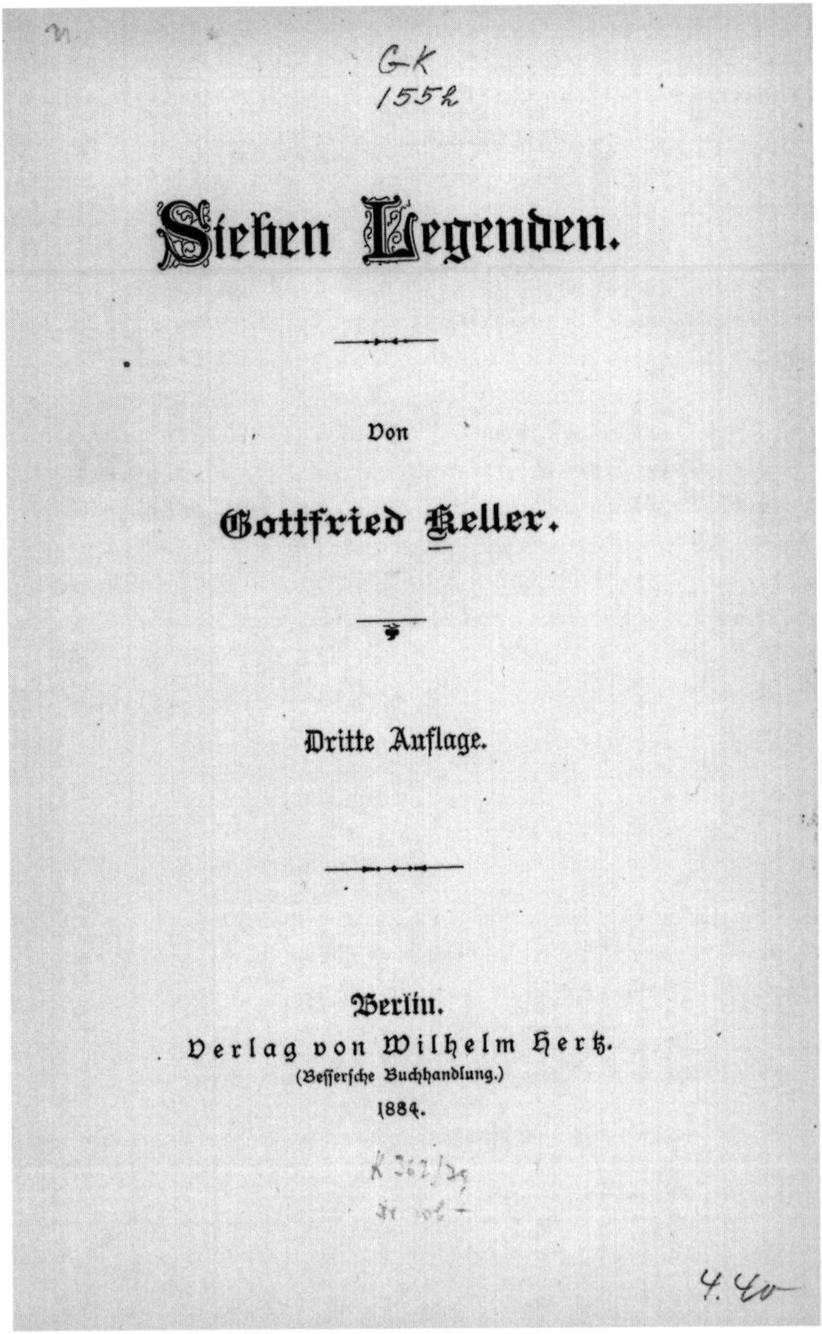

Sieben Legenden.

Von

Gottfried Keller.

Dritte Auflage.

Berlin.
Verlag von Wilhelm Hertz.
(Bessersche Buchhandlung.)
1884.

Titelseite von E3 nach dem Wechsel zum Hertz-Verlag (1885)
3. Auflage 1884
ZB: GK 155 h (vgl. S. 53–55)

E3	**Buchausgabe, 3. Auflage (Göschen) 1884**
Standort:	*ZB: 42.695 (Kellers zweites Handexemplar)*
Verlag:	*Göschen'sche Verlagshandlung, Stuttgart*
Druckerei:	*Carl Grüninger, Stuttgart*
Format:	*8°, ca. 18 x 11 cm; Fraktursatz*
Bogennorm:	Keller, Sieben Legenden. *Keine Wiederholung der Bogensigle auf der 3. Bogenseite; keine Auflagenbezeichnung*
Auflagenhöhe:	*1200*
Auslieferung:	*September 1883*
Textvorlage:	*e2*

S. (I)	*Titelseite:* Sieben Legenden. \ Von \ Gottfried Keller. \ Dritte Auflage. \ Stuttgart. \ G. J. Göschen'sche Verlagshandlung. \ 1884. *Englische Linie nach Titel, Autorname und Auflagenbezeichnung*		
S. (II)	*Vermerk:* Das Recht der Übersetzung in fremde Sprachen wird vorbehalten. *Druckereivermerk: wie E1*		
S. (III)–IV	Vorwort.		
S. (V)	Inhalt. *SL4–SL7 sind gegenüber E1/E2 um je 2 Seiten vorgezogen:*		
	[…]		
	Die Jungfrau und die Nonne	65	
	Der schlimm-heilige Vitalis	81	
	Dorotheas Blumenkörbchen	119	*(Apostroph-Tilgung)*
	Das Tanzlegendchen	135	
S. (1)–146	*Haupttext*		

Ursprünglich broschiertes Exemplar. Seiten- und Zeilenumbruch stimmen, abgesehen von vielen kleinen Abweichungen, meist mit E1 und E2 überein. Stärkere Differenzen finden sich jedoch auf S. 59–64 und S. 124–133, was auch zu der von E1 und E2 abweichenden Seitenzahl und zu buchtechnisch unterschiedlich gestalteten Übergängen zwischen den Legenden führte.[48]

Nach dem Verlagswechsel von 1885 zu Wilhelm Hertz, Berlin, wurden die Restexemplare mit einem neuen Titelblatt (andere Zierschrift) versehen:

S. (I)	*Titelseite:* Sieben Legenden. \ Von Gottfried Keller. \ Dritte Auflage. \ Berlin. \ Verlag von Wilhelm Hertz. \ (Bessersche Buchhandlung.) \ 1884.
S. (II)	*Vermerk:* Das Recht der Übersetzung in fremde Sprachen wird vorbehalten. *Druckereivermerk (nur für das Titelblatt zutreffend):* Gedruckt bei Julius Sittenfeld in Berlin W.

(Exemplar: ZB: GK 155 h)

48 *Vgl. zu e2, S. 47 und zu E1, Anm. 26. – In E3 sind nur noch die Titelseiten von SL3, SL5 und SL6 durch eine Leerseite von der vorangehenden Legende getrennt.*

E3 ist die letzte Auflage, bei der Keller selbst die Korrekturbogen durchsah (k3γ). Die in e2 und k3 von Keller und Weibert vorgenommenen Korrekturen wurden mit wenigen Ausnahmen übernommen. Orthographie und Interpunktion entsprechen weitgehend der neuen preußischen Regelung.

Auf eigene Art behandelt wurden jene Fälle, wo Weibert in e2 th *in* t *korrigierte und Keller dies entgegen der preußischen Regelung in k3 rückgängig machte. Diese Rückgängigmachung wurde in den folgenden Fällen in E3 nicht berücksichtigt:*

366.21	Tier
370.15	beteiligen *(jedoch 388.13* theilte*)*
396.27, 415.29	Teilnahme
404.07	Gegenteil
417.02	Beteiligung

Anders bei der 3 Mal vorkommenden Schreibung giebt, *welche durch Weibert gemäß preußischer Regelung in e2 eingeführt und in k3 beibehalten worden war: Sie wurde in E3 durch* gibt *(eine nach den Regeln erlaubte Nebenform) ersetzt, in Analogie zu einer von Keller selbst in k3 (357.30) vorgenommenen* ie-*Beseitigung.*[49]

Trotz zusätzlicher normalisierender Nachkorrekturen blieben nach wie vor einige unterschiedliche orthographische Formen nebeneinander bestehen:

338.05, 357.23	all *neben sonstigem* all'
346.10	etwas besonderes *neben 381.10* etwas Rechtes
348.23	vertheidigt *neben 388.10* verteidigt
358.22	für's, *aber immer* aufs
360.04	an ... Statt *neben 369.28* an ... statt
373.18, 374.15	ein Mal um das andere, noch ein Mal
	neben mehr als einmal, alljährlich einmal, wieder einmal, auf einmal
381.23	betört *neben sonstigem* bethört, thöricht, Thörin
406.21	anmuthigste *neben sonstigem* anmutig
407.13	Ernst sein *neben 400.17* ernst sein
423.24	von stund an *neben 368.17* von Stund an

Weitere orthographische Inkonsequenzen sind etwa: die Schreibung schrieen *(in Übereinstimmung mit E1/E2) neben der neuen Pluralform* Elegien*; die Zusammenschreibung von Verbindungen mit* hinaus *neben der Getrenntschreibung von Verbindungen mit* hinein*; die unterschiedlichen Kombinationen mit* herum*: 370.20* herum zu tummeln, *345.12* herum irre, *348.19* herumschleicht, *422.23* herumzuspringen.

49 *Vgl. die Tabelle S. 60.*

Ein neuer syntaktischer Fehler entstand durch eine mißverstandene Korrektur in k3: 370.08 in dieser Angelegenheiten *(in E4 korrigiert). – Bestehen blieben auch zwei orthographische Fehler (seit E1): 409.23* Faße, *409.24* begoßen *(vgl unten zu E4).*

p3 Kellers Handexemplar von E3

Standort:	*ZB: 42.696 (Kellers erstes Handexemplar)*

Das Exemplar enthält 2 Bleistiftkorrekturen von Keller, die allerdings nicht in die späteren Drucke eingingen:

340.07	eine geheime Aufwallung > ein geheimes Aufwallen
342.24	als Mönche in das Kloster > in das Kloster

Ein zweites Handexemplar (ZB: 42.695; vgl. oben, zu E3) enthält keine handschriftlichen Einträge.

E4 Buchausgabe, 4. Auflage (Hertz) 1888

Standort:	*ZB: 42.697; 42.698 (Kellers Handexemplare); GK 155 p*
Verlag:	*Wilhelm Hertz, Berlin*
Druckerei:	*H. S. Hermann, Berlin*
Format:	*8°, 18 x 12 cm; Fraktursatz*
Bogennorm:	Keller, Sieben Legenden. *Wiederholung der Bogensigle auf der 3. Bogenseite; keine Auflagenbezeichnung*
Auflagenhöhe:	*1200*
Auslieferung:	*Februar 1888*
Textvorlage:	*E3*
S. (I)	*Titelseite:* Sieben Legenden. \ Von \ Gottfried Keller. \ Vierte Auflage. \ Berlin. \ Verlag von Wilhelm Hertz. \ (Bessersche Buchhandlung.) \ 1888.[50]
S. (II)	*Vermerk:* Das Recht der Uebersetzung in fremde Sprachen wird vorbehalten. *Druckereivermerk:* Druck von H. S. Hermann in Berlin SW.

Gleicher Seitenumbruch und weitgehend gleicher Zeilenumbruch wie E3.

Für die 4. Auflage, die – nach dem Verlagswechsel von 1885 – bei Wilhelm Hertz verlegt wurde, nahm Keller keine Revision mehr vor. Es enstanden neue Druckfehler (v.a. mehrmals fehlende Umlautzeichen bei Ü*), wie sie unter Weiberts sorgfältiger Kontrolle kaum denkbar waren, und einige*

50 *Auf dem Vorsatzblatt gegenüber der Titelseite Verlagsanzeige der* Werke von Gottfried Keller. *Hier auch:* Sieben Legenden. 4. Auflage. 1888. geh. 2 M. 40 Pf., geb. 3 M. 40 Pf.

Unstimmigkeiten in der Orthographie. Korrigiert wurden die bisher übersehenen fehlerhaften Ausdrücke Faße, begoßen *(409.23/24). – Neben mehreren Abweichungen in der Zeichensetzung, einer Wortumstellung (408.14) und 3 Tilgungen eines* e *in Endung (359.31, 421.17) und unbetonter Silbe (410.01) enstanden an 8 Stellen den Textsinn verändernde Wortvarianzen, welche offenbar von Keller nicht bemerkt oder jedenfalls – mit Ausnahme von 424.07 – nicht beanstandet wurden (vgl. die kritischen Lesarten in HKKA 7):*

	E3	*E4*
338.03	niedlichen Knaben	lieblichen Knaben
346.18	mit hold geröteten Wangen	mit halb geröteten Wangen
357.14	überblicken	übersehen
367.09	zerfallende	zerfallene
374.09	des Handelns ... enthoben	des Handels ... enthoben
390.26	kniete in eine Ecke	kniete in einer Ecke
399.12	vor Scheu	vor Scham
424.07	grobes	großes *(in GW korrigiert)*

1.2.4 „GESAMMELTE WERKE" (HERTZ) 1889

GW **"Gesammelte Werke", Band 7**

Standort:	*ZB: 42.651; 42.650 (Kellers Handexemplare)*
Verlag:	*Wilhelm Hertz, Berlin*
Druckerei:	*Gustav Schade, Berlin*
Format:	*8°, 19 x 12,3 cm; Fraktursatz*
Bogennorm:	Keller VII.
Auflagenhöhe:	*2500 (4500)*
Auslieferung:	*April–November 1889: 30 wöchentliche Lieferungen von GW (Die* Sieben Legenden *lagen – zusammen mit dem* Sinngedicht *– vermutlich im September vor); ab 15.11.1889 Auslieferung der zehnbändigen Buchausgabe*
Textvorlage:	*E4*
S. (2)	*Gesamttitel:* Gottfried Keller's \ Gesammelte Werke. \ Siebenter Band. \ Berlin. \ Verlag von Wilhelm Hertz. \ (Bessersche Buchhandlung.) \ 1889. *Keine Auflagenbezeichnung; Verlagssignet zwischen Bandbezeichnung und Verlagsort*
S. (3)	*Titelseite:* Das Sinngedicht \ Novellen. \ Sieben Legenden \ von \ Gottfried Keller. \ Berlin. \ Verlag von Wilhelm Hertz. \ (Bessersche Buchhandlung.) \ 1889. *Einfache Linie zwischen den beiden Titeln; Verlagssignet zwischen Autorname und Verlagsort*
S. (4)	*Druckereivermerk:* Buchdruckerei von Gustav Schade (Otto Francke) in Berlin N.

S. (5)–6	Inhalts-Verzeichnis.	
S. (7)	*Innentitel:* Das Sinngedicht.	
S. (9)–329	*Haupttext (*Das Sinngedicht*)*	
S. (331)	*Innentitel:* Sieben Legenden.	
S. (333)	Vorwort.	
S. (335)	Inhalt.	
		Seite
	Eugenia	337
	Die Jungfrau und der Teufel	355
	Die Jungfrau als Ritter	364
	Die Jungfrau und die Nonne	377
	Der schlimm-heilige Vitalis	386
	Dorotheas Blumenkörbchen	411
	Das Tanzlegendchen	421
S. (337)–427	*Haupttext (*Sieben Legenden*)*	

Die Auslieferung der Legenden-*Bogen begann wohl frühestens Anfang September 1881. Ab August war die Stückzahl der GW-Lieferungen um 1000 auf 3500 erhöht worden (2. GW-Auflage), im Oktober kam eine weitere Auflage von 1000 Stück dazu.*[51]

Der Vertragstext für die Gesammelten Werke *hatte in § 1 eine Kombination der* Sieben Legenden *mit den Gedichten in Bd. 9 oder 10 vorgesehen.*[52] *Die Vereinigung mit dem* Sinngedicht *in Band 7 wurde erst nach Abschluß des Vertrages vom 10.2.1889 beschlossen. Sie führte zu Disproportionen in der Titelgestaltung und in der Anlage der Inhaltsverzeichnisse, die in der Textzeugenbeschreibung des* Sinngedichts *dargelegt sind.*[53]

Die einzelnen Legenden-Texte beginnen auf einer neuen, mit Fleuron versehenen Seite und enden mit einer kleinen Vignette. Legenden-Titel und Mottos stehen – anders als in den Einzeldrucken – nicht auf separaten Seiten und sind auch nicht auf ungerade Seiten beschränkt. Zeilenzahl pro Seite: 32; bei Beginn einer neuen Legende variierend nach der Länge des Mottos.

Die Textgestalt der Sieben Legenden *ist im Vergleich zu den vorangehenden Einzelausgaben und zu den übrigen Texten innerhalb von GW ausgesprochen einheitlich. Auf der lexematischen Ebene allerdings war es in E4 noch zu mehreren Änderungen gekommen,*[54] *welche weder vom Autor gewollt noch der Textqualität förderlich waren, aber (mit Ausnahme von*

51 *Vgl. HKKA 23.1, Kap. 1.2 Die Textzeugen, zu GW, S. 104 f.*

52 *Vgl. HKKA 23.1, Kap. 1.1 Entstehung, S. 41 und ebd., Vertrag* Gesammelte Werke, *10.2.1889, Dok.*

53 *Vgl. Kap. 1.4 Text- und Variantenwiedergabe, S. 67, Anm. 1.*

54 *Vgl. zu E4, S. 56.*

424.07 grobes/großes*) alle in GW übernommen wurden.*[55] *Dazu kommen rund 10 neue Varianten von semantischer Relevanz, die mit ziemlicher Sicherheit ohne Kellers Zutun entstanden sind.*[56] *– Auf orthographischer Ebene weist GW gegenüber E3 und E4 diverse Änderungen auf, die meistens durch die konsequente Anpassung an die preußische Rechtschreibereform verursacht wurden. Dadurch wurden z.T. auch in E3 eingeführte Änderungen wieder rückgängig gemacht.*

Hauptsächliche orthographische Änderungen gegenüber E3/E4:

- *Große Umlaute werden in Doppelbuchstaben wiedergegeben (*Ae, Oe, Ue*) – wie in H1–E2, aber im Widerspruch zu Regeln 1880*
- *Anredepronomina in direkten Reden werden groß geschrieben (*Du, Dich, Dein*); vereinzelte Großschreibung findet sich auch in E1/E2*
- th *wird entsprechend der preußischen Regelung verwendet, d.h. abweichend von E3/E4 auch getilgt in den Ausdrücken* Teil *(inklusive Ableitungen und Komposita),* Turm, Irrtum, verteidigt*; dagegen wieder eingesetzt in* bethört*; es handelt sich hier um jene Formen, die Keller – entgegen Weiberts konsequenter Modernisierung in e2 – in k3 wieder rückgängig gemacht hatte*
- *Wörter werden zusammengezogen, v.a. in der Verbindung von Adverb und Verb:* hinwegkommen, darniederzuliegen, herumirre, hereinließ, hineinspaziert, hineinsehen, dreinschauend; *aber auch bei* einmal, vornüber, beizeiten
- *Getrennt werden dagegen die Ausdrücke* je mehr, bis anhin, natürlicher Weise, allzu neugierig, davon trug, das erste Mal *(dagegen unverändert 359.08* zum erstenmal*)*
- ie *wird wiederhergestellt in* giebt *(entsprechend Regeln 1880), aber auch in* wiederspiegelte *(seit E4)*
- *Pluralbildungen bei Substantiven mit der Endung* -ie *führen zu* e*-Verdoppelungen:* Elegieen, Ceremonieen *(in Regeln 1880 freigestellt)*
- *In Fremdwörtern wird die Änderung von* c *in* z *(E3) z.T. rückgängig gemacht (entsprechend Regeln 1880):* Patricier, Ceremonieen, Specialität *(auch H2), aber nicht bei* Hyazinthen*; dazu kommt – im Gegensatz zu allen übrigen Drucken und Handschriften – der Eigenname* Fabricius
- Tausende, mit Recht, im Stich lassen, nichts Besseres (Minderes), von Stund' an, im Stillen, *aber auch* alles Andere *werden groß, hingegen* an … statt, nur eines, der einzige, ernst sein *klein geschrieben; die ersteren z.T. entgegen Regeln 1880 und den Korrektureinträgen in e2*
- *Inkonsequente Schreibungen wie* all', schwarzsammtenen, anmuthigste, drei oder viermal *(ohne Bindestrich) werden beseitigt, ebenso die noch übriggebliebene volle Flexionsendung 417.29* meines Herren *(dagegen neu 348.32* Nachbaren*)*

55 *Es handelt sich um jene Fälle, wo der Sinn einer Textstelle weniger verhindert als (auf das Gewohntere hin) verschoben wird; vgl. HKKA Einführungsband, S. 230 f. und ebd., Anm. 19.*

56 *Vgl. die kritischen Lesarten in HKKA 7.*

Unterschiedliche Schreibweisen desselben Ausdruckes wurden in GW auf ein Minimum reduziert. Bestehen blieben:

341.11	allbereit *neben* allbereits *(vgl. zu k3)*
348.24	ihr *statt sonstigem* Ihr *in direkter Rede*
367.17	soeben, *sonst* so eben *wie die übrigen Textzeugen*
368.17	von Stund an, *aber 423.24* von Stund' an

Wie bei den anderen Werken Kellers kommt auch bei den Sieben Legenden *die Abfolge der Stufen und Fassungen letztlich einem ständigen Ersetzen, Hinzufügen und Tilgen einzelner Elemente gleich: intendiert und zufällig, mit wechselnden Prioritäten und unterschiedlicher Konsequenz. Der Autorwille beherrscht weder den ganzen Fluß noch den einzelnen Schritt. Der Verlauf ist nicht teleologisch, die letzte Fassung weniger ein erreichtes Ziel als ein Zustand, in dem sich Homogenes und Disparates halbwegs die Balance halten. Eine Tabelle der orthographischen Verschiebungen innerhalb einiger besonders problematischer Wortgruppen illustriert die Komplexität des Nebeneinanders von Gleichzeitigem und Ungleichzeitigem im Gesamtablauf:*

GW	H1 / H2	E1 / E2	e2	k3	E3	E4	Zeile
teilte	th	th	> t	> th *(GK)*	th	th	*388.13*
teilten	th	th	> t	> th *(GK)*	t	t	*427.06*
beteiligen	th	th	> t	> th *(GK)*	t	t	*370.15*
Gegenteil	th	th	> t	> th *(GK)*	t	th	*404.07*
Teilnahme	Th	Th	> T	> Th *(GK)*	T	Th	*396.27*
»	Th	Th	> T	> Th *(GK)*	T	T	*415.29*
teilnehmen	th	th	> t	t	t	t	*338.06*
teilnimmt	Theil nimmt	theilnimmt	> teilnimmt	t	t	t	*339.29*
teils	th	th	> t	t	t	t	*368.10*
verteidigt	th	th	> t	> th *(GK)*	th	th	*348.23*
»	th	th	> t	t	t	t	*388.10*
Irrtum	th	th	> t	> th *(GK)*	th	th	*423.15*
Heimat	th	th	> t	t	t	t	*419.25*
Heimat-schlößchen	th	t	t	t	t	t	*365.30*
»	th	th	> t	t	t	t	*376.25*
gieb	* i	i	> ie	> i *(GK)*	i	i	*357.30*
giebt	i	i	> ie	ie	i	i	*361.31, 367.30, 377.02*
vorgiebst	i	i	> ie	> i *(GK)*	i	i	*351.08*
Hülfe	ü	i	i	i	ü	ü	*343.32*
»	ü	i	i	> ü *(GK)*	ü	ü	*346.12*
Aushülfe	ü	ü	> i	> ü *(GK)*	ü	ü	*426.01*
Hülfsquellen	ü	i	i	> ü *(GK)*	ü	ü	*337.18*
allmählich	allmälig	allmählig	> allmählich	allmählich	allmählich	allmählich	*372.26*
»	allmälig	allmälig	allmälig	allmälig	allmählich	allmählich	*413.03*
Fasse	ss	ß	ß	* Fasse > Faße > Faß	ß	ss	*409.23*
begossen	- / ss	ß	ß	ß	ß	ss	*409.24*
wohl	oh / o	oh	oh	oh	oh	oh	*342.31, 422.22, 422.29*
»	oh	oh	oh	oh	oh	oh	*alle übrigen*

> *Korrekturvorgang*
(GK) *nachweisbar von Keller vorgenommene Korrektur*
* *vgl. Kap. 1.2 Variantenverzeichnis*
» *gleiche Wortform wie in Zeile darüber*

Einordnung *Für die Ausgaben der Werke Kellers ergibt sich bei den* Sieben Legenden *ihres geringen Umfangs wegen ein besonderes Problem der Einordnung. In den* Gesammelten Werken *1889 wurden die* Legenden – *entgegen der ursprünglichen Vertragsvereinbarung einer Verkoppelung mit den* Gesammelten Gedichten *(GW 9/10)*[1] – *mit dem* Sinngedicht *in einem Band (GW 7) vereinigt. Dies führte zu den Problemen des Doppeltitels und der zwei Inhaltsverzeichnisse, die bis 1906 bzw. 1918 (Titel) ungelöst blieben.*[2] *Bei den ab 1920 publizierten Werkausgaben wurden meistens weder die ursprünglich maßgeblichen kompositorischen noch chronologische Momente berücksichtigt. So wurden die* Legenden – *aus Platzgründen – mit den* Gesammelten Gedichten[3], *mit den* Züricher Novellen[4] *oder gar mit* Martin Salander[5] *gekoppelt.*

Daneben erschienen die Sieben Legenden *weiterhin – wie auch* Romeo und Julia auf dem Dorfe – *als offizielle Separatausgabe bei Hertz bzw. Cotta neben den* Gesammelten Werken,[6] *ab 1919 auch in der vom Verlag Rascher herausgegebenen* Schweizerischen Bibliothek *(Rascher 1919). Ebenfalls 1919 verlegte der Kunstverlag Anton Schroll in Wien eine von Cotta bewilligte Miniaturausgabe mit Originallithographien von Fritzi Löw.*[7]

---

1 *Vgl. HKKA 23.1, Kap. 1.1 Entstehung, S. 41.*

2 *Vgl. HKKA 23.1, Kap. 1.2 Die Textzeugen, S. 105 und ebd., Kap. 1.3* Editionen, *S. 117 f.*

3 *Den Gedichten (mit eigener Paginierung) vorangestellt werden die* Legenden *z. B. im letzten Band der fünfbändigen* Wohlfeilen Ausgabe *des Cotta-Verlags. Mit den Gedichten zusammengebunden, aber als separater* Zweiter Teil *mit eigener Paginierung erscheinen sie in der zehnteiligen Ausgabe von Max Zollinger 1921 (Teil 2 hg. von Karl Polheim). Dabei macht gerade Polheim im Vorwort zu den* Legenden *auf die kompositorische Einheit von Band 7 in GW aufmerksam (Zollinger, Teil 2, S. 11).*

4 *Im Anschluß an die* Züricher Novellen *erscheinen die* Legenden *z. B. im 6. Band der achtbändigen* Kritisch-historischen *Ausgabe von Max Nußberger 1921, aber auch in SW 10 (hg. von Carl Helbling).*

5 *In:* Gottfried Keller. Sämtliche Werke in acht Bänden. *Hg. von Peter Goldammer. Berlin: Aufbau-Verlag 1958 (Bd. 5). – DKV 6 vereint* Sieben Legenden, Das Sinngedicht *und* Martin Salander *in einem Band.*

6 *1893 erschien die 5. Auflage; die 6.–9. Auflage erschienen 1901, 1908, 1913 und 1918.*

7 Sieben Legenden von Gottfried Keller. Mit 16 Originallithographien und Buchschmuck von Fritzi Löw. *Wien: Schroll 1919. Von diesem Buch wurde eine* einmalig numerierte Vorzugsausgabe von 100 Exemplaren in handgearbeiteten Ganzlederbänden *hergestellt.*

Textkonstitution *Rund 15 Jahre lang wurde der stereotypierte Satz von GW 1889 – abgesehen von minimalen Änderungen – beibehalten.*[8] *Bei der Neuerstellung des Satzes für die 35. Auflage von 1906 wurden die Orthographie an die neuen Gegebenheiten angepaßt (Reform von 1902) und kleinere Änderungen vorgenommen.*[9] *1909 (45.–49. Aufl.) wurden darüberhinaus die meisten der in der 4. Auflage hinzugekommenen Varianten rückgängig gemacht,*[10] *während die erst in GW 1889 hinzugekommenen größtenteils erhalten blieben. Korrigiert wurden auch 357.03* mächtigen *(seit E3 statt* nächtigen*)* Tannen, *393.03* schüttelte *(seit E2 statt* schüttete*) und die falschen Stellenangaben im Motto von SL2 und SL3.*

Die Ausgabe für die Schweiz *(Rascher 1918) und die* Jubiläums-Ausgabe *(Cotta 1919) folgten der auf Basis von E3 erstellten Textvorlage von Emil Ermatinger.*[11] *Sie bezogen auch Kellers Handexemplar p3 ein und enthalten zusätzliche Emendationen. Sie wurden zur Grundlage vieler weiterer Ausgaben (so derjenigen von Zollinger). Carl Helbling (SW 10, 1945), in Fortsetzung von Fränkels Methode, folgte ebenfalls grundsätzlich E3, setzte aber überall dort, wo E3 vermutlich ohne Zutun Kellers von den vorangehenden Textzeugen abweicht, ohne weiteren Nachweis wieder frühere Varianten ein: vor allem solche der Druckvorlage H2, die Sprachrhythmus und lautliche Eigenheiten betreffen. Damit schuf er den Mischtext, der über Jahrzehnte hinweg zur Norm wurde.*

Die Ausgabe des Deutschen Klassiker Verlags verwendet gemäß den Verlagsgrundsätzen E3 als alleinige Textgrundlage und folgt dieser – mit Ausnahme der Motto-Korrekturen –, ohne spätere Berichtigungen (z.B. nächtigen, schüttete*) oder etwa die 2 Eintragungen im Handexemplar p3 einzubeziehen oder zu erwähnen.*

Die Separatausgaben der Sieben Legenden *von Rascher 1919 und Schroll 1919 behielten einige Ausdrücke von GW 1889 bei, die in den* Gesammelten Werken *von Rascher 1918 bereits ersetzt worden waren (z.B. 357.03* mächtigen*).*

8 *Eine einzelne Korrektur (411.05* euxinus > Euxinus*) war schon 1891 aufgrund einer am 27.10.1890 von Carl Tittmann an Wilhelm Hertz gesandten Fehlerliste zu GW angebracht worden (CA: Fasz. XI Nr. 89).*

9 *Vgl. HKKA 23.1, Kap. 1.3 Editionen, S. 118f. und ebd., Anm. 8 und 9. – Korrigiert wurden in den* Legenden *z.B. 348.32* Nachbaren > Nachbarn*; 357.04* wiederspiegelte > widerspiegelte*; 380.18* war⟨,⟩*; 339.22 wurde das Absatzende aufgehoben.*

10 *Dies betrifft v.a. die unter E4 (S. 56) aufgelisteten Varianten (außer 357.14).*

11 *Vgl. HKKA 23.1, Editionen, S. 119f.*

Die Tabelle auf Seite 64 veranschaulicht die Uneinheitlichkeit anhand exemplarischer Stellen.

Die Niederschrift von 1857/58 *Jakob Baechtold erwähnte 1897 als erster die frühe Niederschrift H1:* Gottfried Keller schenkte s. Z. das alte Legenden-Manuskript der Wiener „Concordia" zu einer Verlosung oder etwa ähnlichem. Wohin ist dasselbe gekommen?[12] *1918 wurde die Handschrift in einem Berliner Auktionskatalog ausgeschrieben, worauf sie – dank dem Hinweis von Jonas Fränkel – durch die Zentralbibliothek Zürich erworben werden konnte.*

1919 erfolgte zum 100. Geburtstag von Keller ein Faksimiledruck,[13] *welcher H1 erstmals – ohne begleitende Textumschrift – öffentlich bekanntmachte. Die Wiedergabe läßt allerdings viel zu wünschen übrig. Das luxuriöse Großformat und der gleichförmige Zuschnitt lassen die tatsächlichen Proportionen nicht erkennen und machen Schriftmaterialien wie Tinte und Bleistift ununterscheidbar. Vorgenommene Retuschen verbieten es, das Faksimile anstelle des Originals zu verwenden.*

Die kritisch-historische *Werkausgabe von Max Nußberger (1921) beschreibt zwar die Manuskriptgestalt,*[14] *ohne aber vom Manuskript selbst eine Anwendung zu machen, wohingegen die Ausgabe von Max Zollinger (1921) immerhin umfangreichere Varianten mitteilt.*[15] *Die Untersuchung von Norbert Schwade*[16] *brachte 1927 erstmals eine ausführliche Beschreibung des frühen* Legenden-*Textes und eine systematische Auflistung der stilistischen Unterschiede gegenüber der Druckfassung. Carl Helbling (SW 10, 1945) beschränkt sich auf die Mitteilung zufällig ausgewählter Varianten gegenüber der Druckfassung und auf die Anführung größerer Korrekturakte; er bleibt damit weit hinter dem durch Fränkel erreichten Standard zurück. Eine eingehende Beschreibung der Handschrift mit begründeter Unterscheidung von Korrekturschichten fehlt.*[17] *Bettscharts poetologische Untersuchung*[18]

12 *Baechtold, Bd. 3, S. 27 f., Anm. 1.*

13 Gottfried Keller. Sieben Legenden. Faksimiledruck nach der bisher unveröffentlichten ersten Fassung der Originalhandschrift in der Zentralbibliothek, Zürich. *Zürich: Rascher 1919 (Faksimile 1919).*

14 *Vgl. Nußberger, Bd. 6, S. 521 f.*

15 *Anmerkungen zu den* Legenden *in Zollinger, Teil 10, S. 277–286.*

16 *Norbert Schwade:* Die Urfassung von Gottfried Kellers Sieben Legenden. *Jena: Neuenhahn 1927.*

17 *Vgl. Fränkels kritische Auseinandersetzung mit Helblings* Legenden-*Edition: Jonas Fränkel:* Gottfried Keller-Philologie. *In:* Euphorion *46 (1952), S. 453–454.*

18 *Oscar Bettschart:* Gottfried Kellers Sieben Legenden. Eine Untersuchung. *Freiburg 1947.*

Rückgriffe bis auf E3

	338.03	*366.28*	*358.20*	*375.05*	*364.07*	*357.14*
E3	niedlichen	Ergebnisse	merkte	Wo willst du hin?	Morgenröth'	überblicken
E4	lieblichen	»	»	»	»	übersehen
GW 1889	»	Erlebnisse	bemerkte	Wo bist Du hin?	Morgenröt'	»
GW 1909	niedlichen	»	»	„Wo bist du hin?	»	»
Rascher 1918	»	Ergebnisse	merkte	»	Morgenröth	»
Jubiläumsausgabe	»	»	»	„Wo willst du hin?	»	»
Wohlfeile Ausgabe	»	»	»	»	»	»
Rascher 1919	»	»	»	„Wo bist du hin?	»	»
Zollinger	»	»	»	„Wo willst du hin?	Morgenröth'	»
Nußberger	»	Erlebnisse	bemerkte	»	Morgenröt'	überblicken
SW	»	Ergebnisse	merkte	Wo willst du hin?	Morgenröth'	»
DKV	»	»	»	»	»	»

Rückgriffe bis auf handschriftliche Textzeugen

	357.03	*393.03*	*341.11*	*337.18*	*364.11*	*343.20*	*342.24*
H2	nächtigen Tannen	schüttete	allbereits	Hülfsquellen	2 Buch, 42.	benutzten	*p3:* in das Kloster
E3	mächtigen Tannen	schüttelte	allbereit	»	2. Buch, 42.	benützten	als Mönche in das Kloster
E4	»	»	»	»	»	»	»
GW 1889	»	»	»	»	»	»	»
GW 1909	nächtigen Tannen	schüttete	allbereits	Hilfsquellen	4. Buch, 42.	»	»
Rascher 1918	»	schüttelte	»	Hülfsquellen	»	»	in das Kloster
Jubiläumsausgabe	»	»	»	»	»	»	»
Wohlfeile Ausgabe	»	»	»	»	»	»	»
Rascher 1919	mächtigen Tannen	»	»	»	»	»	»
Zollinger	nächtigen Tannen	»	»	Hilfsquellen	»	»	»
Nußberger	»	schüttete	»	»	II. Buch, 42.	»	als Mönche in das Kloster
SW	»	»	»	Hülfsquellen	IV. Buch, 42.	benutzten	in das Kloster
DKV	mächtigen Tannen	schüttelte	»	»	4. Buch, 42.	benützten	als Mönche in das Kloster

vergleicht selektiv v. a. die Druckfassung (in der kontaminierten Form von SW) mit H1, dabei z. T. auch Sofortkorrekturen berücksichtigend.

Erst 1965 erschien die erste vollständige Textedition der Galatea-Legenden *von Karl Reichert.*[19] *Titel und Textzusammenstellung folgen Reicherts interpretatorischem Konzept von einer ursprünglich den eigentlichen* Galatea-*Zyklus bildenden Legendensammlung, die dann – das Erzählduell zwischen Verfechterin und Gegner der Frauenemanzipation weiter verarbeitend – als eigenständiges Werk ausgegliedert wurde. Die von Reichert konstruierte Abfolge der* Urlegenden *folgt einem dialektischen Schema, demzufolge sich am Ende die* Einseitigkeit der sich diametral gegenüberstehenden Standpunkte *offenbaren soll, so daß* der Umschlag in die Synthese – vorbereitet durch das „Tanzlegendchen" – *erfolgen kann:*

I.	Lucie:	Vitalis	*(SL5)*
	Reinhart:	Eugenia	*(SL1)*
II.	Lucie:	Beatrix	*(SL4)*
	Reinhart:	Dorothea	*(SL6)*
III.	Lucie:	Gebizo	*(SL2)*
	Reinhart:	Zendelwald	*(SL3)*
	(Onkel?):	Tanzlegendchen	*(SL7)*

Diesem Konzept entsprechend wird von Reichert grundsätzlich die frühste Fassung geboten; doch sind diejenigen Korrekturen berücksichtigt, die sich als rein stilistischer Natur *[...]* zu erkennen geben *(S. 17). Damit endet Reicherts kritisches Engagement für die Frühfassung in einer unkritischen und willkürlichen Textkonstituierung. Das zeigt sich auch darin, daß die Absatzeinteilung sich durchgehend nach den Druckfassungen richtet und außerdem die Orthographie* fast ganz, *die Interpunktion* in wenigen Fällen an den heutigen Stand angeglichen *(S. 17) wird.*

Die Ausgabe des Deutschen Klassiker Verlags (DKV 6, S. 701–779) versucht demgegenüber, den fließenden Charakter des Manuskripts sichtbar zu machen *(S. 884) und den Eindruck einer abgeschlossenen Textfassung zu vermeiden. Korrekturen – mit Ausnahme von* Sofortkorrekturen – *werden direkt in die Textdarstellung einbezogen, was den Informationswert der Wiedergabe beträchtlich erhöht. Die Definition des Terminus Sofortkorrektur –* Änderungen, die schon vorgenommen worden sind, bevor der Satz beendet ist *(S. 885) – ist allerdings problematisch und deckt sich faktisch*

19 Gottfried Keller. Galatea-Legenden. Im Urtext herausgegeben von Karl Reichert. *Frankfurt: Insel 1965. – Vgl. auch Reichert 1963 und die dort enthaltene Kritik an Helblings Apparat, S. 117–120.*

nicht mit der Erläuterung, daß in der Sofortkorrektur der neue Wortlaut der getilgten Stelle unmittelbar nachfolge. Nicht unterschieden werden zweifelsfrei nachträgliche Korrekturen (Bleistift) von allen übrigen, die wohl zum größten Teil vor Abschluß der Sätze stattfanden. In kritischem Abstand zu Reichert werden die Legenden *entsprechend der Druckfassung angeordnet.*

Anordnung *Der Textband vereinigt entsprechend der Textvorlage die beiden Zyklen* Das Sinngedicht *und* Sieben Legenden. *Der Apparat dagegen wurde auf zwei parallele Halbbände aufgeteilt.*

Die Disproportionalität im Bandtitel von GW wird in der HKKA – die besondere Kombination der zwei Erzählzyklen Das Sinngedicht *und* Sieben Legenden *betonend – beibehalten,*[1] *ebenso die gesonderte Anführung und unterschiedliche Darstellungsweise der Inhaltsverzeichnisse (S. 5 f. und 335). Vignetten, Fleurons und Trennlinien auf der Titelseite und am Beginn und Ende der einzelnen Legenden werden nicht wiedergegeben.*

Textkonstitution *Vorlage für den edierten Text ist GW 7, S. (331)–427, entsprechend den allgemeinen editorischen Richtlinien.*[2] *Der relativ sorgfältige Druck von GW weist keine Druckfehler im engern Sinn auf, so daß auf Emendationen verzichtet werden konnte. Als lebende Kolumnentitel werden die Überschriften der einzelnen Legenden verwendet.*

Kritische Lesarten *Die letzte Textausgabe, deren Korrekturbogen Keller durchgesehen und korrigiert hat, ist E3. Im Textband werden daher die Varianten von E3 (und den zugehörigen Korrekturbogen) verzeichnet – mit Ausnahme derjenigen, welche die Orthographie, die Groß- und Kleinschreibung, die Zusammen- und Getrenntschreibung und die Interpunktion betreffen (im eingeschränkten Sinn der allgemeinen editorischen Richtlinien). Dazu kommen 2 Eintragungen in Kellers Handexemplar von E3 (= p3), die in den Drucken keine Berücksichtigung fanden, aber als Textverbesserungen gelten können. Da Keller den einzelnen Stadien in der Publikationsgeschichte der* Legenden *besondere Sorgfalt angedeihen ließ, repräsentiert die letzte von ihm vollständig durchkorrigierte Ausgabe in stärkerem Maß einen ‚gültigen' Text, als dies etwa bei der entsprechenden Ausgabe des* Sinn-

---

1 *Die Disproportionalität entsteht durch die typographische Hervorhebung des* Legenden-*Titels und dessen direkte Verknüpfung mit dem Autornamen:* Das Sinngedicht \ Novellen. \ Sieben Legenden \ von \ Gottfried Keller*; vgl. HKKA 23.1, Kap. 1.2 Die Textzeugen, zu GW, S. 105.*

2 *Vgl. HKKA Einführungsband, Kap. 8.2; desgleichen die ausführlicheren werkorientierten Darlegungen ebd., Kap. 7.1.*

gedichts *(E1) der Fall ist, weshalb auch weniger Verzeichnungen von früheren Lesarten notwendig sind.*[3]

Variantenwiedergabe *Die Varianten sämtlicher Textzeugen vor GW (H1–E4) werden in Kap. 2.1 Variantenverzeichnis lemmatisch aufgelistet oder generalisierend festgehalten. Ausgenommen sind Druckfehler in den Korrekturbogen, welche von Weibert direkt berichtigt wurden (k3β), außerdem Korruptelen wie beschädigte oder leicht verschobene Buchstaben, ungleichmäßige Wort- und Zeilenabstände u. ä. in den Drucken. Sonstige Druck- und Schreibfehler werden i. d. R. nicht von Varianten unterschieden und bei der Wiedergabe auch nicht korrigiert.*

Bei handschriftlichen Textzeugen wird auf die Verzeichnung von Eigenheiten der deutschen Kurrentschrift (Verdoppelungszeichen, abgekürztes und, *unterschiedliche* s*-Formen u. ä.), welche nicht im Antiquasatz erscheinen, verzichtet. Bei Ergänzungen und Ersetzungen am Korrekturrand wird auf die spezielle Position hingewiesen; ausgenommen sind Einfügungen unmittelbar vor einem Zeilenbeginn oder am Zeilenende, wenn sich daraus kein zusätzliches Kriterium zur Beurteilung unsicherer genetischer Zuordnungen ergibt (z. B. ‚ev. Ergänzung am Zeilenende'). Nicht im Detail dokumentiert wird Kellers Gewohnheit, ein unpassendes Wort am Zeilenbeginn zu streichen und durch ein anderes am Ende der vorangehenden Zeile zu ersetzen. Zeilenumbrüche (\) und Seitenumbrüche (|) werden nur dort markiert, wo sie zum Verständnis eines Korrekturaktes bzw. eines Schreib- oder Druckfehlers beitragen können.*

Da die frühe Niederschrift H1 sich in erheblichem Maße vom späteren Druckmanuskript und den darauf basierenden Drucken unterscheidet und eine eigene literarische Geltung beanspruchen kann, wird sie vollständig reproduziert und integral transkribiert.[4]

3 *Vgl. dagegen die Bemerkungen zu den kritischen Lesarten des* Sinngedichts, *HKKA 23.1, S. 125 f.*

4 *Vgl. Kap. 2.2 Integrale Wiedergabe von H1, S. 169.*

Variantenund Stellenkommentar

2.1 VARIANTENVERZEICHNIS

GENERALISIERUNGEN

E3 (1884) ist die letzte Textausgabe der Legenden, welche Keller nachweislich vollständig durchgesehen hat. Da in E3 zugleich die Orthographie der neuen preußischen Regelung von 1880 angepaßt wurde, bildet dieser Textzeuge auch die Gelenkstelle für die Generalisierungen in der Variantendarstellung.

Alte Schreibweise in H1–E2 *Die meisten Generalisierungen betreffen Abweichungen der Textzeugen H1–E2 gegenüber den Textzeugen E3–GW. Der edierte Text von GW entspricht in dieser Hinsicht den beiden letzten ihm vorangehenden Stufen (E3 und E4).*

Regeln

- *Statt* t *lies* th *in Fällen wie:* Armut(h), At(h)em, Christent(h)um, Demut(h), Eigent(h)um, Gemüt(h), Gerät(h), Glut(h), Märtyrt(h)um, Mut(h), Not(h), Rat(h), Reicht(h)um, T(h)au, T(h)eil, T(h)ier, T(h)urm, Vorrat(h), Wehmut(h), Wert(h), Wirt(h), anmut(h)ig, rot(h), wüt(h)end, errat(h)en, gerat(h)en, heirat(h)en, vert(h)eidigen, vermut(h)en *und verwandten Formen (nicht aber* Heimat*)*
- *Statt* -nis *lies* -niß *bei Wortendungen; z.B. bei* Ereignis, Erkenntnis, Geheimnis, Gefängnis, Verhältnis *usw.*
- *Statt* t *lies* dt *bei* to(d)t, tö(d)ten, To(d)tschläger *und verwandten Formen*
- *Statt* ins, ans, aufs *lies* in's, an's, auf's *(Apostroph)*

Wo also in GW Teil, Geheimnis, töten *u.ä. steht, ist dies für die Stufen H1–E2 zu ersetzen durch* Theil, Geheimniß, tödten.

Die großen Umlaute in E3 und E4 *Große Umlaute werden in E3 und E4 durch* Ä, Ö, Ü *bezeichnet. Diese Modernisierung wird in* GW *nicht übernommen.*

Regel

- *Statt* Ae, Oe Ue *lies* Ä, Ö, Ü

Wo also in GW Aepfel *steht, ist dies für E3 und E4 durch* Äpfel *zu ersetzen.*

Anmerkung

Ue *bleibt in E4 in 2 Fällen bestehen; daneben finden sich in E4 mehrere fehlerhafte, umlautlose* U- *und* A-*Formen (z. B. 341.25* Uberdies*), die im Variantenverzeichnis einzeln aufgeführt werden.*

Anredepronomina in H1–E4 *In GW werden die Anredepronomina konsequent groß geschrieben – im Gegensatz zu allen übrigen Textzeugen, wo die Kleinschreibung dominiert. Als generelle Varianz gegenüber GW festhalten lassen sich allerdings nur die Formen der 2. Person Singular, nicht dagegen die völlig unregelmäßig gehandhabten Pluralformen* Euer / euer *und* Ihr / ihr*).*

Regel

– *Statt* Du, Dich, Dein, Dir *lies* du, dich, dein, dir

Wo also in GW Du *steht, ist dies für H1–E4 durch* du *zu ersetzen.*

ZU DEN REVISIONS- UND KORREKTURBOGEN

Dem Orthographiewechsel im Übergang von E2 zu E3 liegen entsprechende Korrekturen im Revisionsexemplar e2 und in den Korrekturbogen für E3 (= k3) zugrunde. Wo dieser Übergang in einfacher Weise geschieht, wird er nur durch Siglennennung angedeutet:

353.01 Konsul] Consul *H2–E2 (k3β→)*

Bei generalisierten und somit nicht lemmatisch verzeichneten Varianten entfallen im Normalfall auch diese Verweise. So entfällt die folgende Aufzeichnung, weil der th-*Wechsel nicht einzeln notiert wird:*

360.10 teils] theils *H1–E2 (e2β→)*

Ausgenommen von dieser Regelung sind komplexere Fälle, insbesondere jene, wo eine Korrektur zweimal verzeichnet oder nachträglich rückgängig gemacht wird:

420.04 gerieten] [geriethen] ⟨gerieten⟩ *e2β k3β*

Für die Textgenese nicht von Belang sind die nachträglich vom Verleger vorgenommenen Übertragungen der Korrekturen aus den Revisionsbogen e1 auf das ursprüngliche Druckmanuskript H2 (= H2δ). Sie werden, sofern sie nicht von Kellers Korrekturen in e1 abweichen, nicht verzeichnet.

ZU DEN RANDKORREKTUREN

Die Ergänzungen und Ersetzungen am Korrekturrand von H1 und H2 wurden vom Autor dem Text meist durch ein Kreuz in Form von × oder + zugewiesen. Solche Zuweisungszeichen werden bei den Positionsangaben in den Anmerkungen notiert.

VERWEISE AUF DIE INTEGRALE DARSTELLUNG VON H1

Am rechten Rand ist die Seitenzählung der Niederschrift von 1857/58 (H1) notiert. Dies ermöglicht den Bezug zur integralen Darstellung dieser Handschrift (Kap. 2.2). Anmerkungen zu Varianten von H1, die Positionsangaben u. ä. betreffen, finden sich in Kap. 2.2. Im Variantenverzeichnis (Kap. 2.1) wird durch ein Sternchen (*) auf sie verwiesen.

331.01 *01* Sieben Legenden.]
H1 *ε* [X] Gottfried Keller, Sieben Legenden.
1857 [–7]¬ /58. *H1;*[1] *
Sieben Legenden. \ Von \ Gottfried Keller. *H2–E4*

Vorwort

Vorwort fehlt in H1

333.03 *03* scheinen] [*vor*]¬ scheinen *H2*
333.04 *08* Fabulierkunst] Fabulirkunst *H2–E2 (e2β →)*
333.05 *09* ehemaligen] ehmaligen *H2–E4 (LA)*
333.06 *01* mehr] [Er]¬ mehr *H2*
333.09 *05* radierte] radirte *H2–E2 (e2β →)*
333.12 *03* wobei] wobei [freilich nicht zu vermeiden war,]¬ *H2*

Inhalt

Inhaltsverzeichnis fehlt in H1; alle Legenden-Titel mit Punkt am Schluß und ohne Seitenzahl in H2[2]

335.08 *01* Dorotheas] Dorothea's *H2–k3*

SL1 **Eugenia**

337.01 *01* Eugenia.] ε[Legende der] Eugenia. *H1* **H1 01**
337.01–343.06 *Abschrift von Marie Rambert H2*[3]

Motto:°

337.02–05 Ein Weib ... 5. Mos. 22. 5.][4]
H1 *γ* ⟨ε[Genes.¿ 5. 22.¿5]
Ein Weib soll nicht tragen, was dem Manne \ zu^steht; und ein Mann soll nicht Weiberkleider \ anlegen: denn wer solches thut, ist dem Herrn, \ seinem Gott, ein Gräuel.⟩ *H1* *

337.02 *04* Mannsgeräte tragen,] tragen, was dem Mann zusteht; *H2*

---

1 *331.01* *H1* 1857/58] *Korrektur von Zahl und Bindestrich ev. nicht gleichzeitig; vgl. Kap. 1.2 Die Textzeugen, zu H1, S. 23.*

2 *Seitenangaben zu den Drucken vgl. Kap. 1.2 Die Textzeugen, zu E1, S. 35 und zu E3, S. 53.*

3 *337.01* *H2* *Vgl. Kap. 1.2 Die Textzeugen, zu H2, S. 31. – In der Schrift von Marie Rambert sind* T *und* t *nicht unterschieden.*

4 *337.02–05* *Unterschiedlicher Wortlaut und Zeilenumbruch in den einzelnen Textzeugen; einziges Motto in H1, nachgetragen (γ).*

337.03 *06* anthun;] anlegen; *H2*
337.04 *06* Herrn, deinem Gott,] Herrn seinem Gott *H2*
337.05 *01* Greuel.] Gräuel. *H2–E2 (e2β→)*
02 5. Mos.]° Genes. 5. *H2;* 5 Mos. *E2 k3*

337.06–09 *01* Wenn ... dahintrollen.]
H1 δ[Wenn wir Männer an den Frauen Ehrgeiz und Ruhmsucht ertragen sollen, so ertragen wir noch am liebsten den Ehrgeiz der Schönheit und Weiblichkeit, [ein]¬ und sollte es die leibhafte Koquetterie selbst sein; jeder andere Ehrgeiz wird [bei] ⟨an⟩ ihnen zu einer Großmannsucht, welche auch richtig jederzeit damit überschnappte, daß man, [oder vielmehr weib] sich in wirkliche Männerkleider steckte, womit einem Manne von gesunder Phantasie so wenig gedient ist, als den Frauen mit weibisch geputzten Männern.] *H1;*
kein Absatzende H1
337.06 *07* Schönheit,] ⟨Schönheit,⟩ *H2*[5]
337.07–08 *03* um sich ... hervor zu thun,] u sich ... hervorthun wollen, *H2*
337.10 *02* Sucht,] [*x*]¬ Sucht, *H1;* Sucht *H2*
09 schon] *fehlt H1–H2*
337.11 *03* Legendenwelt] [Legen-\welt] ⟨Legenden-\welt⟩ *H2*
08 Vorschein,] Vorschein *H2–E1 (e1β→)*
337.12 *06* jener] [Jener] ⟨jener⟩ *H2*
337.12–14 *09* von dem Verlangen ... befreien.]
H1 genau besehen [der]¬ ein ausgebildeter [theol*i*]¬ [theologischer] Blaustrumpf, der sich vom Herkommen des Hauses und [des Standes]¬ der Gesellschaft zu emanzipiren trachtete und sich köpflings in die neue Bewegung stürzte. *H1*
337.15 *06* das feine] [ein feines] ⟨das feine⟩ *H1*
337.16 *07* Endresultat,] [Endru]¬ Endresultat, *H1*
337.17 *02* sie,] sie, [schließlich] *H1*
08 ihre männlichen] [ihr völlig män]¬ ihre männlichen *H1*
337.18 *05* Hülfsquellen] Hilfsquellen *E1–E2 (k3γ→)*
337.19 *01* Geschlechtes] Geschechtes *H1*
02 anrufen] hervorkehren *H1*
337.22 *06* Demgemäß] Dem gemäß *H2*
337.23 *05* unterrichtet,] unterrichtet⟨,⟩¿ *H1*
08 schlug] [bek]¬ schlug *H1*
337.24 *09* wenig] bischen *H1*
338.01 *01* alle] der Reihe nach alle *H1*
338.03 *02* lieblichen Knaben] [*z*]¬ niedlichen Bürschchen *H1;*
niedlichen Knaben *H2–E3 (LA)*
06 bei sich] [be*x*] bei *H1*
08 hatte.] [hatte, S]¬ hatte. *H1*[6]
338.04 *08* welche] [*x*]¬ welche *H2*

5 *337.06* *H2* Schönheit,] *Ergänzung am Zeilenende (Korrekturrand).*
6 *338.03* *H1* *Ev.* hatte[,]¬. [S]¬

338.04–05 *09* zur Gesellschaft ... erzogen waren]
H1 mit ihr [erzogen waren zur besseren Gesellschaft]¬¬
¿ zur [besseren] Gesellschaft erzogen waren *H1*[7]*

338.05 *08* all'] all *H2–E4*

338.06 *01* teilnehmen] Theil nehmen *H1;* Theil^nehmen *H2*

02 mußten.] *kein Absatzende H1*

338.07 *02* wurde] ward *H1–E1 (e1β p1 →)*

338.08 *07* seltsamer Weise] seltsamerweise *H2*

338.09 *04* wuchsen] erwuchsen *H1*[8] *(LA)*

338.11 *05* allezeit] allzeit *H1*

338.12 *04* Hyazinthen] [Hyathi]¬ Hyazinthen *H1;* Hiazinthen *H2*

338.13 *01* hergehen,] her gehen, *H2*

04 Herrin] Herrin [sich] *H1*

08 disputierte.] disputirte. *H1–E2 (e2β →); kein Absatzende H1*

338.14 *06* wohlgezogenere] wolgezogenere *H2*

338.15 *03* nie] niemals *H1*

07 Meinung] Meinung, *H1–H2*

338.16 *03* immer] stets *H1–E2 (p1 e2γ →)*

338.17 *09* recht] Recht *H2–E2 (e2β →)*

338.18 *04* Ungeschickteres] Dümmeres *H1*

06 sagen] sagen, *H1–E3 (LA)*

338.19 *01* Gespielen.] *kein Absatzende H1*

338.20 *02* Bücherwürmer] Bücherwürme *H1*

04 Alexandrien] Alexandri*a* *H1*[9]

06 Elegieen] Elegien *H2–E4*

338.21 *03* die] [diese] ⟨die⟩ *H1*

338.22 *04* Verse]
H1 [schmeichelhafte Literatur]¬¬
[schmeichelhaften] Verse *H1*

338.24 *04* Jahre wurde] Jahr ward *H1*

10 gelehrter,] gelehrter⟨,⟩ *H1*

338.26 *01* Irrgärten] Irrgängen *H1–H2 (LA)*

338.27 *04* Eugenia] Eugenien *H2*

338.28 *05* empfand] [hatte]¬ empfand *H1* **H1 02**

338.29 *03* seiner Tochter,] seinem Töchterchen, *H1*

07 trotz des römischen Vaterrechtes]
H1 [gegen die römische] Sitte
trotz der römischen *H1;*
H2 *α* trotz [der] römischen [Sitte]¬¬
α des [Rechtes]
β [Vate]¬ Elternrechtes *H2*[10]

---

7 *338.05* *H1* *Wortumstellung; Streichung von* besseren *ev. vor der Umstellung.*

8 *338.09* *H2* wuchsen] *Ev. Abschreibefehler von M. Rambert.*

9 *338.20* *H1* Alexandri*a*] *Ev.* [Alexandria] ⟨Alexandrien⟩

10 *338.29* *H2* *Korrektur M. Ramberts (α) ev. durch eine schlecht lesbare Korrektur in der Vorlage verursacht, von Keller (β) am Korrekturrand (×) geändert.*

338.30	*08*	machen,] machen *H1–E1 (e1β p1 →)*
338.31	*03*	Freier] [Aqu]¬ Freier *H1*
	05	ihren] [sie]¬ ihren *H1*
	06	eigenen] eignen *H2*
338.32	*03*	ihm][11]
	05	war,] war⟨,⟩ *k3β*
	07	Aquilinus.] *kein Absatzende H1*
339.01	*03*	Eugenia] [die Tocht]¬ Eugenia *H1*
	05	seit] schon seit *H1*
339.02	*01*	heimlich das Auge auf ihn geworfen,] ein Auge auf ihn, *H1*
339.03	*01*	angesehenste] angesehnste *H2*
	06	Alexandrien] Alexandria *H1*
339.04	*01*	überdies] [überdieß] ⟨überdies⟩ *H2*
	02	für] [als]¬ für *H1*
	03	einen] [ein] ⟨einen⟩ *H2*
	09	galt.]
		H1 galt. β[Denn [ih*res*]¬ Frauen ihrer Art [üben]¬ übten stets den Brauch, ungeachtet ihrer großen Selbständigkeit nur solche Männer zu lieben, welche vor aller Welt glänzen, und sie gleichen hierin den jungen [Studenten] ⟨Handlungsdienern⟩, welche sich gern in berühmte Sängerinnen verlieben.] *H1**
339.05	*01*	Doch] [Allein]¬ Doch *H1*
	02	empfing] empfieng *H2*
	06	Konsul]° Consul *H1–H2*
339.06	*05*	Pergamentrollen] Pergamentrollen, *H2*[12]
339.07	*03*	Sessel. Der] Sessel, der *H1*
339.07–08	*05*	eine ... andere] Eine ... Andere *H1*
339.08	*04*	rosenfarbiges] rosenfarbenes *H1*
	09	blendend weißes,] blendendweißes, *H1*
339.09	*03*	Fremdling] [Un]¬ Fremdling *H1*
339.10	*05*	frischblühende Jungfrauen] frisch blühende Mädchen *H1*
	09	sehe.] *kein Absatzende H1;* [habe]¬ sehe. *H2*
339.11	*02*	dieses] dies *H1*
339.13	*03*	Weise] [Sprache] ⟨Weise⟩ *H2*
339.14	*08*	fortschickte,] entließ, *H1*
339.14–15	*10*	ließ er sich ... nieder] blieb er aufrecht [und]¬ stehen *H1*
339.16	*03*	in] kurz in *H1*
	10	sich] sich [aber] *H1*
339.18	*08*	sah.] *kein Absatzende H1*
339.20	*03*	ihre Wissenschaft] [ihr Wissen]¬ ihre Wissenschaft *H2*
	08	feineren] [zart]¬ feineren *H1;* feinern *H2–E4 (LA)*
339.21	*07*	gebunden. Dafür] gebunden; dagegen *H1*

11 *338.32* *H2* ihm] *Auslaufender Strich des* -m *mit hellerer brauner Tinte vermutlich von Keller durchgestrichen.*

12 *339.06* *H2* Pergamentrollen] P- *durch Keller verdeutlicht (γ).*

339.22 04 ernstes,] ernstes *H1*
06 Aussehen] Ansehen *H1*
09 erwiderte] erwiederte *H1–E2 (e2β→)*
10 ihm:] *kein Absatzende H1*
339.23 09 nehmen,] [be]¬ nehmen, *H1*
339.25 02 und] [indem]¬ und *H1*
339.26 01 wir, ohne] [wir ohne,] ⟨wir, ohne⟩ *H1*
05 prüfen,] [pf]¬ prüfen, *H2*
339.27 01 würden.] würden! *H1*
04 Bedingung,] Bedingung *H2*
05 welche] die *H1*
339.29 02 versteht] [verstehe] ⟨versteht⟩ *H1*
08 teilnimmt!] Theil nimmt! *H1–H2*
339.30 02 Du] du *H1 E1–E4;* Du ¡*H2*
11 sein] sein magst *H1;* sein [willst] *H2*
339.31 02 im] [in Gesellschaft]¬ im *H1*
07 Jugendgenossen] [Jünglingen] ⟨Jugendgenossen⟩ *H2*[13]
339.32 04 nach den höchsten Dingen zu forschen]
den höchsten Dingen [nachzugehen]¬ nachzuforschen. *H1*
340.02 05 nicht,] nicht[!“]¬, *H1*
340.03 06 so erkennen,] [näher kennen]¬ so [kennen] ⟨erkennen⟩, *H1*
340.05 02 Lichte] Licht *H1*
04 sollen.“] soll$_e$n!“ *H1;* sollen!“ *H2–E1*[14]
340.06 03 hochtragende] seltsame *H1–H2;* hochgetragene *E1–E2;*
k3 *α* [hochgetragene][15]
¿γ [hochtragene]
γ hochtragende *k3*
05 erwiderte] erwiederte *H1–E2 (e2β→)*
340.07 03 eine geheime Aufwallung,]
[eine geheime Aufwallung] ⟨ein geheimes Aufwallen⟩, *p3*[16] *(LA)*
06 doch] [do*x*ch] ⟨doch⟩ *H2*
340.08 05 kennte,] [recht] kennte, *H1*
340.09 03 begehren,] begehren! [M]¬ *H1*
10 sowohl] sowohl, *H1;* sowol *H2*
340.10 04 Wenn] [Auch bin ich nicht gekommen]¬ Wenn *H1*
06 Dein] [deine]¬ dein *H1*

---

13 *339.31* *H2* Jugendgenossen] *Vor der Streichung am Zeilenbeginn (Korrekturrand).*

14 *340.05* *E2* sollen.“] *Ersetzung des (sonst bei direkten Reden üblichen) Ausrufezeichens durch Punkt vermutlich durch den Setzer (fehlende Ausrufezeichen auch 405.29 und 398.18).*

15 *340.06* *k3* hochgetragene] *Die Streichung der zweiten Silbe (-ge-), obwohl mit Tinte, stammt von Keller.*

16 *340.07* *p3* ein geheimes Aufwallen,] *Diese Variante wurde dem Setzer vermutlich nicht mitgeteilt.*

340.11	01	schon jetzt] [um] ⟨schon jetzt⟩ *H1**
	05	was ich] wer und [was]¬ wie ich beschaffen *H1;*
		was[,] und wie ich beschaffen *H2;*
		was und wie ich beschaffen *E1–E2 (p1 e2γ→)*
	10	es, fürchte ich,] es *H1*
340.12	03	Auch] [Was dies]¬ Auch *H1*
	08	nochmals] [in die]¬ nochmals *H1*
340.13	05	sondern] [so*x*]¬ sondern *H1*
	07	Ehegenossin]
		[Lebensgenossin] ⟨Ehegenossin⟩ *H1;* [Ehegenossinn] ⟨Ehegenossin⟩ *H2*
	09	holen;] holen, *H1;* hohlen; *H2*
340.14	10	Du] [du] ⟨Du⟩ *H2*
	11	mir] [mich]¬ mir *H1*
340.15	03	vergönntest,] [vergönnst] ⟨vergönntest⟩, *H1*
	06	Wunsch,] [Wunsch und Wille] ⟨Befehl⟩, *H1*
	08	Du] [du] ⟨Du⟩ *H2*
340.15–17	10	endlich entlassen … könnten]
		H1 sofort entlassen mögest.
		[endlich]
		endlich *H1**
340.16	06	möchtest,] mögest, *H2*
340.17	04	sein könnten.] sind. *H2*
	09	Dich,] dich, *H1 E1–E4;* Dich, *¡H2*
340.20	08	geworden,] geworden *H2*
340.23	05	Du] du *H1 E1–E4;* Du *¡H2*
	10	Aquilinus!] [*x*]¬ Aquilinus! *H2*
340.24	04	gleichgültig] gleichgiltig *E1 (e1β p1 →)*
340.25	01	wäre] wäre[,] *H1*
	03	die] [*ein*]¬ die *H1*
	10	werden!“] [*x*]¬ werden!“ *H2*
340.26	06	kalt;] kalt *H1*
	07	„lebe wohl!“] „lebewohl!“ *H1*
340.27	09	erwidern,] erwiedern, *H1–E2 (e2β→)* **H1 03**
340.28	04	langsam] [l*an*gsam] ⟨langsam⟩ *H2γ*[17]
340.29	02	Jene] Eugenia *H1*
340.30	02	vornehmen;] vornehmen, *H1*
340.31	01	Augen] [*x*]¬ Augen *H2*
340.32–341.01		schweifte. Denn] schweifte; denn *H1; kein Absatzende H1*
341.01	05	auf] *fehlt H1*
	09	Konsul] Consul *H1–E2 (k3β→)*
	11	denjenigen] [dens]¬ denjenigen *H1*
341.02	04	sie] s- *von Keller durchgestrichen H1*
	05	allein] allenfalls allein *H1*
	06	unter] [von] ⟨unter⟩ *H1*

17 340.28 *H2* langsam] *Ev. wegen schlechter Lesbarkeit durch Keller neu geschrieben.*

341.03 01 Gemahl haben] [Ge]¬ Mann nehmen *H1*
07 allenfalls] *fehlt H1*
08 gefiele,] [gefallen] ⟨gefiele⟩, *H2*
341.05 02 hinwegkommen] hinweg kommen *H1–E4*
03 konnte.] *kein Absatzende H1*
341.06 04 ruhig] wie gewohnt *H1*
341.08 01 pedantische Schöne] eitle Schönheit *H1*
341.09 01 Es] [So]¬ Es *H1*
02 vergingen] vergiengen *H2–E1 (e1β→)*
03 beinahe] beinah *H1*
341.10 02 womöglich] wo möglich *H1*
04 merkwürdiger und] noch reizender und [wahrhaft]¬ *H1;* reizender [wurde]¬ und *H2*
341.11 01 glänzende] imposante *H1–E2 (k3γ→)*
06 Hyazinthen] Hyazinthe *H1*
07 allbereit] allbereits *H1–E2 (LA)*
341.13 08 dies] dieß *H2*
341.14 01 aufzuhalten,] aufzuhalten *H1*
07 satirische] satyrische *H1–E2 (p1 e2γ¿→)*
341.15 04 aufzutauchen begannen,] begannen aufzutauchen, *H1*
341.17 08 dieselbe] dieselben *E2 (k3γ→)*
09 hatte verbieten wollen.]

H2	*α*	[hätte] [verbiethen] ⟨verbieten⟩	[mögen.]
	α	hatte	[wollen.]
	γ		wollen. *H2* [18]

341.18 03 ging] gieng *H2*
06 Weg] Gang *H1–E1 (e1β→)*
341.19 03 weiter] *fehlt H1*
05 bekümmern;] kümmern; *H1*
341.20 02 an,] an *H1*
07 keiner Bewerbung mehr,] keiner weiteren Bewerbung, *H1*
341.22 01 fortzuleben.] fort zu leben. *H1–H2; kein Absatzende H1*
341.24 02 Entfernung] [Abdankung]¬ Entfernung *H1;* [Entg]¬ Entfernung *H2*
341.25 05 Ueberdies] Uberdies *E4*
341.27 08 welche] welch[...]\ *H1**
341.29 07 bewahren.] *kein Absatzende H1*
341.30 01 Solche] Denn alle solche *H1–E2 (k3γ→)*
05 eben] *fehlt H1–E2 (k3γ→)*
08 Luft.] [Luft,] [machen] [zu früheren Zeiten]¬¬ Luft. *H1; kein Absatzende H1*
341.31 09 zufrieden;] zufrieden, *H1*
341.32 05 Himmel,] Himmel [und]⟨,⟩ *H1*
342.01 02 durchphilosophieren,] [durch^philop]¬ durch^philosophiren, *H1;* [durchphilosophieren] ⟨durchphilosophiren⟩, *H2;* durchphilosophiren, *E1–E2 (e2β→)*

---

18 341.17 *H2* wollen.] *Streichung (α) und verdeutlichende Wiederholung (γ) durch Keller.*

342.02	*06*	Feld] Felde *H1*
342.03	*04*	sein.] [werden]¬ sein. *H1–H2*
	08	sie] [Sie] ⟨sie⟩ *H2*
342.04	*03*	hinauszufahren;] hinaus zu fahren, *H1*
	05	lenkte] lenkt[...]\ *H1*
	08	Wagen und]
		H2 *α* [Wagen u] *β* [Wagen,] *β* Wagen *H2*[19]
342.05	*03*	Laune;] Laune, *H1*
342.06	*06*	erfüllt.] [geschwängert]¬ erfüllt. *H1*
	08	Hyazinthen] [Hyazi*t*]¬ Hyazinthe *H1;* [*xx*azinthen] ⟨Hyazinthen⟩ *H2*
342.07	*03*	Fröhlichkeit,] [guten] Fröhlichkeit, *H1*
342.08	*06*	erlaubt] [gestatte]¬ erlaubt *H1*
342.09	*07*	Sonntag;] Sonntag, *H1*
342.10	*02*	Mönchsklosters] Mönch[...]\klosters *H1*
	03	ertönte] [*d*]¬ ertönte *H1*
342.11	*06*	zu hören,] zu^zu^hören *H1*
	11	Worte] [*s*]¬ Worte *H1*
342.12	*05*	Hindin]° Hindinn *H2*
	08	Wasserquellen,] [Wasserqu*X*] ⟨Wasserquellen⟩, *H1*
342.13	*05*	Gott!] Gott, *H1*
342.14	*01*	nach] [*x*]¬ nach *H1*
342.15–16	*06*	aus ... Kehlen] von ... [Lippen] ⟨Kehlen⟩ *H1*
342.16	*07*	künstliches] [künstli*X*] ⟨künstliches⟩ *H1*
342.17	*08*	wissen,] [fühlen]¬ wissen, *H1*
342.18	*03*	ohne] [ohn*ez*]¬ ohne *H1*
	11	Landgute.] Landgut. *H1*
342.19	*04*	insgeheim] in's geheim *H2;* ins geheim *E1–E2 (e2β→)*
	05	männliche] [*x*]¬ männliche *H1*
342.20	*11*	ohne] ohn[...]\ *H1*
342.22–23	*09*	sich und ihre Begleiter dem Abt]
		H1 sich [dem Abte sammt ihre*n* Begleiter]¬¬ u ihre Begleiter dem Abt *H1**
342.23	*07*	Männer vor,] Männer ⟨vor⟩, *H2β*
342.24	*01*	als Mönche in das Kloster]
		H1 [in das Kloster] als Mönche *H1;** [als Mönche] in das Kloster *p3 (LA)*
342.25	*02*	von der Welt abzuscheiden] sich der Welt abzuthun *H1*
	05	abzuscheiden] [zu] ⟨abzu⟩ scheiden *H2γ¿*[20]
342.28	*07*	Leute] [Leuthe] ⟨Leute⟩ *H2β*
	10	in] [sie]¬ in *H1* **H1 04**

19 *342.04* *H2* Wagen u] und-*Kürzel von Keller durch Komma ersetzt, dann dieses ersatzlos gestrichen.*

20 *342.25* *H2* abzu scheiden] *Ergänzung* ab- *vor Zeilenbeginn, ohne* zu *und* scheiden *zu verbinden.*

342.29	08	ließ.] *ev. kein Absatzende H1*
342.31	10	wohl] wol *H2*
343.01	03	waren] waren, *H2*
343.04	01	indem] da *H1*
	05	Tage] [Tagen] ⟨Tage⟩ *H1*
343.05	01	studieren] studiren *H1–E2 (e2β→)*
343.07		*ab hier Originalschrift Kellers H2* [21]
343.08	03	berühmter] [guter]¬ berühmter *H2*
343.09	06	dem Anstand eines Erzengels.] einem Anstand, wie ein [Cherub.]¬ Erzengel. *H1*
343.10	09	Elenden,] Elenden [[*x*]¬ und]¬, *H1;* [E*x*]¬ Elenden, *H2*
343.11	07	mit goldener] [und]¬ mit einer wahren *H1*
343.14	03	Mönche, kleine und große.] Mönche. *H1*
343.15	07	unerklärlich] plötzlich *H1–E2 (e2γ→)*
343.16	01	blieb] war *H1–E2 (p1 e2γ→)*
	04	Gefährten] Gefährten[,] *H1*
343.17	06	befragen] [fr]¬ befragen *H1*
343.20	04	benützten] benutzten *H1–H2*
	05	das Ereignis,] [diesen Umstand] ⟨das Ereigniß⟩, *H1*
343.22	04	Küche] Tasche *H1*
343.23	02	Firmament mit] Firmament[,] nebst *H1;* Firmament [nebst] ⟨mit⟩ *H2*
	06	Nebenschnüppchen] Nebenschnüppchen[,] *H1*
343.24	02	Sternbild,] Sternbild *H1*
	04	die] [*ma*]¬ [vi]¬ die *H1*
	09	Straßen] Gassen *H1*
343.25	01	und] und auf *H1*
	08	hinauf,] [Eifrig] ⟨eifrig⟩ hinauf *H1*
	10	mancher,] Mancher, *H1–E2 (e2β→)*
343.26	05	herumgehen] herum^gehen *H2*
	08	sich ihrer] sich [noch nachträglich ihrer erinnerte,]¬ ihrer *H2*
343.27	03	sich] sich nun noch *H1*
343.28	08	dunkeln] dunklen *H1*
	10	schwamm.] *kein Absatzende H1*
343.29	04	hinauf;] hinauf, *H1*
	06	er] [s]¬ er *H2*
343.30	09	fester] besser *E2 (k3γ→)*
343.32	01	erhoben] geschmeichelt *H1*
	06	Hülfe] Hilfe *E1–E2 k3*
344.01	02	Eugenien] ihr [vor]¬ *H1* *
344.03	01	erteilen] geben *H1*
	10	Bild] Bild durchaus *H1*
344.04	06	das … zu bewerkstelligen,] dies … möglich, *H1*
344.05	08	Bildchen] [Büstchen] ⟨Bildchen⟩ *H1*
344.06	02	ihr] [der]¬ ihr *H1*
	08	Marmorstatue] [Marmorstatu*t*]¬ Marmorstatue *H2*

21 343.07 *H2 Vgl. Kap. 1.2 Die Textzeugen, zu H2, S. 31.*

344.06–07	*09*	in der Vorhalle des Minervatempels]
		[vor dem Minerventempel] ⟨in der Vorhalle des Minerventempels⟩ *H1**
344.07	*02*	Minervatempels] Minerventempels *H2*
344.08	*04*	und] und vor den *H1*
344.11	*08*	Neuigkeit] Neuigkeiten *H1*
344.12	*03*	wurde,] wurden, *H1*
344.13	*06*	worden,] [wurde,]¬ worden, *H2*
	07	über] und über *H1;* [und] über *H2*
	09	Errichtung] Erichtung *H1*
344.16	*01*	selber] selber, *H1*
344.18	*03*	Hyazinthen,] Hyazinthen[,] *H1*
	06	gutmütige] gutmüthige stille *H1*
344.21	*01*	er] [dieser] ⟨er⟩ *H1β*
344.22	*04*	als] [zur] ⟨als⟩ *H1*
344.22–23	*07*	seinen früheren heidnischen Sündengeist.]
		seine heidnische Sündenzeit. *H1–H2; kein Absatzende H1;*
		seinen heidnischen Sündengeist. *E1 (e1β→)*[22] *(LA)*
344.24	*06*	die Hälfte derselben vorüber,]
		[d*e*]¬ Mitternacht vorüber war, *H1;*
		Mitternacht vorüber war, *H2–E2 (k3γ→)*
344.27	*01*	und] [z]¬ und *H1*
344.28	*01*	Stadtteil,] Stadtheil, *H1;* Stadttheil, *H2–E4;*
		[Stadttheil] ⟨Stadtteil⟩, *e2β;* [Stadtteil] ⟨Stadttheil⟩, *k3γ*
344.29	*02*	und] und wo *H1–E2 (k3γ→)*
344.31	*04*	Tempel] [*M*]¬ Tempel *H1*
	05	hinaufging,] hinauf^ging, *H1*
345.02	*08*	in] in [*u*]¬ *H1*
345.03	*03*	dastehen,] da stehen, *H1*
345.04	*08*	leis] *fehlt H1*
345.05	*04*	hinsehend.] hin sehend. *H1–H2; kein Absatzende H1*
345.06	*03*	die] [der]¬ die *H1* **H1 05**
345.07	*04*	Hand; aber] Hand, aber [sei] [*x*]¬ *H1;* Hand, aber *H2*
345.08	*09*	sah;] sah, *H1–E1 (e1β→)*
345.09	*04*	lautlos] [sprachlos]¬ lautlos *H1*
345.10–11	*07*	umfing sie, das] [beschlich]¬ umfing sie mit dem *H1*
345.11	*04*	ob] [wenn] ⟨ob⟩ *H1*
345.12	*06*	glückloser] [unkenn]¬ glückloser *H1*
	11	herumirre;] herum irre; *H2–E4*
345.13	*06*	zu] [idealisirt]¬ zu *H1**
345.14	*02*	stellte] [stelte]¬ stellte *H1*
	06	das ursprüngliche] [den ursprünglichen]¬ das ursprüngliche *H1*
345.15	*03*	das] das [*ve*]¬ *H1*
	09	wurde,] [gew]¬ wurde, *H1;* wurde; *H2*

22 *344.22* *E1* Sündengeist] *Vermutlich Fehllesung des Setzers, von Keller, ev. ohne sich an die ursprüngliche Formulierung zu erinnern, durch* früheren *ergänzt (e1β); später von Weibert ohne Anpassung des Kontextes in H2 übertragen (δ).*

345.16	06	Gefühl] Gefühl, *H1–E3 (LA)*
345.17–18	09	erkannte. Das] erkannte; das *H1*
345.18	07	wie] [als]¬ wie *H2*
	10	die] [ihr Spiel]¬ die *H1*
345.19–20	07	reden, … gab.] reden; denn damals gab es freilich keine Karten. *H1; kein Absatzende H1*
345.21	02	ließ … hören;] [hörte]¬ ließ … hören, *H1*
345.23	02	hohe] [Gestalt]¬ hohe *H1*
	05	Aquilinus] [Aquli]¬ Aquilinus *H2*
	06	heranschreiten.] [heranschreiten, der]¬ heranschreiten. *H1*
345.25	05	ihren] [ihre Sch]¬ ihren *H1*
345.28	06	umschauend.] [umsehend.]¬ umschauend. *H2*
345.31	07	sündhaften Spuk] [Spuck]¬ sündhaften Spuck *H1;* sündhaften Spuck *H2–E2 (e2β→)*
345.32	04	aber] [al]¬ aber *H1*
346.01	02	sie, … ausbrechend,] sie *H1*
	09	auf] ⟨auf⟩ *H1*
346.03	09	in] [auf]¬ in *H1*
346.04	07	nicht, bis] nicht bis [gegen]¬ *H1*
346.06	03	folgendem Wechsel] folgenden Absätzen *H1*
346.08–09	07	Abtes … Nachtwachen.] Abtes, [wähnend]¬ denselben für eine Folge geistlicher [Nachtw]¬ Nachtwachen haltend. [Als]¬ *H1*
346.11	01	Besonderes] besonderes *E1–E4*
	07	Witwe,] Wittwe [hatte]¬, *H1;* Wittwe, *H2–E2 (e2β→)*
346.12	01	und] und nach *H1;* und [nach] *H2*
	03	Hülfe] Hilfe *E1–E2 (k3γ→)*
	05	darniederzuliegen] darnieder^zu^liegen *H1;* darnieder zu liegen *H2–E4*
346.13–14	02	ihr … verlangend,] *H1* 1 ihm gesandt und verlangte [seinen] geistlichen Zuspruch / 2 den / 1 und [seinen] Rath ¬¬ / 2 den des Abtes Eugenius, *H1*
346.14	09	seit] [sch]¬ seit *H1*
346.15	04	Die … daher] Daher wollten die Mönche *H1*
346.18	01	halb] hold *H1–E3 (LA)*
346.19	10	mehr] [*X*] mehr *H2*
	11	in] [in]¬ bei *H1*
346.20	04	und] \[…]nd *H2*
346.21	01	Tempelsäulen] [Tempel*ruinen*]¬ [Te*m*]¬ Tempelsäulen *H2*
	02	verweilend,] [[verweilend] ⟨weilend⟩] ⟨verweilend⟩, *e1β* [23]
346.22	09	deren] [das] ⟨deren⟩ *H1*
346.23–24	10	noch nicht] etwa *H1*
346.24	07	Ruhebette] Ruhbett *H1;* Ruhebett *H2* [24] *(LA)*

23 *346.21* *e1* verweilend,] ver- *gestrichen, dann durch Unterpunktung wieder eingesetzt.*

24 *346.24* *E1* Ruhebette] *Schluß-*e *vermutlich von Keller veranlaßt, ev. um den Gleichtakt mit dem Folgewort zu vermeiden, was allerdings einen Hiatus und eine Jambenhäufung zur Folge hat.*

346.25	*01*	allein] aber *H1*
	05	Kranke] [Kranke, sondern]¬ Kranke *H1*
346.26	*06*	vermochte] konnte *H1*
346.27	*04*	anzustellen,] anstellen, *H1*
346.28	*04*	dicht][25]
346.31	*03*	eingenommen,] eingenommen *H1*
346.32	*08*	Gebaren] Gebahren *E1–E2 (e2β k3β→)*
347.01	*09*	und] und[,] *H2β*
347.02	*02*	aufgemuntert,] aufgemuntert *H1;* aufgemuntert[,] *H2β*
347.04	*02*	Kurz,] Kurz *H1*
	04	der sichs] dieser es sich *H1;* sich dieser dessen *H2*
	05	sichs] sich's *E1–E4*
347.04–05	*10*	von ... Person umklammert]
		H1 *α* [auf die ungebehrdige] Person [niedergerissen]
		γ von der ungebehrdigen umklammert *H1*
347.06	*02*	einem] [de*n*]¬ einem *H1*
347.07	*06*	Zerstreuung;] Zerstreuung, *H1*
347.08	*02*	Minuten,] Minuten *E1 (e1β→)*
347.09	*03*	konnte.] *kein Absatzende H1* **H1 06**
347.11	*01*	sich zu rühren;]
		eben so schnell sich zu rühren, als vorhin [ihre]¬ die Lippen sich zum Küssen geregt hatten; *H1;* [ebenso schnell sich] ⟨sich⟩ zu rühren; *H2*
347.12	*07*	Sehnsucht] [sehnsucht] ⟨Sehnsucht⟩ *H2*
347.14	*08*	stillen,] stillen⟨,⟩ *H2β*
347.15	*01*	er] er durchaus müßte und *H1*
	04	Anderem] anderm *H1–H2;* anderem *E1–E4*
347.16	*01*	und] [nich]¬ und *H1*
	02	zärtlichen] [Zärtlichkeiten]¬ zärtlichen *H1*
347.17	*06*	endlich ... zusammenraffte]
		sich [en*x*]¬ endlich aber entrüstet und wild aufrichtete *H1*
347.18	*06*	Unholdin] Sünderin *H1*
347.19–20	*08*	Verwünschungen ... stehen,] Verwünschungen *H1*
347.20	*09*	jene] diese *H1*
347.21	*03*	übeln] leidenschaftlichen *H1*
	07	einem] Einem *H1–E4 (LA)*
	08	Schlag] Schlage *H1*
347.22	*01*	sich ... den] verwandelt war und jenen verwünschten *H1*
347.23	*04*	eingeschlagen] [gewandelt und]¬ eingeschlagen *H1*
	08	hundert-] hundert *H1–E2*
347.24	*01*	tausendmal] tausend Mal *E1–E2 (e2β→)**
347.24	*02*	begangen wurde.] [sich wiederholt hat] ⟨begangen wurde⟩. *H1β*
	08	Tiger] Tieger *H1*
347.25	*06*	wie] [m]¬ wie *H1*
347.27	*02*	Zetergeschrei,] [Zettergeschrei] ⟨Zetergeschrei⟩, *H1*
347.28	*02*	stürzten.] *kein Absatzende H1;* stürzten. [„*H*]¬ *H2*

25 *346.28* *H2* dicht] *Danach Markierung (+) und am Korrekturrand horizontaler Strich, beides mit violetter Tinte; ev. Kennzeichnung für geplante Korrektur.*

347.29	*02*	mir! Helft mir!“] mir, helft mir! *H1*
	06	sie, „dieser] sie dieselben an, dieser *H1*
347.30	*05*	zugleich ließ sie] [gl]¬ zugleich ließ ⟨sie⟩ *H1*
	08	Eugenien] Eugenia *H1*
	09	los,] loß, *E2*
347.31	*06*	auf die Füße stellte.] zurück schnellte. *H1; kein Absatzende H1*
347.32	*02*	herbeigelaufenen] herbei^gelaufenen *H2*
348.01	*09*	riefen] schrieen *H1*
348.02	*05*	wußte] vermochte *H1*
348.03	*02*	hervorzubringen,] hervor zu bringen, *H1*
348.03–04	*07*	Scham und Abscheu] [Abscheu und Scham]¬ Scham und Abscheu *H1* *
348.04	*03*	dem] dem verhexten *H1*
	08	den] den [tollen]¬ *H2*
348.05	*01*	des tollen] [der Bew]¬ des tollen *H1*
348.06	*04*	teuflische Witwe] [Wi]¬ teuflische Wittwe *H1*
	05	Witwe] Wittwe *H1–E2 (e2β→)*
	07	schnurstracks und] [schnursch]¬ schnurstracks *H1*
348.07	*06*	Konsul] Prokonsul *H1;* Consul *H2*
348.08	*04*	Mönch] [christlisch]¬ christlichen [Abt]¬ Mönch *H1;* Mönchen *H2*
348.09–10	*10*	sich erst mit Bekehrungsversuchen] ihr erst [seinen Bekehrungsversuch] ⟨seine Bekehrungsversuche⟩ *H1*
348.11	*02*	gewaltthätig] gewalt^thätig *H2*
348.13	*04*	das] jenes *H1*
	07	Kriegsvolk] [Kriegervolk] ⟨Kriegsvolk⟩ *H1*
348.14	*04*	samt] [nebst]¬ sammt *H1;* sammt *H2–E2 (e2β→)*
	05	den Mönchen] [zwöf]¬ zwölf der ältesten Mönche gefangen *H1*
348.16	*03*	Euer … Ihr] Euer … ihr *H1;* euer … ihr *H2–E4*
	07	Heuchler?“] Heuchler!“ *H1;* Heuchler? *H2*
348.17	*04*	mit strengem Tone an,] aufgebracht und streng an, *H1;* [streng an]¬ mit strengem Tone an, *H2*
	08	„sticht] sticht *H1*
348.17–18	*09*	Euch … Ihr,] Euch … ihr, *H1;* [Eu]¬ euch … ihr, *H2;* euch … ihr, *E1–E4*
348.18	*06*	geduldet,] [gedult]¬ geduldet, *H1*
348.18–19	*08*	Ehre … beleidigt] *H1* *α* [Zucht] … [verhöhnt] *β* Ehre beleidigt *H1*
348.19	*01*	beleidigt] beleidigt[?] *H2*
	03	herumschleicht,] herum schleicht, *H2–E2*
348.20	*01*	Euer … Ihr … Euch] Euer … ihr … Euch *H1;* euer … ihr … euch *H2–E4*
	09	Lügner!] Lügner, *H1*
348.21	*01*	gelehrt] gelehrt[?]¬ *H1*
	05	Mit nichten!] Mit Nichten[!]⟨,⟩ *H1;* Mit Nichten! *H2–E2 (e2β→)*
348.23	*04*	Stillen] [Stillen] ⟨stillen⟩ *e2β;* stillen *E3–E4*
	05	dem Verderben] der Fäulniß und Verderbniß *H1*
	08	frönen!] fröhnen! *H1–E4*
	09	Verteidigt] [Vertheigt]¬ Vertheidigt *H1;* Vertheidigt *H2–E4;* [Vertheidigt] ⟨Verteidigt⟩ *e2β;* [Verteidigt] ⟨Vertheidigt⟩ *k3γ*

348.24	*01*	Euch,] euch, *H2–E4*
	07	Anklage!“] Klage [dieses] ⟨dieser⟩ beleidigten Frau!“ *H1*
348.25	*01*	Die] [E]¬ Die *H1*
	03	Witwe] Wittwe *H1–E2 (e2β→)*
348.26	*01*	Seufzern und Thränen] Thränen und Seufzern *H1*
348.26–27	*07*	Erzählung. Als] [Erzählung, als] ⟨Erzählung. Als⟩ *H1*
348.30	*02*	Stimme,] Stimmen, *H1–E1*[26] *(LA)*
	04	die] die [Ver]¬ *H1*
	07	abzuwehren.] Lügen zu strafen. *H1*
348.31	*03*	zahlreiche] [ganz]¬ zahlreiche *H1*
	09	mehrere] etliche *H1*
348.32	*01*	Nachbaren] Nachbarn *H2–E4 (LA)*
	05	den] den [ang]¬ *H1*
349.02	*07*	nacheinander] abwechselnd *H1*
349.03	*05*	die] die [Schuld d]¬ *H1*
	08	so daß] sodaß *H2*
349.04	*04*	überschrieen] überstimmt und überschrieen *H1–E2 (k3γ→)*
	05	wurden.] *kein Absatzende H1*
349.05	*03*	jetzt] daher *H1–E2 (k3γ→)*
	06	wieder] *fehlt H1–E2 (k3γ→)*
	09	Abt,] Abt *H1–H2*
349.06–07	*06*	unter ihnen nun auf einmal] jetzt aufeinmal *H1*
349.06	*08*	nun] jetzt *H2–E2 (k3γ→)*
349.07	*06*	riefen,] riefen mit Einer Stimme, *H1*
349.08	*06*	ausbleiben,] ausbleiben und die Hölle ihr Recht auf ihn geltend machen, *H1*
349.09	*03*	Richter] Gericht *H1*
	06	preisgäben!] Preis gäben! *H1*–E2;* [Preis gäben] ⟨preis gäben⟩! *e2β*
349.10	*01*	Aller] Alle *H1* **H1 07**
349.12	*01*	in ihrer Zelle] auf ihrer Kammer *H1*
349.14	*08*	gezogen] gezogen, *H2–E1 (e1β→)*
	09	da und] da, damit sie Niemand und besonders Aquilinus nicht [erkann]¬ erkennen [konnten] ⟨konnte⟩. Sie *H1*
349.15	*03*	in ... Zustand;] nun in der allerschlimmsten Lage; *H1–E2 (k3γ→)*
349.16	*06*	Geschlechtes] Geschlechts *E2–E4 (LA)*
349.18	*01*	so] [d]¬ so *H1*
	06	gegen] gegen [si]¬ *H1*
	09	heftiger] [schli]¬ heftiger *H1*
	11	vorher] vorher, *H2*
349.19	*07*	weil] indem *H1–E2 (k3γ→)*
	09	Kloster,] Mönchskloster, *H1; Wort fehlt am Seitenende H2*
349.20	*06*	Abte] Abt *H1*
349.20–22	*08*	des ... mußte.] vor der böswilligen Heidenwelt ⟨sammt diesem Abt⟩ dem unseligsten Verdacht ⟨u Gespötte⟩ anheimgefallen wäre. *H1**
349.21	*06*	gewärtig] [gegenwärtig] ⟨gewärtig⟩ *k3β*

26 *348.30* *E2* Stimme,] *Vermutlich Eingriff des Setzers.*

349.23	*04*	Mönchsbegriffen,] Mönchsbegriffen⟨,⟩ *k3β*
349.24	*03*	allein] aber *H1*
	05	seit der] [in der]¬ seit der *H2*
349.24–25	*10*	der Zwiespalt] Zwiespalt und Liebessehnsucht *H1*
349.25	*05*	eingebrochen,] eingezogen *H1;* eingebrochen *H2–E2 (k3γ→)*
349.26	*05*	Weibe] Heidenweib *H1;* Weib *H2*
349.26–27	*07*	sie ... verwirrt,] ihr Blut ... aufgejagt, *H1*
349.27	*02*	so daß] sodaß *H2*
349.27–28	*10*	entschlossen aufzutreten und] jenes einfache Mittel zu ergreifen und gewissermaßen *H1*
349.28	*05*	herbeizuführen.][27]
349.29	*06*	zu reden,] [[ihr]¬ das Schwei]¬ zu reden, *H1*
349.29–30	*08*	erinnerte sie] [ge]¬ hörte sie seine Stimme so gern wie die einer Nachtigall, sie erinnerte *H1*
349.30	*06*	ihr,] ihr *H1*
349.31	*06*	eine] eine [gute] *H1β*
	09	leisem] [gedämpftem] ⟨leisem⟩ *H1**
	11	bescheidenem] bescheidenen *H1*
349.32	*07*	schuldig] schuldig[,] *H1*
350.01	*02*	Konsul] Statthalter *H1;* Consul *H2*
	05	sie] [er]¬ sie *H1*
350.02	*04*	Stimme] Worte *H1*
	07	Aquilinus,] Aquilinus [einige]¬, *H1*
350.03	*01*	wußte] wußte, *H1*
	03	und] [so]¬ und *H1*
350.04	*11*	seines] [des]¬ seines *H1*
350.05	*04*	begab] verschloß *H1–E2 (k3γ→)*
350.06	*02*	Nun] Dort *H1–E2 (k3γ→)*
	06	Augen] [schönen] Augen [s]¬ *H1*
350.08	*02*	Frau] [G]¬ Frau *H1*
	04	hast!“] *kein Absatzende H1*
350.10	*01*	sei;] sei, *H1*
	03	zugleich] sogleich *H1*
350.11	*05*	weil] darüber, daß *H1*
350.14	*05*	stellte sich,] [stellte s]¬ stellte sich, [indem]¬ *H2*
350.15	*02*	überflogen,] über- und überflogen, *H1*
350.16	*01*	glaubte,] glaube *H1;* glaubte *E1 (e1β→)*
350.17	*08*	nicht;] nicht, *H1*
350.18	*10*	der] [jener thörichten]¬ der *H2*
	11	Witwe] Wittwe *H1–E2 (e2β→)*
350.19	*02*	hast!“] *kein Absatzende H1–H2;* [h*x*st]¬ hast!“ *H2*
350.20	*07*	ganzen Vorgang] Vorgang *H1–E4 (LA)*

27 *349.28 H2 Absatzende vermutlich durch Bogenlinie und Markierung am Korrekturrand (vertikaler, diagonal durchkreuzter Strich) nachträglich aufgehoben (β).*

350.21 01 Vorgang,] Vorgang H2–E1 (e1β→)
03 Aquilinus] [Aqul]¬ Aquilinus H1
350.22 08 erwiderte] erwiederte H1–E2 (e2β→)
350.23 03 scheinbarer] [großer] scheinbarer H1
04 Kaltblütigkeit:] [Kälte]¬ Kaltblütigkeit: H2
350.24 09 ein] [un]¬ ein H1
350.26 06 sie] sie[,] H2
08 blickte] sah H1
350.28 03 wieder einmal] *fehlt* H1
07 guten] so guten H1
350.29–30 10 auch … berichtete] auch [und]¬ nicht [erzählte]¬ [that]¬ berichtete H1
350.30 03 mit natürlichen] in einfachen lieblichen H1; [Alles, was]¬ mit natürlichen H2
06 alles,] Alles, H1–E2 (e2β→)
350.31 03 ihr] [ihx] ⟨ihr⟩ H1
08 seltsamer] sonderbarer H1
351.02 06 der] [der] ⟨der⟩ H1*
351.04 09 erfahren,] [[prüX]¬ prüfen]¬ erfahren, H1
351.05 05 reiner] [feiner] ⟨reiner⟩ H1
08 frühere Eugenia] alte Geliebte H1; [alt]¬ frühere Eugenia H2
12 habe.] *kein Absatzende* H1
351.07 09 jetzt zu] [s]¬ zu H1
10 zu] *fehlt* H2
351.08 02 vorgiebst,] vorgibst, H1–E4;
[vorgibst] ⟨vorgiebst⟩, e2β¿; [vorgiebst] ⟨vorgibst⟩, k3γ
05 Sonderlichkeit] Thorheiten H1
351.08–09 07 für dergleichen … fähig;] **H1 08**
H1 α [zu] ⟨für⟩ dergleichen gar zu [befremdlichen Abenteuern] fähig,
β befremdliche Abenteuer H1*
351.09 05 fähig;] fähig⟨;⟩ k3β
351.13 09 Deshalb] deshalb E1–E4 (LA)
10 halte] halt' H1
351.14 02 Dich] Dich ¡H1; dich H2–E4
08 glatten] glatten [X]¬ [fein]¬ H1
351.15 06 traue!] traue![“] [Zu]¬ H1
07 Ueberdies] Uberdies E4
351.16 04 in] an H1
351.17 03 im Tempel geweiht,]
H1 ¿ im Tempel,
¿ [geweiht]
im Tempel geweiht, H1
05 geweiht,] geweiht H2–E2 (k3γ→)
351.19 03 hat] [hast du vergangene]¬ hat H1
07 die] [ve]¬ die H1
351.20 02 erwiderte] erwiederte H1–E2 (e2β→)
04 mit] [und]¬ mit H1
351.21 01 seltsamen Blicken] seltsamem Blick H1
07 hinüber,] hinüber H1
351.22 01 sie … Begabte.] mit klopfendem Herzen es anhörte, aber sich nicht rührte. H1
06 höherem] höherm H2

08 Begabte. „Wie] [Begabte, „*wie*]¬ Begabte. [„W*ie*]¬ „Wie *H2* [28]

351.23 *06* Urbild] Urbild [denn] *H1*

351.24–25 *01* Aber … fort,]
Er that, als hörte er diese Worte gar nicht und [sagte] ⟨fuhr fort⟩ *H1*

351.25 *09* „Kurz] Kurz *H1*

351.26 *07* unschuldig] unschulig *H2*

351.27 *11* seiest!] [b]¬ seiest! Ich glaube es nicht, bis ich es sehe! *H1*

351.28–29 *04* gerichtet … befriedigt!]
wieder auf [das Forum]¬ den Platz hinaus zu gehen!“ *H1*

351.28 *06* werden] werden;¿ *H2*

351.30 *07* Gott!“] der liebe Gott!“ *H1*

351.30–32 *10* ihr … zusammen brach.]
H1 *α* sich das Mönchsgewand [vom Leibe,] bleich wie eine weiße Rose,
γ auf,
α [und so st]¬ so daß sie [in der reinsten Jungfräulichkeit] dastand
γ mit bloßer Brust
α und [voll] ⟨in⟩ Scham und Verzweiflung zusammen brach. *H1*

351.30–31 *10* ihr … entzwei]
H2 [sich das Mönchsgewand,]
ihr Mönchsgewand [auf,]
entzwei, *H2* [29]

351.32 *04* zusammenbrechend.] zusammen brechend. *H2–E2*

06 Aquilinus] [Aquilienus] ⟨Aquilinus⟩ *H2β* [30]

352.02 *01* umhüllte] [verhüllte] ⟨umhüllte⟩ *H1*

352.03 *01* ihr schönes Haupt;] ihren [schönen Kopf,]¬ schöne Stirn, *H1;*
[ihre schöne Sti]¬ ihr schönes Haupt; *H2*

10 eine] noch [so unschuldig und gut ge]¬ eine *H1*

352.04 *02* war.] [sei]¬ war. *H1*

08 nächste] [näch*t*]¬ nächste *H1*

11 ein] [ein]¬ gewöhnlich ein *H1*

352.04–05 *12* reich gerüstetes] reichgerüstetes *H2–E1*

352.06 *07* ans] [an’s] ⟨ans⟩ *e2β k3β*

352.07 *06* drei-] drei *H1–E4*

08 viermal,] vier Mal, *H2–E2 (e2β →)*

352.08 *09* den] [die] ⟨den⟩ *H1*

352.09 *06* lag,] lag *H1*

352.10 *01* zu] [zur]¬ zu *H1*

352.10–11 *10* „Das sind merkwürdige Dinge.]
H1 *α* [„Ich verstehe nichts von diesen Dingen!]
β „Das sind absonderliche Dinge! *H1*

352.11 *02* merkwürdige] absonderliche *H2–E1 (e1γ p1 →)*

03 Dinge.] Dinge! *H2*

---

28 *351.22* *H2* „Wie] *Zuerst großes über kleines* w *geschrieben, dann ganzes Wort gestrichen und verdeutlichend neu geschrieben.*

29 *351.31* *H2* entzwei] *Am Korrekturrand (+).*

30 *351.32* *H2* *Wiederholung der Tilgungsanweisung am Korrekturrand.*

352.12 03 Eurem] [Eu]¬ euerem *H2;* eurem *E1–E4*
05 gehen!] gehen; [da nehmt]¬ *H1*
352.13 02 Euch] euch *H2–E4*
03 verderben] [zu] verderben [suchte] *H2*
04 oder verführen] ⟨oder versuchen⟩ *H1*
352.14 03 Euch] [Euch] ⟨euch⟩ *e2β;* euch *E3–E4*
09 irgendwo] *fehlt H1*
352.15 03 er] er [sx]¬ [ganz]¬ *H1*
10 absonderlich] [sonde]¬ absonderlich *H1*
352.17 02 zerflossen] verflossen *H1–E1 (e1γ p1 →)*
08 aber,] hier hingegen, *H1–E1 (e1γ→);* [hier hingegen] ⟨dagegen⟩, *p1*
352.18 06 Euch] [Euch] ⟨euch⟩ *e2β;* euch *E3–E4*
09 ist] [soll] ⟨ist⟩ *H1*
352.20 02 hiemit] hiermit *H1;* hie^mit *H2*
04 Euch] [Euch] ⟨euch⟩ *e2β;* euch *E3–E4*
09 seid] seit *E4*
352.22 07 schaute] sah *H1*
352.23 06 Witib] böse Wittib *H1;* Wittib *H2–E2 (e2β→)*
352.24 03 wodurch] wonach *H2–E1 (e1γ p1 →)*
352.25 05 erfreuten] freuten *H1*
352.27 09 Witwe] Wittwe *H1–E2 (e2β→)*
352.28 04 abgeführt] abgeführt, *H2– E2*
07 rief] suchte *H1;* [sucht]¬ rief *H2*
352.30 03 eine] [die]¬ eine *H1*
352.31 01 einkaufte.] [aufsuch]¬ einkaufte. *H1*
352.31–32 05 Sklave … bringen.]
H1 [Diener]¬ Knecht auf Umwegen und so geheim [als]¬ und rasch als [Mö]¬ möglich in's Haus bringen, indessen der Statthalter auf geradem Wege dorthin zurückging. *H1; kein Absatzende H1*
352.31 06 so geheim] [auf Umwegen und] so geheim *H2*
353.01 02 trat] schlüpfte *H1;* [schlü]¬ trat *H2*
04 Konsul] er *H1;* Consul *H2–E2 (k3β→)*
353.01–02 09 Eugenia war, … ihres Bettes … daß sie]
das Bett stand, … desselben … daß Eugenia *H1*
353.03 04 jemand,] Jemand *H1;* Jemand, *H2;* Jemand *E1;* Jemand, *E2 (e2β→)*
353.04–06 03 Er weckte … auf.] **H1 09**
H1 Er weckte sie mit einigen Küssen[,] und sie sperrte die Augen auf, ohne etwas zu sagen, doch schien es ihr nicht eben unwohl zu sein. Aquilinus mußte lachen über ihren schwarzsammetnen [kurz] geschorenen Mönchskopf und krauete in den dichten kurzen Haaren. Sodann sagte er: *H1**
353.04 08 schwarzsamtenen] schwarzsammtenen *H2–E4*
353.05 01 geschorenen Mönchskopf] geschornen Mönchskopf[,] *H2*
353.06 11 auf.] *Absatzende nachträglich markiert H2*
02 Du] du *H1–H2 E3–E4;* Du ¡*E1–E2;* [Du] ⟨du⟩ *e2β*
353.07–08 08 fragte er sanft, worauf] Worauf *H1*

353.08–09 *11* leise … lag.]
H1 lächelte und sich seinen Liebkosungen nicht widersetzte, die [*s*]¬ er so eifrig betrieb, als es geschehen konnte, ohne das Zartgefühl zu verletzen; denn sie lag bis an den Hals so eingewickelt, wie ein Wickelkind. *H1*

353.09 *01* unter] [un*d*er] ⟨unter⟩ *H2*

353.10–12 *01* Da … sodann.]
H1 Indessen kam der Vertraute an und klopfte leise an die Thüre. Aquilinus ging hinaus und kam bald zurück mit Allem, was eine zierliche Frau damals bedurfte, um sich vom Kopf bis zu den Füßen zu kleiden und auszuschmücken. Er legte die Herrlichkeiten auf das Bett und verließ sie darauf. *H1*

353.10 *03* Aquilinus] [Euge]¬ Aquilinus *H2*
08 alles] Alles *H2–E2 (e2β→)*

353.11 *09* sich] sie *E2 (k3γ→)*

353.13 *01* Nach] [Am]¬ Nach *H1*

353.14 *04* Vertrauten] vertrauten Mann *H1*

353.15–16 *06* im Schatten … gelegen war.]
H1 gelegen war. Es fügte sich gut, daß dieser Vertraute ein früherer Sklave von Eugenia's Vater war, ein bejahrter Mann, welcher dem Mädchen von jeher zugethan gewesen, und jetzt [eine]¬ das größte Vergnügen empfand über ihre Wiederkunft. *H1*

353.19 *02* zusammengekommen,] zusammen^gekommen, *H1*

353.21 *02* für] [gegen] ⟨für⟩ *H1*

353.22 *06* Amte] Amt *H1*
09 des Abends] jede Nacht *H1*

353.23 *07* Gattin. Nur etwa]
H1 Gattin, und das Glück ward ihnen so sehr zu einem täglichen oder vielmehr nächtlichen Brod, daß es nur noch erhöht werden konnte, wenn der Gatte zuweilen einige Tage dort blieb, [*x*]¬ oder auch unvermuthet [während]¬ an besonders schönen Frühlingstagen nach einigen [*T*]¬ Stunden wieder erschien, nachdem er am frühen Morgen zur Stadt zurück^gekehrt war. Auch *H1*

353.24 *07* unversehens] [et]¬ unversehens *H2*

353.25 *01* schon früher] [hinaus zu f]¬ [auf]¬ *H1;* ⟨schon früher⟩ *H2*

353.25 *07* eilen, … aufzuheitern.]
fahren und die einsame Eugenia warm zu halten. *H1;*
kein Absatzende H1

353.27 *06* viele] viel *H1–E4 (LA)*

353.28 *03* gründlichen] gründlichen und eigensinnigen *H1*
07 sonst] ehedem *H1; fehlt H2–E2 (k3γ→)*

353.29 *04* Askese] Ascese *H1*
05 gewidmet,] gewidmet hatte, *H1–E2 (k3γ→)*

353.30 *04* hin. Als] hin; als *H1*

353.31 *08* Gemahlin] Gattin *H1*

353.32 *01* mit] mittelst *H1*
03 einer geschickten Fabel] eines geschickten Romanes *H1*
06 endlich] endlich wieder öffentlich *H1;* endlich wieder *H2–E2 (k3γ→)*
08 Alexandrien] Alexandria *H1*

354.01	01	zurück,] zurück, \[und] *H1* [31]
	04	zu … Eltern] zuerst zu ihren *β*[verblüfften und] erstaunten Aeltern *H1*
	09	feierte] [*f*]¬ hielt *H1*
354.01–02	10	eine glänzende Hochzeit.]
		[eine gländens]¬ ein glänzendes Hochzeitfest. *H2;*
		ein glänzendes Hochzeitsfest. *E1–E2 (k3γ→)*
354.03	07	einer] einer [Göt]¬ *H1*
354.04	04	himmlischen] himmelhohen *H1*
354.05	01	verliebte] [muntere]¬ verliebte und behende *H1*
	06	finden,] [sehen] ⟨finden⟩ *H1β;* finden⟨,⟩ *k3β*
354.07	08	leibhaften Tochter]
		[Tocht]¬ leibhaften Tochter *H1;* ⟨leibhaften⟩ Tochter *H2* [32]
354.08	03	jetzt erst] [j]¬ [erst jetzt] ⟨jetzt erst⟩ *H2*
	09	erschien,] aussah, *H1*
354.09	09	noch] noch noch *H1*
354.09–10	08	den … Hauses;] sein Schlafgemach [und]¬; *H1*
354.11	03	er nun] er, wenn er sie ansah, gewöhnlich *H1*
	08	zur] näher zur *H1*
354.12	08	genugsam erkundet] genugsam studirt *H1*
354.13	05	Erkenntnis] Erkenntniß[,¿] *H1*
354.14	01	zum … bekehren,] dem Christenthum zuzuwenden, *H1*
354.15	01	sie] [sich]¬ sie *H2*
	05	als bis] bis *H1*
354.16	07	weiter, wie die] weiter, was ihr die Hauptsache ist, nämlich wie *H1*
354.17	01	ganze Familie] Aquilinus mit seiner Gattin u seinen Schwiegerältern *H1*
	05	zurückkehrte,] zurück^kehrte *H1;* zurückkehrte *H2–E2 (LA)*
354.18	02	Valerianus] Valerian *H1*
	05	gelangte,] gelangte⟨,⟩ *H2β*
354.19	01	nun … Verfolgungen]
		H1 *α* während er ⟨nun⟩ stattfindenden [Christen\verfolgung]
		β \Verfolgung *H1;*
		während der [nun] ausbrechenden [Christen]¬ Verfolgungen *H2*
	07	noch] ⟨doch noch⟩ *H1*
354.20	02	Glaubensheldin und Märtyrerin]
		Märtyrin *H1;* Glaubensheldin und [Märtyr*erin*] ⟨Märtyrin⟩ *H2*
354.20–21	06	die erst jetzt … bewies.]
		H1 welche vor ihrem Tode die seltsamlichsten Wunder verrichtete, welches [Ende]¬ heilige Ende zu erzählen ich mich nicht berufen fühle. Aber die Frauenkleidung hatte sie wenigstens nie mehr abgelegt. *H1; Schluß SL1 H1;*
		H2 welche vor [dem]¬ ihrem Tode die merkwürdigsten Wunder verrichtete. *H2;*
		E1–E2 welche vor ihrem Tode die merkwürdigsten Wunder verrichtete. *E1–E2 (e2γ→)*

---

31 354.01 *H1* zurück,] *Komma ev. erst bei Streichung von* und *eingetragen.*

32 354.07 *H2* leibhaften] *Vor Zeilenbeginn (Korrekturrand).*

354.23 05 Hyazinthen] Hyacinthen *E2 k3*

354.24 02 nehmen konnte,] [nah]¬ nehmen konnte, *H2*

05 dieselben] dieselben [d*en*]¬ *H2*

354.25 01 gewannen.]° *danach:*

H2 α Erst [in unseren Tagen hat man in den Katakomben] in einem
γ neuerlich sind
α Sarkophage ihre Leiber vereinigt gefunden
γ der Katakomben worden
α gleich zwei Lämmchen in [derselben] Bratpfanne, und es hat sie der
¿α einer [ ]
α Papst Pius IX. [einem] französischen [Dorfe] geschenkt, [welchem]
β [ ] einer Stadt welcher
α die Preußen [die] ⟨seine⟩ Heiligen verbrannt haben.
α [ ]
β ihre[33] *H2*

E1–E2 Erst neuerlich sind in einem Sarkophag der Katakomben ihre Leiber vereinigt gefunden worden, gleich zwei Lämmchen in einer Bratpfanne, und es hat sie Papst Pius einer französischen Stadt geschenkt, welcher die Preußen ihre Heiligen verbrannt haben. *E1–E2 (p1 e2γ→)*

354.25–26 02 Ihre … sind.] *zwischen vorangehendem Satz und Abschlußstrich eingefügt H2γ*

33 354.25 *H2* ihre] *Unterhalb der Zeile eingefügt (β) und mit Bogenlinie zugewiesen (γ).*

SL2 **Die Jungfrau und der Teufel**

Motto:°

355.02–07 *fehlt in H1*

355.07 *01* IV. Buch]° VI Buch. *H2;* VI. Buch *E1 (LA)*

355.08 *04* Graf] Ritter *H1* **H1 39**

06 der] [von]¬ der *H1*

355.09–10 *03* prächtige ... Güter,]

H1 *α* prächtige [feste] Burg [und]¬ sammt Stadt und
α¿ [ ] so
β Städtchen
α viele ansehnliche [Güter,]
α [Güter u Herrschaften,]
δ Güter, *H1**

355.09 *05* samt] sammt *H2–E2 (e2β→)*

355.12 *01* anzuerkennen,] [an]¬ zu anerkennen, *H1*

355.12–15 *07* glänzende ... übte]

H1 [großartige und] [stattliche] Gastfreundschaft [übte,] wobei
glänzende hielt,
[seine] ⟨sein⟩ schönes Weib [wie]¬ gleich einer Sonne
u gutes
die [Herzen der]¬ Gemüther der [viele]¬ Gäste erwärmte, sondern
α [er übte] auch [*vi*]¬ die christliche Wohltätigkeit im
β
α weitesten [Umfange.]
β Umfange übte. *H1**

355.12 *07* glänzende] [gländende] ⟨glänzende⟩ *H2*

355.13 *01* hielt,] [übte,]¬ hielt, *H2*

08 gleich] [wie]¬ gleich *H2*

355.15 *05* weitesten Umfang]

[reichsten U]¬ weitesten Umfange *H2;* weitesten Umfange *E1 (e1β→)*

355.16 *01* Er] [W*o*]¬ Er *H1*

05 Klöster und Spitäler,] Klöster, *H1*

355.17 *08* Festtagen] Festen *H1*

355.18 *01* speiste] speis'te *H2*

07 Zahl von Armen,] Anzahl Arme, *H1*

355.19 *02* hunderten,] Hunderten, *H1–E4*

07 täglich,] [stündlich]¬ täglich, *H1*

355.20 *03* seinem] [*x*]¬ seinem *H1*

05 schmausend] schmausend[,] *H1;* [z]¬ schmausend *H2*

355.22 *03* geschienen.] [gesch*ei*nen] ⟨geschienen⟩. *H1;*

Absatzende nachträglich markiert H1

355.23 *03* solch' schrankenloser] solcher schrankenlosen *H1*

355.24 *11* Graf] Ritter *H1*

355.25 *06* Herrschaften]

Herrschaften und [Burgrechte]¬ Rechte [verkau]¬ *H1;*
Herrschaften und Rechte *H2*

356.01 *02* Hange] Hang *H1*

07 frönen,] fröhnen, *H1–E4*

356.04 *09* zu wenden.] zu [zu *x*]¬ zwingen. *H1*

356.06 02 und] [und]⟨,⟩ *H1*
04 Stiftungen und Schenkungsbriefe,]
Stiftungen und [Schenkun\gen] ⟨Schenkungs\briefe⟩, *H1;**
[Schenkungen und] Stiftungen und Schenkungsbriefe, *H2*
356.07 08 zu] [aus]¬ zu *H1*
356.09 08 auf] [in] ⟨auf⟩ *H1*
356.10 10 das] daß *E2*
356.12 03 sich] [d]¬ sich *H1*
356.13 02 eines] Eines *H1–E4 (LA)*
356.14 02 Bertrade;] Bertrade, *H1*
356.18 04 Grafen] Ritter *H1*
07 einen] Einen *H1*
356.19 01 noch] *fehlt H1*
03 blieb,] [schien] ⟨blieb⟩, noch *H1*
356.20 02 je mehr] jemehr *H2–E4*
10 aufzuheitern] aufzuheitern[,] *H2*
356.21 03 Armut] Armuth *H1;* Armut *¡H2;* Armuth *E1–E2 (e2β→)*
356.21–22 10 dies Kleinod und] dies [G]¬ Kleinod, [weil es nicht mehr in Gold gefaßt war und von Arm und Reich an ger-]¬ [und]⟨,⟩ *H1*
356.22 06 bittern] [verbitterten]¬ bittern *H1* **H1 40**
356.25 04 Scharen] Schaaren *H1–E2 (e2β→)*
08 wallfahren] wallfahrten *H1*
356.26 05 sich] sich so *H1*
07 Falles,]
H1 [Unvermögens] [und]¬,
Falles *H1*
356.31 02 gehen;] gehen, *H1*
04 machte] [riß] ⟨machte⟩ *H1*
07 los] von ihr los *H1*
356.32 01 sich] sich [die]¬ [wäh]¬ [über die Ostern] *H1*
10 wäre.] *kein Absatzende H1; Absatzende nachträglich markiert H2*
357.01–04 01 Bergauf ... erschien.]
H1 Bergauf und ab lief er, bis er in eine [einsame] ⟨uralte⟩ Wildniß kam, wo himmelhohe bärtige Tannenbäume [in schwarzer Nacht] einen [tiefen] See umschlossen, dessen Tiefe [kaum noch dem]¬ die nächtigen Tannen ihrer ganzen Länge nach widerspiegelte und in [unendliche] ⟨unendlich tiefer⟩ Ferne den Abglanz [des Himmels]¬ der himml. Luft. Aber dieser Widerschein der hellen Frühlingswolken aus dem Abgrunde schien wie [dünn]¬ schwacher ⟨u⟩ ⟨schadhafter⟩ Goldgrund [kaum] nothdürftig eine unheimliche [Schwärze] zu verhüllen, welche ⟨noch tiefer⟩ darunter [bebte,]
Nacht dämmerte,
*H1**
357.01 01 Bergauf] Berg auf *E1–E4*
03 ab] [ab, b]¬ ab *H2*
357.03 04 mächtigen] [mächtigen] ⟨nächtigen⟩ *H2;* nächtigen *E1–E2*[34] *(LA)*

34 357.03 k3 mächtigen] *Vermutlich Fehler des Setzers.*

357.04 02 wiederspiegelte,] widerspiegelte, *H2;*
[wiederspiegelte] ⟨widerspiegelte⟩, *e2β;* widerspiegelte, *E3*
08 schwarz] [scharz] ⟨schwarz⟩ *H2*
357.05 01 Die ... See] [der Boden]¬ die Erde um den See aber *H1*
357.06 01 langfransigen] langfranzigem *H1–E2 k3;* langfransigem *E3–E4 (LA)*
07 zu hören] [hörbar] ⟨zu hören⟩ *H1**
357.07 02 setzte] [warf] ⟨setzte⟩ *H1*
357.08 01 seinem elenden Geschicke,]
seines elenden Geschickes, *H1;*
seines [elede]¬ elenden Geschickes, *H2;*
seines elenden Geschickes, *E1–E2 (k3γ→)*
357.09 02 genugsam] gen*ü*gsam *H1*[35]
07 Tausende] [Tausende] ⟨tausende⟩ *k3γ;* tausende *E3–E4*
357.10 04 überdies] obenein *H1–E2 (k3γ→)*
06 Werkthätigkeit] christliche Werkthätigkeit *H1*
357.12 01 Unversehens gewahrte er]
Plötzlich sah er *H1;* [Plötzlich sah er]¬ Unversehens bemerkte er *H2*
02 gewahrte] bemerkte *E1–E2 (e2γ→)*
357.13 04 in demselben] in^demselben *H1*
357.14 08 übersehen] [übersehen] ⟨überblicken⟩ *e2γ;* überblicken *E3 (LA)*
357.15 09 herkomme,] [au]¬ herkomme, *H2*
357.16 07 genug,] genug *E1–E2*
357.17 02 da,] da, [und] *H1*[36]
357.19 08 ein so] [so ein]¬ ein ⟨so⟩ *H1;* [s]¬ ein so *H2*
357.20 04 schneide.] [mache] ⟨schneide⟩? *H1β;* schneide? *H2–E2*
05 Weil] Da *H1–E2 (k3γ→)*
357.20–21 08 ungeachtet des sehr hübschen Aeußern] trotz großer Schönheit *H1;*
[trotz groß]¬ ungeachtet eines sehr hübschen Aussehens *H2*
357.20–21 09 des ... Aeußern] eines ... Aussehens *E1–E2 (e2γ→)*
357.21 05 Zug] [sympathischen] Zug *H1β*
357.23 01 Gebizos,] Gebizos *H2–E2*
05 unverhohlen] unverholen *H1–E2 k3*
06 sein] [seinen Unstern]¬ sein *H1*
09 all'] all *H1*
357.25 04 Thor,“] Thor, *H1–H2;* Thor“, *E3*
06 jener] Jener *H1–E2 (e2β→)*
08 „denn] denn *H1–H2*
357.26 05 ist] ist, *H1–E3 (LA)*
07 alles,] Alles *H1–E2;* [Alles] ⟨alles⟩ *e2β*
09 Du] du *H1–H2 E2–E4;* Du ¡*E1*
357.27 01 hast.] hast[!]⟨;¿⟩ *H1*
357.28 02 Kirchen und] Kirchen *H1*
06 nach allen] *fehlt H1*
357.29 03 nichts] nicht *H1*

---

35 *357.09* *H1* gen*ü*gsam] *Vgl. 352.24 und 354.12.*
36 *357.17* *H1* da,] *Komma ev. erst bei Streichung von* und *eingetragen.*

357.30 01 „Gieb] „Gib *H1–E4;* [„Gib] ⟨„Gieb⟩ *e2β;* [„Gieb] ⟨„Gib⟩ *k3γ*[37]
05 wieder] wieder, *H1*
09 wohl] gerne *H1*
357.31 04 erwiderte] erwiederte *H1–E2 (e2β→)*
05 Gebizo bitter lachend, und jener]
[der]¬ Gebizo und [der Mann in dem]¬ Jener *H1*
07 lachend,] lachend *H2–E2*
09 jener] Jener *H2–E2 (e2β→)*
357.32 02 blitzschnell:] blitzschnell [es]¬: *H1*
04 gilt!] gilt![“] *H1;* gilt!“ *E3*
358.03 09 würdest!] würdest; *H1*
358.04 01 Dafür] dafür *H1 E1–E4 (LA)*
358.05 03 Walpurgistag!“]
[der Walpurgisnacht] ⟨Walpurgis⟩!“ [Es]¬ *H1;*
[Walpurgis.¿“] ⟨Walpurgistag!“⟩ *H2*
358.06 01 Es] [Er] ⟨Es⟩ *k3γ*
358.07 02 dunklen] ⟨dunklen⟩ *H2*
358.08 02 Rockärmel] Aermel *H1;* [Aermel des]¬ Rockärmel *H2*
04 Grafen] Ritters *H1*
06 von da] *fehlt H1*
358.09 06 wen] [woh]¬ wen *H1*
08 vor] [*x*]¬ vor *H1*
358.10 01 habe] habe, *H2–E2*
358.11 01 rührte] rührte [wieder] *H1*
358.12 04 samt] [mit *e*]¬ sammt *H1;* sammt *H2–E2 (e2β→)*
358.13 01 Getön,] Getön *E1 (e1β→)*
04 Gelächter] [Gle]¬ Gelächter *H1*
358.13–14 06 vielen ehernen Glocken ähnlich war.]
β[dreißig] großen [Silb]¬ metallenen Glocken glich. *H1*
358.13 07 ehernen] großen [*metta*]¬ ehernen *H2*
358.15 05 Gänsehaut bekleidet] tüchtigen Gänsehaut *H1* **H1 41**
358.16 05 untersuchte] [und] untersuchte *H2*
06 sogleich] aber nichts destominder sogleich *H1*
07 Bertradens] Bertrades *H1*
358.17 09 unscheinbares] *fehlt H1*
358.18 02 das] [daß] ⟨das⟩ *k3γ*
358.20 03 bemerkte,] merkte, *H1–E4 (LA)*
358.21 02 eines] seines *H1–E2 (k3γ→)*
05 blätterte] las *H1*
358.22 01 fürs erste,]
für's Erste, *H1–E2;* [für's Erste] ⟨fürs erste⟩, *e2β;*
[fürs] ⟨für's⟩ erste *k3γ;* für's erste *E3*
07 dauerte,] noch dauerte, *H1*
08 einen] einen [*g*]¬ *H1*

37 357.30 *H1* „Gib] *Ev.* „Gieb – *Vgl. 351.08 und zu e2 und k3 die Übersicht in Kap. 1.2 Die Textzeugen, S. 60.*

358.23 *05* interessanten Werke] intressanten Werk *H1*
07 heraus.] *kein Absatzende H1* [38]
358.25 *02* ein,] wieder ein, *H1;* [wieder] ein, *H2*
07 sein] [seine]¬ sein *H1*
358.27 *01* rings herum] rings^herum *H1*
05 Fürsten,] Kaiser, *H1*
358.28 *07* Grundlegung] [Gründung] ⟨Grundlegung⟩ *H1*
09 mächtigen] [*f*]¬ mächtigen *H1*
358.29–30 *01* Abtei … Kapitularen,]
H1 1 Abtei, welche von fünfhundert der frömmsten
2 und [gelehrtesten]
3 fürnehmsten
¿1 Mönche bewohnt werden sollte, *H1;**
H2 α [Abtei]¬ [Abtei, welche von] fünfhundert der frömmsten
β Abtei für
α und vornehmsten [Capitularen bewohnt werden sollte,]
β Capitularen, *H2*
358.30 *01* Kapitularen,] Capitularen, *E1–E2 (e2β→)*
358.31 *06* Begräbnisstätte sein] [Begrä*f*]¬ Begräbnißstätte Platz finden *H1*
359.01–02 *03* sein. Da … vorgesehen.] sein. *H1; Absatzende H1*
359.01 *07* Frau] Frau [zu s]¬ *H2*
359.02 *04* Grabstätte] Grabspätte *H2*
359.03 *05* befahl er] aber befahl er *H1;* befahl er, *H2*
07 zu satteln,] [Pferde] zu satteln *H1*
359.04 *03* schönen Frau,] [Frau,¿]¬ schönen Frau, *H2*
04 Frau,] Frau *H1 E1–E2*
05 ihren … weißes]
H1 α [ihren]¬ ihr weißes
β [abgemagertes] *H1**
09 besteigen,] [besteigen. Ein Z]¬ besteigen, *H1*
359.05 *09* reiten] [machen]¬ reiten *H1*
359.06 *01* verbot] [befahl]¬ verbot *H1*
09 mitkäme.] mit^käme. *H1–H2*
359.07 *01* große] [unerklärliche] ⟨große⟩ *H1*
359.08 *01* belog … den Gemahl,] log … den Gemahl an, *H1;*
[log] ⟨belog⟩ … den Gemahl, *H2*
03 erstenmal] ersten Mal *H1–E2 (e2β→)*
359.11 *02* zornig] [*x*]¬ zornig *H1*
359.12 *01* Recht … haben]
H1 Recht zu [haben gegen sie].
über haben. *H1**
10 möglichst wohl] [reich] ⟨möglichst wohl⟩ *H1β*
359.13 *10* Manne] Mann *H1*
359.16 *03* zu einem Kirchlein,] an einem Kirchlein vorüber, *H1*
07 Bertrade] [fr]¬ Bertrade *H2*

---

38 *358.23* *H1* heraus.] *Ev.* heraus:

359.18 *01* hatte. Es war]
hatte, ohne daß der Ritter [ein Wissen [h]¬ dar]¬ davon wußte.
Sie that es *H1;* hatte. [Sie hatte es einem]¬ Es war *H2*
08 Gefallen geschehen,] gefallen, *H1*
359.19 *01* welchem] dem *H1*
08 niemand] Niemand *H1–E2 (e2β→)*
359.20 *03* thun] verdienen *H1*
05 so daß] sodaß *H2*
07 auch] ⟨auch⟩ *H1**
09 dem] [d]¬ welchem [all]¬ *H1*
10 jeder] Jeder *H1–E2 (e2β→)*
359.21 *01* gefälligem und ehrerbietigem]
Freundlichkeit und [h]¬ gefälligem *H1;*
gefälligem ⟨u ehrerbietigem⟩ *H2*
359.22 *02* mochte] mochte[,] *H1*
359.23 *07* lassen,] lassen *H1–E2*
10 verachtete] [x]¬ verachtete *H1*
359.24 *02* hatte] hatte [eine]¬ [ein]¬ *H1*
06 zum Dank] *fehlt* *H1;* [aus Dankbarkeit und ohne Bezahlung] ⟨zum Dank⟩ *H2*
359.25 *03* gar … gearbeitet]
H1 [sauberes] Marienbild gemacht
[köstliche]¬ schönes *H1**
07 selbst] [ge]¬ selbst *H2;* sebst *E1 (e1β→)*
359.28 *02* einzutreten, um] einzukehren [und] ⟨um⟩ *H1*
359.28–29 *07* verrichten, … brauchen.] verrichten … brauchen! *H1* [39]
359.30–31 *05* Pferde … hinein,]
H1 [Pferde,] indessen der Mann draußen harrte, [und ging] hinein,
Pferde und ging, *H1**
359.31 *03* kniete] knieete *H1*
06 Altar] Altare *H1–E3 (LA)*
360.01 *05* sprang] [stieg vom Altar [herun]¬ herab]¬ sprang *H1*
08 herunter,] herunter *H1*
360.02 *01* Gestalt] die Gestalt [de]¬ *H1*
360.03 *04* bestieg] [setzte si]¬ bestieg [a]¬ *H1*
360.04 *03* Grafen und] Ritters ⟨und⟩ *H1;* [Ritters]¬ Grafen und *H2* **H1 42**
06 Bertradens] Bertrades *H1*
07 statt] Statt *H1–E4*
10 fortsetzte.] *kein Absatzende* *H1*
360.05 *04* sein] [seine]¬ sein *H1*
08 und] und, *H1*
09 je] [jen]¬ je *H2*
360.06 *06* um so] *fehlt* *H1*
360.07 *02* zerstreuen; … dieses]
zerstreuen, und [plauderte] ⟨redete⟩ deshalb [dies]¬ über dies *H1*
360.08 *03* ihr,] ihr *H2–E2**
06 Jungfrau] [Jung]¬ Jungfrau *H2*

---

39 *359.28* *H1* verrichten … brauchen!] *Ev.* verrichten, … brauchen.

360.09 *01* in] [und] in *H1*
07 ob] wenn *H1*
09 alle] allgemach alle *H1;* [allgemach] alle *H2*
360.10 *02* So] [Das]¬ So *H1*
05 die] [endlich] die *H1*
360.11 *02* welchem] [welchem] ⟨welcher⟩ *H1*
360.12 *02* mit Purpurknospen,] in Purpur, *H1;* mit Purpurknospen *E1–E2*
360.13 *02* geschieht;] geschieht, *H1*
360.19 *06* schoß,] warf, *H1*
360.22 *02* die Zügel] [die] ⟨den⟩ Zügel *H1*
360.24 *02* die Zügel] den Zügel *H1–H2* [40]
06 Faust] Faust, [schlug mit [der Hand]¬ einer zierlichen Gerte leicht auf den Rücken] *H1;* Faust[,] *k3β*
360.25 *07* Schleier und Gewand] [die Gewänder] ⟨Schleier u Gewand⟩ *H1**
360.27 *09* Hufe] Hufen *H1–H2*
360.28 *03* Schäume] [Spiegel] ⟨Schäume⟩ *H1;* [41]* [Säume] ⟨Schäume⟩ *k3β*
07 Von sausendem] Vom sausenden *H1–H2*
360.29 *02* gejagt,] [gesx]¬ gejagt *H1*
07 Rossen] [Pfe]¬ Rossen *H1*
10 rosig] *fehlt* *H1*
360.30 *01* Wolke,] Wolke von Rosenblättern, *H1*
06 leuchtete,] [[beinahe] [leuchtende]¬ leuchtete]¬ leuchtete, *H1*
360.31 *01* flog … her]
H1 flog vor dem Paare her
¿ unsichtbar [ ] [ ]
voraus *H1**
10 da] [hi]¬ da *H1*
360.32 *01* auf … singend,]
singend auf einen Baum, *H1;* [singend] auf einen Baum, singend, *H2*
361.01 *02* nahmen … Ende]
H1 [hörten] alle Hügel und [die *le*]¬ alle Bäume [auf]¬¬
nahmen ein Ende *H1*
09 Ende] Ende[,] *k3β*
361.02 *03* beiden] Beiden *H1–E2* *(e2β k3β→)*
05 in eine … hinein, in]
H1 1 [über] eine unübersehbare endlose [Wü]¬¬
2 in Haide hinein,
2 [welche] [wie die leere Hand des Bösen sich ausdehnte]¬¬
3 [über welcher]¬ aus
H1
08 Heide] Haide *H2–E2* *(e2β→)*
361.03 *01* Mitte] [ferner]¬ Mitte *H1*
361.04 *01* weder] [weiter] ⟨weder⟩ *H1*
04 Zweig] [Laub]¬ Zweig *H1*
06 ahnen] [sehen] ⟨ahnen⟩ *H1*

---

40 *360.24* *H2* den Zügel] *Inkongruenz mit 360.22* die Zügel
41 *360.28* *H1* Schäume] *Nachträglich mit Bleistift unterstrichen oder durchgestrichen.*

361.06 *02* hielt] [spr]¬ hielt *H1*
361.07 *06* Gebärden] Sitten *H1;* Geberden *H2–E2 (e2β→)*
09 Ritters] [Kavaliers vom]¬ Ritters *H1*
361.08 *09* Heide,] Haide, *H1–E2 (e2β→)*
11 entsproß] entsproßte *H1*
361.11 *01* Sternenhimmel] [H]¬ Sternenhimmel *H1*
07 bei seinem Lichte] [da*x*]¬ darunter *H1;* [dabei] bei seinem Lichte *H2*
361.12 *09* einer] [einem schm]¬ einer *H1*
361.13 *03* Schale,] Schaale, *H1*
06 einige] einige weibliche *H1*
361.14 *03* heutzutage] heutzu Tage *H1;* heut zu Tage *H2–E2 (e2β→)*
361.15 *01* weiße Marmorgruppe schöner]
H1 ¿ [weiße] Marmorgruppe [von]
schneeweiße schöner *H1;*
⟨weiße⟩ Marmorgruppe schöner *H2*
07 darstellten.] darstellten, zum Beweise, daß diese verdächtige
[Kunst und] Sitte schon älteren Herkommens ist. *H1*
361.16 *06* ihren] [den]¬ ihren *H1*
361.17 *03* hernahmen,] her^nahmen, *H1–H2*
361.18 *01* Wasser] Wasser aber *H1–H2*
05 Musik,] Musik; *H1*
09 gab] [hatte] ⟨gab⟩ [seine]¬ *H1*
361.19 *03* Ton] Ton[,] *k3β*
04 und … gestimmt]
an, der [aufs sorgfältigste] ⟨auf das Sorgfältigste⟩ gestimmt war, *H1*
361.20 *01* Saitenspiel.] [Saitenspiel; es] ⟨Saitenspiel. Es⟩ *H1*
04 sozusagen eine] so zu sagen die prächtigste *H1*
361.21 *01* Accorde] Akorde *H1;* Akkorde *H2–E4*
07 durchbebten] durchzitterten, *H1*
361.22–23 *04* Formen … flossen;] Linien der [marmornen]¬ [weis*e*]¬ weißen
Najadengruppe wechselten; *H1**
361.23 *08* still,] ganz still, *H1*
10 wandelte] [änderte] ⟨wandelte⟩ *H1*
361.25 *03* feine Bewegung] Galanterie *H1*
361.27 *02* ergriff] [warf *er*]¬ ergriff *H1*
361.28 *01* einer] einer [metallenen] ⟨ehernen⟩ *H1* **H1 43**
04 erschütternden] erschütternder *H2*
361.29 *06* fiel! … Minne] fiel; nur [wenn]¬ die Umarmung *H1*
361.30 *01* guten] ⟨guten⟩ *H1*
04 in] [läßt]¬ in *H2*
05 der] [jeder] ⟨der⟩ *H1*
09 das] [in d*em*]¬ [mein Loos ertragen und das] ⟨das⟩ *H1**
361.31 *03* giebt] gibt *H1–E4;* [gibt] ⟨giebt⟩ *e2β;* giebt *k3*[42]
05 Kraft,] die Kraft *H2*
06 den … tragen.] im ewigen Untergang zu trotzen! *H1*

---

42 *361.31* *E3* gibt] *Rückgängigmachung der Korrektur von e2β vermutlich in Anlehnung an Kellers Korrektur 357.30; vgl. auch 377.02.*

361.32–362.02 Sei … freut!]
H1 *α 1* Sei mit mir zu [Zweit diese Nacht hindurch und ich will dich zu einer]
2 Zweit,
α 1 [Königin und mächtigen Zauberfee machen, welche Gutes oder Böses]
2
α 1 [wirken kann nach Belieben]¬¬
2 und ergieb dich mit [fre]¬ gutem
3 δ[ ]
α 2 [Willen,] [wo du nicht]¬¬
3 δ[Willen!]
¿β und ich will dich etc etc. *H1**

361.32 *05* zweit,] Zweit *H2–E2;* [Zweit] ⟨zweit⟩ *e2β*
09 Dich] [diche] ⟨dich⟩ *H2*
362.01 *07* zu thun und] [oder] ⟨zu thun und⟩ *H2*
362.02 *01* soviel] so viel *H2–E2*
362.03 *03* sich] sich ganz menschlich *H1*
362.04 *01* Weibes,] Weibes *H1*
09 demselben] dem^selben *H1*
362.05 *01* Augenblick] Augenblicke *H1–E1*
06 ihre göttliche Gestalt] ihr göttliche selig schöne Gestalt *H1*
362.06 *03* schloß] [schloß den nun]¬ schloß *H1*
05 Betrüger,] Teufel, *H1*
362.06–07 *11* aller Gewalt] [der Gewa]¬ aller Gewalt des Himmels *H1*
362.08 *03* samt] sammt *H1–E2 (e2β→)*
362.09 *03* das] [*x*]¬ das *H2*
362.10 *04* Wimmern,] Geheul, *H1*
06 Herrn] Herren *H1–H2*
08 Stich] [Stich] ⟨stich⟩ *e2β;* [Stich] ⟨stich⟩ *k3γ;*[43] stich *E3–E4*
362.11 *09* qualvollen]
H1 *α* ihm [tödtlichen]
β unerträgl *H1;**
[ih]¬ qualvollen *H2*
362.12 *02* loszuwinden,] los^zu^winden, *H1*
03 ohne] ohne aber *H1–E2 (k3γ→)*
362.14 *03* alle] sich mit aller *H1*
05 zusammennehmen] zusammen^nehmen *H1–H2*
07 sie] denn sie *H1*
362.15 *01* Minderes] minderes *H1;* [Minderes] ⟨minderes⟩ *e2β k3β;* minderes *E3–E4*
08 vor] in *H1;* [in] ⟨vor⟩ *H2*
362.16 *07* all'] all *H1*
10 zum] [zum] ⟨dem⟩ *H1*
362.17 *03* an … binden.] hin^zu^werfen. *H1*
362.20 *03* Engel] Erzengel *H1*
05 so daß] [also]¬ sodaß *H1*
362.21 *01* Marias] [de]¬ Marias *H1*
03 ging. Sie] [ging; sie] ⟨ging. Sie⟩ *H1*

---

43 *362.10* *k3* stich] *Korrektur auf Veranlassung von Weiberts Notiz zu 375.09; vgl. Anm. zu 375.09.*

362.22 04 glänzte] glänzte, *H1–H2*
06 Venus,] [die] Venus, *H1*
362.23 02 jener] [jener] ⟨Jener⟩ *H2;* Jener *E1–E2 (e2β→)*
04 Luzifer,] Luzifer *H1*
362.24 02 dunklen] dunkeln *H2*
03 Heide] Haide *H1–E2 (e2β→)*
362.25 02 herniedergestiegen.] herunter gestiegen. *H1;* hernieder^gestiegen. *H2*
362.27 07 sich,] sich *E1 (e1β→)*
362.27–28 08 den Feind … Grafenfrau]
H1 1 [dem Feinde] gegen [[das Ve]¬ [V]]¬¬[44]
2¿ den Feind [allen] Verzicht auf
2 [den Ritter Gebizo und seine Frau]
¿3 die Rittersfrau *H1**
362.28 06 entlassen,] entlassen⟨,⟩ *H2β*
362.29 07 auseinander] auseinander[,] *H1*
362.31 03 zurück;] zurück, *H1*
07 unfähig,] unfähig *H1*
362.32 03 Verwandlung] [Verstellung] ⟨Verwandlung⟩ *H1**
05 tragen] tragen[,] *H1–H2*
363.01–03 01 zermalmt, … bekommen!]
H1 zerschlagen, verzog sich in seiner ordinärsten [Ge*x*]¬ Gestalt mit Horn und [S*w*]¬ Schwanz, den er mühselig [über]¬ im Sande schleppte. So [war ihm sei]¬ übel war ihm sein vorgehabtes Schäferstündchen bekommen. *H1*
363.04 08 verlassen,] [auf so schmäliche Weise] verlassen, *H1*
363.05 06 irr] [in]¬ irr *H1*
363.06 03 Kluft] Schlucht *H1*
11 Stein] Steine *H1–H2*
363.07 03 er … schwand.] es nun überall aus mit ihm war. *H1–E2 (k3γ→)*
363.08 06 Schlafe,] Schlafe *H1 E1–E2 (k3γ→)*
363.10 05 Zeit. … sie] Zeit, doch verrichtete sie nichts^destominder *H1* **H1 44**
09 gleich] [heiter] ⟨gleich⟩ *H2*[45]
363.11 02 Ave Maria,] Frühgebet *H1;* Ave Maria⟨,⟩ *H2β*
07 gesund] [f*ri*]¬ gesund *H1*
363.12 05 davor wie] davor, [*an*]¬ wie *H1;* davor, wie *H2*
363.13 01 wartete nicht lang auf] suchte nicht lang *H1*
04 auf] [*vor*]¬ auf *H2*
06 Gemahl,] [Gatt]¬ Gemahl, *H1*
363.13–14 09 froh und eilig] eilig und froh *H1*
363.14 09 irgend] *fehlt H1*
363.16 09 Grafen.] Ritters. *H1*
363.17 01 Bertrade] [Bertraden] ⟨Bertrade⟩ *H2*
07 bestatten] in der neuen Abtei bestatten *H1*
09 stiftete] [unzähli]¬ stiftete *H1*
363.18 03 ihn. Aber] ihn; aber *H1*

---

44 *362.27* *H1 Stelle des Abbruchs nicht sicher.*
45 *363.10* *H2* gleich] *Vor der Streichung am Zeilenbeginn (Korrekturrand).*

363.18–19 *06* Liebe … weggetilgt,]
H1 Liebe [zu seinem Andenken] war in ihrem eigenen Herzen ausgetilgt,
[für ihn]
zu ihm *H1*

363.18 *10* unerklärlicher] [ihr]¬ unerklärlicher *H2*

363.20 *03* freundlich und zärtlich] zärtlich und liebevoll *H1*

363.22 *01* andern] anderen *H1*

07 solch' anmutiger] solcher frommen und anmuthigen *H1*

solch'] solch *E1–E4*

363.23 *10* sich, … steht.] sich folgendermaßen *H1*

SL3 **Die Jungfrau als Ritter**

Motto:°

364.02–11 *fehlt in H1; in e2 links vom Motto von Weibert:*
alte Orthographie wohl belassen? *und von Keller:* Ja![46]

364.04 *01* Ein'] Ein *H2–E4*
04 Turm,] Thurm, *H2–E4;* [[Thurm] ⟨Turm⟩] ⟨Thurm⟩, *e2β¿*[47] *(LA)*

364.05 *03* Spiegel,] Spiegel. *E1–E2*

364.07 *01* Morgenröt',] Morgenröth', *H2–E4 (LA);*
[[Morgenröth'] ⟨Morgenröt'⟩] ⟨Morgenröth'⟩, *e2β¿*[48]
03 Hügel:] Hügel[,]⟨:⟩ *H2*

364.08 *05* seyn?] [sein] ⟨seyn⟩? *k3β*
09 and're] [and're] ⟨andre⟩ *H2*

364.10 *03* Cherub. Wandersmann.] cherub. Wandersmann *H2–E2;*
cherub. Wandersmann. *E3–E4*

364.11 *01* 2.]° 2 *H2*

364.12 *01* Gebizo] [Der todte] [Ritter] Gebizo *H1;* [Graf] Gebizo *H2β* **H1 44**
03 zu] [aus seinem Buche heraus] zu *H1β*
07 noch] [schon so v]¬ noch *H1*

364.13 *04* Bertrade] [Bertr]¬ [die Wittwe] Bertrade *H1*

364.13–14 *05* über … gebot]
H1 [Herrin einer] großen Grafschaft [ward]¬¬
über eine gebot *H1*

364.14 *01* gebot] gebot, *E2*
03 sowohl] sowol *H2*
05 Reichtums] Reichthums, *H1*

364.15 *02* deutschen]° *fehlt H1*
06 Da] [Denn da] ⟨Da⟩ *H1*

364.16 *05* jedermann] Jedermann *H1–E2 (e2β→)*
06 kund that] kundthat *H2*

364.17 *01* so … Person] schien [ihre]¬ das Kleinod *H1*
08 unternehmenden] [u]¬ unternehmenden *H1*

364.18 *02* kühnen] [tapfer]¬ kühnen *H1*

364.19 *07* wer] der *H1;* [der] ⟨wer⟩ *H2γ*
09 einigemal] ein par Mal *H1*

364.21 *04* hätte.] [hätte] ⟨hatte⟩. *H2*
07 mehr] schon [länger] ⟨mehr⟩ *H1*

364.22 *04* von einem vernahm,] ⟨von⟩ Einem [vernommen hätte,]¬ vernahm, *H1*
05 einem] Einem *H2–E4 (LA)*

364.23 *01* gewonnen.] auf diese gewonnen. *H1*

364.24 *04* hörte von ihr,] [vernahm von]¬ hörte von [der]¬ ihr, *H1*

---

46 *364.02* *e2* *Vgl. 364.04* Thurm *und 364.07* Morgenröth
47 *364.04* *e2* Thurm] -h- *mit Bleistift gestrichen und Streichung wieder ausradiert.*
48 *364.07* *e2* Morgenröth'] -h *mit Bleistift gestrichen und Streichung wieder ausradiert.*

364.25	*01*	ein so] solch' *H1–H2*
	04	Lehen] Besitzthum *H1–H2*
	05	in] an *H1*
	10	Mannes] ⟨Herren und⟩ Ritters *H1*
364.26	*09*	Witwe] Wittwe *H1–E2 (e2β→)*
	11	besuchen,] besuchen *H1*
365.01	*05*	in einem gar wohlgeneigten] [im] ⟨in⟩ einem äußerst [f]¬ gnädigen *H1*
	08	wohlgeneigten] [wohlgeeigneten] ⟨wohlgeneigten⟩ *k3β*
365.02	*01*	freundlichen] freundschaftlichen *H1*
	05	gab] übergab *H1*
	08	jungen] armen jungen *H1*
365.03	*01*	Zendelwald,] Zendelwald | *H2*
	09	Der] [Derselbe] ⟨Der⟩ *H1*
365.04	*02*	von] von der schönen *H1*
	05	empfangen] [au]¬ empfangen *H1*
	07	bewirtet] bewirthet, *H1*
365.05	*01*	jeder,] Jeder, *H2–E2 (e2β→)*
	05	Burg] [glänzenden] Burg *H1*
365.06	*03*	Säle,] Sääle, *H1–H2*
	04	Zinnen] [*s*]¬ Zinnen *H2*
365.07	*05*	Besitzerin. Doch] Besitzerin [deselben; doch] ⟨deselben. Doch⟩ *H1*
365.09	*04*	alles] Alles *H2–E2 (e2β→)*
	05	gesehen,] besehen, *H1–E2 (k3γ→)*
	06	nahm … Abschied] [verab]¬ nahm … Abschied [und]¬ *H1;*
		nahm … [Absch*nitt*] ⟨Abschied⟩ *H2*
365.10	*03*	Frau] [Dame]¬ Frau *H1*
	07	dannen,] dannen; denn er war *H1;* dannen. Er war *H2–E2 (k3γ→)*
	08	der einzige von allen,]
		der [Einzige, der je hier gewesen,]¬ Einzige von Allen, *H1*
	09	einzige] Einzige *H2–E4 (LA)*
	11	allen,] [allen] ⟨Allen⟩, *H2;* Allen, *E1–E2 (e2β→)*
365.13	*01*	Ueberdies … Worten. Wenn]
		H1 Diese seltene Erscheinung beruhte [a*ll*]¬ aber nur zur Hälfte in seiner Bescheidenheit; zur andern Hälfte [aber] in einer wunderbaren Trägheit [des] ⟨seines⟩ äußeren Menschen. Denn wenn *H1*
	01	Ueberdies] Ueberdieß *H2;* Uberdies *E4*
	05	in … Worten.] [von Worten] ⟨in Handlungen und Worten⟩. *H2*
365.14	*09*	bemächtigt] bemächtiget *H1*
365.15	*05*	mit] mit großem *H1*
365.16	*05*	den] nur den *H1*
	09	einer] irgend einer *H1–H2*
365.17	*09*	schien,] [war,] ⟨schien,⟩ *H1*
365.18	*06*	reinen] Reinen *H1–E2 (e2β→)*
365.18–19	*10*	sich gern unterhielt,]
		ein [kur*t*]¬ kurzweiliger und beredsamer Gesell sein konnte, *H1*
365.19	*07*	galt,] [gl]¬ galt, *H2*

365.21 03 Aber … seiner] **H1 45**
H1 Schon mehr als eine Schöne hatte er [s]¬ in seinem Gemüth [schon] [förmlich *th*]¬ ordentlich todt^geliebt, ohne daß jene eine Ahnung davon gewonnen; aber nicht nur seinem Munde, auch seiner *H1*

365.23 03 Feinden] [Gegnern]¬ Feinden *H1*
04 öfters] öfter *H1*
10 zögerte,] zögerte *H1*

365.24 09 im voraus] zum Voraus *H1;* im Voraus *H2–E2 (e2β k3β→)*

365.25 07 Kampfweise][49]

365.26 06 stets zuerst] erst *H1;* [stetz]¬ stets zuerst *H2*

365.27 01 rührte] rührte, *H1*

365.30 09 Heimatschlößchen,] Heimathschlößchen, *H1–H2*

365.31 08 wenige] wenig *E1 (e1β→);* [wenig*e*] ⟨wenig⟩ *H2δ*[50]

365.32 06 Unterthanen,] Unterthanen *H2*
07 und seine] und [da er nicht einmal ein ausge]¬ seine *H1*

366.02 05 das] [mit *seiner*]¬ das *H1*
09 bringe.] *kein Absatzende H1*

366.05–06 04 ebenfalls … gemacht]
ebenfalls [übertrieb, daß]¬ jederzeit übertrieben [hatte] *H1*

366.06 06 umgewandelt] verwandelt *H1*

366.08 02 gesucht] gesucht[,] *H1*
05 Gelegenheiten] Liebschaften *H1*
09 eifrig] [hitzig]¬ eifrig *H1*

366.09 08 die] [*x*]¬ die *H2*

366.09–12 *11* traf … hinterließ,] traf, von welcher ihr [langes Wit]¬ nichts erwuchs, als ein [*k*]¬ langes Wittwenthum, [große] Armuth und [der] ⟨ein⟩ Sohn, *H1*

366.11 03 durchjagte,] durch jagte [und]⟨,⟩ *H2;* durch jagte, *E1 (e1β→)*

366.12 04 Witwentum,] Wittwenthum, *H2–E2 (e2β→)*

366.13 09 erhaschen.] *ev.* [haschen] ⟨erhaschen⟩. *H1*

366.15 04 Waldfrüchten] aus Erdbeeren und Waldkräutern, *H1*
07 Wild.] Wild, und zwar mehr kleinem als großem. *H1;*
[Wild und zwar]¬ Wild. *H2*
08 Zendelwalds] [Zendenwalds] ⟨Zendelwalds⟩ *k3β*

366.16 05 Jägerin] Jägerin[,] *H1*

366.17 02 Armbrust] Armbrust, [wenn er [f]¬ abwesend war,] *H1*

366.18 02 fischte] [fischte sie]¬ [fing s]¬ fischte *H1*
04 Forellen] die Forellen *H1*
09 pflasterte] bepflasterte *H1*

366.20 01 geworden.]
war, was ihr nicht einmal übel anstand. *H1;* war. *H2–E2 (k3γ→)*

---

49 *365.25* *H2* Kampfweise] *Nach* Kampf *kleiner vertikaler Bleistiftstrich unterhalb der Zeile; am Korrekturrand Bleistiftmarkierung (+).*

50 *365.31* *H2* wenig*e*] *Endung undeutlich: nach* -g- *horizontaler Strich, von Weibert durchgestrichen (δ), ev. zur Verdeutlichung (nicht Tilgung) des* -e

03 kehrte … heim]
war sie mit einem erlegten Hasen [da*ran*]¬ heimgekommen, *H1;*
war sie mit einem erlegten Hasen heimgekommen *H2–E2 (k3γ→)*

366.21 05 das Tier]
denselben *H1;* [denselb]¬ das Thier *H2;*
das [Thier] ⟨Tier⟩ *e2β;* das [Tier] ⟨Thier⟩ *k3γ* [51]

10 ihrer] [de]¬ ihrer *H1*

366.22 03 nochmal] nochmals *H1–H2*

06 hinaus;] hinaus, *H1*

366.23 04 heraufreiten] herauf^reiten *H1*

06 ließ] [zog] ⟨ließ⟩ *H1*

366.24 01 weil … fortgewesen.]
denn er war seit Monathen fort gewesen. *H1; kein Absatzende H1*

366.25 10 ein] [eine]¬ ein *H1*

366.26 06 Glücks] Glückes *H1–E2* [52] *(LA)*

09 mitgebracht] mit gebracht *H1*

366.28 01 die] die, *H1*

03 gewöhnlich] gewöhnlich, *H1;* [gewöhnlichen] ⟨gewöhnlich⟩ *H2*

05 Erlebnisse] Ergebnisse *H1–E4 (LA)*

06 seiner] [seines] ⟨seiner⟩ *H1*

366.29 07 Kopf;] Kopf, *H1*

366.30 02 seiner Botschaft zur] [seine Botschaft an]¬ seiner Botschaft zur *H2*

366.31 03 deren] von deren *H1*

07 rühmte,] sagte, *H1*

367.01 10 dachte] dachte, *H1–H2*

07 Zendelwald] [Zendelwad] ⟨Zendelwald⟩ *H1*

367.02 01 als] [d]¬ als *H2*

03 die] [jene]¬ die [Dame]¬ *H1*

12 ungeduldig] [zornig]¬ ungeduldig *H1*

367.05 04 ein] [eine] ⟨ein⟩ *H1* **H1 46**

367.06 02 war.] *kein Absatzende H1*

367.07 07 Tage;] Tage, *H1*

367.08 04 aus … zerstreuen,] [um sich]¬ aus Aerger *H1*

367.09 02 zerfallene]
fehlt H1; verfallende *H2–E1;*
[verfallende] ⟨zerfallende⟩ *e1β;* zerfallende *E2–E3 (LA)*

05 Schloßturmes] alten Thurmes *H1*

367.10 06 ward,] [war] ⟨ward⟩, *H1*

11 herumklettern] herum^klettern *H1–H2*

367.12 04 fast] [bald]¬ fast *H1*

09 geschmissen,] geworfen, *H1*

367.13 09 ein] [eine]¬ ein *H1*

---

51 *366.21* *E3* Tier] *Kellers Rückgängigmachung (k3γ) der Verlegerkorrektur von e2β wurde nicht in E3 übernommen.*

52 *366.26* *E3* Glücks] *Die sonst in GW nicht vorkommende einsilbige Form vom Setzer eingeführt.*

367.16	07	Abendbrot] [Nacht-]¬ Abendbrod H1; Abendbrod H2–E2 (e2β→)
367.17	06	soeben] so eben H1–E4
367.18	04	Witwe] Wittwe H1–E2 (e2β→)
	11	dränge] [dr]¬ dränge, H1
367.20	02	werde,] würde, H1
367.22	05	alle] Alle H1–E2 (e2β→)
367.23	07	göttliche] [himmlische] ⟨göttliche⟩ H1
367.25	05	werde.] *kein Absatzende* H1
367.26	04	eine] [etwas Arbeit]¬ eine H1
	07	Euch,“] Euch, H1–H2
367.27	07	„ein] ein H1; [de]¬ „ein H2
	09	hübscher] hübscher und guter H1
367.28	06	daran] dran H1
	07	hinmachen,] hin machen, H1–E1
367.29	09	Zeitläufen] Zeitläuften H1–E2 (LA)
367.30	01	giebt;] gibt; H1–E4; [gibt] ⟨giebt⟩ e2β; giebt k3 [53]
367.32–368.01		welchen, … und] [den]¬ welchen sie dann recht hätscheln könnte; denn H1
368.01	05	bekannten] [stolzen]¬ bekannten H1
	08	eiteln] eitlen H1
368.02	05	zuwider.“] zuwieder.“ H1
368.03	04	weggeritten] weg^geritten H1
368.04	05	niemand anders] Niemand anders, H1; Niemand anderes, H2
	09	selbst] selbst, H1; selbst[,]¿ H2
368.06	04	Das] das H1
368.07	09	zu sich genommen] gesoffen H1
368.09	04	über ihre] [bei diesen] ⟨über diese⟩ H1
368.11–12	05	weil … wohlgefielen. Der] aber aus eigener Freude über diese Einbildungen; der H1
368.12	02	wohlgefielen.] wohl gefielen. H2
	05	Gedanke,] [Gedanken] ⟨Gedanke⟩, H2
368.14	03	Doch] ⟨doch⟩ Die H1
	09	lache,] H1 lache [nur] [allein] H1
368.15	01	um … verspotten,] aus Spott, H1
	07	Zorn] Wuth H1
368.16	02	Fluch] [mütter]¬ Fluch H1
368.16–17	05	Dir, … Du … Dich] dir, … du … dich H1–H2; Dir, … Du … Dich ¡E1–E2; [Dir] ⟨dir⟩, … [Du] ⟨du⟩ … [Dich] ⟨dich⟩ e2β; dir, … du … dich E3–E4
368.17	02	von Stund] nicht von Stund' H1
368.17–18	12	erwerben; ohne] erwerben! Ohne H1–E2; erwerben; Ohne k3 [54] (LA)

53 367.30 E3 gibt;] *Vgl. Kellers Korrektur* [Gieb] ⟨Gib⟩ *in k3, 357.30.*

54 368.17 E3 erwerben; ohne] *Zusammenführung zu einem Satz vermutlich durch Fehler in k3 verursacht.*

05 zurück, ich mag]
H1 [zurück; denn] ich [will]¬ [ich]¬¬
zurück, mag *H1*

368.18–19 08 Dich … Du] dich … du *H1–H2;* Dich … Du *¡E1–E2;*
[Dich] ⟨dich⟩ … [Du] ⟨du⟩ *e2β;* dich … du *E3–E4*

368.20 02 mein Schießzeug] meine [Armbrust] ⟨Schießzeug⟩ *H1*

368.21 04 Deiner] deiner *H1–H2;* Deiner *¡E1–E2;*
[Deiner] ⟨deiner⟩ *e2β;* deiner *E3–E4*

06 unbelästigt] unbelästiget *H1–H2*

368.22 03 Zendelwald] [Zendelwad] ⟨Zendelwald⟩ *k3β*

368.24 07 Bertradens] Bertrades *H1*

368.25 06 wirklich dort anzukommen.] daß er wirklich dort ankommen würde. *H1*

368.26 05 so] [z]¬ so *H1*

07 inne] inne[,] *H2*

12 dem] seinem *H1*

368.27 06 sich der Gedanke,] es sich in seinen Gedanken, *H1*

368.28 10 anderer,] Anderer, *H2–E2 (e2β→)*

368.29 03 er] er |er *H1* **H1 47**

06 Rivalen] Nebenbuhlern [und]¬ *H1*

368.30 01 werde] [könne]¬ werde *H2*

07 kosten,] [kox]¬ kosten, *H1*

368.31 10 in] vor *H1*

368.32 01 Vorstellung] Phantasie *H1;* [Ph]¬ Vorstellung *H2*

09 beste,] Schönste, *H1;* Beste, *H2–E2 (e2β→)*

369.01 04 tagelang,] Tage lang, *H1–E2 (e2δ k3β→)*[55]

09 sommergrüne] sonnengrüne *E1 (e1β→)*

369.02 02 ritt,] [z]¬ ritt, *H1*

06 der] seiner *H1*

10 ihr] [d]¬ ihr *H1*

369.03 04 vorsagte,] vor sagte, *H1*

369.04 04 alles] d. h. alles *H1–E1 (e1β→)*

05 dies in seinen Gedanken.]
in seiner Vorstellungskraft. *H1; kein Absatzende H1*

369.05 06 erfreuliche Begebenheit] anmuthige Szeene *H1*

08 innerlich] ⟨innerlich⟩ *H2*

369.07 09 Morgensonne] [Morgen] ⟨Morgensonne⟩ *H1β*

10 erglänzen] erglänzen[,] *H2*

369.08 02 die vergoldeten Geländer]
[das goldene Geländerwerk] ⟨die vergoldeten Geländer⟩ *H1β*

08 herüberfunkeln] herüber [leuchten] ⟨funkeln⟩, *H1**

369.09 02 erschrak] erschrack *H1–E2 (e2β→)*

06 all' sein] [alle seine]¬ all sein *H1*

369.10 04 zages,] zages *H1–H2*

369.11 06 an und schaute,] an, und schaute in seinem Schreck, *H1*

369.12 10 gewahrte] [er]¬ gewahrte *H1;* [gewährte] ⟨gewahrte⟩ *H2*

---

55 369.01 e2 tagelang,] *Korrektur vermutlich nachträglich (δ) von Weibert aus k3 übertragen (vgl. Kap. 1.2 Die Textzeugen, zu k3, S. 50 f.).*

369.13 03 zierliches] liebliches *H1*
06 nämliche,] nämliche *H1*
369.15 07 einzukehren] [eink]¬ einzukehren *H1*
369.17 02 an welchem] [wo]¬ an dem *H1*
07 wurde.] *kein Absatzende H1*
369.18–19 09 zwei oder drei arme Leute] ein oder zwei arme Weiber *H1*
369.19 *11* Gemeinde] [Versammlung] ⟨Gemeinde⟩ *H1*
369.21–22 09 fühlte ... wohl]
war es [Zendelwal*t*] ⟨Zendelwald⟩ [s]¬ noch so wohlig *H1;*
war es Zendelwald noch so wohl *H2–E2 (k3γ→)*
369.22 *10* gemächlich] gemüthlich *H1*
369.23–24 07 wenn er nicht] [oder vielmehr] ⟨wenn er nicht⟩ *H1**
369.25–27 02 stieg ... ritt]
nahm die Jungfrau Maria seine Gestalt und Waffenrüstung an und ritt, *H1;*
H2 *1* [nahm die Jun]¬ stieg die Jungfrau Maria wieder von ihrem
1 Altare[,] herunter nahm Gestalt und Waffenrüstung [des]¬¬
2 seine an,
2 bestieg sein Pferd und ritt, *H2*
369.27 06 Helmes,] [Vi]¬ Helmes, *H1*
07 eine] [als] eine *H1*
369.28 03 statt] Statt *H1;* [stat]¬ Statt *H2;* Statt *E1–E2 (e2β→)*

369.28–372.31 Burg. ... Platze.] *Erweiterung ab H2;*
H1 Burg, wo sie noch zur rechten ⟨Zeit⟩ ankam, um die tapfersten der Kämpfer, die sich den letzten Sieg streitig machten, mit^einander [zu]¬ in den Sand zu werfen, ganz nach der Art, wie es die großen unbekannten Ritter [mit den räth]¬ [in]¬ [zu thun pflegen, die in den Romanen erst zuletzt erscheinen mit ihren gewählten]¬ in den Romanen zu thun pflegen. *H1*
369.29 *01* Als] [Am Wege l]¬ Als *H2*
369.30 07 kam] [kaum] ⟨kam⟩ *H2*
369.32 *01* etwas] [es] ⟨etwas⟩ *H2*
370.02 03 verliebt,] [in]¬ verliebt, *H2*
10 herumgeschlichen] herum [str]¬ geschlichen *H2*
370.03 *01* war] [war] *H2β*
09 das Gerölle] [den Schutt- u Reisig]¬ das Gerölle *H2*
370.05 07 thun,] machen, *H2–E2 (k3γ→)*
08 daß] so daß *H2*
370.07–08 *11* in dieser Angelegenheit] an diesem Tage *H2–E2 (k3γ→)*
370.08 02 Angelegenheit] Angelegenheiten *E3*
05 bemerklich.] [56]
370.09 02 das] dieses *H2–E2 (k3γ→)*
08 voll] *fehlt H2–E2 (k3γ→)*
370.10 06 Bertrades,] [der]¬ Bertrades, *H2* [57]

56 *370.08* *H2* bemerklich] -ic- *von Keller verdeutlichend nachgezogen.*
57 *370.10* *H2* *Ev.* [der Bertrade]¬ Bertrades,

370.11 02 die zwei]
|–> *H2* 1 [drei der]¬ die [drei]
2 zwei *H2*[58]
370.13 04 nachlässiger] nachläßiger *H2*
370.15 02 beteiligen] [am]¬ betheiligen *H2;* [betheiligen] ⟨beteiligen⟩ *e2β;* [beteiligen] ⟨betheiligen⟩ *k3γ*[59]
370.16 06 Zendelwald,“] Zendelwald“\ *H2*[60]
08 es,] es *H2*
370.17 02 zwei … Laßt]
H2 1 [drei] starken Ritter sagten: „Was will uns der? [Laßt]
–>| 2 zwei Laß *H2*[61] *(LA)*
370.19 02 eine] Eine *H2–E2 (e2β→)*
05 „Guhl der Geschwinde“.] „Guhl[,] der Geschwinde.“ *H2*
370.20 08 herum zu tummeln] herum^zu^tummeln *H2*
370.21 07 Streichen] Streichen[,] *H2*
370.24 05 steif gedreht wagrecht] steif [u starr] gedreht [in die Luft]¬ wagrecht *H2*
370.26 09 klingelten,] [klingel*nd*]¬ klingelten, *H2*
370.30 04 Farbe,] [blendenden] Farbe\ *H2*[62]
370.32 01 bestand] [*fe*]¬ bestand *H2*
04 ungeheuren] ungeheuern *H2*
371.02 03 zu] [au]¬ zu *H2*
371.03 09 hatte] [ließ] ⟨hatte⟩ *H2*
371.04 04 hervorstehenden] hervor [ra]¬ stehenden *H2*
371.05 04 und] und [sie] *H2*
07 Zöpfchen] [Zöpflein] ⟨Zöpfchen⟩ *H2*
371.06 04 herabhingen] herab hingen *E1–E2*
371.06–07 10 zierlichen roten Bandschleifen]
⟨zierlichen⟩ rothen [Schleifen]¬ Bandschleifchen *H2*
371.08 04 seiner] seine *E1 (e1β→)*
09 samt] sammt *H2–E2 (e2β→)*
371.09 02 verhüllte] umhüllte *H2–E2 (LA)*
05 tausend] [lauter] ⟨tausend⟩ *H2*
08 zusammengenäht] zusammen^genäht *H2*[63]
371.17 05 Inzwischen] [Die]¬ Inzwischen *H2*
371.18 09 Turnierplatzes] [Rings]¬ Turnierplatzes *H2*
371.19 09 Speer] [Lanze]¬ Speer *H2*
371.21 07 stets] [steh]¬ stets *H2*

---

58 370.11 *H2* zwei] *Korrekturzusammenhang mit 370.17.*
59 370.15 *E3* beteiligen] *Kellers Rückgängigmachung (k3γ) der Verlegerkorrektur von e2β wurde nicht in E3 übernommen.*
60 370.16 *H2* *Ev. durch Klebstreifen im Mittelfalz verdecktes Satzzeichen nach* Zendelwald“
61 370.17 *H2* Laß] *Korrekturzusammenhang mit 370.11; der der Zweizahl der Ritter entsprechende Singular wurde nicht in die Drucke übernommen.*
62 370.30 *H2* *Ev. durch Klebstreifen im Mittelfalz verdecktes Satzzeichen nach* Farbe
63 371.09 *H2* zusammen^genäht] -ä- *von Keller verdeutlichend nachgezogen.*

371.22	07	plötzlich] plötlich *H2*
	09	weg,] [X] weg, *H2*
371.25	02	Jungfrau;] Jungfrau, *E1 (e1β→)*
371.27	04	höheren] höhern *H2*
	06	stritt,] stritt *E2 (e2β¿ →)*
371.30	08	kniete] knieete *H2*
371.31	02	auf] [mit]¬ auf *H2*
	11	sich] ⟨sich⟩ *H2*
372.01	02	Schnäuze] Schnäutze *H2*
372.04	02	kam] [trat]¬ kam *H2*
372.07	03	jetzt erst] erst jetzt [zu]¬ *H2*
372.08	04	ebenso] eben *H2*
	06	entgegen, warf] entgegen [und]⟨,⟩ [hob] ⟨warf⟩ *H2*
372.09	09	sprang,] [st]¬ sprang, *H2*
372.10	02	sich] [rasch]¬ sich *H2*
372.14	05	sich] [ihn]¬ sich *H2*
372.18	05	vom] von *E1 (e1β→)*
372.20	07	zuckend] zuckend wie eine solche *H2–E2 (k3γ→)*
372.23	04	Behendigkeit,] [Behändigkeit] ⟨Behendigkeit⟩, *H2*
372.24	05	umherstäubenden] zerfetzten *H2*
372.25	01	Mäusepelzchen] Mäusefellchen *H2–E2 (k3γ→)*
372.26	01	die Luft verfinsterten,] [in der Luft herum^flogen] ⟨die Luft verfinsterten⟩, *H2*
	07	allmählich] allmälig *H2;* allmählig *E1–E2 (e2δ→)*
372.27	08	davon hinkte,] davonhinkte *E1–E2*
372.27–29	09	hinkte, … hatte.] [hinkte.] ⟨hinkte, nachdem [ihm] sein Besieger ihm die [Nas]¬ Nasenzöpfchen abgeschnitten [und am]¬ hatte.⟩ *H2*[64]
372.28	05	bebänderten Zöpfchen] Nasenzöpfchen *E1–E2 (k3γ→)*
372.30	04	die] [der vermeintlich]¬ die *H2*
	06	als] [ans] ⟨als⟩ *k3β*
372.31	04	Platze.] *Ende der Erweiterung von H2 (vgl. 369.28)*
372.32–373.02		Sie … stellte] Als sie das Visir aufschlug und sich der Königin des Festes näherte, stellte sie *H1*
372.32	05	Visier] Visir *H2*
373.01	04	das Knie] [di]¬ das Knie [vor ihr] *H2*
373.03	04	gewöhnlich] [in seinen]¬ gewöhnlich *H1*
	06	blöde] träg *H1*
373.04	02	indessen] *fehlt H1*
	05	zu viel] etwas *H1*
373.05	02	Bertraden] [Bertrade] ⟨Bertraden⟩ *H1*
373.05–06	06	dessen Wirkung … sie wohl kannte;] von [dem ⟨sie⟩ wußte, daß]¬ [dessen]¬ dessen Wirkung … sie sicher war, *H1;** von dessen Wirkung … sie sicher war; *H2–E2 (k3γ→)*
373.06–07	09	Liebhaber wie als Ritter] Ritter wie als Liebhaber *H1;* Liebhaber, wie als Ritter *H2*

64 372.27 *H2* nachdem … hatte.] *Nachträglich am Zeilenende und zwischen den Zeilen eingeschoben.*

373.11 01 Es] [Es geschah jetzt ein großer Festzug]¬ [Man versammelte sich jezt in dem großen Rittersaale, wo]¬ Es *H1*

08 dem hochragenden]
[einem]¬ dem weitläufigen hohen *H1;*
dem [hochgelegenen L]¬ hochragenden *H2*

373.12 04 das Bankett] [B*a*]¬ das Bankett *H1;* das Banket *H2–E2 (e2δ k3β→)*[65]

373.14 01 schien] war *H1–E2 (k3γ→)*

02 gut,] gut *H1*

04 jenem] [sie] dem Kaiser *H1* **H1 48**

07 zweite] schöne und *H1–E2 (k3γ→)*

373.15 01 worden;] war; *H1–E2 (k3γ→)*

03 dieser] der glückliche Zendelwald *H1;* [der glückliche Zendelwa]¬ dieser *H2*

373.16 02 andern] Andern *E1–E2 (e2β→)*

373.17 03 sagte … Dinge,] schien ihr die feinsten Dinge zu sagen, *H1–E2 (k3γ→)*[66]

373.17–19 09 da sie … alle;] [denn sie]¬ da sie glückselig erröthete ein Mal um das andere, es schien überhaupt Alles glücklich zu sein; *H1*

373.18 01 einmal] ein Mal *H2–E4*

373.18–19 07 Heitere … alle;] Es schien überhaupt Alles glücklich zu sein; *H2–E2;*
Es schien überhaupt [Alles] ⟨alles⟩ glücklich zu sein; *e2β;*
k3 *α* [Es schien überhaupt alles glücklich zu sein;]
γ Heitere Wonne verbreitete sich über [alle] ⟨Alle⟩; *k3*[67]

373.20 02 sangen] schmetterten *H1;* [schmetterten] ⟨sangen⟩ *H2*

10 Musikinstrumenten,] [Zinken]¬ Trompeten u Flöten, *H1*

373.21 02 Schmetterling] Schmetterlin *H2*

10 Kaisers,] Kaisers *H1;* [Kai]¬ römischen Kaisers *H2;* Kaisers *E1;*
e1 *α* Kaisers⟨,⟩*β*
δ [römischen] *e1*[68]

373.22 04 dufteten] [duf-\] \dufteten *H2*

05 wie … Reseda.]
H1 [wie] durch einen besonderen Segen, der hier waltete,
α wie [lauter Lilien und Rosen.]
¿ε Veilchen u Reseda. *H1;*
Absatzende unsicher H1

373.24 03 allen] Allen *H1–E2 (e2β→)*

04 fühlte] [war]¬ fühlte *H1*

373.26 04 gedachte] [dachte] ⟨gedachte⟩ *H1*

08 heißes,] heißes *H1–H2*

373.27 02 Dankgebet] [Danke]¬ Dankgebet *H1*

03 abstattete.] *kein Absatzende H1–H2*

---

65 373.12 *e2* Bankett] *Korrektur vermutlich nachträglich von Weibert aus k3 übertragen.*

66 373.17 *k3* sagte … Dinge,] *Zuerst mit Bleistift aoR:* Er sagte *ihr und vor dem Zeilenbeginn:* offen*bar*, *dann definitiv mit Tinte alR:* sagte *und aoR, den Bleistifteintrag überschreibend:* augenscheinlich

67 373.18 *k3* Heitere … Alle;] *auR, mit Zusatz:* (Zeile 3)

68 373.21 *e1* römischen] *Von Weibert ergänzt und wieder gestrichen.*

373.28	*01*	Die] [M]¬ Die *H1*
373.30	*01*	über] über [über] *H1*
	06	Schützlings,] Schützling's, *H1*
373.31	*05*	Kuß] [süßen] [himmlischen] Kuß *H1*
374.02	*04*	zur Süße.] [[wohl.] ⟨süß.⟩] ⟨zur Süße.⟩ *H1**
374.03	*03*	aber ... Gesellschaft] und die übrige Gesellschaft aber *H1*
374.06–07	*02*	erwachte ... Schlafe] war ... Schlaf erwacht *H1–E2 (k3γ→)*
	06	aus] von *H1*
374.07	*03*	fand] [sah, daß] ⟨sah⟩ *H1*
374.08	*04*	wohl] nun wohl *H1;* [nun] wohl *H2*
	05	vorbei sein] vorbei^sein *H2*
	09	er] [d]¬ er *H1*
374.09	*02*	Handels] Handelns *H1–E3 (LA)*
	08	sich] sich sich *H1*
	10	sehr] [[so] ⟨sehr⟩] *H1;* [so] ⟨sehr⟩ *H2*
374.10	*09*	Frau] *fehlt H1*
374.11	*01*	gar zu gerne] sehr gern [gehabt]¬ *H1*
374.12	*03*	zurückkehren,] zurück kehren, *H1*
374.12–13	10	immerwährende freudlose] *H1* [freudlose] immerwährende freudlose *H1*
374.14	*07*	wollte] [vor]¬ wollte *H1*
374.15	*02*	einmal] ein Mal *H2–E4*
374.17	*01*	habe.] *kein Absatzende H1*
374.20	*02*	und das Glück] *fehlt H1*
374.23	*09*	am] [an den Rand]¬ am *H1*
374.24	*07*	zwar] [*x*]¬ zwar *H1*
374.25	*07*	übersah.] *Absatzende unsicher H1*
374.26	*04*	in] Haupt an Haupt in *H1;* [Haupt an Haupt] in *H2*
374.27	*06*	in Glück strahlende] *H1* [blumeng]¬ [freudenstrahlende] glückstrahlende *H1*
374.28	*04*	Haupt ... ihr] dicht neben diesem *H1*
	11	bleichen] [eigenen] ⟨bleichen⟩ *H2*
374.29	*02*	seine eigene] [sein eigenes]¬ seine eigene *H1*
374.30	*05*	just ... Doppelgänger] [eben] ⟨just⟩ [umfing]¬ sah er sein Ebenbild *H1*
374.31	*07*	schritt] [schritte]¬ schritt *H2*
374.32	*02*	der allgemeinen Freude,] dem allgemeinen Jubel, *H1*
375.02	*02*	In] [Aber in] ⟨In⟩ *H1*
375.02–03	*07*	Ebenbild von Bertrades Seite] *H1* Doppelgänger an [der] Seite [Bertrades] Bertrades *H1*
375.04	*08*	sich] ihr *H1*
375.05	*01*	Freude] Freuden *H1–H2 (LA)*
	04	Wo ... Komm,] Warum [gehst du von]¬ verläßt mich mein Lieb? komm *H1*
	05	bist] willst *H2–E4 (LA)*
	06	Du] Du *¡H1;* du *H2;* Du *¡E1–E2;* [Du] ⟨du⟩ *e2β;* du *E3–E4*
	08	Komm,] komm' *H2*
	10	fein] [bei m]¬ fein *H1*

375.06	01	mir!] mir!“ *H1*[69]
	12	Seite.] *Absatzende nachträglich markiert H1*
375.07	04	denn,] denn *H2*
375.08	02	probieren,] probiren, *H1–E2 (e2β→)*
	09	Becher] goldenen Becher *H1*
375.09	09	stich] Stich *H1–E2 (e2β k3β→)*[70]
375.10	07	wohl aufgelegt] [*a*]¬ wohlaufgelegt *H1;* [wohlgelaunt]¬ wohl aufgelegt *H2*
375.12	01	diese] dieses *H2*
	03	die] [das]¬ die *H1*
	05	Unterhaltung] [U]¬ \Unterhaltung *H2*
375.13	04	worden war.] worden. *H1* **H1 49**
375.14	07	ihm] [ganz] [in dem Sinne plauderte]¬ ihm *H1*
375.15	05	einige Male,] einigemal, *H1*
375.16	01	erwiderte,] erwiederte, *H1–E2 (e2β→)*
	04	auch] ⟨auch⟩ *H1**
	05	schon … hatte;]
		H2 ¿ schon irgendwo gesprochen [hatte im]¬¬ hatte; *H2*
375.19	03	phantasierend] phantasirend *H1–E2 (e2β→)*
375.20	02	bedächtig] [behende] ⟨bedächtig⟩ *H1;** ⟨bedächtig⟩ *H2*
375.21	03	wolle.] wolle? *H1–H2*
375.24	08	größten] [größten] ⟨großen⟩ *H1*
375.27	10	drei- oder viermal]
		drei oder vier mal *H1;* drei oder vier Mal *H2–E2;*
		drei oder [vier Mal] ⟨viermal⟩ *e2β;* drei oder viermal *E3–E4*
375.29	06	führte] [zog]¬ führte *H1*
375.31	04	den blonden Bart] die Wangen *H1*
375.32	01	sein] [seine]¬ sein *H1*
	05	Neigung. Der ehrliche Zendelwald]
		Neigung, [als]¬ wie wenn er der einzige und ausschließliche
		Gutthäter in dieser Historie wäre; der ehrlich Zendelwald *H1*
376.01	04	wissen,] wissen *H2*
	09	wache,] wache *H1–E1 (e1β→)*
376.03	06	nicht;] nicht, *H1–H2*
376.04	04	Zendelwald] Zendelwad *H1*
	05	sagte, so] sagte: So *H1*
	07	und] [ist]¬ und *H2*
	12	ergangen,] ergangen *H1*

69 375.06 *H1* mir!“] *Korrespondierendes Anführungszeichen 375.05 fehlt.*

70 375.09 *k3* stich] *Wiederholung der Korrektur von e2; aoR Eintrag von Weibert:* nachzutragen wäre Correctur nach dem amtl. Verzeichnis (S 15. Absatz e): Legenden S 41 Z 4. im stich lassend. *Keller korrigierte daraufhin dort (362.10)* Stich > stich. – *Vgl. Kap. 1.2 Die Textzeugen, zu k3, S. 51 und ebd., Anm. 46.*

376.05–06	*05*	Fahrt, … Kirchlein]
		H1 *α* [Geschichte. Als er] von seiner Einkehr in dem
		β Geschichte
		α Kirchlein [[erw]¬ erzählte]
		β *H1**
376.07	*02*	habe.] *kein Absatzende* *H1*
376.08	*06*	soweit] so weit *H2*
376.09	*04*	gnädigen] gütigen *H1*
	07	Jetzt erst] Erst jetzt *H1*
376.10	*02*	durfte] [betr]¬ durfte *H1*
	07	keck] [erst recht] ⟨keck⟩ *H1*
376.11	*05*	dankbar] [*x*]¬ dankbarlich *H1*
376.12	*01*	recht] erst recht *H1*
	02	ans] ans *¡H1;* an's *H2–E2*
	05	drücken] drücken, *H1*
376.14	*05*	aber] *fehlt* *H1*
	09	alle] ⟨aber⟩ alle *H1*
376.16	*08*	zärtlichen] [schönen]¬ zärtlichen *H1*
376.17	*07*	wurde] ward *H1*
376.18	*02*	so daß] sodaß *H2*
	05	Kaiser] Kaiser [mit Bertradens]¬ *H1*
376.19	*02*	Gemahlin.] *kein Absatzende* *H1*
376.21	*09*	zeitlebens] Zeitlebens *H1*
376.23	*08*	Bertrade] [Bet]¬ Bertrade *H1*
376.24	*06*	alljährlich] [aa]¬ alljährlich *H2*
376.25	*03*	einsames] [verlassenes] ⟨einsames⟩ *H1*
	04	Heimatschlößchen] Heimathschlößchen *E1–E2 (e2β→);* [Heimatsschlößchen] ⟨Heimatschlößchen⟩ *k3β*
376.26	*10*	horstete,] nistete *H1*
376.27	*01*	wie die]° trotz den *H1*
376.28	*08*	treten] treten[,] *H2*
376.30	*12*	demselben] dem^selben *H1*
376.31	*01*	heruntergestiegen] herunter^gestiegen *H1–H2*

SL4 **Die Jungfrau und die Nonne**

377.01 01 Die Jungfrau und die Nonne.] **H1 10**

H1 Legende von [der] Maria Stellvertreterin.
[ ]
[Maria als] Küsterin.
¿ Die Jungfrau
als *H1;**
Die Jungfrau *γ*[als] ⟨und die⟩ Nonne *H2*

Motto:°

377.02–04 *fehlt in H1*

377.02 02 giebt] gibt *H2–E4;* [gibt] ⟨giebt⟩ *e2β;* giebt *k3* [71]

377.04 02 55,] 55. *H2*

377.05 04 weitausschauend] weit ausschauend *H2–E1*

05 auf] an *H1*

377.07 03 schöne und nicht schöne,]
schön und minder schön, alt und jung, *H1;*
schöne und nicht schöne, [alt und jung], *H2*

09 nach] in *H1*

377.08 03 Herrn] Herren *H1–H2*

08 Mutter.] *kein Absatzende H1*

377.09–10 07 Beatrix ... Klosters.] Beatrix, und diese war Küsterin. *H1*

377.10 04 Herrlich] *β*[Schön und] herrlich *H1*

377.11 02 edlen] [ruhigen] edlen *H1*

05 Dienst,] Dinst, *H1*

06 besorgte] [bediente] ⟨besorgte⟩ *H1ε¿*

09 Altar,] Altar [und]⟨,⟩ *H1*

377.12 04 und] und [z]¬ *H1*

377.13 02 wenn] wann *H2*

05 aufging.]
H1 *α* [her*tu*]¬ [hervorkam.]
β aufging. *H1*

377.14 05 vielmal] [öfters]¬ vielmals [sehnsüch]¬ *H1;* vielmals *H2–E2* *(k3γ→)*

06 feuchten Blickes] ⟨feuchten Blickes⟩ *H2*

377.15 01 Weben]
H1 *α* [schimmernde] Weben
β [flimmernde] *H1*

04 Gefilde;] Gefilde, *H1*

08 funkeln,] funkeln von ziehenden Rittern, *H1*

377.17 01 Männer,] Männer, die auf den schnellen Wogen des Stromes fuhren, *H1*

03 ihre Brust] [ihr Herz] ⟨ihre Brust⟩ *H1ε¿*

07 Sehnsucht] Sehnsucht [und Verlangen] *H1ε¿*

10 Welt.] *kein Absatzende H1*

377.18 07 bezwingen] ertragen *H1*

377.19 05 Juninacht] [Nach]¬ Juninacht *H1*

---

71 *377.02* *E3* gibt] *Vgl. 361.31.*

377.19–20	07	bekleidete … Schuhen] zog ein Paar neue starke Schuhe an *H1*	
377.19	07	bekleidete] [zog ein]¬ bekleidete *H2*	
377.20	10	gerüstet.] gerüstet: *E1–E4 (LA)*	
377.21	03	Dir] dir *H1;* Dir *¡H2;* dir *E1–E4*	
	07	treu] treu und ehrlich *H1*	
	08	gedient,“] gedient, *H1*	
377.22	03	Jungfrau Maria,] thronenden Gottesfrau, *H1;* Jungfrau Maria *H2*	
	05	„aber] aber *H1*	
	06	jetzt] nun *H1;* [nun]¬ jetzt *H2*	
377.22–23	08	Du … Dir,] ⟨du⟩ … dir *H1;* [du] ⟨Du⟩ … dir; *H2*	
377.23–378.01		vermag die Glut … zu ertragen!“] kann das Leiden … ertragen!“ *H1*	
377.23	07	Glut] Glut *¡H1–H2;* Gluth *E1–E2 (e2β→)*	
378.01	07	ihren Schlüsselbund] die Schlüssel ihres Ammtes *H1*	
378.03	08	wanderte,] wanderte den Wohnungen der Menschen zu, *H1*	
378.04	04	Eichenwalde] Eichwald *H1*	
378.05	01	unschlüssig,] unschlüssig *H1*	
378.06	05	da] [dort] ⟨da⟩ *H1*	
	08	Vorüberziehenden] Vorübergehenden *H1*	
378.07	01	Stein] [Stein*e*] ⟨Stein⟩ *H2*	
	11	sie,] sie *H1*	
378.08	04	aufging,] aufging *H1–E2 (k3γ→)*	
	06	wurde feucht] ward feucht und kalt *H1*	
378.09	01	Da … Baumkronen] Da ging die Sonne auf hinter dem Walde *H1–E2 (k3γ→)*[72]	
378.10	06	schossen,] daher^schossen, *H1;** [daher] schossen, *H2*	
	07	trafen] trafen [auf *ei*]¬ und vergoldeten *H1*	
378.11–12	04	völlig … kam.] in seinen Waffen daher ritt, und zwar völlig allein. *H1*	
378.13	01	stark] [viel]¬ stark *H1*	
	03	konnte,] konnte *H1*	
	09	der] ⟨der⟩ *H1*	
378.14	02	aber] [von der schimmernden]¬ aber *H1*	
378.15	01	gesehen,] gesehen [hätte], *H1;* [gesehen *h*]¬ gesehen, *H2*	
	03	nicht] [er] nicht *H1*	
	10	berührt] berührt[,] *k3β*	
378.16	02	seine Augen] sein Auge *H1–H2*	
	04	hingelenkt] seitwärts gelenkt *H1–H2;* hin gelenkt *E1–E2*	
	09	seitwärts] *fehlt H1;* [nach] seitwärts *H2*	
378.17	02	dem Quell,] [*x*]¬ [dem] ⟨der⟩ Quelle ab, *H1*	
	05	vom Pferd] von seinem Pferde *H1;* vom [*R*]¬ Pferde *H2;* vom Pferde *E1*	
378.18	06	begrüßte. Es] begrüßte; β[den*n*] es *H1;* begrüßte. Er *E1 (e1β→)*	
378.19	02	nach … zog,] einsamlich [auf dem Heimwege be]¬ nach Hause reiste. *H1*	
	06	heimwärts] [nach]¬ heimwärts *H2*	
378.20	01	nachdem … verloren.] *fehlt H1*	
378.22	06	ihrerseits] ihrer^seits *H1*	
	08	ebenso] eben^so *H1*	
	09	hielt] machte *H1;* [machte]¬ hielt *H2*	

72 378.09 k3 Da … Baumkronen] *Ersatztext (γ) auR mit Einweiszeichen.*

378.23 02 den … anstaunte;]
den [und]¬ hohen klirrenden Rittersmann nach wie vor angaffte; *H1*
378.24 02 beträchtliches] sehr beträchtliches *H1*
378.25 01 lange] lang [gesehn]¬ *H1*
03 Stillen] [Stillen] ⟨stillen⟩ *e2β;* stillen *E3–E4*
378.26 05 sich.] sich, so daß sie wünschte, im hintersten Winkel ihrer Sakristei zu sitzen. *H1*
378.27 01 welchen Weges]
[woh]¬ welchen [Weges] ⟨Weg⟩ *H1;* welchen [Weg] ⟨Weges⟩ *k3β*
12 könne?] *Absatzende H2* [73] *(LA)*
378.28 08 auf;] auf, *H1*
10 sah] [blickt]¬ sah *H2*
378.29 09 sie,] sie plötzlich, *H1*
378.30 02 dem] [aus] dem *H1*
10 sehen,] sehen und zu genießen, *H1*
378.31 03 schon] [bereit]¬ schon *H1*
06 weder ein noch aus wisse.]
nicht wo aus noch ein wisse! *H1;* weder aus noch ein wisse. *H2*
379.01 04 Herzen,] Herzen *H1–H2* **H1 11**
07 der … sie] [ihr an]¬ der Dame an, [ihr]¬ sie *H1*
379.02 06 leiten,] [gel]¬ leiten, *H1*
379.03 09 weiter] mehr *H1*
379.04 01 Tagereise] Tagreise *H1–E1*
04 entfernt;] entfernt, *H1*
379.05 04 vorbereiten] vorbereiten[,] *H1*
379.05–06 06 nach … auslaufen.]
H1 nach [[Gutfin]¬ Gutbefinden in die schöne Welt [auslaufen]¬ eingehen]¬¬ weislicher Erwägung in die weite schöne Welt auslaufen. *H1*
379.07–08 01 Ohne … zitternd,]
Sie gab hierauf keine Antwort, ließ sich aber ohne Widerstand *H1*
379.07 02 Erwiderung,] Erwiederung *H2;* Erwiederung, *E1–E2 (e2β→)*
379.08 09 heben;] heben, *H1*
379.10 01 trabte] [trabten]¬ trabte *H2*
379.11 01 Zwei-] Zwei *H1–H2*
03 dreihundert Pferdelängen] drei hundert Schritte *H1*
379.12 07 Weite, während] [Weite während]¬ Weite, während *H2* [74]
10 ihre] die *H1*
379.13–14 05 stemmte. Bald … Brust]
H1 stemmte, um diesen ungewohnten Gegenstand von sich ab^zu^halten. Aber als jene ungefähre Anzahl von Schritten zurückgelegt war, lag sie schon dicht an dieser Brust, das Gesicht *H1*

73 378.27 *H2* könne?] *Keine Zeilenverkürzung, daher das Absatzende wohl vom Setzer übersehen.*

74 379.12 *H2* während] *Vermutlich zuerst gestrichen, dann hinter der Streichung wiederholt und Komma eingefügt.*

379.14 *05* aufwärts gewendet] aufwärts gewendet, *H1;* aufwärts^gewendet *H2*
379.15 *07* abermals nach] nach abermals *H1*
379.16 *02* erwiderte] erwiederte *H1–E2 (e2β→)*
06 so] ⟨so⟩ *H1*
379.18 *08* Lichte,] Licht, *H1*
379.21 *07* seinem] [seine*n*]¬ seinem *H1*
10 konnte.] *Absatzende unsicher H1*
379.22–23 *01* Auch ... glänzten.]°
H1 Und der [Ritter,] welcher manches Jahr von
Wonnebold[,]¿[75] ⟨(⟩so hieß Ritter)
seiner Heimath fern gewesen und noch diesen Morgen kaum erwarten mochte, bis er die Burg seiner Väter wieder sah, dachte jetzt nicht mehr an diese, bis ihre Thürme im Mondlicht vor ihm standen. *H1**
379.24 *03* war es] war's *H1*
379.25 *06* erblicken.] erblicken; denn *H1*
10 Wonnebolds]
H1 [des Ritters]
[Wonnebd]¬ Wonnebolds *H1**
379.26 *06* weggezogen] weg^gezogen *H1*
379.28 *03* erschien] [er*st*]¬ erschien *H2*
379.29 *03* vor] unter *H1*
05 mühsam] *fehlt H1*
07 Thore] [Thore] ⟨Thor⟩ *H1;* Thor *H2 (LA)*
09 Doch] Aber *H1*
379.30 *01* hatte der Alte] [das]¬ der Alte hatte *H1**
379.32 *02* Gemach] Schlafgemach *H1*
06 immerwährende] immer^währende *H2*
380.04 *01* Keines dachte nun] Um es kurz zu sagen, diese zwei Leute schickten sich wunderbarlich ineinander und keines dachte *H1*
380.05 *01* Wonnebold] [Der Ritter] ⟨Wonnebold⟩ *H1**
06 Mutter.] Mutter, *H1–H2*
380.07 *01* ihrem Geschmeide,] [de*m*]¬ ihrem Geschmeide, *H1*
380.10 *01* wurde;] ward; *H1*
03 verlangte sie] sie verlangte *H1*
06 Besseres.] *kein Absatzende H1;* besseres. *H2–E2 k3*
380.11 *01* Einst] [Aber ihr Herr]¬ Einst *H1**
07 mit Gefolge] *fehlt H1*
380.12–13 *03* die ... gelebt] zu dessen Ehren es hoch herging und welcher der [Beatrix]¬ schönen Beatrix gar angelegent[...]\ den Hof machte. *H1**
380.12 *10* bevölkert] belebt *H2–E1 (e1γ p1 →)*
380.14 *01* Endlich] Unter anderm *H1;* [Unter]¬ Endlich [ab]¬ *H2*
04 Männer] beiden Herren *H1;* Herren *H2–E1 (e1β→)*
06 auf das] auf's *H1*
380.15 *06* und] [gewann,]¬ und *H1*
380.17–18 *09* die schöne Beatrix,] seine Geliebte, *H1*

---

75 *379.22* *H1* Wonnebold] *Vgl. 379.25, 380.05 und die erste direkte Nennung in 382.24.*

380.18 04 war] war, [angethan mit] *H1;* war, *H2–E2 (LA)*
05 samt] sammt *H1–E2 (e2β→)*
380.19–20 02 trug, ... einsetzte.] trug. [B]¬ Und zwar gegen einen geringen Satz seines [Wider]¬ Gegners, gegen ein silbernes und vergoldetes Jagdhorn[,]⟨.⟩ *H1*
380.19 06 melancholisches] melacholisches *H2*
380.21 02 welche] [welche$_r$]¬ ⟨welche⟩ *H1*
06 zugeschaut hatte,] zuschaute, *H1*
08 erbleichte,] erbleichte *H1–H2*
380.22 03 Recht;] [Recht] ⟨recht⟩; *e2β;* recht[,]⟨;⟩ *k3β;* recht; *E3–E4*
07 erfolgte] erfolgende *H1–E2 (LA)*
380.23 02 Uebermütigen]
[Ritter im]¬ Uebermüthigen *H1;* [übermütigen] ⟨Übermütigen⟩ *k3β*
04 Stich] [Stich] ⟨stich⟩ *e2β k3β;* stich *E3–E4*[76]
380.25 07 Gefolge;] Gefolge, *H1* **H1 12**
380.25–26 09 fand Beatrix noch Zeit,] daß Beatrix noch Zeit hatte *H1*
380.26 01 Beatrix] Beatrixe *H2*
380.26–28 07 an ... folgte.]
H1 sich zu erbeten und [zu]¬ an sich zu nehmen. Sie verbarg dieselben in ihrem Busen und folgte unter strömenden Thränen dem rücksichtslosen Gewinner. *H1*
380.29 09 gelangte] [kam er]¬ gelangte *H1*
380.31 09 Seidenzelt] Seidentuch *H1*
380.32 06 der] die *E2 (k3γ→)*
380.32–381.01 schlanken Silberstangen]
[dünnen]¬ schlanken [Silberstämmen] ⟨Silberstangen⟩ *H1*
381.01 02 emporgehalten,] [gest$_r$]¬ [getragen]¬ emporgehalten, *H2*
381.02 03 herein.] herein, wie in ein Freudenzelt. *H1*
05 wollte] mochte *H1*
381.02–03 08 mit ... Leute] nicht länger warten, sich seiner Beute vorläufig zu erfreuen, und hieß daher seine Knechte *H1*
381.05 01 niederließ] niederließ[,] *k3β*
03 sie] dieselbe *H1*
05 Liebkosungen] Liebkosen *H1*
07 sich] [z]¬ sich *H1*
09 wollte.] *kein Absatzende H1*
381.06–25 01 Da ... Wurfe.] *stark abweichende Fassung in H1, so daß hier auf die Verzeichnung der H1-Varianten verzichtet wird; vgl. dazu Kap. 2.2 Integrale Darstellung von H1, Z. 12.11–12.25* Aber ... elf Augen; *danach kein Absatzende H1*
381.06 01 Da ...] *von hier an feinere Feder H2*
381.07 06 sie:] sie[:]⟨,⟩ *H2*
381.09 01 zu] [gewonn]¬ zu *H2*
04 Wenn] Sei *H2–E2 (k3γ→)*
381.10 01 Rechtes] [rechtes] ⟨Rechtes⟩ *H2*
05 er] [*x*]¬ er *H2*

---

76 *380.23* Stich] *Vgl. 375.09.*

381.11	*02*	könne er] wolle ⟨sie⟩ mit ihm *H2;* [wolle sie mit ihm] ⟨er⟩ *H2δ;* wolle sie mit ihm *E1 (e1β→)*
381.12	*06*	eigen] Eigen *H2–E1*
	08	solle;] solle, *E1 (e1β→)*
381.15	*01*	Dies ...] *am Korrekturrand (Absatzbeginn) kleiner horizontaler Bleistiftstrich H2*
	06	Ernste,] Ernst, *E1–E2 (k3γ→)*
381.21	*01*	Schwert,] Schwert [und]⟨,⟩ *H2*
381.22	*06*	Liebende!“] [Minnende!]¬ Liebende!“ *H2;* Liebende! *E1 (e1β→)*
381.23	*09*	Bethört] [Bethört] ⟨Betört⟩ *e2β;* Betört *E3*
381.24	*06*	samt] sammt *H2–E2 (e2β k3β→)*
381.25	*02*	elf] eilf *H2–E2 (k3β→)*
	03	Augen ... Wurfe.] [Augen.] ⟨Augen [mit] mit Einem Wurfe.⟩ *H2*
	05	einem] Einem *E1–E4 (LA)*
381.27	*05*	Maria, ... Gottes,] Maria *H1*
381.28	*01*	heftig ... Händen,] [wohl] ⟨heftig⟩ durcheinander *H1**
	05	Händen,] Händen *H2*
381.29	*02*	gewann.] *Absatzende unsicher H1**
381.30	*01*	„Ich ... sich] Sogleich verneigte sie sich *H1*
	04	Euer] [das]¬ Euer *H2*
381.31	*01*	ernsthaft] ernsthaft und stolz *H1*
	07	Gewänder] Kleider *H1;* [*K*]¬ Gewänder *H2*
	08	ein wenig zusammen] ein weniges auf *H1*
381.32	*01*	und ... Arm] *fehlt H1*
	09	eilfertig] [eilig au*s*]¬ eilfertig *H1*
382.01	*05*	woher] [in welcher] ⟨woher⟩ *H2*
382.02	*03*	noch ... zerstreuten] ganz verduzten *H1*
	08	Herrn] Herren *H1–H2*
382.03	*03*	war,] [*v*]¬ war, *H1*
382.04	*03*	Gehölze herum,] [Ge]¬ Wäldchen herum [und]⟨,⟩ *H1*
	06	leise] ⟨leise⟩ *H1;* [*x*]¬ leise *H2*
382.05	*05*	fünfzig] *H1* [fünfzig] [zwanzig] fünfzig *H1**
	09	Getäuschten] [Baron entfernt]¬ Getäuschten *H1*
382.06	*01*	entfernt,] entfernt *H1*
	03	den] ⟨den⟩ *H1*
	07	in dieser] auf diese *H1*
382.07	*04*	Menge] Anzahl *H1;* [Anzahl]¬ Menge *H2*
382.08	*04*	kluge] [kl*ei*]¬ kluge *H2*
	09	bedecken.] [decken]¬ bedecken. *H2*
382.09	*01*	sich] sich aber *H1*
	03	still;] [leise] ⟨still⟩, *H1*
382.10	*01*	an] [auf ihrer Br]¬ an *H1*
	09	Gehölz] Gehölze *H1–H2*
382.11	*10*	Schein] Schein[;] *H2*
382.13	*06*	Tautropfen] Tropfen *H1*

382.15 01 Endlich ... Starrheit]
Hingegen erwachte er jetzt plötzlich aus seiner Starrheit, sprang auf *H1*
382.16 04 Jagdhorn. ... gekommen,] Hifthorn. Drauf *H1*
08 herbei gekommen,] herbei^gekommen, *H2*
382.17 06 jagte] jagte mit den herbeigeeilten Leuten *H1;* jagte mit ihnen *H2*[77]
08 Entflohenen] Flüchtigen *H1*
382.18 09 eine Stunde,] zwei Stunden, *H1*
382.19 05 zurückkamen] zurück kamen *H1–H2*
07 verdrießlich] mürrisch *H1;* [mü]¬ verdrießlich *H2*
382.20 04 zogen,] [ritten]¬ zogen, *H1*
382.22 07 ihre] ihren *H2*
382.24 01 Wonnebold] Wonnebald *E4*
382.25 03 Reue und Zorn] **H1 13**
H1 [Reue, Scham und] Zorn
Reue
und *H1**
10 wohl] deutlich *H1*
382.28 08 mochte.] möchte. *H1*
10 sie] Beatrix *H1*
12 unversehens] [p]¬ unversehens *H1*
382.29 04 breitete er, noch] [öffnete] ⟨breitete⟩ er [ohne]¬ noch *H1**
10 Ueberraschung] Uberraschung *E4*
382.30 01 ausdrückte,] ausdrücken konnte, *H1*
05 ihr] ihm *H2*
06 aus] aus, *H1*
382.31 06 in] [*an* seinen]¬ in *H1*
382.32 09 erzählte,] erzählte *H1 E2 (k3γ→)*
11 wurde] ward *H1*
383.01 04 Treue;] Treue, *E1 (e1β→)*
06 jener] [der] ⟨jener⟩ *H1**
383.01–02 09 ein ... schmucker] eigentlich ein [sehr]¬ ganz [tüchtiger] ⟨ansehnlicher⟩ *H1**
383.03 09 wahren,] bewahren, *H1*
383.05 04 Standesgenossen und Hörigen,]
H1 α [Verwandten [*xx*]¬, Genossen] und Unterthanen,
β Standesgenossen *H1**
07 so daß] sodaß *H2*
383.06 02 jetzt] nun *H1*
05 Rittersfrau] Ritterfrau *H2*
08 ihresgleichen] ihres Gleichen *H1–E2 (e2β→)*
383.07 06 sowohl] sowohl, *H1;* sowol *H2*
08 in] [in Haus, Dorf] ⟨im Haus⟩ und in *H1*
383.08 01 Unterthanen und] Unterthanen, so^wie auch *H1*
06 Kirche.] [Kir]¬ Dorfkirche. *H1; kein Absatzende H1*

---

77 382.17 *H2* mit ihnen] *Vermutlich von Keller selbst beim Übergang zu E1 getilgt, um den falschen Bezug* mit ihnen ... sich ihrer *zu vermeiden.*

383.09	*04*	wechselvoll] [rasch] wechselvoll und inhaltreich *H1*
	05	vorüber,] vorüber *H1–E1 (e1β→)*
383.11	*04*	Hirsche.] [Tannen] ⟨Hirsche⟩. *H1*
383.12	*04*	achtzehn]° fünfzehn *H1;* [zwanzi]¬ achtzehn *H2*
	06	zählte,] [zäht]¬ zählte, *H1*
383.13	*02*	Herbstnacht] [stürmischen] Herbstnacht [leise] *H1*
	07	Wonneboldes,] [Gem]¬ [Wonnebolds]¬ Wonneboldes, *H1*
383.14	*02*	es merkte,] darüber erwachte, [packt]¬ *H1*
383.15	*03*	Truhen,] [T]¬ Truhen, *H1*
	09	worden,] worden *H1*
383.16	*03*	sie,] dieselben, *H1–E4 (LA)*
383.19	*01*	ging] [küßte]¬ ging *H1*
	04	an das] an's *H1–H2*
383.20	*08*	das] [die langen]¬ das *H1*
383.21	*02*	das … sorgfältig]
		H1 das feine weltliche [Hemde] ⟨Hemd⟩ aus und dagegen [die] ⟨das⟩ rauhe Nonnengewand [an]¬ wieder über den Kopf, welches sie sorgfältig *H1*
383.23	*05*	brausenden] [wehenden]¬ brausenden *H1*
383.25	*01*	entflohen war.] entflohen. *H1*
	05	sie die] die die *H1*
	08	ihres] des *H1*
383.26	*02*	die] ihre *H1*
383.27	*02*	Leben.] Lebensglück, aber ohne Reue. *H1*
383.28	*01*	So] [Wie sie nun]¬ So *H1*
383.30	*03*	grüßte] [begrüßte] ⟨grüßte⟩ *H1*
	05	gleichgültig] gleichgiltig *E1 (e1β→)*
383.31	*06*	geblieben] [gewesen wäre]¬ geblieben *H1;* [gewesen]¬ geblieben *H2*
383.32	*04*	vorüber] vorüber[,] *H2*
384.02	*07*	bißchen] wenig *H1;* bischen *H2–E2 k3*
	09	weggeblieben,] [fort]¬ weg geblieben, *H1*
384.03–05	*03*	Ich … Schlüssel]
		H1 Sieh' ich bin die ganze Zeit über Küsterin gewesen an deiner [Statt, doch] bin ich froh, wenn du [nun] deine Schlüssel Statt. Jetzt *H1*
384.04	*11*	da] [wieder] da *H2*
384.05	*06*	übernimmst!"] *kein Absatzende H1*
384.07	*08*	erschrak.] erschrack. *H1–E2 (e2β→)*
384.08	*08*	das und jenes,] dies u jenes *H1*
384.09	*03*	die] [das]¬ die *H1*
	06	Mittagsmahl] Mittagmahle *H1;* Mittagsmahle *H2*
384.10	*07*	andere gestorben,] ⟨andere gestorben,⟩ *H1**
384.11	*09*	saß] [saßen] ⟨saß⟩ *k3β*
384.12	*03*	Tisch;] Tische; *H1–H2*
	05	niemand] Niemand *H1–E2 (e2β→)*
	06	gewahrte,] ahnte, *H1*
384.14	*01*	denn] den *H1*
	05	ihre] [ihren]¬ ihre *H1*
	07	in … eigener] [unter ihrer eigenen] ⟨in der Nonne eigener⟩ *H1**

384.16 01 Nachdem ...] *ab hier neuer Schluß* *H1**
04 etwa zehn] zwölf bis dreizehn *H1*
384.17 06 Fest] Marienfest *H1*
384.18 01 jede] Jede *H1–H2*
03 ihnen] [Ihne]¬ ihnen [darauf hin] *H1*
384.19 02 bereiten vermöchte,] [v]¬ arbeiten [vermöchte,]¬ vermöchten, *H1*
05 solle.] wolle. *H1*
09 eine] Eine *H1–E2 (e2β→)*
384.20 04 andere] [andere] ⟨Andere⟩ *H2;* Andere *E1–E2 (e2β→)*
07 die dritte] die dritte einen Schleier und die vierte *H1**
08 dritte] Dritte *E1–E2 (e2β→)*
384.21 01 Meßgewand.] blumiges Meßgewand. *H1*
06 lateinischen] *fehlt* *H1*
384.22 02 andere] Andere *E1–E2 (e2β→)*
06 Musik, die dritte] Musik und [wieder*x*] ⟨wieder⟩ eine andere *H1*
08 dritte] Dritte *E1–E2 (e2β→)*
384.23 05 Anderes] anderes *H1–E4*
07 nähte] näthe *E2 (e2β→)*
384.23–24 08 dem Christuskinde] ihrem Söhnchen *H1*
384.24 03 neues Hemdchen,] andres Hemdchen [oder]¬ *H1;*
neues Hemdchen *H2–E1 (e1β→)*
384.25 01 buk ihm] buck *H1;* buck ihm *H2–E2 (e2β→)*
05 Kräpflein.] Nonnenkräpfchen. *H1*
384.26 01 bereitet,] [bereih]¬ bereitet, *H2*
11 ihren] [ihrer Vergangenheit]¬ ihren *H1**
384.27 06 lebte] lebte, *H1* **H1 14**
10 Gegenwart.] *kein Absatzende* *H1*
384.29 05 anbrach] anbrach[,] *H2*
09 Weihgabe darlegte,] [Gabe]¬ Weihgabe brachte, *H1*
384.30 07 schalten] [verachteten] ⟨schalten⟩ *H1*
385.01–02 03 im ... emporstiegen.] in [feierlicher Prozession]¬ feierlichem Umgange. *H1;*
kein Absatzende *H1*
385.01 03 im feierlichen] in feierlichem *H2–E2;* [in] ⟨im⟩ feierlichen *k3γ*[78] *(LA)*
385.04 01 musizieren] musiziren *H1;* musiciren *H2–E2 (e2β→)*
03 zog] [Zog] ⟨zog⟩ *H1*
385.05 02 bewaffneten] gewappneten *H1*
385.06 03 ebensoviel] ebenso^viel *H2*
385.07 07 dem Reichsheere zuführte.]°
H1 *α* selbst in einen Krieg [führen wollte.]
β führte. *H1;*
kein Absatzende *H1*
385.09 01 Das Hochamt in]
[Hörend daß der Gottesdienst in d]¬ Das Hochammt [*x*]¬ in *H1*
385.11 02 Jungfrau] [Mar]¬ Jungfrau *H1*

78 385.01 *k3* in feierlichen] *Setzerfehler, von Keller, ev. ohne sich an die ursprüngliche Version zu erinnern, korrigiert.*

385.13 *05* Kriegern] [Rit]¬ Kriegern *H1*
09 ebensoviel] [d]¬ ebensoviel *H1*
385.14 *01* geharnischte] *fehlt H1*
385.16 *04* alle] [ih]¬ [a]¬ alle *H1*
385.18 *01* verkündigte] offenbarte *H1*
385.19 *01* das ... habe.] so mit ihr geschehen. *H1–E2 (k3γ→);*[79] *kein Absatzende H1*
385.20 *01* So] [Sx]¬ So *H1*
02 mußte nun jedermann gestehen,]
erkannte nun Jedermann, *H1;*
[erkannte]¬ anerkannte nun Jedermann, *H2;*
anerkannte nun Jedermann, *E1–E2;*
k3 *α* [anerkannte] nun [jederman,]
γ mußte jederman gestehen, *k3*
04 jedermann] [Jedermann] ⟨jedermann⟩ *e2β*
385.21 *05* dargebracht;] [darg]¬ gebracht, *H1;* dargebracht, *H2–E1 (e1β→)*
385.23 *03* an] auf *H1–E2 (LA)*
385.24 *01* waren,] *ev.* waren[.]⟨,⟩ *H1; ev. Schluß zuerst hier H1*
07 Himmelskönigin] [Jungfrau] ⟨Himmelskönigin⟩ *H1β*

79 *385.19* *H2 Nach dem Absatzende arR ein Kreuz (Bleistift).*

SL5 **Der schlimm-heilige Vitalis**

386.01 *01* Der schlimm-heilige Vitalis.] Der bekehrte Märtyrer. *H1* **H1 17**

Motto:°

386.02–06 *fehlt in H1;*

H2 A:

[Freund! wach' und schau' dich um, der Teufel \ geht stets runden, \ Kommt er dir auf den Leib, so liegest \ du schon unten. \ Angelus Silesius, Cherubinischer Wandersmann \ 4 Buch, 206.]

B:

Meide den traulichen Umgang mit Einem Weibe, empfiehl \ du [lieber] überhaupt [lieber]¬ lieber das ganze andächtige Geschlecht \ dem lieben Gott. \ Thomas [von] ⟨a⟩ Kempis, Nachfolge, 8. 2. *H2* [80]

386.06 *05* 8.] 8, *E1–E2*

386.07 *01* Im] Zu *E1–E2 (k3γ→)*

386.08 *01* in Aegypten] *fehlt H1;* ⟨in Egypten⟩ *H2β;* in Egypten *E1–E2 k3*

06 namens] Namens *H1–E4*

386.09 *03* besonderen] besondern *H1–E2*

386.10 *03* Pfade] Wege *H1*

06 hinwegzulocken] hinweg zu locken *H1*

386.13 *06* mit] war mit *H1–E2 (k3γ→)*

08 merkwürdiger] seltsamer *H1–E2 (k3γ→)*

386.14 *05* wie] wie dergleichen *H1*

386.15 *03* vorkam.] *kein Absatzende H1*

386.17 *06* sobald] so bald *H1*

386.18–19 *09* merkte ... auf demselben vor,] vermerkte ... auf demselben, *H1*

386.20 *04* Patriciersöhne] Patriziersöhne *H1–E4*

08 besseren] bessern *H1*

386.21 *08* Vitalis,] [*x*]¬ Vitalis, *H1*

386.23 *07* schlauem spaßhaften]

schlauem, spaßhaftem *H1;* schlauem spaßhaftem *H2–E1 E3–E4 (LA)*

386.24 *08* Sache;] Sache, *H1*

387.01 *10* Wildfängen.] *kein Absatzende H1*

387.04 *03* in seiner Kappe] auf seinem Busen *H1;*

[auf seine]¬ in seiner Kapuzze *H2;* in seiner Kaputze *E1 (e1β→)*

07 nahm] zog *H1*

387.05 *07* Namen] aber schön klingenden Namen *H1*

08 beizufügen] hinzuzufügen *H1–E2 (k3γ→)*

387.06 *06* überblicken, zu zählen] überblicken *H1*

387.07–08 *03* berechnen, ... die Reihe]

sehen, an welchen zunächst die Reihe der Bekehrung *H1*

387.07 *04* welche] [*an* welche*n*]¬ welche *H2*

07 demnächst] zunächst *H2–E2 (k3γ→)*

---

80 *386.02* *H2* *Neues Motto nachträglich in gedrängter Schrift zwischen Titel und ursprünglichem Motto (= späteres Motto von SL2, 355.02–07) eingefügt.*

387.09 *01* Diese … dann]
Zu dieser ging er dann, wie *H1;* Zu dieser ging er dann *H2–E2 (k3γ→)*
09 verschämt] verschämt, *H1*
387.10 *05* die … heute] die und die Nacht *H1*
387.11 *01* versprich keinem andern!“] versage dich keinem Andern!“ *H1;* **H1 18**
sage keinem Andern zu!“ *H2–E2;*
sage keinem [Andern] ⟨andern⟩ zu!“ *e2β;*
[sage keinem andern zu] ⟨versprich keinem andern⟩!“ *k3γ*
04 Wenn … Zeit]
Sobald er um die bestimmte Stunde *H1;*
[Sobald er um die bestimmte Stunde] ⟨Wenn er zur bestimmten Zeit⟩ *H2*
387.12–13 *02* Haus … Ecke der Kammer,]
Haus und in die Kammer … Ecke des Gemaches, *H1;*
H2 Haus [und in die Kammer] … Ecke [des Gemaches,]
der Kammer, *H2*
387.14 *04* und] und mit *H1*
387.15 *02* Bewohnerin] Besitzerin *H1–E2 (k3γ→)*
05 Mit der Morgenfrühe] Früh [*m*]¬ Morgens *H1*
387.16 *04* untersagte … verraten,] verbot ihr auf’s Schärfste, zu sagen, *H1*
387.17 *02* habe.] *kein Absatzende H1*
387.18 *01* So … es] Dies trieb Vitalis *H1*
06 gute] geraume *H1*
387.18–19 *09* brachte … Ruf.] richtete seinen guten Namen dadurch völlig zu Grunde. *H1*
387.19 *07* geheimen,] Geheimen, *H1–E2 (e2β→)*
387.23 *01* Lebenswandel begann] *Wörter unlesbar (Korruptel) k3*
387.25 *01* Mönch] Mönchen *H1*
387.26 *02* herumschlüge] herum^schlüge *H2*
387.27 *03* aushänge.] *kein Absatzende H1*
387.28 *04* des … dunkelte,] bei anbrechender Nacht *H1*
10 ehrbarer] einer ehrbaren *H1*
387.29 *05* etwa … was] plötzlich: „Was *H1*
387.30 *04* Bald hätt’] [Potz] ⟨beim⟩ Blitz! Bald hätte *H1*
387.31 *07* tausend,] Tausend! *H1;* Tausend, *H2*
387.32 *05* nicht schmollt!“]
mir nicht zürne!“ *H1; kein Absatzende H1; Absatzende unsicher H2*
388.01 *01* Schalt … erbost:] Ward er deswegen gescholten, so sprach er: *H1*
11 Ihr,] ihr, *H1;* [Ihr] ⟨ihr⟩, *e2β;* ihr, *E3–E4*
388.02 *06* Ihr Euch] ihr euch *H1;* [Ihr Euch] ⟨ihr euch⟩ *e2β;* ihr euch *E3–E4*
388.02–06 *11* für die … mag,]
H1 den Mönchen nicht auch ein bischen Freude gönne?“ Manche sagten zu ihm: „Vater, nehmt euch lieber eine Frau und legt das [kir*x*liche] ⟨kirchliche⟩ Gewand ab, damit die andern sich nicht an euch ärgern!“ Doch er antwortete: „Wer sich ärgern will, der ärgere sich *H1*
388.03 *07* jemand:] Jemand: *H2–E2 (e2β→)*
08 „Vater,] Vater, *H2*

388.04–05 08 heiratet, … ärgern!“]
[heirathet.] ⟨heirathet, damit die Andern sich nicht ärgern!⟩ *H2* [81]
388.05 01 andern] Andern *E1–E2 (e2β→)*
388.06 03 mag,] mag[!] *H2*
05 renne mit] renne meinethalb mit *H1;* [renne mit]¬ renne mit *H2*
388.07 01 Wer … Richter?“] Seid ihr zu Richtern über mich bestellt? Bekümmert euch um euer eigenes Heil, für mich sollt ihr Gott keine Rechenschaft ablegen!“ *H1; kein Absatzende H1; Absatzende unsicher H2*
388.08 01 Alles dies] Solches *H1*
06 Geräusch und] großem Lärmen und Geschrei und mit *H1*
388.09 01 wie einer,]
genau wie Einer, *H1;* [als] ⟨wie⟩ Einer *H2;* wie Einer, *E1–E2 (e2β→)*
10 frechen] [schlechten] ⟨frechen⟩ *H2*
388.10 02 verteidigt.] *kein Absatzende H1*
388.11 06 zankte] [zeigte] ⟨zankte⟩ *k3γ*
08 vor] [mit den Mädchen]¬ vor *H1*
388.13 03 ihnen] [*I*]¬ ihnen *H2*
05 teilte] theilte *H1–E4;* [theilte] ⟨teilte⟩ *e2β;* [teilte] ⟨theilte⟩ *k3γ* [82]
388.14 07 Will] [Was] will *H1*
388.15 06 Glatzkopf!“] *kein Absatzende H1*
388.17 06 davon trug] davontrug *E1–E4*
388.19 03 beim] bei’m *H2*
388.27 04 Welt] Welt und selbst vor allen guten Christen *H1* **H1 19**
10 dazustehen,] [zu]¬ dazustehen, *H1*
388.28 03 allerreinste] Allerreinste *H1*
388.29 10 ein Kränzlein] den [glänz \zendsten]¬ glänzendsten Kranz [der]¬ *H1*
388.31 01 trage.] trage! *H1*
389.01 06 Ungewöhnlichkeit] [Buhlerkünste] ⟨Ungewöhnlichkeit⟩ *H1β**
389.03 04 belagere] bewache *H1*
06 jeden] Jeden *H1–E2 (e2β→)*
389.04 09 Vitalis] er *H1*
389.06 07 in sein] auf [seine]¬ sein *H1*
389.07 01 ging] ging nach kurzer Vorbereitung *H1*
389.09 01 Scharlach] Purpur *H1*
04 daherschritt] daher^schritt *H1–H2*
389.10 04 trug.] *kein Absatzende H1*
389.11 06 Mönchlein!“] Mönchlein! *H1–H2*
389.12 04 zu,] zu *H1*
05 „was] [„]¬ \ „was *H2*
07 Du,] du *H1*
389.14 02 Welt!“] *kein Absatzende H1*
389.15 04 samt] sammt *H1–E2 (e2β→)*
05 allem,] allem[,] *H1*

---

81 388.04 *H2* damit … ärgern!] *Am Korrekturrand (+).*
82 388.13 *E3* teilte] *Kellers Rückgängigmachung (k3γ) der Verlegerkorrektur von e2β wurde nicht in E3 übernommen.*

389.15	*08*	ist,“] ist, *H1–H2*
389.16	*02*	„gehören] gehören *H1–H2*
	04	Herrn] Herren *H1–H2*
389.17	*04*	Lümmel,] Lümmel! *H1*
389.18	*02*	gelüstet!“] *kein Absatzende H1*
389.19	*05*	den] [se]¬ den *H1*
389.20	*08*	niederzuschlagen;] nieder^zu^schlagen; *H1*
389.21–22	*09*	dem Gewande] der Kutte *H1–E1 (e1β→)*
389.22	*03*	parierte] parirte *H1–E2 (e2β→)*
389.23	*03*	an] vor *H1*
	10	beinahe] ⟨beinah⟩ *H1*
389.24	*05*	Kleriker] Priester *H1* **H1 20**
	08	Knüffe] Katzenköpfe *H1*
389.25	*07*	betäubt] betäubt, zähneknirschend *H1*
389.26	*02*	machte.] *kein Absatzende H1*
389.27	*01*	Also] [Hierauf] ⟨Also⟩ *H1*
	03	Vitalis] er *H1*
389.27–28	*08*	wo … Treppchen] [wx]¬ wo oben an [der]¬ einer schmalen Treppe *H1*
389.28	*06*	eine Lampe tragend,] [auf]¬ eine Lampe in der Hand *H1*
389.29	*03*	das Lärmen und Schreien] [das Getöse] ⟨den Lärmen⟩ *H1*
	07	horchte.] [hör]¬ horchend. *H1;* [[horchend *x*]¬ horchte]¬ horchte. *H2*
	11	ungewöhnlich] [große]¬ ungewöhnlich *H1*
389.30	*03*	feste] [*x*]¬ feste *H1*
	07	großen] großen, *H1*
389.32	*06*	flatterte.] [sich]¬ [glänzte.] ⟨flatterte.⟩ *H1;** *kein Absatzende H1*
390.01	*06*	anrückenden] [heran]¬ anrückenden *H1*
390.02	*03*	sagte:] [rief]¬ sagte: *H1*
	06	Du?“] du?“ *H1;* Du?“ ¡*H2;* du?“ *E1–E4*
	10	Täubchen!“] Täubchen[,]⟨!⟩“ *H2*
390.03	*03*	„hast] hast *H1*
390.04	*05*	Allein] [„]Allein *H1*
390.05	*04*	sperrte] [sp*x*]¬ sperrte *H1*
390.06	*06*	„Mönche] Mönche *H1*
	07	tragen nie] [haben nie]¬ tragen nie *H1*
390.07	*01*	mit] bei *H1*
	04	trolle] scheere *H1;* [sch*ere*] ⟨trolle⟩ *H2*
	07	Weges,“] Weges, *H1–H2*
	10	„oder] oder *H1–H2*
390.08	*08*	peitschen!“] stäupen!“ *H1; kein Absatzende H1*
390.09	*03*	kratzte] [katzt]¬ kratzte sich *H1*
390.10	*03*	noch] *fehlt H1*
390.10–12	*07*	denn … strafen.] *H1* denn die Geschöpfe, welche er [bishe]¬ bisanher bekehrt, hatten ihm natürlich dann keinen Lohn abverlangt⟨.⟩β β[und [die we]¬ diejenigen, welche etwa \ungerührt blieben, entließen ihn ⟨nur⟩ mit schnöden Worten, da er \sie müssig gelassen hatte.] *H1**
390.11	*02*	bis anhin] bis^anhin *H2;* bisanhin *E1–E4*
	07	natürlicher Weise] [nach]¬ natürlicherweise *H2;* natürlicherweise *E1–E4*

390.15 08 beginnen;] beginnen, *H1*
390.16 05 über alle] über^alle *H1*
390.16–17 09 diese rotschimmernde Satanstochter] diesen roth schimmernden Satan *H1*
390.16 09 diese] [diesen]¬ diese *H2*
390.17 04 weil] [wel]¬ weil *H1*
390.18 08 höheren] [größeren]¬ höheren *H1*
390.19 02 zuzuschreiben,] bei^zu^messen, *H1*
03 als ... haben.]
H1 [als unansehnlichen [verwachsenen] Gestalten.]
als sie wirklich haben. *H1**
03 als] [*x*]¬ als *H2*
390.21 01 Silberbüchschen] Silberbüschlein *H1;* Silberbüchslein *H2*
06 mit] überdies mit *H1*
08 ziemlich wertvollen] geschnittenen *H1*
390.22 01 Amethyst] [Onyx]¬ Amethyst *H1;* Amethist *H2–E2 k3*
06 nichts,] nichts *H1*
390.22 08 dies,“] dies, *H1–H2*
390.23 03 „laß] laß *H1*
390.24 05 hieß] [sagte dann: „So]¬ [sagte dann,]¬ hieß *H1*
09 hineingehen.] herein gehen. *H1;* hinein^gehen. *H2*
390.26 06 nach] [auf gew]¬ nach *H1* **H1 21**
10 einer] eine *H1–E3 (LA)*
390.27 02 und] [und] ⟨und⟩ *H1**
06 Stimme.] *kein Absatzende H1*
390.28 07 seine weltlichen Werke] sein weltliches Werk *H1*
390.29 03 Gewohnheit] [Schlauheit]¬ Gewohnheit *H1*
06 beginnen,] [be]¬ anfangen, *H1*
390.30 07 Ruhebett,] Ruhbett, *H1–E1*
390.31 04 Gebärden] Geberden *H1;* Gebehrden *H2;* Geberden *E1–E2 (e2β→)*
390.31–32 08 Da das Ding] es *H1;* Da [es a]¬ das Ding *H2*
391.01 09 zu,] zu [und]⟨,⟩ *H1*
391.02 09 den] [ihn]¬ den *H1*
391.03 02 mit] [so]¬ mit *H1*
04 geschorenen und tonsurierten] geschornen *H1;*
geschornen und tonsurirten *H2–E1;*
geschorenen und tonsurirten *E2 k3*
08 so] [de]¬ so *H1*
391.05 06 Fegfeuer] Fegefeuer *H1–E2*
07 stäke.] stäcke. *H1–E2 (e2β→)*
10 aber] [*x*]¬ aber *H2*
391.12 04 sie] [ihr]¬ sie *H1*
06 fesseln;] binden, *H1;* binden; *H2–E2 (k3γ→)*
391.13 01 zusammen] zusammen⟨,⟩ *H1*
391.14 09 in] [an]¬ in *H1*
391.15 10 wäre.] *kein Absatzende H1*
391.16 04 wälzte] [w]¬ wälzte *H1*
391.18 10 aufhörte,] abließ *H1;* abließ, *H2–E2 (k3γ→)*
391.20 07 welchen] welchem *H1*

391.22 07 eine] eine ausgemachte *H1*
08 Magdalena] [Magdalene] ⟨Magdalena⟩ *k3β*
391.24 01 Gewandes] Habites *H1* **H1 22**
03 Thränen.] reuevollen Thränen. *H1*
391.25–26 06 mit … wiederzukommen,] den folgenden Tag wieder zu kommen, *H1*
391.26 05 kund zu thun,] zu sagen, *H1*
391.27 03 eine] [ihr] [einen Platz für]¬ eine *H1*
07 ausfindig] ausfündig *H1;* [ausf*ü*ndig] ⟨ausfindig⟩ *H2*
391.28 09 einzuschärfen,] [*h*]¬ einzuschärfen, *H1*
391.29 05 ihrer] seiner *H2–E2 (p1 e2γ→)*
08 lassen] lassen [solle *x*]¬ *H1*
391.30 02 allem nur jedermann,]
Allem aus Jedermann, *H1–H2;* Allem nur Jedermann, *E1–E2 (e2β→)*
391.31 06 lustig bei ihr] [bei ihr lustig] ⟨lustig bei ihr⟩ *k3β*
391.32 03 erschrak] erschrack *H1–E2 (e2β→)*
391.32–392.01 als er … fand,]
H1 als [er] zur bestimmten Stunde wieder [kam]
er, erscheinend,[83]*
1 [den Kriegsmann vor der Thüre lauern sah und zwar, wie
1 es schien, auf ihn \selbst. Obgleich er diesmal keinen
1 Oelprügel bei sich führte, that \er doch, als ob er einen solchen
1 hervorzöge, und [ging] ⟨drang⟩ so erbost und ent\schlossen auf
1 Jenen ein, daß er unwillkürlich zurückwich und das \Feld
1 räumte. Als [er nun]¬ Vitalis nun ins Haus wollte, fand er]
1 die Thüre fest [verschlossen,]
2 verschlossen fand, *H1* [84]*
391.32 06 er,] er *H2–E2 (p1 e2γ¿→)*
392.01 04 Thüre] [Thür] ⟨Thüre⟩ *k3β*
392.03 02 sah.] *kein Absatzende H1**
392.04 07 herunter, und] herab, und *H1*
392.05 01 erwiderte] erwiederte *H1–E2 (e2β→)*
04 „Was] Was *H1*
07 heißen,] sein[?]¬, *H1*
392.06 01 Thu'] Thu *H1–H2*
392.08 02 Mönch?"] Mönch? *E4*
392.09 01 hätte,] hätte *H1*
392.10 04 Vitalis] [Va]¬ Vitalis *H2*
05 empor;] empor, *H1*
392.11 03 Thüre;] Thüre, *H1*
392.12 07 verschwunden.] *kein Absatzende H1*
392.17 06 den] [j*x*]¬ den *H1*
392.18 06 überwinden.] *kein Absatzende H1*
392.19 04 beherrscht,] beherrscht *H2–E4 (LA)*
05 lenkte er] trugen ihn *H1*

---

83 *391.32* *H1* er, … erscheinend,] *Ev. Sofortkorrektur.*
84 *391.32* *H1* den Kriegsmann … fand er] *Zeilenweise gestrichen, ev. 1871.*

392.20 *02* eine Kirche,] [die]¬ [einen Christentempel] ⟨eine Kirche⟩, *H1**
05 er, statt zu beten,] er statt zu beten *H1*
392.22 *01* könne.] [könn*e*]¬ konnten. *H1* **H1 23**
392.24 *06* dunkel geworden,] bereits dämmerte, einen Augenblick *H1*
10 schlug] [schluge] ⟨schlug⟩ *H2*
392.25 *08* warf] [schüttete] ⟨warf⟩ *H1*
392.26 *04* kleiner Silberlinge bestand,]
H1 [Kupfermünzen und wenigen Silberlingen] bestand;
kleiner Silberlinge *H1*
392.27 *09* der] [dem]¬ der *H1*
392.28 *03* Sünderin.] Sünderinn. *H1; Absatzende nachträglich markiert H1;**
Bleistiftmarkierung am Absatzende H2
392.32 *01* hinein sprang,] hineinsprang, *E1–E2*
03 jenem] [*j*]¬ Jenem *H1*
393.03 *04* schüttelte] schüttete *H1–E1 (LA)*
07 das] [sein]¬ das *H1*
393.04 *08* das] dies *H1*
393.05 *01* Stumm] Stumm, *H1*
07 Gut und] Gut [und]⟨,⟩ *H1*
393.06 *02* genügt!"] [g*ü*]¬ genügt!" *H1*
04 that] [versch]¬ that *H1*
06 beiseite.] *vermutlich Ende der Abschrift: danach Neuansatz;*
*Absatzende nachträglich markiert H1**
393.07 *06* gegenüber. Das] gegenüber, verzwickt und [heimlich] das *H1*
393.08 *05* als ob] wie wenn *H1*
09 nichts] Nichts *H1*
393.11 *09* Gebärden] Geberden *H1–E2 (e2β k3β→)*
10 überging] überging[,] *H2*
393.12–13 *06* seinen ... wollte,]
H1 1 [die glänzenden] dunklen [Locken] fahren wollte,
2 seinen Bart
3 glänzenden
1 [welche wohlgepflegt seine Tonsur umkränzten],
2 *H1**
393.12 *08* dunklen] dunkeln *H2–E2*
393.14 *02* los,] [[loos]¬ los]¬ los, *H2*
04 schlug ... Hand,]
H1 α [warf]¬ [gab er ihr erst eine Maulschelle,]
β schlug er ihr auf die Hand, *H1**
393.15 *05* es] dasselbe *H1;* [dasse]¬ es *H2*
12 hinkniete] ⟨hin⟩ kniete *H1;* hin^kniete[,] *H2*
393.17 *01* dergestalt] [dergelt]¬ dergestalt *H1*
02 an,] an *H1–E4*
03 ihr] [zuzusprechen]¬ ihr *H1;* [in]¬ ihr *H2*
393.18 *05* schien.] *Absatzende nachträglich markiert H1*
393.19 *07* Anstrengungen,] Anstrengungen *H1*
393.20 *04* flossen] floßen *E1–E2*
09 kräftige] [*g*]¬ kräftige *H1*
393.21 *09* freigab] frei gab *H1–E2*
393.22 *04* Sündenlager] Sündenbette *H1*

	07	die] [s]¬ die *H1*
393.24	04	zerschlagen,] [ze*g*]¬ zerschlagen, *H1*
	07	die] [das]¬ die *H1*
393.25	02	nach] [flehend] nach *H1*
	08	diese] [ihre]¬ diese *H1*
393.26	01	Verwandlung.] *kein Absatzende H1*
393.27	06	Ungewitter] [G]¬ Ungewitter *H1*
	08	beredten] **H1 24**
		[strafenden] [Zor]¬ beredten *H1;* [beredeten] ⟨beredten⟩ *k3β*
393.28	03	weiche] [linde] weiche *H1*
	07	Mitleid;] Mitleid, *H1*
393.29	03	himmlische] [heili]¬ himmlische *H1*
	05	welcher] der *H1*
	07	Ehren] [ehren] ⟨Ehren⟩ *k3β*
393.30	02	schwerste] [schönste aller Siege]¬ schwerste *H1*
393.31	02	versöhnend] [versöhnt]¬ versöhnend *H1*
	04	tröstend] tröstend, *H1*
393.32	05	Herzens.] *Absatzende nachträglich markiert H1;* [H*x*]¬ Herzens. *H2*
394.02	07	nicht,] nicht *H1*
394.03	04	Stündchen] [Stündl]¬ Stündchen *H1*
394.04	04	Jungfrau] heiligen Frau *H1*
394.05	02	bis] [bi*x*]¬ bis *H2*
	10	gelobte,] gelobte [sich], *H1*
394.07	03	den] [die] ⟨den⟩ *H1*
	07	sei.] [wäre.]¬ sei. *H1; kein Absatzende H1*
394.10	08	wilden] wüsten *H1;* [w*x*]¬ wilden *H2*
394.11	01	daher kommen] daher^kommen *H1*
	03	welcher nach einer] [der nach der]¬ [in der]¬ welcher nach [der] ⟨einer⟩ *H1*
394.12	11	Hetäre] Buhlerinn *H1*
394.13	04	erobern.] *Absatzende nachträglich markiert H1*
394.14	06	unseligen] ⟨unseligen⟩ *H1* *
	07	Thüre,] Thüre *H1–E2*
394.15	10	da] [doch] da *H1*
394.16	01	jener] Jener *H1–H2*
	06	der] [daß er d]¬ der [jedoch] *H1*
394.17	02	in] [und] in *H1*
	04	Thür] Thüre *H1–E1*
394.18	02	ehe] [*n*]¬ [eh]¬ ehe *H1*
394.19	07	den] ⟨den⟩ *H1*
	09	herbeigesprungenen] herbei^gesprungenen *H1*
394.20	10	mit] [ih]¬ mit *H1*
394.21	03	Speer] Spieß *H1–H2*
394.22	06	im selbigen Augenblicke] [zur selben Zeit]¬ im selbigen Augenblicke *H2*
	07	selbigen] selben *H1*
394.23	03	Kriegsknechte,] [Stadtwach*en*]¬ [Stadtwächter]¬ Kriegsknechte, *H1*
	08	kamen] kamen[,] *H1–H2*
394.24	08	in] [unter]¬ in *H1*
394.25	02	geführt.] *Absatzende nachträglich markiert H1*

394.27	*10*	konnte:] konnte; *H1–H2 (LA)*
394.28–29	*09*	von einem sündhaften]
		[nicht [zu]]¬ von [dem] ⟨einem⟩ [schlimmen] sündhaften *H1*
394.29	*08*	traktierten] traktirten *H1–E2 (e2β→)*
394.31	*03*	im] [ih]¬ im *H2*
	04	Gefängnis] [Kerker] ⟨Gefängniß⟩ *H1;* Gefängniß *H2–E2 (e2β k3β→)*
	05	war.] [lag.]¬ war. *H1; Absatzende nachträglich markiert H1*
395.01	*09*	weil] weil es sich erwies, daß *H1*
395.02	*01*	Mann] Todten *H1–H2*
	02	in] [*a*]¬ in *H1*
	05	umgebracht. Doch] umgebracht, doch *H1*
395.03	*05*	dem Handel] der Sache *H1*
	07	hervor und] hervor, [und das geistliche G]¬ und *H1*
	09	jedermann] Jedermann *H1–E2 (e2β→)*
395.05	*03*	Bischof] Bischoff *H1*
395.07	*05*	höheren] höhern *H2*
395.10	*04*	lassen.] *Absatzende nachträglich markiert H1* **H1 25**
395.11	*03*	ihn] ihn [aber] *H1*
	06	zu] wieder zu *H1;* ⟨wieder⟩ zu *H2*
	08	bekehrten Sünderin zurück,]
		[Buhlerin]¬ bekehrten Sünderin, *H1;* bekehrten Sünderin, *H2*
395.12	*04*	mittlerweile] aber mittlerweile *H1–H2*
395.13	*09*	hereinließ,] herein ließ, *H1–E4*
395.14	*03*	wiederum] abermals *H1–H2*
395.15	*10*	drittenmal,] dritten Mal, *H1–E2 (e2β→)*
395.16	*06*	vierten- und fünftenmal,]
		vierten und fünften Mal, *H1–E2;*
		vierten und [fünften Mal] ⟨fünftenmal⟩, *e2β*
395.17	*07*	alles Andere,] [jedes] ⟨jede⟩ andere Thätigkeit, *H1*
	08	Andere,] andere, *H2;* [Andere] ⟨andere⟩, *e2β;* andere, *E3–E4*
395.18	*01*	überdies] [zudem] ⟨überdies⟩ *H1**
	03	böse] [S*ü*]¬ böse *H1;* höllische *H2*
395.21	*09*	Märtyrer;] Märtyrer, *H1*
395.22	*03*	ärger] [meh]¬ ärger *H1*
395.23	*03*	lassen,] lassen *H1*
	06	dünkte ihn,] [w]¬ dünkte ihm, *H1*
395.24	*05*	Besserung] [Sel]¬ Besserung *H1*
	07	einen] Einen *H1–E2 (k3γ→)*
	09	abhange.] ab^hange. *H1*
395.25	*02*	war … Totschläger,]
		H1 [galt] jetzt bereits [für] [einen] Todtschläge[…]\ war ein *H1**
	03	bereits jetzt] jetzt bereits *H2–E2 (LA)*
395.26	*02*	Dieb; allein lieber]
		H1 α Dieb, [ab]¬ allein [ehe] *α* [eher] *β* lieber *H1**
	04	lieber] [h*x*]¬ lieber *H2*

395.26–27 *10* abgehauen, als … aufgegeben,]
abhauen lassen, eh' er auch noch das Geringste von seinem Ruf als Wüstling aufgegeben hätte, *H1;*
abhauen lassen, ehe er im Geringsten seinen Ruf als Wüstling aufgegeben hätte, *H2–E2;*
k3 *α* [abhauen lassen, ehe er im geringsten seinen Ruf als]
γ abgehauen, als den geringsten Theil seines Rufes als
α [Wüstling aufgegeben hätte,]
γ Wüstling aufgegeben, *k3*

395.26 *10* abgehauen,] abgehauen *E3–E4 (LA)*

395.27 *01* den geringsten Teil] [im Geringsten] ⟨im geringsten⟩ *e2β*

395.28 *06* endlich] [*in*]¬ endlich *H1*

395.29 *04* war,] kam, *H1*

395.30 *03* die] jene *H1*

395.31–32 *02* halten. … Doch] halten; denn dies Martyrium hatte er sich einmal erwählt und dabei blieb es; doch *H1*

395.31 *06* Specialität] Spezialität *E1–E4*

395.32 *10* fing] [schlich]¬ fing *H1*

396.01 *01* herumzuschleichen,] herumzuschleichen *H1;** herum^zu^schleichen, *H2*

396.03 *02* jenem] dem *H1;* [de]¬ jenem *H2*

04 der] seiner *H1*

396.04 *02* griechischer Kaufmann,] alter ⟨griechischer⟩ Kaufman, *H1*

396.05–06 *09* und daher] [d]¬ aber doch *H1;* aber doch *H2–E2 (k3γ→)*

396.06 *04* wußte,] wußte *H1*

396.06–07 *07* den … sollte. Denn] anfangen sollte den langen [Tag; denn] ⟨Tag. Denn⟩ *H1*

396.07 *04* Vater,] Vater *E1 (e1β→)*

396.08 *01* studierte] studirte *H1–E2 (e2β→)*

06 er dessen müde]
H1 *α* [ih]¬ er dessen satt
β dieses *H1*[85]*

396.09 *03* Xenien … Steine,]
H1 [Xenien, zu den] geschnittenen [Edelsteinen,]
Xenien über die Edelsteine, *H1*[86]*

396.10 *03* Menge … besaß.] große Menge besaß; *H1*

396.11 *02* Saitenspiel] elfenbeinernes Saitenspiel *H1*

03 beiseite] bei Seite *H1–E2 (e2β→)*

396.12 *06* in] [an]¬ in *H1*

396.13 *08* bot.] *kein Absatzende H1*

396.16 *01* Klerikus] Kleriker *H1*

396.17 *01* sicheren] sichern *H1*

03 aus] aus, *H1*

---

85 *396.08* *H1* *Ev.* dieses *wieder radiert.*

86 *396.09* *H1* *Korrektur vor derjenigen von 396.08 eingetragen.*

396.17–18 *08* seine … bedauern.]
H1 1 [die] stattliche Gestalt und das [tapfere] Aussehen
2 [das] männliche
3 seine sein
1 desselben zu bedauren.
2 [ ]
3 *H1**

396.19 *04* Sklavin,] Magd, *H1*

396.19–20 *07* der Sklavin … vernahm,] den Mägden der Nachbaren am Brunnen zusammen getroffen und von diesen Allwissenden vernommen hatte, *H1*

396.20 *04* vernahm,] [vernommen hatte] ⟨vernahm⟩, *H2*

08 letzterer betrogen] der Buhlerin [ge]¬ betrogen *H1*

396.21 *01* würde] würde, *H2–E1* *(e1β→)*

10 verhalte,] verhalte, [den]¬ (denn es war von der Sklavinn der **H1 26**
Sünderin verrathen worden) als Jole dies vernahm, *H1*

396.22 *07* Maßen,] Maßen *H2*

08 und] und[,] *H1*

396.23 *01* dies] sein *H1*

04 verehren,] [bewu]¬ verehren, *H1*

09 Zorn und] [Z*or*]¬ [Zorn über]¬ Zorn, und *H1*

396.24 *06* der … nicht] weder der Ehre noch der Wohlfahrt ihres Geschlechtes *H1*

396.25 *09* darüber,] darüber *H2–E2* *(k3γ→)*

396.26 *03* unzufriedener] [zorni]¬ unzufriedener *H1*

396.27 *01* Teilnahme] Theilnahme *H1–E2 E4;*
[Theilnahme] ⟨Teilnahme⟩ *e2β;* [Teilnahme] ⟨Theilnahme⟩ *k3γ*[87]

396.27–28 *10* Zorne kreuzte.] [Zorn in]¬ Zorne kreuzte. *H1; kein Absatzende H1*

396.29 *09* nicht] [se]¬ nicht *H1*

396.31 *03* führen,] verweisen, *H1*

396.32 *01* ins] ins *¡H1;* in's *H2–E2* *(e2β→)*

396.32–397.02 pfuschen, … war. Und] pfuschen; und *H1;*
H2 [pfuschen (nicht] ahnend, … Himmelskönigin [war).] Und
pfuschen, nicht war. *H2*

396.32 *09* selbst] selbst [sch]¬ [bereits] *H2*

397.03 *04* unangemessene] [un*p*]¬ unangemessene *H1*

397.04 *07* Preis] Preis, *H1;* Preis[,] *H2*

397.05 *01* Reichtums und] Reichthumes, *H1*

05 entfernen.] *kein Absatzende H1*

397.08 *04* es zur Stunde] zur Stunde dasselbe *H1;* ⟨es⟩ zur Stunde *H2*

397.09 *08* Besseres] besseres *H1;* [Besseres] ⟨besseres⟩ *e2β;* besseres *E3–E4*

397.10 *04* im Vormittag] am Vormittag *H1–E2*[88] *(LA)*

397.11 *05* hinter seinem Plato] [über se]¬ hinter seinen Gemmen *H1*

397.12 *03* nicht weiter] weiter nicht *H1*

---

87 *396.27* *E3* Teilnahme] *Kellers Rückgängigmachung (k3γ) der Verlegerkorrektur von e2β wurde nicht in E3 übernommen.*

88 *397.10* *E3* im Vormittag] *Setzerfehler; Ausdruck sonst nirgendwo in GW.*

397.14	*04*	allem] Allem *H1–E2 (e2β→)*
	05	räumen] [ausräumen] ⟨räumen⟩ *H1*
	07	lassen,] lassen *H1*
397.16	*09*	so] [*zu*]¬ so tüchtig *H1;* ⟨so⟩ *H2*
397.17	*03*	wohlduftenden Rauchwolken] [schön]¬ wohl^duftenden [*X*]¬ Rauchwolken *H1*
	08	drangen.] *kein Absatzende H1*
397.19	*01*	Teppich, … hinübertragen,] *H1* [Teppich und] einen Rosenstock hinüber tragen, Teppich, u eine Lampe *H1**
	07	hinübertragen,] hinüber^tragen, *H2*
397.22	*05*	mutterseelenallein] [muttersel]¬ mutterseelen allein *H2*
397.23	*04*	zwei zuverlässige alte Diener] [*2*]¬ zwei vertraute Diener, welche in's Geheimniß gezogen waren, [unten] *H1*
	05	zuverlässige] [vertraute]¬ zuverlässige *H2*
397.24	*03*	bewachten.] *Absatzende nachträglich markiert H1*
397.25	*04*	Nachtschwärmer] Nachtschwärmer[,] *H2*
	05	davon;] davon, *H1*
397.26	*04*	Vitalis] [Mönch] Vitalis *H1*
	05	herankommen] heran kommen *H1–H2*
397.27	*10*	Thür] Thüre *H1 E1–E2*
397.29	*03*	genarrt] [geta]¬ genarrt *H1*
397.30	*10*	eines] dieses *H1;* [dieses] ⟨eines⟩ *H2*
397.31	*02*	welches] [*x*]¬ welches *H2*
398.02	*02*	geleert] geleert, *H1*
	05	ihrer] derselben *H1*
398.03	*06*	das] ein *H1*
398.04	*02*	demselben] dem^selben *H1–H2*
398.05	*07*	wohnte!"] wohnte?" *H1–E3 (LA)*
398.06	*05*	schaute] schaute[,] *H2*
398.08	*03*	fortgewandert] fort^gewandert *H1*
	06	Wüste,"] Wüste, *H1;* Wüste", *H2* [89]
	07	erwiderte] erwiederte *H1–E2 (e2β→)*
	08	Jole,] Jole *H1–E2*
398.09	*03*	„dort] dort *H1*
398.10	*01*	führen] [und]¬ führen *H1*
398.11	*07*	Grashalm,] Grashalm *H1*
398.13	*04*	der] daß er *H1–E4 (LA)*
	05	ihr beistehen] ⟨ihr⟩ [beist*ä*]¬ beistehen *H1*
398.15	*08*	sie] sie [einem Trödler] *H1β*
398.16	*03*	den] [*in*]¬ den *H1*
	08	Fußes] Fußes, *H1*
	10	einem] [häre]¬ einem *H1*
398.17	*02*	Hemd und] *H1* ¿ Hemd [[und]⟨,⟩] einen ¬¬ ¿ [und] ǀund *H1**

89 *398.08* *H2* Wüste",] *Ev.* Wüste,"

398.18	*03*	hinauszog,] hinaus^zog, *H1–H2;* hinauszog\ *E2* **H1 27**
	06	Wildnis] [Wildnis] ⟨Wildniß⟩ *H2*
398.19	*04*	Herr,] Herr! *H1;* Herr[!¿] *H2*
	07	Deine] [s]¬ deine *H2*
	08	gnadenvolle] reinste *H1*
398.20	*01*	Mutter!“] Mutter! *H1–H2*
	04	voll] [anda]¬ [V]¬ voll *H1*
398.23	*02*	sprach:] [sagte]¬ sprach [X]¬: *H1; kein Absatzende H1*
398.24	*01*	„Warum] Warum *H1*
	09	Du? von] du, [wo]¬ von *H1*
398.25	*03*	Du und] du, *H1*
	08	vor?“] vor? *E4*
398.27	*02*	Erde;] Erde, *H1*
	05	sich] sich [selbst] *H1*
	06	vornüber] [vorüber]¬ vorn über, *H1;* vorn über *H2–E4*
398.28	*09*	argen] [Di]¬ argen *H1*
398.29	*03*	vor] jetzt vor *H1–E2 (k3γ→)*
	05	Manne] Mann *E1–E2 (k3γ→)*
	09	Begriffe] Begriff *H1*
398.30	*02*	bin,“] bin, *H1–H2*
	05	„eine] eine *H1–H2*
398.31	*01*	Vater] Vatter *H2*
398.32	*03*	Rosenstock] [Rosenst*ra*]¬ Rosenstock *H1*
	05	die letzten] [mein]¬ [d*er*] ⟨das⟩ letzte *H1*
	07	Ueberbleibsel] Uberbleibsel *E4*
399.01	*08*	niedergelassen,] etablirt, *H1*
399.02	*05*	jene] Jene *H1–E2 (e2β→)*
	08	welche] [die]¬ welche *H1*
399.04	*01*	„Ei,] „Ei *H1*
	05	doch –!“] doch –! *H1–H2*
399.05	*03*	zusammen,] zusammen *H1*
399.06	*04*	dies] [dieses] ⟨dies⟩ *k3β*
	06	Tierlein] Thierlein *k3*
399.10	*05*	lebt!“] [blüht!]¬ lebt!“ *H1;* [blüht]¬ lebt!“ *H2*
399.12	*02*	Scham] Scheu *H1–E3 (LA)*
	03	beinahe] beinah *H1;* beinah’ *H2 (LA)*
399.15	*05*	nur] nur äußerlich *H1;* nur [äußerlich] *H2*
	08	besessen] besessen, *H1*
399.17	*05*	zu rechter] zur rechten *H1–H2*
	10	Platz] Platze *H1–H2*
399.18	*10*	genießen,] genießen *E1–E2*
399.21	*04*	in] [ix]¿ in *H1*
399.22	*01*	Seele,] [Sünderin] ⟨Seele⟩, *H1*
399.23	*10*	ein] [d]¬ ein *H1*
399.24	*04*	thun!“] thun! *H1*
399.25	*02*	so,] so! *H1*
	04	besser!“] besser! *H1–H2*
	07	„das] das *H1–H2*

399.26	*01*	Kriegsplan] Feldzugsplan, *H1*
	06	erraten! Denn] errathen; denn *H1*
399.27	*11*	Dir] dir, *H1–E4 (LA)*
399.29	*02*	hergerichtet] hergerichtet, *H1*
	05	Mausfalle,] Mäusfalle, *H1*
399.30	*01*	hineinspaziert,] hinein^marschirt, *H1–H2;* hinein spaziert, *E1–E4*
399.31	*01*	sauberen] saubern *H1*
	07	Reueknochen] Buß- und Reueknochen *H1*
399.32	*09*	mag;] mag, *H1*
400.01	*04*	kleine] [Allerwelts]¬ kleine *H1*
	09	possierlich] unschuldig *H1;* [\unschuldig] ⟨possierlich\⟩ *H2*
400.02	*04*	Büßerin! Aber nun,"] Nonne![„] Aber nun" *H1*
		Büßerin!] Nonne! *H2–E2 (k3γ→)*
	06	nun,"] nun, *H2*
	10	ernster] ernsterer *H1*
400.03	*02*	fort,] fort | *H1*
	03	„herunter] herunter *H2*
400.05	*01*	„Nein," … „erst] „Nein, … erst *H1–H2* **H1 28**
400.06	*08*	herunternehme.] herunter [thue]¬ nehme. *H1;* herunter nehme. *H2–E4*
400.07	*01*	einmal … Gefühl] meinen eigenen weiblichen Charakter *H1*
400.08	*01*	mehr] [*mich*]¬ mehr, *H1*
	04	eh'] ehe *H1*
400.09	*06*	dies] dieß *H2–E2 (e2β→)*
	09	Dir] [*xix*]¬ Dir *H1*
400.11	*04*	seine] [eine]¬ seine *H1*
	10	gehalten.] gehalten[,]¬. *H1*
400.13	*01*	zu] zu, *H1*
	08	Einfluß] [Eind]¬ Einfluß *H1*
400.15	*04*	des] der *E4*
	08	wie] ⟨wie⟩ *H1*
400.16	*05*	Beredsamkeit] Beredtsamkeit *E1–E2 (e2β→)*
400.17	*02*	nicht] niech *E4*
	04	mindesten] Mindesten *H1*
400.20	*06*	geendigt] [endlich] [geend]¬ geendigt *H1*
400.22	*04*	Deinen] [E]¬ deinen *H1*
400.23	*05*	ich] [die]¬ ich *H1*
	07	allzu neugierig,] allzuneugierig, *H1–E4*
400.24	*05*	Lust] [Sünd]¬ Lust *H1*
	08	lebe!"] lebe." *H2*
400.26	*07*	erste Mal,] erstemal, *H1;* [erste Mal] ⟨erstemal⟩, *e2β;* erstemal, *E3–E4*
400.27	*03*	Bekehrungskunst] [Anstrengung] ⟨Bekehrungskunst⟩ *H1* *
	04	so rund] gänzlich *H1;* gar so rund *H2*
	06	fehlgeschlagen. Seufzend] fehlgeschossen; seufzend *H1*
400.29	*04*	kleine] [*x*]¬ kleine *H1*
401.01	*05*	der] [hi]¬ der *H1*
	06	Stelle,"] Stelle, *H1–H2*
	08	er] er[,]¬ *H2*
	10	„bis] bis *H1–H2*

401.02 *03* sollt'] sollt *H1*
401.03 *06* machen,"] machen, *H1–H2*
07 erwiderte] erwiederte *H1–E2 (e2β→)*
401.04–05 *09* die kommende Nacht Dich] dich die kommende Nacht *H1*
401.05 *06* bricht] [graut]¬ bricht *H1*
401.06 *03* Weges,] Weges; *E1–E2*
401.07 *09* verbleiben,] verbleiben[!"]¬, *H1*
401.08 *05* meiner ... erwähnen] meiner Erwähnung zu thun *H1–E2 (k3γ→)*
401.10 *01* „Es sei so!"] [„Angenommen!"] ⟨„Es sei so!"⟩ *H1β*
03 so!"] so! *H2*
05 Vitalis,] Vitalis [und]⟨,⟩ *H1*
401.11 *05* väterliches] ehrbares väterliches *H1*
401.12 *09* Ungeduld] [Ungedull]¬ Ungeduld *H1*
401.13 *11* durch] hindurch *H1*
401.14 *03* noch] [sehr wohl gefallen]¬ noch *H1*
401.16 *05* entschieden,] entschieden *H1*
08 geistlichen Kleidung,] Kutte *H1*
401.17 *04* waren.] *ev. Absatzende H1**
10 Selbstverleugnung] **H1 29**
H1 Selbstverläugnung und [Ausdauer]
[seine] Hingebung *H1;**
Selbstverläugnung *H2*
401.18 *02* seine] [so]¬ seine *H1*
401.18–19 *03* Ausdauer ... Erwählten,] fromme [Anh]¬ Ausdauer und Anhänglichkeit an das einmal Erwählte, *H1*
401.18 *03* Ausdauer] [Auslauer]¬ Ausdauer *H2*
401.19 *07* diese guten Eigenschaften] alle diese guten Dinge *H1*
401.21 *06* verliebten und] *β*[in sie] verliebten *H1*
401.22 *03* war demnach,]
H1 [mußte sich]¬ fing sich [daher] an dahin zu gestalten,
[ ] also
sich *H1*
07 wackeren Märtyrer]
[guten Mönch] ⟨[wackern] ⟨guten⟩ Märtyrer⟩ *H1β;**
[guten Märtyrer einen]¬ wackeren Märtyrer *H2*
401.25 *03* Teppich,] Teppich *H1–E2 (k3γ→)*
09 um] [fort, sie von]¬ um *H1*
401.27 *03* wenn] [währ]¬ wenn *H1*
06 zu] [zur Abwechslung] zu *H1*
09 niederkniete.] niederknieete; *H1*
401.28 *05* bequem;] bequemer; *H1*
401.29 *07* Arme] feinen Arme *H1*
401.30 *04* halb geschlossenen Augen] halbgeschlossenen Augen *H1*
401.31 *05* stand] stand[,] *k3β*
08 Einigemal] [Einige Mal sch]¬ Einige^mal *H2*

401.31–32	*09*	schloß ... beschlichen,]
		H1 *α* [beschlich sie ein süßer Schlummer]
		¿γ schloß sie Augen, wie vom Schlummer beschlichen *H1* [90]*
402.01	*02*	das] dies *H1*
402.02	*09*	jedesmal] [*in*]¬ jedesmal *H1*
402.03	*05*	beabsichtigte:] beabsichtigte; *H1–H2 (LA)*
	08	der] [sich]¬ der *H2*
	09	Fuß] [mönchische] Fuß *H1*
402.04	*03*	schlanken] jungfräulich schlanken *H1*
402.05	*06*	nur sanft] kaum *H1*
402.06	*01*	und] [aus]¬ und *H1*
402.08	*03*	bei] ⟨bei⟩ *H1*
402.09	*05*	entferntesten] Entferntesten *H1–E2 (e2β→)*
402.10	*07*	ein;] ein [und]⟨;⟩ *H1*
402.11	*03*	unwillig:] unwillig [und]¬: *H1*
	06	hörst nicht,] [hös]¬ [hör]¬ horchst nicht auf, *H1*
402.12	*04*	verharrst] [versinkst in]¬ verharrst *H2*
402.13	*02*	doch,“] doch! *H1;* doch, *H2*
402.14	*08*	flog,] [*st*]¬ flog, *H1*
402.15	*04*	nahende] [kommende]¬ nahende *H1*
	06	schon] [einen]¬ schon *H1*
	10	wäre,] wäre *H2*
402.16	*03*	aufgemerkt,] aufgemer[...]\ *H2* [91]
	04	ich] [und dann]¬ ich *H1*
402.18	*03*	denn] [denn] denn *H1*
	04	nichts] Nichts *H2–E2 (e2β→)*
	08	gefallen,] [mißfallen] ⟨gefallen⟩, *H2*
402.20	*01*	„Wirklich?“] „Wirklich? *H1*
	06	„so] so *H1–H2*
	10	doch] denn [schon] ⟨doch⟩ *H1*
402.21	*01*	gelungen?] gelungen?[“] *H1*
	03	komm’] [gleich]¬ komm’ *H1*
	08	Kloster,] [sichere] Kloster, *H1*
402.24	*01*	„Du] [J]¬ „Du *H1;* Du *H2–E1*
	05	recht,“] recht[,]⟨“⟩ *H1;* recht, *H2–E1*
	06	erwiderte] erwiederte *H1–E2 (e2β→)*
402.25	*01*	errötend] [erröthend] ⟨errötend⟩ *e2β k3β*
	05	zur Erde,] [zu *B*]¬ zur Erde *H1*
	09	in] [ich] ⟨in⟩ *H1;* [ich]¬ in *H2*
402.26	*08*	gefaßt!“] [gefaßt.¿ Deßhalb ist mir alles Andere zuwider]¬ gefaßt!“ *H1*
402.27	*06*	ihm] ihn *E1 (e1β→)*
402.28	*07*	ihm] ihn *H2*
	10	weh] weh’ *H2–E2 (e2β→)*
402.29	*07*	und] [auf]¬ u *H2*

---

90 *401.31* *H1* schloß ... beschlichen] *Abweichende* w-*Schreibung deutet auf späten Korrekturzeitpunkt (ev. Zeit von H2).*

91 *402.16* *H2* *Wortende arR von Klebstreifen überdeckt.*

402.31 09 wurde,] wurde H1
403.02 09 Dir] Dir ¡H1; dir H2–E4
403.03 08 kehrt um] kehrtum H1 **H1 30**
403.04 04 Hause.] [Haus]¬ Hause. H1
09 silbergrauen] [rosigen]¬ silbergrauen H1
403.05 02 statt] anstatt H1
403.06 01 verdächtige] unheimliche H1
09 überlassen] überlassen, H1
403.07 02 versuchen] [noch] versuchen H1
10 auszutreiben,] [austreiben] ⟨auszutreiben⟩, H1
403.10 06 dem] den E1 (e1β→)
403.11 05 sein] [werden]¬ sein H1
403.12 03 der … haben,]
daß der Teufel ihm ein Netz gestellt haben könnte, H1–E1 (e1β→)
403.13 09 besten] Besten H1–E2 (e2β→)
10 beizeiten] bei Zeiten H1–E4
403.14 07 Teufelsspuk?] Teufelsspuck? H1–E2 (e2β→)
403.17 04 wäre?] [wären] ⟨wäre⟩? H1
403.18 06 das] *fehlt* H1
403.20 05 brachte.] *kein Absatzende* H1
403.22 03 kurzem] Kurzem H1–E2 (e2β→)
403.23 05 goldenen] [vergol]¬ goldenen H1
403.24–25 03 worden … lassen.] worden. H1
403.25–26 07 dieser Maria … ihr]
demselben … ihm H1; dieser [Mado]¬ Maria … [ihm] ⟨ihr⟩ H2
403.26 09 vor,] vor E1–E2 (k3γ→)
11 er] ⟨er⟩ H2
403.28 01 nickte,] nicke, H1 (LA)
03 wolle] [woller] ⟨wolle⟩ H2
403.30 01 Allein] [Mochte es nun die alte Göttin Juno]¬ Allein H2
403.31 05 beiden,] beidem, H1 E1–E4 (LA)
11 es] [de]¬ es H1
403.32–404.01 ein … flog,]
[eine] ⟨ein⟩ [rothe] ⟨röthliche⟩ Frühschein über den Marmor sich legte, H1
404.01 05 flog,] [sich legte] ⟨flog⟩, H2
404.02 11 alte]
H1 [alte]
[frühere]
alte H1*
404.03 01 Göttin, … Sitte,] Göttin H1
404.05 02 mußte;] mußte, H1
08 Frauen] [Frauenzimmer] ⟨Frauen⟩, H1β
404.06 01 diese] solche H1; [solche]¬ diese H2
08 im] [in] ⟨im⟩ k3β
404.07 04 davon] daraus H1
06 klüger;] klüger, H1

	08	Gegenteil] Gegentheil *H1–E2 E4;* [Gegentheil] ⟨Gegenteil⟩ *e2β;* [Gegenteil] ⟨Gegentheil⟩ *k3γ*[92]
404.08	07	wunderlicher] seltsamer *H1*
404.09	05	das Bild] [dieselbe]¬ das Bild [fast] *H1*
404.10	05	aufforderte,] aufforderte *E1–E2*
	09	zu] [zum]¬ zu *H1*
404.11	04	Sinne] Sinn *H1;* [Sinnen] ⟨Sinne⟩ *H2*
404.13	07	er] denn er *H1*
404.14	01	sehr] gar *H1*
	03	neue] [neue] neue *H1*
	07	Bildwerke] [Bildwerke] ⟨Bildwerk⟩ *H1**
404.18–19	09	aufgehockt, … zuriefen:] *H1* aufgehockt, wie [die]¬ [heutzu]¬ die Gassenjungen zu thun pflegen. Einige [nächtlich ver]¬ nachtschwärmende Amoretten schienen ihr zuzurufen: *H1*
404.19	01	während] [wie die Gassenjungen]¬ während *H2*
	02	umherschwärmende] umher^schwärmende *H2*
404.20	03	einer] Einer *H1–E2 (e2β→)*
	04	hintenauf!] hinten auf! *H1*
	07	Onyx] Topas *H1;* Onix *H2–E2 k3*
404.21	09	Schoße] Schoß *H1*
404.22	04	seiner Hand] seinem [rosigen] ⟨patschigen⟩ Handballen *H1*
	09	polierte,] polirte, *H1–E2 (e2β→)*
404.23	05	spiegeln.] *Absatzende unsicher H1;** [spieglex]¬ spiegeln. *H2; Absatzende unsicher H2*
404.24	03	Karneol] Carneol *H1–E2 (e2β→)* **H1 31**
	05	tummelte] [trieb] ⟨tummelte⟩ *H1**
404.25	03	einem] [der]¬ einem [beträchtlichen] *H1*
404.26	01	Hüterin] Priesterin [in]¬ *H1*
	04	Verwirrung] Verwirruug *E1*
404.27	02	Scenen] Szeenen *H1–H2*
	07	einigen Distichen] *H1* α geistreichen [Versen]¬ [Sinngedichten] β [Xenien] β Distichen *H1**
404.28	02	besann sich,] wußte [nicht]¬ nur nicht recht, *H1*
	10	wolle,] möchte, *H1*
404.29	01	sein Töchterchen] sein Töchter\ *H1*
404.31	04	geraubt habe?] [raube]¬ geraubt hätte? *H1*
404.32	01	zeigte] [zeigte er]¬ [zx]¬ zeigte *H1*
	07	erzählte] erklärte *H1–E4 (LA)*
405.01	09	„Ach,] „Ach! *H1*
405.02	02	diese] [allen] ⟨alle⟩ diesen *H1*

92 404.07 *E3* Gegenteil] *Kellers Rückgängigmachung (k3γ) der Verlegerkorrektur von e2β wurde nicht in E3 übernommen.*

405.04 05 unbedeutendes] [schwaches Geschöpf]¬ unbedeutendes *H1*
08 wider sie befestigen?“]
denn dagegen verschanzen?“ *H1;* [d]¬ wider sie befestigen?“ *H2*
405.06 01 Ueber] Uber *E4*
09 wenig.] wenig β[und] *H1*
405.07 04 hören?“] hören? *H1*
06 er,] er *H1*
405.08 01 starken Eros] großen β[Cupido] ⟨Eros⟩ *H1*
04 haben?“] haben? [Hast du Cytheren Uebles nachgeredet]¬ *H1*
405.09 04 durchbohrt,“] durchbohrt, *H1–E1*
05 erwiderte] erwiederte *H1–E2* *(e2β→)*
07 „und] und *H1–H2*
405.10 02 binnen] innert *H1;* [inner]¬ binnen *H2*
03 Tag … Besitz] vierundzwanzig Stunden in [den] Besitz *H1*
405.12 01 Obgleich] [Obl]¬ Obgleich *H1*
09 allem] Allem *H1*
405.13 02 was] [wessen] ⟨was⟩ *H1*
05 so] [So] ⟨so⟩ *H1*
405.14 06 mahnte] ermahnte *H1*
09 zu] zur *H1;* [zur] ⟨zu⟩ *k3β*
405.16 01 dieselbe] dieselre *E3*
08 „So] So *H1*
12 die] jene *H1*
405.17 01 elendeste] miserabelste *H1*
03 Vaterpflichten] [Väterpflichten] ⟨Vaterpflichten⟩ [aus$_r$]¬ *H1*
405.18 01 nach … es an] [nach] dem Männchen auslaufe, β[herum^springe]
und ihn [bitte]¬ [mit] ⟨bei⟩ *H1*
06 es] *fehlt* *H2*
405.19 02 Besten] [Besten] ⟨besten⟩ *k3β;* besten *E3–E4*
05 ich] [mein]¬ ich [besi]¬ *H1*
06 mein] [meine] ⟨mein⟩ *H2*
405.20 10 Weibchen,] [Töchterchen] ⟨Weibchen⟩, *H1**
405.21 02 Herr,] Herr! *H1*
04 verschmäh’ … Dir]
H1 [verschmäht] es nicht! Ich möchte [Eu]¬¬
verschmäh’ Dir *H1*
verschmäh’] verschmäht *H2;* verschmäh *E1–E4*
06 nicht!] nicht? *E1–E4*
405.23 06 Also laß Dir’s]
H1 α Also, junger Herr, [Zärtlich^geliebter,] [laßt euch d]¬ laß dich
α zärtlich Geliebter, [ ]
β dir’s *H1*
07 laß] laß’ *H2–E4*
405.24 01 belieben, genieße] belieben! Genieße *H1*
03 ums] um’s *H1–E2* *(k3β→)*
405.25 02 bietet! Es] bietet, es *H1*
405.27 02 das ist uns] dies [so]¬ ist [dir] ⟨uns⟩ *H1*
05 erspart,“] erspart, *H1–H2*
08 „denn] denn *H2;* ⟨„⟩denn *k3β*

	10	Du] [du] ⟨Du⟩ *¡H1;* du *H2–E4*
405.28	*05*	hoffe] [soll er]¬ hoffe *H1*
	08	dazu zu bringen,] dazu bringen, *H1*
405.29	*06*	anhält.“] anhält!“ *H1* [93]
405.30–31	*01*	„Und … ist?“] ⟨„⟩„Und … ist?“⟨“⟩ *H1β;* [94] *Absatzende H1; ev. Absatzende H2;* „Und … ist?⟨“⟩ *k3β*
405.31–32	*06*	„„Dann … Heiliger!““] „Dann … Heiliger!“ *H1* [95]
405.32	*02*	weggejagt] [verjag]¬ weg^gejagt *H1*
406.01	*02*	geh’ denn] [pack’ dich] ⟨geh’ denn⟩ *H1β**
406.02	*02*	Alte.] *ev. kein Absatzende H1*
406.03	*06*	die Nacht] *β*⟨in Alexandrien⟩ die Dunkelheit *H1**
406.04	*01*	Dämmerung,] untergehenden Sonne, *H1*
	02	als] [*x*]¬ als *H2*
	03	Vitalis] [V]¬ [der] Vitalis *H1*
	05	Jole] [Johe]¬ Jole *H1;* [Johle] ⟨Jole⟩ *k3β*
406.05	*02*	erschien.] erschien \[Sie h]¬ [Diese hatte kaum]¬ *H1*
	09	eingetreten. Das] eingetreten; denn das *H1*
406.06	*05*	er mußte] [erfuhr]¬ er mußte *H1**
406.07	*01*	Wesen] schönes Frauenzimmer *H1*
406.07–08	*05*	das … hat.]
		H1 *α* [welche Einem ohne Weiteres gesagt hat, sie liebe ihn.] *¿γ* welches ohne Weiteres einen solchen Trumpf ausgespielt hat. *H1**
406.08–09	*10*	in … heruntergestiegen] **H1 32**
		[vor [24] Stunden] ⟨in der Frühe⟩ herunter gestiegen *H1*
406.10	*02*	verstand,] [wußte und] verstand, *H1*
	06	Mädchenbekehrer] [Mädchenbezwinger] ⟨Mädchenbekehrer⟩ *H2*
406.12	*05*	ehrlichen] [ehrbaren]¬ ehrlichen *H2*
	06	Frau] [Person]¬ Frauensperson *H1*
406.14	*03*	Vorsatze,] Vorsatz, *H1*
	05	Ungeheuerchen] Blitzmädchen *H1*
	07	endlich alle unnützen] einfür^allemal jeden weltlichen *H1*
406.15	*06*	treiben;] treiben, *H1*
406.17–18	*04*	seiner … begann.]
		H1 1 [seinem] [Metier]¬ [Märtyrthume] [machen möchte]¬ 2 seiner Märtyrthätigkeit 1 sich erlauben möchte, sintemal ihn das^selbe sehr zu 1 verwirren begann! *H1**
406.18	*04*	sehr] [zu] sehr *H2*
406.19	*06*	daß … seiner warteten.] daß [seiner] … [warten]¬¬ seiner warten sollten. *H1*
406.20	*03*	Ueberraschungen] Uberraschungen *E4*

93 *405.29* *H1* *Vgl. Anm. zu 340.05 (Ausrufezeichen bei direkter Rede).*

94 *405.30* *H1* „„Und … ist?““] *Äußere Anführungszeichen vermutlich später ergänzt; ev. wieder ausradiert.*

95 *405.31* *H2* „„Dann … Heiliger!““] *Am Korrekturrand zwischen diesem und dem folgenden Absatz ein Kreuz (Bleistift); ev. durchgestrichener horizontaler Strich (vgl. Anm. zu 385.19).*

406.21 02 das] [in]¬ das *H1*
06 es] dasselbe *H1*
07 aufs anmutigste]
auf das [reichste] ⟨Reichste⟩ und [angenehmste] ⟨Angenehmste⟩ *H1;*
aufs Anmuthigste *¡H2;* auf's Anmuthigste *E1–E2;*
[auf's Anmuthigste] ⟨aufs anmuthigste⟩ *e2β;*
aufs [Anmuthigste] ⟨anmuthigste⟩ *k3β;* aufs anmuthigste *E3*
406.22 04 Wohnlichkeiten] Wohnlichkeiten [einer] ⟨eines⟩ jungen Weltdämchens *H1*
07 fein] *fehlt H1*
406.23–24 01 Blumenduft … Weltlichkeit;]
H1 Duft von [Räucherwerk] ⟨Blumen⟩, nicht grob und üppig, aber um so unvermerkter den Kopf zu einer gewissen sittigen Weltlichkeit umstimmend, erfüllte die Luft, und *H1*
406.24 06 blühweißen] breiten schwellenden *H1;* [schneeweißen] ⟨blühweißen⟩ *H2*
07 Ruhebett,] Ruhbett *H1*
406.25 01 an … kein] von schneeweißer Seide, an der nicht ein *H1*
406.26 01 Jole,] Jole *H2–E2*
02 herrlich] wunderherrlich *H1*
03 geschmückt,] [*x*]¬ geschmückt, *H2*
406.27 03 spintisierenden] spintisirenden *H1–E2 (e2β→)*
04 Engel.] *Absatzende H1*
406.28 01 Brustkleide] Brustmäntelchen *H1*
04 so rauh,]
H1 ¿ [wie sanft]¬ wie ein Sturm
so rauh, *H1*
07 der] ein *H1*
406.29 01 Milchbecher,]
H1 α Nektarbecher,
β Milchbecher *H1* [96]*
04 schön] reizend *H1*
406.30 04 übereinander gelegt]
[g]¬ [zusammen]¬ übereinandergelegt *H1;* über einander gelegt *H2 E2*
406.31 11 Vitalisens] Vitalissens *H1–H2*
406.32 03 in] von selbst in *H1*
07 blieb.] blieb, und er diesen Hals beinah unbedacht ausstreckte, um die Lieblichkeit näher zu betrachten. *H1*
407.01 06 begann Jole,]
sagte sie, [immer vor sich niederblickend] *H1;* begann [sie „]¬ Jole, *H2*
407.03 11 damit] mit demselben *H1*
407.04 03 zugleich] zugleich für ewig *H1*
11 Dir] ⟨dir⟩ *H1*
407.05 02 muß.] muß! *H1*
407.06 02 Vermögen und] Vermögen, und zwar *H1*
06 Art,] [Weise]¬ Art, *H1*
407.07 08 Du] [du] ⟨Du⟩ *H1*

---

96 406.29 *H1* Milchbecher] *Ohne Tilgung von* Nektarbecher

407.09 *03* Gleiche,] Gleiche *H1*
05 das ... vermag]
H1 [die Gründe] eines Klerikers [vermögen]
das Gebaren vermag *H1*
407.12 *01* sie] dieselbe *H1;* [diesel]¬ sie *H2*
07 von] ⟨von⟩ *H2*
407.13 *03* recht ernst,]
Ernst, *H1;* recht, *H2–E2;* recht ⟨Ernst⟩, *e2γ¿;* recht Ernst, *E3–E4*
407.14 *07* Kämmerlein,] [Gemach]¬ Kämmerlein, *H1*
407.15 *03* liegen.] liegen! *H1*
407.15–16 *05* vertausche ... mit]
lege deinen Mönchshabit ab und [ziehe]¬ [tau]¬ vertausche ihn mit *H1*
407.16 *05* als] als [einen] *H1*
407.17 *02* mir, ... einzunehmen,]
mir, [⟨und⟩] nimm gemeinschaftlich mit mir ein kleines Mahl ein, *H1*
407.18 *09* Deinen] [deinem] ⟨deinen⟩ *H1*
407.19 *06* Dir] Dir *¡H1;* dir *H2–E4*
07 ab-] ab *H1–E2*
407.20 *01* zuzudrängen!“] [zuzuwenden!“] ⟨zuzudrängen!“⟩ *H1*
407.21 *02* erwiderte] erwiederte *H1–E2 (e2β→)*
407.22 *03* beschloß er,] entschloß er sich, *H1*
08 mit] [zu]¬ mit *H1*
09 einem] Einem *H1–E4;* [einem] ⟨Einem⟩ *k3β (LA)*
407.23 *07* wirklich] [nun] wirklich *H1*
407.24 *09* Joles] [den]¬ Joles *H1*
407.25 *02* einging.] einginge. *H1–E2 (k3γ→); kein Absatzende H1*
407.27 *03* paar] par *H1–H2* **H1 33**
06 prächtigen] [einem] prächtigen *H1*
407.30 *03* edlem Anstand] edlem Anstand, [[d]¬ ohne es zu wollen,] *H1;*
[allem] ⟨edlem⟩ Anstand, *H2*
407.30–31 *09* mit den ... klatschte.]
H1 ihn mit den Augen verschlang[,] ⟨und⟩ [*x*]¬ [freudig]¬ freudevoll
1 in die Hände [klatschte, aber ⟨dann⟩ sogleich wieder sich besann]
2 klatschte.
1 [und [sich]¬ [bescheiden w]¬ demüthig ward.¿]
2 *H1;*
kein Absatzende H1
407.32 *04* ein] [das]¬ ein *H1*
09 seltsame] [merk]¬ seltsame *H1*
408.01 *01* Umwandlung] Umwandelung *E1*
408.02 *06* Weibe,] Mädchen, *H1*
408.03 *03* wie] so wie die entferntere wie *H1*
408.06 *09* wahre] [*x*]¬ wahre *H1*
408.07 *01* erzählte,] [er*x*]¬ erzählte, *H1*
05 sei,] [wäre] ⟨sei⟩, *H1*
408.08 *03* wäre,] [sei,]¬ wäre, *H2*
408.10 *08* Gott gefälliger] [*ge*]¬ Gott wohlgefälliger *H1;* [*wo*]¬ Gott gefälliger *H2*
408.11 *06* wundersame Dinge] reizende und wundersame Dinge, *H1;*
[Dinge in den]¬ wundersame Dinge *H2*

408.12	02	Worten] Worten, *H1–E2*
	05	glückliche und tugendreiche] [beglückte und]¬ glückhafte und tugendliche *H1*
	08	Liebesgeschichte,] [Lebensgeschichte] ⟨Liebesgeschichte⟩, *k3γ*
408.13	03	mit] mit \mit *H1*
408.14	03	ihre] [sie]¬ ihre *H1*
	07	daß] [wie] ⟨daß⟩ *H1*
	09	sich nun] nun sich *H1–E3 (LA)*
408.15	06	auszureden,] [aus^reden] ⟨auszureden⟩, *H1*
	08	nicht,] nicht *H1*
408.16	04	Speise] einen Bissen *H1;* [X]¬ Speise *H2*
	06	Trank] Trunk *H1*
408.17	08	Trinkgefäße] einige [Becher Wein's]¬ Trinkgefässe *H1*
408.18	03	nebst einem … und Früchten.]
		[und ein]¬ nebst einem … und einigen Früchten. *H1*
408.20	02	liebevoll] [liebex]¬ liebevoll *H1*
	05	essen,] [knabbern] ⟨essen⟩, *H1β*
408.22	03	Knäbchen] ein kleines Knäbchen *H1*
	08	gespeist worden.]
		gefüttert [wurde]¬ worden. *H1;* gespeis't worden. *H2–E2 (e2β→)*
408.23	04	trank, … ihm,]
		H1 trank wie ein β[Drescher] ⟨Zimmermann⟩, so trefflich schmeckte es ihm, und als er gegessen und getrunken hatte, [siehe da]¬ da war es ihm, *H1**
408.24	07	langer] [einer]¬ langer *H2*
	09	ausruhen möchte,] tüchtig ausruhen möchte *H1*
408.25	06	neigte] [legte] ⟨neigte⟩ *H1*
408.26	08	und] und schlief *H1*
408.28	01	Als er erwachte,] [Als er erw]¬ Als er erwachte, *H1*
	08	niemand] Niemand *H1–E2 (e2β→)*
408.29	10	erschrak] erschrack *H1–E2 (e2β→)*
408.30	01	das glänzende] [die glänzenden]¬ das glänzende *H1*
	03	Gewand,] Gewand *H2–E2*
409.01	06	Kohlen … auf welchen] einen Haufen Kohlen … auf welchem *H1–H2*
	09	sah,] fand, *H1*
409.02	01	ein] noch ein *H1*
	02	halbverbrannter] halb verbrannter *H1–H2*
	04	seines] [seiner] ⟨seines⟩ *H1*
409.03	04	mit] [ver]¬ mit *H1* **H1 34**
409.05	09	diese,] diese *H1*
409.06	06	Straße] Straße[,] *H2*
409.07	03	jemand] Jemand *H1–E2 (e2β→)*
409.08	02	Ruhebett,] Ruhbett, *H1–H2*
	06	lässig,] läßig, *E1–E2 k3*
409.09	04	geruht] [gerust]¬ geruht *H1*
409.10	02	ordnete … die]
		H1 wusch sich Gesicht und Hände, [kämmte sich]¬ ordnete [seine]¬ [die]¬ das Gewand und schlich mit mächtig klopfendem Herzen an die *H1*
409.11	02	Dort … Weilchen;] [Plötzl]¬ Dort zögerte ⟨noch⟩ er [eine]¬ ein Weilchen, *H1**

409.12	*07*	ging] [*x*]¬ ging *H1*
	12	ins Freie.] [auf die Straße.]¬ in's Freie. *H1*
409.13	*02*	erkannte ihn,] erkannte; *H2*
	04	alles] sondern Alles *H1;* Alles *H2–E2 (e2β→)*
	09	großen] [f]¬ großen *H1*
	10	Herrn] Herren *H1–H2*
409.15	*02*	mache.] *kein Absatzende H1*
409.17	*03*	der ... Hauses] ihren Zinnen stehen *H1*
	07	gesehen] [*st*]¬ gesehen *H2*
	08	haben. So ging] haben, deren feine Gestalt sich [*k*]¬ weiß von den dunklen Cypressenwänden ihres Gartens [abhebte] ⟨abhob⟩. So ging *H1*
409.18–19	*10*	sämtliche ... samt] sämmtliche ... sammt *H1–E2 (e2β→)*
409.19	*08*	ihn] [in *a*]¬ ihn *H2*
409.20	*02*	ihrer Mitte] [ihrem Verbande] ⟨ihrer Mitte⟩ *H1*
	05	verstoßen, weil] [stoßen]¬ verstoßen, [da]¬ weil [*xx*]¬ *H1*
	08	Maß] Maaß *H1*
409.21	*03*	sei] sei[,] *H2*
	07	zum Aergernis] zu Aerger *H1*
409.22	*06*	gar] [nun]¬ [vollends] ⟨gar⟩ *H1*
	10	hoffärtigen] [hoffähr]¬ hoffärtigen *H2*
409.23	*07*	Fasse] Faße *E1–E3;* *k3* *α* [Faße] *¿β* [Fasse] *¿γ* Faß *k3* [97]
409.24	*01*	vollends] [gar]¬ vollends *H1*
	06	besprengten] [ergriffen Besen, Kreuz]¬ besprengten *H1*
	08	begossen] begoßen *E1–E3*
409.25	*09*	mit] [*i*]¬ mit *H1*
409.26	*04*	Kochlöffeln] [Schürzang]¬ Feuerzangen *H1;* [Feuer]¬ Kochlöffeln *H2*
	07	Kloster.] [Hau]¬ Kloster. *H2*
409.27	*07*	anderer] andrer *H1*
409.28	*05*	Märtyrtums] Märterthumes *H1;* Märterthums *H2*
	07	Jetzt] Jetzt [aber] *H1*
409.29	*05*	inwendig,] in's Fäustchen, *H1;* innwendig, *H2–E1*
	09	anderm] anderem *H2*
409.30	*05*	um ... Stadt] [rin]¬ um die Ringmauer [von Alexandria] ⟨der Stadt⟩ *H1*
409.31	*07*	Winde] Morgenwinde *H1*
409.31–32	*09*	eine herrliche Luft wehte] [aber] ein herrlicher Wind wehete *H1*
409.32	*03*	vom heiligen Lande] vom heiligen [Syrien her]¬ Lande *H1;* [von Syrien] ⟨vom heiligen Lande⟩ *H2*
410.01	*03*	wurde] ward *H1*
	07	Gemüt,] Gemüth *H1–E2*
	09	unversehens] unversehns *E3 (LA)*
410.02	*07*	die] [das]¬ die *H1*

97 *409.23* *k3* Faß] *Korrektur nicht in E3 übernommen; ev. nachträglich.*

410.03	*05*	das] des *E1 (e1β→)*
	09	wohnte,] wohnte⟨,⟩ *k3β*
410.05	*04*	ein ebenso] [eben s]¬ ein eben so *H1;* ein eben so *H2–E3 (LA)*
410.06	*07*	Märtyrer] [Märtyrer gew]¬ [Heiliger] ⟨Märtyrer⟩ *H1*
410.07	*08*	vernahm, war]
		H1 *α* vernahm, war *β¿* raufte sich das Haar [aus und] [ ] *β* aus, *H1**
410.08	*04*	Abgang] [Verlust]¬ Abgang *H1*
	09	wendete] wandte *H1*
410.09	*01*	alles] Alles *H1;* [alles] ⟨Alles⟩ *H2;* Alles *E1–E2 (e2β→)*
	04	Flüchtigen] [Flüchten]¬ Flüchtling *H1*
	08	Schoß] Schooß *H1*
410.10	*04*	ihn] in *H2*
	06	und meinte,] [und der Bischof sagte]¬ und meinte *H1*

SL6 **Dorotheas Blumenkörbchen**

411.01 *01* Dorotheas Blumenkörbchen.] **H1 35**
H1 *α* Das [Blumenkörbchen] der heil. Dorothea.
β körbchen *H1*

Motto:°

411.02–04 *fehlt in H1*

411.03 *02* Ludovicus] [Ludovikus] ⟨Ludovicus⟩ *H2*
03 Blosius.] Blosius, *H2–E3 (LA)*

411.04 *03* Kap.] Cap. *H2–E2 (e2β→)*

411.05–07 *01* Am … Landhaus.] Auf Cäsarea, der Hauptstadt von Cappadocien, leuchtete β[einst] der [sch]¬ heiterste Frühlingsmorgen. *H1*

411.05 *06* euxinus,] [Euxinus] ⟨euxinus⟩, *H2*

411.08 *05* Nordostwind] [leiser Nordwind] ⟨Nordostwind⟩ *H1β*
08 durch] über *H1*

411.09 *01* Gärten,] [Gärten und brach die beginnende Wärme] ⟨Gärten,⟩ *H1β*
06 und] [wie] ⟨und⟩ *H1*

411.10 *01* wohlig] zimperlich wohlig *H1*

411.10–11 *08* Blättern an den Bäumen.] Baumzweigen. *H1; kein Absatzende H1*

411.12 *04* am Meere stand abgeschieden] stand wie abgeschieden *H1*

411.13 *07* hübscher] schöner *H1*

411.14 *04* Mädchen.] [jungen] Mädchen. *H1β;* Mädchen *E4*
08 große,] große *H1*

411.15 *01* schöngeschnittene] *fehlt H1;* schön geschnittene *H2*
02 Schale] Schaale *H1–E2 (e2δ k3β→)*[98]
03 empor, aus] empor von [durchsichtigem]¬ *H1*
04 aus] [von] ⟨aus⟩ *H2*
06 rötlichen] röthlichem *H1–E2;* [röthlichem] ⟨rötlichem⟩ *e2β;* [rötlichem] ⟨rötlichen⟩ *k3γ*

411.16 *01* Steine gemacht,] Stein, *H1*
07 Jünglinge] Jüngling *H1–H2*

411.17 *01* lassen,] lassen; *H1*
05 strahlte] [spielte]¬ strahlte *H1*

411.18 *01* Schale,] [Schaale. Das Weib]¬ Schaale, *H1;* Schaale, *H2–E2 (e2δ k3β→)*[99]

411.19 *04* verbarg.] trefflich verbarg. *H1*

411.20 *01* Es … sich]
H1 Denn [Ur*d*]¬ Ursache zum Erröthen hatte die junge Dame. Sie hieß Dorothea und war ein [*gar*]¬ β[sehr feines] Römerkind, um welches sich *H1*
04 Patricierstochter] β[junge] Patrizierstochter *H2;* Patrizierstochter *E1–E4*

411.21 *01* Fabricius, … Kappadocien,] der Landpfleger Fabrizius *H1*
Fabricius,] [der Statt]¬ Fabrizius, *H2;* Fabrizius, *E1–E4 (LA)*
03 Statthalter]° [Stadthalter] ⟨Statthalter⟩ *k3β*
07 heftig] | [sich] heftig *H2β*

---

98 *411.15* *e2* Schale] *Korrektur vermutlich nachträglich von Weibert aus k3 übertragen, ebenso 411.18, 412.12, 413.29, 414.31.*

99 *411.18* *e2* Schale] *Vgl. 411.15.*

411.22 *08* war] war, *H1*
411.23 *01* und Dorotheas Eltern]°
Dorotheens Vater hingegen, Dorus, und ihre Mutter Thea *H1*
07 neuen Weltanschauung]
christlichen Anschauung *H1;* [christlichen] ⟨neuen⟩ Weltanschauung *H2*
412.01 *04* sich … suchten,] fleißig [übten] ⟨studirten⟩, *H1**
412.02 *09* das Andrängen des] [ihn.]¬ den *H1*
412.03–07 *07* Nicht daß … Herzensbefriediger.]
H1 Nicht daß sie etwa bei ihren Kindern Propaganda machten für ihre eigenen
α Meinungen; denn sie waren noch von denen, welche zu [vornehm]
β edel
und zu frei gesinnt [waren] ⟨sind⟩, um junge Töchterchen in [geist*ige*]
⟨geistliche⟩ Kämpfe hinein^zu^ziehen und deren Herzen als [religiöse]
Kaufschillinge des Glaubens zu verwerthen. Allein sie dachten, eben
ein religiöser Menschenquäler sei jederzeit auch ein schlechter
Herzensbefriediger, und das war nicht so unrichtig gedacht[;]⟨.⟩
[wie viele [orthodox verhim]¬ rechtgläubige Ehepaare sieht man nicht,
die vor der Welt von Jahr zu Jahr um so glaubenseifriger [und
verhimmelter aus]¬ dastehen, je weniger sie sich in der Stille ihres
Hauses gegenseitig genügen. Verunglückt und mißrathen in der
irdischen Liebe, bringen sie wenigstens eine anständige Einigkeit
für den Himmel zu^wege; aber bei Stiftung einer Ehe ist es
[vorw]¬ vorerst auf jene abgesehen, sonst ist das Bündniß selbst
ein Mißbrauch und eine Sünde.] *H1;*
kein Absatzende H1
412.08–10 *01* Diese … besaß,]
H1 Solch' *β*[schnurrige] Erwägungen hatte indessen die Tochter nicht
[zu machen]¬ anzustellen; diese [hatte]¬ besaß ein einfacheres
Schutzmittel gegen die Bewerbung des Landpflegers, *H1*
412.08 *03* brauchte] [hat]¬ brauchte *H2*
412.10 *02* Statthalters] [Stadthalters] ⟨Statthalters⟩ *k3β*
412.11 *05* bei] vor *H1*
412.12 *04* Schale] Schaale *H2–E2 (e2δ k3β→)*[100]
05 blickte.] guckte. *H1*
412.13 *01* Theophilus] Dieser Theophilus *H1*
412.13–14 *04* sehr … Mensch] [durchaus] wohlgebildeter, [stattlicher] ⟨feiner⟩ und
tüchtiger Mensch, *H1*
412.14 *01* von hellenischer Abkunft] *fehlt H1;* [g]¬ ⟨von⟩ hellenischer Abkunft *H2β*
06 aus widrigen Schicksalen] von niederem Stande *H1*
412.15 *03* jedermann] Jedermann *H1 E1–E2 (e2β→)*
412.17 *01* etwas … verschlossenes] [zurückhaltendes und] wenig zutrauliches *H1*
412.19 *08* jemand] Jemand *H1 E1–E2 (e2β→)*
412.21 *01* für] [über]¬ für *H1*
04 gern;] gern[.]¬, *H1*
412.22 *03* Kappadocien] [Cärarea] ⟨Cäsarea⟩ *H1*

100 *412.12* *e2* Schale] *Vgl. 411.15.*

412.24 *03* Herrn] Herren *H1–H2*
08 mögen.] *kein Absatzende H1*
412.26–27 *05* führen … versichern.]
H1 [*len*]¬ führen, indem sie den Gegenstand derselben vielfach in ihren Bereich zog und sich seiner Gegenwart zu versichern wußte. *H1*
412.28–30 *05* steigerte … bringen,] **H1 36**
H1 1 gedachte [sie ihn] schlauer Weise ¬¬
2 [sie] ihn ¬¬
3 sie [ ]¬ Leben in ihn
3 zu bringen durch [den] [Herren Land]¬¬
4 die Eifersucht, *H1**
412.28 *05* steigerte] [*st*]¬ steigerte *H2* [101]
412.29 *05* Listen] Listen, *H2*
412.31 *01* Statthalter] Herren Landpfleger *H1;* [Stadthalter] ⟨Statthalter⟩ *k3β*
02 Fabricius] Fabrizius *H1–E4 (LA)*
412.31–32 *05* zu machen und … schien.] machte und gegen denselben freundlich that. *H1*
412.31 *05* zu machen] [machte]¬ zu machen *H2*
412.32 *06* Aber der] Aber o weh! Der *H1*
413.01 *01* verstand … ihn]
H1 [verstand]¬ [errieth] dergleichen [Künste] gar nicht, und wenn er [sie]
verstand Spaß ihn
H1
413.02 *07* stolz] hochmüthig *H1*
413.03 *02* zeigen.] zeigen oder es auch nur zu sein! *H1;* [stellen]¬ zeigen. *H2*
06 allmählich] allmälig *H1–E2 k3*
413.04 *06* verriet,] verrieth *H1–H2*
07 aber … zusammennahm] *fehlt H1*
10 zusammennahm] zusammen^nahm *H2;* zusammen nahm *E1–E2*
413.05 *01* und verschloß,] *fehlt H1*
413.06 *02* Anderes] anders *H1;* anderes *H2–E4*
07 vorzugehen] [vor*g*]¬ vorzugehen *H1;*
kleiner vertikaler Bleistiftstrich am Korrekturrand H2
413.07 *02* Gelegenheit … zuzuziehen.] solcher Gelegenheit ihm unzweideutig nah^zu^legen, was er thun habe. *H1*
413.08–11 *01* Er … gefolgt.] *fehlt H1*
413.09 *01* auf,] auf⟨,⟩ *k3β*
413.11–12 *05* ihn … kluge] [ihn j]¬ an diesem schönen Morgen ihn auf irgend eine feine *H1*
413.12 *09* bringen] locken *H1;* [locken] ⟨bringen⟩ *H2*
413.13–16 *02* halb … Vase zeigen,] um ihm die Vase zu zu zeigen, *H1*
413.15 *09* thaten.] *kein Absatzende H2*
413.17 *02* zum Namensfest] *fehlt H1;* zum Namensfeste *H2*
04 aus Trapezunt herübergesendet hatte.] aus Corinth gesendet. *H1*
413.19 *02* einsam] [allein]¬ einsam *H1*
05 sehen] zu sehen *H1*
413.20 *06* wirklich] es *H1*

---

101 *412.28* *H2* steigerte] *Vermutlich* st- *zuerst ohne Ligatur.*

413.20–21 09 Mut; … auf,] Muth, H1
413.21 10 nicht mehr] [sich] [nicht] ⟨nicht⟩ H1*
413.22 05 gläubig] *fehlt* H1
413.23 01 glänzten.] *kein Absatzende* H1
413.24–25 06 neben dem holden Eros … nennen,]
H1 1 dem [A/]¬ Amor [diejenige] neidische Gottheit
2 gegenüber die
1 [entgegen^zu^setzen,]
2 zu nennen, H1*
413.26 05 dicht] [am]¬ dicht H1
413.27 02 einen … wirft] eine Wolke vor die Augen zieht H1
413.27–28 10 das Wort] die Worte H1
413.29 04 die Schale] [X] ⟨die⟩ Schaale H2; die Schaale E1–E2 (e2δ k3β→) [102]
06 vertrauensvoll] β[in] [die]¬ zutraulich H1*
413.30–32 11 ein freudiger … antwortete:]
unversehens der freudige Uebermuth, zu sagen: H1
413.31 02 Uebermut] Übermut E3; Uebermut ¡E4
413.32 01 „Fabricius!"] [de]¬ Fabrizius! H1; „Fabrizius!" H2 E3–E4;
„Fabrizius"! E1–E2 k3 (LA)
413.32–414.31 und … verbergen.]
H1 Nun glaubte Theophilus fest, all' ihre holde Freude gelte nur dem Geschenk und dessen Geber und er sei arg in eine Falle gegangen. Voll Unmuth und [Tr]¬ Betrübniß darüber [fing er a]¬ schlug er die Augen nieder, fing an zu zittern und ließ das glänzende Schaustück zu Boden fallen, wo es in Stücke [sprang] ⟨zersprang⟩. Dorothea aber stieß einen Schrei aus und rief wie aus ihres Herzens Grunde: Welch' ungeschickter Narr! „Lebe wohl!" sagte er betreten und ging weg, nicht ahnend, daß sie ihm nachsah, [in]¬ während sie die Scherben zusammen^las. Weinend schlich sie mit diesen auf verborgenen Wegen nach ihrem Gemach! H1
413.32 08 Gefühles,] Gefühls, H2
414.02 08 von] [über]¬ von H2
414.03 05 beizumischen,] [beimischen] ⟨beizumischen⟩, H2β
414.13 07 „Wie ungeschickt!"] Wie ungeschickt! H2
414.17 01 Als] [A/]¬ Als H2
414.19 04 dreinschauend,] drein schauend H2; drein schauend, E1–E4
414.21 07 verließ] verließ [langsam] H2
414.31 02 Schale] Schaale H2–E2 (e2δ k3β→) [103]
414.32 05 manche] viele H1
415.01–05 01 kehrte … dahin.]
H1 [zog sich]¬ [schloß sich] ⟨zog sich⟩ eigensinnig zurück und Dorothea war mit ihren kleinen Künsten zu Ende, und da sich beide nicht mehr zu finden wußten, so war auch die ganze Herrlichkeit zu Ende, da das romantische Mittelalter noch im weiten Felde lag mit seinen langen Wartezeiten. H1*

---

102 413.29 e2 Schale] *Vgl.* 411.15.
103 414.31 e2 Schale] *Vgl.* 411.15.

415.01	*06*	zurück,] zurück *H2–E1 (e1β→)*
415.05	*02*	dahin.] zu Ende. *H2–E2 (k3γ→)*
415.06	*06*	natürliche Art,] einfache Weise, *H1*
	09	sie] die arme Dorothea *H1*
	11	suchte] fand *H1*
415.07	*03*	neuen Glauben] Christenthume *H1*
	06	Eltern,] Aeltern, *H1;* Eltern *E1 (e1β→)*
	07	und sobald] [so]¬ und so bald *H1;*
		und sobald | und [[so bad]¬ so bald]¬ sobald *H2* [104]
	09	diese es] selbige solches *H1*
415.08	*01*	säumten] so säumten *H1*
415.08–09	*04*	ihr … einzuführen.]
		das liebliche Kind auf jede Weise darin zu [bestärcken] ⟨bestärken⟩. *H1*
415.09	*05*	Glaubens- und] [Denk- u]¬ Glaubens- u *H2*
415.10–23	*01*	Inzwischen … sieht.]
		H1 [Diese*n*]¬ Diese Wendung gab dem Landpfleger Veranlassung, sich unverschämt auf^zu^führen. Während er seine Bewerbung auf das Heftigste erneuerte, auf jenen unglücklichen Coquetterien des Mädchens fußend, fing er zugleich wegen des Glaubens an zu zanken und ihr Gewissen zu bedrängen, und zwar dies alles [*x*]¬ mit einer widerwärtigen Mischung von galanter Zudringlichkeit und ammtlicher Wichtigthuerei. Allein Dorothea vermochte ihn nicht mehr anzusehen; er war ihr zuwider geworden, wie das | Unglück selbst, und sie verachtete **H1 37** ihn öffentlich, was der edle Herr wiederum mit einem Gemengsel von Unverschämtheiten und Quälereien erwiederte. *H1*
415.10	*04*	scheinbaren] [scheinba]¬ scheinbaren *H2*
415.11	*03*	Statthalter]
		H2 [Landpfleger] [Fa]¬ Statthalter *H2;* [105]
		[Stadthalter] ⟨Statthalter⟩ *k3β*
415.12	*04*	Fabricius] Fabrizius [sich] *H2;* Fabrizius *E1–E4 (LA)*
415.15	*01*	vermochte,] vermochte *H2–E3*
	05	widerwärtiger] mehr zuwider *H2–E2 (k3γ→)*
415.16	*10*	deshalb] deßhalb *E1–E2 (e2β→)*
415.20	*01*	Bedrohungen vermischend.]
		[Drohung]¬ Bedrohungen [verbindend] ⟨vermischend⟩. *H2*
415.22	*08*	weg,] weg⟨,⟩ *k3β*

104 *415.07* *H2* und sobald] *Textabbruch in der oberen Hälfte von S. 95; eine z-förmige Linie streicht den Rest der Seite durch; Fortsetzung auf S. 96 vermutlich Teil einer vorangehenden Niederschrift (vgl. Kap. 1.2 Die Textzeugen, zu H2, S. 33); die Textwiederholung wurde vermutlich übersehen.*

105 *415.11* *H2* Statthalter] *Am Zeilenende (Korrekturrand); Änderung zusammenhängend mit den Korrekturen 415.26 und 416.25 (Streichungen mit kreisender Feder); gleiche Tinte und Feder wie ab 416.17.*

415.24 *01* Theophil] Theophilos *H1*
04 all'] all *H2–E2*
05 diesem] diesem, *H1*
415.25 *05* hätte. Am] hätte; am *H1–H2*
415.26 *02* daß] [wie]¬ daß *H1*
06 Prokonsul] Landpfleger *H1;* [Landpfleger] ⟨Prokonsul⟩ *H2* [106]
415.27–28 *04* in Ansehung ... gleichgültig] altgriechisch *H1*
415.29 *06* begann] begab sich *H1*
08 Teilnahme] [Theilnahme] ⟨Teilnahme⟩ *e2β;* [Teilnahme] ⟨Theilnahme⟩ *k3γ* [107]
415.30–31 *01* sich ... ergehe.]
wieder mehr in ihre Nähe, wo er sie sehen und hören konnte. *H1*
415.30 *08* besser] ⟨besser⟩ *H2*
415.31 *05* ergehe.] ginge. *H2–E2 (k3γ→)*
08 sie] sie [jetzt] *H2* [108]
415.32 *04* nichts,] von nichts, *H1*
416.01 *03* einem] dem *H1*
416.02–03 *09* an ... nehmen] in seine leuchtenden Arme zu schließen *H1*
416.04 *04* u. s. w.] und so weiter. *H1; kein Absatzende H1;* u s w. *H2*
416.05 *03* verstand] [verstand]¬ [mißverstand er]¬ verstand *H1*
08 nicht; sie] nicht. Sie *H1;* nicht, sie *H2–E2 (k3γ→)*
416.06 *03* ihn ... mit] [ihn,] ⟨ihn und⟩ erfüllte sein Herz [mit Verdruß und] ⟨mit⟩ *H1* *
416.07 *07* den] [d*ie*]¬ den *H1*
416.08 *01* des schwachen Weibes bethöre; denn]
der Jungfrauen bethörte; denn *H1;*
[der Jungfrau]¬ des schwachen Weibes bethöre. Denn *H2*
416.09 *06* auf] [sich] auf *H1*
416.10 *01* andere] andere, *H1–E4 (LA)*
05 mythologische] [mytholi]¬ mythologische *H1*
416.11 *03* Ueberirdischen] Überirdischen *E3;* Ueberirdischen *¡E4*
416.12 *06* sowie] so wie *H1*
416.13 *03* verstummte,] verschwand, *H1*
416.15 *09* sowie] so wie *H1–H2*
10 er] [sie] ⟨er⟩ *H2*
416.17–419.21 So zog ... enthaupten ließ.] *stark abweichende Fassung in H1, so daß hier auf die Verzeichnung der H1-Varianten verzichtet wird; vgl. dazu Kap. 2.2 Integrale Darstellung von H1, Z. 37.20–38.13* Fabricius ... vereinigt waren. *(Schluß SL6)*
416.17 *01* So] *β*[Fabrizius] [Fab]¬ So *H2;* [109]
ab hier hellere Tinte und breitere Feder H2

---

106 *415.26* *H2* Prokonsul] *Streichung mit kreisender Feder (wie 415.11 und 416.25).*
107 *415.29* *E3* Teilnahme] *Kellers Rückgängigmachung (k3γ) der Verlegerkorrektur von e2β wurde nicht in E3 übernommen.*
108 *415.31* *H2* [jetzt]] *Streichung mit Blaustift (wie Paginierung).*
109 *416.17* *H2* *Abbruch nach* Fabrizius, *darunter Neueinsatz mit Sofortkorrektur; Streichung von* Fabrizius *erst nachträglich (β).*

416.18 01 Fabricius] Fabrizius H2–E4 (LA)
04 gewaltsam] [X] \gewaltsam H2
416.20 08 gefangen] [gefänglich]¬ gefangen H2
416.21 07 Kerker] [Kerch]¬ Kerker H2
416.23 06 laut] [sich laut zu Christo bekannte]¬ laut H2
416.24 06 Herrn] Herren H2
416.25 10 Statthalter] [Landpfleger] ⟨Statthalter⟩ H2 [110]
416.27 01 befahl] [wenn sie beharr]¬ befahl H2
03 zu martern,] ⟨zu⟩ martern H2
417.01 03 flossen.] [lief]¬ flossen. H2; floßen. E1–E2 (e2δ→)
04 Unterdessen] [Da]¬ Unterdessen H2
417.02 03 Beteiligung] Betheiligung H2–E2;
[Betheiligung] ⟨Beteiligung⟩ e2β; [Beteiligung] ⟨Betheiligung⟩ k3γ [111]
417.03 04 Sache] Sache[⟨,⟩] k3β
05 gehört,] gehört H2–E3
417.04 02 herbeigeeilt;] herbei [geeilt und hörte die]¬ geeilt; H2
417.05 10 nun Dorothea] [sie]¬ Dorothea nun H2
417.06 02 leise klagen] [halb]¬ leise schreien H2
417.07 08 Marterbette.] [Schmerzensbette] ⟨Marterbette⟩. H2
417.08 03 weh,] weh[?]⟨,⟩ H2
417.11 09 Das] das H2
417.13 03 Siehe,] [Siehe] ⟨Sieh'⟩, H2
07 Hochzeit!"] Hochzeit! E1 (e1β→)
417.16 06 samt] [zu]¬ sammt H2; sammt E1–E2 (e2β→)
10 verklären,] verklären; H2
417.18 04 weg] [so]¬ weg H2
417.18–19 06 trat ... zurück,]
H2 [entfernte sich] wiederum beschämt und [betreten,]
trat betreten zurück, H2
417.20–22 04 Glut] Glut ¡H2; Gluth E1–E2 (e2β→)
417.20 05 aufs] aufs ¡H2–E4
06 neue,] Neue, H2–E2 (e2β→)
417.22 08 hinausgeführt] [112]
417.26 04 der ... wandte.]
H2 [bitter und traurig sie nochmals betrachtend.]
der kein Auge von ihr wandte. H2 [113]
417.27 04 stand ... still]
H2 [hielt] einen Augenblick [an]¬¬
stand stille[,] H2

---

110 416.25 H2 [Landpfleger] ⟨Statthalter⟩] *Analoge Korrekturen auch in 415.11 und 415.26; spätestens ab 419.18* (Statthalter) *rückwirkend vorgenommen.*

111 417.02 E3 Beteiligung] *Kellers Rückgängigmachung (k3γ) der Verlegerkorrektur von e2β wurde nicht in E3 übernommen.*

112 417.22 k3 hinausgeführt] *alR:* g *(β), ev. Markierung für eine beabsichtigte Worttrennung.*

113 417.26 H2 der ... wandte.] *Am Korrekturrand (+).*

417.28	*04*	„O] O *H2*
417.29	*07*	Herrn] Herren *H2–E4 (LA)*
417.30	*03*	nach wenig] in wenig *H2;* in wenigen *E1–E2 (k3γ→)*
417.31	*04*	Aepfel] Apfel *E4*
418.01	*02*	erwiderte] erwiederte *H2–E2 (e2β→)*
	04	bitter] ⟨bitter⟩ *H2*
	06	„Weißt Du] [Sende mir erst ein [par]¬ [Par]¬ par von deinen Rosen u Aepfeln]¬ Weißt du *H2*
	07	Du] Du *¡E1–E2;* [Du] ⟨du⟩ *e2β;* du *E3–E4*
418.03	*01*	Aepfeln,] Apfeln, *E4*
418.04	*01*	Da] [„Gewiß]¬ Da *H2*
418.07	*01*	verschwand] [sich] [*legte*]¬ verschwand *H2*
418.10	*01*	Argeusgebirge] [Ber]¬ Argeusgebirge *H2*
418.11	*09*	ein dunkles] [das dunkle] ⟨ein dunkles⟩ *H2*
418.12	*06*	sehnsüchtig] [s]¬ [weinend] ⟨sehnsüchtig⟩ *H2* [114]
418.13	*02*	nach] [da]¬ nach *H2*
418.15	*06*	auf den] [reglos] auf dem *H2*
418.16	*06*	Dorotheas] Dorothea's *H2–E2 k3*
418.19	*04*	erleuchtete] [erleuchtende]¬ erleuchtete *H2*
418.20	*01*	Hände] [Arme] ⟨Hände⟩ *H2*
	11	verschlossenen] ⟨verschlossenen⟩ *H2*
418.22	*06*	Luft. Wie] *H2* [Luft,] [welcher den] [wie] Luft. Wie *H2*
418.24	*08*	mit goldenen] [*in*] ⟨mit⟩ goldnen *H2*
418.25	*01*	Ringelhaaren,] [Ringellocken] ⟨Ringelhaaren⟩, *H2*
	04	sternbesäetes] sternenbesäetes *H2–E2*
418.26	*05*	in] [ein]¬ in *H2*
	08	leuchtenden] leuchten *H2*
418.28	*07*	in] [z]¬ in *H2*
418.30	*07*	Kinderlächeln] Kindeslächeln *H2*
418.32	*03*	„Dies] [„So eben ist Dorothea in das Paradies]¬ „Dies *H2*
	05	Dir] Dir *¡H2;* dir *E1–E4*
	07	gab] [bot ihm gl]¬ gab *H2*
419.01	*03*	Hände,] Hände *E3–E4* [115]
	09	Du's] Du's *¡H2;* du's *E1–E4*
419.02	*02*	verschwand.] verschand. *H2*
419.03–04	*04*	Körbchen, … in Händen;] Körbchen [in der]¬ wirklich in Händen, das nicht verschwunden war; *H2;* Körbchen wirklich in Händen, das nicht verschwunden war; *E1 (e1β→)*
419.04	*08*	fand er] waren *H2–E1*
419.07	*07*	gewaltige] [gewaltig]¬ gewaltige *H2*
419.11	*06*	beim] [f*in*st*er*] beim *H2* [116]

114 *418.12* *H2* [weinend]] *Streichung mit kreisender Feder; vgl. 415.11.*

115 *419.01* *E3* Hände] *Kommafehler bei neuem Seitenumbruch entstanden.*

116 *419.11* *H2* [f*in*st*er*]] *Streichung mit kreisender Feder; vgl. 415.11.*

419.12	*07*	unvermischtem] [Wein zu]¬ unvermischtem *H2*
419.13	*03*	betäuben] [betäben]¬ betäuben *H2*
419.14	*01*	Mit] [Voll begeisterter Wonne]¬ Mit *H2*
	08	ohne] [enthüllte]¬ ohne *H2*
419.16	*02*	bekenne] [*beg*]¬ bekenne *H2*
	05	Dorotheas] Dorothea's *E1–E2 k3*
	08	Ihr] ihr *H2–E4*
419.19	*02*	von] mit *H2*
	10	gepeinigt] [erfüllt] ⟨gepeinigt⟩ *H2*
419.22	*01*	So war ...] *ab hier erweiterter Schluß H2–GW* [117]
419.24	*01*	empfing] empfieng *E1–E2 (e2β→)*
419.25	*08*	Kreise] [Kreisen]¬ Kreise *H2*
	10	Heimat] Heimath *E1–E2 (e2β→)*
419.29	*07*	in] [weit]¬ in *H2*
419.30	*01*	jedes] Jedes *H2–E2 (e2β→)*
419.31	*05*	alle] [alles] ⟨alle⟩ *H2*
	06	Kreatur] Creatur *H2–E2 (e2β→)*
420.01	*05*	und] [kannte] und *H2*
420.03	*02*	Anschauen] Anschau'n [d*es*]¬ *H2*
	06	schauten] schauten [Eines [durch das]¬ mit dem Auge des andern] *H2β*
420.04	*06*	gerieten] [geriethen] ⟨gerieten⟩ *e2β k3β*
420.05	*05*	krystallene] [kist]¬ kristallene *H2*
420.06	*05*	verging] [verloren sie]¬ verging *H2*
420.07	*02*	sie,] sie⟨,⟩ *H2β*
	04	Zwillingen] [zwei] Zwillingen *H2*
	08	ihrer Mutter,] [der Mutter] ⟨ihrer Mutter,⟩ *H2β*
420.09	*04*	hinauskommen] hinaus kommen *H2*

---

117 *419.22* *H2* So war ...] *Zur Schlußerweiterung vgl. Kap. 1.1 Entstehung, S. 16.*

SL7 **Das Tanzlegendchen**

421.01 *01* Das Tanzlegendchen.] Tanzlegendchen. *H1* **H1 16**

Motto:°

421.02–07 *fehlt in H1; in H2 erst nach Niederschrift der Legende nachgetragen*

421.03 *02* pauken,] paucken, *H2*

421.07 *01* Jeremia] Jerimia *H2–E4 (LA)*

421.08–13 *01* Nach … tanzte.]

H1 Sankt Gregorius erzählt uns von Musa, der [heiligen] Tänzerin unter den Heiligen. Diese war recht guter Leute Kind, ein anmuthvolles schönes Jungfräulein, welches der Mutter Gottes fleißig diente und nur Eine Leidenschaft besaß, nämlich daß [sie]¬ es für sein Leben gern tanzte, und zwar dermaßen, daß es, wenn es nicht betete, unfehlbar tanzte. *H1*

421.08 *03* Aufzeichnung] [Auszeichnung] ⟨Aufzeichnung⟩ *k3β*

421.11 *02* diente, … bewegt,]

diente und nur von <u>einer</u> Leidenschaft bewegt war, *H2*

diente und nur von e i n e r Leidenschaft bewegt war, *E1–E2 (k3γ→)*

421.12 *05* daß,] daß *H2–E4 (LA)*

421.13 *10* Weise.] Weise; *H1*

421.14 *02* tanzte] [z]¬ tanzte *H2*

07 Kindern,] [kleinen] Kindern, *H1*

421.15 *07* in] [im Saal]¬ in *H1*

421.17 *04* Altar] Altare *H1–E3 (LA)*

12 Tanzen] Tanzen, *H1–H2*

421.18 *03* Gehen,] Gehen [zu nennen], *H1**

421.19 *05* schnell] [*ra*]¬ schnell *H1*

09 probieren.] probiren. *H1–E2 (e2β→); kein Absatzende H1*

421.22 *08* Altar] [Altare] ⟨Altar⟩ *H1*

421.23 *01* auszuführen] aufzuführen *H1*

08 niedliches] [Gebet]¬ zierliches *H1;* zierliches *H2–E2 (k3γ→)*

421.25 *02* bloß] erst *H1;* [erst] ⟨bloß⟩ *H2;* blos *E1–E2 (e2β→)*

05 wähnte,] glaubte, *H1*

11 ältlicher] [*ä*lter]¬ ältlicher, *H2*

422.01 *04* entgegen tanzte] entgegentanzte *H1*

08 Figuren] [Tanzfiguren] ⟨Figuren⟩ *H1*

09 so] dermaßen [geschi]¬ *H1*

422.02 *05* den] den [li]¬ *H1*

06 kunstgerechtesten] [Ku]¬ kunstgerechtesten *H2*

08 begingen.] [an]¬ begingen. *H1;* [beginnen.] ⟨begingen.⟩ *k3β*

422.03–04 *07* eine … und] ⟨eine goldene Krone auf dem Kopf und⟩ *H2* [118]

422.04 *07* glänzend schwarzen] glänzenden [schwarzen] ⟨schwarz⟩ *H1*

422.05 *03* vom] vom [R]¬ *H1*

05 der] [des]¬ der *H1*

08 von] von [*über*]¬ *H1*

---

118 *422.03* *H2* eine goldene … und] *Am Korrekturrand (+).*

422.06	*03*	überhaucht] [b]¬ [überhaucht] ⟨haucht⟩ *H1**
	06	ertönte] tönte *H1*
	08	Musik] β[Harfen] und Flötenmusik *H1*
422.07	*08*	kleiner] *fehlt H1*
422.08	*02*	desselben ... saß,] des^selben saß, *H1;* desselben ⟨stand oder⟩ saß, *H2*
	07	dicken runden] *fehlt H1;* [Beinchen]¬ dicken runden *H2*
422.09–10	*02*	hinunterhängen ... Dabei]

H1 1 [hi]¬ herunter hängen [ließ und] die [Besagten] ⟨besagten⟩ Instrumente
2 [ließ,]
3 ließ und

1¿ spielte und mit den Flügeln dazu den Takt fächelte. Dabei
2 [ ]
3 spielte. *H1**

422.10	*07*	Knirpse] kleinen Knirpse *H1*
422.11	*02*	praktisch und] praktisch, denn sie *H1;* praktisch[,] ⟨und⟩ *H2*
	09	ebensoviel] eben so viel *H1*
422.12–13	*01*	steinernen ... fanden;]

H1 1 [marmorenen] Engelsfiguren halten, [die a]¬ welche als Zierrath
2 steinernen sich

1 auf dem Chorgeländer [standen;]
2 vorfanden; *H1*

422.12	*07*	Zierat] Zierrath *H2–E2 (e2β→)*
422.13	*05*	Kleinste ... Pfeifenbläser, machte]

H1 [kleinste] machte
kleinste, ein pausbäckiger [Flötist] ⟨Flötenbläser⟩ *H1*

422.14	*07*	Beine] Beinchen *H1*
	08	übereinander] über einander *H1;* über^einander *H2*
422.15	*04*	Notenblatt] [No]¬ Notenblatt [sich selbst] *H1*
	06	den] den [Z]¬ *H1*
422.15–16	*09*	zu halten wußte.] hielt. *H1*
422.16	*06*	eifrigsten:] eifrigsten, *H1;* [aufm]¬ eifrigsten; *H2*
	08	übrigen] Uebrigen *H2–E2;* [[Uebrigen] ⟨Übrigen⟩] ⟨übrigen⟩ *e2β*[119]
	09	baumelten]° bimmelten *H1;* bammelten *H2 (LA)*
422.18–19	*05*	Farben ... Taubenhälse,]

H1 [Regen*f*]¬ [Regenbogenfarben] [derselb]¬ der Flügel schimmerten,
goldenen Farben *H1*

422.19	*04*	einander] einander [weidlich] *H1*
422.20	*03*	dies] Dies *H1–H2*
	04	sich] [z]¬ sich *H1*
	07	fand] hatte *H1;* [hat]¬ fand *H2*
	09	nicht] [*x*]¬ nicht *H2*
422.22	*02*	lustige] lustige alte *H1*
	07	so] ebenso *H1*
	08	wohl] wol *H2*
	11	als] als [da]¬ *H1*
422.23	*05*	herumzuspringen] [zu]¬ herumzuspringen *H1;* herum zu springen *H2*
	06	meinte.] [glaube]¬ glaubte. *H1*

---

119 *422.16* *e2* übrigen] *Großschreibung bleibt ev. erhalten.*

422.24 *07* hochaufatmend] hoch^aufathmend *H1–H2*

08 dastand,] dastand [und sich erst jetzt]¬, *H1;* da^stand, *H2*

422.25 *02* erst] erst jetzt *H1*

422.26 *02* der] der [gar nicht]¬ *H1*

06 warm hatte] [laut athmete] ⟨[laut] athmete⟩ *H1β**

422.27–28 *05* als David, … und als] für [den] [königlichen] David aus, den königlichen Ahnherrn der heiligen Jungfrau Maria, und [für [de]¬ ihr]¬ als *H1*

422.27 *09* Ahnherrn] Ahnherren *H2*

422.28 *03* Maria,] Maria *H2–E2 (k3γ→)*

05 erkennen] erkennen[,] *H2*

422.29 *07* wohl] wol *H2*

422.30 *03* unaufhörlichen] uaufhörlnichen *E1 (e1β→)*

07 einem] [gegen]¬ einem *H1*

422.31 *01* Tanze,] Tanze *H2*

07 beendigte] [beschlossene]¬ beendigte *H1*

422.31–32 *09* trübseliges Schleichen] trübseliges und [langweiliges] ⟨träges⟩ [Sp]¬ Schleichen *H1*

422.32 *04* sei?] sei. *H2*

423.01 *04* erwiderte,] erwiederte, *H1–E2 (e2β→)*

423.01–02 *05* sie wüßte … zu wünschen!] das verstehe sich von selbst, daß sie [ni]¬ sich nichts besseres zu wünschen wüßte! *H1*

423.01 *09* Besseres] besseres *H2*

423.02 *09* sagte:] sagte, *H1*

423.03 *01* So] wohlan, so *H1;* Wohlan, so *H2–E1 (e1β→)*

05 Anderes] anderes *H1–E4*

423.05 *03* Buße und den] Buße [und]¬, Beichte und *H1*

423.06 *07* Rückfall.] *kein Absatzende H1* **H1 15**

423.08 *01* sagte: Also] sagte[:]⟨,⟩¿ also *H1*

423.10 *02* alles] Alles *H1;* [alles] ⟨Alles⟩ *H2;* Alles *E1–E2 (e2β→)*

05 Zeit;] Zeit, [und da es]¬ *H1*

07 Erdboden] [Erdbo*d*en]¬ \Erdboden *H2* [120]

423.11 *06* tanzen,] [*d*]¬ tanzen, *H1*

423.12 *03* andere Eigenschaften] [*eine*]¬ andere Eigenschaften und [Unter]¬ Glückseligkeiten [mit]¬ an sich *H1*

06 ansonst] [an*st*]¬ ansonst *H1*

08 der] [das]¬ der *H1*

423.13 *03* Ding] Zwischenspiel *H1*

423.15 *03* Irrtum] Irrthume *H1;* Irrthum *H2–E4;* [Irrthum] ⟨Irrtum⟩ *e2β;* [Irrtum] ⟨Irrthum⟩ *k3γ* [121]

04 sei,] stecke, *H1*

---

120 *423.10* *H2* Erdboden] *Zuerst Überschreibung des -d-, danach ganzes Wort in der nächsten Zeile wiederholt.*

121 *423.15* *k3* Irrtum] *Rücknahme der Korrektur von e2; führt zu orthographischer Inkonsequenz in E3–E4.*

10 Bibelstellen,]°
H1 α [Schriftstellen des alten und neuen Testamentes,]
α [Schriftstellen,]
β Bibelstellen, *H1;*
Bibelstellen *H2–E4 (LA)*

423.16 05 Beispiel] Bespiel *H1*

423.16–17 06 daß … sei.]
H1 daß allerdings die [Seligen sich]¬ seligen Geister sich des Tanzes erfreuten und zwar auf die allerfeinste Weise, sowie daß überhaupt sie an unschuldigen Freuden das [ausgesuchteste] von Allem
Ausgesuchteste
[finden]¬ genössen, das sie sich nur wünschen könnten. *H1*

423.17 07 Jetzt] Jetzo *H1–H2*

423.19 01 zeitliche] [irdische]¬ zeitliche *H1*

07 wolle] wolle, *H1*

423.19–21 09 nicht; … von nöten.] nicht, und damit Punktum! *H1*

423.21 05 nöten.] Nöthen. *H2–E2 (e2β→)*

423.22 03 noch immer] [zw]¬ da, *H1*

423.23 01 spielte] klopfte sich *H1*

06 am Munde;] auf den Mund, *H1*

08 es] denn es *H1;* [denn] es *H2*

423.24 05 Stund'] Stund *H1–E2;* [Stund] ⟨stund⟩ *e2β;* stund *E3–E4*

12 eines] [einer] ⟨eines⟩ *H1*

423.25 03 willen.] *kein Absatzende H1*

423.26 01 Da winkte David,] Da that David einen Wink *H1* [122]

03 David,] David *H2–E2 (k3γ→)*

05 plötzlich] [so]¬ plötzlich *H1*

423.27 05 glückseligen,] glückseligen *H1*

423.29 01 zuckten;] zuckten, *H1*

06 eines] Eines *H2*

10 regen,] regen *H1–E2 (k3γ→)*

423.30 09 schwer und starr] [schwer] ⟨starr⟩ *H1*

423.31 03 Voll … sie] Da schlug sie voll Sehnsucht *H1–E2 (p1 e2γ→)*

423.32 04 gelobte] [versprach]¬ gelobte *H1*

05 das] [Das] ⟨das⟩, *H2*

08 begehrte.] *kein Absatzende H1*

424.01 01 Auf einmal] Da *H1–E2 (e2γ→)* [123]

11 musizierenden] musizirenden *H1–E2 (e2β→)*

424.02 02 rauschten, flatterten] rauschten [durch und]⟨,⟩ flatterten [durch]¬ *H1*

424.03 06 in] nach *H1*

08 Kinderweise] Kinder [[Weise]¬ Art]¬ Weise *H2*

424.04 02 zusammengerollten Notenblätter]
[Notenhefte]¬ Notenblätter *H1;*
[Notenb]¬ zusammengerollten Notenblätter *H2*

---

122 *423.26* *p1* Da …] *Satzanfang am Rand mit Bleistift markiert; vgl. Kap. 1.2 Die Textzeugen, zu p1, S. 41.*

123 *424.01* *p1* Da …] *Wie 423.26.*

05 geduldigen] [ges]¬ geduldigen *H1*
06 Steinengeln] [Steinengeln] ⟨SteinEngeln⟩ *H1β*
424.05 08 klatschte.] klatschte, denn Jugend hat keine Tugend. *H1*
424.06 01 Aber Musa ging] Da ging Musa *H1–E2;* ⟨Aber⟩ Da ging Musa *p1 (e2γ→)* [124]
424.07 01 himmlische Melodie] [himmlischen] ⟨himmlische⟩ Tanzmelodie *H1*
10 grobes]° großes *E4*
424.08 01 Gewand] [Einsiedler] Gewand *H1*
05 Zierkleidung] [zierliche]¬ [Zier]¬ Zierkleidung *H1*
424.10 01 Eltern,] Aeltern [eine Zelle], *H1;* Aeltern, *H2*
04 dichter] dichter[.] *e1β* [125]
424.11 06 darin] darein *H1*
424.12 01 an] an, *H1*
05 Hausgenossen] Hausgenossen, *H1*
424.13 07 Gebete] [Gebet] ⟨Gebete⟩ *H1*
424.13–14 10 öfter ... aber] *fehlt H1*
424.15 02 die] [daß] die *H2*
03 Glieder] Beine *H1–E1 (e1β→)* [126]
08 halten;] halten, *E4*
09 sobald] denn sobald *H1*
424.16 02 das ... Vogels] der Schlag einer Nachtigall *H1*
424.17 08 Füße] Füße von selbst *H1*
10 meinten,] meinten *H1*
424.18 02 tanzen.] *kein Absatzende H1;* [tanzen. Als]¬ tanzen. *H2*
424.19 03 unwillkürliche] [unwillkührliche] ⟨unwillkürliche⟩ *H1*
424.20 06 sich dessen] sich's *H1*
424.22 01 leichten] stählernen *H1*
03 zusammenschmieden.] zusammen^schmieden. *H1*
07 Freunde] alle Leute *H1*
424.23 04 die Verwandlung]
diese Umwandlung [[höchlich,]¬ [fast zu Tode]]¬ *H1;*
die Umwandlung *H2–E4 (LA)*
424.24 01 sich] sich aber *H1*
424.25 03 Bäumen] Bäumen, *H1*
06 Augapfel. Viele] Augapfel, und Viele *H1*
424.26 01 Rat] sich von ihr [sag]¬ Rath [zu erbitten]¬ *H1*
424.27 06 unbeholfen] träg und unbeholfen *H1–E1 (e1β→)*
10 waren,] waren [und]¬, *H1*
424.28 10 alsobald] also bald [einen] *H1*
424.30 05 Jahre] Jahre Sommer und Winterszeit *H1*
424.32 04 Sommerwölkchen]
[Sommerwölch]¬ Sommerwölkchen *H1;* Sommerwölklein *H2–E4 (LA)*
05 geworden. Sie] geworden \Sie *H1*

---

124 *424.06* *p1* Da ...] *Wie 423.26.*
125 *424.10* *e1* *Der von Keller in den Revisionsbogen e1 gestrichene Punkt ist in E1 nicht vorhanden.*
126 *424.15* *e1* *Erste Korrekturvariante ev.* Füße, *dann durch* Glieder *überschrieben.*

425.02 *03* Himmel,] Himmel *H1*
05 sie glaubte schon] **H1 14**
H1 [sie glaubte bereits]¬ [wenn]¬¬ sie glaubte bereits *H1**
425.05 *02* im Sterben. Sie] am Sterben; denn sie *H1*
425.06 *05* Hochzeitsgewändern] Hochzeitgewändern *H1–H2*
425.08 *08* andächtigen] [Andächtigen] ⟨andächtigen⟩ *H1* [127]*
425.10 *02* sanken] [fielen der Menge]¬ sanken *H1*
07 Aber] [Al*x*]¬ Aber *H1*
425.11 *02* sich] sich [der]¬ *H1*
04 Wehen] [Rauschen]¬ Wehen *H1*
09 in] [von] ⟨in⟩ *H1*
11 Baumkronen] [Baumwipf]¬ Baumkronen *H1*
425.12 *09* emporsahen,] empor sahen, *H1*
425.13 *05* Zweige] Bäume *H1*; [B]¬ Zweige *H2*
425.14 *01* Myrten] Mirten *H1*; Myrthen *H2–E2 (e2β→)*
425.15 *06* rosenfarbiger] [rosige]¬ rosenfarbener *H1*
425.16 *07* Sterbenden.] *kein Absatzende* *H1*
425.17 *03* Augenblicke] Augenblick *H1*
10 Kette] stählerne Kette *H1*
425.18 *08* Klange] Klang *H1*
425.19 *04* auf] auf [und]¬ *H1*
07 der] die *H1*
425.20 *01* Glanzes] Glanzes, *H1–E4*
03 jedermann] Jederman *H1*; Jedermann *H2–E2 (e2β→)*
04 konnte hineinsehen.]
β⟨konnte⟩ hinein sehen. *H1*; konnte hinein sehen. *H2–E4*
425.21 *01* viel tausend] [*vie*]¬ [die Jungfrau Maria an der Spitze vieler tausend Jungfern]¬ viel Tausend *H1*
06 junge] selige junge *H1*
425.22 *03* im … König]
H1 [i*n*] [un*x*]¬ unabsehbaren [Kr]¬ [Ri*n*gen]¬¬ im Reigen und zuvorderst tanzte unser liebe Herr mit unserer lieben Frau einen schönen Tanz. Ein herrlicher König, gefolgt von zwei junkerlich schimmernden Erzengeln, *H1*
05 Reigen. Ein] [Reigen u. ein] ⟨Reigen. Ein⟩ *H2*
425.23 *01* fuhr … deren] [stieg] ⟨fuhr⟩ auf einer Wolke, auf [we]¬ deren *H1*
05 auf deren] [aufderen] ⟨auf deren⟩ *H2*
10 Extramusik] Extra Musik *H1*
425.24 *04* stand,] stand, welche wir bereits kennen, [[her]¬ [etwas]]¬ *H1*
425.25 *03* Gestalt] [englische] Gestalt *H1*
425.27 *05* sprang,] sprang *H1–E2*
425.28 *02* den] dem *H1*
06 Reihen] Kreisen *H1*

127 *425.08* *H1* *Ev.* [andächtigen] ⟨Andächtigen⟩

425.29–426.32 Im Himmel ... könnten.] *erste Schlußerweiterung, seit H2*
425.29 04 eben] [ho]¬ eben *H2*
425.31 04 Nazianz] Razianz *E1 (e1β→)*
425.32 01 Sitte,] [an Festtagen] Sitte, *H2*
07 in der Hölle] [im Orkus] ⟨in der Hölle⟩ *H2*
10 saßen,]° sitzen, *H2*
426.01 09 da] da [al]¬ *H2*
10 Aushülfe] [Aushülfe] ⟨Aushilfe⟩ *e2β;* [Aushilfe] ⟨Aushülfe⟩ *k3γ*
426.02 01 leisteten.]° leisten. *H2*
426.02–03 02 Sie ... gehen.]° ⟨Sie bekommen gute Zehrung, müssen aber Abends wieder an den andern Ort gehen.⟩ *H2* [128]
426.04 09 Ceremonieen] Ceremonien *H2–E4*
426.05 06 Heerscharen] Heerschaaren *H2–E2 (e2β→)*
426.07 04 Sie] [Auch]¬ Sie *H2*
426.09 04 Die] [Doch als]¬ Die *H2*
426.10 03 eigener] [Person]¬ eigener *H2*
426.11 02 umgebunden ... Kinn] [vorge]¬ umgebunden [und halb aufgeschlagen] ⟨und einen zierlichen kleinen Rußfleck an dem weißen Kinn⟩ *H2* [129]
426.12 11 freundlich] [auf das freundlichste] ⟨freundlich⟩ *H2*
426.13 07 auch] [später] auch *H2*
10 Cäcilia] Cecilia *H2*
426.14 04 kunsterfahrene] [stu]¬ kunsterfahrene *H2*
06 herbeikamen] herbei kamen *H2–E4*
426.15 01 scheuen Pierinnen]
[*ar*]¬ scheuen [[Heidinnen]¬ Göttinnen] ⟨Pierinnen⟩ *H2* [130]
03 heiter] [beg]¬ heiter *H2*
426.16 05 wurden zutraulich] ⟨wurden zutraulich⟩ *H2*
426.18 03 und] [un]¬ und *H2*
04 Cäcilia] Cecilia *H2* [131]
426.19 01 Euterpen,] Euterpen *H2–E2 (e2β→)*
03 alle] Alle *H2–E2 (e2β→)*
426.20 08 schönen] [d*e*]¬ schönen *H2*
426.23 09 alle] Alle [mitein]¬ *H2;* Alle *E1–E2 (e2β→)*
426.24–26 06 er ... Als]
H2 [und als] ⟨er ging wohlgefällig um den Tisch herum, nicht ohne der lieblichen Erato einen Augenblick das Kinn zu streicheln[.]¬ im Vorbeigeh'n. Als⟩ *H2* [132]
426.28 02 all'] [hi]¬ all' *H2*
426.29 06 die] [Ur]¬ die *H2*

---

128 426.02 *H2* Sie ... gehen.] *Nachträglich an das ursprüngliche Absatzende angehängt, z.T. zwischen die Zeilen geschrieben.*
129 426.11 *H2* und ... Kinn] *Ergänzung am Korrekturrand.*
130 426.15 *H2* Pierinnen] *Am Zeilenende.*
131 426.18 *H2* Cecilia] -ec- *ev. nachträglich in lateinischer Schreibschrift verdeutlicht.*
132 426.24 *H2* er ... Als] *Am Korrekturrand (×).*

426.31	*08*	für immer] [ganz] *H2*
426.32	*03*	könnten.] [133]
427.01–30	*01*	Es ... betreten.] *zweite Schlußerweiterung, seit H2; nachträglich auf separatem Blatt H2*
427.03	*08*	untereinander] unter einander *H2;* untereinander[,] *k3β*
427.06	*06*	teilten] [theilten] ⟨teilten⟩ *e2δ k3β* [134]
427.07	*01*	Hälften] [Quartette] ⟨Hälften⟩ *H2*
427.15	*12*	sehnsuchtsschwer] sehnsuchtschwer *H2*
427.23	*03*	alles,] Alles, *H2–E2 (e2β→)*
427.28	*02*	kehrten] [kehrte] ⟨kehrten⟩ *k3β*
427.30	*06*	betreten.] betreten\ *E1 (e1β→)* [135]

133 *426.32* *H2* könnten.] *Daran anschließend Verweis von Weibert auf Fortsetzung:* Es ist etc (nachfolgendes Blatt.)

134 *427.06* *e2* *Korrektur vermutlich nachträglich von Weibert aus k3 übertragen (vgl. Kap. 2.1 Die Textzeugen, zu k3, S. 50).*

135 *427.30* *E1* betreten] *Punkt von* -n *überdeckt.*

Die Anordnung der Legenden folgt der durch die Paginierung der Handschrift vorgegebenen Abfolge. Dies betrifft auch die von S. 16 nach 14 verlaufende Niederschrift des Tanzlegendchens *(vgl. Kap. 2.1 Die Textzeugen, zu H1, S. 22–29).*

		Seite H1	*Integrale Wiedergabe*
SL1	Legende der Eugenia.	*1–9*	170–205
SL4	Die Jungfrau als Küsterin. (Legende von der Maria Stellvertreterin)	*10–14 unten*	206–221, 224/225
SL7	Tanzlegendchen.	*14–16 oben*	222/233, 226–231
SL5	Der bekehrte Märtyrer.	*17–34*	234–305
SL6	Das Blumenkörbchen der heil. Dorothea.	*35–38*	306–319
SL2	Die Jungfrau und der Teufel.	*39–44 oben*	320–341
SL3	Die Jungfrau als Ritter.	*44 unten–49*	341–363

Am rechten Rand ist die Seitenzählung des Referenztextes (GW) notiert. Dies ermöglicht den Bezug zum Variantenverzeichnis (Kap. 2.1).

Die Ergänzungen und Ersetzungen am Korrekturrand von H1 wurden vom Autor dem Text meist durch ein Zeichen in Form von ×, + oder # zugewiesen. Solche Zuweisungszeichen werden bei den Positionsangaben in den Anmerkungen notiert.

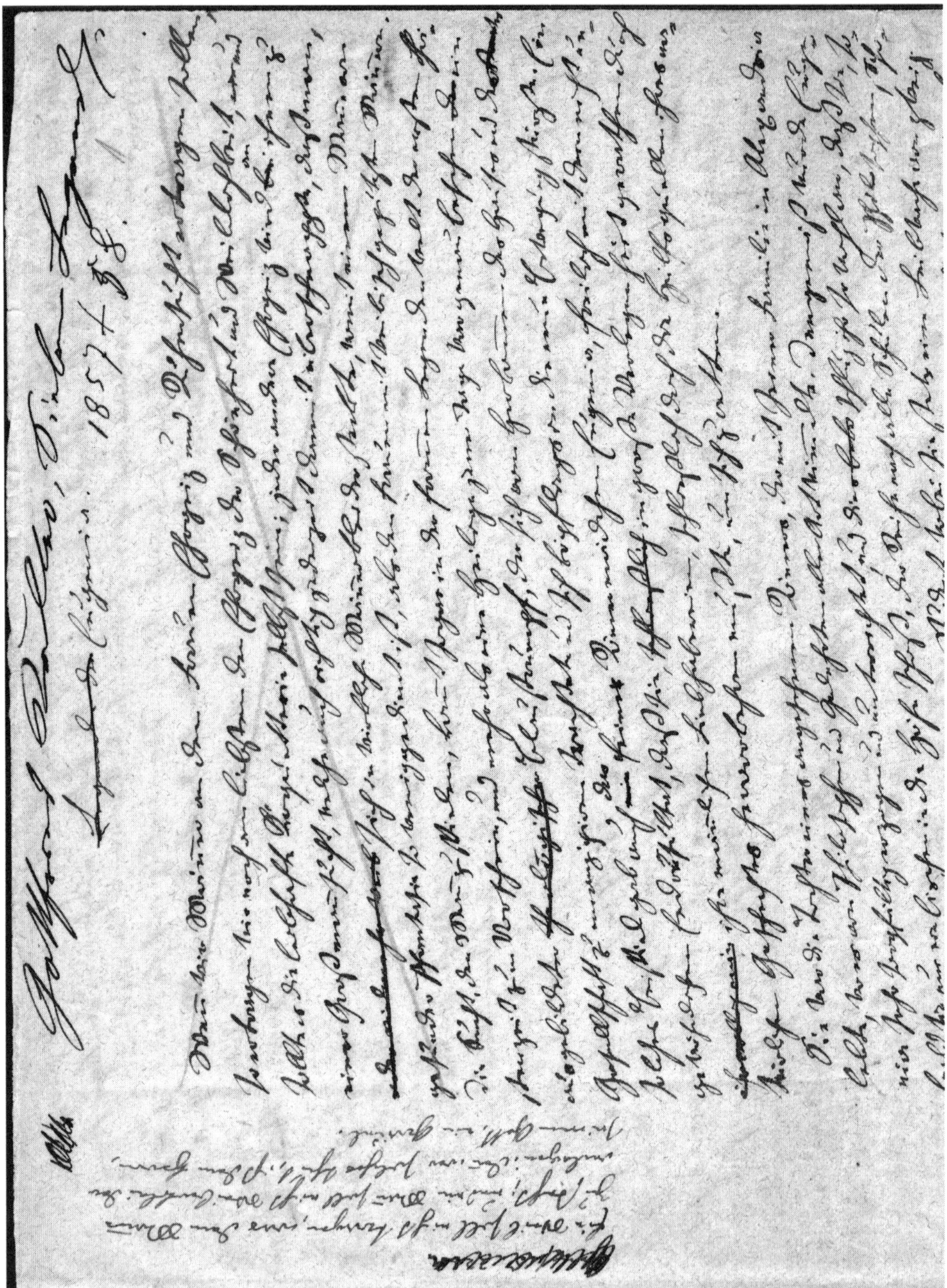

SL1 "Legende der Eugenia.", Ms. GK 14a, S. 1 oben

ε [X] Gottfried Keller, Sieben Legenden. 331.01
ε 1857 [–7]¬ /58.[1]

01.01 ε[Legende der] Eugenia. 337.01

Nachträgliche Einfügung des Mottos alR vertikal

|–> γ ⟨ε[Genes.¿ 5. 22.¿5]
γ Ein Weib soll nicht tragen, was dem Manne
γ zu^steht; und ein Mann soll nicht Weiberkleider
γ anlegen: denn wer solches thut, ist dem Herrn,
–>| γ seinem Gott, ein Gräuel.⟩[2] 337.05

01.02-07 *Nachträglich kreuzweise gestrichen*
01.02 |–> δ[Wenn wir Männer an den Frauen Ehrgeiz und Ruhmsucht ertragen sollen,
so ertragen wir noch am liebsten den Ehrgeiz der Schönheit und Weiblichkeit, [*ein*]¬ und
sollte es die leibhafte Koquetterie selbst sein; jeder andere Ehrgeiz wird [bei] ⟨an⟩ ihnen zu
01.05 einer Großmannsucht, welche auch richtig jederzeit damit überschnappte, daß man,
[oder vielmehr weib] sich in wirkliche Männerkleider steckte, womit einem Manne von
01.07 –>| gesunder Phantasie so wenig gedient ist, als den Frauen mit weibisch geputzten Männern.]
Die [*x*]¬ Sucht, den Mann zu spielen, kommt sogar in der frommen Legendenwelt der ersten Chri- 337.10
stenzeit zum Vorschein, und mehr als eine Heilige jener Tage war genau besehen [de*r*]¬ ein
01.10 ausgebildeter [theol*i*]¬ [theologischer] Blaustrumpf, der sich vom Herkommen des Hauses und [des Standes]¬ der
Gesellschaft zu emanzipiren trachtete und sich köpflings in die neue Bewegung stürzte. Ein
solches Beispiel gab auch [ein feines] ⟨das feine⟩ Römermädchen Eugenia, freilich mit dem nicht ungewöhnlichen [Endru]¬ Endresultat, daß sie, [schließlich] in große Verlegenheit gerathen durch
[ihr völlig män]¬ ihre männlichen Liebhabereien, schließlich doch die Hülfsquellen ihres na-
01.15 türlichen Geschechtes hervorkehren mußte, um sich zu retten.

Sie war die Tochter eines angesehenen Römers, der mit seiner Familie in Alexandria 337.20

---

1 *Titel* 1857 / 58] *Korrektur von Zahl und Bindestrich ev. nicht gleichzeitig; vgl. Kap. 1.2 Die Textzeugen, zu H1, S. 23.*
2 *Motto* Genes. … Gräuel.] *Als einziges Motto in H1 nachgetragen (γ); darüber nachträglich (ε) gestrichene Quellenangabe.*

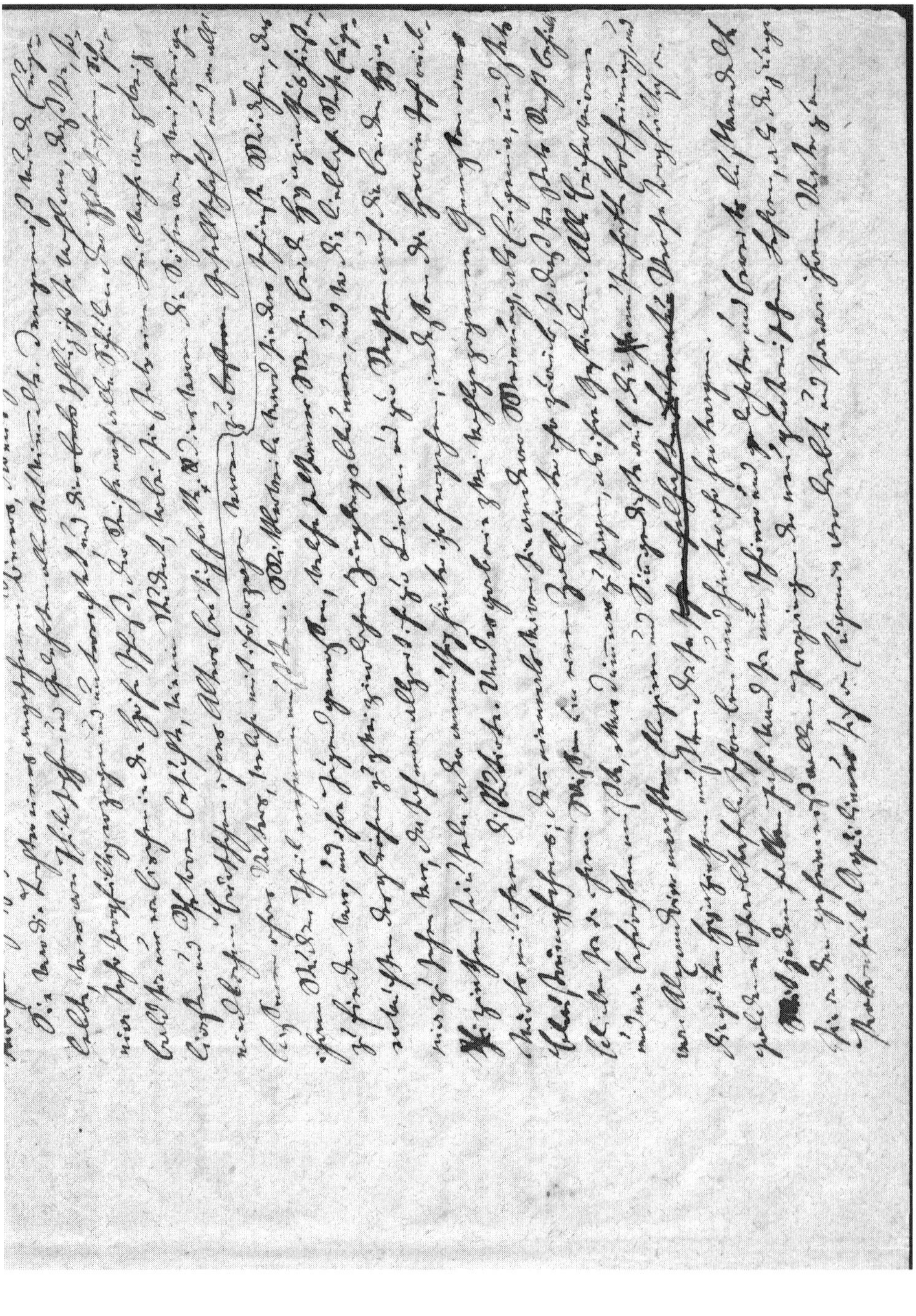

SL1 "Legende der Eugenia.", Ms. GK 14a, S. 1 unten

01.17 lebte, wo es von Philosophen und Gelehrten aller Art wimmelte. Demgemäß wurde Eugenia sehr sorgfältig erzogen und unterrichtet⟨,⟩¿ und dies [bek]¬ schlug ihr so wohl an, daß sie, sobald sie nur ein bischen in die Höhe schoß, der Reihe nach alle Schulen der Philosophen, Scho-
01.20 liasten und Rhetoren besuchte, wie ein Student, wobei sie stets eine Leibwache von zwei [*z*]¬ *338.01*
niedlichen Bürschchen ihres Alters [be*x*]¬ bei sich [hatte, S]¬ hatte.[3] Dies waren die Söhne von zwei Freige-
01.22 lassenen ihres Vaters, welche mit ihr [erzogen waren zur besseren Gesellschaft]¬¬
¿ zur [besseren] Gesellschaft erzogen waren[4] und an all'
01.23 ihren Studien Theil nehmen mußten. Mittlerweile ward sie das schönste Mädchen, das
zu finden war, und ihre Jugendgenossen, welche seltsamer Weise beide Hyazinthus hießen,
01.25 erwuchsen desgleichen zu zwei zierlichen Jünglingsblumen, und wo die liebliche Rose Euge- *338.10*
nia zu sehen war, da sah man allzeit ihr zur Linken und zur Rechten auch die beiden Hya-
[thi]¬ zinthen säuseln oder anmuthig hinter ihr hergehen, indessen die Herrin [sich] rückwärts mit ihnen disputirte. Und es gab nie zwei wohlgezogenere Genossen eines
Blaustrümpfchens; denn niemals waren sie anderer Meinung, als Eugenia, und stets
01.30 blieben sie in ihrem Wissen um einen Zoll hinter ihr zurück, so daß sie stets Recht behielt
und nie befürchten mußte, etwas Dümmeres zu sagen, als ihre Gespielen. Alle Bücherwürme *338.20*
von Alexandri*a*[5] machten Elegieen und Sinngedichte auf [diese] ⟨die⟩ musenhafte Erscheinung, und
01.33 die guten Hyazinthen mußten diese [schmeichelhafte Literatur]¬¬
[schmeichelhaften] Verse sorgfältig in
01.34 goldene Schreibtafeln schreiben und hinter ihr her tragen.

01.35 Mit jedem halben Jahr ward sie nun schöner und gelehrter⟨,⟩ und bereits lustwandelte
sie in den geheimnißvollen Irrgängen der neuplatonischen Lehren, als der junge
Prokonsul Aquilinus sich in Eugenia verliebte und sie von ihrem Vater zum

---

3 *01.21* [hatte, S]¬ hatte.] *Ev.* hatte[,]¬. [S]¬

4 *01.22* zur Gesellschaft … waren.] *Korrektur mit Umstellbogen; Streichung von* besseren *ev. vor der Umstellung.*

5 *01.32* Alexandri*a*] *Ev.* [Alexandria] ⟨Alexandrien⟩

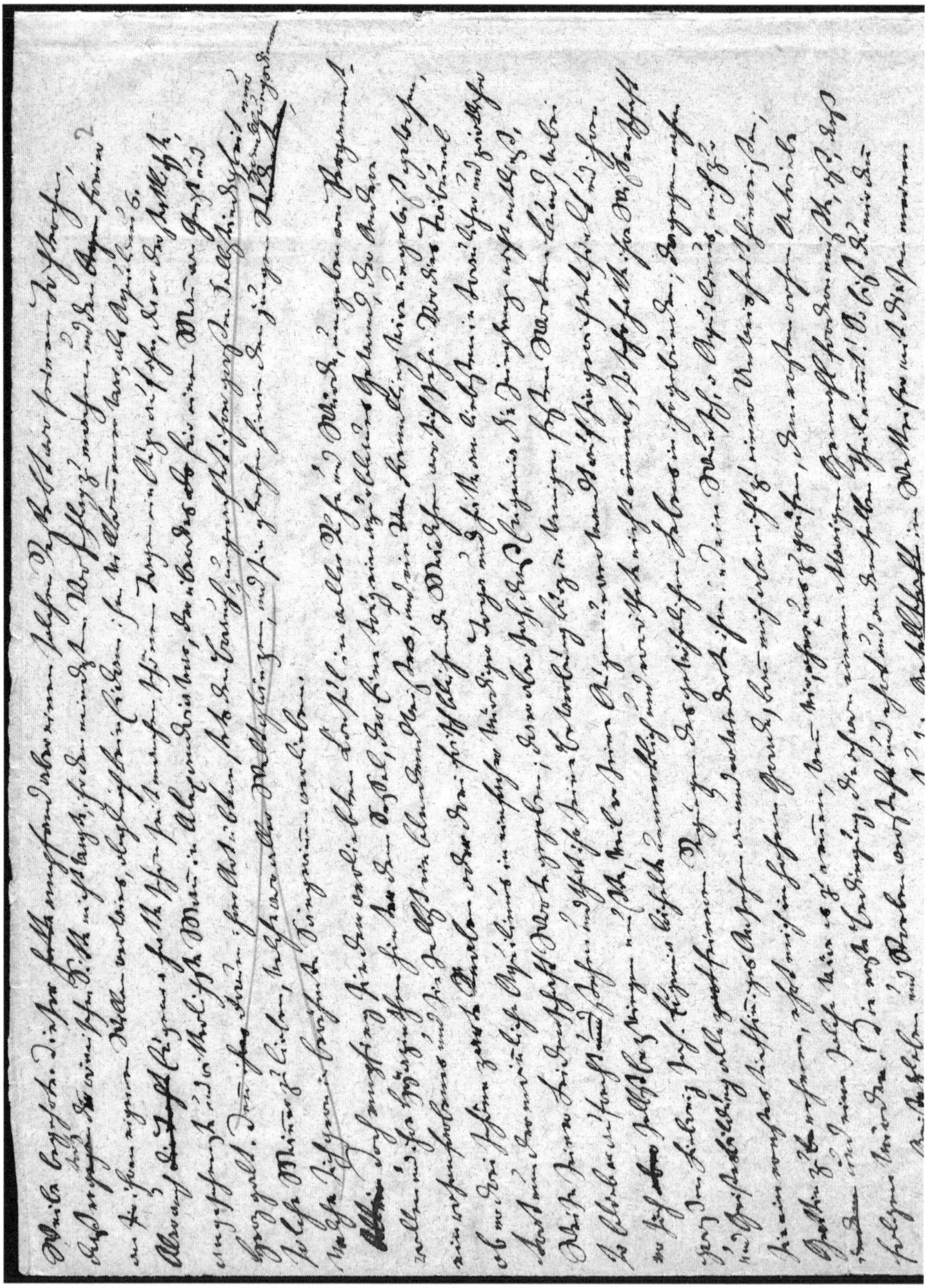

SL1 "Legende der Eugenia.", Ms. GK 14a, S. 2 oben

Weibe begehrte. Dieser [hatte]¬ empfand aber einen solchen Respekt vor seinem Töchterchen,
daß er [gegen die römische] Sitte nicht wagte, ihr den mindesten Vorschlag zu machen und den [Aqu]¬ Freier
trotz der römischen 338.30
an [sie]¬ ihren eigenen Willen verwies, obgleich kein Eidam ihm willkommener war, als Aquilinus.
Aber auch [die Tocht]¬ Eugenia hatte schon seit manchen schönen Tagen ein Auge auf ihn, da er der stattlichste, 339.01
angesehenste und ritterlichste Mann in Alexandria war, der überdies [als]¬ für einen Mann von Geist und
|-> Herz galt. β[Denn [ih*res*]¬ Frauen ihrer Art [üben]¬ übten stets den Brauch, ungeachtet ihrer großen Selbständigkeit nur
solche Männer zu lieben, welche vor aller Welt glänzen, und sie gleichen hierin den jungen [Studenten] ⟨Handlungsdienern⟩,
->| welche sich gern in berühmte Sängerinnen verlieben.][6]

[Allein]¬ Doch empfing sie den verliebten Consul in voller Ruhe und Würde, umgeben von Pergament-
rollen und ihre Hyazinthen hinter dem Sessel, der Eine trug ein azurblaues Gewand, der Andere
ein rosenfarbenes und sie selbst ein blendendweißes, und ein [Un]¬ Fremdling wäre ungewiß gewesen,
ob er drei schöne zarte Knaben oder drei frisch blühende Mädchen vor sich sehe. Vor dies Tribunal 339.10
trat nun der männliche Aquilinus in einfacher würdiger Toga und hätte am liebsten in traulicher und zärtlicher
Weise seiner Leidenschaft Worte gegeben; da er aber sah, daß Eugenia die Jünglinge nicht entließ,
so blieb er aufrecht [und]¬ stehen und that ihr seine Bewerbung kurz in wenigen festen Worten kund, wobei
er sich [aber] selbst bezwingen mußte, weil er seine Augen unverwandt auf sie gerichtet hielt und ihren
großen Liebreiz sah. Eugenia lächelte unmerklich und erröthete nicht einmal, so sehr hatte ihre Wissenschaft 339.20
und Geistesbildung alle [zart]¬ feineren Regungen des gewöhnlichen Lebens in ihr gebunden; dagegen nahm
sie ein ernstes tiefsinniges Ansehen an und erwiederte ihm: „Dein Wunsch, o Aquilinus, mich zur
Gattin zu [be]¬ nehmen, ehrt mich in hohem Grade, kann mich aber nicht zu einer Unweisheit hinreißen;
[indem]¬ und eine solche wäre es zu nennen, wenn [wir ohne,] ⟨wir, ohne⟩ uns zu prüfen, dem ersten rohen Antriebe

---

6 *02.06–08* Denn … verlieben.] *Kreuzweise gestrichen (β).*

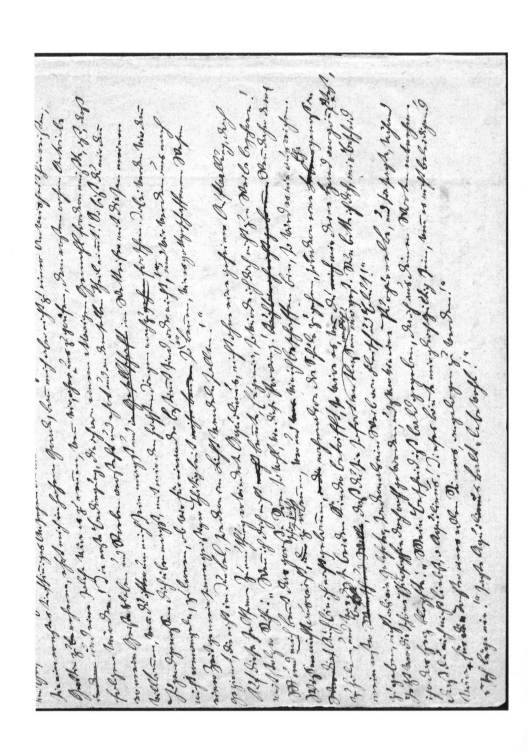

SL1 "Legende der Eugenia.", Ms. GK 14a, S. 2 unten

folgen würden! Die erste Bedingung, die ich von einem etwaigen Gemahl fordern müßte, ist, daß
er mein Geistesleben und Streben [verstehe] ⟨versteht⟩ und ehrt und an demselben Theil nimmt! So bist du mir denn
willkommen, wenn du öfter um mich sein magst und [in Gesellschaft]¬ im Wetteifer mit diesen meinen
Jugendgenossen dich üben magst, mit mir den höchsten Dingen [nachzugehen]¬ nachzuforschen. Dabei werden wir dann
nicht ermangeln, zu lernen, ob wir für einander bestimmt sind, oder nicht[!“]¬, und wir werden uns nach
einer Zeit gemeinsamer geistiger Thätigkeit [näher kennen]¬ so [kennen] ⟨erkennen⟩, wie es gottgeschaffenen Wesen
geziemt, die nicht im Dunkel, sondern im Licht wandeln soll*en*!“

Auf diese seltsame Zumuthung erwiederte Aquilinus, nicht ohne eine geheime Aufwallung, doch
mit stolzer Ruhe: „Wenn ich dich nicht [recht] kennte, Eugenia, so würde ich dich nicht zum Weibe begehren!
[M]¬ und <u>mich</u> kennt das große Rom sowohl, wie diese Provinz! [Auch bin ich nicht gekommen]¬ Wenn daher [deine]¬ dein
Wissen nicht ausreicht, [um] ⟨schon jetzt⟩[7] zu erkennen, wer und [was]¬ wie ich beschaffen bin, so wird es nie ausreichen.
[Was dies]¬ Auch bin ich nicht gekommen, [in die]¬ nochmals in die Schule zu gehen, [so*x*]¬ sondern eine [Lebensgenossin] ⟨Ehegenossin⟩
zu holen, und was diese beiden Kinder betrifft, so wäre es, wenn du [mich]¬ mir deine Hand [vergönnst] ⟨vergönntest⟩,
mein erster [Wunsch und Wille] ⟨Befehl⟩, daß du sie sofort[8] entlassen mögest. Nun bitte ich dich, mir Bescheid
[endlich]
endlich[9]
zu geben, nicht als ein Gelehrter, sondern als ein Weib von Fleisch und Blut!“

Jetzt war die schöne Philosophin doch roth geworden, und zwar wie eine Purpurnelke, und sie sagte, während
ihr das Herz klopfte: „Mein Bescheid ist bald gegeben, da ich aus deinen Worten entnehme,
daß du mich nicht liebst, o Aquilinus! Dieses könnte mir gleichgültig sein, wenn es nicht beleidigend
wäre[,] für [*ein*]¬ die Tochter eines edlen Römers, angelogen zu werden!“

„Ich lüge nie!“ sagte Aquilinus kalt „lebewohl!“

---

7 02.32 [um] ⟨schon jetzt⟩] *Streichung und Einfügung ev. unabhängig voneinander.*
8 02.35 sofort] *Vermutlich irrtümlich nicht gestrichen.*
9 02.35 endlich] *Über der Zeile nachgetragen, zuerst an falscher Stelle zugewiesen.*

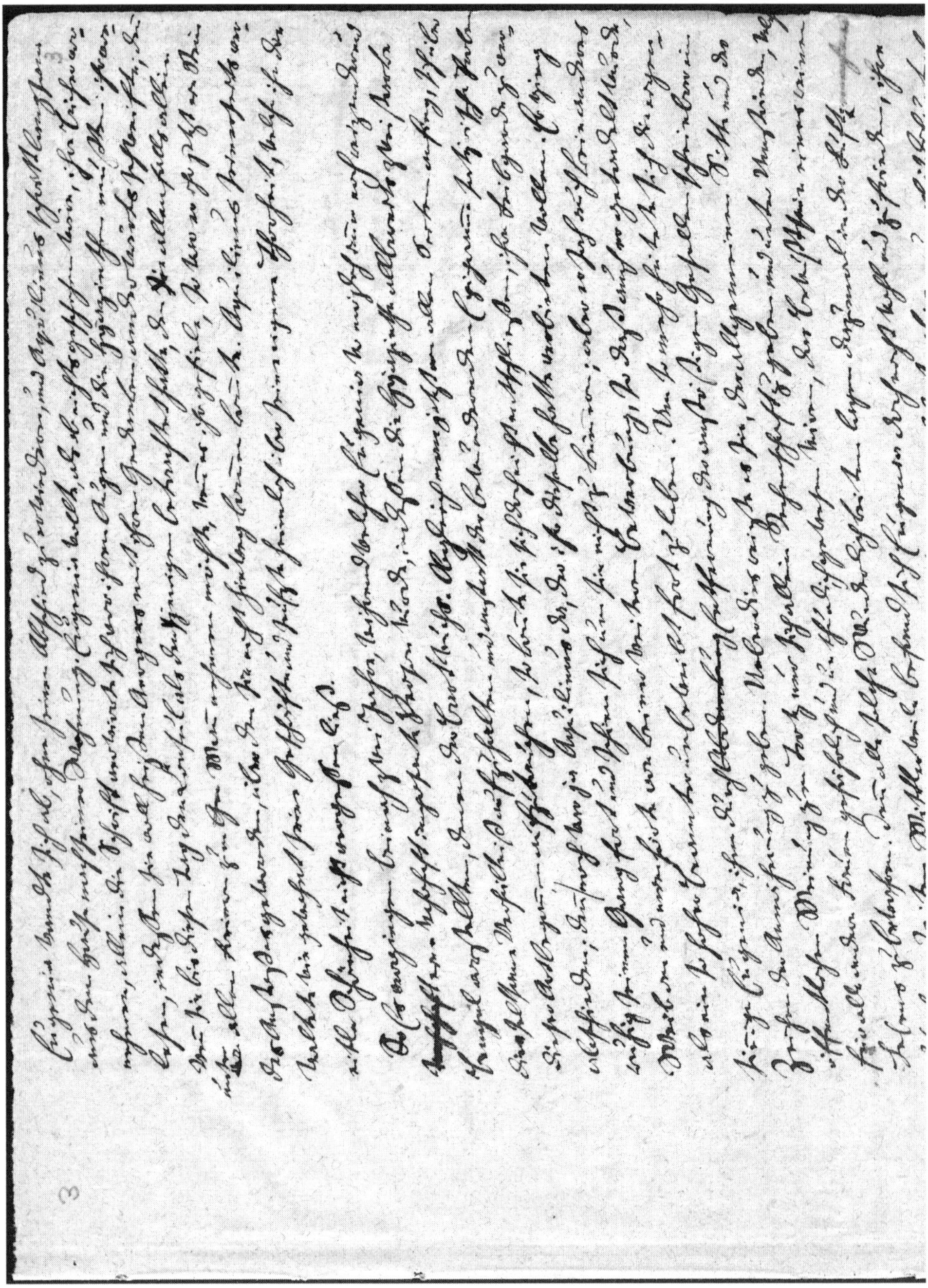

SL1 "Legende der Eugenia.", Ms. GK 14a, S. 3 oben

Eugenia wandte sich ab, ohne seinen Abschied zu erwiedern, und Aquilinus schritt langsam
aus dem Hause nach seiner Wohnung. Eugenia wollte, als ob nichts geschehen wäre, ihre Bücher vor- 340.30
nehmen, allein die Schrift verwirrte sich vor ihren Augen und die Hyazinthen mußten ihr vorlesen, indessen sie voll heißen Aergers mit ihren Gedanken anderwärts schweifte; denn
wenn sie bis diesen Tag den Consul als [dens]¬ denjenigen betrachtet hatte, den sie[10] allenfalls allein 341.01
[von] ⟨unter⟩ allen Freiern zum [Ge]¬ Mann nehmen möchte, wenn es ihr gefiele, so war er ihr jetzt ein Stein
des Anstoßes geworden, über den sie nicht hinweg kommen konnte. Aquilinus seinerseits verwaltete wie gewohnt seine Geschäfte und seufzte heimlich über seine eigene Thorheit, welche ihn die
eitle Schönheit nicht vergessen ließ.

[So]¬ Es vergingen beinah zwei Jahre, während welcher Eugenia wo möglich immer noch reizender und 341.10
[wahrhaft]¬ eine wahrhaft imposante Person wurde, indessen die Hyazinthe allbereits zwei starke
Bengel vorstellten, denen der Bart wuchs. Obgleich man jetzt von allen Seiten anfing, sich über
dies seltsame Verhältniß aufzuhalten und anstatt der bewundernden Epigramme satyrische Proben
dieser Art begannen aufzutauchen, so konnte sie sich doch nicht entschließen, ihre Leibgarde zu ver-
abschieden; denn noch[11] war ja Aquilinus da, der ihr dieselbe hatte verbieten wollen. Er ging
ruhig seinen Gang fort und schien sich um sie nicht zu kümmern; aber er sah auch kein anderes
Weib an und man hörte von keiner weiteren Bewerbung, so daß auch er getadelt wurde, 341.20
als ein so hoher Beamter unbeweibt fort zu leben. Um so mehr hütete sich die eigen-
sinnige Eugenia, ihm durch [Abdankung]¬ Entfernung der anstößigen Gesellen scheinbar ein
Zeichen der Annäherung zu geben. Ueberdies reizte es sie, der allgemeinen Sitte und der
öffentlichen Meinung zum Trotz nur sich allein Rechenschaft zu geben und unter Umständen, welch[...][12]

---

10 *03.05* sie] s- *von Keller durchgestrichen.*

11 *03.15* denn noch] *Verdeutlichender Trennstrich zwischen beiden Wörtern.*

12 *03.21* welch[...]] *Hier und an den folgenden mit* [...] *bezeichneten Stellen fehlen die Wortenden wegen Beschädigung des Seitenrandes.*

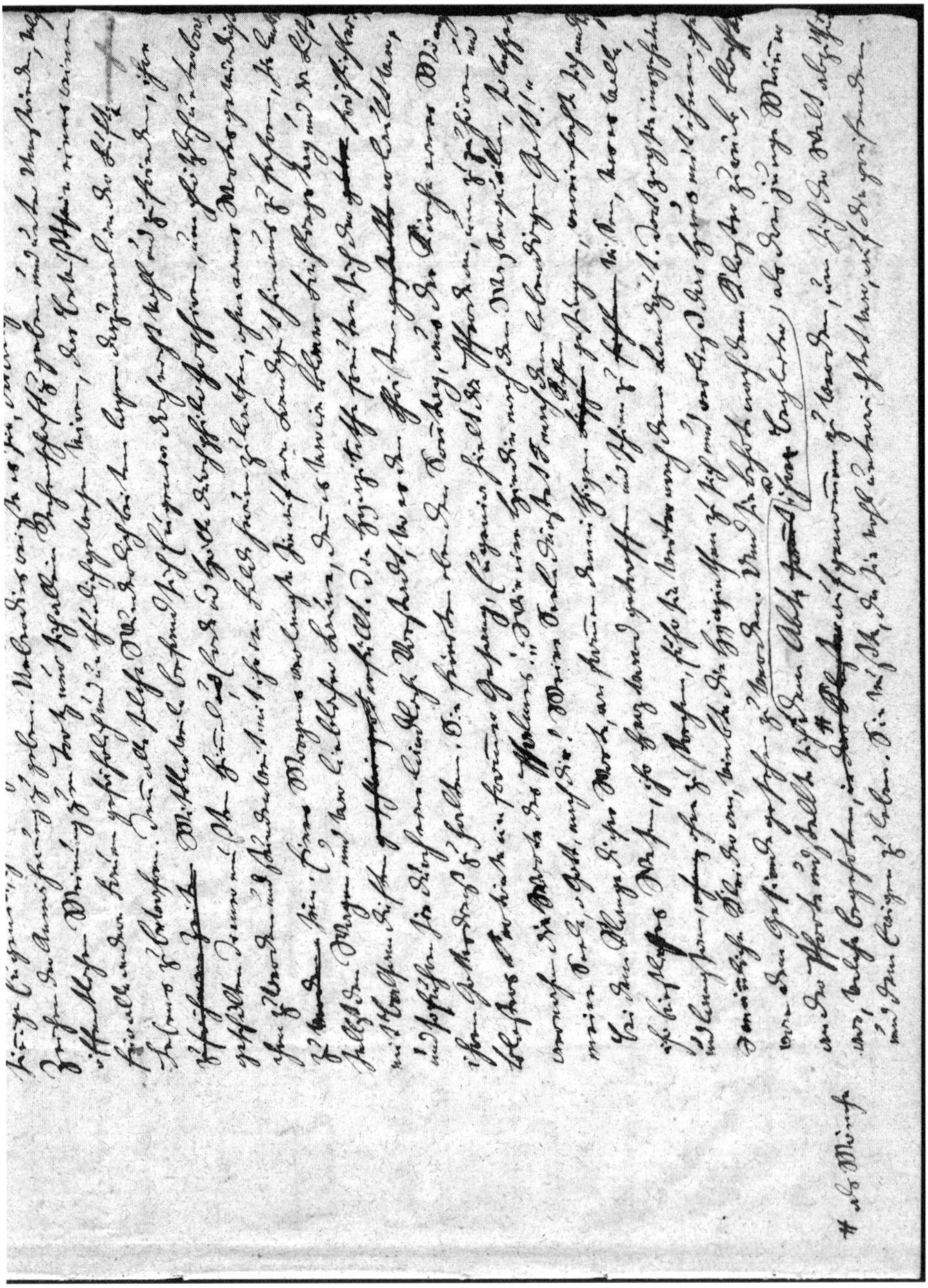

SL1 "Legende der Eugenia.", Ms. GK 14a, S. 3 unten

03.22 für alle andern Frauen gefährlich und unthunlich gewesen wären, das Bewußtsein eines reinen
03.23 I–> *1* Lebens zu bewahren. Denn alle solche Wunderlichkeiten lagen dazumal in der [Luft,] [*machen*]
2 Luft. 341.30
03.24 *1* [zu früheren Zeiten]¬¬
–>I *2* Mittlerweile befand sich Eugenia doch nicht wohl und zufrieden, ihre
03.25 geschulten Diener mußten Himmel [und]⟨,⟩ Erde und Hölle [durch^philop]¬ durch^philosophiren, um plötzlich unterbrochen zu werden und stundenweit mit ihr im Felde herumzulaufen, ohne eines Wortes gewürdigt 342.01
zu [werden]¬ sein. Eines Morgens verlangte sie auf ein Landgut hinaus zu fahren, sie lenkt[...]
selbst den Wagen und war lieblicher Laune, denn es war ein klarer Frühlingstag und die Luft
mit Balsamdüften [geschwängert]¬ erfüllt. Die [Hyazi*t*]¬ Hyazinthe freuten sich der [guten] Fröhlichkeit,
03.30 und so fuhren sie durch eine ländliche Vorstadt, wo es den Christen [gestatte]¬ erlaubt war,
ihren Gottesdienst zu halten. Sie feierten eben den Sonntag, aus der Kirche eines Mönch[...] 342.10
klosters [*d*]¬ ertönte ein frommer Gesang, Eugenia hielt die Pferde an, um zuzuhören und
vernahm die [*s*]¬ Worte des Psalmes: „Wie eine Hindin nach den [Wasserqu*X*] ⟨Wasserquellen⟩, so lechzet
meine Seele, o Gott, nach dir! Meine Seele dürstet [*x*]¬ nach dem lebendigen Gott!“

03.35 Bei dem Klange dieser Worte, von frommen demüthigen [Lippen] ⟨Kehlen⟩ gesungen, vereinfachte sich endlich
ihr [künstli*X*] ⟨künstliches⟩ Wesen, ihr Herz ward getroffen und schien zu [fühlen]¬ wissen, was es wolle,
und langsam, [ohn*ez*]¬ ohne zu sprechen, fuhr sie weiter nach dem Landgut. Dort zog sie insgeheim
[*x*]¬ männliche Kleider an, winkte die Hyazinthen zu sich und verließ das Haus mit ihnen, ohn[...] 342.20
von dem Gesinde gesehen zu werden. Und sie kehrte nach dem Kloster zurück, klopfte
03.40 an der Pforte und stellte sich [dem Abte sammt ihre*n* Begleiter]¬¬ [13]
u ihre Begleiter dem Abt als drei junge Männer
03.41 vor, welche begehrten, [in das Kloster] aufgenommen zu werden, um sich der Welt abzuthun
als Mönche [14]
03.42 und dem Ewigen zu leben. Sie wußte, da sie wohl unterrichtet war, auf die prüfenden

---

13 03.40 *Korrektur mit Umstellbogen.*

14 03.41 als Mönche] *Am Korrekturrand (#).*

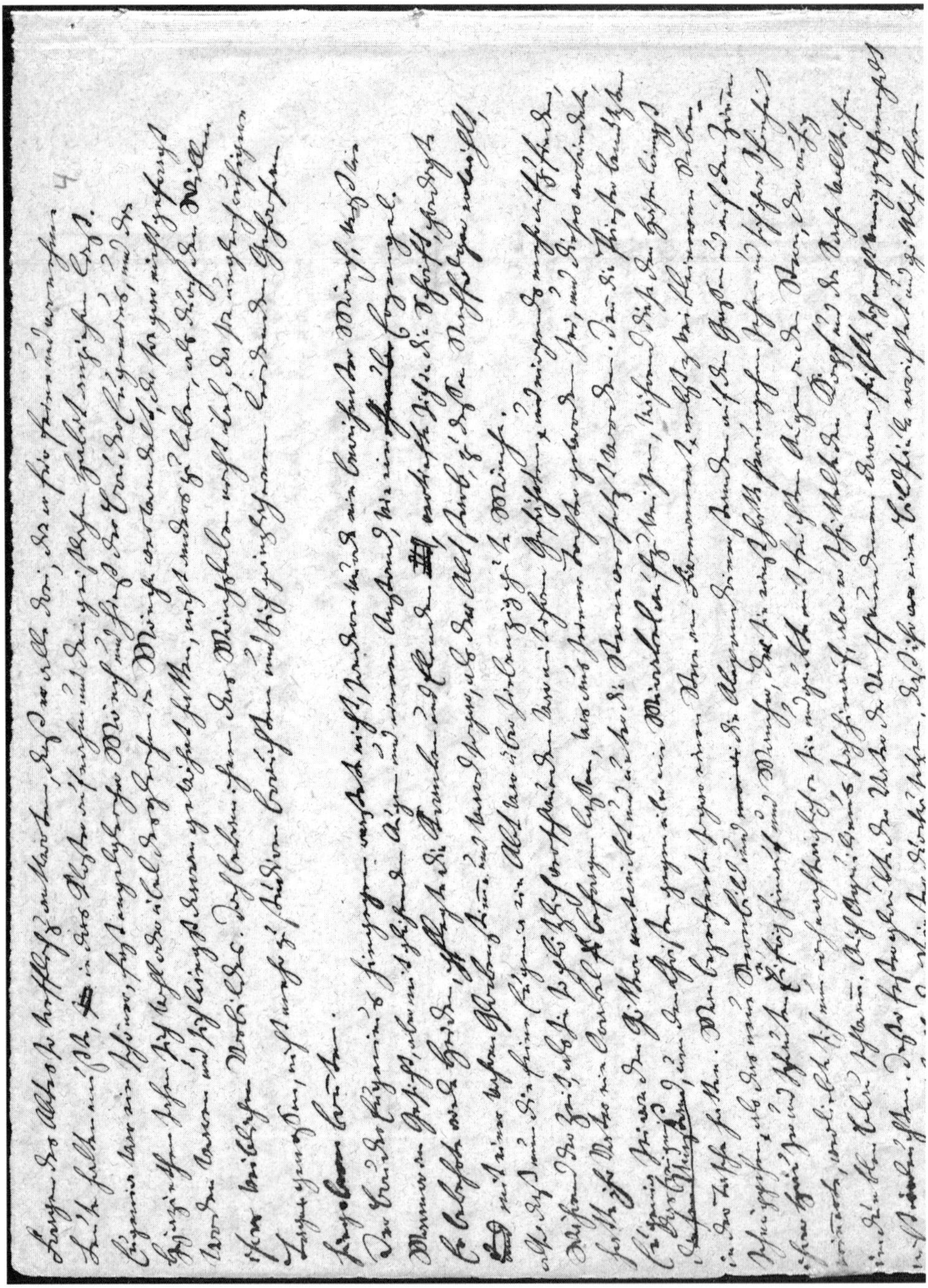

SL1 "Legende der Eugenia.", Ms. GK 14a, S. 4 oben

Fragen des Abtes so trefflich zu antworten, daß er alle drei, die er für feine und vornehme Leute halten mußte, [sie]¬ in das Kloster aufnahm und den geistlichen Habit anziehen ließ. Eugenia war ein schöner, fast engelgleicher Mönch und hieß der Bruder Eugenius, und die Hyazinthen sahen sich wohl oder übel desgleichen in Mönche verwandelt, da sie gar nicht gefragt worden waren und sich längst daran gewöhnt hatten, nicht anders zu leben, als durch den Willen ihres weiblichen Vorbildes. Doch bekam ihnen das Mönchsleben nicht übel, da sie ungleich ruhigere [Tagen] ⟨Tage⟩ genossen, nicht mehr zu studiren brauchten und sich gänzlich einem leidenden Gehorsam hingeben konnten.

Der Bruder Eugenius hingegen rastete nicht, sondern wurde ein berühmter Mönch, weiß wie Marmor im Gesicht, aber mit glühenden Augen und einem Anstand, wie ein [Cherub.]¬ Erzengel. Er bekehrte viele Heiden, pflegte die Kranken und Elenden [[*x*]¬ und]¬, vertiefte sich in die Schrift, predigte [und]¬ mit einer wahren Glockenstimme und ward sogar, als der Abt starb, zu dessen Nachfolger erwählt, also daß nun die feine Eugenia ein Abt war über siebenzig gute Mönche.

Während der Zeit, als sie so plötzlich verschwunden war mit ihren Gefährten[,] und nirgends mehr aufzufinden, hatte ihr Vater ein Orakel [fr]¬ befragen lassen, was aus seiner Tochter geworden sei, und dieses verkündete, Eugenia sei von den Göttern entrückt und unter die Sterne versetzt worden. Denn die Priester benutzten [diesen Umstand] ⟨das Ereigniß⟩, um den Christen gegenüber ein Mirakel aufzuweisen, während diese den Hasen längst in der Tasche hatten. Man bezeichnete sogar einen Stern am Firmament[,] nebst zwei kleineren Nebenschnüppchen[,] als das neue Sternbild und [*ma*]¬ [vi]¬ die Alexandriner standen auf den Gassen und auf den Zinnen ihrer Häuser und schauten [Eifrig] ⟨eifrig⟩ hinauf und Mancher, der sie einst hatte herumgehen sehen und sich ihrer Schönheit erinnerte, verliebte sich nun noch nachträglich in sie und guckte mit feuchten Augen in den Stern, der ruhig

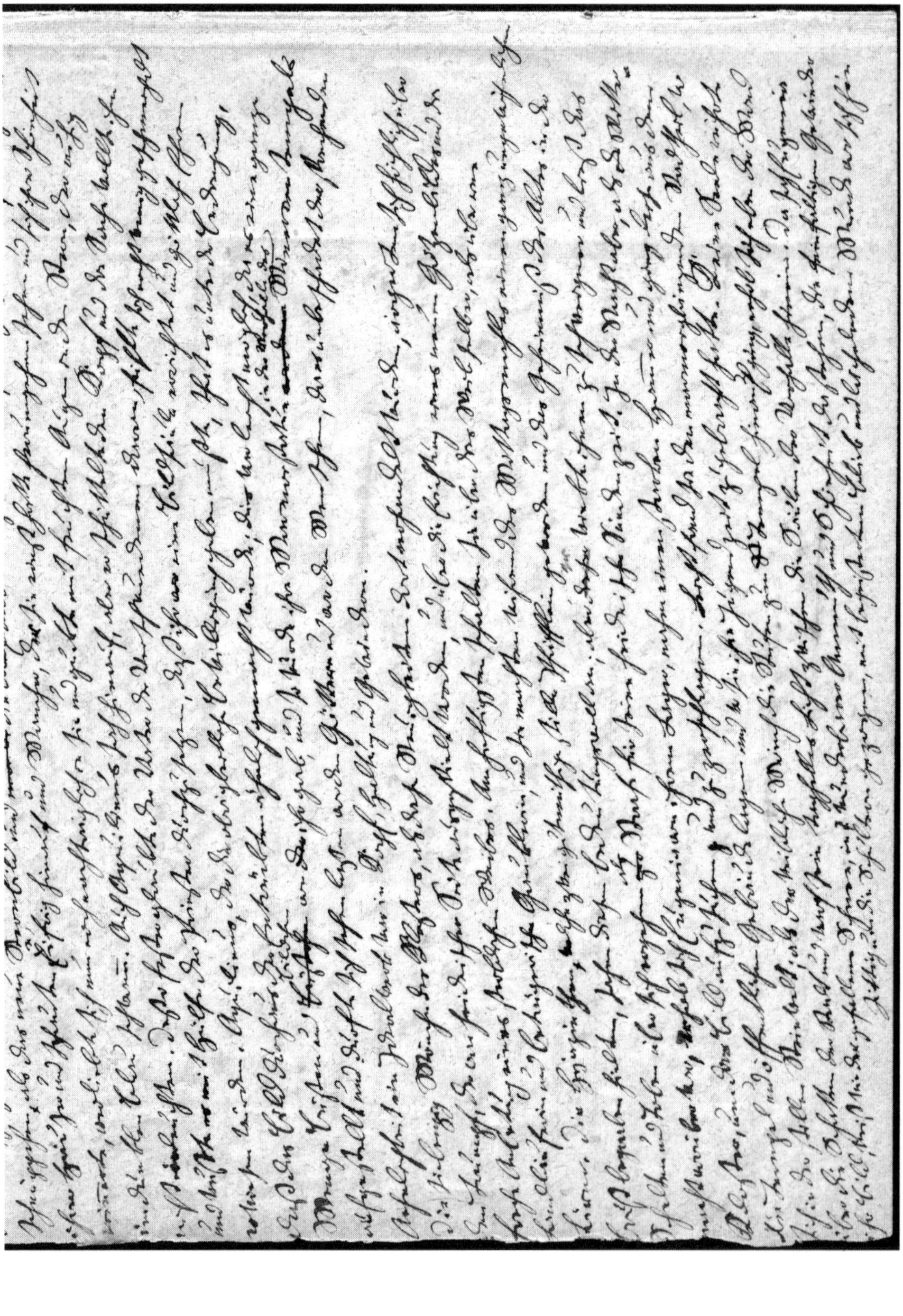

SL1 "Legende der Eugenia.", Ms. GK 14a, S. 4 unten

04.22 im dunklen Blau schwamm. Auch Aquilinus sah hinauf, aber er schüttelte den Kopf und die Sache wollte ihm 343.30
nicht einleuchten. Desto fester glaubte der Vater der Verschwundenen daran, fühlte sich nicht wenig geschmeichelt
und wußte es mit Hülfe der Priester durchzusetzen, daß ihr [vor]¬ [15] eine Bildsäule errichtet und göttliche Ehren 344.01
04.25 erwiesen wurden. Aquilinus, der die obrigkeitliche Bewilligung geben mußte, that es unter der Bedingung,
daß das Bild durchaus der Entrückten ähnlich gemacht würde; dies war leicht möglich, da es eine ganze
04.27 ¿ Menge Büsten und [Büstchen] von [der]¬ ihr gab, und so wurde ihre Marmorstatue [vor dem Minerventempel] [16]
Bildchen in der Vorhalle des Minerventempels
04.28 aufgestellt und durfte sich sehen lassen vor den Göttern und vor den Menschen, da es unbeschadet der sprechenden
Aehnlichkeit ein Idealwerk war in Kopf, Haltung und Gewändern. 344.10

04.30 Die siebenzig Mönche des Klosters, als diese Neuigkeiten dort verhandelt wurden, ärgerten sich höchlich über
den Trumpf, der von heidnischer Seite ausgespielt worden, und über die Erichtung eines neuen Götzenbildes und die
freche Anbetung eines sterblichen Weibes. Am heftigsten schalten sie über das Weib selber, als über eine
Landläuferin und betrügerische Gauklerin, und sie machten während des Mittagsmahles einen ganz ungewöhnlichen
Lärm. Die Hyazinthen[,] welche zwei gutmüthige stille Pfäfflein geworden und das Geheimniß des Abtes in der
04.35 Brust begraben hielten, sahen diesen bedeutungsvoll an; aber *β*[dieser] ⟨er⟩ winkte ihnen zu schweigen und ließ das 344.20
Schelten und Toben über sich ergehen [zur] ⟨als⟩ Strafe für seine heidnische Sündenzeit. In der Nacht aber, als [d*e*]¬ Mitter-
nacht vorüber war, erhob sich Eugenia von ihrem Lager, nahm einen starken Hammer und ging leise aus dem
Kloster, um das Bild aufzusuchen [z]¬ und zu zerschlagen. Leicht fand sie den marmorglänzenden Stadtheil, wo
die Tempel und öffentlichen Gebäude lagen und wo sie ihre Jugendzeit zugebracht hatte. Keine Seele rührte 344.30
04.40 sich in der stillen Steinwelt; als der weibliche Mönch die Stufen zum [*M*]¬ Tempel hinauf^ging, erhob sich eben der Mond
über die Schatten der Stadt und warf sein taghelles Licht zwischen die Säulen der Vorhalle hinein. Da sah Eugenia 345.01
ihr Bild, weiß wie der gefallene Schnee, in [*u*]¬ wunderbarer Anmuth und Schönheit da stehen, die feinfaltigen Gewänder
sittig um die Schultern gezogen, mit begeistertem Blick und lächelndem Munde vor sich hin

15 04.24 [vor]] *Zur Korrektur vgl. Anm. zu 04.27 sowie Z. 04.41.*
16 04.27 [vor dem Minerventempel]] *Spätestens in Zusammenhang mit 04.41 korrigiert, wo sich die Statue* in der Vorhalle *befindet.*

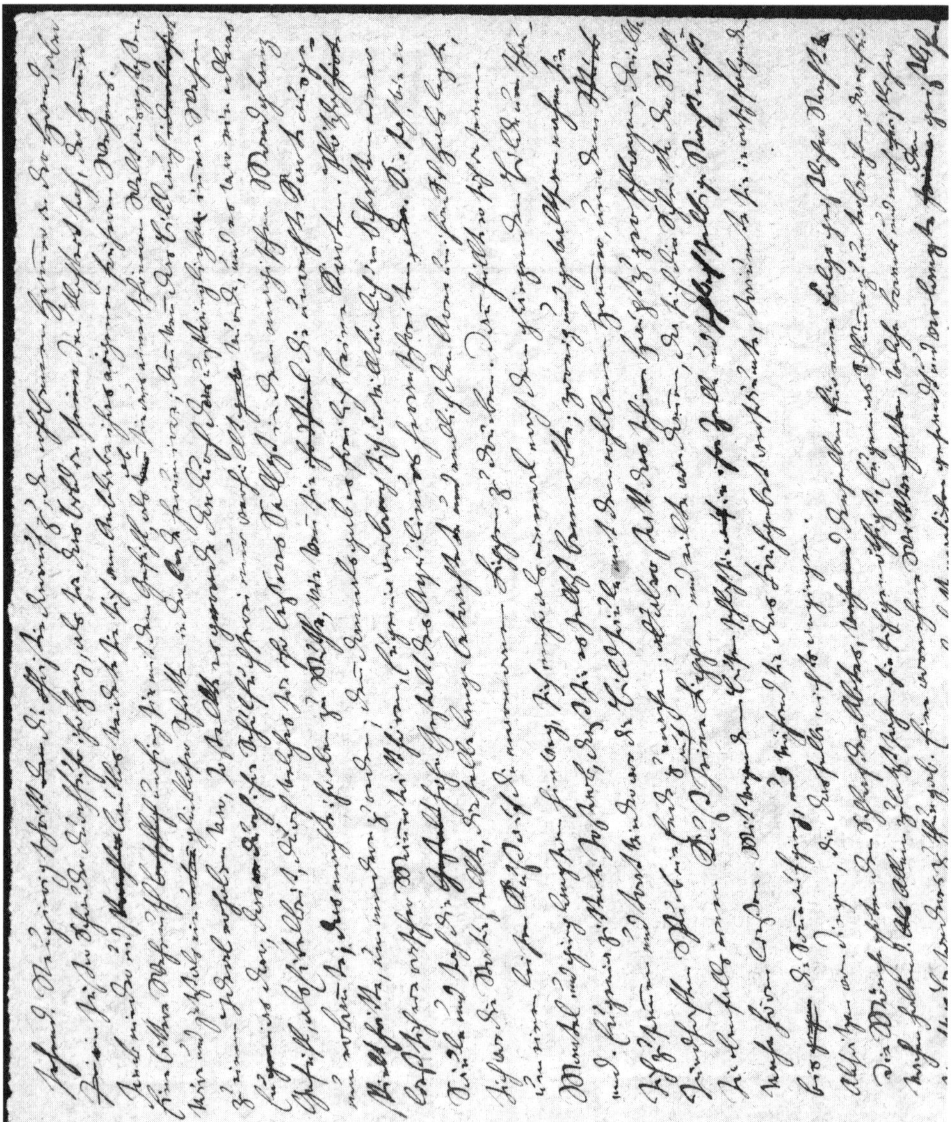

SL1 "Legende der Eugenia.", Ms. GK 14a, S. 5 oben

sehend. Neugierig schritt [der]¬ die Christin darauf zu, den erhobenen Hammer in der Hand, aber [sei] [*x*]¬ ein süßer Schauder durchfuhr ihr Herz, als sie das Bild in seiner Deutlichkeit sah, der Hammer sank nieder und [sprachlos]¬ lautlos weidete sie sich am Anblicke ihres eigenen früheren Wesens.

Eine bittere Wehmuth [beschlich]¬ umfing sie mit dem Gefühl, als [wenn] ⟨ob⟩ sie aus einer schöneren Welt ausgestoßen wäre und jetzt als ein [unkenn]¬ glückloser Schatten in der Oede herumirre; denn wenn das Bild auch [idealisirt]¬ [17] zu einem Ideal erhoben war, so [stelte]¬ stellte es gerade dadurch [den ursprünglichen]¬ das ursprüngliche innere Wesen Eugenias dar, das [*ve*]¬ durch ihre Schulfuchserei nur verhüllt [gew]¬ wurde, und es war ein edleres Gefühl, als Eitelkeit, durch welches sie ihr besseres Selbst in dem magischen Mondglanz nun erkannte; das machte ihr eben zu Muthe, wie wenn sie [ihr Spiel]¬ die unrechte Karte ausgespielt hätte, um modern zu reden; denn damals gab es freilich keine Karten. Plötzlich [hörte]¬ ließ sich ein rascher Männertritt hören, Eugenia verbarg sich unwillkürlich im Schatten einer Säule und sah die [Gestalt]¬ hohe Gestalt des Aquilinus [heranschreiten, der]¬ heranschreiten. Sie sah, wie er sich vor die Statue stellte, dieselbe lange betrachtete und endlich den Arm um [ihre Sch]¬ ihren Hals legte, um einen leisen Kuß auf die marmornen Lippen zu drücken. Dann hüllte er sich in seinen Mantel und ging langsam hinweg, sich mehr als einmal nach dem glänzenden Bilde umschauend. Eugenia zitterte so stark, daß sie es selbst bemerkte; zornig und gewaltsam nahm sie sich zusammen und trat wieder vor die Bildsäule mit dem erhobenen Hammer, um dem [Spuck]¬ sündhaften Spuck ein Ende zu machen; [al]¬ aber statt das schöne Haupt zu zerschlagen, drückte sie ebenfalls einen Kuß ⟨auf⟩ seine Lippen und eilte von dannen, da sich die Schritte der Nachtwache hören ließen. Mit wogendem Busen schlich sie [auf]¬ in ihre Zelle und schlief selbige Nacht nicht bis [gegen]¬ die Sonne aufging, und während sie das Frühgebet versäumte, träumte sie in rasch folgenden Absätzen von Dingen, die dasselbe nichts angingen.

---

17 05.05 idealisirt] *Rundes durch langes* s *überschrieben.*

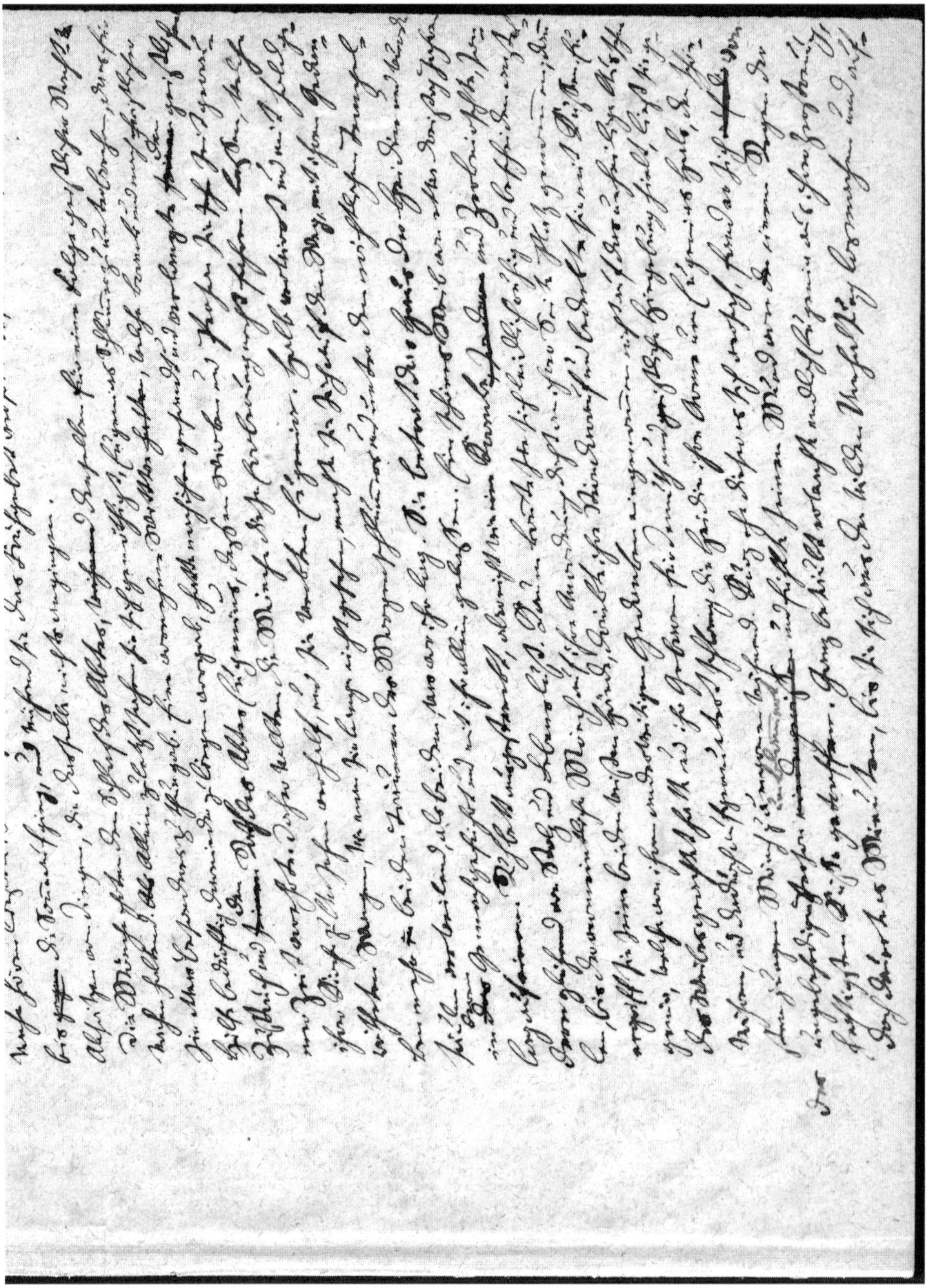

SL1 "Legende der Eugenia.", Ms. GK 14a, S. 5 unten

05.23 Die Mönche ehrten den Schlaf des Abtes, [wähnend]¬ denselben für eine Folge geistlicher [Nachtw]¬ Nacht-
wachen haltend. [Als]¬ Allein zuletzt sahen sie sich genöthigt, Eugenias Schlummer zu unterbrechen, da es für 346.10
05.25 sie etwas Besonderes zu thun gab. Eine vornehme Wittwe [hatte]¬, welche krank und nach christlicher
05.26 |–> 1 Hülfe bedürftig darnieder^zu^liegen vorgab, hatte nach ihm gesandt und verlangte [seinen] geistlichen
2 den
05.27 1 Zuspruch und [seinen] Rath ¬¬
–>| 2 den des Abtes Eugenius, dessen Wirken und Person sie [sch]¬ seit gerau-
05.28 mer Zeit verehrte. Daher wollten die Mönche diese Eroberung nicht fahren lassen, welche
ihrer Kirche zu Ansehen verhalf, und sie weckten Eugenia. Halb verwirrt und mit hold ge-
05.30 rötheten Wangen, wie man sie lange nicht gesehen, machte sie sich auf den Weg, mit ihren Gedanken mehr [in]¬ bei den Träumen des Morgenschlummers und unter den nächtlichen Tempel- 346.20
säulen verweilend, als bei dem, was vor ihr lag. Sie betrat das Haus der Heidin und wurde
in [das] ⟨deren⟩ Gemach geführt und mit ihr allein gelassen. Ein schönes Weib von etwa dreißig Jahren
lag auf einem Ruhbett ausgestreckt, aber nicht wie eine [Kranke, sondern]¬ Kranke und Zerknirschte, son-
05.35 dern glühend von Stolz und Lebenslust. Kaum konnte sie sich leidlich ruhig und bescheiden anstel-
len, bis der vermeintliche Mönch auf ihre Anordnung dicht an ihrer Seite Platz genommen; dann
ergriff sie seine beiden weißen Hände, drückte ihre Stirn darauf und bedeckte sie mit Küssen. Eu- 346.30
genia, welche von ihren anderweitigen Gedanken eingenommen nicht auf das unheilige Aussehen
des Weibes geachtet hatte und ihr Gebaren für Demuth und geistliche Hingebung hielt, ließ sie ge- 347.01
05.40 währen, und dadurch aufgemuntert schlang die Heidin ihre Arme um Eugenias Hals, den schön-
05.41 |–> α sten jungen Mönch zu umarmen wähnend. Kurz ehe dieser es sich versah, fand er sich [auf die\ ]
γ von \der
05.42 α [ungebehrdige] Person [niedergerissen] und fühlte seinen Mund von [de*n*]¬ einem Regen der
–>| γ ungebehrdigen umklammert
05.43 heftigsten Küsse getroffen. Ganz betäubt erwachte endlich Eugenia aus ihrer Zerstreuung,
doch dauerte es Minuten, bis sie sich aus der wilden Umhalsung losmachen und auf-

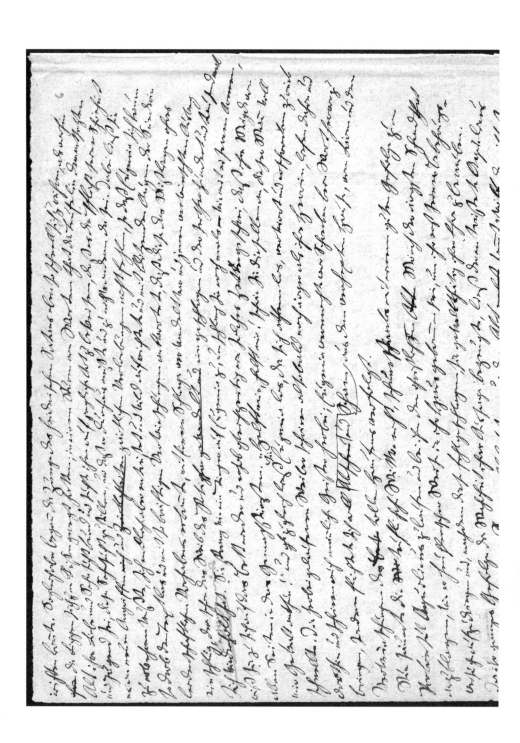

SL1 "Legende der Eugenia.", Ms. GK 14a, S. 6 oben

richten konnte. Sogleich aber begann die Zunge des heidnischen Satans eben so schnell sich zu rühren, als vorhin [ihre]¬ die Lippen sich zum Küssen geregt hatten; in einem Sturm von Worten that die Teufelin dem entsetzten Abt ihre Liebe und Sehnsucht kund und suchte ihm auf jegliche Art zu beweisen, daß es die Pflicht seiner Schönheit und Jugend sei, diese Sehnsucht zu stillen, und daß er durchaus müßte und zu nichts anderm da sei. Dabei ließ sie es an neuen Angriffen [nich]¬ und [Zärtlichkeiten]¬ zärtlichen Verlockungen nicht fehlen, so daß Eugenia sich kaum zu erwehren wußte, sich [en*x*]¬ endlich aber entrüstet und wild aufrichtete und mit blitzenden Augen der Sünderin so derb den Text las und mit so kräftigen Verwünschungen antwortete, daß diese das Mißlingen ihres leidenschaftlichen Vorhabens erkannte, mit Einem Schlage verwandelt war und jenen verwünschten Ausweg einschlug, den schon das Weib des Potiphar [gewandelt und]¬ eingeschlagen und der seither hundert und tausendmal[18]

α [sich wiederholt hat.] Sie sprang wie ein Tieger auf Eugenia zu, umschlang sie nochmals [m]¬ wie mit eisernen Armen,

β begangen wurde.

riß sie zu sich auf das Bett nieder und erhob gleichzeitig ein solches [Zettergeschrei] ⟨Zetergeschrei⟩, daß ihre Mägde von allen Seiten in das Gemach stürzten. „Helft mir, helft mir! schrie sie dieselben an, dieser Mann will mir Gewalt anthun!“ und [gl]¬ zugleich ließ ⟨sie⟩ Eugenia los, die sich athemlos, verwirrt und erschrocken zurück schnellte. Die herbeigelaufenen Weiber schrieen alsobald noch ärger als ihre Herrin, liefen dahin und dorthin und schrieen auch männliche Geister herbei; Eugenia vermochte vor Schrecken kein Wort hervor zu bringen, sondern flüchtete sich voll [Abscheu und Scham]¬ Scham und Abscheu[19] aus dem verhexten Hause, vom Lärm und den Verwünschungen [der Bew]¬ des tollen Haufens verfolgt.

Nun säumte die [Wi]¬ teuflische Wittwe nicht, [schnursch]¬ schnurstracks mit einem guten Gefolge zum Prokonsul Aquilinus zu laufen und bei ihm den [christli*sch*]¬ christlichen [Abt]¬ Mönch der ärgsten Schandthat anzuklagen, wie er heuchlerischer Weise in ihr Haus gekommen sei, um ihr erst [seinen Bekehrungs\versuch]
seine Bekehrungs\versuche

---

18 06.09 tausendmal] -mal *gedrängt am Zeilenende, ev. nachträglich ergänzt.*

19 06.16 Scham und Abscheu] *Korrektur durch Umstellbogen.*

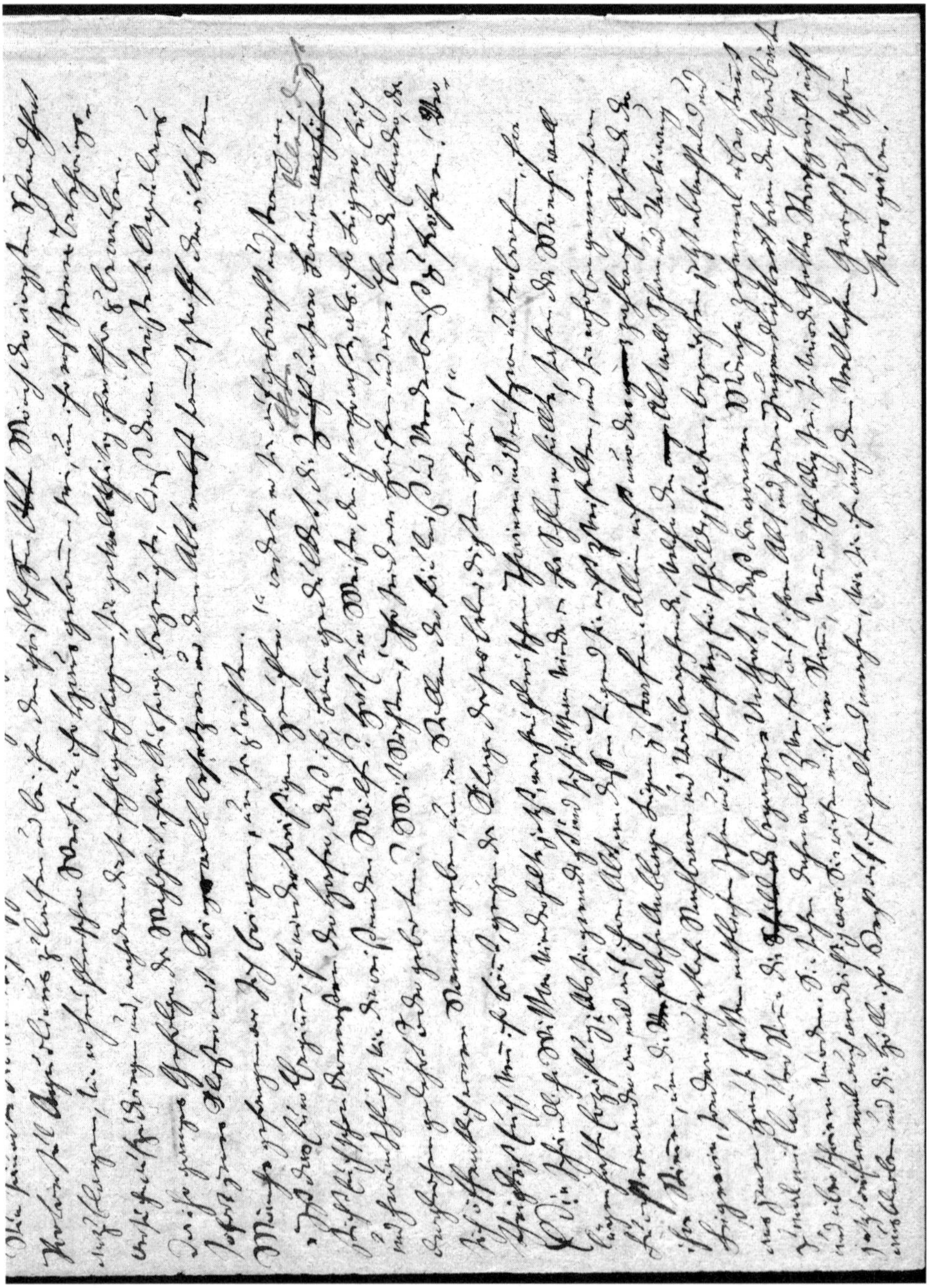

SL1 "Legende der Eugenia.", Ms. GK 14a, S. 6 unten

06.21 aufzudrängen und, nachdem diese fehlgeschlagen, sie gewaltthätig ihrer Ehre zu berauben.
Da ihr ganzes Gefolge die Wahrheit ihrer Aussage bezeugte, ließ der entrüstete Aquilinus
sofort jenes Kloster mit [Krieg*er*volk] ⟨Kriegsvolk⟩ besetzen und den Abt [nebst]¬ sammt [zwöf]¬ zwölf der ältesten
Mönche gefangen vor sich bringen, um sie zu richten.

06.25 „Ist das Euer Beginnen, ihr niederträchtigen Heuchler!“ redete er sie aufgebracht und streng an,
06.26 α sticht Euch schon dermaßen der Hafer, daß ihr, kaum [gedul*t*]¬ geduldet, die [Zucht] unserer Frauen [verhöhnt]
β Ehre beleidigt
06.27 und herumschleicht, wie die reißenden Wölfe? Hat Euer Meister, den ich mehr achte, als ihr Lügner, Euch 348.20
dergleichen gelehrt[?]¬ oder geboten? Mit Nichten[!]⟨,⟩ Ihr seid ein Haufen und eine Bande Elender, die
sich öffentlich einen Namen geben, um im Stillen der Fäulniß und Verderbniß zu fröhnen! Ver-
06.30 [thei*gt*]¬ theidigt Euch, wenn ihr könnt, gegen die Klage [dieses] ⟨dieser⟩ beleidigten Frau!“

[E]¬ Die schändliche Wittwe wiederholte jetzt, von heuchlerischen Thränen und Seufzern unterbrochen, ihre
lügenhafte [Erzählung, als] ⟨Erzählung. Als⟩ sie geendigt und sich sittsam wieder in ihre Schleier hüllte, sahen die Mönche voll
Furcht einander an und auf ihren Abt, an dessen Tugend sie nicht zweifelten, und sie erhoben gemeinsam
ihre Stimmen, um die [V*er*]¬ falsche Anklage Lügen zu strafen. Allein nicht nur das [ganz]¬ zahlreiche Gesinde der 348.30
06.35 Lügnerin, sondern auch etliche Nachbaren und Vorübergehende, welche den [*ang*]¬ Abt voll Scham und Verwirrung
aus jenem Hause hatten entfliehen sehen und ihn schlechtweg für schuldig hielten, bezeugten jetzt abwechselnd und 349.01
zumal mit lauter Stimme die [Schuld d]¬ begangene Unthat, so daß die armen Mönche zehnmal überstimmt
und überschrieen wurden. Sie sahen daher voll Zweifel auf ihren Abt und seine Jugendlichkeit kam den Graubärten
jetzt aufeinmal auch verdächtig vor. Sie riefen mit Einer Stimme, wenn er schuldig sei, so würde Gottes Strafgericht nicht
06.40 ausbleiben und die Hölle ihr Recht auf ihn geltend machen, wie sie ihn auch dem weltlichen Gericht jetzt schon
Preis gäben![20]

---

20 06.41 Preis gäben!] *Rechts unterhalb der letzten Zeile, um mit der neuen Seite einen neuen Absatz beginnen zu können.*

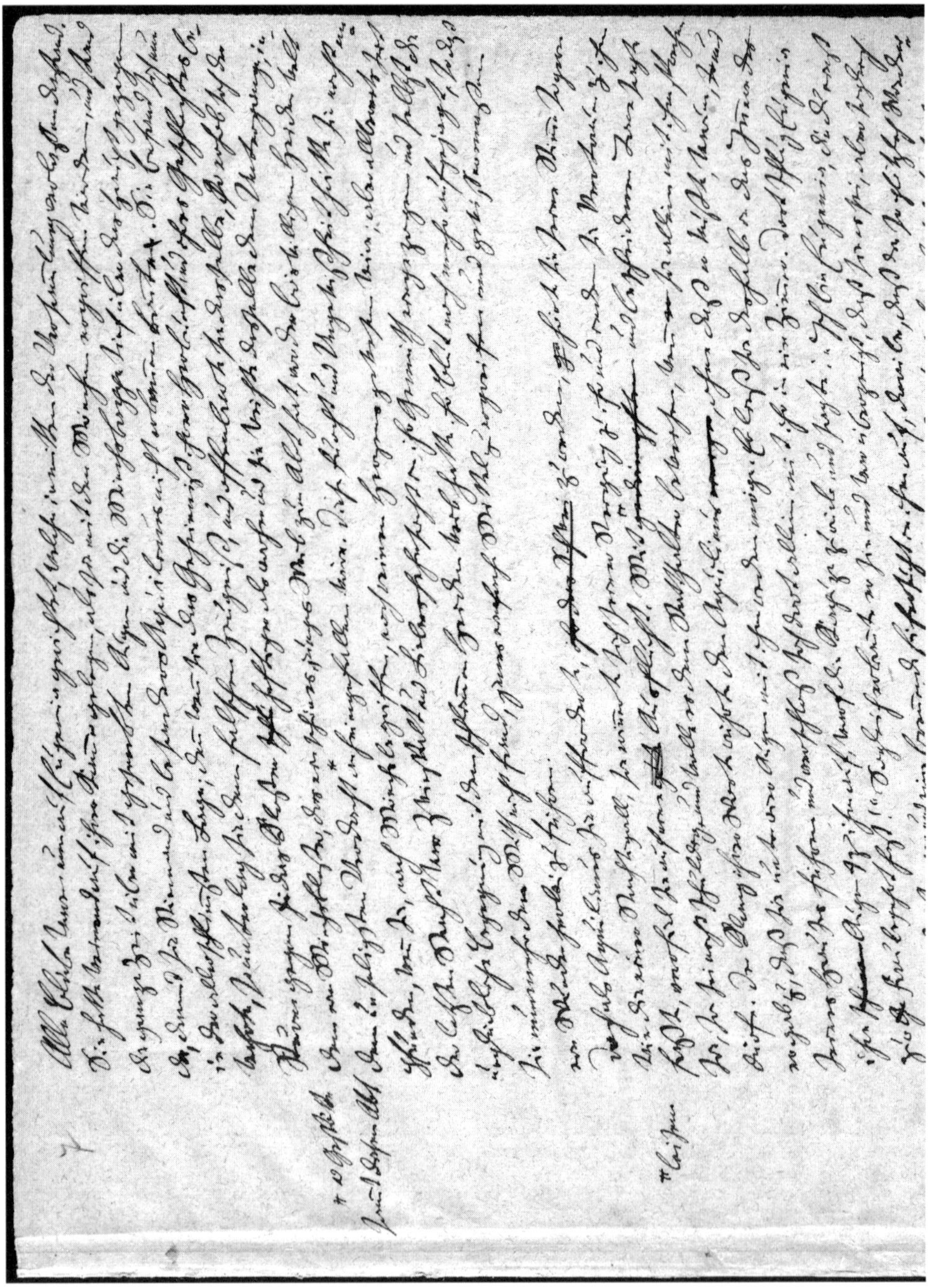

SL1 "Legende der Eugenia.", Ms. GK 14a, S. 7 oben

Alle Blicke waren nun auf Eugenia gerichtet, welche inmitten der Versammlung verlassen dastand. Sie hatte weinend auf ihrer Kammer gelegen, als sie mit den Mönchen ergriffen worden, und stand die ganze Zeit über mit gesenkten Augen und die Mönchskappe tief über das Haupt gezogen da, damit sie Niemand und besonders Aquilinus nicht [erkann]¬ erkennen [konnten] ⟨konnte⟩. Sie befand sich nun in der allerschlimmsten Lage; denn wenn sie das Geheimniß ihrer Herkunft und ihres Geschlechtes bewahrte, so unterlag sie dem falschen Zeugniß, und offenbarte sie dasselbe, [d]¬ so erhob sich der Sturm gegen [si]¬ das Kloster [schli]¬ heftiger als vorher und sie weihte dasselbe dem Untergange, indem ein Mönchskloster, das ein schönes junges Weib zum Abt hat, vor der böswilligen Heidenwelt ⟨sammt diesem Abt⟩[21] dem unseligsten Verdacht ⟨u Gespötte⟩[22] anheimgefallen wäre. Diese Furcht und Ungewißheit hätte sie nicht empfunden, wenn sie, nach Mönchsbegriffen, noch reinen Herzens gewesen wäre; aber allbereits seit der letzten Nacht war Zwiespalt und Liebessehnsucht in ihr Gemüth eingezogen und selbst die unglückliche Begegnung mit dem schlimmen Heidenweib hatte ihr Blut noch mehr aufgejagt, so daß sie nunmehr den Muth nicht fand, jenes einfache Mittel zu ergreifen und gewissermaßen ein Wunder herbeizuführen.

Doch als Aquilinus sie aufforderte, [[ihr]¬ das Schwei]¬ zu reden, [ge]¬ hörte sie seine Stimme so gern wie die einer Nachtigall, sie erinnerte sich seiner Neigung zu ihr und indem sie Vertrauen zu ihm faßte, verfiel sie auf eine *β*[gute] Ausflucht. Mit [gedämpftem] ⟨leisem⟩[23] und bescheidenen Tone sagte sie, sie sei nicht schuldig[,] und wolle es dem Statthalter beweisen, wenn [er]¬ sie allein mit ihm sprechen dürfe. Der Klang ihrer Worte rührte den Aquilinus [einige]¬, ohne daß er wußte, warum, [so]¬ und er gab zu, daß sie unter vier Augen mit ihm reden möge. Er ließ sie deshalb in das Innere [des]¬

---

21 07.09 sammt diesem Abt] *Vor Zeilenbeginn (Korrekturrand).*

22 07.09 u Gespötte] *Am Korrekturrand (#).*

23 07.17 leisem] *Am Korrekturrand (#).*

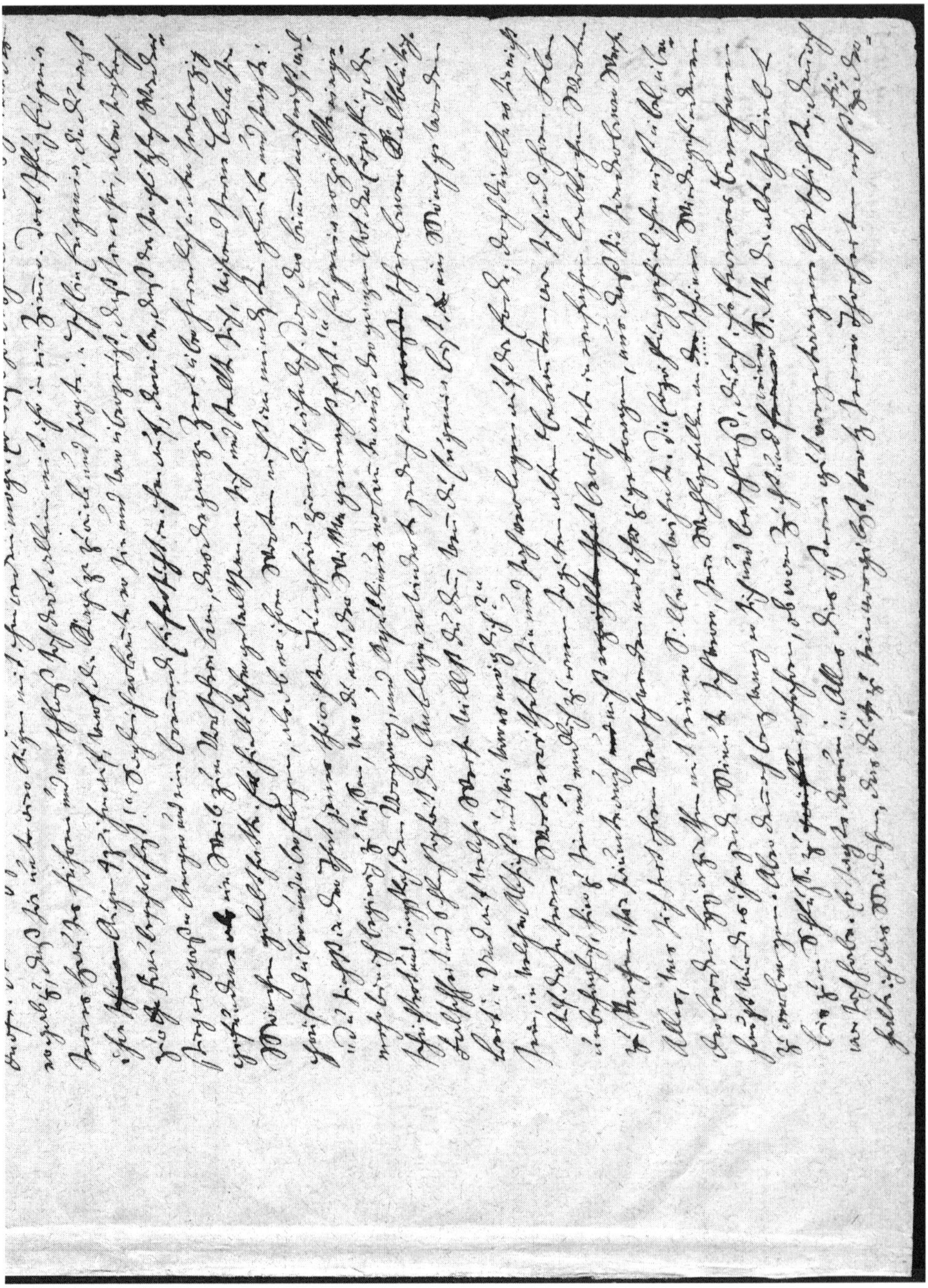

SL1 "Legende der Eugenia.", Ms. GK 14a, S. 7 unten

seines Hauses führen und verschloß sich dort allein mit ihr in ein Zimmer. Dort schlug Eugenia ihre [schönen] Augen [s]¬ zu ihm auf, warf die Kapuze zurück und sagte: „Ich bin Eugenia, die du einst zur [G]¬ Frau begehrt hast!“ Sogleich erkannte er sie und war überzeugt, daß sie es sei, aber sogleich stieg ein großer Aerger und eine brennende Eifersucht in ihm auf, darüber, daß die so plötzlich Wiedergefundene als ein Weib zum Vorschein kam, das die ganze Zeit über heimlich unter siebenzig Mönchen gelebt hatte. Er hielt daher gewaltsam an sich und stellte sich, während seine Blicke sie prüfend über- und überflogen, als ob er ihren Worten nicht im mindesten glaube und sagte: „Du siehst in der That jener thörichten Jungfrau ziemlich ähnlich. Doch das kümmert mich nicht, vielmehr bin ich begierig zu wissen, was du mit der Wittwe gemacht hast!“ Eugenia erzählte eingeschüchtert und ängstlich den Vorgang, und [Aqul]¬ Aquilinus erkannte aus der ganzen Art der Erzählung die Falschheit und Schlechtigkeit der Anklage, erwiederte jedoch mit [großer] scheinbarer Kaltblütigkeit: „Und auf welche Weise willst du denn, wenn du Eugenia bist, [u*n*]¬ ein Mönch geworden sein, in welcher Absicht und wie war es möglich?“

Auf diese seine Worte erröthete sie und sah verlegen auf die Erde; doch dünkte es sie nicht unbehaglich, hier zu sein und endlich zu einem so guten alten Bekannten von sich und ihrem Leben zu sprechen; sie säumte auch [und]¬ nicht [erzählte]¬ [that]¬ berichtete in einfachen lieblichen Worten Alles, was sich seit ihrem Verschwinden mit [ih*x*] ⟨ihr⟩ zugetragen, nur daß sie sonderbarer Weise der beiden Hyazinthen mit keiner Silbe erwähnte. Die Erzählung gefiel ihm nicht übel, überhaupt wurde es ihm jede Minute schwerer, sein Wohlgefallen an [der] ⟨der⟩ [24] schönen Wiedergefundenen zu verbergen. Aber dennoch bezwang er sich und beschloß, durch ihr ferneres Benehmen bis zum Schlusse zu [[prü*X*]¬ prüfen]¬ erfahren, ob er an Zucht und [feiner] ⟨reiner⟩ Sitte die alte Geliebte vor sich habe. Er sagte darum: „Alles dies ist eine gut vorgetragene Geschichte; dennoch halte ich das Mädchen, das du [s]¬ zu sein vorgibst, trotz seiner Thorheiten nicht [zu] ⟨für⟩ der-

---

24 07.39 der] *Vermutlich direkt nach der Streichung durch Unterpunktung wieder eingesetzt.*

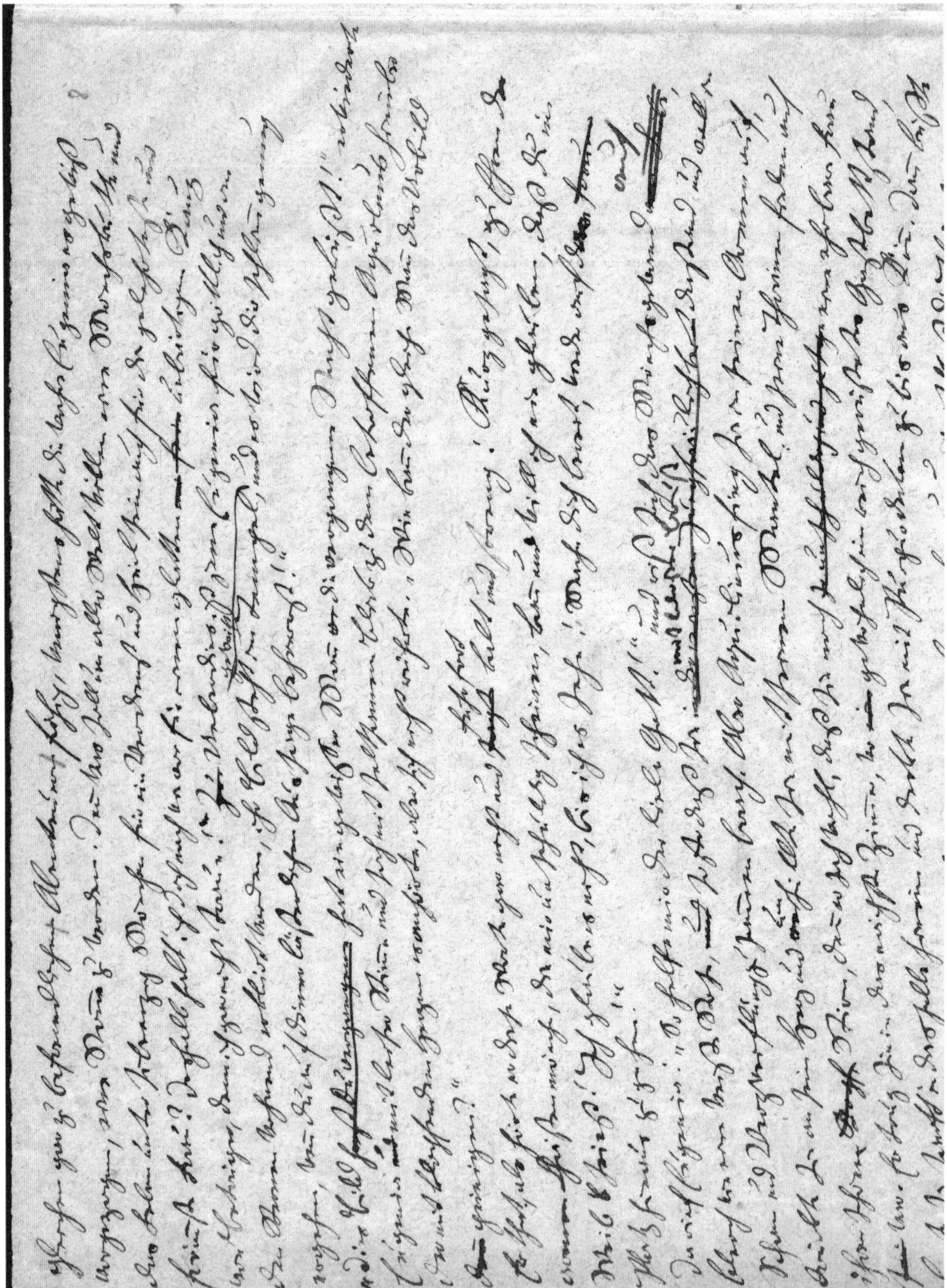

SL1 "Legende der Eugenia.", Ms. GK 14a, S. 8 oben

08.01 α gleichen gar zu [befremdlichen Abenteuern] fähig, wenigstens hätte die wahre Eugenia es gewiß
β befremdliche Abenteuer [25]

08.02 vorgezogen, eine Nonne zu werden. Denn was soll um aller Welt willen eine Mönchskutte und das Leben unter siebenzig Mönchen für ein Verdienst und Heil sein auch für die gelehrteste und frömmste Frau? Deshalb halt' ich Dich nach wie vor für einen glatten [*X*]¬ [fein]¬ unbärtigen Kauz
08.05 von Betrüger, dem ich gar nicht traue![“] [Zu]¬ Ueberdies ist jene Eugenia für göttlich und an
08.06 ¿ den Sternen wohnend erklärt worden, ihr Bild steht im Tempel, und es wird dir schlimm genug
¿ [geweiht] im Tempel geweiht,
08.07 ergehen, wenn du auf deiner lästerlichen Aussage beharrst!“

„Dies Bild [hast du vergangene]¬ hat ein gewisser Mann [ve]¬ die vergangene Nacht geküßt!“ erwiederte Eugenia [und]¬ mit leiser Stimme und sah mit seltsamem Blick zu dem betroffenen Aquilinus hinüber
08.10 der mit klopfendem Herzen es anhörte, aber sich nicht rührte. „Wie kann der gleiche Mann das Urbild [denn] peinigen?“

Er that, als hörte er diese Worte gar nicht und [sagte] ⟨fuhr fort⟩ kalt und streng: Kurz gesagt, zu Ehren der armen Christenmönche, die mir unschuldig scheinen, kann und will ich nie glauben, daß du ein Weib [b]¬ seiest! Ich glaube es nicht, bis ich es sehe! Mache dich bereit, wieder auf [das Forum]¬ den
08.15 Platz hinaus zu gehen!“

08.16 α Da rief Eugenia: „So helfe mir der liebe Gott!“ und riß sich das Mönchsgewand [vom Leibe,]
γ auf,
08.17 α bleich wie eine weiße Rose, [und so st]¬ so daß sie [in der reinsten Jungfräulichkeit] dastand und [voll] ⟨in⟩
γ mit bloßer Brust
08.18 Scham und Verzweiflung zusammen brach. Aber Aquilinus fing sie in seinen Armen auf, drückte sie an sein Herz und [verhüllte] ⟨umhüllte⟩ sie mit seinem Mantel, und seine Thränen fielen auf
08.20 ihren [schönen Kopf,]¬ schöne Stirn, denn er sah wohl, daß sie noch [so unschuldig und gut ge]¬ eine ehrbare Frau

---

25 08.01 befremdliche Abenteuer] *Angleichung der Flexion an die neue Präposition* für *erst nachträglich (β).*

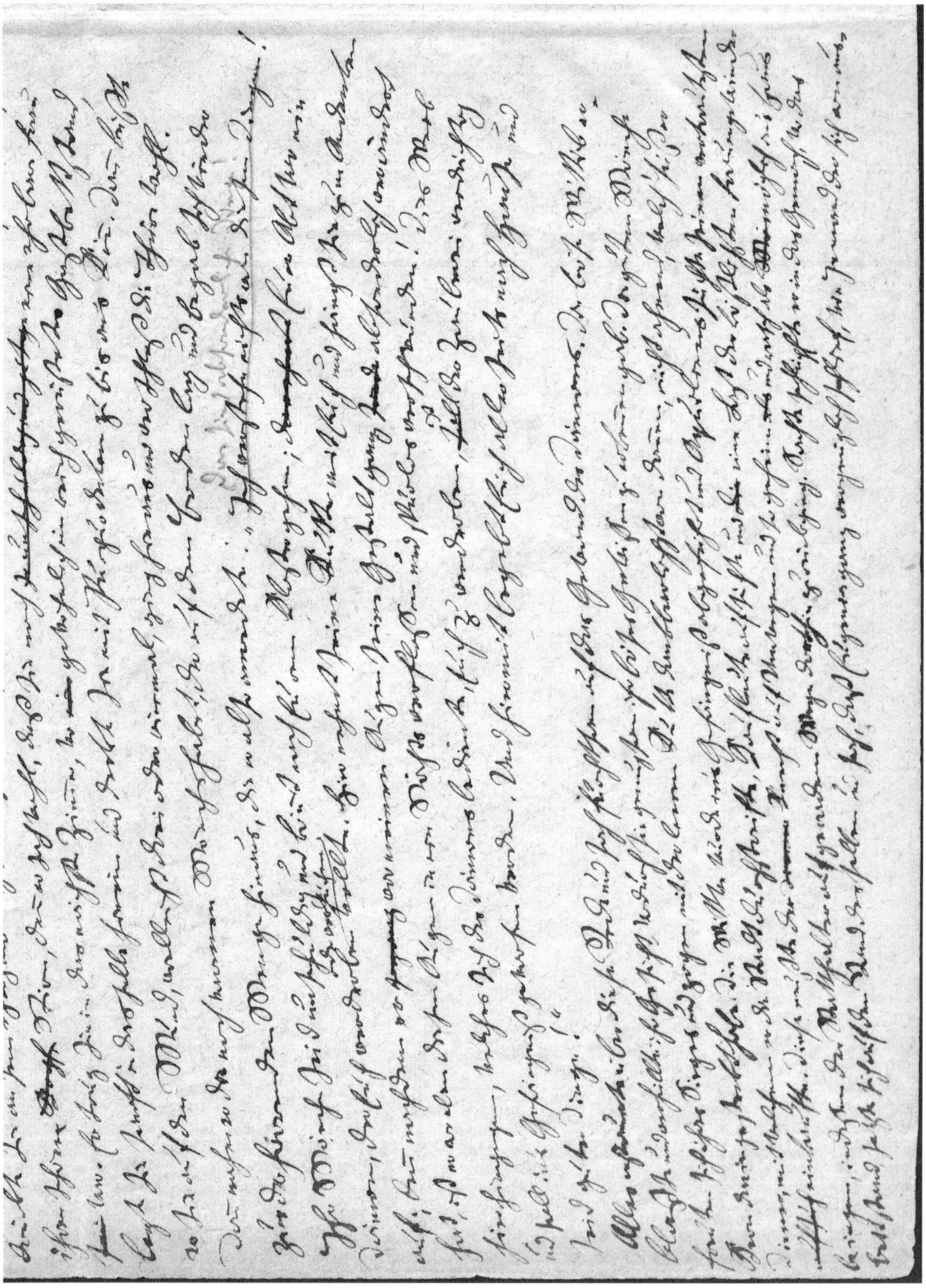

SL1 "Legende der Eugenia.", Ms. GK 14a, S. 8 unten

[sei]¬ war. Er trug sie in das [näch*1*]¬ nächste Zimmer, wo [ein]¬ gewöhnlich ein reich gerüstetes Gastbett stand, legte sie sanft in dasselbe hinein und deckte sie mit Purpurdecken zu bis an's Kinn. Dann küßte er sie auf den Mund, vielleicht drei oder viermal, ging hinaus und verschloß die Thüre wohl. Dann nahm er [die] ⟨den⟩ noch warmen Mönchshabit, der auf dem Boden lag und begab sich wieder

α [zur]¬ zu der harrenden Menge hinaus, die er also anredete: [„Ich verstehe nichts von diesen Dingen!]
β „Das sind absonderliche Dinge!

Ihr Mönche seid unschuldig und könnt nach Eurem Kloster gehen; [da nehmt]¬ Euer Abt war ein Dämon, der Euch verderben ⟨oder versuchen⟩ wollte. Hier nehmt seine Kutte mit Euch und hängt sie zum Andenken auf; denn nachdem er [s*x*]¬ [ganz]¬ vor meinen Augen seine Gestalt ganz [sonde]¬ absonderlich verändert hat, ist er vor eben diesen Augen in ein Nichts verflossen und spurlos verschwunden! Dies Weib hier hingegen, welches sich des Dämons bediente, Euch zu verderben, [soll] ⟨ist⟩ der Zauberei verdächtig und soll in's Gefängniß geworfen werden. Und hiermit begebt Euch allerseits nach Hause und seid guter Dinge!“

Alles erstaunte über diese Rede und sah furchtsam auf das Gewand des Dämons. Die böse Wittib erblaßte und verhüllte ihr Gesicht, wodurch sie genugsam ihr böses Gewissen zu erkennen gab. Die guten Mönche freuten sich ihres Sieges und zogen mit der leeren Kutte dankbarlichst von dannen, nicht ahnend, welch' süßer Kern darin gesteckt habe. Die Wittwe wurde in's Gefängniß abgeführt und Aquilinus suchte seinen vertrautesten Diener, mit welchem er die Stadt durchstreifte, Kaufleute aufsuchte und [die]¬ eine Last der köstlichsten Frauengewänder [aufsuch]¬ einkaufte. Diese mußte der [Diener]¬ Knecht auf Umwegen und so geheim [als]¬ und rasch als [Mö]¬ möglich in's Haus bringen, indessen der Statthalter auf geradem Wege dorthin zurückging. Sachte schlüpfte er in das Gemach, wo das Bett stand, setzte sich auf den Rand desselben und sah, daß Eugenia ganz vergnüglich schlief, wie Jemand der sich von aus-

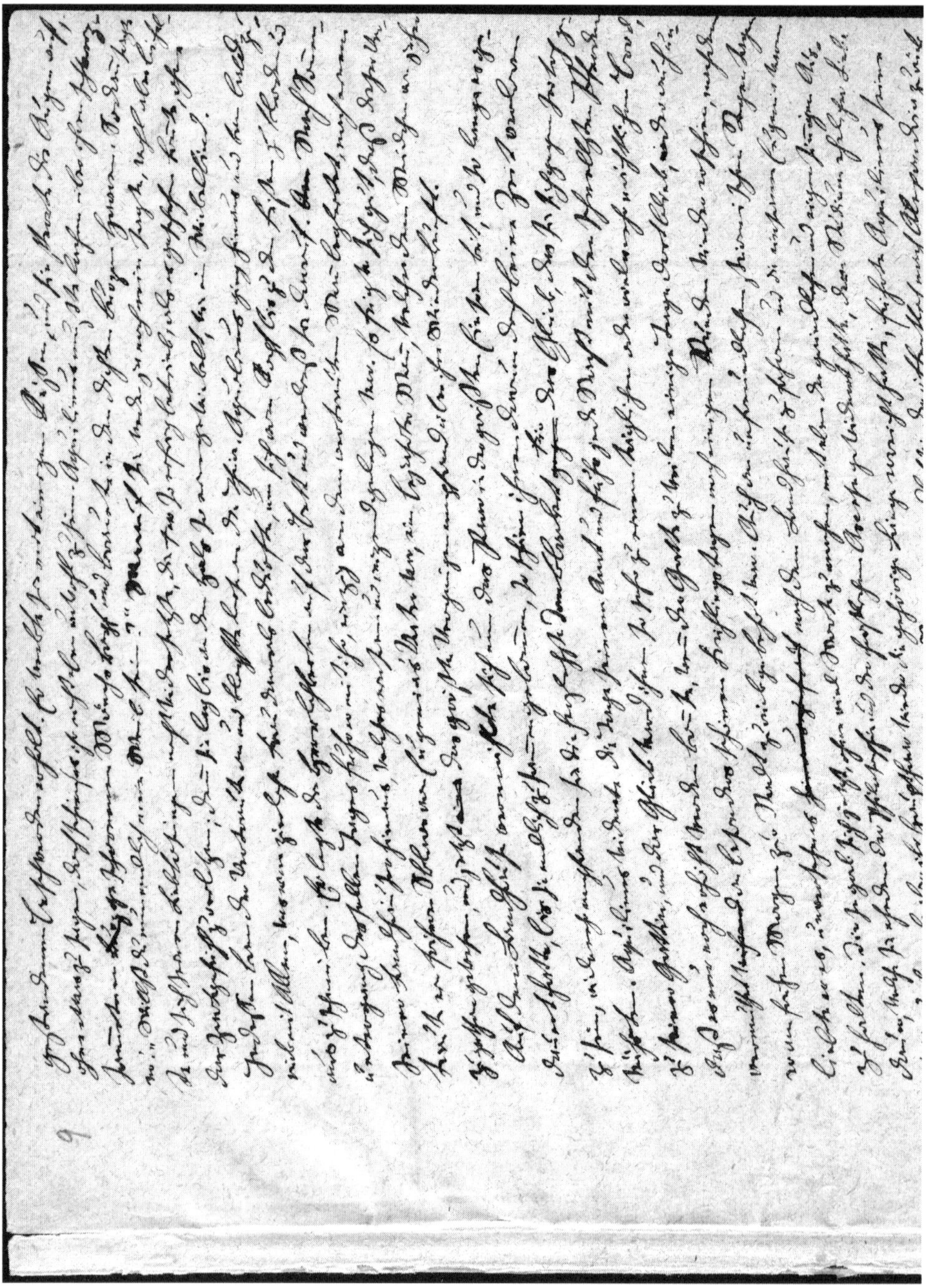

SL1 "Legende der Eugenia.", Ms. GK 14a, S. 9 oben

gestandenen Beschwerden erholt. Er weckte sie mit einigen Küssen[,] und sie sperrte die Augen auf, ohne etwas zu sagen, doch schien es[26] ihr nicht eben unwohl zu sein. Aquilinus mußte lachen über ihren schwarzsammetnen [kurz] geschorenen Mönchskopf und krauete in den dichten kurzen Haaren. Sodann sagte er: „Willst du nun endlich mein Weib sein?“ Worauf sie weder ja noch nein sagte, wohl aber lächelte und sich seinen Liebkosungen nicht widersetzte, die [*s*]¬ er so eifrig betrieb, als es geschehen konnte, ohne das Zartgefühl zu verletzen; denn sie lag bis an den Hals so eingewickelt, wie ein Wickelkind.

Indessen kam der Vertraute an und klopfte leise an die Thüre. Aquilinus ging hinaus und kam bald zurück mit Allem, was eine zierliche Frau damals bedurfte, um sich vom Kopf bis zu den Füßen zu kleiden und auszuschmücken. Er legte die Herrlichkeiten auf das Bett und verließ sie darauf. [Am]¬ Nach Sonnenuntergang desselben Tages fuhr er mit ihr, einzig von dem vertrauten Mann begleitet, nach einem seiner Landhäuser hinaus, welches einsam und reizend gelegen war. Es fügte sich gut, daß dieser Vertraute ein früherer Sklave von Eugenia's Vater war, ein bejahrter Mann, welcher dem Mädchen von jeher zugethan gewesen, und jetzt [eine]¬ das größte Vergnügen empfand über ihre Wiederkunft.

Auf dem Landhause vermählte sich nun das Paar in der größten Einsamkeit, und so lange es gedauert hatte, bis sie endlich zusammen^gekommen, so schien ihnen darum doch keine Zeit verloren zu sein, vielmehr empfanden sie die herzlichste Dankbarkeit [gegen] ⟨für⟩ das Glück, das sie sich gegenseitig gewährten. Aquilinus widmete die Tage seinem Amt und fuhr jede Nacht mit den schnellsten Pferden zu seiner Gattin, und das Glück ward ihnen so sehr zu einem täglichen oder vielmehr nächtlichen Brod, daß es nur noch erhöht werden konnte, wenn der Gatte zuweilen einige Tage dort blieb, [*x*]¬ oder auch unvermuthet [während]¬ an besonders schönen Frühlingstagen nach einigen [*T*]¬ Stunden wieder erschien, nachdem er am frühen Morgen zur Stadt zurück^gekehrt war. Auch an unfreundlichen stürmischen Regentagen

26 09.02 schien es] *Verdeutlichender Trennstrich zwischen beiden Wörtern.*

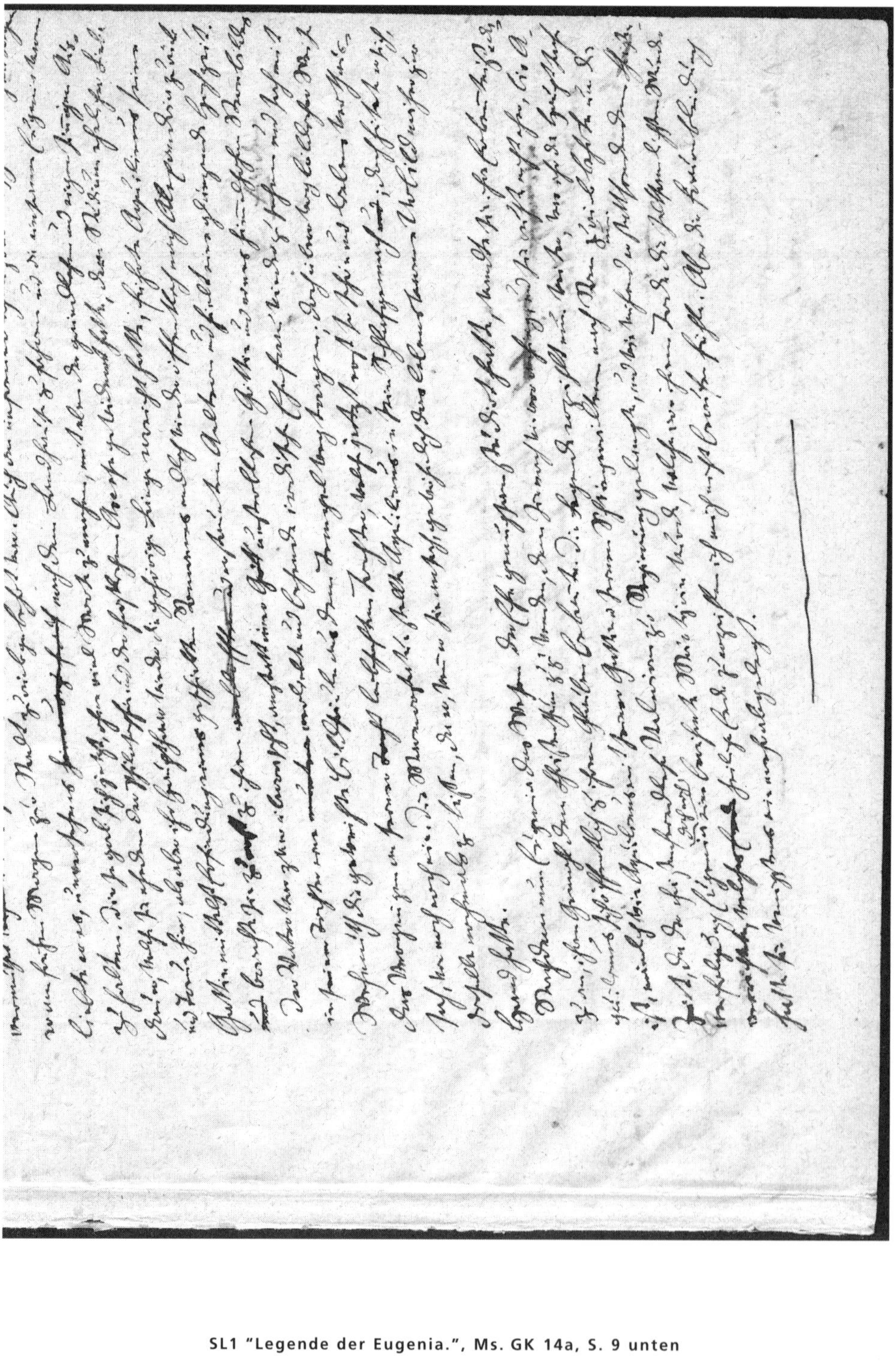

SL1 "Legende der Eugenia.", Ms. GK 14a, S. 9 unten

09.22 liebte er es, unversehens [hinaus zu f]¬ [auf]¬ nach dem Landhause zu fahren und die einsame Eugenia warm
zu halten. Diese gab sich jetzt, ohne viel Worte zu machen, mit eben der gründlichen und eigensinnigen Ausdauer, welche sie ehedem der Philosophie und der christlichen Ascese gewidmet hatte, dem Studium ehelicher Liebe
09.25 und Treue hin; als aber ihr Haupthaar wieder die gehörige Länge erreicht hatte, führte Aquilinus seine 353.30
Gattin mittelst Erfindung eines geschickten Romanes endlich wieder öffentlich nach Alexandria zurück,
[und] [27] brachte sie zuerst zu ihren *β*[verblüfften und] erstaunten Aeltern und [*f*]¬ hielt eine glänzende Hochzeit. 354.01

Der Vater war zwar überrascht, anstatt einer [Göt]¬ unsterblichen Göttin und eines himmelhohen Sternbildes
09.29 *α* in seiner Tochter eine [muntere]¬ verliebte und behende irdische Ehefrau wieder zu [sehen] und sah mit
β finden
09.30 Wehmuth die geweihte Bildsäule aus dem Tempel wegtragen; doch überwog löblicher Weise
das Vergnügen an seiner [Tocht]¬ leibhaften Tochter, welche jetzt erst so schön und liebenswerth aussah, wie noch noch nie. Die Marmorstatue stellte Aquilinus in sein Schlafgemach [und]¬; doch hütete er sich, 354.10
dieselbe nochmals zu küssen, da er, wenn er sie ansah, gewöhnlich das lebenswarme Urbild näher zur
Hand hatte.

09.35 Nachdem nun Eugenia das Wesen der Ehe genugsam studirt hatte, wandte sie ihre Erkenntniß[,¿] dazu an, ihren Gemahl dem Christenthum zuzuwenden, dem sie nach wie vor anhing, und sie ruhte nicht eher, bis A-
quilinus sich öffentlich zu ihrem Glauben bekannte. Die Legende erzählt nun weiter, was ihr die Hauptsache
ist, nämlich wie Aquilinus mit seiner Gattin u seinen Schwiegerältern nach Rom zurück^kehrte um die
09.39 *α* Zeit, da der christenfeindliche Valerian zur Regierung gelangte, und wie während er ⟨nun⟩ stattfindenden [Christen\verfolgung]
β \Verfolgung
09.40 Eugenia ⟨doch noch⟩ eine berühmte Märtyrin wurde, welche vor ihrem Tode die seltsamlichsten Wunder 354.20
verrichtete, welches [Ende]¬ heilige Ende zu erzählen ich mich nicht berufen fühle. Aber die Frauenkleidung
hatte sie wenigstens nie mehr abgelegt.

---

27 09.27 zurück, [und]] *Komma ev. bei Streichung von* und *ergänzt.*

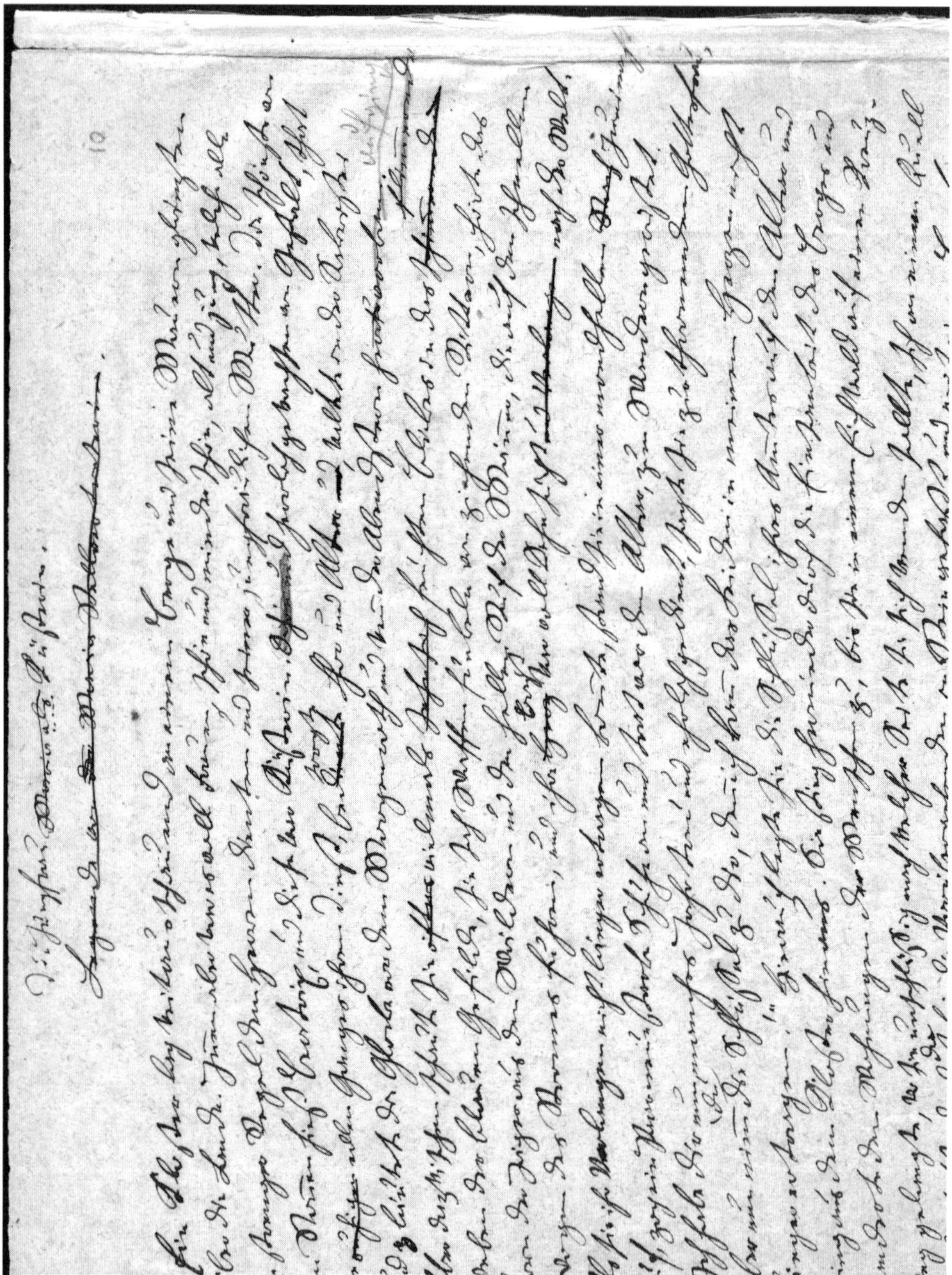

SL4 "Die Jungfrau als Küsterin.", Ms. GK 14a, S. 10 oben

10.01 Legende von [der] Maria Stellvertreterin.
[ ]
[Maria als] Küsterin.[28]
¿ Die Jungfrau 377.01
als

10.02 Ein Kloster lag weitausschauend an einem Berge und seine Mauern glänzten
über die Lande. Innen aber war es voll Frauen, schön und minder schön, alt und jung, welche alle
in strenger Regel dem Herren dienten und seiner jungfräulichen Mutter. Die schönste von
10.05 den Nonnen hieß Beatrix, und diese war Küsterin. β[Schön und] herrlich gewachsen von Gestalt, that 377.10
sie [ruhigen] edlen Ganges ihren Dinst, ε¿[bediente] ⟨besorgte⟩ Chor und Altar [und]⟨,⟩ waltete in der Sakristei
10.07 α und [z]¬ läutete die Glocke vor dem Morgenroth und wenn der Abendstern [her*zu*]¬ [hervorkam.]
β aufging.

10.08 α Aber dazwischen schaute sie [öfters]¬ vielmals [sehnsüch]¬ feuchten Blickes in das [schimmernde]
β [flimmernde]
10.09 Weben der blauen Gefilde, sie sah Waffen funkeln von ziehenden Rittern, hörte das
10.10 Horn der Jäger aus den Wäldern und den hellen Ruf der Männer, die auf den schnellen
Wogen des Stromes fuhren, und ε¿[ihr Herz] ⟨ihre Brust⟩ war voll Sehnsucht ε¿[und Verlangen] nach der Welt.
Als sie ihr Verlangen nicht länger ertragen konnte, stand sie in einer mondhellen [Nach]¬ Juninacht
auf, zog ein Paar neue starke Schuhe an und trat vor den Altar, zum Wandern gerüstet. 377.20
„Ich habe dir nun manches Jahr treu und ehrlich gedient, sagte sie zur thronenden Gottesfrau,
10.15 aber nun nimm ⟨du⟩ die Schlüssel zu dir, denn ich kann das Leiden in meinem Herzen nicht
länger ertragen!“ Hierauf legte sie die Schlüssel ihres Ammtes auf den Altar und 378.01
ging aus dem Kloster hinaus. Sie stieg hernieder durch die Einsamkeit des Berges und

---

28 10.01 *Zweite Schicht, nachträglich über der Titelzeile eingefügt.*

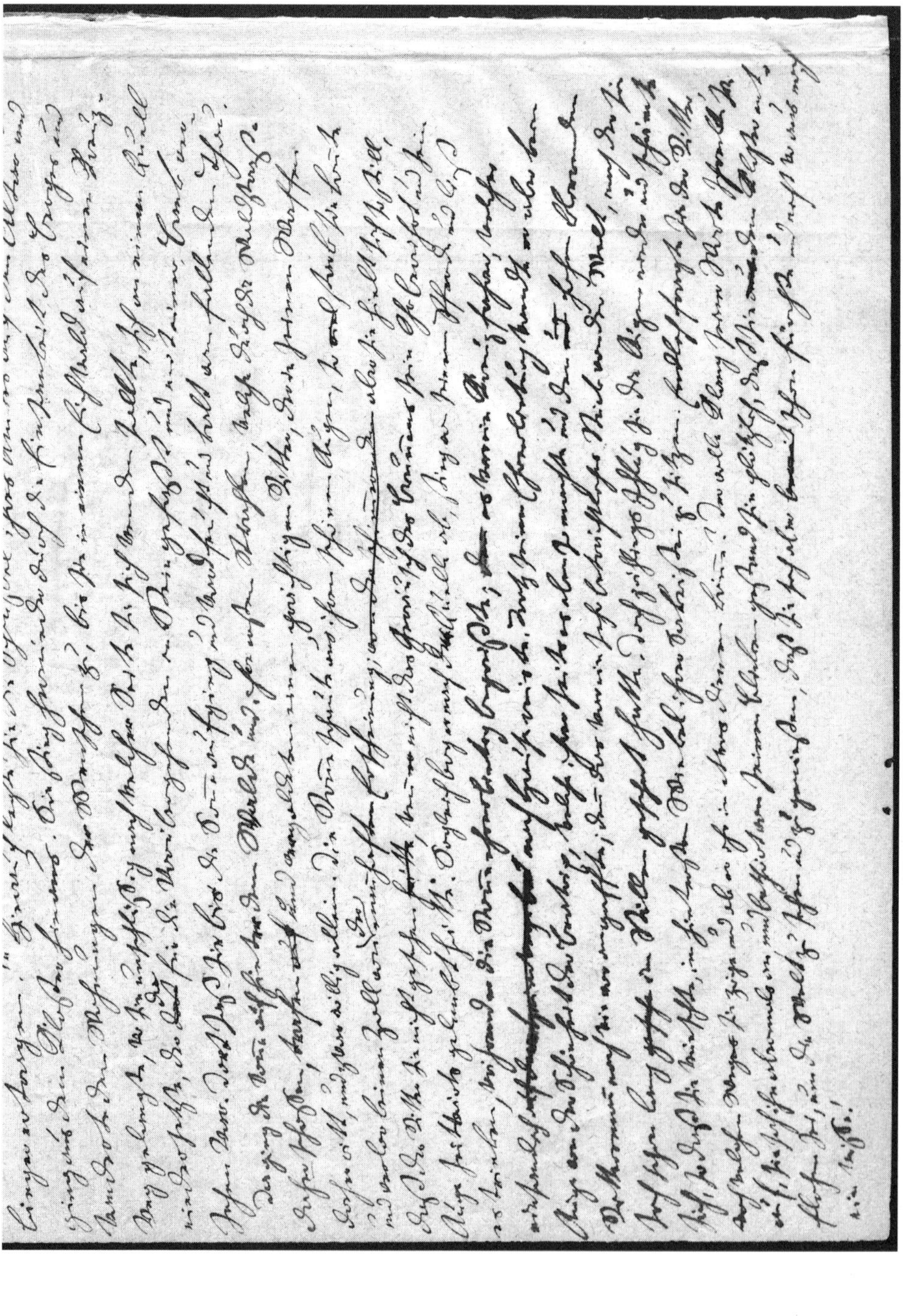

SL4 "Die Jungfrau als Küsterin.", Ms. GK 14a, S. 10 unten

wanderte den Wohnungen der Menschen zu, bis sie in einem Eichwald auf einen Kreuz-
weg gelangte, wo sie unschlüssig nach welcher Seite sie sich wenden sollte, sich an einem Quell
niedersetzte, der [dort] ⟨da⟩ für die Vorübergehenden in Stein gefaßt und mit einer Bank versehen war. Dort saß sie bis die Sonne aufging und ward feucht und kalt vom fallenden Thau.

Da ging die Sonne auf hinter dem Walde und ihre ersten Strahlen, welche durch die Waldstraße 378.10
daher^schossen, [29] trafen [auf *ei*]¬ und vergoldeten einen prächtigen Ritter, der in seinen Waffen
daher ritt, und zwar völlig allein. Die Nonne schaute aus ihren schönen Augen, so [viel]¬ stark sie konnte
und verlor keinen Zoll von ⟨der⟩ mannhaften Erscheinung; [von der schimmernden]¬ aber sie hielt sich so still,
daß der Ritter sie nicht gesehen [hätte], wenn [er] nicht das Geräusch des Brunnens sein Ohr berührt und sein
Auge seitwärts gelenkt hätte. Sogleich bog er nach [*x*]¬ [dem] ⟨der⟩ Quelle ab, stieg von seinem Pferde und ließ
es trinken, während er die Nonne ehrerbietig begrüßte; *β*[den*n*] es war ein Kreuzfahrer, welcher
einsamlich [auf dem Heimwege be]¬ nach Hause reiste. Trotz seiner Ehrerbietung wandte er aber kein 378.21
Auge von der Schönheit der Beatrix, welche ihrer^seits es eben^so machte und den [und]¬ hohen klirrenden
Rittersmann nach wie vor angaffte; denn das war ein sehr beträchtliches Stück von der Welt, nach der sie
sich schon lang [gesehn]¬ im Stillen gesehnt hatte. Doch jählings schlug sie die Augen nieder und schämte
sich, so daß sie wünschte, im hintersten Winkel ihrer Sakristei zu sitzen. Endlich fragte sie der Ritter,
[woh]¬ welchen [Weges] ⟨Weg⟩ sie zöge und ob er ihr in etwas dienen könne? Der volle Klang seiner Worte schreckte sie
auf, sie sah ihn abermals an, und bethört von seinen Blicken gestand sie plötzlich, daß sie [aus] dem Kloster ent- 378.30
flohen sei, um die Welt zu sehen und zu genießen, daß sie sich aber [bereit]¬ schon fürchte und nicht wo aus noch
ein wisse!

---

29 *10.23* daher^schossen,] -her- *fein unterstrichen; ev. nachträgliche Markierung wegen Wiederholung in 10.24* daher ritt

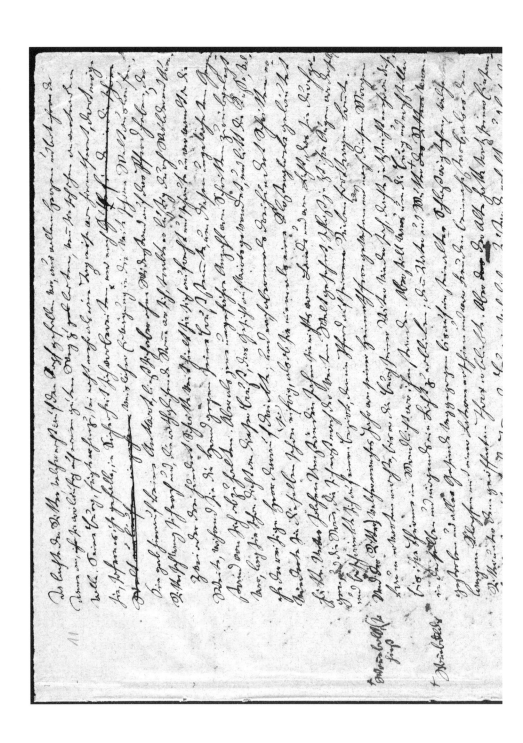

SL4 "Die Jungfrau als Küsterin.", Ms. GK 14a, S. 11 oben

11.01 Da lachte der Ritter, welcher nicht auf den Kopf gefallen war, aus vollem Herzen und bot [ihr an]¬ der 379.01
Dame an, [ihr]¬ sie vorläufig auf einen guten Weg zu [gel]¬ leiten, wenn sie sich ihm anvertrauen
wolle. Seine Burg, fügte er hinzu, sei nicht mehr als eine Tagreise von hier entfernt, dort möge
|-> sie, sofern es ihr gefalle, in Sicherheit sich vorbereiten[,] und nach [[Gutfin]¬ Gutbefinden in die schöne]
11.05 [Welt [auslaufen]¬ eingehen]¬¬
->| weislicher Erwägung in die weite schöne Welt auslaufen.

11.06 Sie gab hierauf keine Antwort, ließ sich aber ohne Widerstand auf das Pferd heben, der
Ritter schwang sich nach und, die rothglühende Nonne vor sich, trabte er lustig durch Wälder und Auen. 379.10

Zwei oder drei hundert Schritte weit hielt sie sich aufrecht und schaute unverwandt in die
Weite, während sie die Hand gegen seine Brust stemmte, um diesen ungewohnten Gegen-
11.10 stand von sich ab^zu^halten. Aber als jene ungefähre Anzahl von Schritten zurückgelegt
war, lag sie schon dicht an dieser Brust, das Gesicht aufwärts gewendet, und litt die Küsse, welche der reisige Herr darauf drückte; und nach abermals dreihundert Schritten erwiederte sie dieselben schon ⟨so⟩ eifrig, als ob sie niemals eine Klosterglocke geläutet
hätte. Unter solchen Umständen sahen sie nichts vom Lande und vom Licht, das sie durchzo-
11.15 gen, und die Nonne, die sich erst nach der weiten Welt gesehnt, schloß jetzt ihre Augen vor derselben[30] 379.20
und beschränkte sich auf einen Bezirk, den ein Pferd auf [seine*n*]¬ seinem Rücken forttragen konnte.[31]

11.17 Und der [Ritter,] welcher manches Jahr von seiner Heimath fern gewesen und noch diesen Morgen
Wonnebold[,]¿ ⟨(⟩ so hieß[32] Ritter)
11.18 kaum erwarten mochte, bis er die Burg seiner Väter wieder sah, dachte jetzt nicht mehr an diese,
bis ihre Thürme im Mondlicht vor ihm standen. Aber still war's um die Burg und noch stiller
11.20 in derselben und nirgends ein Licht zu erblicken; denn Vater und Mutter [des Ritters] waren
[Wonnebd]¬ Wonnebolds[33]

---

30 11.15 derselben] *Gedrängt arR mit Endverschleifung.*
31 11.16 konnte.] *Absatzende unsicher.*
32 11.17 Wonnebold, (so hieß] *Am Korrekturrand (+); Name ev. gleichzeitig mit 11.20 und 11.29, aber vermutlich vor 13.02 (erste Direktnennung) eingefügt.*
33 11.20 Wonnebolds] *Am Korrekturrand (+); vgl. 11.17 und 11.29.*

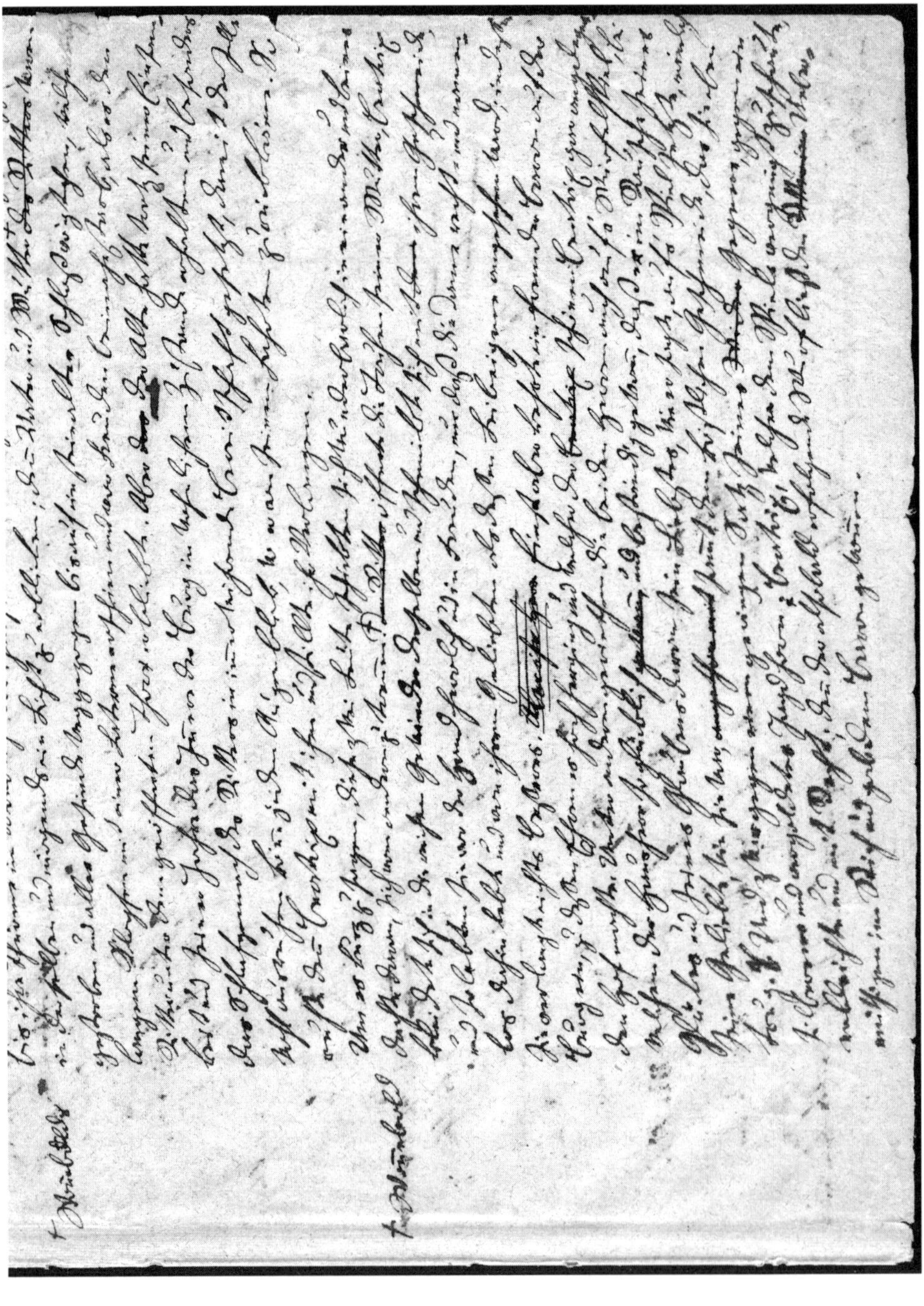

SL4 "Die Jungfrau als Küsterin.", Ms. GK 14a, S. 11 unten

gestorben und alles Gesinde weg^gezogen bis auf ein steinaltes Schloßvögtchen, welches nach langem Klopfen mit einer Laterne erschien und vor Freuden beinahe starb, als es den Ritter unter dem geöffneten [Thore] ⟨Thor⟩ erblickte. Aber [das]¬ der[34] Alte hatte trotz seiner Einsamkeit und seiner Jahre das Innere der Burg in wohnlichem Zustande erhalten und besonders das Schlafgemach des Ritters in immerwährende Bereitschaft gesetzt, damit derselbe wohl ausruhen könne jeden Augenblick, wo er von seinen Fahrten zurückkäme. So ruhte denn Beatrix mit ihm und stillte ihr Verlangen.

Um es kurz zu sagen, diese zwei Leute schickten sich wunderbarlich ineinander und keines dachte daran, sich vom andern zu trennen. [Der Ritter] Wonnebold[35] öffnete die Truhen seiner Mutter, Beatrix kleidete sich in die reichen Gewänder derselben und schmückte sich mit [de*m*]¬ ihrem Geschmeide, und so lebten sie vor der Hand herrlich und in Freuden, nur daß die Dame recht- und namenlos dahin lebte und von ihrem Geliebten als dessen Leibeigene angesehen ward; indessen sie verlangte nichts Besseres. [Aber ihr Herr]¬[36] Einst aber kehrte ein fremder Baron auf der Burg ein, zu dessen Ehren es hoch herging und welcher der [Beatrix]¬ schönen Beatrix gar angelegent[...][37] den Hof machte. Unter anderm geriethen die beiden Herren auch auf's Würfelspiel, bei welchem der Hausherr so glücklich [gewann,]¬ und beständig gewann, daß er im Rausche seines Glückes und seines Glaubens daran sein Liebstes, wie er sagte, auf's Spiel setzte, nämlich seine Geliebte, wie sie war, [angethan mit] sammt dem köstlichen Geschmeide, das sie eben trug. [B]¬ Und zwar gegen einen geringen Satz seines [Wider]¬ Gegners, gegen ein silbernes und vergoldetes Jagdhorn[,]⟨.⟩ Beatrix, [welche*r*] ⟨welche⟩ dem Spiele vergnügt zuschaute, erbleichte und mit Recht; denn der alsobald erfolgende Wurf ließ den [Ritter im]¬ Uebermüthigen im Stich und gab dem Baron gewonnen.

---

34 *11.23* [das]¬ der] *Unterhalb der Zeile vermutlich ein Tintenspritzer.*
35 *11.29* Wonnebold] *Am Korrekturrand (+); vgl. 11.17 und 11.20.*
36 *11.33* Aber ihr Herr] *Mehrfach durchgestrichen.*
37 *11.34* angelegent[...]] *Wortendung am rechten Seitenrand abgebrochen.*

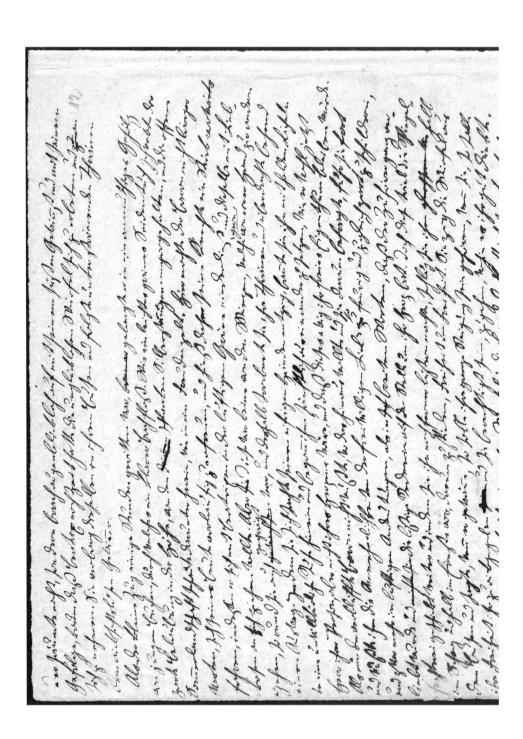

SL4 "Die Jungfrau als Küsterin.", Ms. GK 14a, S. 12 oben

Der säumte nicht, sondern brach augenblicklich auf mit seinem süßen Gewinnst und mit seinem
Gefolge, kaum daß Beatrix noch Zeit hatte die unglücklichen Würfel sich zu erbeten und [zu]¬ an
sich zu nehmen. Sie verbarg dieselben in ihrem Busen und folgte unter strömenden Thränen
dem rücksichtslosen Gewinner.

Als der kleine Zug einige Stunden geritten war, [kam er]¬ gelangte er in ein anmuthiges Gehölz 380.30
von jungen Buchen, durch welches ein klarer Bach floß. Wie ein leichtes grünes Seidentuch schwebte die
zarte Belaubung in der Höhe, von den [dünnen]¬ schlanken [Silberstämmen] ⟨Silberstangen⟩ emporgehalten, und die offene 381.01
Sommerlandschaft schaute darunter herein, wie in ein Freudenzelt. Hier mochte der Baron nicht länger
warten, sich seiner Beute vorläufig zu erfreuen, und hieß daher seine Knechte ein Stück vorwärts
fahren, indessen er sich mit Beatrixen in der luftigen Grüne niederließ und dieselbe mit Liebkosen an [z]¬ sich ziehen wollte. Aber [sie]¬ Diese war keine von den Münzen, welche ⟨gern⟩ von einer Hand zur andern
gehen, so rund sie auch [gewachsen] ⟨geprägt⟩ war, und deshalb trocknete sie ihre Thränen und überdachte behend
einen Ausweg. Indem sie sich sachte seinen eifrigen Händen entzog, bannte sie ihn mit holdem Lächeln
in eine unwillkürliche Ruhe hinein und begann ihm sänftlich auseinander^zu^setzen, wie er wohl jetzt
Herr ihrer Person, aber nicht ihres Herzens wäre, und daß dieses ewig ihr freies Eigenthum bleiben würde.
Als nun der verblüffte Baron nicht wußte, wo das hinaus wollte und sie darum befragte, fuhr sie fort
und wußte ihm die Annehmlichkeiten der freiwilligen Liebe [zu] ⟨so⟩ feurig und zugleich zart zu schildern,
und zwar mehr in luftigen Andeutungen, als in [sch]¬ breiten Worten, daß der Zuhörer ganz verliebt wurde und [nicht]¬ [sie]¬ die listige Rednerin auf der Stelle um ihr Herz bat. Doch diese trieb die Spiegel-
fechterei geschickt weiter und indem sie ihn noch ferner lüstern machte, schlug sie ihm [gleichsam wie]¬ halb
im Scherz und halb im Ernste vor, darum zu spielen, Freiheit um Freiheit. Sie zog die Würfel aus

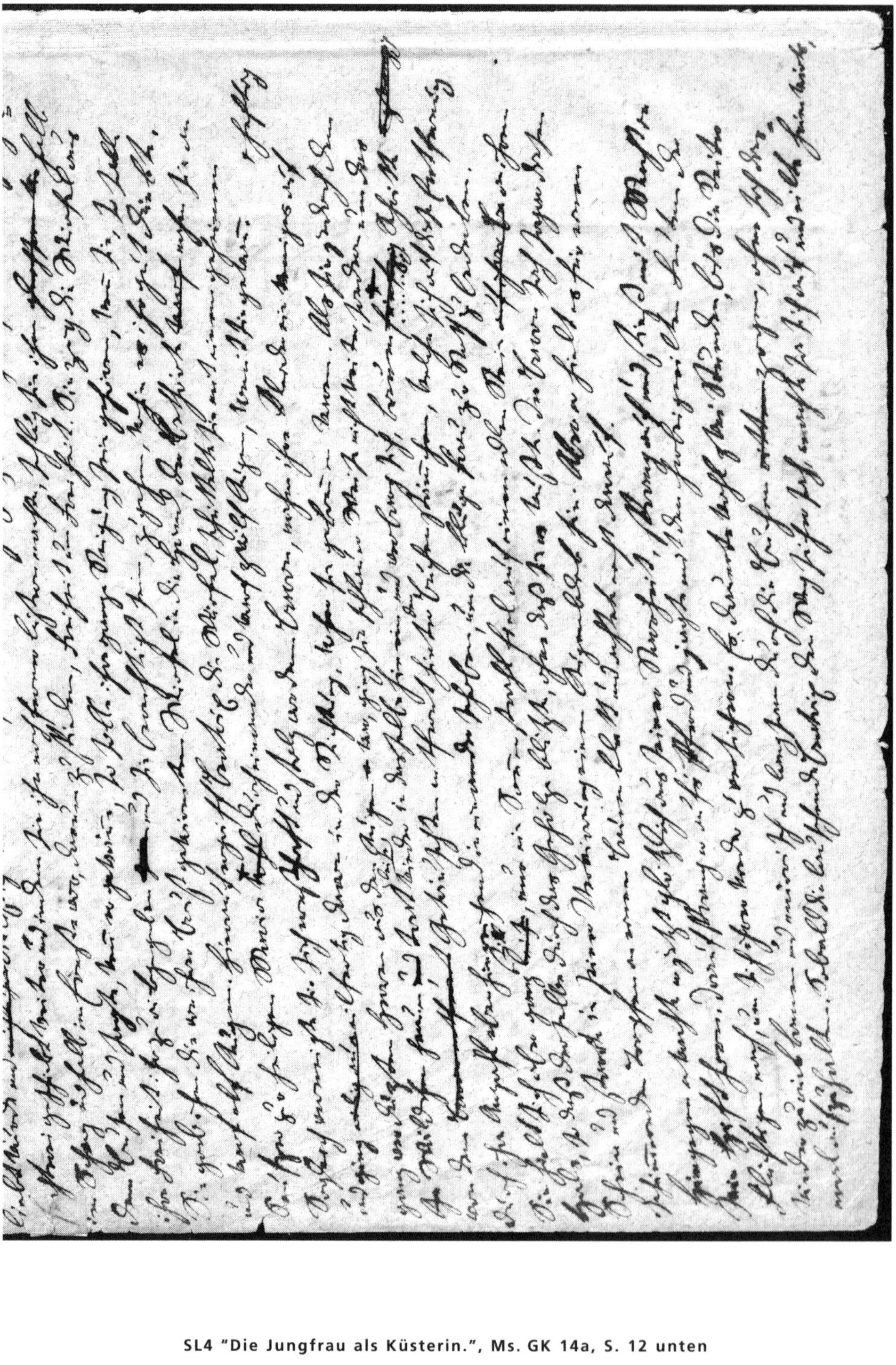

SL4 "Die Jungfrau als Küsterin.", Ms. GK 14a, S. 12 unten

12.22 dem Busen und sagte, wenn er gewänne, so solle ihre ganze Neigung sein gehören, wenn sie, so solle (381.10)
ihre Freiheit ihr zurückgegeben [sein] und sie berechtigt sein, zu gehen, wohin es ihr gut dünkte.
Sie gab ihm die von ihrer Brust gewärmten Würfel in die Hand, der [*b*]¬ Bethörte [warf]¬ nahm sie an 381.25
12.25 und warf elf Augen. Hierauf ergriff Beatrix die Würfel, schüttelte sie mit einem geheimen
Seufzer zur heiligen Maria [wohl] ⟨heftig⟩[38] durcheinander und warf zwölf Augen, womit sie gewann.[39]

Sogleich verneigte sie sich ernsthaft und stolz vor dem Baron, nahm ihre Kleider ein weniges auf 381.30
und ging [eilig aus]¬ eilfertig davon in der Richtung, woher sie gekommen waren. Als sie jedoch dem 382.01
ganz verduzten Herren aus den Augen [*v*]¬ war, ging sie schlauer Weise nicht weiter, sondern um das
12.30 [Ge]¬ Wäldchen herum [und]⟨,⟩ trat ⟨leise⟩ wieder in dasselbe hinein und verbarg sich, kaum [fünfzig] Schritte
[zwanzig]
fünfzig[40]
12.31 von dem [Baron entfernt]¬ Getäuschten entfernt hinter ⟨den⟩ Buchenstämmchen, welche sich auf diese Entfernung
durch ihre Anzahl eben hinreichend in einander schoben, um die kluge Frau zur Noth zu bedecken.
Sie hielt sich aber ganz [leise] ⟨still⟩, nur ein Sonnenstrahl fiel auf einen edlen Stein [auf ihrer Br]¬ an ihrem 382.10
Hals, so daß derselbe durch das Gehölze blitzte, ohne daß sie es wußte. Der Baron sah sogar diesen
12.35 Schein und starrte in seiner Verwirrung einen Augenblick hin. Aber er hielt es für einen
schimmernden Tropfen an einem Baumblatt und achtete nicht darauf.

Hingegen erwachte er jetzt plötzlich aus seiner Starrheit, sprang auf und stieß mit Macht in
sein Hifthorn. Drauf sprang er auf's Pferd und jagte mit den herbeigeeilten Leuten der
Flüchtigen nach, um sich ihrer wieder zu versichern. Es dauerte wohl zwei Stunden, bis die Reiter
12.40 wieder zurück kamen und mürrisch und langsam durch die Buchen [ritten]¬ zogen, ohne sich dies- 382.20
mal aufzuhalten. Sobald die lauschende Beatrix den Weg sicher sah, machte sie sich auf und eilte heimwärts,

---

38 *12.26* heftig] *arR (+); ev. dadurch bedingte Verkürzung der Zeile.*
39 *12.26* gewann.] *Absatzende unsicher (keine Einrückung).*
40 *12.30* zwanzig] *arR (+); später gestrichen und* fünfzig *durch Unterpunktung wieder eingesetzt.*

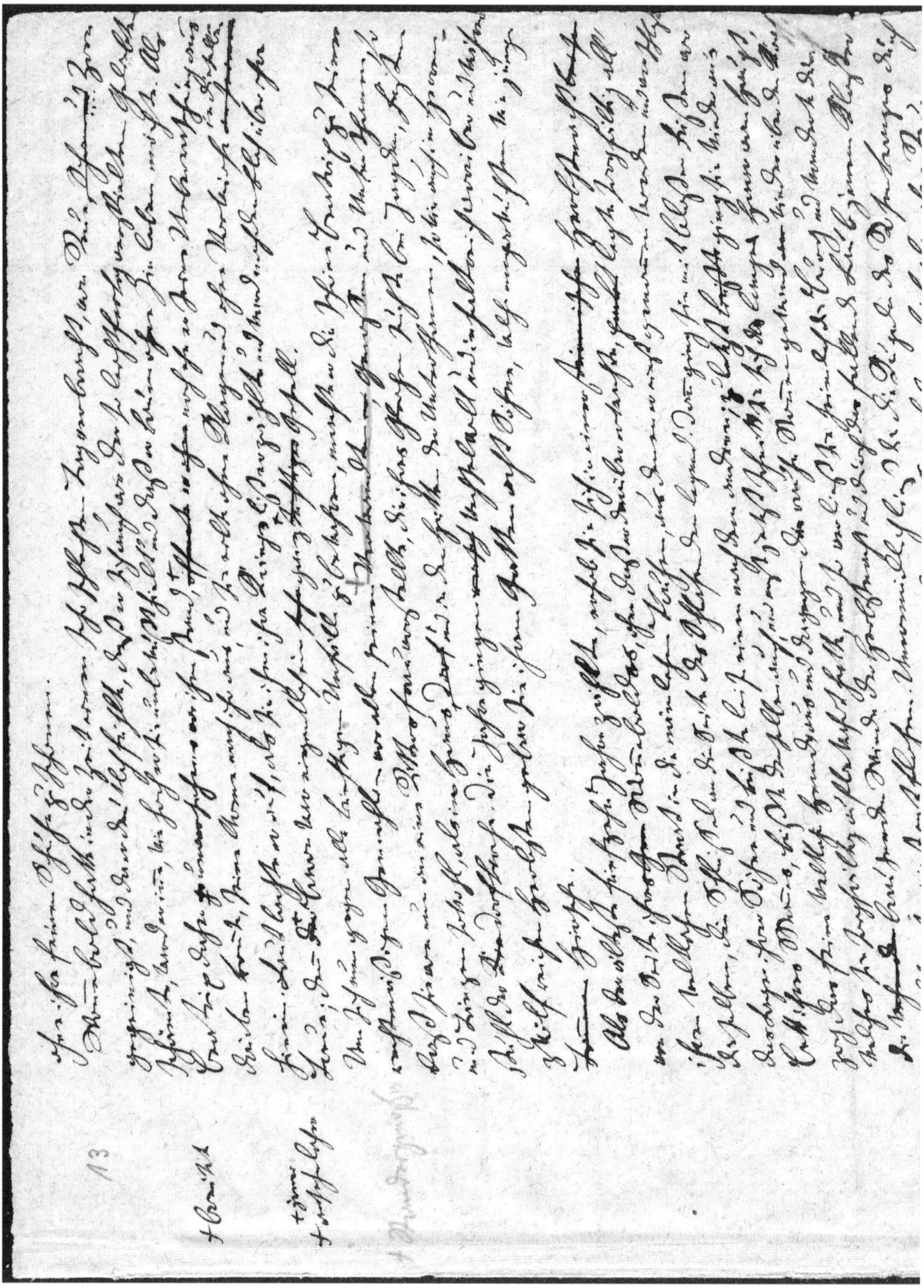

SL4 "Die Jungfrau als Küsterin.", Ms. GK 14a, S. 13 oben

13.01 ohne ihre feinen Schuhe zu schonen.

13.02 Wonnebold hatte in der Zeit einen sehr schlechten Tag verbracht, von [Reue, Scham und] Zorn
Reue
und[41]

13.03 gepeinigt, und da er deutlich fühlte, daß er sich auch vor der so leichtfertig verspielten Geliebten
schämte, ward er inne, wie hoch er sie unbewußt hielt und daß er kaum ohne sie leben möchte. Als
13.05 Beatrix daher [p]¬ unversehens vor ihm stand, [öffnete] ⟨breitete⟩[42] er [ohne]¬ noch ehe er seine Ueberraschung ausdrücken konnte, seine Arme nach ihr aus, und sie eilte ohne Klagen und ohne Vorwürfe [*an* seinen]¬ in dieselben 382.30
hinein. Laut lachte er auf, als sie ihm ihre Kriegslist erzählte und ward nachdenklich über ihre 383.01
Treue; denn [der] ⟨jener⟩[43] Baron war eigentlich ein [sehr]¬ ganz [tüchtiger] ⟨ansehnlicher⟩[44] Gesell.

Um sich nun gegen alle künftigen Unfälle zu bewahren, machte er die schöne Beatrix zu seiner
13.10 *α* rechtmäßigen Gemahlin vor allen seinen [Verwandten [*xx*]¬, Genossen] und Unterthanen, so
β Standesgenossen[45]

13.11 daß sie von nun an eine Rittersfrau vorstellte, die ihres Gleichen suchte bei Jagden, Festen
und Tänzen sowohl, als [in Haus, Dorf] ⟨im Haus⟩ und in den Hütten der Unterthanen, so^wie auch im Herren-
stuhl der [Kir]¬ Dorfkirche. Die Jahre gingen [rasch] wechselvoll und inhaltreich vorüber und während
zwölf reichen Herbsten gebar sie ihrem Gatten acht Söhne, welche emporwuchsen wie junge 383.10
13.15 [Tannen.] ⟨Hirsche.⟩

Als der älteste fünfzehn Jahre [zäht]¬ zählte, erhob sie sich in einer [stürmischen] Herbstnacht [leise]
von der Seite ihres [Gem]¬ [Wonnebolds]¬ Wonneboldes, ohne daß er darüber erwachte, [packt]¬ legte sorgfältig all'
ihren weltlichen Staat in die nämlichen [T]¬ Truhen, aus denen er einst genommen worden und verschloß
dieselben, die Schlüssel an die Seite des Schlafenden legend. Dann ging sie mit bloßen Füßen vor
13.20 das Lager ihrer Söhne und küßte leise einen nach dem andern; zuletzt [küßte]¬ ging sie wieder an's
Bett ihres Mannes, küßte denselben auch, und erst jetzt schnitt sie sich [die langen]¬ das lange Haar vom Haupt, 383.20
zog das feine weltliche [Hemde] ⟨Hemd⟩ aus und dagegen [die] ⟨das⟩ rauhe Nonnengewand [an]¬ wieder über den Kopf,

---

41 13.02 und] *Durch Unterpunktung wieder eingesetzt.*
42 13.05 breitete] *Am Korrekturrand (+).*
43 13.08 jener] *Am Korrekturrand (+), über* ⟨ansehnlicher⟩, *vermutlich erst danach notiert.*
44 13.08 ansehnlicher] *Am Korrekturrand (+).*
45 13.10 Standesgenossen] *Am Korrekturrand (+).*

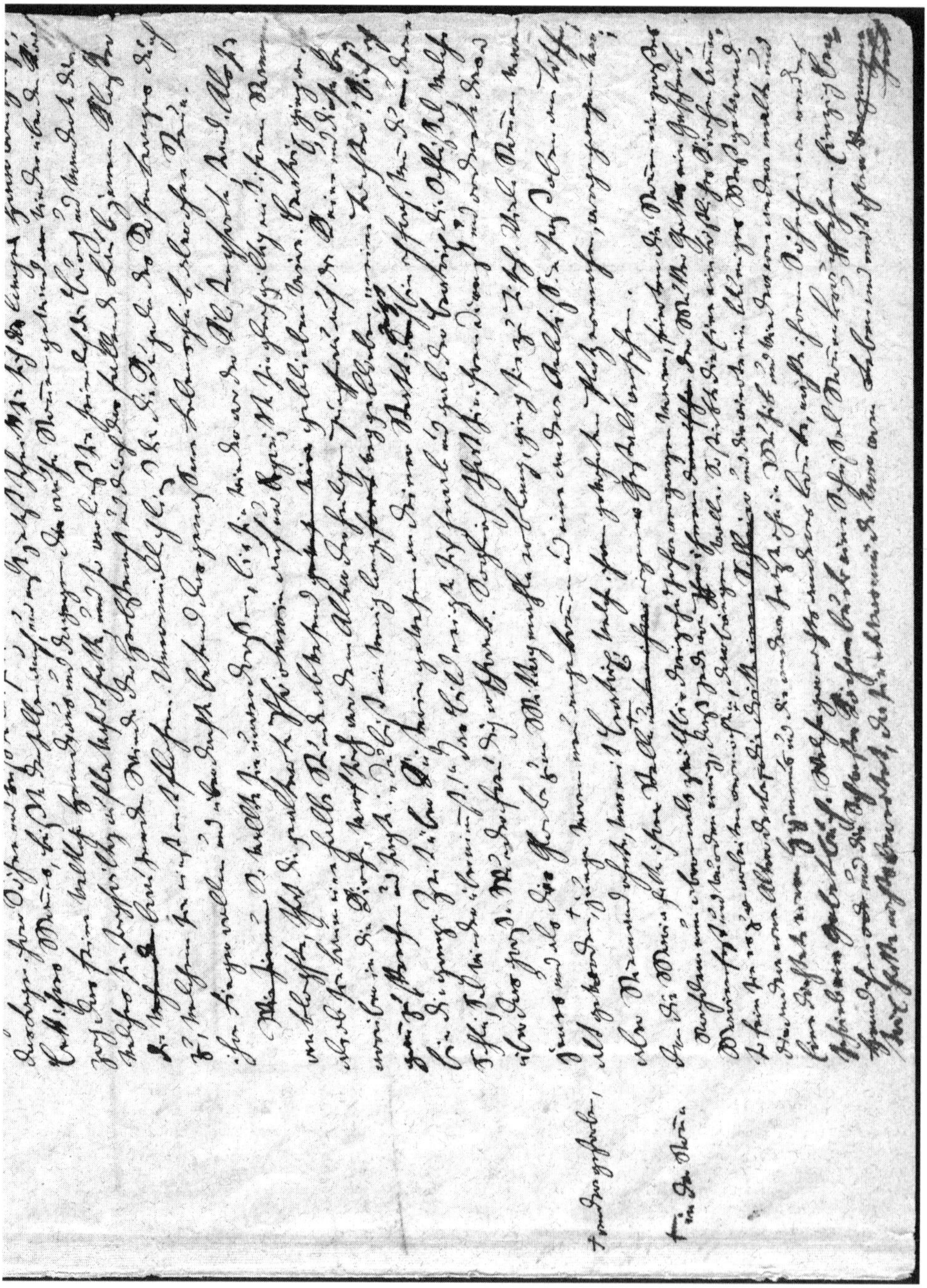

SL4 "Die Jungfrau als Küsterin.", Ms. GK 14a, S. 13 unten

13.23 welches sie sorgfältig aufbewahrt hatte, und so verließ sie heimlich die Burg und wanderte durch
die [wehenden]¬ brausenden Winde der Herbstnacht und durch das fallende Laub jenem Kloster
13.25 zu, welchem sie einst entflohen. Unermüdlich ließ die die Kugeln des Rosenkranzes durch
ihre Finger rollen und überdachte betend das genossene Lebensglück, aber ohne Reue.

[Wie sie nun]¬ So wallte sie unverdrossen, bis sie wieder vor der Klosterpforte stand. Als sie
anklopfte, that die gealterte Pförtnerin auf und [begrüßte] ⟨grüßte⟩ sie gleichgültig mit ihrem Namen, 383.30
als ob sie kaum eine halbe Stunde abwesend [gewesen wäre]¬ geblieben wäre. Beatrix ging an ihr
13.30 vorüber in die Kirche, warf sich vor dem Altar der heiligen Jungfrau auf die Kniee und diese be- 384.01
gann zu sprechen und sagte: „Du bist ein wenig lange [fort]¬ weg geblieben, meine Tochter! Sieh' ich
13.32 bin die ganze Zeit über Küsterin gewesen an deiner [Statt, doch] bin ich froh, wenn du [nun] deine
Statt. Jetzt
13.33 Schlüssel wieder übernimmst!“ Das Bild neigte sich herab und gab der Beatrix die Schlüssel, welche
über das große Wunder freudig erschrack. Sogleich that sie ihren Dienst und ordnete dies u
13.35 jenes und als [das]¬ die Glocke zum Mittagmahle erklang, ging sie zu Tisch. Viele Nonnen waren 384.10
alt geworden, ⟨andere gestorben,⟩[46] junge waren neu angekommen und eine andere Aebtissin saß oben am Tische;
aber Niemand ahnte, was mit Beatrix, welche ihren gewohnten Platz einnahm, vorgegangen war;
13.38 den die Maria hatte [ihren]¬ ihre Stelle [unter ihrer eigenen] Gestalt versehen.
in der Nonne[47] eigener
13.38a [———————]
13.39 Nachdem[48] nun abermals zwölf bis dreizehn Jahre vergangen waren, feierten die Nonnen ein großes
13.40 Marienfest und wurden einig, daß Jede von [Ihne]¬ ihnen [darauf hin] der Mutter Gottes ein Geschenk,
so fein sie es zu [v]¬ arbeiten [vermöchte,]¬ vermöchten, darbringen wolle. So stickte die Eine ein köstliches Kirchenbanner, 384.20
die andere eine Altardecke, die dritte einen Schleier[49] und die vierte ein blumiges Meßgewand.
Eine dichtete einen Hymnus und die andere setzte ihn in Musik und [wieder*x*] ⟨wieder⟩ eine andere malte und
schrieb ein Gebetbuch. Welche gar nichts anderes konnte, nähte ihrem Söhnchen ein andres
13.45 Hemdchen [oder]¬ und die Schwester Köchin buck eine Schüssel Nonnenkräpfchen. Einzig Beatrix hatte nichts bereitet, da sie etwas müde war vom Leben und mit [ihrer Vergangenheit]¬ ihren[50]

---

46 13.36 andere gestorben,] *Am Korrekturrand (+).*
47 13.38 in der Nonne] *Am Korrekturrand (+).*
48 13.39 Nachdem ...] *Ab hier neuer Schluß in kleinerer Schrift; vgl. Kap. 1.2 Die Textzeugen, zu H1, S. 24 f.*
49 13.42 die dritte einen Schleier] *Überschreibt den ursprünglichen Schlußstrich, so daß der Eindruck einer Streichung entsteht.*
50 13.46 ihren ...] *Fortsetzung (nach dem Schluß des* Tanzlegendchens*) in 14.22.*

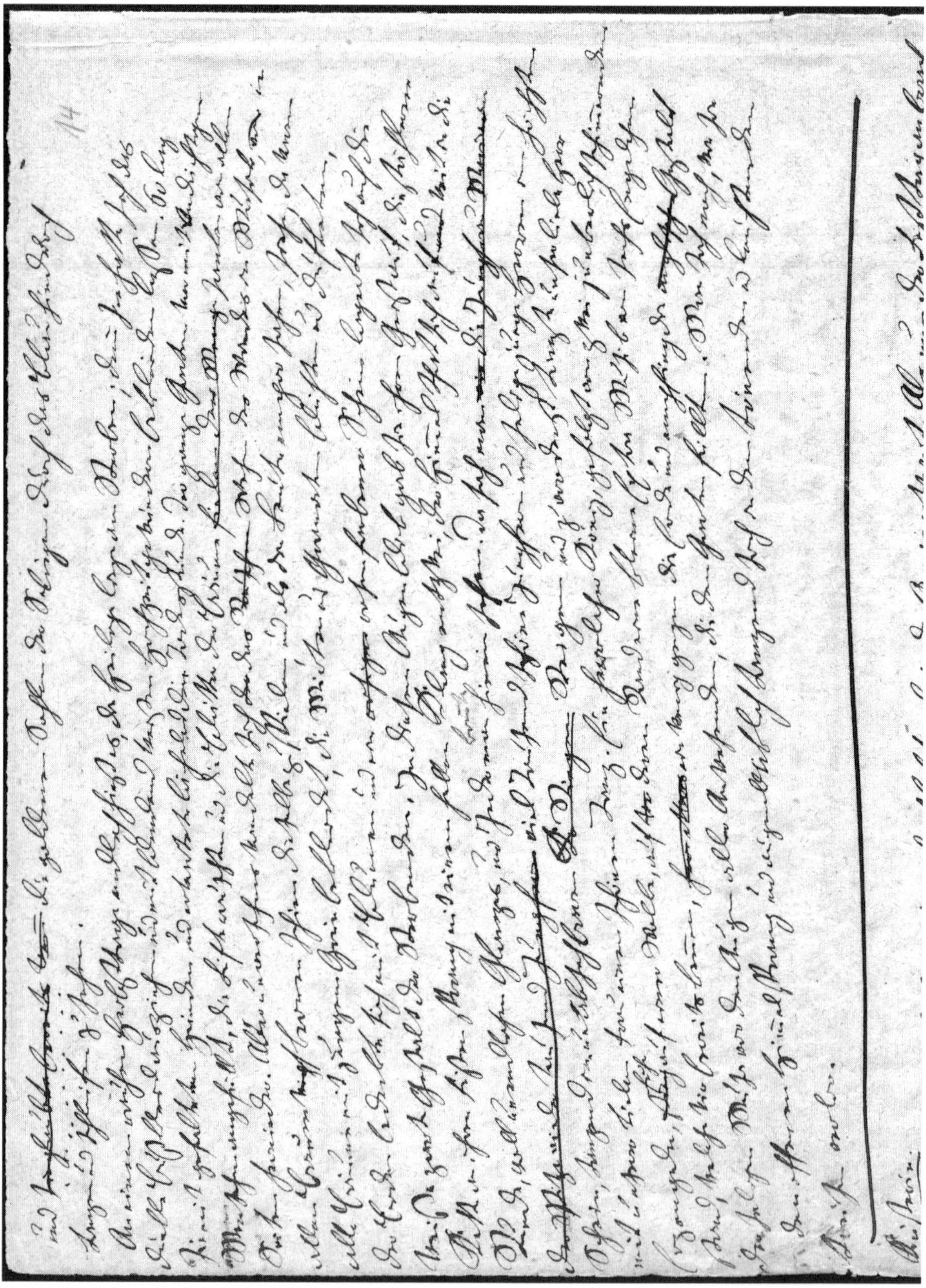

SL7 "Tanzlegendchen.", Ms. GK 14a, S. 14 oben

14.01 und [sie glaubte bereits]¬ [wenn]¬¬
sie glaubte bereits[51] die goldenen Sohlen der Seligen durch das Blau hindurch
14.02 tanzen und schleifen zu sehen.

An einem rauhen Herbsttage endlich hieß es, die Heilige liege am Sterben; denn sie hatte sich das
dunkle Bußkleid ausziehen und mit blendend weißen Hochzeitgewändern bekleiden lassen. So lag
14.05 sie mit gefalteten Händen und erwartete lächelnd die Todesstunde. Der ganze Garten war mit [Andächtigen] ⟨andächtigen⟩[52]
Menschen angefüllt, die Lüfte rauschten und die Blätter der Bäume [fielen der Menge]¬ sanken von allen 425.10
Seiten hernieder. [Al*x*]¬ Aber unversehens wandelte sich [der]¬ das [Rauschen]¬ Wehen des Windes in Musik, [von] ⟨in⟩
allen [Baumwipf]¬ Baumkronen schien dieselbe zu spielen, und als die Leute empor sahen, siehe, da waren
alle Bäume mit jungem Grün bekleidet, die Mirten und Granaten blühten und dufteten,
14.10 der Boden bedeckte sich mit Blumen und ein [rosige]¬ rosenfarbener Schein lagerte sich auf die
weiße zarte Gestalt der Sterbenden. In diesem Augenblick gab sie ihren Geist auf, die stählerne
Kette an ihren Füßen sprang mit einem hellen Klang entzwei, der Himmel that sich auf [und]¬ weit in die
|–> Runde, voll unendlichen Glanzes, und Jederman β⟨konnte⟩ hinein sehen. Da sah man [*vie*]¬ [die Jungfrau Maria an] 425.20
–>| [der Spitze vieler tausend Jungfern]¬¬ viel Tausend schöne Jungfern und selige junge Herren im höchsten
14.15 Schein, tanzend [i*n*] [un*x*]¬ unabsehbaren [Kr]¬ [Ri*n*gen]¬¬
im Reigen und zuvorderst tanzte unser liebe Herr
14.16 mit unserer lieben Frau einen schönen Tanz. Ein herrlicher König, gefolgt von zwei junkerlich schimmernden
Erzengeln, [stieg] ⟨fuhr⟩ auf einer Wolke, auf [we]¬ deren Rand eine kleine Extra Musik von sechs Engelchen
stand, welche wir bereits kennen, [[her]¬ [etwas]]¬ ein wenig gegen die Erde und empfing die [englische] Gestalt
der seligen Musa vor den Augen aller Anwesenden, die den Garten füllten. Man sah noch, wie sie
14.20 in[53] den offenen Himmel sprang und augenblicklich tanzend sich in dem tönenden und leuchtenden 425.28
Kreisen verlor.

---

51 14.01 sie glaubte bereits] *Durch Unterpunktung wieder eingesetzt, Abbruchstelle* [wenn]¬¬ *nicht ganz sicher.*
52 14.05 [Andächtigen] ⟨andächtigen⟩] *Überschreibung, ev.* [andächtigen] ⟨Andächtigen⟩
53 14.20 in] *Durch Flickstelle am Seitenrand verdeckt.*

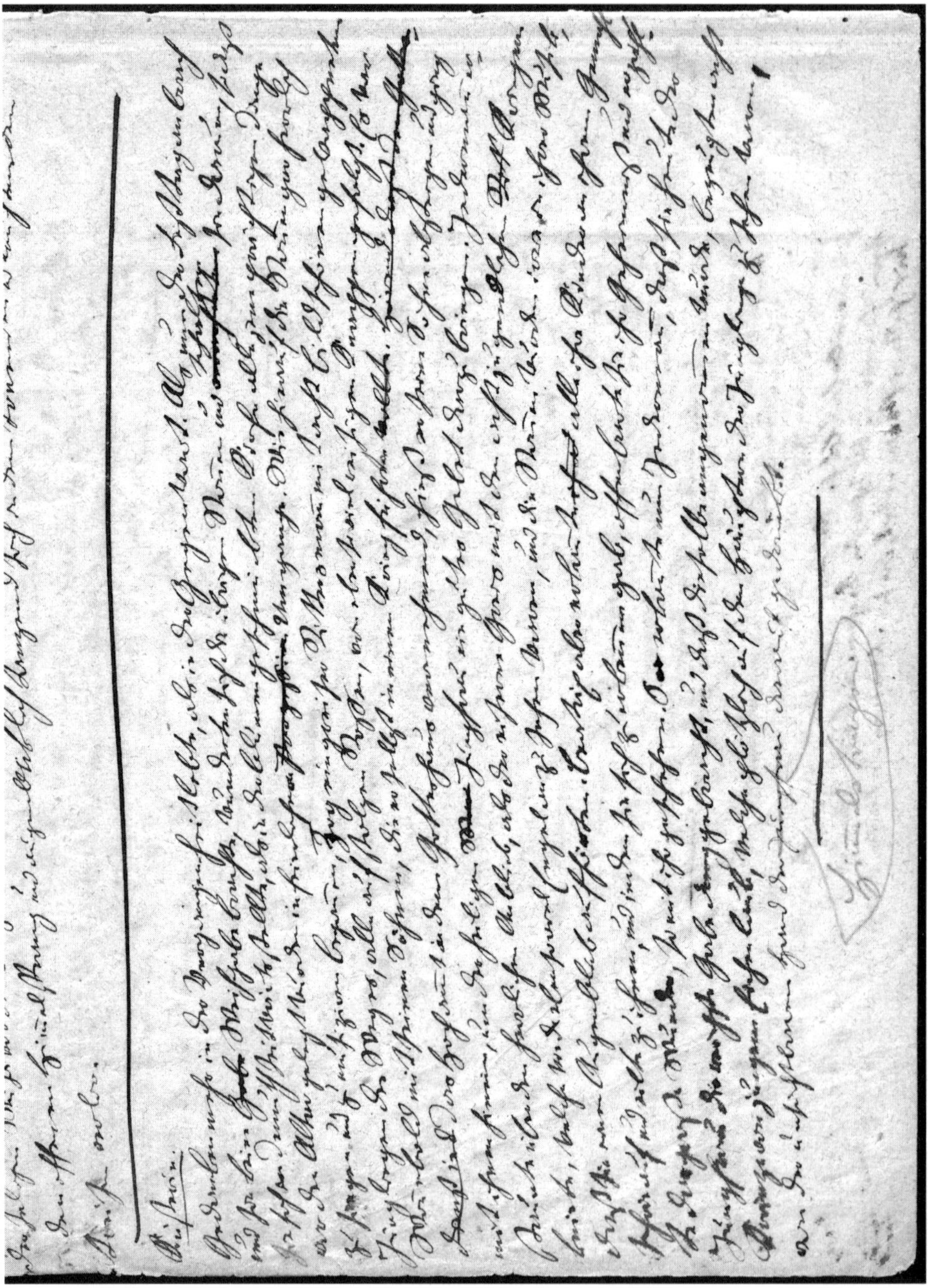

SL4 "Die Jungfrau als Küsterin.", Ms. GK 14a, S. 14 unten

14.22 Küsterin.[54]
Gedanken mehr in der Vergangenheit lebte, als in der Gegenwart. Als nun der Festtag anbrach
und sie keine [Gabe]¬ Weihgabe brachte, wunderten sich die übrigen Nonnen und [verachteten] ⟨schalten⟩ sie darum, so daß 384.30
14.25 sie sich in Demuth seitwärts stellte, als in der blumengeschmückten Kirche alle jene prächtigen Dinge
vor den Altar gelegt wurden in [feierlicher Prozession]¬ feierlichem Umgange. Wie hierauf die Nonnen gar herrlich 385.01
zu singen und zu musiziren begannen, [Zog] ⟨zog⟩ ein greiser Rittersmann mit acht bildschönen gewappneten
Jünglingen des Weges, alle auf stolzen Rossen, von eben^so^viel reisigen Knappen gefolgt. Es war
14.29 I–> α Wonnebold mit seinen Söhnen, die er selbst in einen Krieg [führen wollte.] [Hörend daß der Gottes-]
β führte.
14.30 α [dienst in d]¬¬
–>I α Das Hochammt [*x*]¬ in dem Gotteshaus vernehmend, hieß er seine Söhne absteigen und ging 385.10
14.31 mit ihnen hinein, um der heiligen [Mar]¬ Jungfrau ein gutes Gebet darzubringen. Jedermann erstaunte über den herrlichen Anblick, als der eiserne Greis mit den acht jugendlichen [Rit]¬ Kriegern
kniete, welche wie [d]¬ ebensoviel Engel anzusehen waren, und die Nonnen wurden irre in ihrer Musik,
daß sie einen Augenblick aufhörten. Beatrix aber erkannte [ih]¬ [a]¬ alle ihre Kinder an ihrem Gemahl,
14.35 schrie auf und eilte zu ihnen, und indem sie sich zu erkennen gab, offenbarte sie ihr Geheimniß und erzählte das große Wunder, so mit ihr geschehen. [S*x*]¬ So erkannte nun Jedermann, daß sie heute der 385.20
Jungfrau die reichste Gabe [darg]¬ gebracht, und daß dieselbe angenommen wurde, bezeugten acht
Kränze von jungem Eichenlaub, welche plötzlich auf den Häuptern der Jünglinge zu sehen waren,[55]
14.39 α von der unsichtbaren Hand der [Jungfrau] darauf gedrückt.
β Himmelskönigin

---

54 *14.22* Küsterin.] *Fortsetzung von 13.46 (mit Bezug auf den nachgetragenen Titel* Maria als Küsterin*).*
55 *14.38* waren,] *Ev.* waren[.]⟨,⟩; *ev. Schluß zuerst hier.*

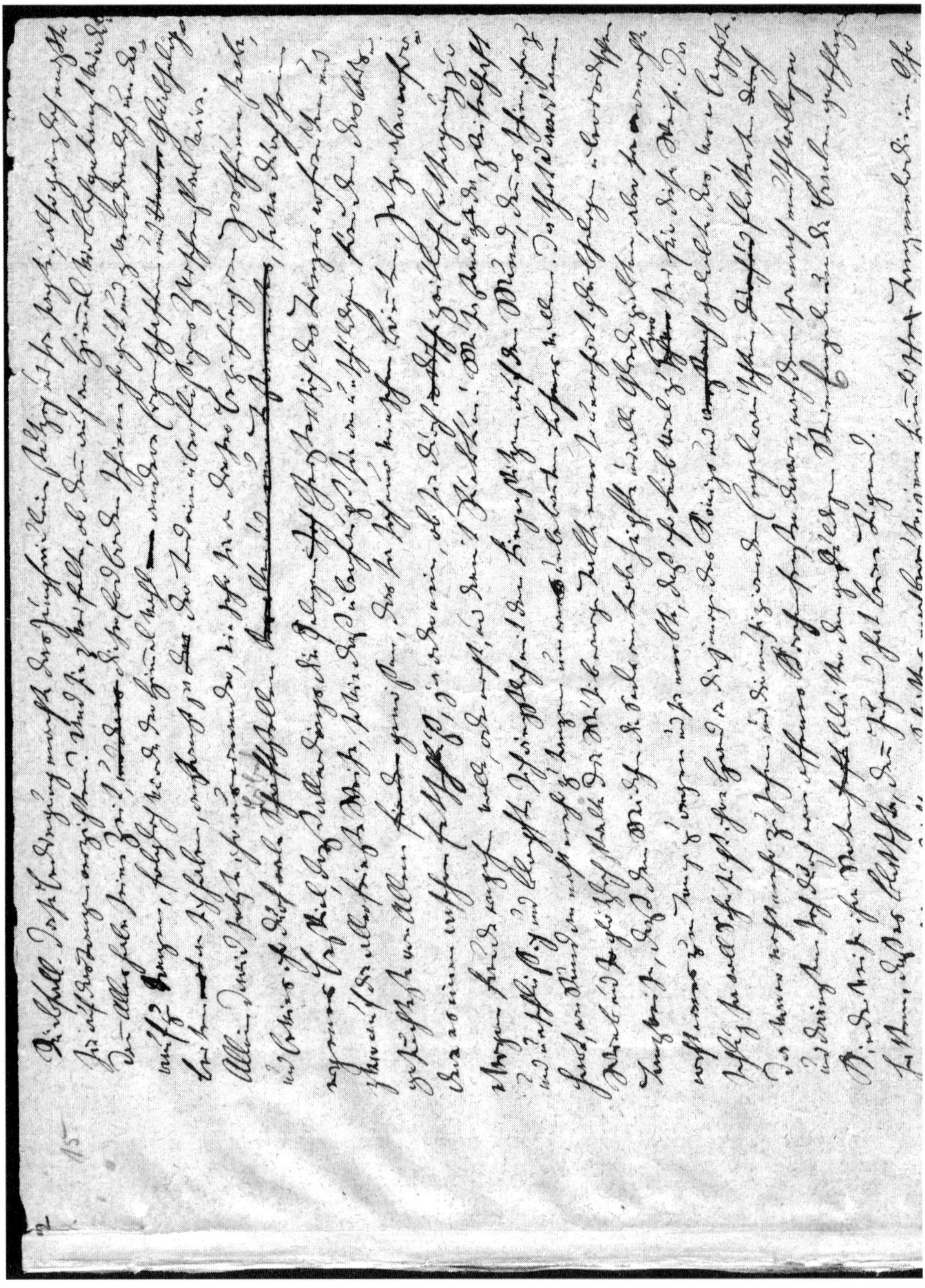

SL7 “Tanzlegendchen.”, Ms. GK 14a, S. 15 oben

15.01 Rückfall. Diese Bedingung machte das Jungfräulein stutzig und sie sagte[:]⟨,⟩¿ also gänzlich müßte
sie auf das Tanzen verzichten? Und sie zweifelte, ob denn auch im Himmel wirklich getanzt würde?
Denn Alles habe seine Zeit, [und da es]¬ dieser Erdboden schiene ihr gut und zweckdienlich, um da- 423.10
rauf zu [*d*]¬ tanzen, folglich würde der Himmel wohl [*eine*]¬ andere Eigenschaften und [Unter]¬ Glückselig-
15.05 keiten [mit]¬ an sich haben, [an*st*]¬ ansonst ja [das]¬ der Tod ein überflüssiges Zwischenspiel wäre.

Allein David setzte ihr auseinander, wie sehr sie in dieser Beziehung im Irrthume stecke,
15.07 α und bewies ihr durch viele [Schriftstellen des alten und neuen Testamentes,] sowie durch sein
α [Schriftstellen,]
β Bibelstellen,
15.08 eigenes Bespiel, daß allerdings die [Seligen sich]¬ seligen Geister sich des Tanzes erfreuten und
zwar auf die allerfeinste Weise, sowie daß überhaupt sie an unschuldigen Freuden das [aus-] ⟨Aus-⟩
15.10 gesuchteste von Allem [finden]¬ genössen, das sie sich nur wünschen könnten. Jetzo aber erfor-
dere es einen raschen Entschluß, ja oder nein, ob sie durch [irdische]¬ zeitliche Entsagung zur
ewigen Freude eingehen wolle, oder nicht, und damit Punktum! Musa stand [zw]¬ da, zweifelhaft 423.20
und unschlüssig und klopfte sich ängstlich mit den Fingerspitzen auf den Mund, denn es schien ihr zu
hart, von Stund an nicht mehr zu tanzen um [einer] ⟨eines⟩ unbekannten Lohnes willen. Da that David einen
15.15 Wink und [so]¬ plötzlich spielte die Musik einige Takte einer so unerhört glückseligen überirdischen
Tanzweise, daß dem Mädchen die Seele im Leibe hüpfte und alle Glieder zuckten, aber sie vermochte
nicht eines zum Tanze zu regen und sie merkte, daß ihr Leib viel zu [schwer] ⟨starr⟩ sei für diese Weise. Da 423.30
schlug sie voll Sehnsucht ihre Hand in diejenige des Königs und [versprach]¬ gelobte das, was er begehrte.
Da war er nicht mehr zu sehen und die musizirenden Engel rauschten [durch und]⟨,⟩ flatterten [durch]¬ 424.01
15.20 und drängten sich durch ein offenes Kirchenfenster davon, nachdem sie nach muthwilliger

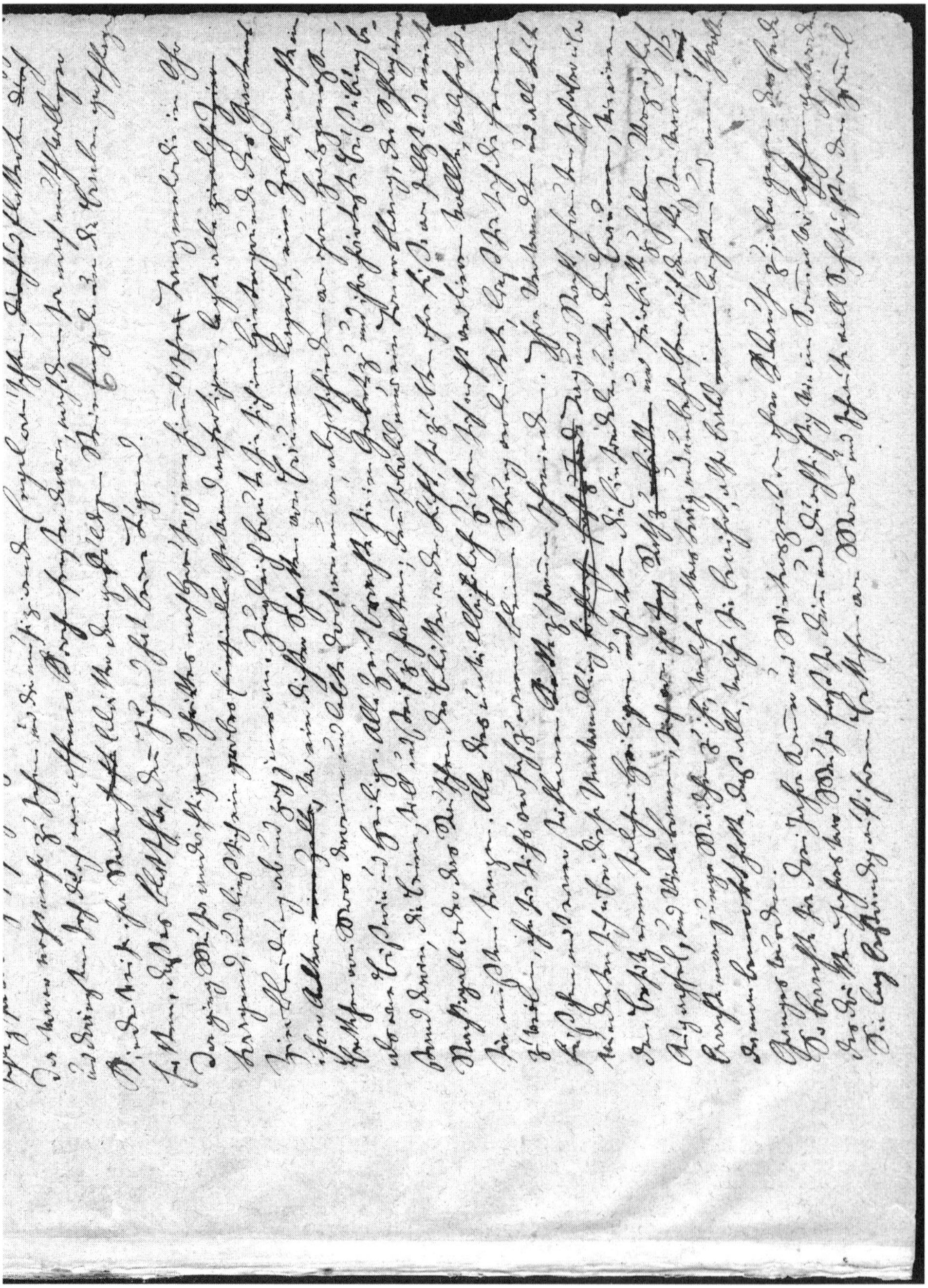

SL7 "Tanzlegendchen.", Ms. GK 14a, S. 15 unten

α Kinderweise ihre [Notenhefte]¬ Notenblätter den [ges]¬ geduldigen [Steinengeln] um die Backen geschlagen
β SteinEngeln

hatten, daß es klatschte, denn Jugend hat keine Tugend.

Da ging Musa andächtigen Schrittes nach Hause, jene [himmlischen] ⟨himmlische⟩ Tanzmelodie im Ohr tragend, und ließ sich ein grobes [Einsiedler] Gewand anfertigen, legte alle [zierliche]¬ [Zier]¬ Zierkleidung ab und zog jenes an. Zugleich baute sie sich im Hintergrunde des Gartens ihrer Aeltern [eine Zelle], wo ein dichter Schatten von Bäumen lagerte, eine Zelle, machte ein Bettchen von Moos darein und lebte dort von nun an, abgeschieden von ihren Hausgenossen, als eine Büßerin und Heilige. Alle Zeit brachte sie im [Gebet] ⟨Gebete⟩ zu und ihre härteste Bußübung bestand darin, die Beine still und steif zu halten; denn sobald nur ein Ton erklang, der Schlag einer Nachtigall oder das Rauschen der Blätter in der Luft, so zuckten ihre Füße von selbst und meinten sie müßten tanzen. Als dies [unwillkührliche] ⟨unwillkürliche⟩ Zucken sich nicht verlieren wollte, welches sie zuweilen, ehe sie sich's versah, zu einem kleinen Sprung verleitete, ließ sie sich die feinen Füßchen mit einer stählernen Kette zusammen schmieden. Ihre Verwandten und alle Leute wunderten sich über diese Umwandlung [[höchlich,]¬ [fast zu Tode]]¬ Tag und Nacht, freuten sich aber über den Besitz einer solchen Heiligen und hüteten die Einsiedelei unter den Bäumen, wie einen Augapfel, und Viele kamen, sich von ihr [sag]¬ Rath [zu erbitten]¬ und Fürbitte zu holen. Vorzüglich brachte man junge Mädchen zu ihr, welche etwas träg und unbeholfen auf den Füßen waren [und]¬, da man bemerkt hatte, daß alle, welche sie berührt, also bald [einen] leichten und anmuthvollen Ganges wurden.

So brachte sie drei Jahre Sommer und Winterszeit in ihrer Klause zu; aber gegen das Ende des dritten Jahres war Musa fast so dünn und durchsichtig wie ein [Sommerwölch]¬ Sommerwölkchen geworden Sie lag beständig auf ihrem Bettchen von Moos und schaute voll Sehnsucht in den Himmel

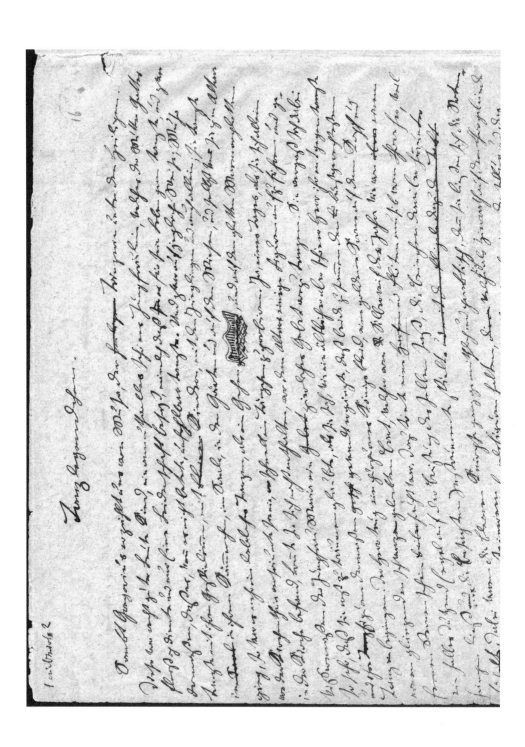

SL7 "Tanzlegendchen.", Ms. GK 14a, S. 16 oben

16.01 Tanzlegendchen. 421.01

Sankt Gregorius erzählt uns von Musa, der [heiligen] Tänzerin unter den Heiligen.
Diese war recht guter Leute Kind, ein anmuthvolles schönes Jungfräulein, welches der Mutter Gottes 421.10
fleißig diente und nur Eine Leidenschaft besaß, nämlich daß [sie]¬ es für sein Leben gern tanzte, und zwar
16.05 dermaßen, daß es, wenn es nicht betete, unfehlbar tanzte. Und zwar auf jegliche Weise; Musa
tanzte mit ihren Gespielinnen, mit [kleinen] Kindern, mit den Jünglingen und auch allein; sie tanzte
[im Saal]¬ in ihrem Kämmerchen, im Saale, in den Gärten und auf den Wiesen, und selbst wenn sie zum Altare
ging, so war es mehr ein liebliches Tanzen, als ein Gehen [zu nennen][56], und auf den glatten Marmorplatten
vor der Kirchenthüre versäumte sie nie, [*ra*]¬ schnell ein Tänzchen zu probiren. Ja, eines Tages, als sie sich allein 421.20
16.10 in der Kirche befand, konnte sie sich nicht enthalten, vor dem [Altare] ⟨Altar⟩ einige Figuren aufzuführen und gewissermaßen der Jungfrau Maria ein [Gebet]¬ zierliches Gebet vorzutanzen. Sie vergaß sich dabei
so sehr, daß sie erst zu träumen glaubte, als sie sah, wie ein [*ä*lter]¬ ältlicher aber schöner Herr ihr entgegentanzte 422.01
und ihre [Tanzfiguren] ⟨Figuren⟩ dermaßen [geschi]¬ gewandt ergänzte, daß beide zusammen den [li]¬ kunstgerechtesten
Tanz [an]¬ begingen. Der Herr trug ein purpurnes Königskleid, eine goldene Krone auf dem Kopf und
16.15 einen glänzenden [schwarzen] gelockten Bart, welcher vom [R]¬ Silberreif [des]¬ der Jahre wie von [*über*]¬ einem
schwarz
16.16 fernen Sternenschein [b]¬ [überhaucht] ⟨haucht⟩[57] war. Dazu tönte eine β[Harfen] und Flötenmusik vom Chore her, weil
ein halbes Dutzend Engel auf der Brüstung des^selben saß, die Beinchen darüber [hi]¬ herunter
16.18 |–> 1¿ hängen [ließ und] die [Besagten] ⟨besagten⟩ Instrumente spielte und mit den Flügeln dazu den Takt
2 [ließ,] [ ]
3 ließ und[58] spielte.
16.19 1¿ fächelte. Dabei waren die kleinen Knirpse ganz gemüthlich und praktisch, denn sie ließen sich die Noten- 422.10
–>| 2 [ ]

---

56 16.08 zu nennen] *Tilgung in Form einer kronen- oder harfenähnlichen Federzeichnung.*
57 16.16 haucht] *Gestrichene Vorsilbe* über *nicht wieder eingesetzt.*
58 16.18 und] *Durch Unterpunktung wieder eingesetzt.*

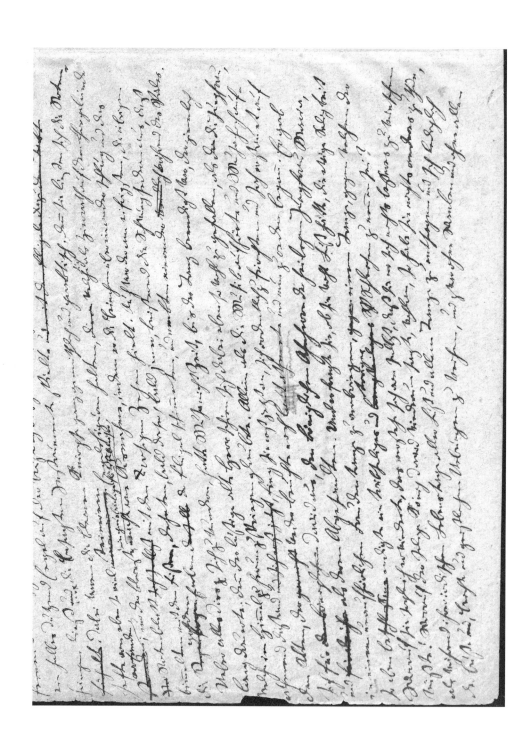

SL7 "Tanzlegendchen.", Ms. GK 14a, S. 16 unten

16.20 |–> 1 hefte von eben so viel [marmorenen] Engelsfiguren halten, [die a]¬ welche als Zierrath auf dem Chorgeländer
2 steinernen sich

16.21 1 [standen;] nur der [kleinste] machte eine Ausnahme, indem er die Beinchen über einander schlug und das
–>| 2 vorfanden; kleinste, ein pausbäckiger [Flötist] ⟨Flötenbläser⟩

16.22 [No]¬ Notenblatt [sich selbst] mit den [Z]¬ rosigen Zehen hielt. Auch war der am eifrigsten, die übrigen
bimmelten mit den Füßen, dehnten, bald dieser, bald jener, knisternd die Schwungfedern aus, daß

16.24 die [Regen*f*]¬ [Regenbogenfarben] [derselb]¬ der Flügel schimmerten, und neckten einander [weidlich] während des Spieles.
goldenen Farben

16.25 Ueber alles Dies [z]¬ sich zu wundern, hatte Musa nicht Zeit, bis der Tanz beendigt war, der ziemlich *422.20*
lang dauerte; denn der lustige alte Herr schien sich dabei ebenso wohl zu gefallen, als [da]¬ die Jungfrau,
welche im Himmel [zu]¬ herumzuspringen [glaube]¬ glaubte. Allein als die Musik aufhörte und Musa hoch^auf-
athmend dastand [und sich erst jetzt]¬, fing sie erst jetzt an, sich ordentlich zu fürchten und sah erstaunt auf

16.29 α den Alten, der [gar nicht]¬ weder keuchte noch [laut athmete][59] und nun zu reden begann. Er gab
β [laut] athmete

16.30 sich für [den] [königlichen] David aus, den königlichen Ahnherrn der heiligen Jungfrau Maria,
und [für [de]¬ ihr]¬ als deren Abgesandten. Und er fragte sie, ob sie wohl Lust hätte, die ewige Seligkeit
in einem unaufhörlichen Freudentanze zu verbringen, [gegen]¬ einem Tanze, gegen welchen der *422.30*
so eben [beschlossene]¬ beendigte ein trübseliges und [langweiliges] ⟨träges⟩ [Sp]¬ Schleichen zu nennen sei?

Worauf sie sogleich erwiederte, das verstehe sich von selbst, daß sie [ni]¬ sich nichts besseres zu wünschen *423.01*
16.35 wüßte! Worauf der selige König David wiederum sagte, wohlan, so habe sie nichts anderes zu thun,
als während ihrer irdischen Lebenstage aller Lust und allem Tanze zu entsagen und sich lediglich
der Buße [und]¬, Beichte und geistlichen Uebungen zu weihen, und zwar ohne Wanken und ohne allen

---

59 16.29 laut athmete] *Zuerst beide Wörter gestrichen, dann Streichung durch Wellenlinie rückgängig gemacht (β), schließlich* laut *getilgt.*

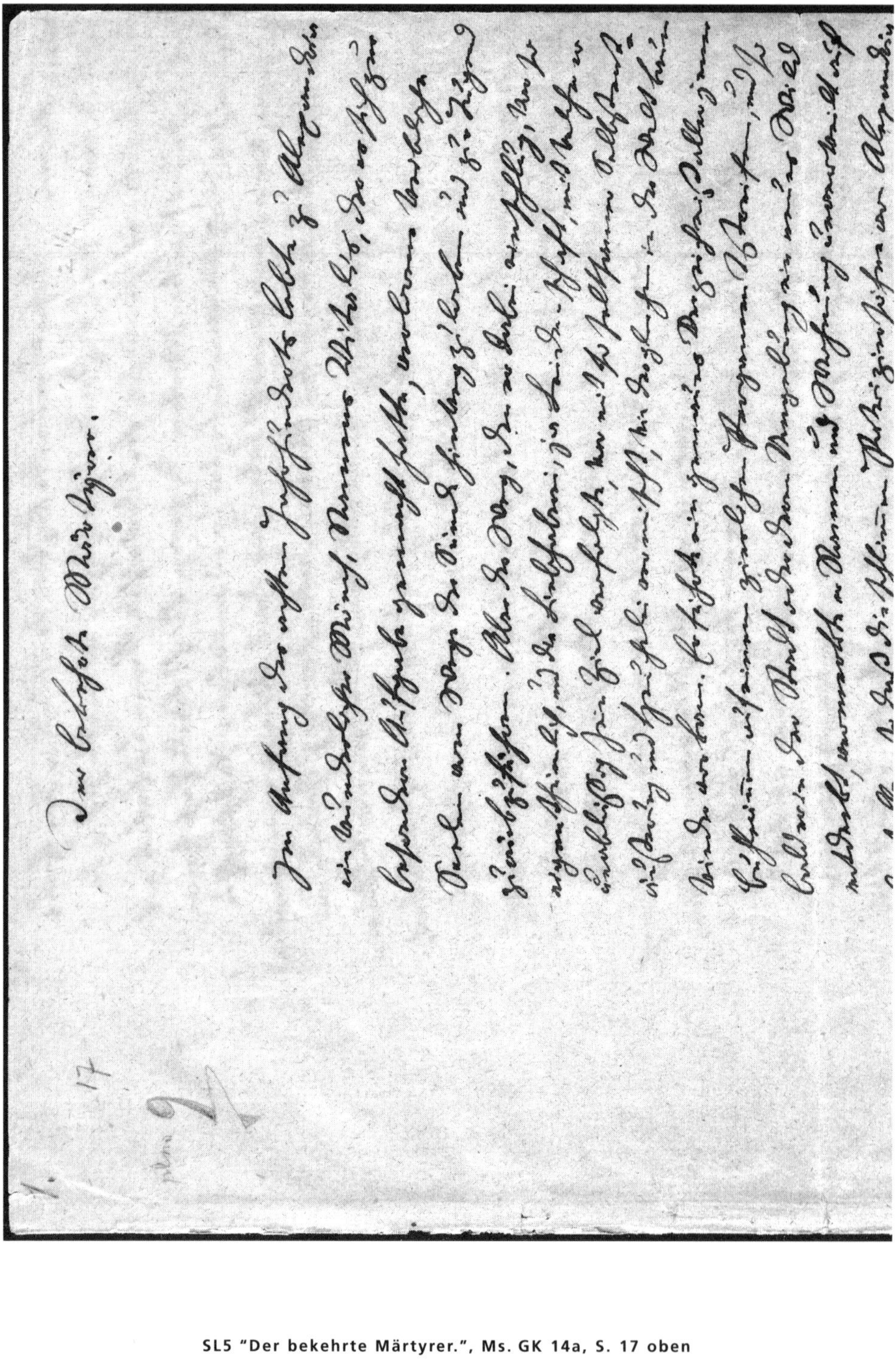

SL5 "Der bekehrte Märtyrer.", Ms. GK 14a, S. 17 oben

Der bekehrte Märtyrer.

Im Anfang des achten Jahrhunderts lebte zu Alexandria ein wunderlicher Mönch, Namens Vitalis, der es sich zur besondern Aufgabe gemacht hatte, verlorene weibliche Seelen vom Wege der Sünde hinweg zu locken und zur Tugend zurückzuführen. Aber der Weg, den er dabei einschlug, war so eigenthümlich, und die Liebhaberei, ja Leidenschaft, mit welcher er unablässig sein Ziel verfolgte, war mit so seltsamer Selbstentäußerung und Heuchelei vermischt, wie dergleichen in der Welt kaum wieder vorkam. Er führte ein genaues Verzeichniß aller jener Buhlerinnen auf einem zierlichen Pergamentstreifen, und so bald er in der Stadt oder deren Umgebung ein neues Wild

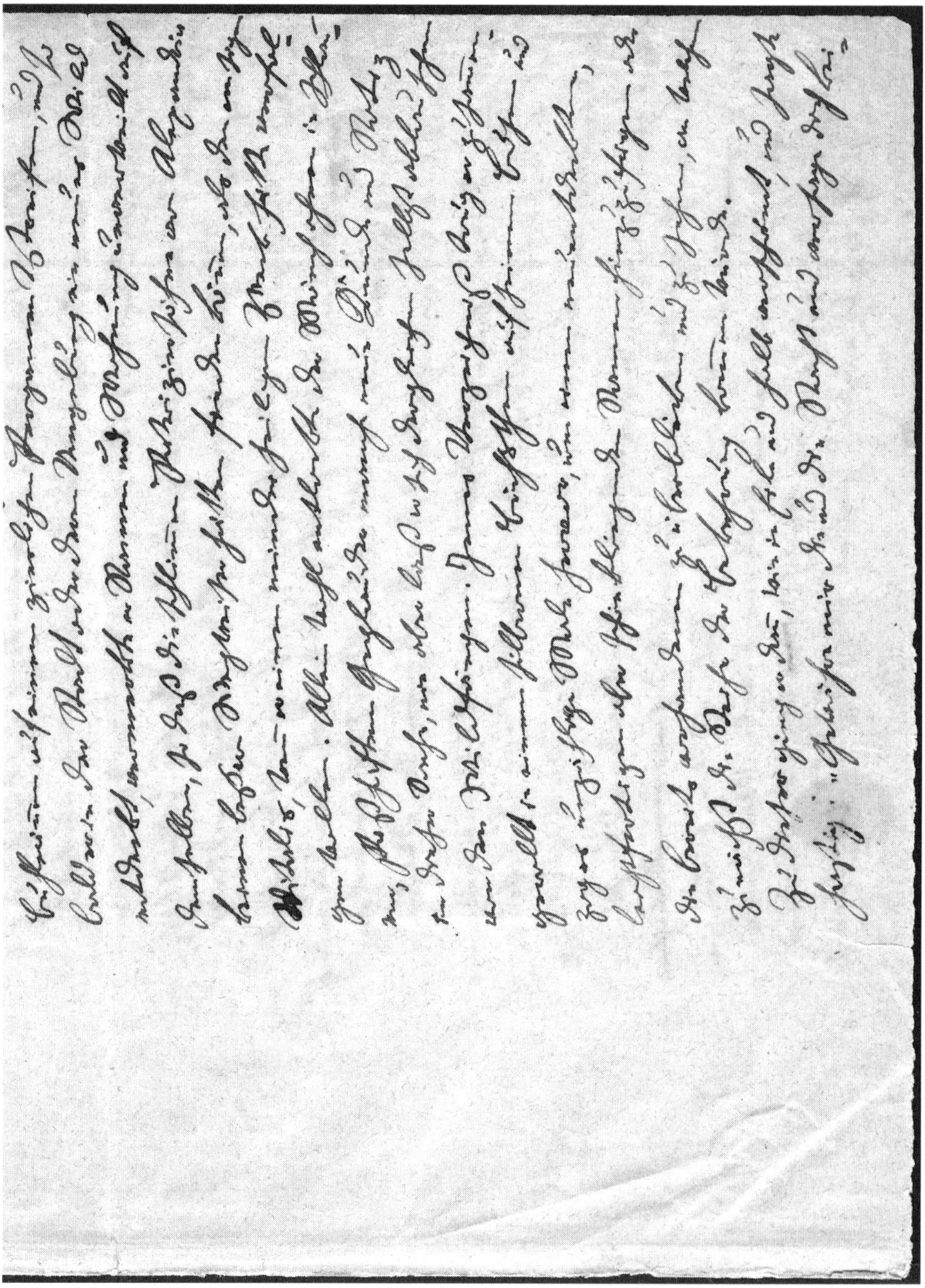

SL5 "Der bekehrte Märtyrer.", Ms. GK 14a, S. 17 unten

entdeckt, vermerkte er Namen und Wohnung unverweilt auf demselben, so daß die schlimmen Patriziersöhne von Alexandria keinen bessern Wegweiser hätten finden können, als den emsigen [x]¬ Vitalis, wenn er einen minder heiligen Zweck hätte verfolgen wollen. Allein wohl entlockte der Mönch ihnen in schlauem, spaßhaftem Geplauder manche neue Kunde und Notiz in dieser Sache, nie aber ließ er sich dergleichen selbst ablauschen von den Wildfängen. Jenes Verzeichniß trug er zusammengerollt in einem silbernen Büchschen auf seinem Busen und zog es unzählige Male hervor, um einen neuentdeckten, leichtfertigen aber schön klingenden Namen hinzuzufügen oder die bereits vorhandenen zu überblicken und zu sehen, an welchen zunächst die Reihe der Bekehrung kommen würde.

Zu dieser ging er dann, wie in Eile und halb verschämt, und sagte hastig: „Gewähre mir die und die Nacht und versage dich kei-

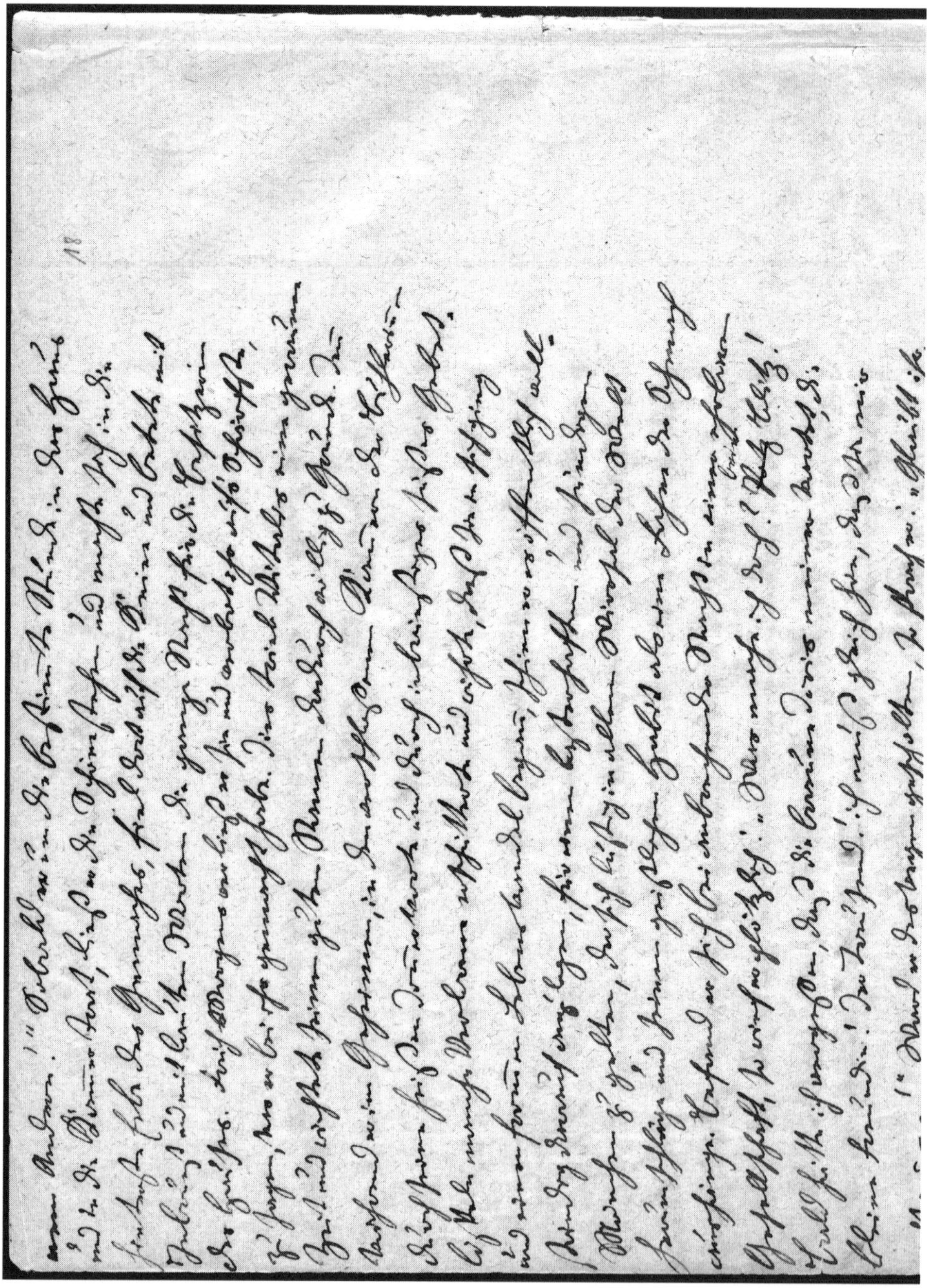

SL5 "Der bekehrte Märtyrer.", Ms. GK 14a, S. 18 oben

nem Andern!“ Sobald er um die bestimmte Stunde in das Haus und in die Kammer trat, ließ er die Schöne stehen und machte sich in die hinterste Ecke des Gemaches, fiel dort auf die Kniee und betete mit Inbrunst und mit lauten Worten die ganze Nacht für die Besitzerin des Hauses. Früh [*m*]¬ Morgens verließ er sie und verbot ihr auf's Schärfste, zu sagen, was er bei ihr gemacht habe. Dies trieb Vitalis eine geraume Zeit und richtete seinen guten Namen dadurch völlig zu Grunde. Denn während er im Geheimen, in den verschlossenen Kammern der Buhlerinnen durch seine heißen Donnerworte und durch inbrünstiges süßes Gebetlispeln manche Verlorene erschütterte und rührte, daß sie in sich ging und einen frommen Lebenswandel begann, schien er es öffentlich vollständig darauf anzulegen, für einen lasterhaften und sündigen Mönchen zu gelten, der sich lustig in allem Wirrsal der Welt herumschlüge und seinen geistlichen Habit als eine Fahne der Schmach aushänge. Befand er sich bei anbrechender Nacht in einer ehrbaren Gesellschaft, so rief er plötzlich: „Was mache ich doch? [Potz] ⟨beim⟩ Blitz!

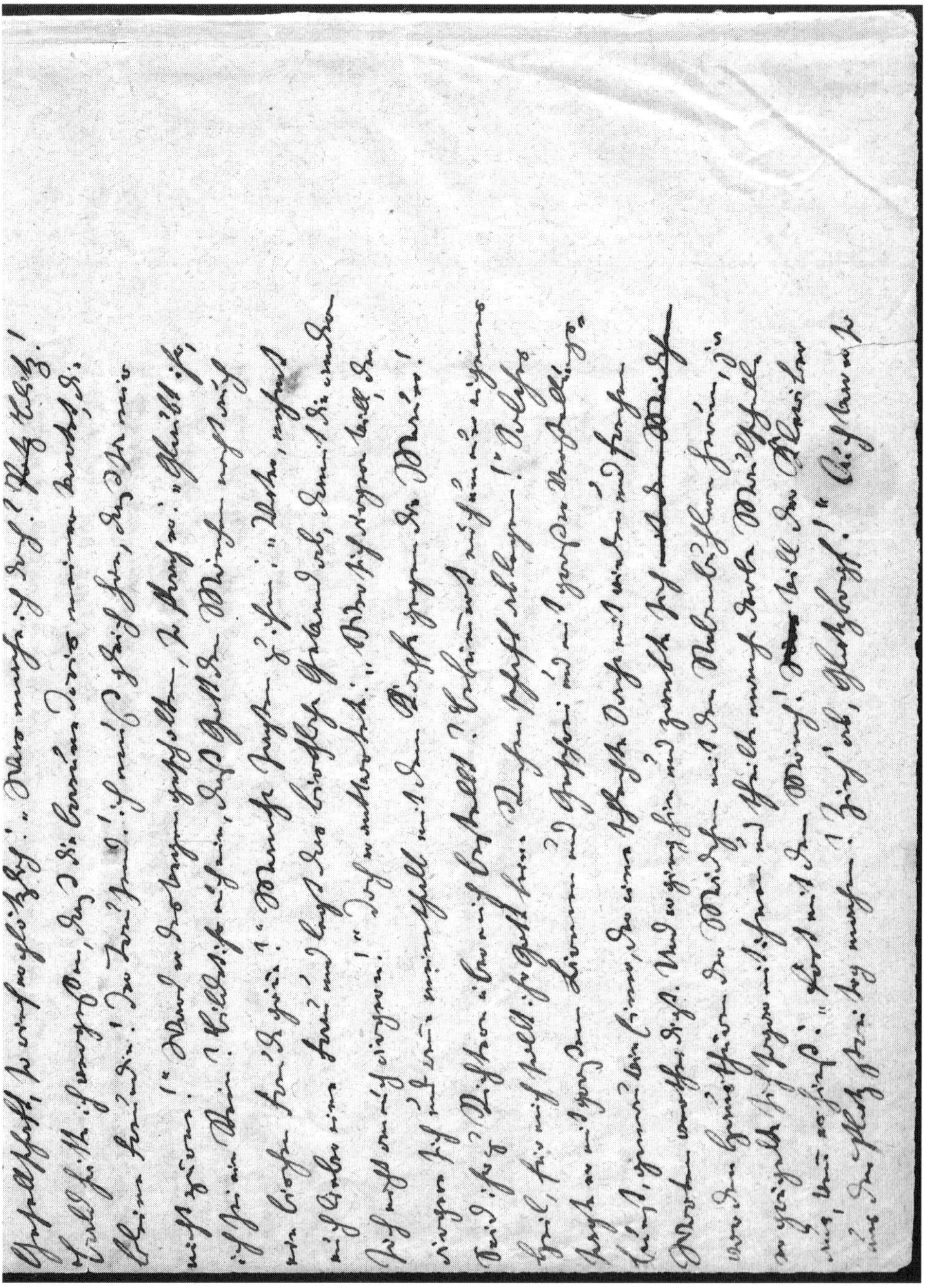

SL5 "Der bekehrte Märtyrer.", Ms. GK 14a, S. 18 unten

18.17 Bald hätte ich vergessen, daß die braune Doris meiner wartet, die
kleine Freundin! Der Tausend! ich muß gleich hin, daß sie mir
nicht zürne!“ Ward er deswegen gescholten, so sprach er: „Glaubt ihr, 388.01
18.20 ich sei ein Stein? Bildet ihr euch ein, daß Gott den Mönchen nicht auch
ein bischen Freude gönne?“ Manche sagten zu ihm: „Vater, nehmt
euch lieber eine Frau und legt das [kirxliche] ⟨kirchliche⟩ Gewand ab, damit die andern
sich nicht an euch ärgern!“ Doch er antwortete: „Wer sich ärgern will, der
ärgere sich und renne meinethalb mit dem Kopfe gegen die Mauer!
18.25 Seid ihr zu Richtern über mich bestellt? Bekümmert euch um euer eigenes
Heil, für mich sollt ihr Gott keine Rechenschaft ablegen!“ Solches
sagte er mit großem Lärmen und Geschrei und mit großer Verstellungs-
kunst, genau wie Einer, der eine schlechte Sache mit vielen und frechen
Worten vertheidigt. Und er ging hin und zankte sich [mit den Mädchen]¬ 388.10
18.30 vor den Hausthüren der Mädchen mit den Nebenbuhlern herum, ja
er prügelte sich sogar mit ihnen und theilte manche derbe Maulschelle
aus, wenn es hieß: „Fort mit dem Mönch! [Was] will der Kleriker
uns den Platz streitig machen? Zieh’ ab, Glatzkopf!“ Auch war er so

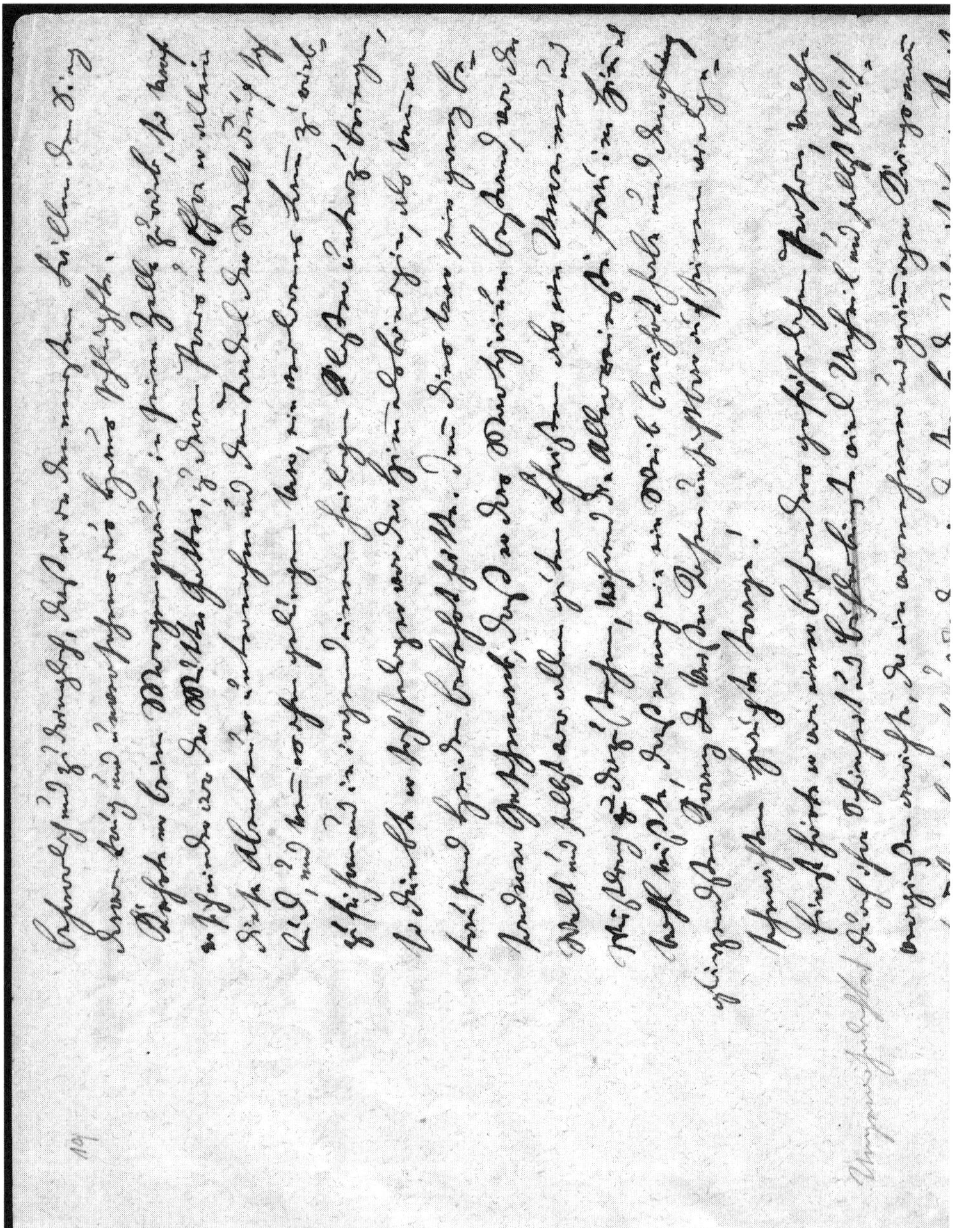

SL5 "Der bekehrte Märtyrer.", Ms. GK 14a, S. 19 oben

beharrlich und zudringlich, daß er in den meisten Fällen den Sieg davon trug und unversehens in's Haus schlüpfte.

Kehrte er beim Morgengrauen in seine Zelle zurück, so warf er sich nieder vor der Mutter Gottes, zu deren Preis und Ehre er allein diese Abenteuer unternahm und den Tadel der Welt auf sich lud, und wenn es ihm gelungen war, ein verlorenes Lamm zurückzuführen und in irgend einem heiligen Kloster unterzubringen, so dünkte er sich seliger vor der Himmelskönigin, als wenn er tausend Heiden bekehrt hätte. Denn dies war sein ganz besonderer Geschmack, daß er das Martyrium bestand, vor der Welt und selbst vor allen guten Christen als ein Unreiner und Wüstling [zu]¬ dazustehen, während die Allerreinste Frau im Himmel wohl wüßte, daß er noch nie ein Weib berührt habe und den [glänz \zendsten]¬ glänzendsten Kranz [der]¬ weißer Rosen unsichtbar auf seinem vielgeschmähten Haupte trage!

Einst hörte er von einer besonders gefährlichen Person, welche

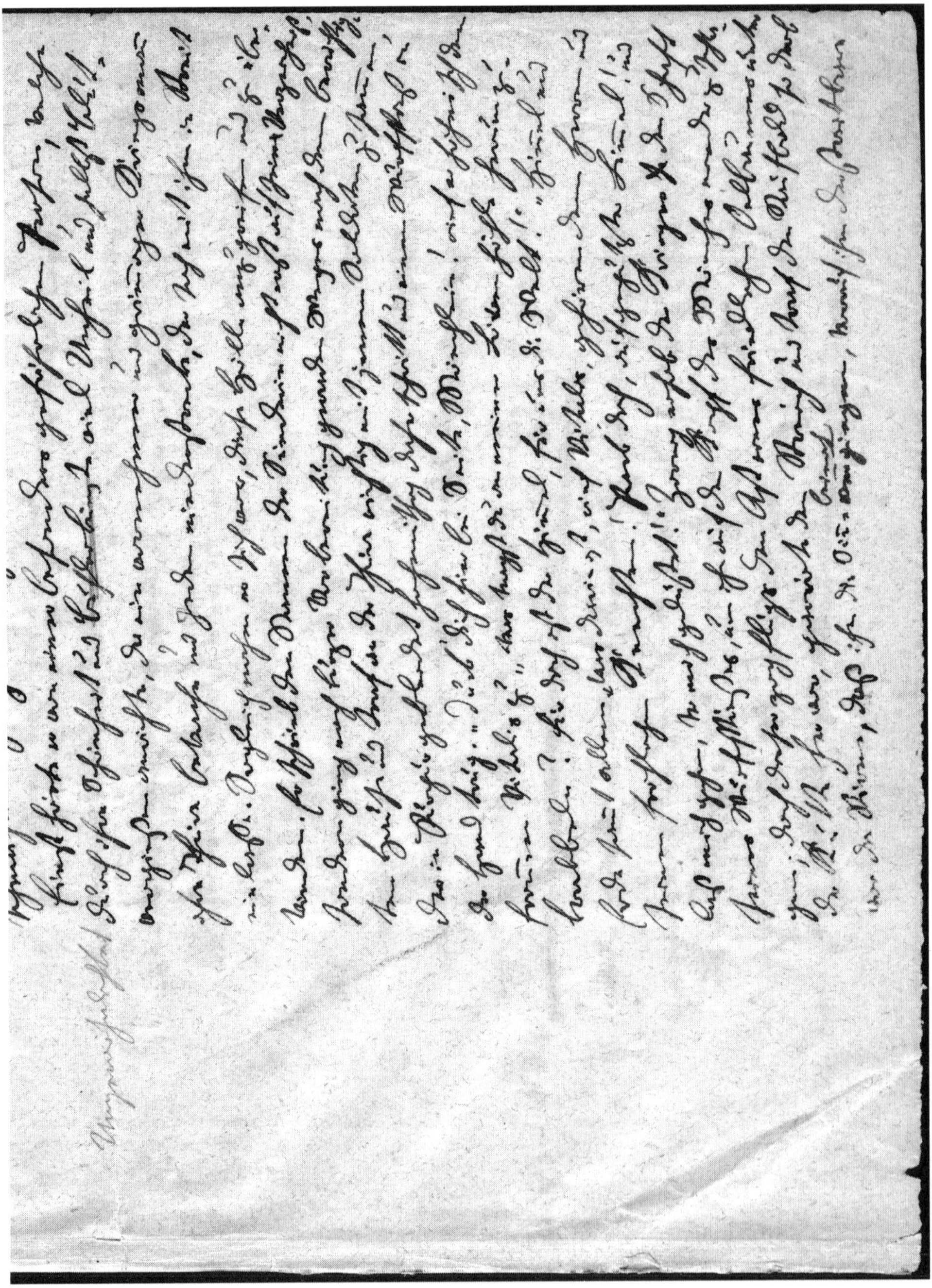

SL5 "Der bekehrte Märtyrer.", Ms. GK 14a, S. 19 unten

19.17 α durch ihre Schönheit und [Buhlerkünste] viel Unheil und selbst Blut-
β Ungewöhnlichkeit[60]
19.18 vergießen anrichte, da ein vornehmer und grimmiger Kriegsmann
ihre Thüre bewache und Jeden niederstrecke, der sich mit ihm in Streit
19.20 einlasse. Sogleich nahm er sich vor, diese Hölle anzugreifen und zu überwinden. Er schrieb den Namen der Sünderin nicht erst auf [seine]¬ sein Verzeichniß,
sondern ging nach kurzer Vorbereitung geraden Weges nach dem berüchtig-
ten Hause und traf an der Thüre richtig mit jenem Soldaten zusammen,
der in Purpur gekleidet hochmüthig daher^schritt und einen Wurfspieß in 389.10
19.25 der Hand trug. „Duck' dich hier bei Seite, Mönchlein! rief er höhnisch dem
frommen Vitalis zu „was wagst du an meiner Löwenhöhle herumzu-
krabbeln? Für dich ist der Himmel, für uns die Welt!" „Himmel und
Erde sammt allem[,] was darin ist, rief Vitalis, gehören dem Herren und
seinen fröhlichen Knechten! Pack' dich, aufgeputzter Lümmel! und
19.30 laß mich gehen, wo mich gelüstet!" Zornig erhob der Krieger [se]¬ den Schaft
seines Wurfspießes, um ihn auf den Kopf des Mönches nieder^zu^schla- 389.20
gen; doch dieser zog flugs den Ast eines friedlichen Oelbaumes unter
der Kutte hervor, parirte den Streich und traf den Raufbold so derb
vor die Stirne, daß ihm die Sinne ⟨beinah⟩ vergingen, worauf ihm der streitbare

---

60 19.17 Ungewöhnlichkeit] *Am Korrekturrand.*

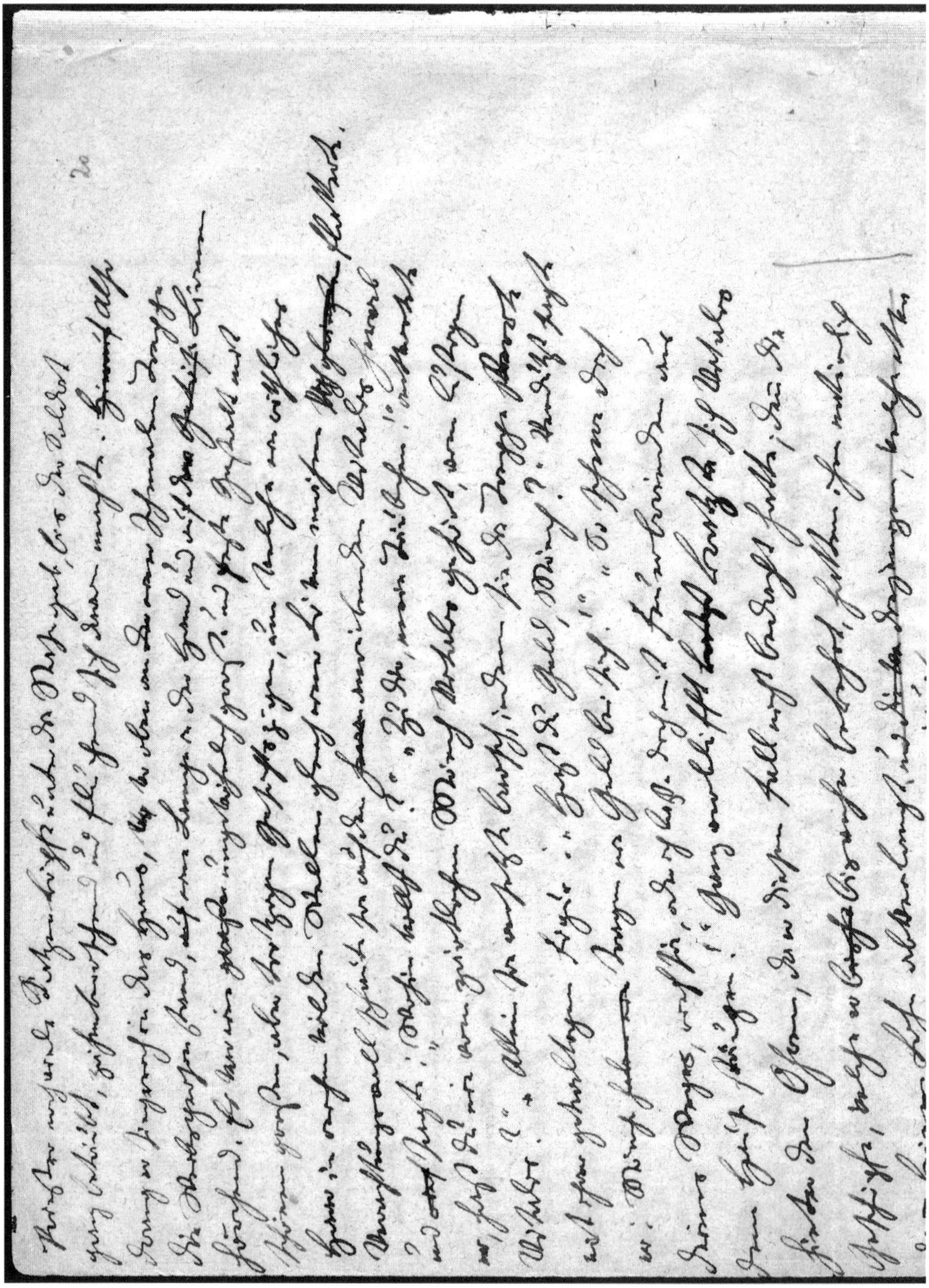

SL5 "Der bekehrte Märtyrer.", Ms. GK 14a, S. 20 oben

Priester noch viele Katzenköpfe unter die Nase gab, bis der Soldat
ganz betäubt, zähneknirschend und fluchend sich davon machte. [Hierauf] ⟨Also⟩
drang er siegreich in das Haus, [w*x*]¬ wo oben an [der]¬ einer schmalen Treppe
die Weibsperson stand, [auf]¬ eine Lampe in der Hand und auf [das Getöse] ⟨den Lärmen⟩
[hör]¬ horchend. Es war eine [große]¬ ungewöhnlich große und [*x*]¬ feste Gestalt mit *389.30*
schönen großen, aber trotzigen Gesichtszügen, um welche ein röthliches
Haar in reichen wilden Wellen gleich einer Löwenmähne [sich]¬ [glänzte.] ⟨flatterte.⟩[61]
Verachtungsvoll schaute sie auf den [heran]¬ anrückenden Vitalis herab *390.01*
und [rief]¬ sagte: „Wohin willst du?“ „Zu dir, mein Täubchen!“ antwortete
er, hast du nie vom zärtlichen Mönch Vitalis gehört, vom lustigen
Vitalis?“ [„]Allein sie versetzte barsch, indem sie die Treppe [sp*x*]¬ sperrte
mit ihrer gewaltigen Figur: „Hast du Geld, Mönch?“ Verdutzt sagte
er: Mönche [haben nie]¬ tragen nie Geld bei sich!“ „So scheere dich
deines Weges, rief sie, oder ich lasse dich mit Feuerbränden aus
dem Hause stäupen!“ Ganz verblüfft [katzt]¬ kratzte sich Vitalis
hinter den Ohren, da er diesen Fall nicht bedacht hatte; denn die[62] *390.10*

---

61 *20.07* flatterte.] *Nach der Streichung am Zeilenende (Korrekturrand).*
62 *20.16–18* denn … welche etwa] *Vertikaler Bleistiftstrich arR (Korrekturrand).*

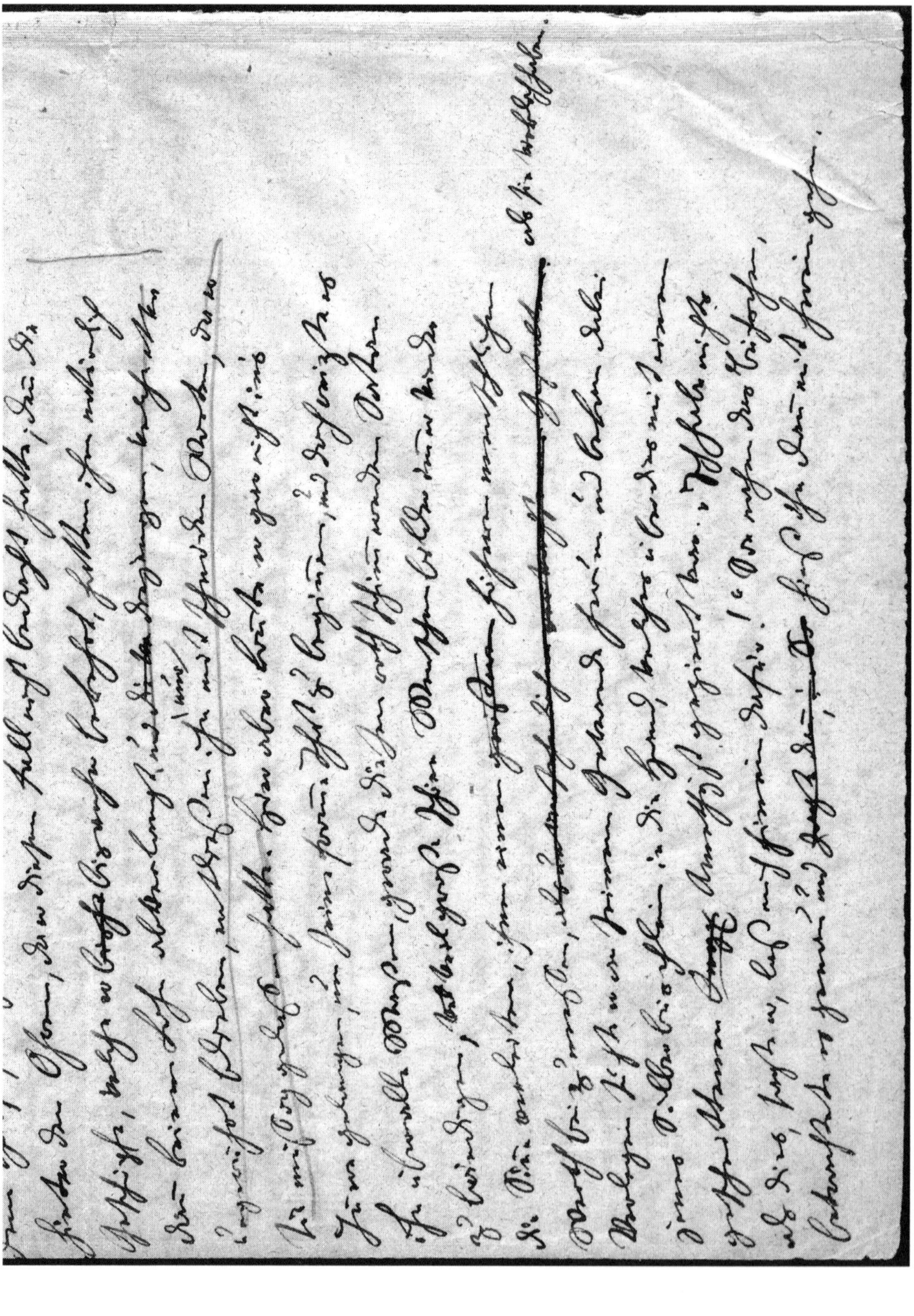

SL5 "Der bekehrte Märtyrer.", Ms. GK 14a, S. 20 unten

20.17 Geschöpfe, welche er [bishe]¬ bisanher bekehrt, hatten ihm natürlich
|–> dann keinen Lohn abverlangt⟨.⟩β β[und [die we]¬ diejenigen, welche etwa]
β[ungerührt blieben, entließen ihn ⟨nur⟩ mit schnöden Worten, da er]
20.20 –>| β[sie müssig gelassen hatte.] Hier aber konnte er gar nicht in's
Innere gelangen, um seine fromme That zu beginnen, und doch reizte es
ihn über^alle Maßen, gerade diesen roth schimmernden Satan
zu bändigen, [wel]¬ weil große schöne Menschenbilder immer wieder
die Sinne verleiten, ihnen einen [größeren]¬ höheren menschlichen
20.25 Werth bei^zu^messen, [als unansehnlichen [verwachsenen] Gestalten.]
als sie wirklich haben.[63]
20.26 Verlegen suchte er an seinem Gewande herum und bekam dabei 390.20
jenes Silberbüschlein in die Hand, welches überdies mit einem
geschnittenen [Onyx]¬ Amethyst geziert war. „Ich habe nichts
als dies, sagte er, laß mich hinein dafür!“ Sie nahm das Büchschen,
20.30 betrachtete es genau und [sagte dann: „So]¬ [sagte dann,]¬ hieß ihn dann mit herein gehen.

---

63 20.25 als sie wirklich haben.] *Nach der Streichung am Zeilenende (Korrekturrand).*

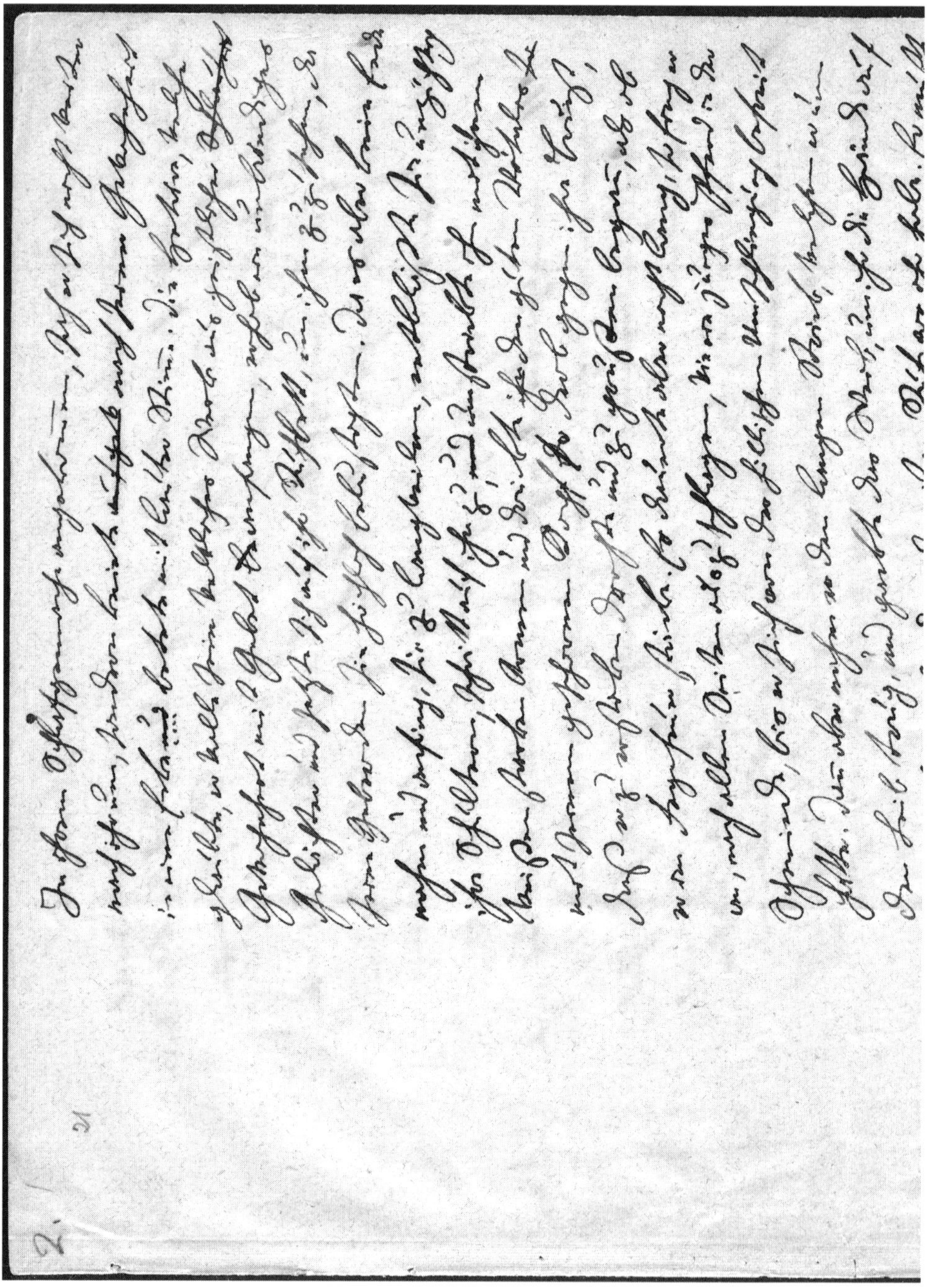

SL5 "Der bekehrte Märtyrer.", Ms. GK 14a, S. 21 oben

In ihrem Schlafgemache angekommen, sah er sich nicht weiter
nach ihr um, sondern kniete [auf gew]¬ nach seiner Gewohnheit
in eine Ecke [und] ⟨und⟩[64] betete mit lauter Stimme. Die Hetäre, welche
glaubte, er wolle sein weltliches Werk aus geistlicher [Schlauheit]¬
Gewohnheit mit Gebet [be]¬ anfangen, erhob ein unbändiges
Gelächter und setzte sich auf ihr Ruhbett, um ihm zuzusehen, da 390.30
seine Geberden sie höchlich belustigten. Da es aber kein Ende
nahm und anfing, sie zu langweilen, entblößte sie unzüchtig 391.01
ihre Schultern, schritt auf ihn zu [und]⟨,⟩ umstrickte ihn mit ihren
weißen starken Armen und drückte [ihn]¬ den guten Vitalis [so]¬
mit seinem geschornen Kopf [de]¬ so derb gegen ihre Brust,
daß er zu ersticken drohte und zu prusten begann, als ob
er im Fegefeuer stäcke. Es dauerte aber nicht lang, so fing er
an, nach allen Seiten auszuschlagen, wie ein junges Pferd in der
Schmiede, bis er sich von der höllischen Umschlingung befreit

64 21.03 und] *Durch Unterpunktung wieder eingesetzt.*

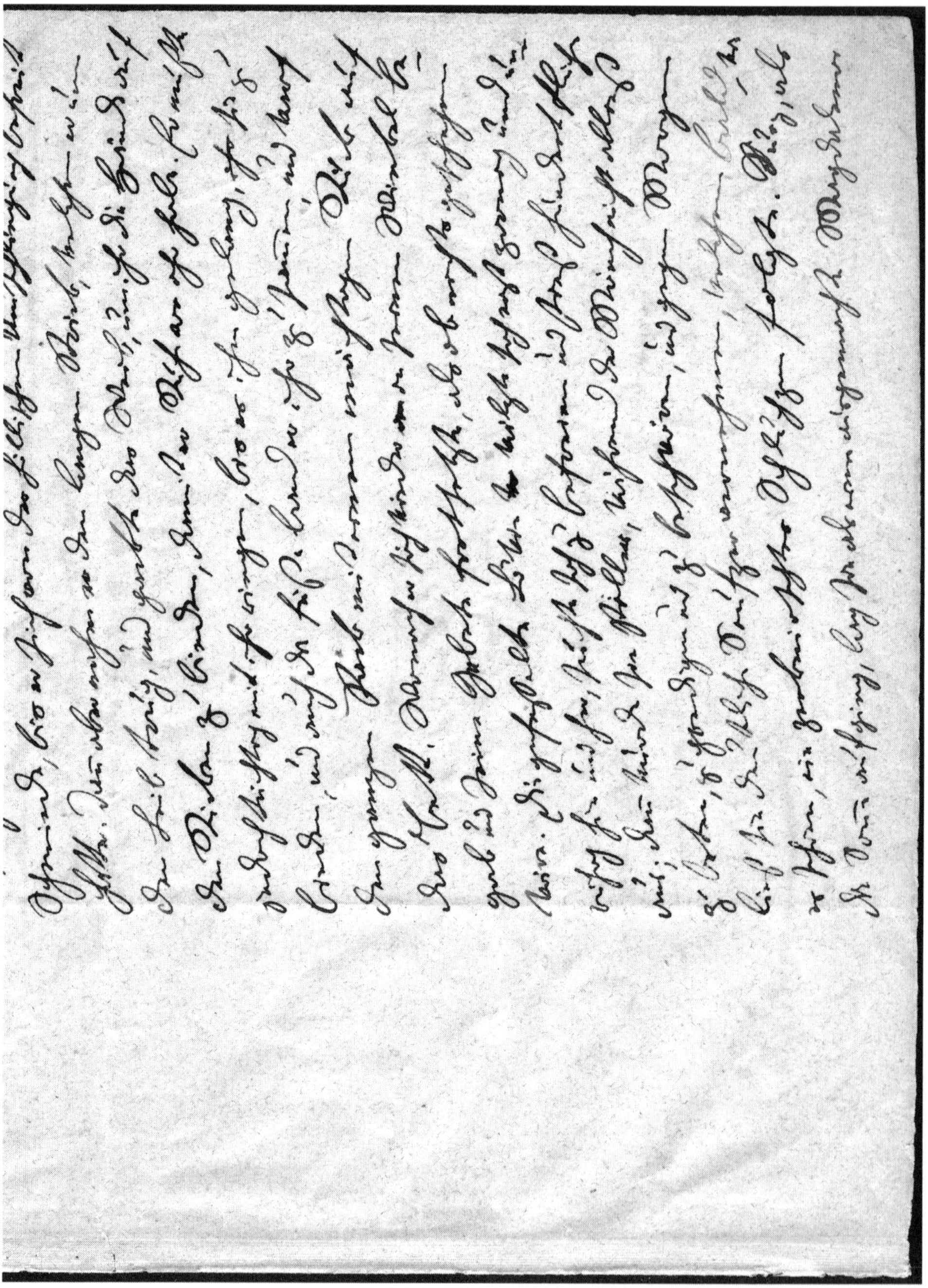

SL5 "Der bekehrte Märtyrer.", Ms. GK 14a, S. 21 unten

hatte. Dann aber nahm er den langen Strick, welchen er um den Leib trug, und packte das Weib, um ihr die Hände auf den Rücken zu binden, damit er Ruhe vor ihr habe. Er mußte jedoch tüchtig mit ihr ringen, bis es ihm gelang, [ihr]¬ sie zu binden, und auch die Füße band er ihr zusammen⟨,⟩ und warf den ganzen Pack mit einem mächtigen Ruck auf das Bett. Wonach er sich wieder [an]¬ in seinen Winkel be-gab und seine Gebete fortsetzte, als ob nichts geschehen wäre. Die gefesselte Löwin [w]¬ wälzte sich erst zornig und un-ruhig hin und her, suchte sich zu befreien und stieß hundert Flüche aus; dann wurde sie stiller, während der Mönch nicht abließ zu beten, zu predigen und zu beschwören, und gegen Morgen ließ sie deutliche Seufzer vernehmen, welchem bald, wie es schien, ein zerknirschtes Schluchzen folgte. Kurz, als die Sonne aufging, lag sie als eine ausgemachte Magdalena

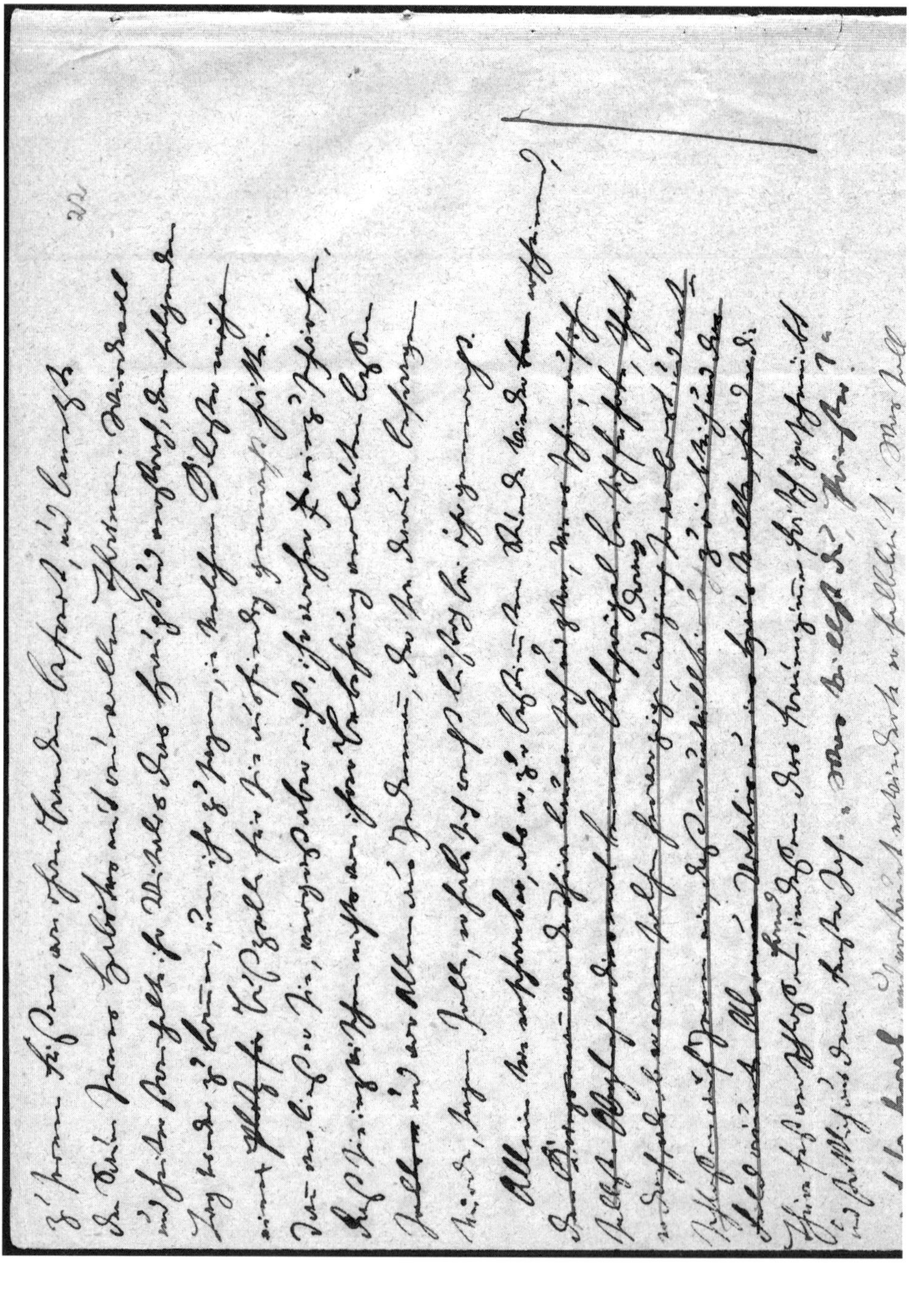

SL5 "Der bekehrte Märtyrer.", Ms. GK 14a, S. 22 oben

zu seinen Füßen, von ihren Banden befreit, und benetzte
den Saum seines Habites mit reuevollen Thränen. Würdevoll
und heiter streichelte ihr Vitalis das Haupt und versprach, den folgenden
Tag wieder zu kommen, um ihr zu sagen, in welchem Kloster er [ihr]
[einen Platz für]¬ eine Bußzelle für sie ausfündig gemacht hätte.
Dann verließ er sie, vergaß aber nicht, ihr vorher [*h*]¬ einzuschärfen,
daß sie inzwischen nichts von ihrer Bekehrung verlauten lassen
[solle *x*]¬ und vor Allem aus Jedermann, der sie darum befragen 391.30
würde, sagen solle, er habe sich recht lustig bei ihr gemacht.

Allein[65] wie erschrack er, als [er] zur bestimmten Stunde wieder [kam]
er, erscheinend,[66] 392.01
22.11 I-> 1 [den Kriegsmann vor der Thüre lauern sah und zwar, wie es schien, auf ihn]
1 [selbst. Obgleich er diesmal keinen Oelprügel bei sich führte, that]
1 [er doch, als ob er einen solchen hervorzöge, und [ging] ⟨drang⟩ so erbost und ent-]
1 [schlossen auf Jenen ein, daß er unwillkürlich zurückwich und das]
1 [Feld räumte. Als [er nun]¬ Vitalis nun ins Haus wollte, fand er][67] die

---

65 *22.10–16* Allein … geschmückt] *Am Korrekturrand vertikaler Strich mit Tinte, vermutlich als Markierung für die vorgesehene Überarbeitung (Tilgung).*

66 *22.10* er … erscheinend] *Ev. Sofortkorrektur, sicher vor der Markierung der gesamten Passage;* erscheinend *nach der Streichung am Zeilenende (Korrekturrand).*

67 *22.11–15* den Kriegsmann … fand er] *Zeilenweise gestrichen, ev. 1871.*

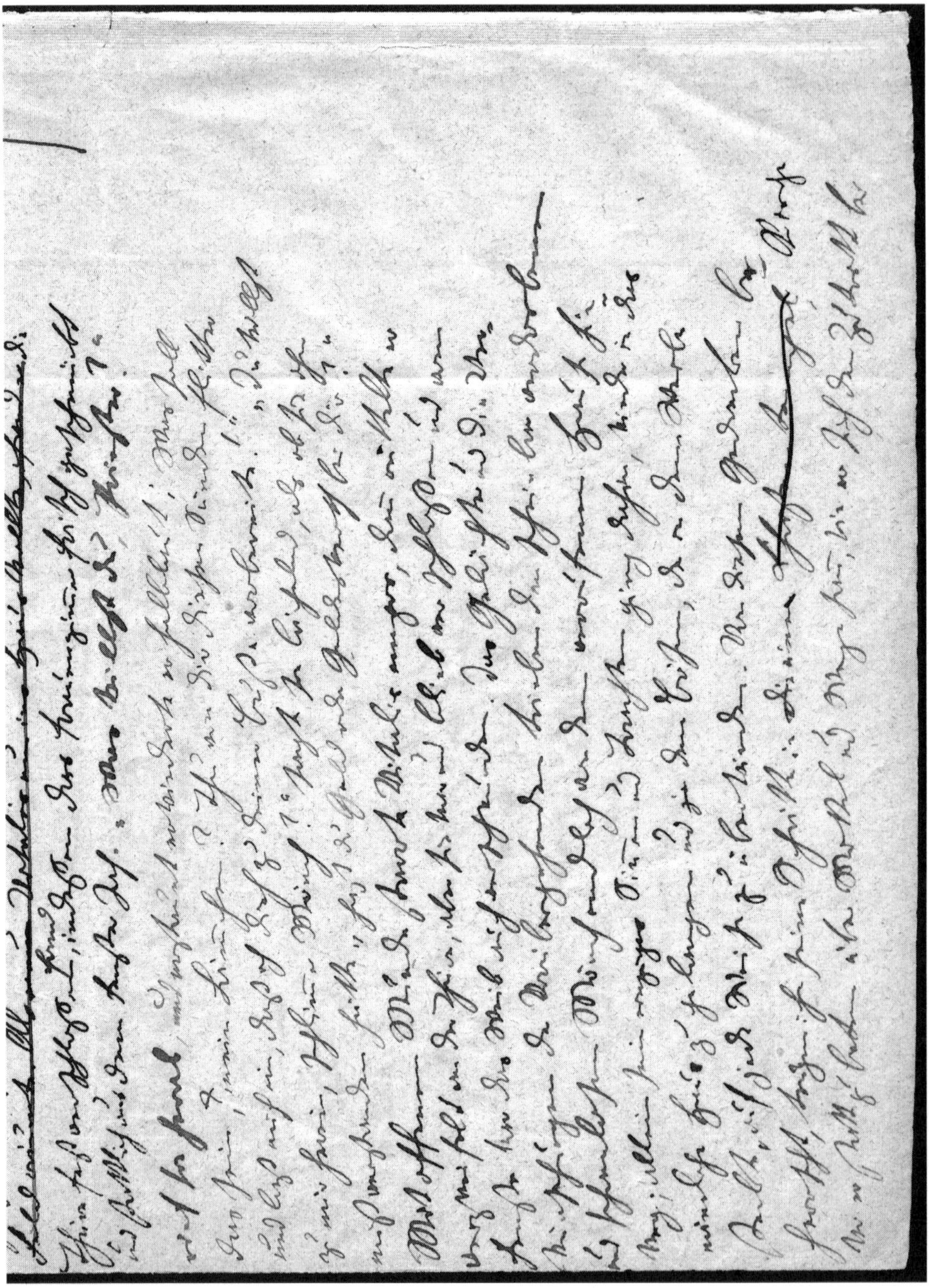

SL5 "Der bekehrte Märtyrer.", Ms. GK 14a, S. 22 unten

1 Thüre fest [verschlossen,] indessen das Frauenzimmer frisch geschmückt
->| 2 verschlossen fand,
und stattlich aus dem Fenster sah. „Was[68] willst du, Priester?“
rief sie herab, und erstaunt erwiederte er halblaut: Was soll
das sein[?]¬, mein Lämmchen? Thu von dir diesen Sündenflitter
und laß mich ein, daß ich dich zu deiner Buße vorbereite!“ „Du willst
zu mir herein, schlimmer Mönch?“ sagte sie lächelnd, als ob sie ihn
mißverstanden hätte „hast du Geld oder Geldeswerth bei dir?“
Mit offenem Munde starrte Vitalis empor, dann rüttelte er
verzweifelt an der Thüre, aber sie war und blieb verschlossen und vom
Fenster war das Weib auch verschwunden. Das Gelächter und die Verwünschungen der Vorübergehenden trieben den scheinbar verdorbenen
und schamlosen Mönch endlich von dem verrufenen Hause hinweg; allein sein einziges Sinnen und Trachten ging dahin, wieder in das
nämliche Haus zu gelangen und [j*x*]¬ den Bösen, der in dem Weibe
steckte, auf jede Weise zu überwinden. Von diesem Gedanken be-
herrscht, trugen ihn seine Schritte in [die]¬ [einen Christentempel] ⟨eine Kirche⟩[69],
wo er statt zu beten über Mittel und Wege sann, wie er sich den Zutritt bei

68 22.17 Was ...] *Ab hier hellere Tinte.*
69 22.31 Kirche] *Am Zeilenende, mit dunklerer Tinte.*

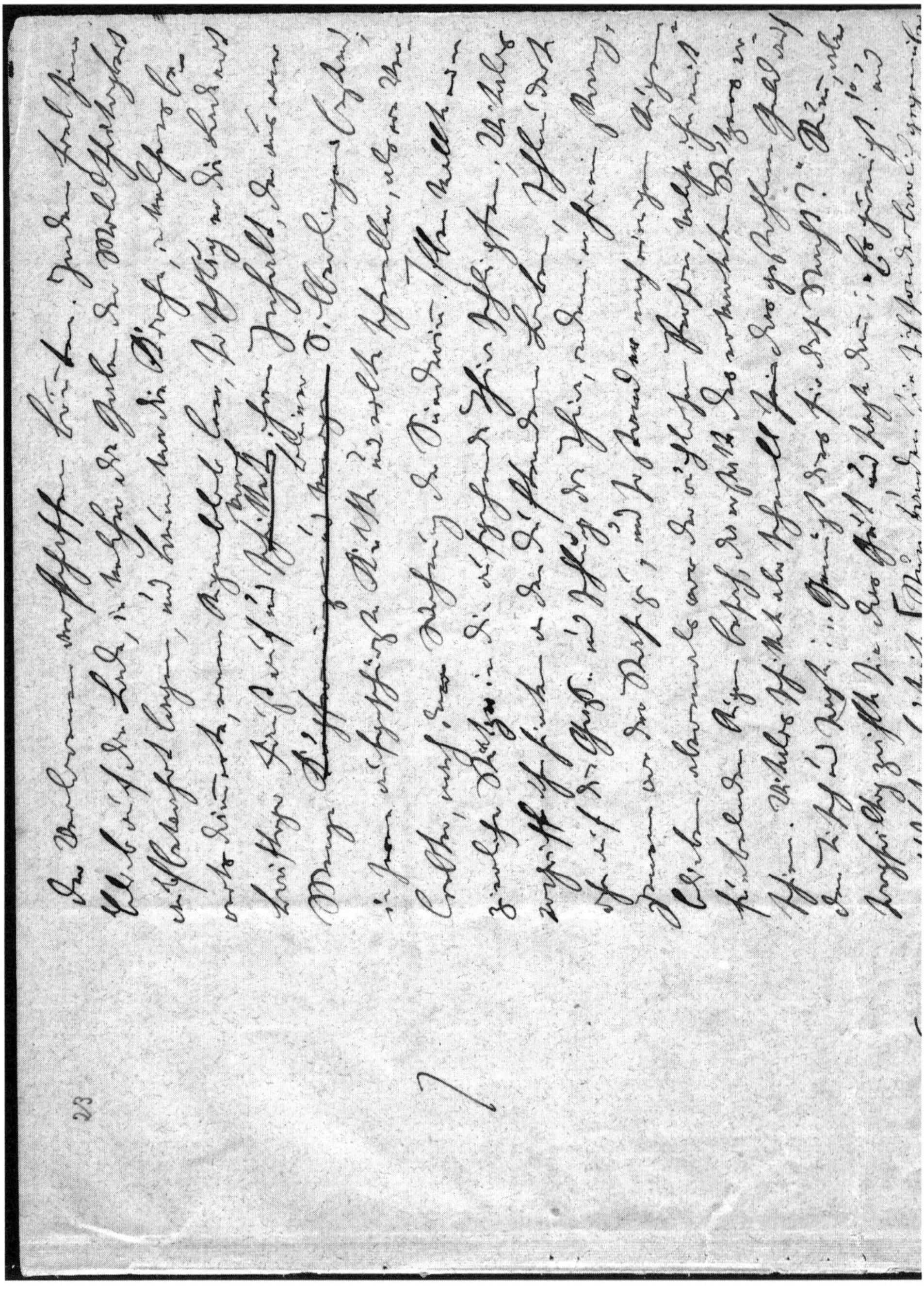

SL5 "Der bekehrte Märtyrer.", Ms. GK 14a, S. 23 oben

der Verloren verschaffen [könn*e*]¬ konnten. Indem fiel sein
Blick auf die Lade, in welcher die Gaben der Mildthätigkeit
aufbewahrt lagen, und kaum war die Kirche, in welcher es bereits dämmerte, einen Augenblick leer, so schlug er die Lade mit
kräftiger Faust auf und [schüttete] ⟨warf⟩ ihren Inhalt, der aus einer
Menge [Kupfermünzen und wenigen Silberlingen] ⟨kleiner Silberlinge⟩ bestand;
in seine aufgeschürzte Kutte und eilte schneller, als ein Ver-
liebter, nach [dem]¬ der Wohnung der Sünderinn.⟨¶⟩[70] Eben wollte ein
zierlicher Stutzer in die aufgehende Thüre schlüpfen; Vitalis 392.30
ergriff ihn hinten an den duftenden Locken, schleuderte
ihn auf die Gasse und schlug die Thüre, indem er hinein sprang,
[*j*]¬ Jenem vor der Nase zu, und so stand er[71] nach einigen Augen- 393.01
blicken abermals vor der ruchlosen Person, welche ihn mit
funkelnden Augen besah, da er statt des erwarteten Stutzers erschien. Vitalis schüttete aber schnell [sein]¬ das gestohlene Geld auf
den Tisch und sagte: „Genügt dies für diese Nacht?“ Stumm, aber

---

70 23.08 Sünderinn.] *Absatzende nachträglich markiert, Markierung am Korrekturrand wiederholt; ebenso 23.18, 23.29, 24.05, 24.15, 24.24, 24.29, 25.02, 26.23, 39.15, 48.39.*

71 23.12 stand er] *Einzelne Buchstaben nachträglich mit der Feder verdeutlichend nachgezogen.*

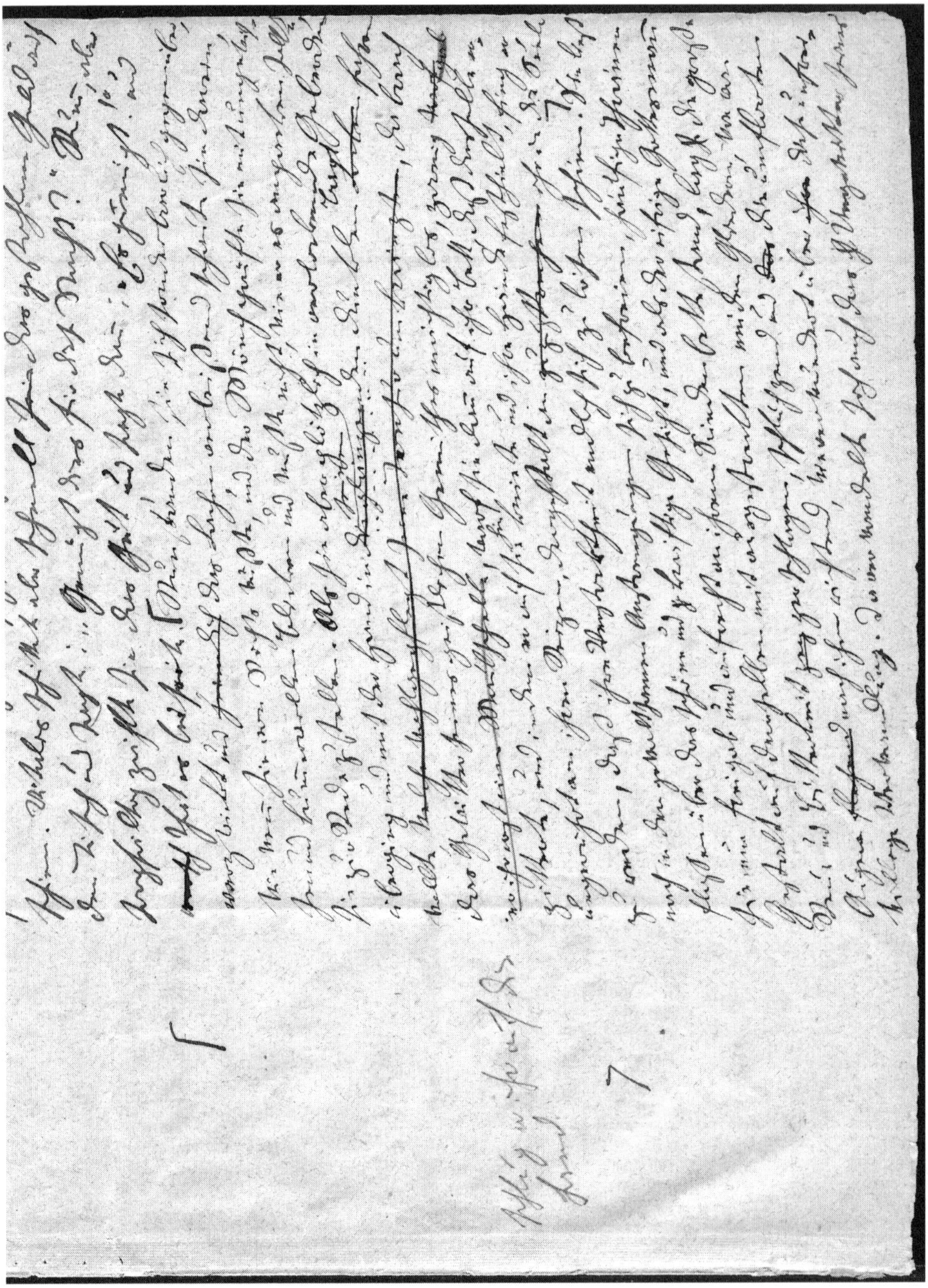

SL5 "Der bekehrte Märtyrer.", Ms. GK 14a, S. 23 unten

23.17 sorgfältig zählte sie das Gut [und]⟨,⟩ sagte dann: „Es [gü]¬ genügt!“ und
[versch]¬ that es beiseite.[72]⟨¶⟩ Nun standen sie sich sonderbarlich gegenüber,
verzwickt und [heimlich] das Lachen verbeißend schaute sie darein,
23.20 wie wenn sie von Nichts wüßte, und der Mönch prüfte sie mit ungewis-
sen und kummervollen Blicken und wußte nicht, wie er es anpacken sollte, 393.10
sie zur Rede zu stellen. Als sie aber plötzlich in verlockende Geberden
23.23 |–> 1 überging und mit der Hand in [die glänzenden] dunklen [Locken] fahren
2 seinen Bart
3 glänzenden[73]
23.24 1 wollte, [welche wohlgepflegt seine Tonsur umkränzten], da brach
–>| 2
23.25 |–> α das Gewitter seines geistlichen Gemüthes mächtig los, zornig [warf]¬ [gab]
β schlug
23.26 α [er ihr erst eine Maulschelle,] warf sie dann auf ihr Bett, daß dasselbe er-
–>| β er ihr auf die Hand,[74]
23.27 zitterte, und indem er auf sie ⟨hin⟩ kniete und ihre Hände festhielt, fing er,
ungerührt von ihren Reizen, [dergelt]¬ dergestalt an [zuzusprechen]¬ ihr in die Seele
zu reden, daß ihre Verstocktheit endlich sich zu lösen schien.⟨¶⟩ Sie ließ
23.30 nach in den gewaltsamen Anstrengungen sich zu befreien, häufige Thränen 393.20
flossen über das schöne und [g]¬ kräftige Gesicht, und als der eifrige Gottesmann
sie nun frei gab und aufrecht an ihrem Sündenbette stand, lag [s]¬ die große
Gestalt auf demselben mit ausgestreckten müden Gliedern, wie von
Reue und Bitterkeit [zeg]¬ zerschlagen, schluchzend und [das]¬ die umflorten
23.35 Augen [flehend] nach ihm richtend, wie verwundert über [ihre]¬ diese unfrei-
willige Verwandlung. Da verwandelte sich auch das [G]¬ Ungewitter seines

---

72 23.18 beiseite.] *Einzelne Buchstaben nachträglich mit feiner Feder verdeutlichend nachgezogen. Vermutlich Ende der Abschrift; danach Neuansatz: feinere Feder, dunklere Tinte, gedrängtere Schrift.*

73 23.23 glänzenden] *Durch Unterpunktung wieder eingesetzt.*

74 23.25–26 schlug er ihr auf die Hand] *Am Korrekturrand.*

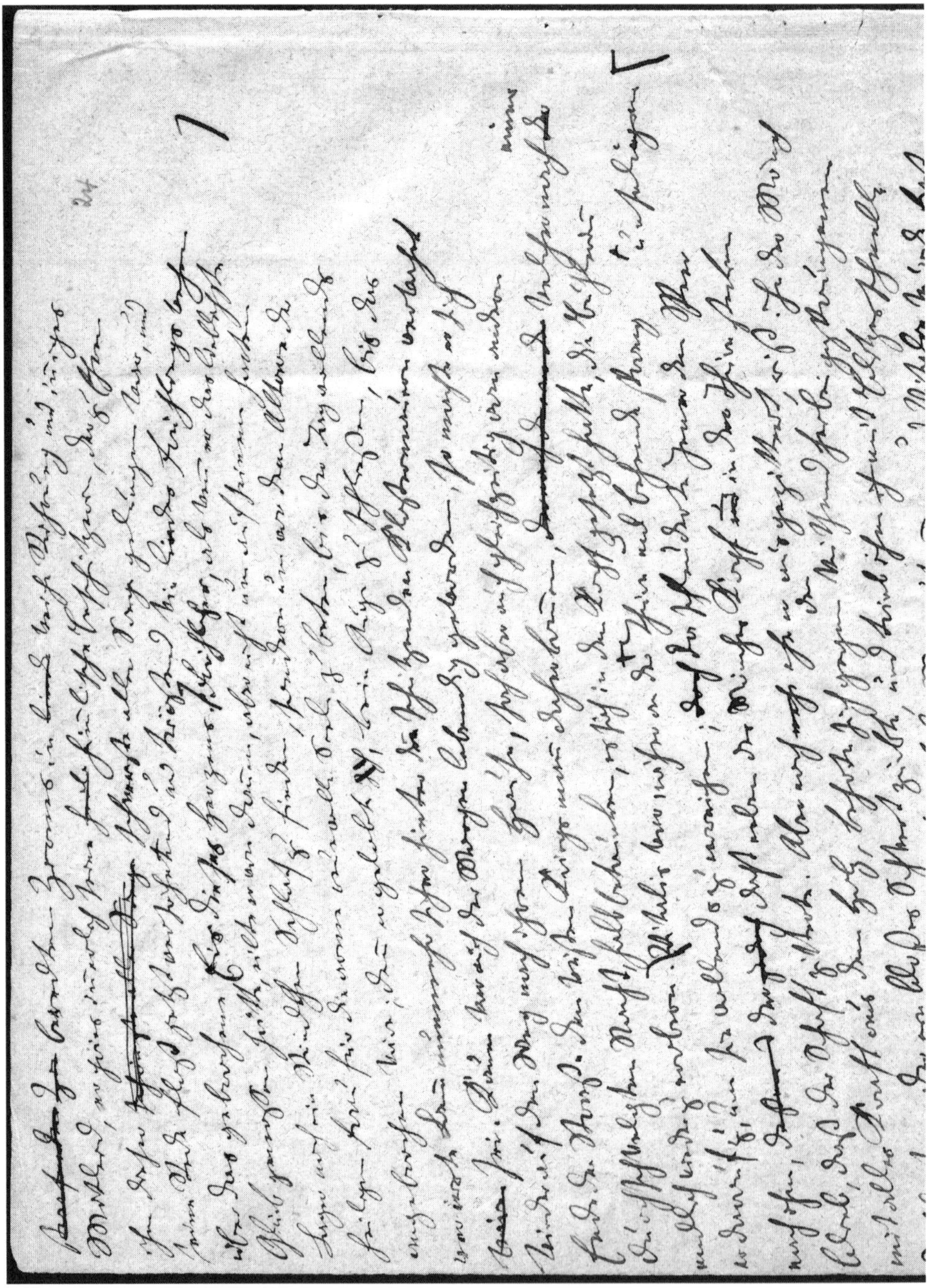

SL5 "Der bekehrte Märtyrer.", Ms. GK 14a, S. 24 oben

[strafenden] [Zor]¬ beredten Zornes in [linde] weiche Rührung und inniges
Mitleid, er pries innerlich seine [heili]¬ himmlische Beschützerin, der zu Ehren
ihm dieser [schönste aller Siege]¬ schwerste aller Siege gelungen war, und 393.30
seine Rede floß jetzt [versöhnt]¬ versöhnend und tröstend, wie lindes Frühlingswehen
über das gebrochene Eis dieses Herzens.⟨¶⟩ Fröhlicher, als wenn er das lieblichste 394.01
Glück genossen hätte, eilte er von dannen, aber nicht um auf seinem harten
Lager noch ein [Stündl]¬ Stündchen Schlaf zu finden, sondern um vor dem Altare der
heiligen Frau für die arme reuevolle Seele zu beten, bis der Tag vollends
angebrochen wäre; denn er gelobte [sich], kein Auge zu schließen, bis das
verirrte[75] Lamm nunmehr sicher hinter [die] ⟨den⟩ schützenden Klostermauern verwahrt
[wäre.]¬ sei. Kaum war auch der Morgen lebendig geworden, so machte er sich
wieder auf den Weg nach ihrem Hause, sah aber auch gleichzeitig vom andern 394.10
Ende der Straße den wüsten Kriegsmann daher^kommen, [der nach der]¬ [in der]¬ welcher nach [der] ⟨einer⟩
durchschwelgten Nacht, halb betrunken, es sich in den Kopf gesetzt hatte, die Buhlerinn
endlich wieder zu erobern.⟨¶⟩ Vitalis war näher an der ⟨unseligen⟩[76] Thüre und behende sprang
er darauf zu, um sie vollends zu erreichen; [doch] da schleuderte Jener den Speer
nach ihm, [daß er d]¬ der [jedoch] dicht neben des Mönches Kopf [und] in der Thüre stecken
blieb, daß der Schaft zitterte. Aber noch [x]¬ [eh]¬ ehe er ausgezittert, riß ihn der Mönch

---

75 24.10 verirrte …] *Ab hier hellere Tinte.*
76 24.15 unseligen] *arR (+), vor Abschluß der dadurch verkürzten Textzeile.*

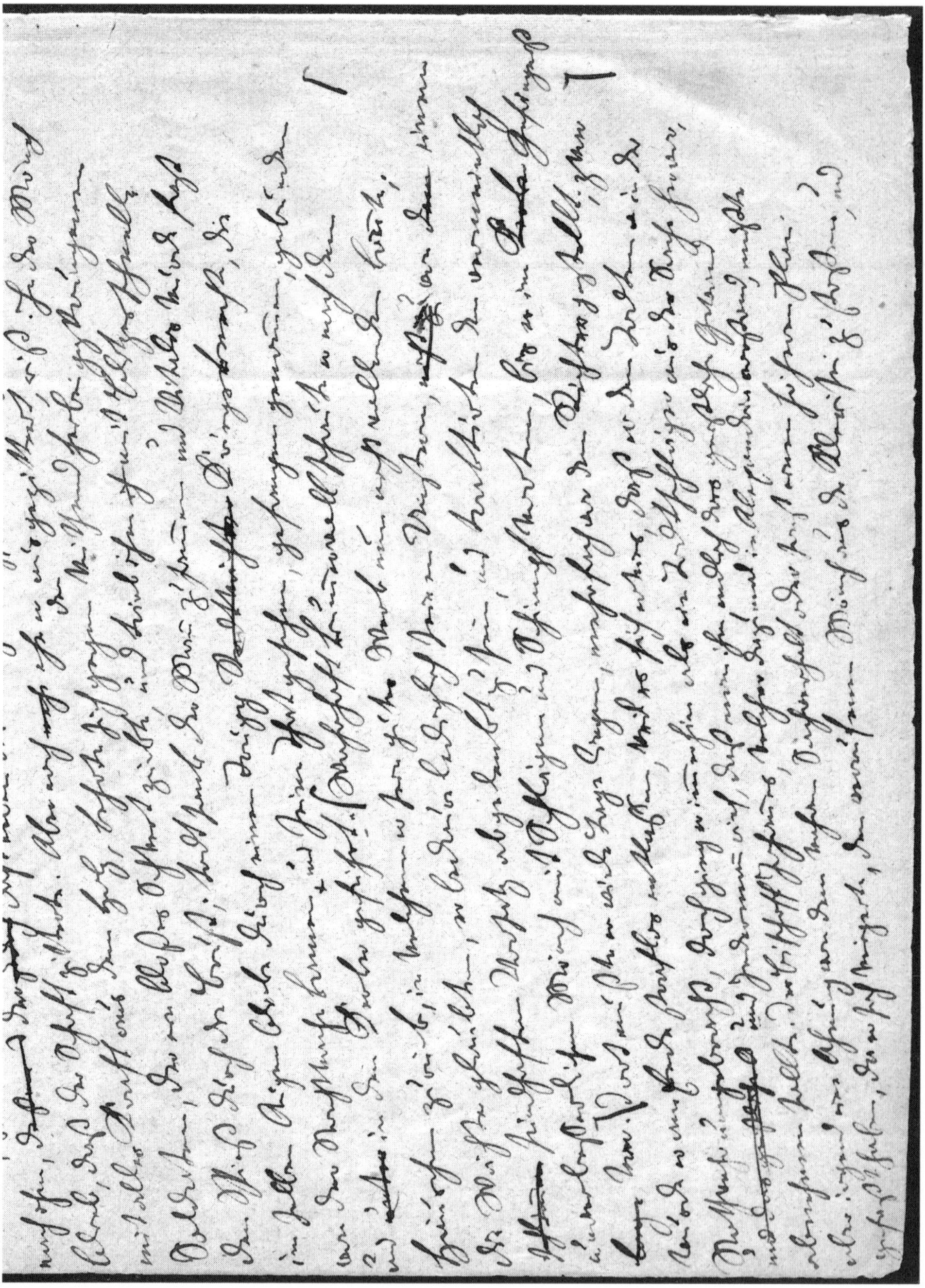

SL5 "Der bekehrte Märtyrer.", Ms. GK 14a, S. 24 unten

mit aller Kraft aus dem Holz, kehrte sich gegen ⟨den⟩ wüthend herbei^gesprungenen
Soldaten, der ein bloßes Schwert zückte, und trieb ihm [ih]¬ mit Blitzesschnelle 394.20
den Spieß durch die Brust; todt sank der Mann zusammen und Vitalis wurde fast
im selben Augenblicke durch einen Trupp [Stadtwach*en*]¬ [Stadtwächter]¬ Kriegsknechte, die
von der Nachtwache kamen[,] und seine That gesehen, gefangen genommen, gebunden
und [unter]¬ in den Kerker geführt.⟨¶⟩ Wahrhaft kummervoll schaute er nach dem
Häuschen zurück, in welchem er sein gutes Werk nun nicht vollenden konnte;
die Wächter glaubten, er bedaure lediglich seinen Unstern, [nicht [zu]]¬ von [dem] ⟨einem⟩
[schlimmen] sündhaften Vorsatz abgelenkt zu sein, und traktirten den vermeintlich 394.30
unverbesserlichen Mönch mit Schlägen und Schimpfworten, bis er im [Kerker] ⟨Gefängniß⟩
[lag.]¬ war.⟨¶⟩ Dort mußte er viele Tage liegen, mehrfach vor den Richter gestellt; zwar 395.01
wurde er am Ende straflos entlassen, weil es sich erwies, daß er den Todten [*a*]¬ in der
Nothwehr umgebracht, doch ging er immerhin als ein Todtschläger aus der Sache hervor,
[und das geistliche G]¬ und Jedermann rief, daß man ihm endlich das geistliche Gewand
abnehmen sollte. Der Bischoff Johannes, welcher dazumal in Alexandria vorstand, mußte
aber irgend eine Ahnung von dem wahren Sachverhalt oder sonst einen höheren Plan
gefaßt haben, da er sich weigerte, den verrufenen Mönch aus der Klerisei zu stoßen, und

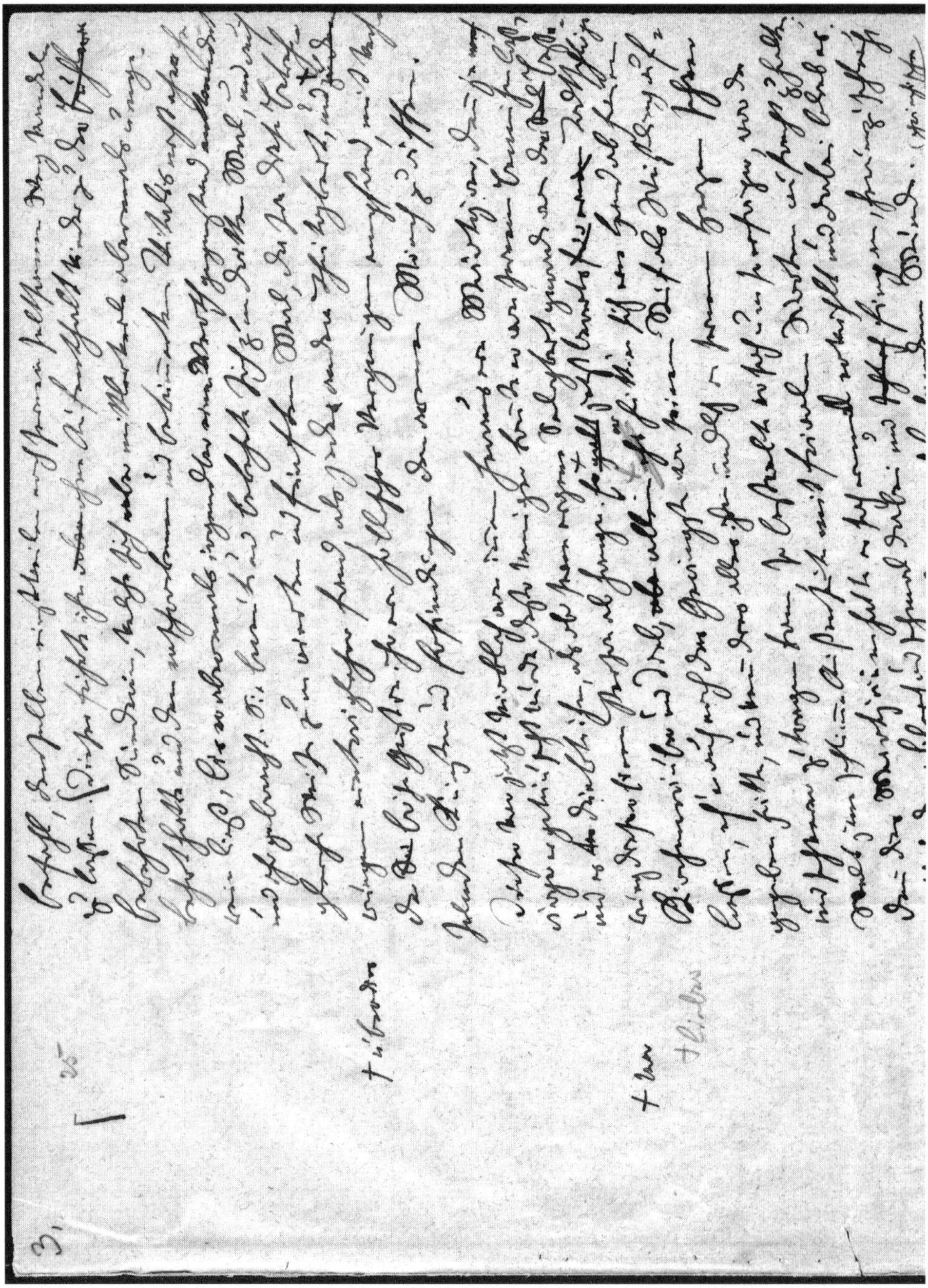

SL5 "Der bekehrte Märtyrer.", Ms. GK 14a, S. 25 oben

25.01 befahl, denselben einstweilen noch seinen seltsamen Weg wandeln 395.10
zu lassen.⟨¶⟩ Dieser führte ihn [aber] ohne Aufenthalt wieder zu der [Buhlerin]¬
bekehrten Sünderin, welche sich aber mittlerweile abermals umge-
kehrt hatte und den erschrockenen und bekümmerten Vitalis nicht eher he-
25.05 rein ließ, bis er abermals irgendwo einen Werthgegenstand entwendet
und ihr gebracht. Sie bereute und bekehrte sich zum dritten Mal, und auf
gleiche Weise zum vierten und fünften Mal, da sie diese Bekeh-
rungen einträglicher fand, als [jedes] ⟨jede⟩ andere Thätigkeit, und [zudem] ⟨überdies⟩[77]
der [S*ü*]¬ böse Geist in ihr ein höllisches Vergnügen empfand, mit wech-
25.10 selnden Künsten und Erfindungen den armen Mönch zu äffen. 395.20

Dieser war jetzt wirklich von innen heraus ein Märtyrer, denn je [meh]¬
ärger er getäuscht wurde, desto weniger konnte er von seinem Bemühen lassen
und es [w]¬ dünkte ihm, als ob seine eigene Seligkeit gerade von der [Sel]¬ Besse-
25.14 rung dieser Einen Person ab^hange. Er [galt] jetzt bereits [für] [einen] Todtschläge[...]
war[78] ein
25.15 α Kirchenräuber und Dieb, [ab]¬ allein [ehe] hätt' er sich eine Hand abhauen
α [eher]
β lieber[79]
25.16 lassen, eh' er auch noch das Geringste von seinem Ruf als Wüstling aufgegeben hätte, und wenn dies alles ihm [*in*]¬ endlich in seinem Herzen schwer
und schwerer zu tragen kam, so bestrebte er sich um so eifriger, vor der
Welt jene schlimme Außenseite mit frivolen Worten aufrecht zu halten; 395.30

77 *25.08* überdies] *Am Korrekturrand (+).*
78 *25.14* war] *Am Korrekturrand (+).*
79 *25.15* lieber] *Am Korrekturrand (+).*

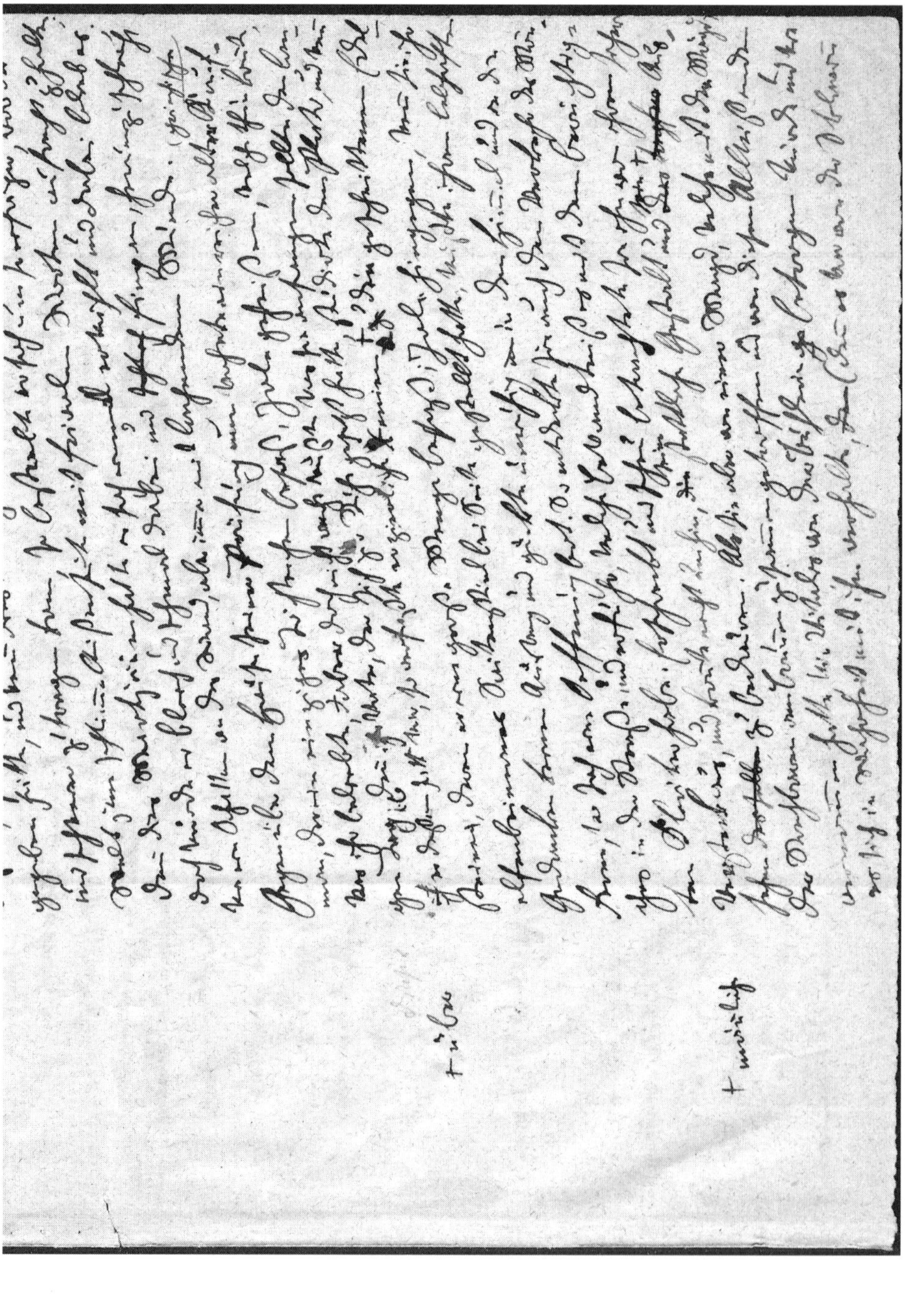

SL5 "Der bekehrte Märtyrer.", Ms. GK 14a, S. 25 unten

25.20 denn dies Martyrium hatte er sich [einm*l*]¬ einmal erwählt und dabei blieb es;
doch wurde er bleich und schmal dabei und [schlich]¬ fing an, herumzuschleichen [80] 396.01
wie ein Schatten an der Wand, aber immer mit lachendem Munde.

Gegenüber dem Hause seiner Prüfung nun wohnte ein reicher alter ⟨griechischer⟩ Kaufman, der ein einziges Töchterchen besaß, Jole geheißen, welche thun konnte,
25.25 was ihr beliebte, [d]¬ aber doch nicht recht wußte was sie anfangen sollte den langen [Tag; denn] ⟨Tag. Denn⟩ ihr Vater, der sich zur Ruhe gesetzt hatte, studirte den Plato, und wenn
25.27 α [ih]¬ er dessen satt war, so verfaßte er zierliche [Xenien, zu den] geschnittenen [Edel\steinen,]
α Xenien über[81] die Edel\steine,
β dieses [81]
25.28 deren er eine große Menge besaß; Jole hingegen, wenn sie ihr 396.10
elfenbeinernes Saitenspiel bei Seite gestellt hatte, wußte ihren lebhaften
25.30 Gedanken keinen Ausweg und guckte unruhig [an]¬ in den Himmel und in die
Ferne, wo sich eine Oeffnung bot. So entdeckte sie auch den Verkehr des Mönches in der Straße und erfuhr, welche Bewandtniß es mit dem berüchtig-
ten Kleriker habe. Erschreckt und scheu betrachtete sie ihn von ihrem sichern
25.34 |-> 1 Versteck aus, und konnte nicht umhin, [die] stattliche Gestalt und das [tapfere] Aus-
2 [das] männliche [82]
3 seine sein
25.35 1 sehen desselben zu bedauren. Als sie aber von einer Magd, welche mit den Mägden
2 [ ]
->| 3
25.36 der Nachbaren am Brunnen zusammen getroffen und von diesen Allwissenden 396.20
vernommen hatte, wie Vitalis von der Buhlerin [ge]¬ betrogen würde und wie
es sich in Wahrheit mit ihm verhalte, [den]¬ (denn es war von der Sklavinn

---

80 *25.21* herumzuschleichen] *Endverschleifung* -en
81 *25.27* über] *Am Korrekturrand (+).*
dieses] *Am Korrekturrand; durch die früher erfolgte Korrektur von* über *(25.27) nach oben verschoben; nur schwach erkennbar, ev. radiert.*
82 *25.34* männliche] *Am Korrekturrand (+); ohne Anpassung der Flexion in Schicht 3.*

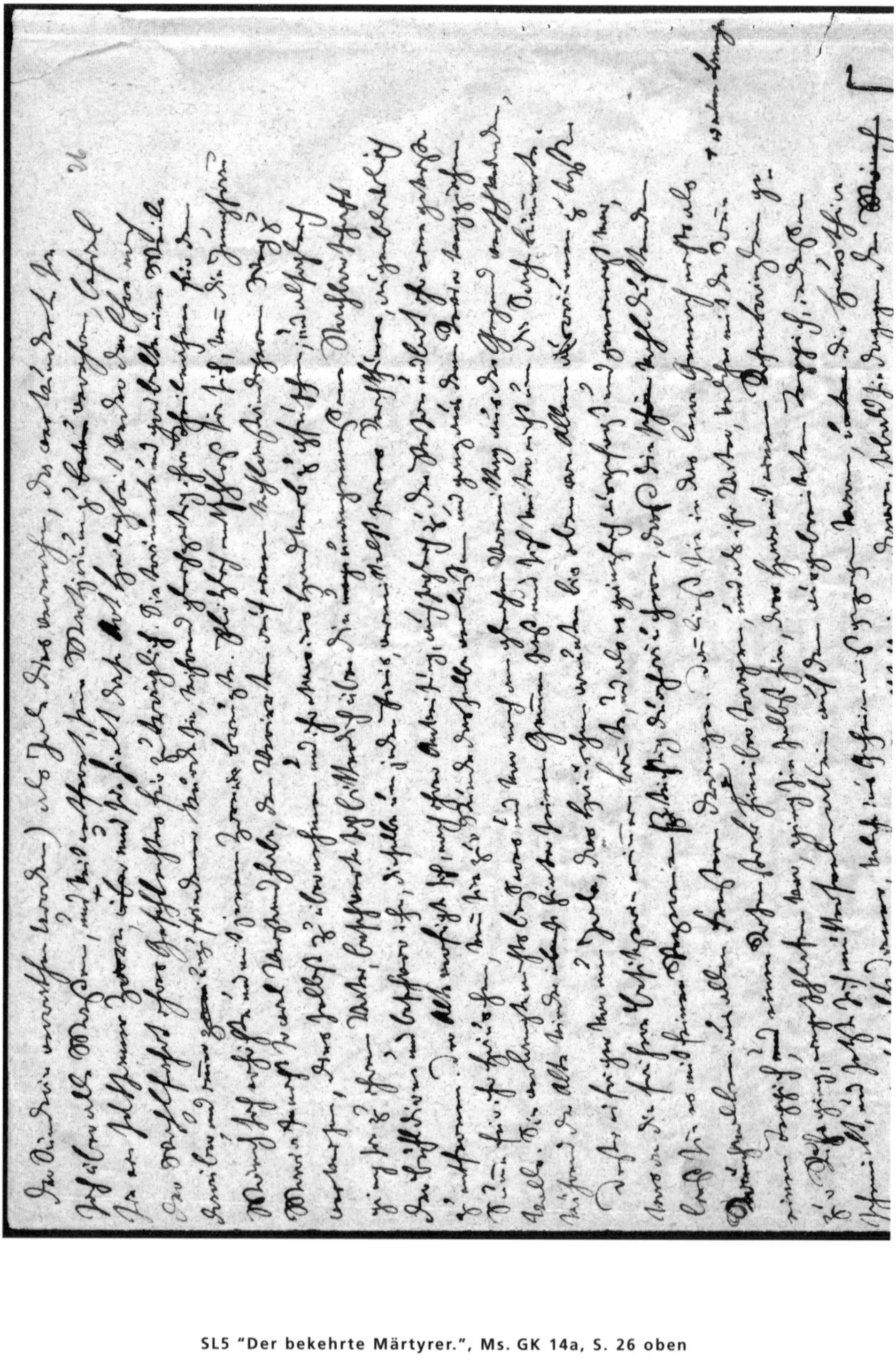

SL5 "Der bekehrte Märtyrer.", Ms. GK 14a, S. 26 oben

der Sünderin verrathen worden) als Jole dies vernahm, da verwunderte sie
sich über alle Maßen, und[,] weit entfernt, sein Martyrium zu [bewu]¬ verehren, befiel
sie ein seltsamer [Z*or*]¬ [Zorn über]¬ Zorn, und sie hielt diese Art Heiligkeit weder der Ehre noch
der Wohlfahrt ihres Geschlechtes für zuträglich. Sie träumte und grübelte eine Weile
darüber, und immer [zorni]¬ unzufriedener wurde sie, während gleichzeitig ihre Theilnahme für den
Mönch sich erhöhte und mit jenem [Zorn in]¬ Zorne kreuzte. Plötzlich entschloß sie sich, wenn die Jungfrau
Maria [se]¬ nicht so viel Verstand habe, den Verirrten auf einen wohlanständigeren Weg zu 396.30
verweisen, dies selbst zu übernehmen und ihr etwas ins Handwerk zu pfuschen; und alsogleich 397.02
ging sie zu ihrem Vater, beschwerte sich bitterlich über die [un*p*]¬ unangemessene Nachbarschaft
der Buhldirne und beschwor ihn, dieselbe um jeden Preis, vermittelst seines Reichthumes, augenblicklich
zu entfernen. Der Alte verfügte sich, nach ihrer Anweisung, auch sogleich zu der Person und bot ihr eine gewisse
Summe für ihr Häuschen, wenn sie zur Stunde dasselbe verlassen und ganz aus dem Revier wegziehen
wolle. Sie verlangte nichts besseres und war noch am gleichen Vormittag aus der Gegend verschwunden, 397.10
während der Alte wieder [über se]¬ hinter seinen Gemmen saß und sich weiter nicht um die Sache kümmerte.

Desto eifriger war nun Jole, das Häuschen von unten bis oben von Allem [ausräumen] ⟨räumen⟩ zu lassen
was an die frühere Besitzerin erinnern konnte, und als es gänzlich ausgefegt und gereinigt war,
ließ sie es mit feinen Spezereien [*zu*]¬ so tüchtig durchräuchern, daß die [schön]¬ wohl^duftenden
[*X*]¬ Rauchwolken aus allen Fenstern drangen. Dann ließ sie in das leere Gemach nichts als
einen [Teppich und] einen Rosenstock hinüber tragen, und als ihr Vater, welcher mit der Sonne
Teppich, u eine Lampe[83] 397.20

83 26.19 u eine Lampe] *arR (+).*

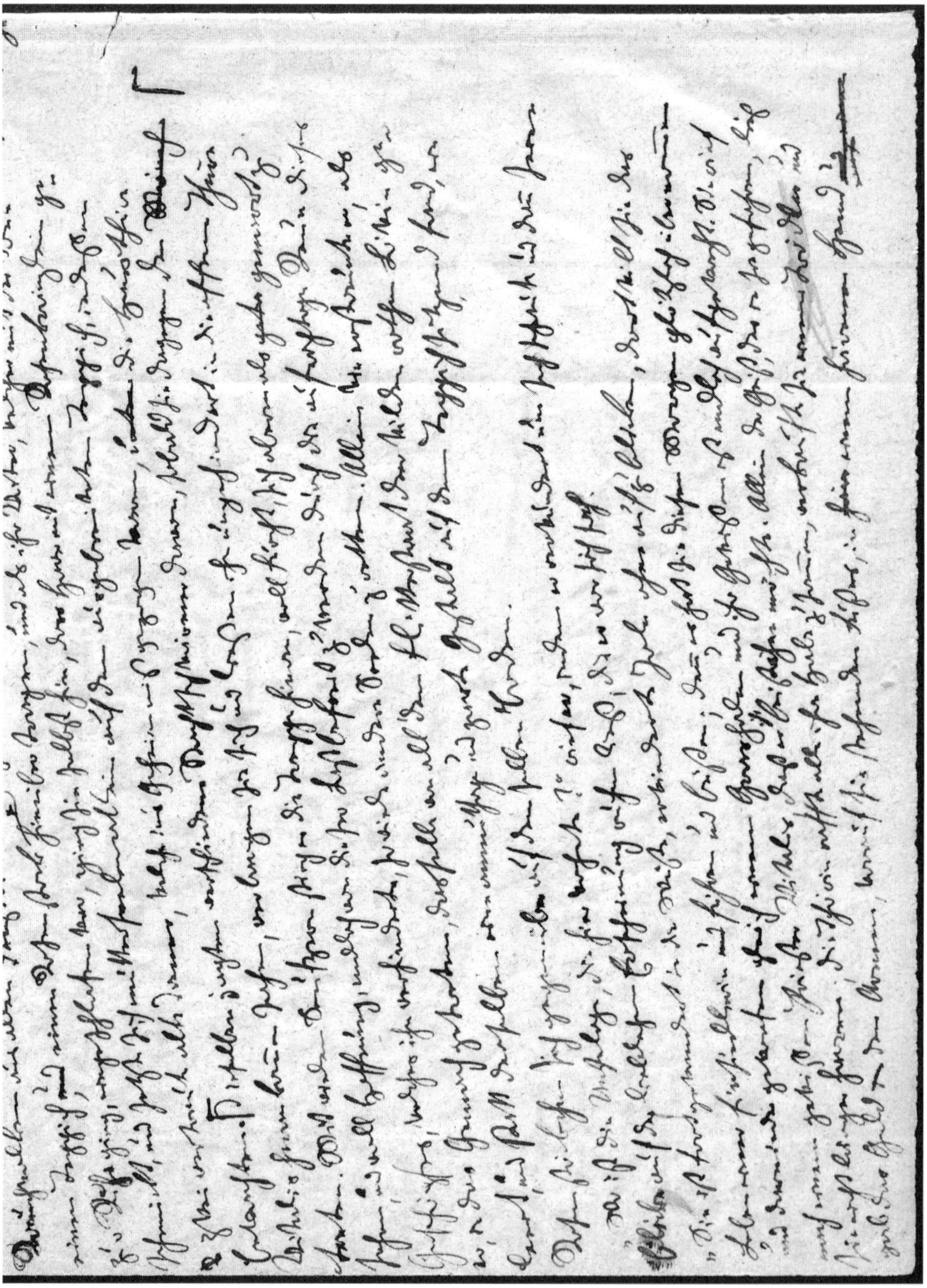

SL5 "Der bekehrte Märtyrer.", Ms. GK 14a, S. 26 unten

zur Ruhe ging, eingeschlafen war, ging sie selbst hin, das Haar mit einem Rosenkränzlein geschmückt, und setzte sich mutterseelenallein auf den ausgebreiteten Teppich, indessen
[2]¬ zwei vertraute alte Diener, welche in's Geheimniß gezogen waren, [unten] die Hausthüre
bewachten.⟨¶⟩ Dieselben jagten verschiedene Nachtschwärmer davon, sobald sie dagegen den [Mönch]
Vitalis heran kommen sahen, verbargen sie sich und ließen ihn ungehindert in die offene Thüre
treten. Mit vielen Seufzern stieg er die Treppe hinan, voll Furcht, sich abermals [geta]¬ genarrt zu
sehen, und voll Hoffnung, endlich von dieser Last befreit zu werden durch die aufrichtige Reue dieses 397.30
Geschöpfes, welches ihn verhinderte, so viele andere Seelen zu retten. Allein wie erstaunte er, als
er, in das Gemach getreten, dasselbe von all' dem Flitterstaat der wilden rothen Löwin ge- 398.01
leert, und statt derselben eine anmuthige und zarte Gestalt auf dem Teppich sitzend fand, ein
Rosenstöckchen sich gegenüber auf dem^selben Boden.

„Wo ist die Unselige, die hier wohnte?“ rief er, indem er verwundert um sich schaute und dann seine
Blicke auf der lieblichen Erscheinung ruhen ließ, die er vor sich sah.

„Sie ist fort^gewandert in die Wüste, erwiederte Jole ohne aufzublicken, dort will sie das
Leben einer Einsiedlerin [und]¬ führen und büßen; denn es hat sie diesen Morgen plötzlich übernommen 398.10
und darnieder geworfen gleich einem Grashalm und ihr Gewissen ist endlich aufgewacht. Sie rief
nach einem gewissen Priester Vitalis, daß er ⟨ihr⟩ [beistä]¬ beistehen möchte. Allein der Geist, der in sie gefahren, ließ
sie nicht länger harren; die Thörin raffte alle ihre Habe zusammen, verkaufte sie β[einem Trödler] und
26.38 ¿ gab das Geld [in]¬ den Armen, worauf sie stehenden Fußes, in [häre]¬ einem härenen Hemd [[und]⟨,⟩] einen ¬¬[84]
¿ [und]

84 26.38 und] *Zuerst gestrichen, dann durch Unterpunktung wieder eingesetzt, schließlich erneut getilgt und auf der Folgeseite neu geschrieben.*

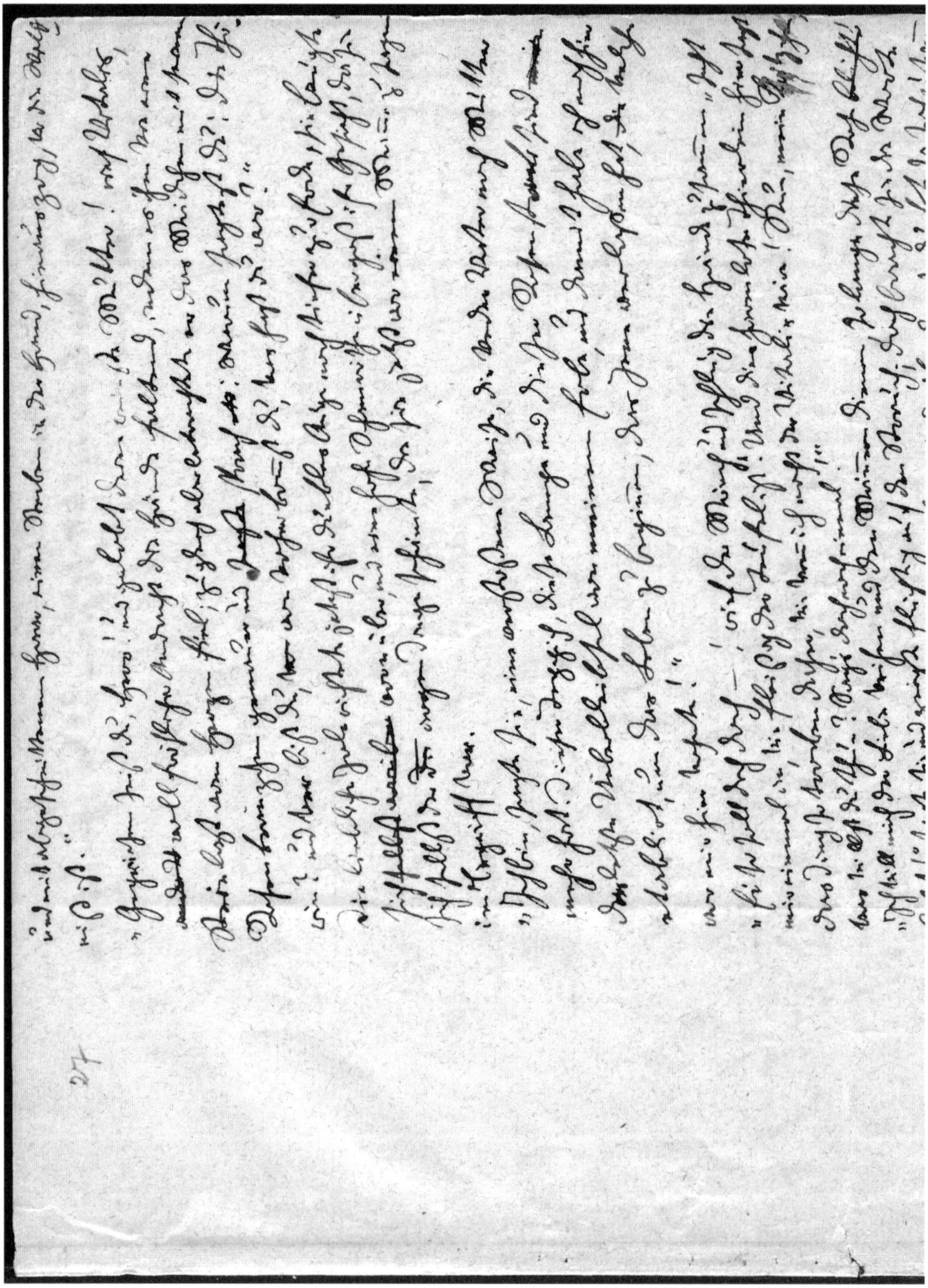

SL5 "Der bekehrte Märtyrer.", Ms. GK 14a, S. 27 oben

und mit abgeschnittenem Haar, einen Stecken in der Hand, hinaus^zog, wo die Wildniß ist."

„Gepriesen seist du, Herr! und gelobt deine reinste Mutter! rief Vitalis, [anda]¬ [V]¬ voll fröhlicher Andacht die Hände faltend, indem es ihm wie eine Steinlast vom Herzen fiel; zugleich aber betrachtete er das Mädchen mit seinem Rosenkränzchen genauer und [sagte]¬ sprach [*X*]¬: Warum sagtest du: die Thörin? und wer bist du, [wo]¬ von woher kommst du, was hast du vor?"

Die liebliche Jole richtete jetzt ihr dunkles Auge noch tiefer zur Erde, sie beugte sich [selbst] [vorüber]¬ vorn über, und eine hohe Schamröthe übergoß ihr Gesicht, da sie sich selbst der [Di]¬ argen Dinge schämte, die sie jetzt vor einem Manne zu sagen im Begriff war.

„Ich bin, sagte sie, eine verstoßene Waise, die weder Vater noch Mutter mehr hat. Dieser Teppich, diese Lampe und dieser [Rosenst*ra*]¬ Rosenstock sind [mein]¬ [d*er*] ⟨das⟩ letzte Ueberbleibsel von meinem Erbe, und damit habe ich mich hier etablirt, um das Leben zu beginnen, das Jene verlassen hat, [die]¬ welche vor mir hier wohnte!"

„Ei so soll dich doch –! rief der Mönch und schlug die Hände zusammen „seht mir einmal an, wie fleißig der Teufel ist! Und dies harmlose Thierlein hier sagt das Ding so trocken daher, wie wenn ich nicht der Vitalis wäre! Nun, mein Kätzchen,

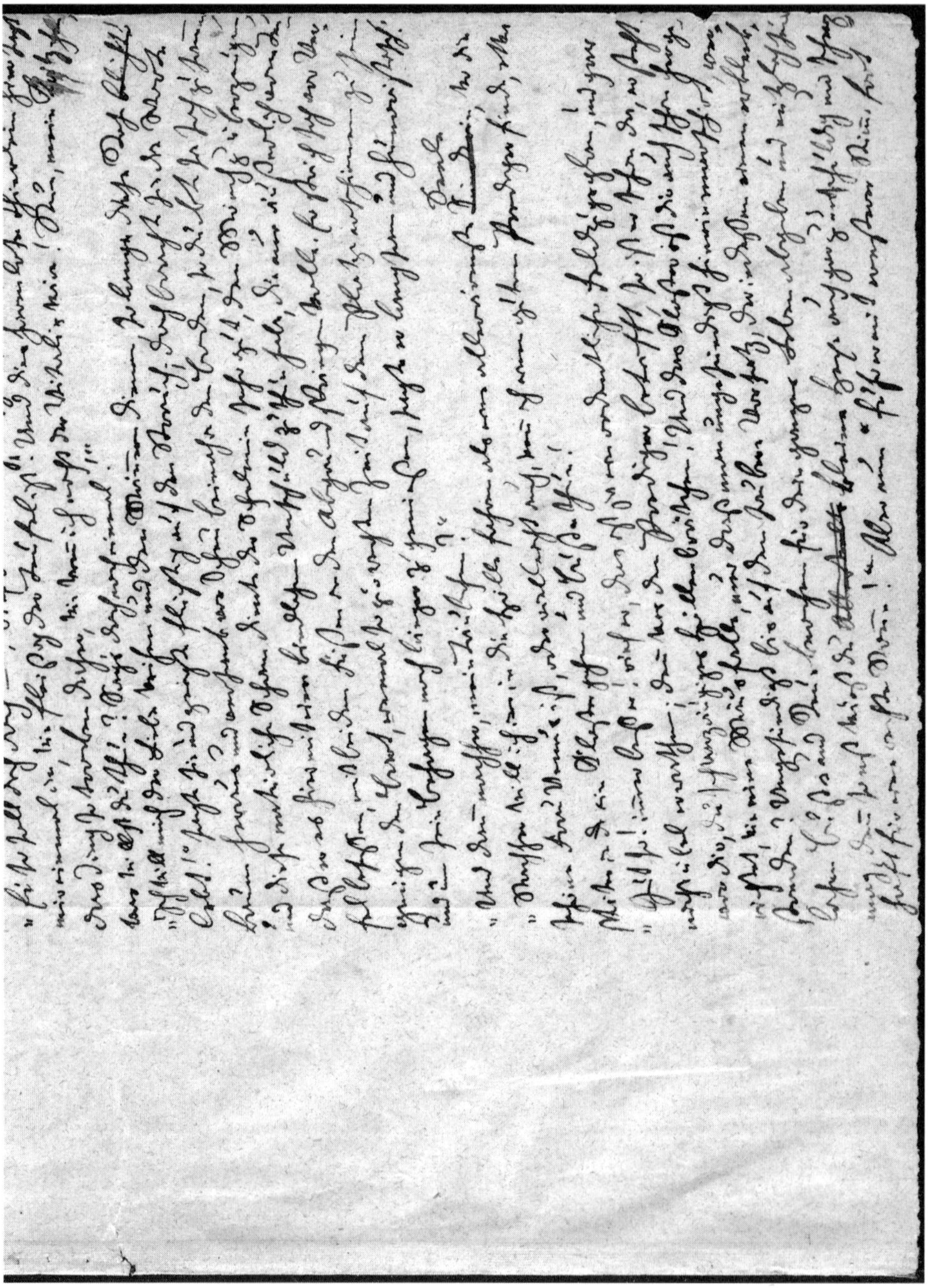

SL5 "Der bekehrte Märtyrer.", Ms. GK 14a, S. 27 unten

was willst du thun? Sag's doch noch einmal!“

„Ich will mich der Liebe weihen und den Männern dienen, so lange diese Rose [blüht!]¬ lebt!“ sagte sie und zeigte flüchtig auf den Strauch; doch brachte sie die Worte kaum heraus und versank vor Scheu beinah in den Boden, so duckte sie sich zusammen, und diese natürliche Scham diente der Schelmin sehr gut, den Mönch zu überzeugen, daß er es hier mit einer kindlichen Unschuld zu thun habe, die nur äußerlich vom Teufel besessen, mit beiden Füßen in den Abgrund springen wolle. Er strich sich vor Vergnügen den Bart, einmal so zur rechten Zeit auf dem Platze erschienen zu sein, und um sein Behagen noch länger zu genießen, sagte er langsam und humoristisch:

„Und dann nachher, mein Täubchen?“

„Nachher will ich [i*x*]¿ in die Hölle fahren als eine allerärmste [Sünderin] ⟨Seele⟩, wo die schöne Frau Venus ist, oder vielleicht auch, wenn ich einen guten Prediger finde, etwa später in [d]¬ ein Kloster gehen und Buße thun!

„Gut so! immer besser! rief er, das ist ja ein ordentlicher Feldzugsplan, und gar nicht übel errathen; denn was den Prediger betrifft, so ist er schon da, er steht vor dir, du schwarzäugiges Höllenbrätchen! Und das Kloster ist dir auch schon hergerichtet, wie eine Mäusfalle, nur daß man ungesündigt hinein^marschirt, verstanden? Ungesündigt bis auf den saubern Vorsatz, der indessen einen erklecklichen Buß- und Reueknochen für dein ganzes Leben abgeben und nützlich sein mag, denn sonst wärst du [Allerwelts]¬ kleine Hexe auch gar zu unschuldig und scherzhaft für eine rechte Nonne![“] Aber nun“ fuhr er mit ernsterer Stimme fort

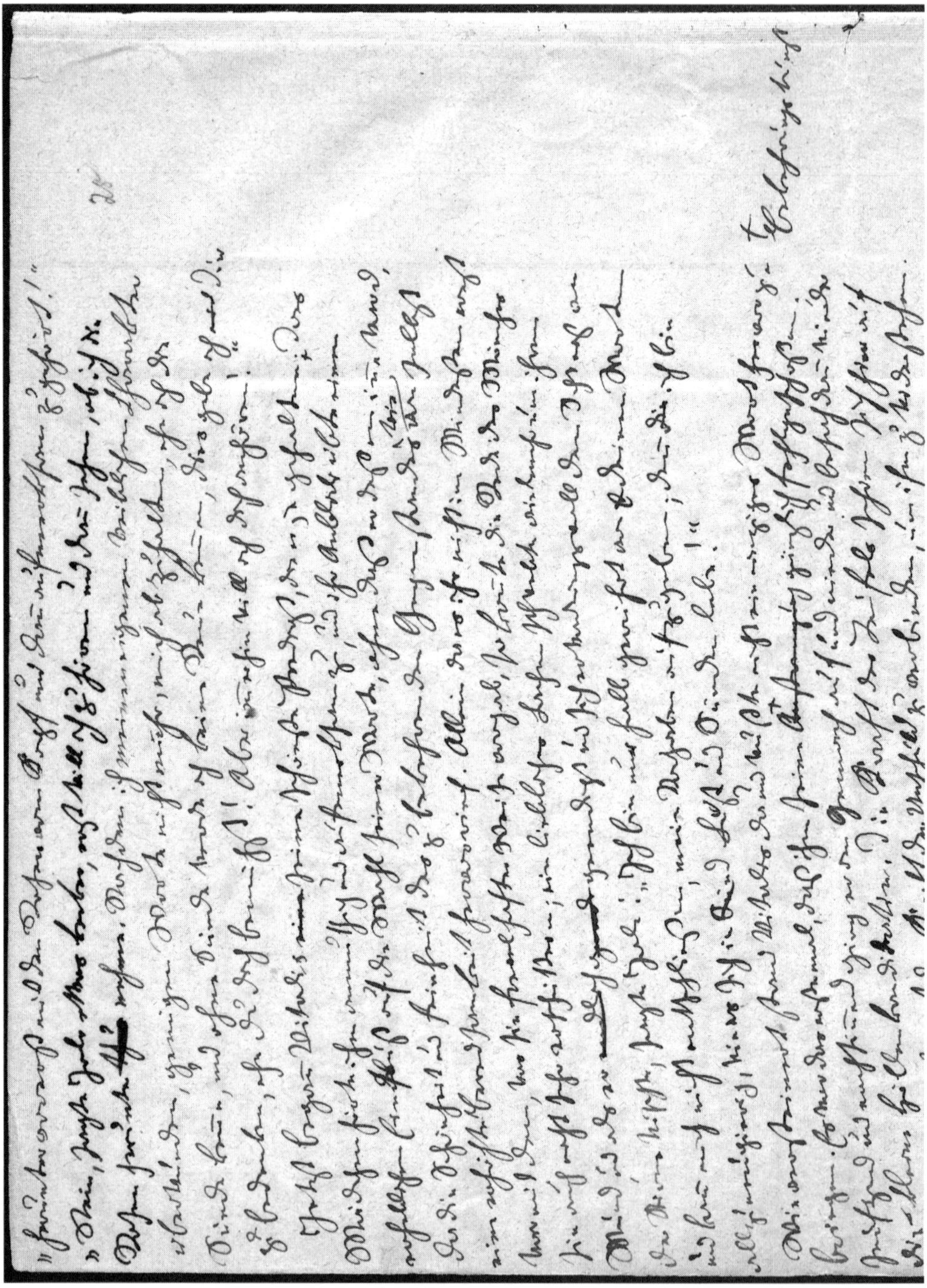

SL5 "Der bekehrte Märtyrer.", Ms. GK 14a, S. 28 oben

„herunter vorerst mit den Rosen vom Kopf und dann aufmerksam zugehört!“

„Nein, sagte Jole etwas kecker, erst will ich zuhören und dann sehen, ob ich die Rosen herunter [thue]¬ nehme. Nachdem ich meinen eigenen weiblichen Charakter überwunden, genügen Worte nicht [*mich*]¬ mehr, mich abzuhalten, ehe ich die Sünde kenne, und ohne Sünde werde ich keine Reue kennen, dies gebe ich [*xix*]¬ Dir zu bedenken, ehe du dich bemühst! Aber immerhin will ich dich anhören!“

Jetzt begann Vitalis [eine]¬ seine schönste Predigt, die er je gehalten[,]¬. Das Mädchen hörte ihm anmuthig und aufmerksam zu, und ihr Anblick übte einen erheblichen [Eind]¬ Einfluß auf die Wahl seiner Worte, ohne daß er dessen inne ward, da die Schönheit und Feinheit des zu bekehrenden Gegenstandes ⟨wie⟩ von selbst eine erhöhte Beredsamkeit hervorrief. Allein da es ihr nicht im Mindesten ernst war mit dem, was sie frevelhafter Weise vorgab, so konnte die Rede des Mönches sie auch nicht sehr erschüttern; ein liebliches Lachen schwebte vielmehr um ihren Mund, und als er [endlich] [geend]¬ geendigt und sich erwartungsvoll den Schweiß von der Stirne wischte, sagte Jole: „Ich bin nur halb gerührt von [E]¬ deinen Worten und kann mich nicht entschließen, mein Vorhaben aufzugeben; denn [die]¬ ich bin allzuneugierig wie es sich in [Sünd]¬ Lust und Sünden lebe!“

Wie versteinert stand Vitalis da und wußte nicht ein einziges Wort hervorzubringen. Es war das erstemal, daß ihm seine [Anstrengung] ⟨Bekehrungskunst⟩[85] gänzlich fehlgeschossen;

---

85 28.19 Bekehrungskunst] *arR (+) (Korrekturrand).*

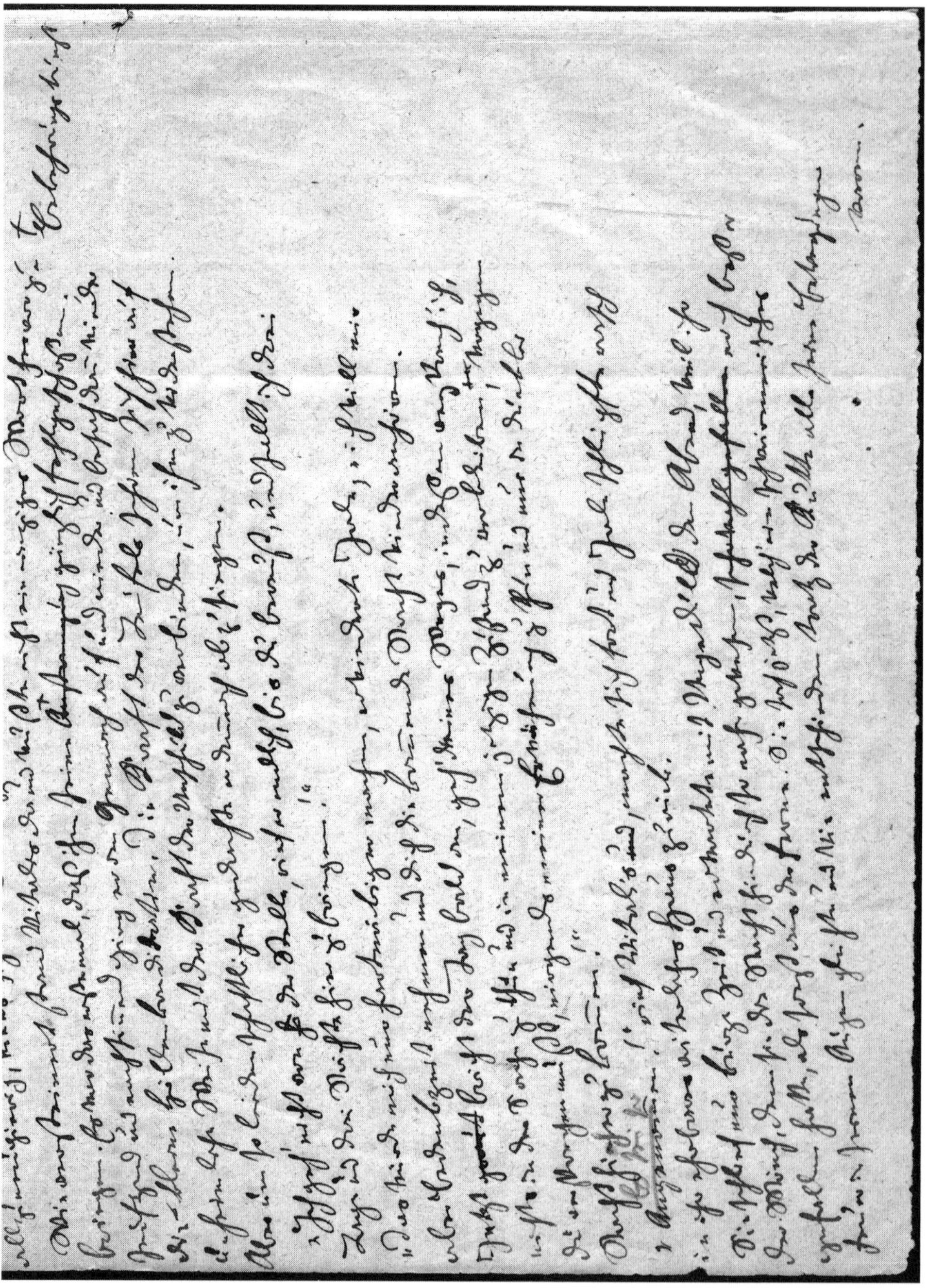

SL5 "Der bekehrte Märtyrer.", Ms. GK 14a, S. 28 unten

28.20 seufzend und nachsinnend ging er im Gemach auf und nieder und besah dann wieder
die [*x*]¬ kleine Höllenkandidatin. Die Kraft des Teufels schien sich hier auf 400.30
unheimliche Weise mit der Kraft der Unschuld zu verbinden, um ihm zu widerstehen.
Aber um so leidenschaftlicher gedachte er dennoch obzusiegen.

„Ich geh' nicht von [hi]¬ der Stelle, rief er endlich, bis du bereust, und sollt ich drei 401.01
28.25 Tage und drei Nächte hier zubringen!“

„Das würde mich nur hartnäckiger machen, erwiederte Jole, „ich will mir
aber Bedenkzeit nehmen und dich die kommende Nacht wieder anhören.
Jetzt [graut]¬ bricht der Tag bald an, geh' deines Weges, indessen versprech' ich,
nichts in der Sache zu thun und in meinem jetzigen Zustand zu verbleiben[!“]¬, wogegen
28.30 du versprechen mußt, nirgends meiner Erwähnung zu thun und nur in dunkler
Nacht hieher zu kommen!“

28.32 α [„Angenommen!“] rief Vitalis [und]⟨,⟩ machte sich fort und Jole schlüpfte rasch 401.10
β „Es sei so!“
28.33 in ihr ehrbares väterliches Haus zurück.

Sie schlief nur kurze Zeit und erwartete mit [Ungedull]¬ Ungeduld den Abend, weil ihr
28.35 der Mönch, dem sie die Nacht hindurch so nahe gewesen, [sehr wohl gefallen]¬ noch besser
gefallen hatte, als sonst aus der Ferne. Sie sah jetzt, welch' ein schwärmerisches
Feuer in seinen Augen glühte und wie entschieden trotz der Kutte alle seine Bewegungen
waren.[86]

---

86 *28.38* waren.] *auR rechts (Seitenende); danach ev. neuer Absatz beabsichtigt.*

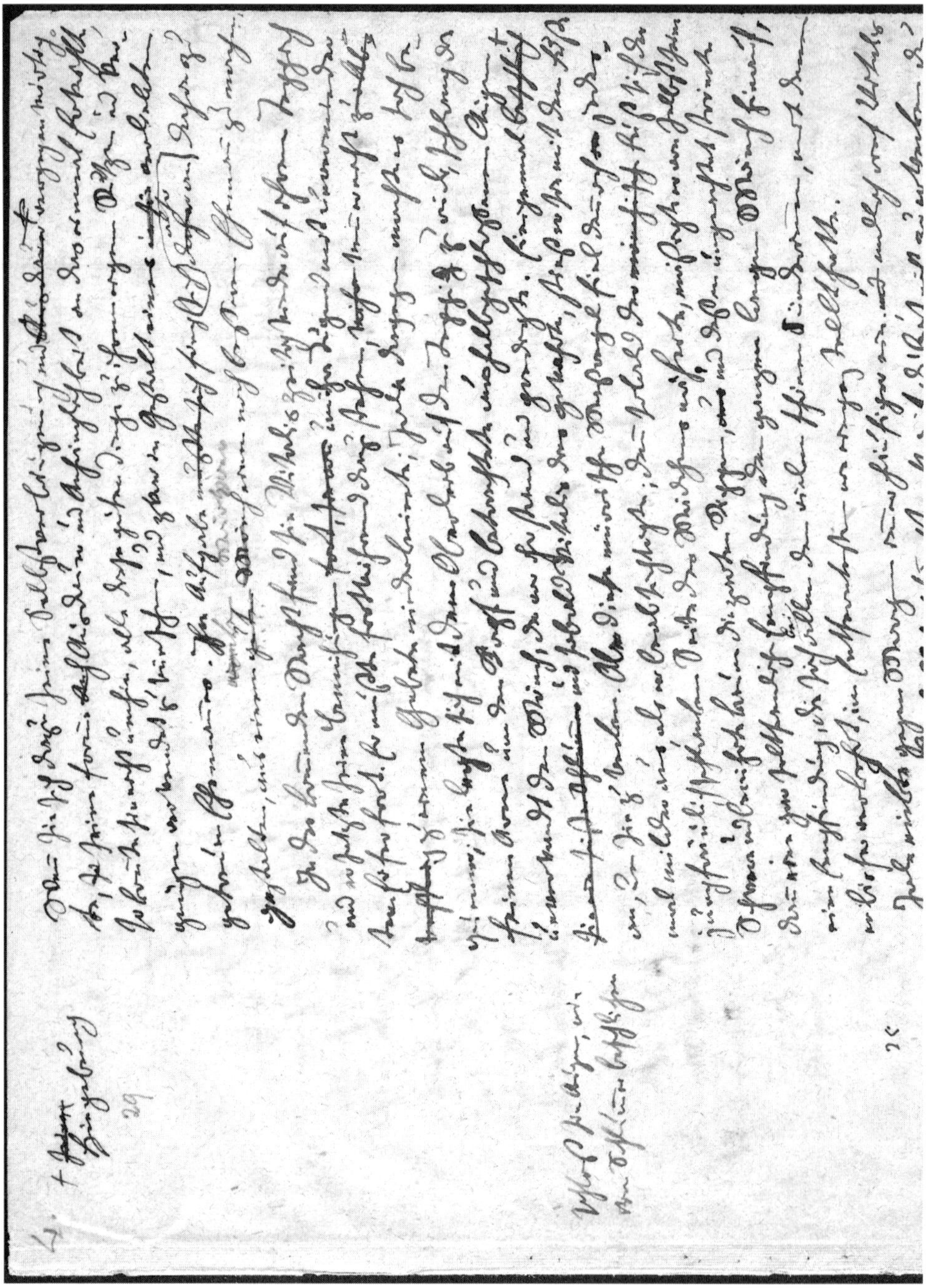

SL5 "Der bekehrte Märtyrer.", Ms. GK 14a, S. 29 oben

29.01 Wenn sie sich dazu seine Selbstverläugnung und [Ausdauer] vergegenwärtig-
[seine] Hingebung[87]
te, [so]¬ seine fromme [Anh]¬ Ausdauer und Anhänglichkeit an das einmal Erwählte,
so konnte sie nicht umhin, alle diese guten Dinge zu ihrem eigenen Nutzen und Ver- 401.20
gnügen verwendet zu wünschen, und zwar in Gestalt eines β[in sie] verliebten
29.05 getreuen Ehemannes. Ihre Aufgabe [mußte sich]¬ fing sich [daher] an dahin zu
[ ] also
sich
29.06 α gestalten, aus einem [guten Mönch] einen noch besseren Ehemann zu machen.
β [wackern] Märtyrer
β guten[88]

29.07 In der kommenden Nacht fand sie Vitalis zeitig wieder auf ihrem Teppich
und er setzte seine Bemühungen [fort, sie von]¬ um ihre Tugend mit unverminder-
tem Eifer fort. Er mußte fortwährend dazu stehen, [währ]¬ wenn er nicht [zur Ab\wechslung]
29.10 zu einem Gebete niederknieete; Jole dagegen machte es sich bequemer; sie legte sich mit dem Oberleib auf den Teppich zurück, schlang die
feinen Arme um den Kopf und betrachtete aus halbgeschlossenen Augen 401.30
29.13 I–> α unverwandt den Mönch, der vor ihr stand und predigte. Einigemal [beschlich]
¿γ schloß sie
29.14 α [sie ein süßer Schlummer] und sobald Vitalis dies gewahrte, stieß er sie mit dem Fuße
–>I ¿γ Augen, wie vom Schlummer beschlichen[89] 402.01
29.15 an, um sie zu wecken. Aber diese mürrische Maßregel fiel dennoch [*in*]¬ jedesmal milder aus, als er beabsichtigte; denn sobald der [mönchische] Fuß sich der
jungfräulich schlanken Seite des Mädchens näherte, mäßigte er von selbst seine
Schwere und berührte kaum die zarten Rippen, [aus]¬ und dessen ungeachtet strömte
dann eine gar seltsamliche Empfindung den ganzen langen Mönch hinauf,
29.20 eine Empfindung, die sich ⟨bei⟩ allen den vielen schönen Sünderinnen, mit denen

87 *29.01* [seine] Hingebung] *Am Korrekturrand (+).*
88 *29.06* guten] *Durch Unterpunktung wieder eingesetzt.*
89 *29.13–14* schloß … beschlichen] *Am Korrekturrand; abweichende* w-*Schreibung deutet auf späten Korrekturzeitpunkt (ev. Zeit von H2).*

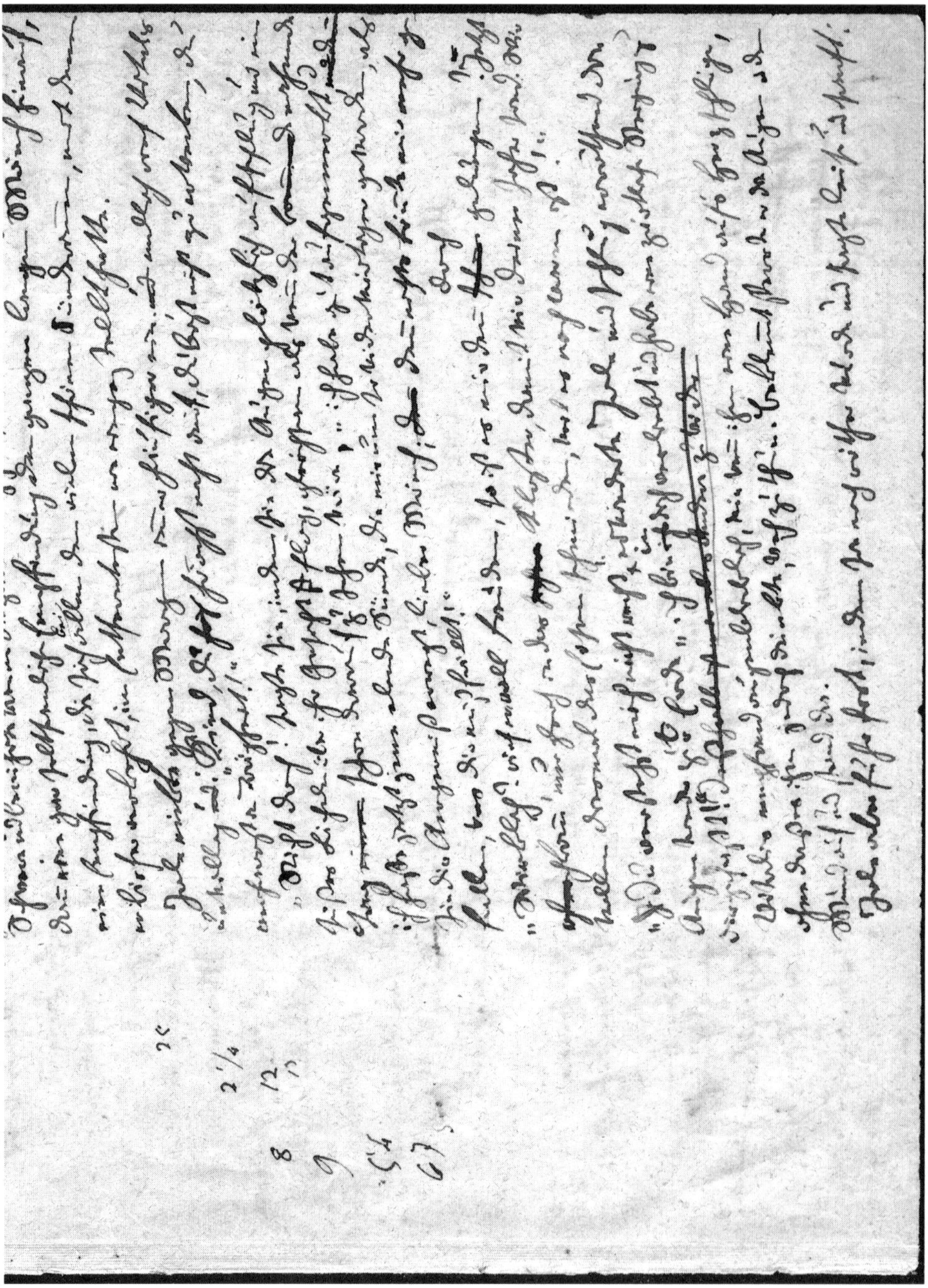

SL5 "Der bekehrte Märtyrer.", Ms. GK 14a, S. 29 unten

er bisher verkehrt, im Entferntesten nie eingestellt hatte.

Jole nickte gegen Morgen immer häufiger ein [und]⟨;⟩ endlich rief Vitalis unwillig [und]¬: „Kind, du [hö*s*]¬ [hör]¬ horchst nicht auf, du bist nicht zu erwecken, du verharrst in Trägheit!“

„Nicht doch! sagte sie, indem sie die Augen plötzlich aufschlug und ein süßes Lächeln über ihr Gesicht [*st*]¬ flog, gleichsam als wenn der [kommende]¬ nahende Tag [einen]¬ schon darauf zu sehen wäre, „ich habe gut aufgemerkt, [und dann]¬ ich hasse jetzt jene elende Sünde, die mir um so widerwärtiger geworden, als sie dir Aergerniß erregt, lieber Mönch; [denn] denn nichts könnte mir mehr gefallen, was dir mißfällt!“

„Wirklich? rief er voll Freuden, so ist es mir denn [schon] ⟨doch⟩ gelungen?[“] Jetzt [gleich]¬ komm’ nur gleich in das [sichere] Kloster, damit wir deiner sicher sind. Wir wollen diesmal das Eisen schmieden, weil es noch warm ist!“

[J]¬ „Du verstehst mich nicht recht[,]⟨“⟩ erwiederte Jole und schlug erröthend die Augen wieder [zu *B*]¬ zur Erde „ich bin [ich] ⟨in⟩ dich verliebt und habe eine zärtliche Neigung zu dir [gefaßt.¿ Deßhalb ist mir alles Andere zuwider]¬ gefaßt!“

Vitalis empfand augenblicklich, wie wenn ihm eine Hand auf’s Herz schlüge, ohne daß es ihm jedoch dünkte, weh zu thun. Beklemmt sperrte er die Augen u den Mund auf und stand da.

Jole aber fuhr fort, indem sie noch röther wurde und sagte leise und sanft:

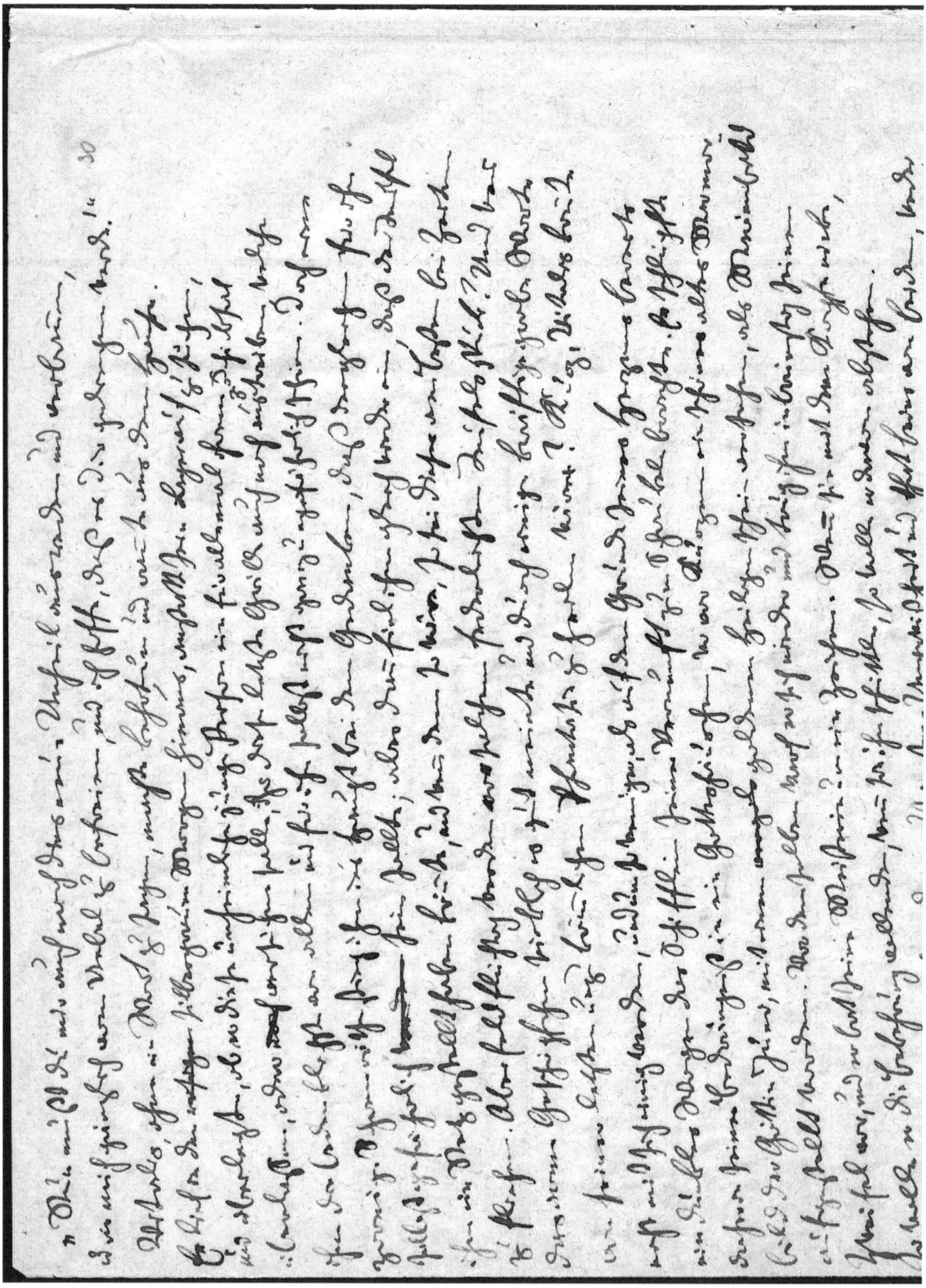

SL5 "Der bekehrte Märtyrer.", Ms. GK 14a, S. 30 oben

„Nun mußt du mir auch noch dies neue Unheil ausreden und verbannen, 403.01
um mich gänzlich vom Uebel zu befreien, und ich hoffe, daß es Dir gelingen werde!“

Vitalis, ohne ein Wort zu sagen, machte kehrtum und rannte aus dem [Haus]¬ Hause.
Er lief in den [rosigen]¬ silbergrauen Morgen hinaus, anstatt sein Lager aufzusuchen,
und überlegte, ob er diese unheimliche junge Person ein für allemal ihrem Schicksal
überlassen, oder [noch] versuchen solle, ihr diese letzte Grille auch noch [austreiben] ⟨auszutreiben⟩, welche
ihm die bedenklichste von allen und für ihn selbst nicht ganz ungefährlich schien. Doch eine
zornige Schamröthe stieg ihm in's Haupt bei dem Gedanken, daß dergleichen für ihn 403.10
selbst gefährlich [werden]¬ sein sollte; aber dann fiel ihm gleich wieder ein, daß der Teufel
ihm ein Netz gestellt haben könnte, und wenn dem so wäre, so sei dieses am Besten bei Zeiten
zu fliehen. Aber feldflüchtig werden vor solchem federleichten Teufelsspuck? Und wenn
das arme Geschöpfchen wirklich es gut meinte und durch einige kräftige grobe Worte
von seiner letzten unzukömmlichen Phantasie zu heilen [wären] ⟨wäre⟩? Kurz, Vitalis konnte
nicht mit sich einig werden, und um so weniger, als auf dem Grunde seines Herzens bereits
ein dunkles Wogen das Schifflein seiner Vernunft zum Schaukeln brachte. Er schlüpfte 403.20
daher in seiner Bedrängniß in ein Gotteshäuschen, wo vor Kurzem ein schönes altes Marmor-
bild der Göttin Juno, mit einem [vergol]¬ goldenen Heiligenschein versehen, als Marienbild
aufgestellt worden. Vor demselben warf er sich nieder und trug ihm inbrünstig seinen

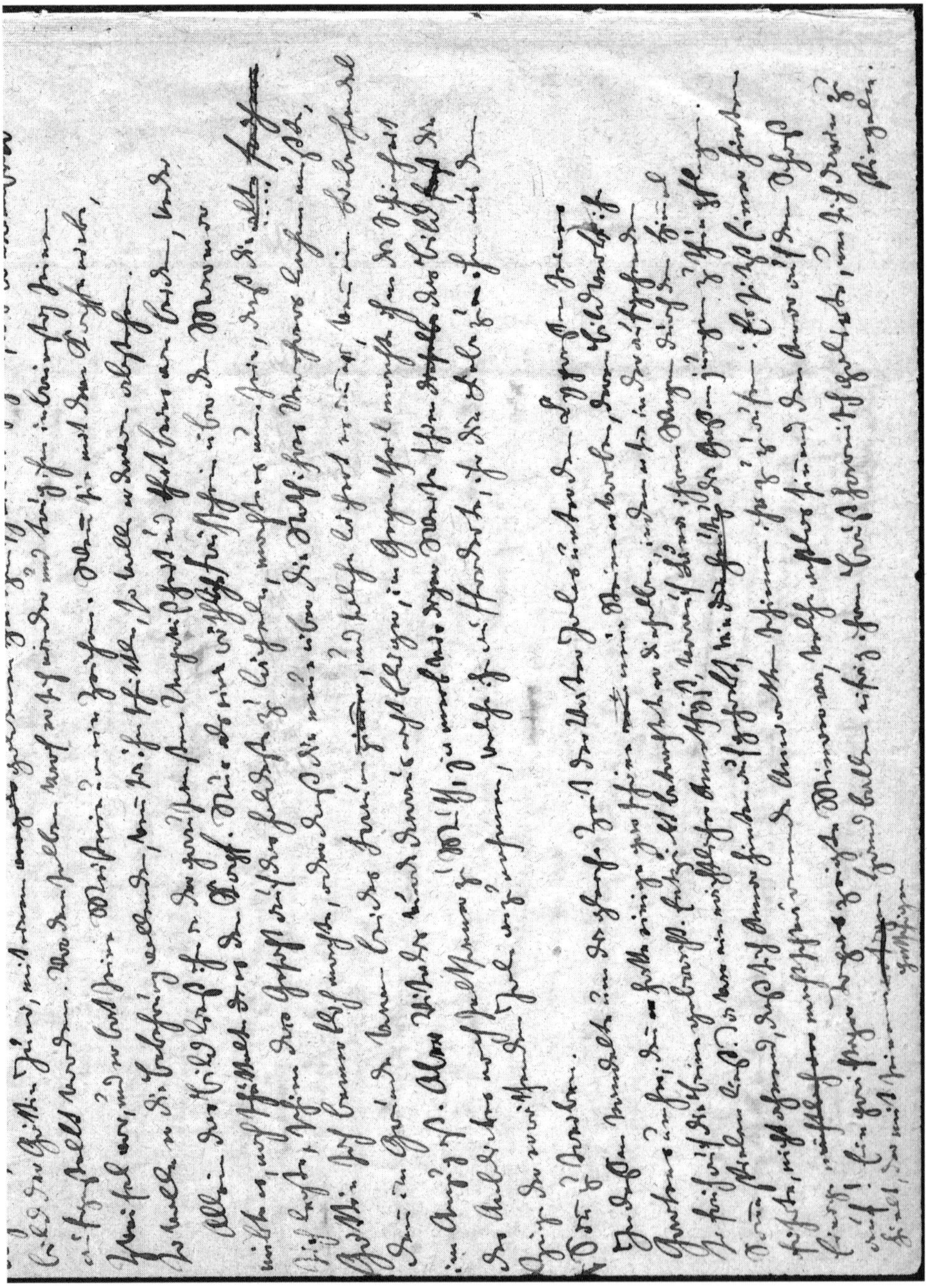

SL5 "Der bekehrte Märtyrer.", Ms. GK 14a, S. 30 unten

30.19 Zweifel vor, und er bat seine Meisterin um ein Zeichen. Wenn sie mit dem Kopfe nicke,
30.20 so wolle er die Bekehrung vollenden, wenn sie ihn schüttle, so wolle er davon abstehen.

Allein das Bild ließ ihn in der grausamsten Ungewißheit und that keins von beidem, weder 403.30
nickte es, noch schüttelte [de]¬ es den Kopf. Nur als [eine] ⟨ein⟩ [*rothe*] ⟨röthliche⟩ Frühschein über den Marmor 404.01
30.23 sich legte, schien das Gesicht auf das holdeste zu lächeln, mochte es nun sein, daß die [alte]
[frühere] ⟨alte⟩[90]
30.24 Göttin sich bemerklich machte, oder daß die neue über die Noth ihres Verehrers lachen mußte,
30.25 *α* denn im Grunde waren beides [Frauenzimmer,] und solche lächert es immer, wenn ein Liebeshandel
β Frauen,
30.26 im Anzug ist. Aber Vitalis wurde daraus nicht klüger, im Gegentheil machte ihm die Schönheit
des Anblickes noch seltsamer zu Muth, ja merkwürdiger Weise schien [dieselbe]¬ das Bild [fast] die
Züge der erröthenden Jole anzunehmen, welche ihn aufforderte, ihr die Liebe [zum]¬ zu ihm aus dem 404.10
Sinn zu treiben.

30.30 Indessen wandelte um die gleiche Zeit der Vater Joles unter den Cypressen seines
Gartens umher; denn er hatte einige gar schöne [neue] neue Steine erworben, deren [Bildwerke] ⟨Bildwerk⟩[91] ihn
so früh auf die Beine gebracht. Entzückt betrachtete er dieselben, indem er sie in der aufgehenden
Sonne spielen ließ. Da war ein nächtlicher Amethyst, worauf Luna ihren Wagen durch den Himmel
führte, nicht ahnend, daß sich Amor hinten aufgehockt, wie [die]¬ [heutzu]¬ die Gassenjungen zu thun pflegen.
30.35 Einige [nächtlich ver]¬ nachtschwärmende Amoretten schienen ihr zuzurufen: Es sitzt Einer hinten 404.20
auf! Ein prächtiger Topas zeigte Minerva, welche achtlos sinnend den Amor auf dem Schoß
hielt, der mit seinem [rosigen] ⟨patschigen⟩ Handballen eifrig ihren Brustharnisch polirte, um sich darin zu
spiegeln.[92]

---

90 *30.23* alte] *Durch Unterpunktung wieder eingesetzt.*
91 *30.31* Bildwerke] *Schluß-*e *beim Durchstreichen verwischt.*
92 *30.38* spiegeln.] *auR rechts (Seitenende); Absatzende unsicher.*

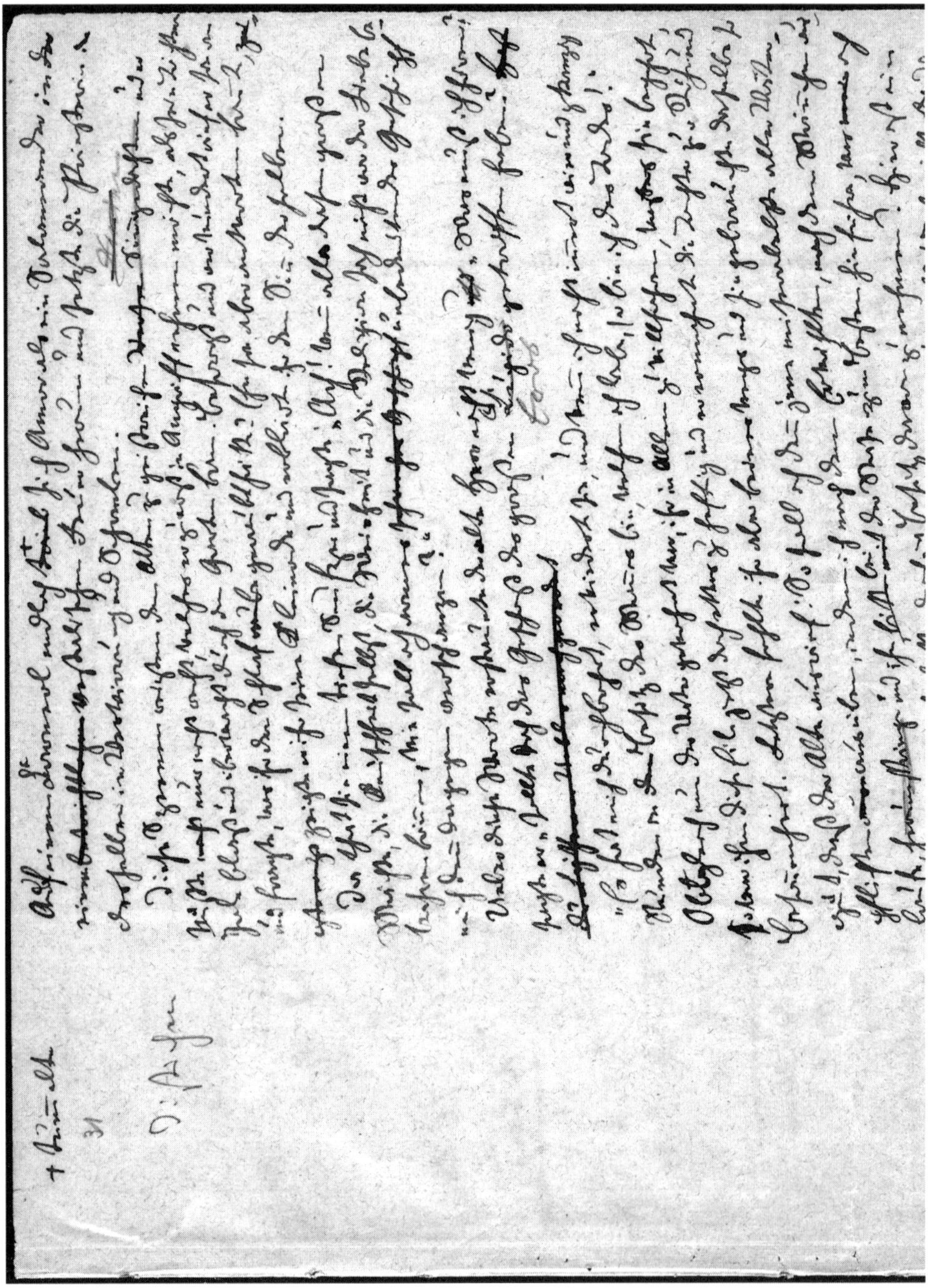

SL5 "Der bekehrte Märtyrer.", Ms. GK 14a, S. 31 oben

31.01 Auf einem Carneol endlich [trieb] ⟨tummelte⟩[93] sich Amor als ein Salamander in [der]¬
einem [beträchtlichen] vestalischen Feuer herum und setzte die Priesterin [in]¬
desselben in Verwirrung und Schrecken.

31.04 α Diese Szeenen reizten den Alten zu geistreichen [Versen]¬ [Sinngedichten] und er
β [Xenien]
β Distichen[94]
31.05 wußte [nicht]¬ nur nicht recht, welches er zuerst in Angriff nehmen möchte, als sein Töchter
Jole blaß und überwacht durch den Garten kam. Besorgt und verwundert rief er sie an 404.30
I-> und fragte, was ihr den Schlaf [raube]¬ geraubt hätte? Ehe sie aber antworten konnte, [zei-]
->I [gte er]¬ [z*x*]¬ zeigte er ihr seine Kleinode und erklärte ihr den Sinn derselben.

Da that sie einen tiefen Seufzer und sagte: „Ach! wenn [alle*n*] ⟨alle⟩ diesen großen 405.01
31.10 Mächte, die Keuschheit selbst, die Weisheit und die Religion sich nicht vor der Liebe bewahren können, wie soll ich armes [schwaches Geschöpf]¬ unbedeutendes Geschöpf
mich denn dagegen verschanzen?“

Ueber diese Worte erstaunte der alte Herr nicht wenig β[und] „Was muß ich hören?
31.14 I-> α sagte er „sollte dich das Geschoß des großen Cupido getroffen haben? [Hast]
α [ ]
β Eros
31.15 ->I α [du Cytheren Uebles nachgeredet]¬¬

„Es hat mich durchbohrt, erwiederte sie, und wenn ich nicht innert vierundzwanzig 405.10
Stunden in [den] Besitz des Mannes bin, welchen ich liebe, so bin ich des Todes!“

[Obl]¬ Obgleich nun der Vater gewohnt war, ihr in Allem zu willfahren, [wessen] ⟨was⟩ sie begehrte,
[So] ⟨so⟩ war ihm diese Eile jetzt doch etwas zu heftig und er ermahnte die Tochter zur Ruhe und
31.20 Besonnenheit. Letztere fehlte ihr aber keineswegs und sie gebrauchte dieselbe so
gut, daß der Alte ausrief: So soll ich denn jene miserabelste aller [Väter-] ⟨Vater-⟩

---

93 31.01 tummelte] *Am Korrekturrand (+).*
94 31.04 Distichen] *Am Korrekturrand.*

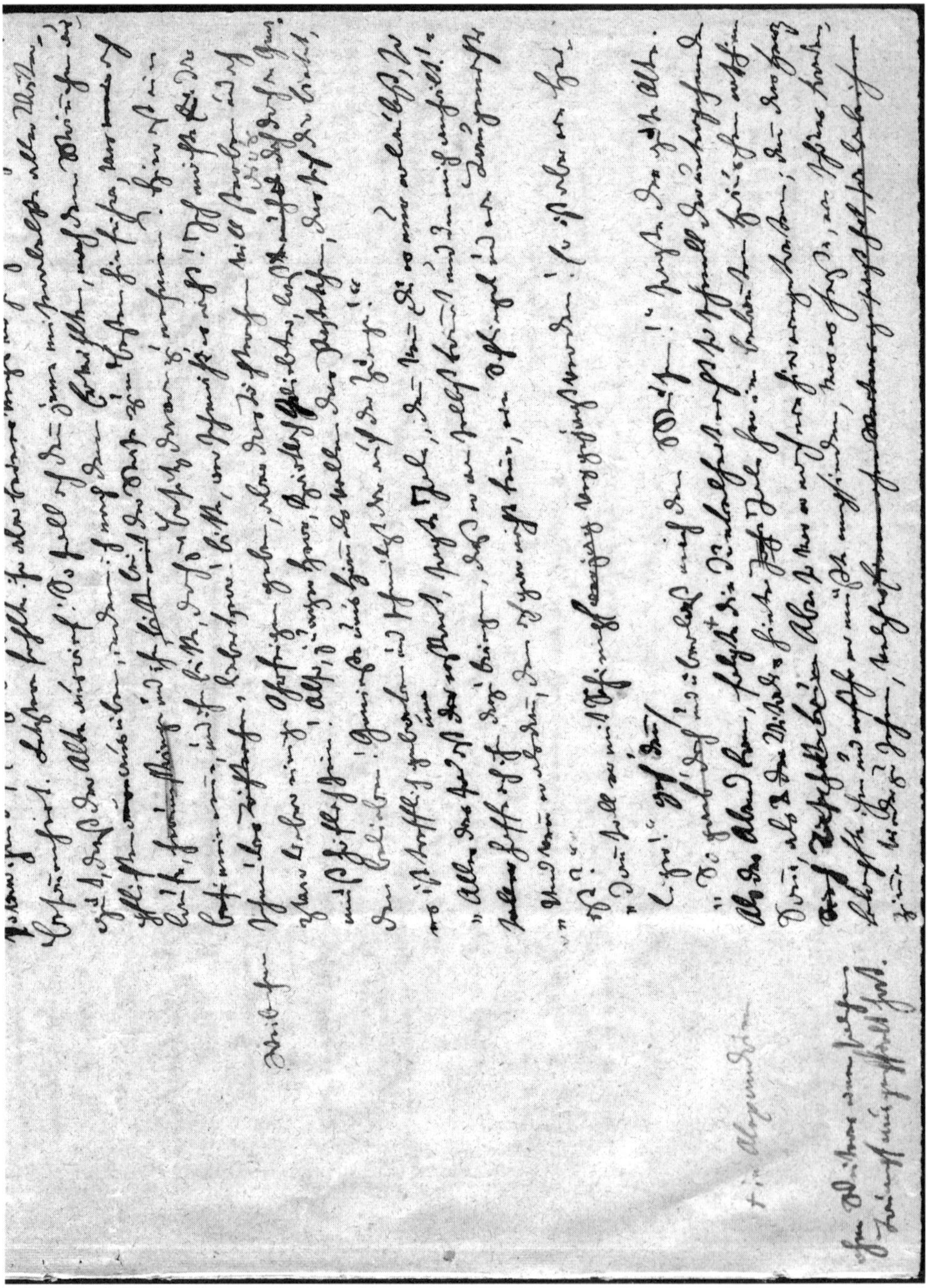

SL5 "Der bekehrte Märtyrer.", Ms. GK 14a, S. 31 unten

31.22 pflichten [ausr]¬ ausüben, indem ich nach dem Erwählten, [nach] dem Männchen auslaufe, β[herum^springe] und ihn [bitte]¬ [mit] ⟨bei⟩ der Nase zum Besten hinführe, was [mein]¬ ich
[besi]¬ mein nenne, und ihn bitte, doch ja Besitz davon zu nehmen? Hier ist ein 405.20
31.25 schmuckes [Töchterchen] ⟨Weibchen⟩[95], lieber Herr! bitte, [verschmäht] es nicht! Ich möchte [Eu]¬¬
verschmäh' Dir
31.26 zwar lieber einige Ohrfeigen geben, aber das Töchterchen will sterben und ich
31.27 α muß höflich sein! Also, junger Herr, [Zärtlich^geliebter,] [laßt euch d]¬ laß dich doch in Gna-
α zärtlich Geliebter, [ ]
β dir's
31.28 den belieben! Genieße um's Himmels willen das Pastetchen, das sich dir bietet,
es ist trefflich gebacken und schmilzt dir auf der Zunge!"

31.30 „Alles dies [so]¬ ist [dir] ⟨uns⟩ erspart, sagte Jole, „denn wenn [du] ⟨Du⟩ es nur erlaubst, so
[soll er]¬ hoffe ich ihn dazu bringen, daß er von selbst kommt und um mich anhält!"

β⟨„⟩„Und wenn er alsdann, den ich gar nicht kenne, ein Schlingel und ein Taugenichts 405.30
ist?"⟨"⟩β

„Dann soll er mit Schimpf [verjag]¬ weg^gejagt werden! Er ist aber ein Hei-
31.35 liger!"

31.36 α „So [pack' dich] und überlaß mich den Musen!" sagte der gute Alte.[96] 406.01
β geh' denn[97]

31.37 Als der Abend kam, folgte β⟨in Alexandrien⟩[98] die Dunkelheit nicht so schnell der untergehenden
Sonne, als [V]¬ [der] Vitalis hinter [Johe]¬ Jole her im bekannten Häuschen erschien
[Sie h]¬ [Diese hatte kaum]¬ Aber so war er noch nie hier eingetreten; denn das Herz
31.40 klopfte ihm und [erfuhr]¬ er mußte[99] empfinden, was es heiße, ein schönes Frauen-
31.41 α zimmer wieder zu sehen, [welche Einem ohne Weiteres gesagt hat, sie liebe ihn.]
¿γ welches ohne Weiteres einen solchen Trumpf ausgespielt hat.[100]

---

95 31.25 Weibchen] *Vor Zeilenbeginn am Korrekturrand.*
96 31.36 Alte.] *Ev. kein Absatzende.*
97 31.36 geh' denn] *Bleistiftkorrektur, mit Tinte nachgezogen.*
98 31.37 in Alexandrien] *Am Korrekturrand (+).*
99 31.40 mußte] *2 ungewöhnliche Striche anstelle des u-Bogens.*
100 31.41 ohne Weiteres … hat.] *Am Korrekturrand.*

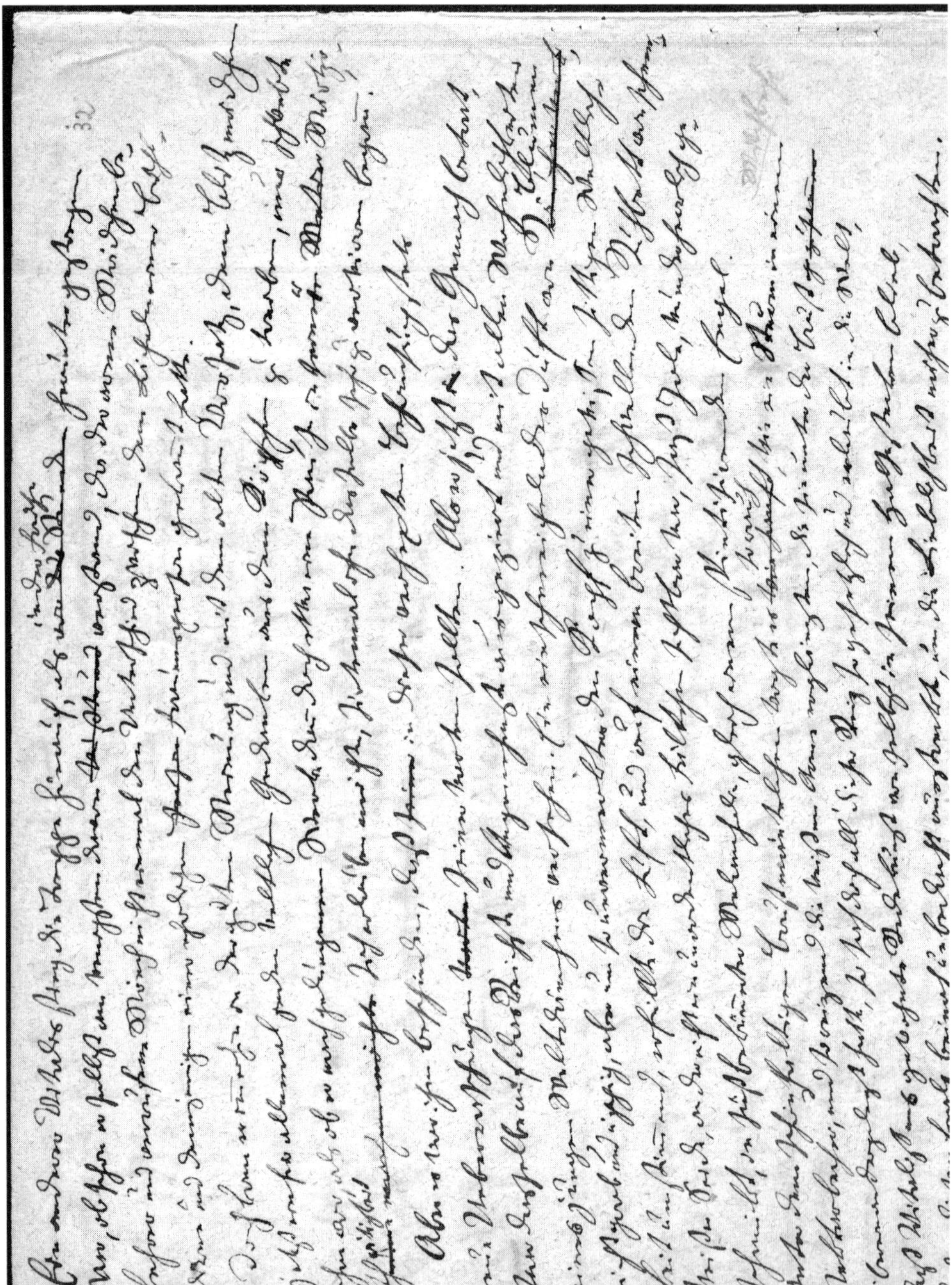

SL5 "Der bekehrte Märtyrer.", Ms. GK 14a, S. 32 oben

Ein anderer Vitalis stieg die Treppe hinauf, als [vor [24] Stunden] ⟨in der Frühe⟩ herunter gestiegen war, obschon er selbst am wenigsten davon [wußte und] verstand, da der arme Mädchenbekehrer und verrufene Mönch nicht einmal den Unterschied zwischen dem Lächeln einer Buhldirne und demjenigen einer ehrlichen [Person]¬ Frauensperson gekannt hatte.

Doch kam er immerhin in der guten Meinung und mit dem alten Vorsatz, dem Blitzmädchen jetzt einfür^allemal jeden weltlichen Gedanken aus dem Köpfchen zu treiben, nur schwebte

|-> 1 ihm vor, als ob er nach gelungenem Werke dann doch etwa eine Pause in [seinem] [Metier]¬ Märtyr-
2 seiner

1 [thume] [machen möchte]¬ sich erlauben möchte, sintemal ihn das^selbe[101] sehr zu verwirren begann!
->| 2 thätigkeit

|-> 1 Aber es war ihm beschieden, daß [seiner] in dieser verhexten Behausung stets
2

1 neue Ueberraschungen [warten]¬¬
->| 2 seiner warten sollten. Als er jetzt [in]¬ das Gemach betrat,

war dasselbe auf das [reichste] ⟨Reichste⟩ und [angenehmste] ⟨Angenehmste⟩ ausgeziert und mit allen Wohnlichkeiten [einer] ⟨eines⟩ jungen Weltdämchens versehen. Ein einschmeichelnder Duft von [Räucherwerk] ⟨Blumen⟩, nicht grob und üppig, aber um so unvermerkter den Kopf zu einer gewissen sittigen Weltlichkeit umstimmend, erfüllte die Luft, und auf einem breiten schwellenden Ruhbett von schneeweißer Seide, an der nicht ein unordentliches Fältchen sichtbar war, saß Jole, wunderherrlich geschmückt, in süß bekümmerter Melancholie, gleich einem spintisirenden Engel.

¿ Unter dem schönfaltigen Brustmäntelchen wogte es [wie sanft]¬ wie ein Sturm in einem
so rauh,

α Nektarbecher, und so reizend die weißen Arme erglänzten, die sie unter der Brust [g]¬ [zusammen]¬
β Milchbecher\[102]

---

101 *32.08* das^selbe] *Genus bei Korrektur nicht angepaßt.*

102 *32.18* Milchbecher] *Am Ende von 32.17, ohne Tilgung von* Nektarbecher

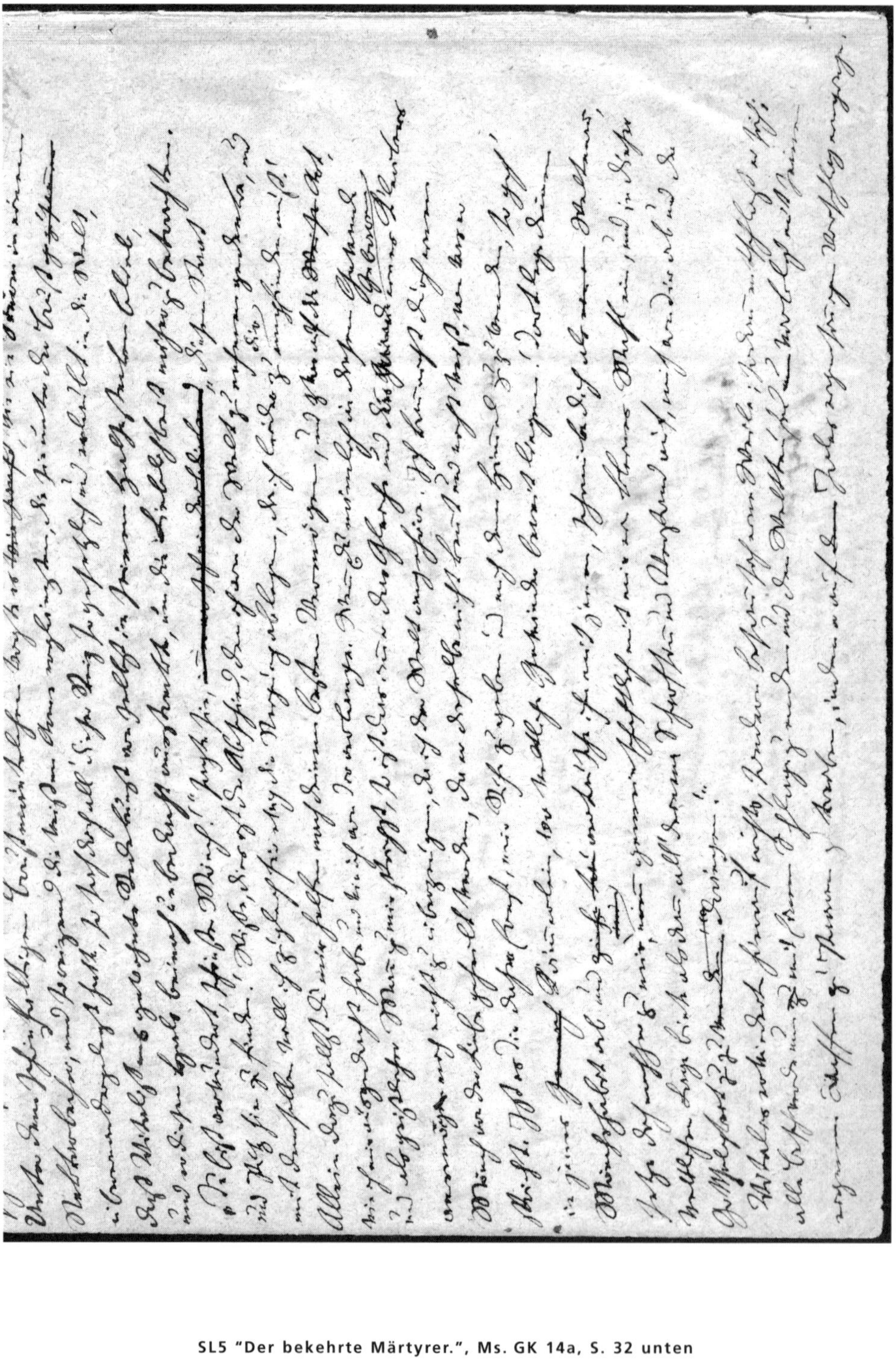

SL5 "Der bekehrte Märtyrer.", Ms. GK 14a, S. 32 unten

32.19 übereinandergelegt hatte, so sah doch all' dieser Reiz so gesetzlich und erlaubt in die Welt,
32.20 daß Vitalissens gewohnte Redekunst von selbst in seinem Halse stecken blieb,
und er diesen Hals beinah unbedacht ausstreckte, um die Lieblichkeit näher zu betrachten.

„Du bist verwundert, schönster Mönch!" sagte sie, [immer vor sich niederblickend] „diesen Staat 407.01
und Putz hier zu finden! Wisse, dies ist der Abschied, den ich von der Welt zu nehmen gedenke, und
mit demselben will ich zugleich für ewig die Neigung ablegen, die ich leider zu ⟨dir⟩ empfinden muß!
32.25 Allein dazu sollst du mir helfen nach deinem besten Vermögen, und zwar auf die [Weise]¬ Art,
wie ich mir ausgedacht habe und wie ich von Dir verlange. Wenn [du] ⟨Du⟩ nämlich in diesem Gewande
32.27 |–> 1 und als geistlicher Mann zu mir sprichst, so ist das immer das Gleiche und [die Gründe] eines Klerikers
2 das Gebaren
32.28 1 [vermögen] mich nicht zu überzeugen, da ich der Welt angehöre. Ich kann nicht durch einen
–>| 2 vermag 407.10
32.29 Mönch von der Liebe geheilt werden, da er dieselbe nicht kennt und nicht weiß, von was er
32.30 spricht. Ist es Dir daher Ernst, mir Ruhe zu geben und mich dem Himmel zuzuwenden, so geh'
in jenes [Gemach]¬ Kämmerlein, wo weltliche Gewänder bereit liegen! Dort lege deinen
Mönchshabit ab und [ziehe]¬ [tau]¬ vertausche ihn mit jenen, schmücke dich als [einen] Weltmann,
32.33 ¿ setze dich nachher zu mir, nimm gemeinschaftlich mit mir ein kleines Mahl ein, und in dieser
¿ [und]
32.34 weltlichen Lage biete alsdann all' [deinem] ⟨deinen⟩ Scharfsinn und Verstand auf, mich von Dir ab und der
32.35 Gottseligkeit [zuzuwenden!"] ⟨zuzudrängen!"⟩ 407.20

Vitalis erwiederte hierauf nichts, sondern besann sich eine Weile; sodann entschloß er sich,
alle Beschwerde nun [zu]¬ mit Einem Schlage zu enden und den Weltteufel [nun] wirklich mit seinen
eigenen Waffen zu Paaren zu treiben, indem er auf [den]¬ Joles eigensinnigen Vorschlag einginge.

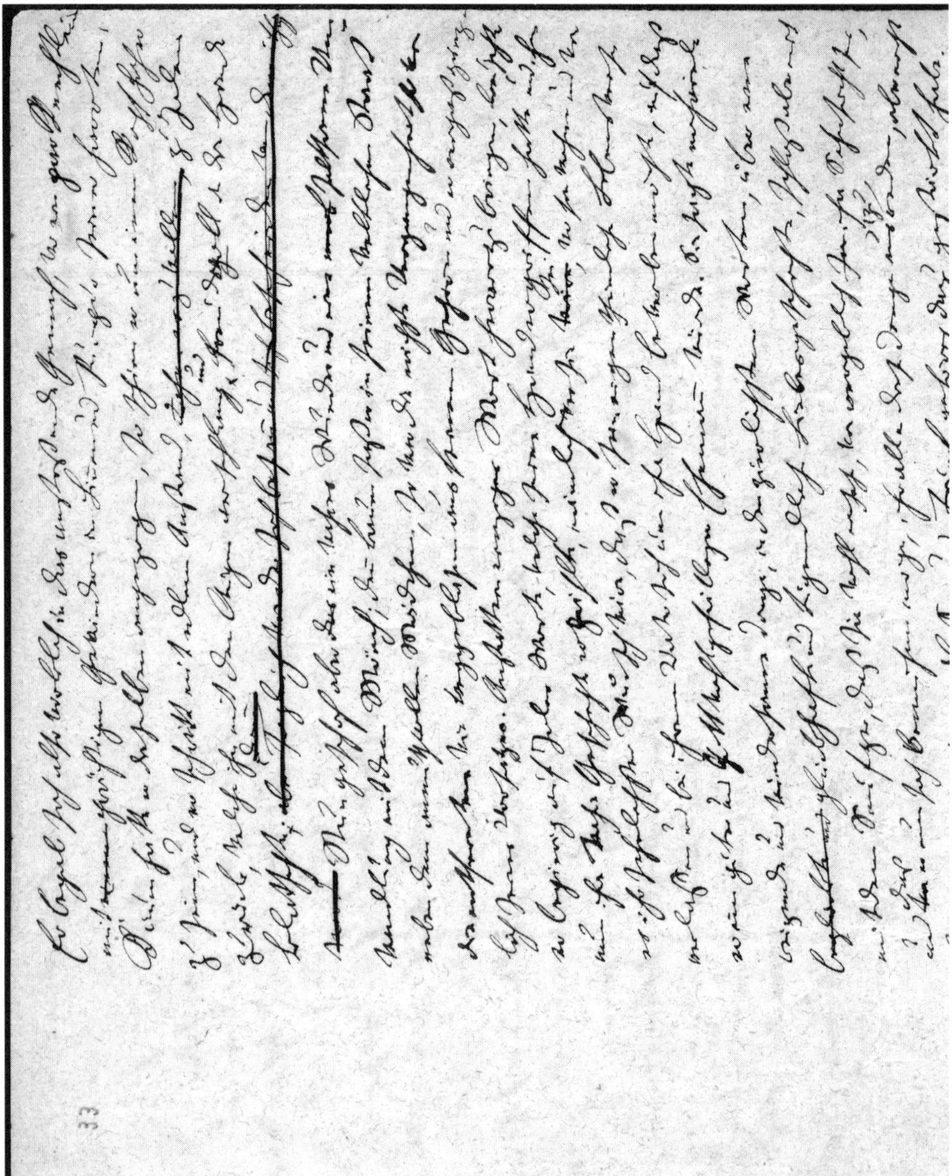

SL5 "Der bekehrte Märtyrer.", Ms. GK 14a, S. 33 oben

Er begab sich also wirklich in das anstoßende Gemach, wo ein par Knechtlein
mit [einem] prächtigen Gewändern in Linnen und Purpur seiner harrten.
Kaum hatte er dieselben angezogen, so schien er um einen Kopf höher
zu sein, und er schritt mit edlem Anstand, [[d]¬ ohne es zu wollen,] zu Jolen
zurück, welche ihn mit den Augen verschlang[,] ⟨und⟩ [*x*]¬ [freudig]¬ freudevoll in die Hände
|-> 1 [klatschte, aber ⟨dann⟩ sogleich wieder sich besann und [sich]¬ [bescheiden w]¬ demüthig]
2 klatschte.
1 [ward.¿] Nun geschah aber [das]¬ ein wahres Wunder und eine [merk]¬ seltsame Um-
->| 2
wandlung mit dem Mönch; denn kaum saß er in seinem weltlichen Staat
neben dem anmuthvollen Mädchen, so war die nächste Vergangenheit so wie
die entferntere wie weggeblasen aus seinem Gehirn und er vergaß gänzlich seines Vorsatzes. Anstatt ein einziges Wort hervorzubringen, lauschte
er begierig auf Joles Worte, welche seine Hand ergriffen hatte und ihm
nun ihre [*x*]¬ wahre Geschichte [er*x*]¬ erzählte, nämlich wer sie [wäre] ⟨sei⟩, wo sie wohne und wie
es ihr sehnlichster Wunsch wäre, daß er seine eigenthümliche Lebensweise
verlassen und bei ihrem Vater sich um ihre Hand bewerben möchte, auf daß
er ein guter und [*ge*]¬ Gott wohlgefälliger Ehemann würde. Sie sagte noch viele
reizende und wundersame Dinge, in den zierlichsten Worten, über eine
[beglückte und]¬ glückhafte und tugendliche Liebesgeschichte, schloß aber mit
mit dem Seufzer, daß sie wohl einsehe, wie vergeblich [s*ie*]¬ ihre Sehnsucht sei,

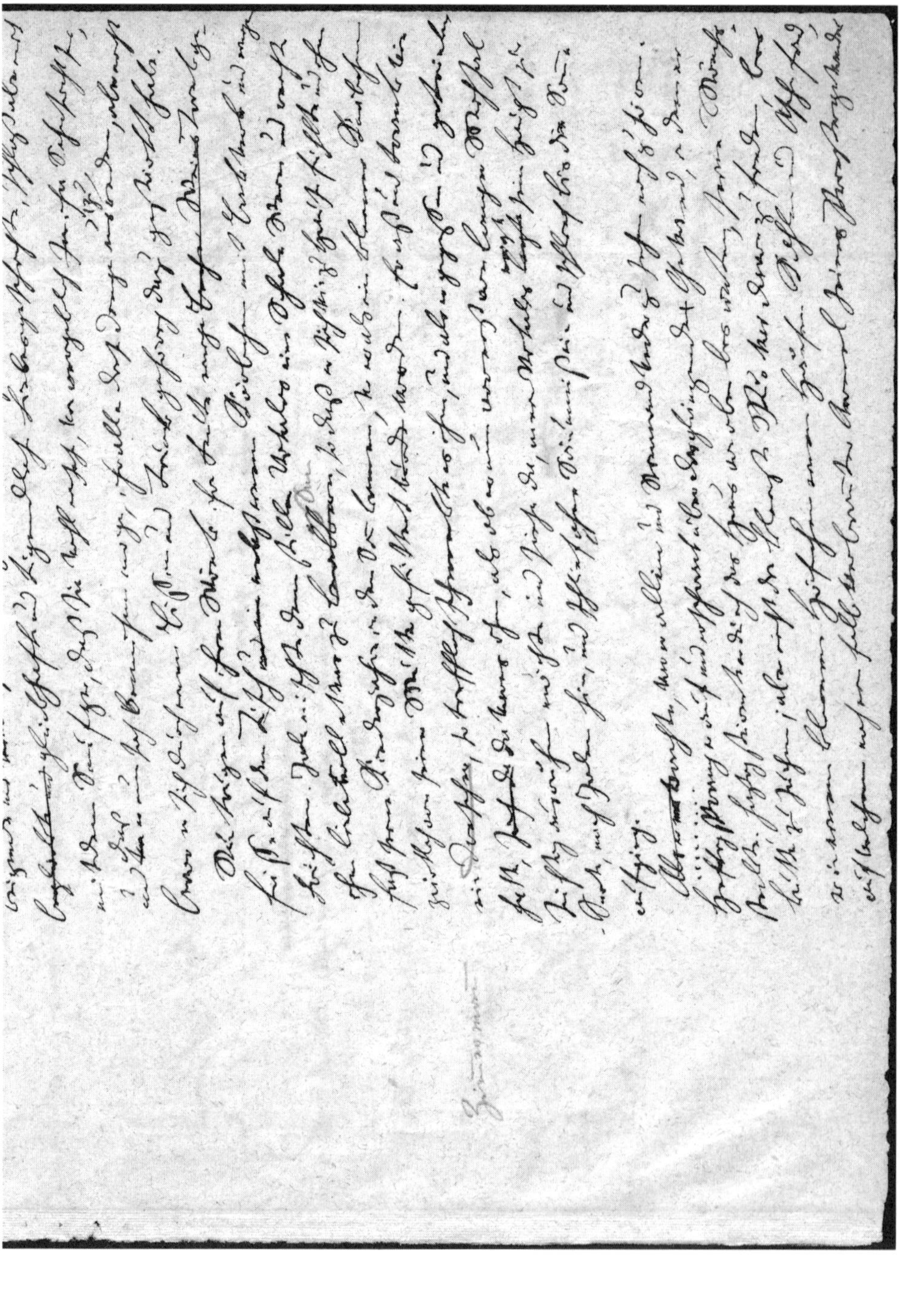

SL5 "Der bekehrte Märtyrer.", Ms. GK 14a, S. 33 unten

33.20 und [wie] ⟨daß⟩ er nun sich bemühen möge, ihr alle diese Dinge [aus^reden] ⟨auszureden⟩, aber nicht
bevor er sich durch einen Bissen und Trunk gehörig dazu gestärkt habe.

Nun trugen auf ihren Wink ihre Leute einige [Becher Wein's]¬ Trinkge-
fässe auf den Tisch [und ein]¬ nebst einem Körbchen mit Backwerk und einigen
Früchten. Jole mischte dem stillen Vitalis eine Schale Wein und reichte
33.25 α ihm [liebe*x*]¬ liebevoll etwas zu [knabbern,] so daß er sich wie zu Hause fühlte und ihm
β essen, 408.20
33.26 fast seine Kinderjahre in den Sinn kamen, wo er als ein kleines Knäbchen
zärtlich von seiner Mutter gefüttert [wurde]¬ worden. Er aß und trank wie
33.28 α ein [Drescher,] so trefflich schmeckte es ihm, und als er gegessen und getrunken
β Zimmermann,[103]
33.29 hatte, [siehe da]¬ da war es ihm, als ob er nun vorerst von langer Mühsal
33.30 tüchtig ausruhen möchte und siehe da, mein Vitalis [legte] ⟨neigte⟩ sein Haupt zur
Seite, nach Jolen hin, und schlief ohne Säumniß ein und schlief bis die Sonne
aufging.

[Als er erw]¬ Als er erwachte, war er allein und Niemand weder zu sehen noch zu hören.
Heftig sprang er auf und erschrack über [die glänzenden]¬ das glänzende Gewand, in dem er 408.30
33.35 steckte; hastig stürmte er durch das Haus von oben bis unten, seine Mönchskutte zu suchen; aber nicht die kleinste Spur war davon zu finden, bis
er in einem kleinen Höfchen einen Haufen Kohlen und Asche fand, 409.01
auf welchem noch ein halbverbrannter Aermel [seiner] ⟨seines⟩ Priestergewandes

---

103 33.28 Zimmermann] *Am Korrekturrand.*

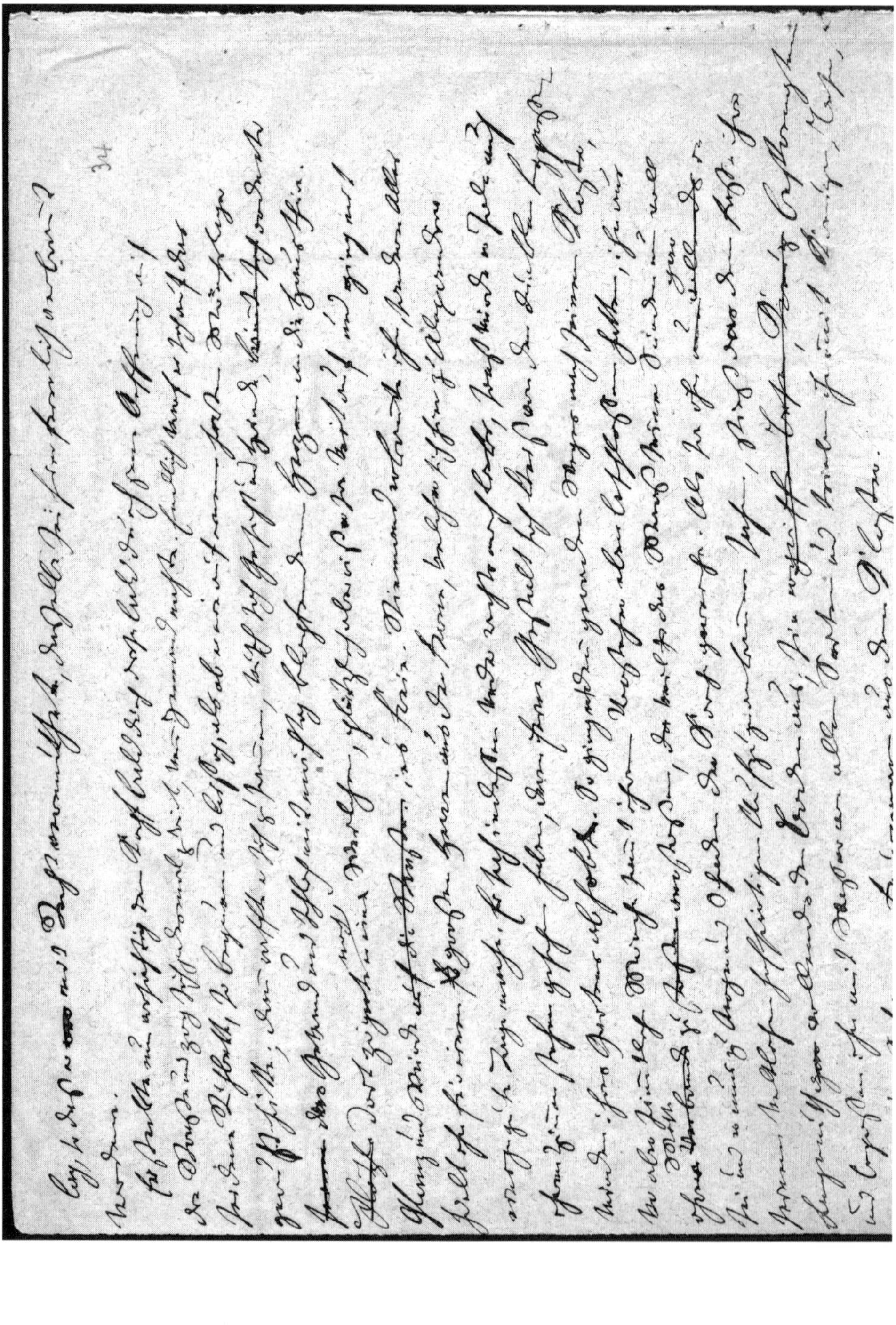

SL5 "Der bekehrte Märtyrer.", Ms. GK 14a, S. 34 oben

lag, so daß er [ver]¬ mit Recht vermuthete, dasselbe sei hier feierlich verbrannt worden.

Er steckte nun vorsichtig den Kopf bald durch diese bald durch jene Oeffnung auf die Straße und zog sich jedesmal zurück, wenn Jemand nahte. Endlich warf er sich auf das seidene Ruhbett, so bequem und lässig, als ob er nie auf einem harten Mönchslager [geru*st*]¬ geruht hätte; dann raffte er sich zusammen, wusch sich Gesicht und Hände, [kämmte sich]¬ ordnete [seine]¬ [die]¬ das Gewand und schlich mit mächtig klopfendem Herzen an die Hausthüre. [Plötzl]¬ Dort zögerte ⟨noch⟩[104] er [eine]¬ ein Weilchen, plötzlich aber riß er sie weit auf und [*x*]¬ ging mit Glanz und Würde [auf die Straße.]¬ in's Freie. Niemand erkannte ihn, sondern Alles hielt ihn für einen [f]¬ großen Herren aus der Ferne, welcher sich hier zu Alexandria einige gute Tage mache. Er sah indessen weder rechts noch links, sonst würde er Jole auf ihren Zinnen stehen gesehen haben, deren feine Gestalt sich [*k*]¬ weiß von den dunklen Cypressenwänden ihres Gartens [abhebte] ⟨abhob⟩. So ging er denn[105] geraden Weges nach seinem Kloster, wo aber sämmtliche Mönche sammt ihrem Vorsteher eben beschlossen hatten, ihn aus [ihrem Verbande] ⟨ihrer Mitte⟩ zu [stoßen]¬ verstoßen, [da]¬ weil [*xx*]¬ das Maaß seiner Sünden nun voll sei und er nur zu Aerger und Schaden der Kirche gereiche. Als sie ihn [nun]¬ [vollends] ⟨gar⟩ in seinem weltlichen hoffärtigen Aufzuge ankommen sahen, stieß das dem Fasse ihrer Langmuth [gar]¬ vollends den Boden aus; sie [ergriffen Besen, Kreuz]¬ besprengten

---

104 *34.08* noch] *Durch Bogenlinie falsch eingewiesen.*

105 *34.13* er denn] *Verdeutlichender Trennstrich zwischen beiden Wörtern.*

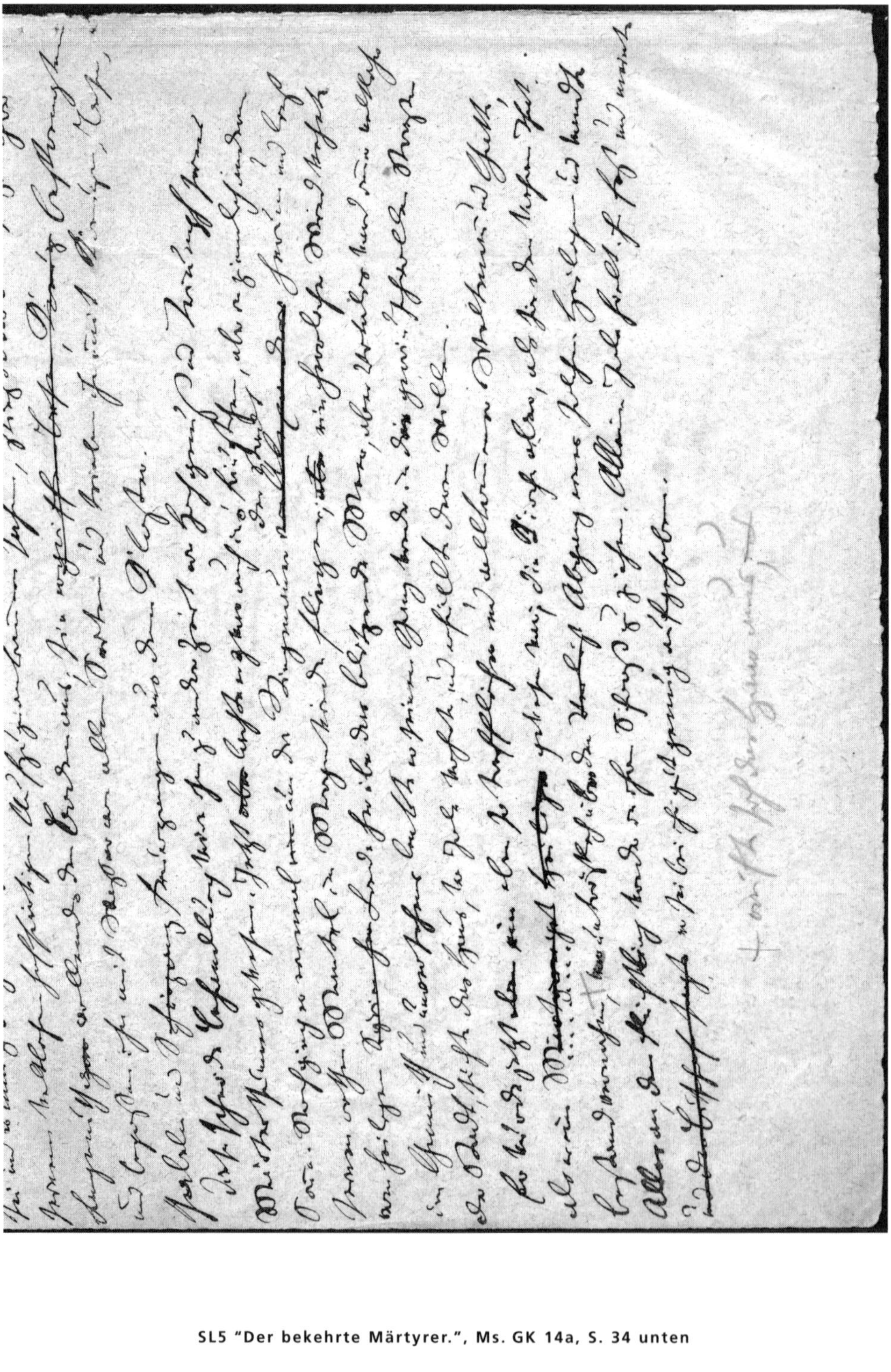

SL5 "Der bekehrte Märtyrer.", Ms. GK 14a, S. 34 unten

und begossen ihn mit Wasser von allen Seiten und trieben ihn [*i*]¬ mit Kreuzen, Besen,
Gabeln und [Schürzang]¬ Feuerzangen aus dem Kloster.

Diese schnöde Behandlung wäre ihm zu andrer Zeit ein Hochgenuß und Triumph seines
Märterthumes gewesen. Jetzt [aber] lachte er zwar auch in's Fäustchen, aber in ziemlich anderm
Sinne. Noch ging er einmal [rin]¬ um die Ringmauer [von Alexandria] ⟨der Stadt⟩ herum und ließ 409.30
seinen rothen Mantel im Morgenwinde fliegen; [aber] ein herrlicher Wind wehete
vom heiligen [Syrien her]¬ Lande her über das blitzende Meer, aber Vitalis ward immer weltlicher 410.01
im Gemüth und unversehens lenkte er seinen Gang wieder in [das]¬ die geräuschvollen Straßen
der Stadt, suchte das Haus, wo Jole wohnte, und erfüllte deren Willen.

Er wurde jetzt [eben *s*]¬ ein eben so trefflicher und vollkommener Weltmann und Gatte,
als er ein [Märtyrer gew]¬ [Heiliger] ⟨Märtyrer⟩ gewesen war; die Kirche aber, als sie den wahren That-
α bestand vernahm, war untröstlich über den [Verlust]¬ Abgang eines solchen Heiligen und wandte
β¿ raufte sich das Haar [aus und] [ ][106]
β aus,
Alles an, den [Flüchten]¬ Flüchtling wieder in ihren Schooß zu ziehen. Allein Jole hielt ihn fest 410.10
[und der Bischof sagte]¬ und meinte er sei bei ihr gut genug aufgehoben.

---

106 *34.30* raufte … und] *auR (+).*

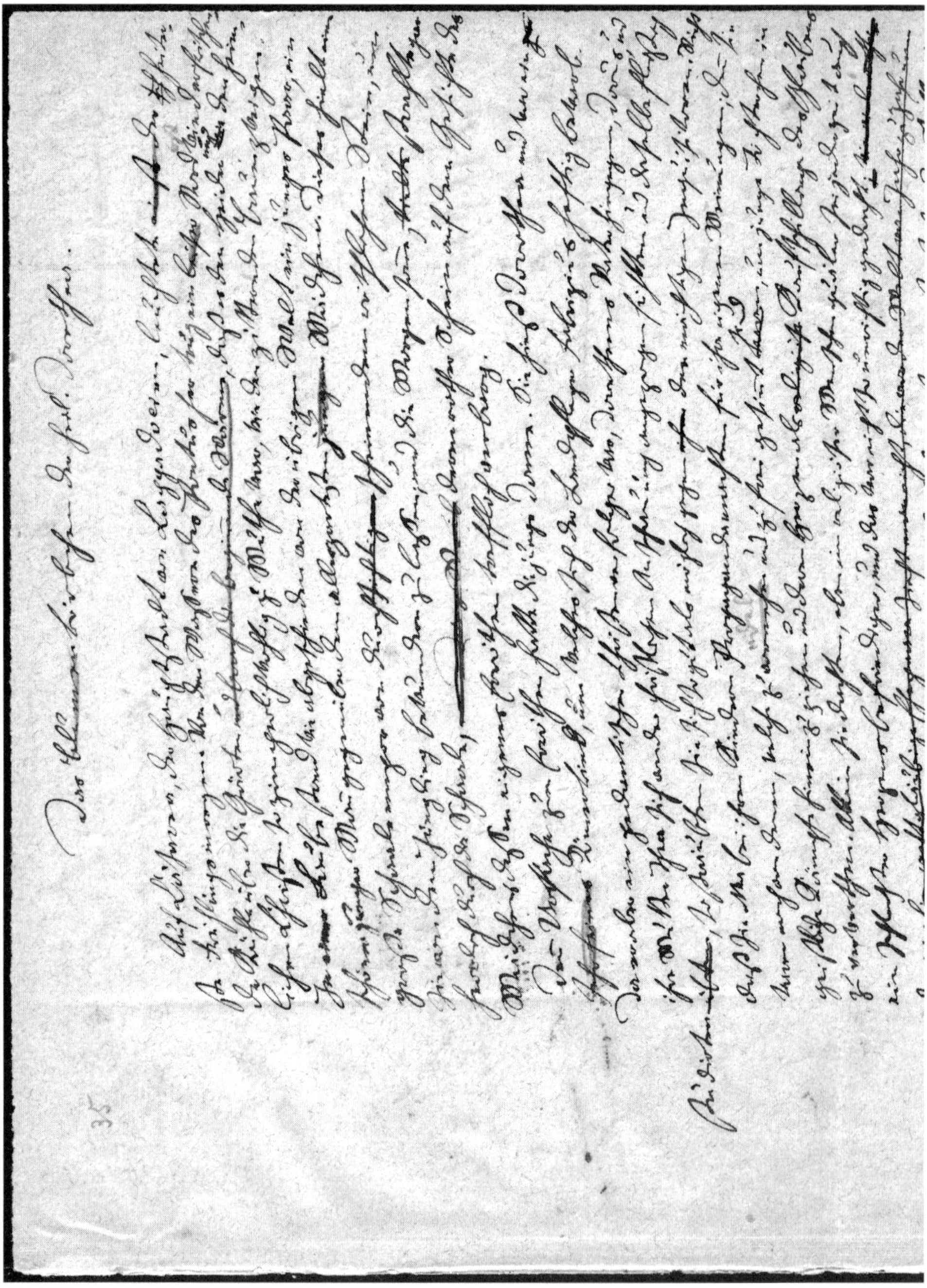

SL6 "Das Blumenkörbchen der heil. Dorothea.", Ms. GK 14a, S. 35 oben

α Das [Blumenkörbchen] der heil. Dorothea.
β körbchen

Auf Cäsarea, der Hauptstadt von Cappadocien, leuchtete β[einst] der [sch]¬ heiter-
α ste Frühlingsmorgen. Von den Wassern des Pontus her trug ein [leiser Nordwind] erfrischen-
β Nordostwind
α de Kühle über die [Gärten und brach die beginnende Wärme,] daß es den Heiden [wie] ⟨und⟩ den heim-
β Gärten,
lichen Christen so zimperlich wohlig zu Muthe war, wie den zitternden Baumzweigen.
In einer Laube stand wie abgeschieden von der übrigen Welt ein junges Paar, ein
schöner junger Mann gegenüber dem allerzartesten β[jungen] Mädchen. Dieses hielt eine
große Schaale empor von [durchsichtigem]¬ durchscheinendem röthlichem Stein, um
sie von dem Jüngling bewundern zu lassen; und die Morgensonne [spielte]¬ strahlte gar
herrlich durch die [Schaale. Das Weib]¬ Schaale, deren rother Schein auf dem Gesichte des
Mädchens dessen eigenes Erröthen trefflich verbarg.

Denn [Ur*d*]¬ Ursache zum Erröthen hatte die junge Dame. Sie hieß Dorothea und war ein [*gar*]¬
β[sehr feines] Römerkind, um welches sich der Landpfleger Fabrizius heftig bewarb.
Da er aber ein pedantischer Christenverfolger war, Dorotheens Vater hingegen, Dorus, und
ihre Mutter Thea sich von der christlichen Anschauung angezogen fühlten und dieselbe fleißig
[übten] ⟨studirten⟩ [107], so sträubten sie sich so gut als möglich gegen [ihn.]¬ den mächtigen Inquisitoren. Nicht
daß sie etwa bei ihren Kindern Propaganda machten für ihre eigenen Meinungen; denn sie
α waren noch von denen, welche zu [vornehm] und zu frei gesinnt [waren] ⟨sind⟩, um junge Töchterchen in
β edel
[geist*ige*] ⟨geistliche⟩ Kämpfe hinein^zu^ziehen und deren Herzen als [religiöse] Kaufschillinge des Glaubens

107 *35.16* studirten] *Vor der Streichung am Zeilenbeginn (Korrekturrand).*

SL6 "Das Blumenkörbchen der heil. Dorothea.", Ms. GK 14a, S. 35 unten

zu verwerthen. Allein sie dachten, eben ein religiöser Menschenquäler sei jederzeit auch |-> ein schlechter Herzensbefriediger, und das war nicht so unrichtig gedacht[;]⟨.⟩ [wie viele] [[ortho\dox verhim]¬ rechtgläubige Ehepaare sieht man nicht, die vor der Welt von Jahr zu Jahr um] [so glaubenseifriger [und verhimmelter aus]¬ dastehen, je weniger sie sich in der Stille ihres] [Hauses gegenseitig genügen. Verunglückt und mißrathen in der irdischen Liebe, brin-] [gen sie wenigstens eine anständige Einigkeit für den Himmel zu^wege; aber bei Stiftung] [einer Ehe ist es [vorw]¬ vorerst auf jene abgesehen, sonst ist das Bündniß selbst ein Mißbrauch] ->| [und eine Sünde.] Solch' β[schnurrige] Erwägungen hatte indessen die Tochter nicht [zu machen]¬ anzustellen; diese [hatte]¬ besaß ein einfacheres Schutzmittel gegen die Bewerbung des Landpflegers, nämlich die Neigung zu dessen Geheimschreiber Theophilus, der eben jetzt vor ihr stand und seltsam in die röthliche Schale guckte.

Dieser Theophilus war ein [durchaus] wohlgebildeter, [stattlicher] ⟨feiner⟩ und tüchtiger Mensch, der sich von niederem Stande emporgeschwungen und bei Jedermann eines guten Ansehens genoß. Aber von der Noth seiner Jugend her war ihm ein [zurückhaltendes und] wenig zutrauliches Wesen geblieben, und indem er sich mit dem, was er sich selbst verdankte, begnügte, glaubte er nicht leicht, daß ihm irgend Jemand aus freien Stücken besonders zugethan sei. Er sah die junge Dorothea [über]¬ für sein Leben gern[.]¬, aber schon der Umstand, daß der vornehmste Mann in [Cärarea] ⟨Cäsarea⟩ sich um sie bewarb, hielt ihn ab, etwas für sich zu hoffen, und um keinen Preis hätte er neben diesem Herren eine lächerliche Figur machen mögen. Nichts desto weniger suchte Dorothea ihre Wünsche zu einem guten Ziele zu [*len*]¬ führen, indem sie den Gegenstand derselben vielfach in ihren Bereich zog und sich seiner Gegenwart zu versichern wußte. Und da er fortwährend

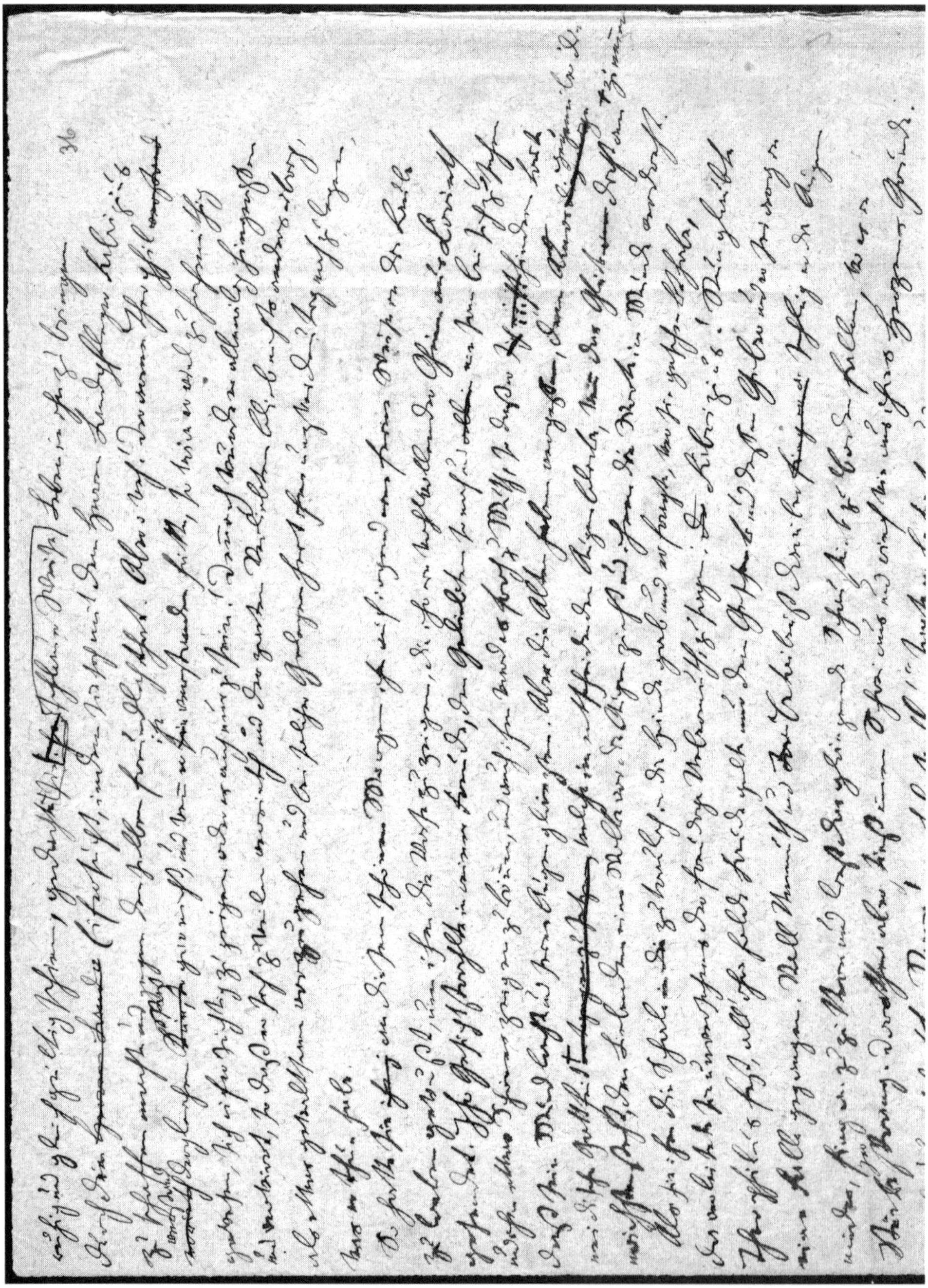

SL6 "Das Blumenkörbchen der heil. Dorothea.", Ms. GK 14a, S. 36 oben

36.01 1 ruhig und gleichgültig schien, gedachte [sie ihn] schlauer Weise ¬¬
2 [sie] ihn ¬¬
3 sie [ ]¬ [108] Leben in ihn zu bringen

36.02 3 durch [den] [Herren Land]¬¬
4 die Eifersucht, indem sie sich mit dem Herren Landpfleger Fabrizius 412.30

36.03 zu schaffen machte und gegen denselben freundlich that. Aber o weh! Der arme Theophil [verstand]¬

36.04 [errieth] dergleichen [Künste] gar nicht, und wenn er [sie] verstanden hätte, so wäre er viel zu hochmüthig
verstand Spaß ihn 413.01

36.05 gewesen, sich eifersüchtig zu zeigen oder es auch nur zu sein! Dennoch wurde er allmälig hingerissen
und verwirrt, so daß er sich zuweilen verrieth und der zarten Verliebten blieb nichts anders übrig,
als etwas gewaltsam [vor*g*]¬ vorzugehen und bei solcher Gelegenheit ihm unzweideutig nah^zu^legen,
was er thun habe.

So hatte sie [ihn j]¬ an diesem schönen Morgen ihn auf irgend eine feine Weise in die Laube 413.11

36.10 zu locken gewußt, um ihm die Vase zu zeigen, die ihr ein wohlwollender Oheim aus Corinth
gesendet. Ihr Gesicht strahlte in reiner Freude, den Geliebten so nah und [allein]¬ einsam bei sich zu sehen
und ihm etwas Schönes zeigen zu können, und auch ihm ward es froh zu Muth, so daß er [sich] [nicht] ⟨nicht⟩ [109] hindern konnte, 413.20

36.13 |–> 1 daß sein Mund lachte und seine Augen glänzten. Aber die Alten haben vergessen, dem [A*l*]¬ Amor [diejenige]
2 gegenüber die

36.14 1 neidische Gottheit [entgegen^zu^setzen,] welche im entscheidenden Augenblicke, wenn das Glück [am]¬ dicht am
–>| 2 zu nennen, [110]

36.15 nächsten steht, den Liebenden eine Wolke vor die Augen zieht und ihnen die Worte im Munde verdreht.

Als sie ihm die Schale β[in] [111] [die]¬ zutraulich in die Hände gab und er fragte, wer sie geschenkt habe,
da verleitete sie unversehens der freudige Uebermuth, zu sagen: [de]¬ Fabrizius! Nun glaubte 413.30
Theophilus fest, all' ihre holde Freude gelte nur dem Geschenk und dessen Geber und er sei arg in
eine Falle gegangen. Voll Unmuth und [Tr]¬ Betrübniß darüber [fing er a]¬ schlug er die Augen

---

108 *36.01* schlauer Weise sie ihn] *Korrektur mit Umstellbogen und nachheriger Tilgung des umgestellten* ihn.

109 *36.12* nicht] *Ev. zuerst versehentlich (statt* sich*) gestrichen, dann durch Unterpunktung wieder eingesetzt.*

110 *36.14* zu nennen,] *arR (+).*

111 *36.16* in] *Wohl versehentlich in Grundschicht α nicht gestrichen.*

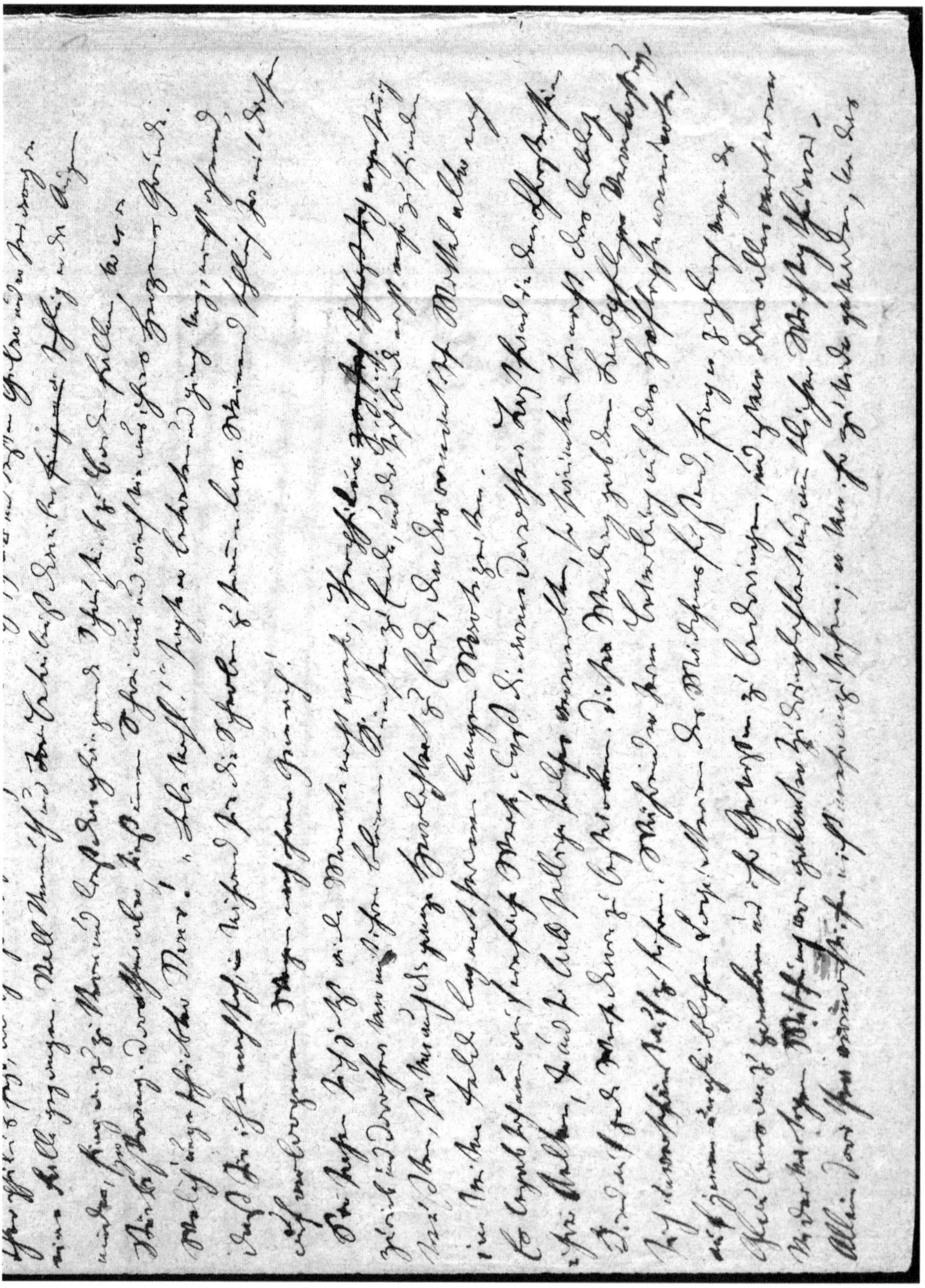

SL6 "Das Blumenkörbchen der heil. Dorothea.", Ms. GK 14a, S. 36 unten

nieder, fing an zu zittern und ließ das glänzende Schaustück zu Boden fallen, wo es in
Stücke [sprang] ⟨zersprang⟩. Dorothea aber stieß einen Schrei aus und rief wie aus ihres Herzens Grunde:
Welch' ungeschickter Narr! „Lebe wohl!“ sagte er betreten und ging weg, nicht ahnend,
daß sie ihm nachsah, [in]¬ während sie die Scherben zusammen^las. Weinend schlich sie mit diesen 414.30
auf verborgenen Wegen nach ihrem Gemach!

Sie sahen sich jetzt viele Monate nicht mehr; Theophilus [zog sich]¬ [schloß sich] ⟨zog sich⟩[112] eigensinnig (415.01)
zurück und Dorothea war mit ihren kleinen Künsten zu Ende, und da sich beide nicht mehr zu finden
wußten, so war auch die ganze Herrlichkeit zu Ende, da das romantische Mittelalter noch
im weiten Felde lag mit seinen langen Wartezeiten.

Es begab sich nun auf einfache Weise, daß die arme Dorothea Trost fand in dem Christenthume
ihrer Aeltern, [so]¬ und so bald selbige solches vermerkten, so säumten sie nicht, das liebliche
Kind auf jede Weise darin zu [bestärcken] ⟨bestärken⟩. [Diese$_{n}$]¬ Diese Wendung gab dem Landpfleger Veranlassung, (415.10)
sich unverschämt auf^zu^führen. Während er seine Bewerbung auf das Heftigste erneuerte,
auf jenen unglücklichen Coquetterien des Mädchens fußend, fing er zugleich wegen des
Glaubens an zu zanken und ihr Gewissen zu bedrängen, und zwar dies alles [*x*]¬ mit einer
widerwärtigen Mischung von galanter Zudringlichkeit und ammtlicher Wichtigthuerei.
Allein Dorothea vermochte ihn nicht mehr anzusehen; er war ihr zuwider geworden, wie das

112 36.25 zog sich] *Durch Unterpunktung wieder eingesetzt.*

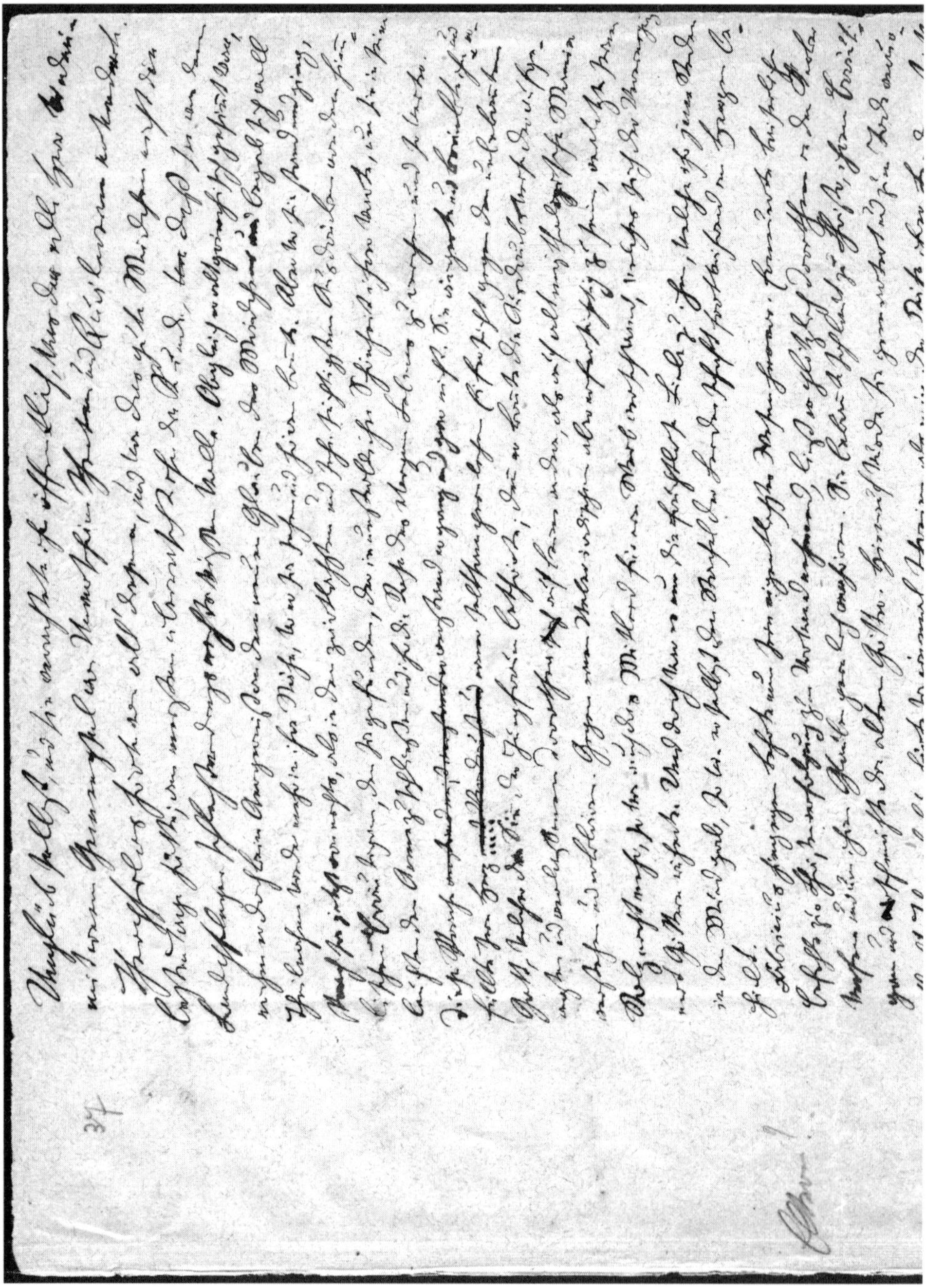

SL6 "Das Blumenkörbchen der heil. Dorothea.", Ms. GK 14a, S. 37 oben

Unglück selbst, und sie verachtete ihn öffentlich, was der edle Herr wiederum mit einem Gemengsel von Unverschämtheiten und Quälereien erwiederte.

Theophilos hörte von all' diesem, und wie das gute Mädchen nicht die besten Tage hätte; am meisten überraschte ihn die Kunde, [wie]¬ daß sie von dem Landpfleger schlechterdings nichts wissen wolle. Obgleich er altgriechisch gesinnt war, nahm er doch kein Aergerniß an dem neuen Glauben des Mädchens und begab sich voll Theilnahme wieder mehr in ihre Nähe, wo er sie sehen und hören konnte. Aber wo sie stand und ging, sprach sie jetzt von nichts, als in den zärtlichsten und sehnsüchtigsten Ausdrücken von dem himmlischen Bräutigam, den sie gefunden, der in unsterblicher Schönheit ihrer warte, um sie in seine leuchtenden Arme zu schließen und ihr die Rose des ewigen Lebens zu reichen und so weiter. Diese Sprache [verstand]¬ [mißverstand er]¬ verstand er ganz und gar nicht. Sie ärgerte und kränkte [ihn,] ⟨ihn und⟩ erfüllte sein Herz [mit Verdruß und] ⟨mit⟩ [113] einer seltsam peinlichen Eifersucht gegen den unbekannten Gott, welcher [d*ie*]¬ den Sinn der Jungfrauen bethörte; denn er konnte die Ausdrucksweise der aufgeregten und verlassenen Dorothea [sich] auf keine andere, als auf alt [mytholi]¬ mythologische Manier verstehen und erklären. Gegen einen Ueberirdischen aber eifersüchtig zu sein, verletzte seinen Stolz nicht mehr, so wie auch das Mitleid für ein Weib verschwand, welches sich der Vereinigung mit Göttern rühmte. Und doch war es nur die fruchtlose Liebe zu ihm, welche ihr jene Reden in den Mund gab, so wie er selbst den Stachel der Leidenschaft fortwährend im Herzen behielt.

Fabricius [114] hingegen kehrte nun sein eigentlichstes Wesen hervor. Erneuerte kaiserliche

---

113 *37.12* mit] *Nach fälschlicher Streichung durch Unterpunktung wieder eingesetzt.*

114 *37.20* Fabricius ...] *Am Korrekturrand auf Höhe des Absatzbeginns Bleistiftnotiz:* Eltern?, *vermutlich aus späterer Zeit stammend (frühe Schreibung:* Aeltern*).*

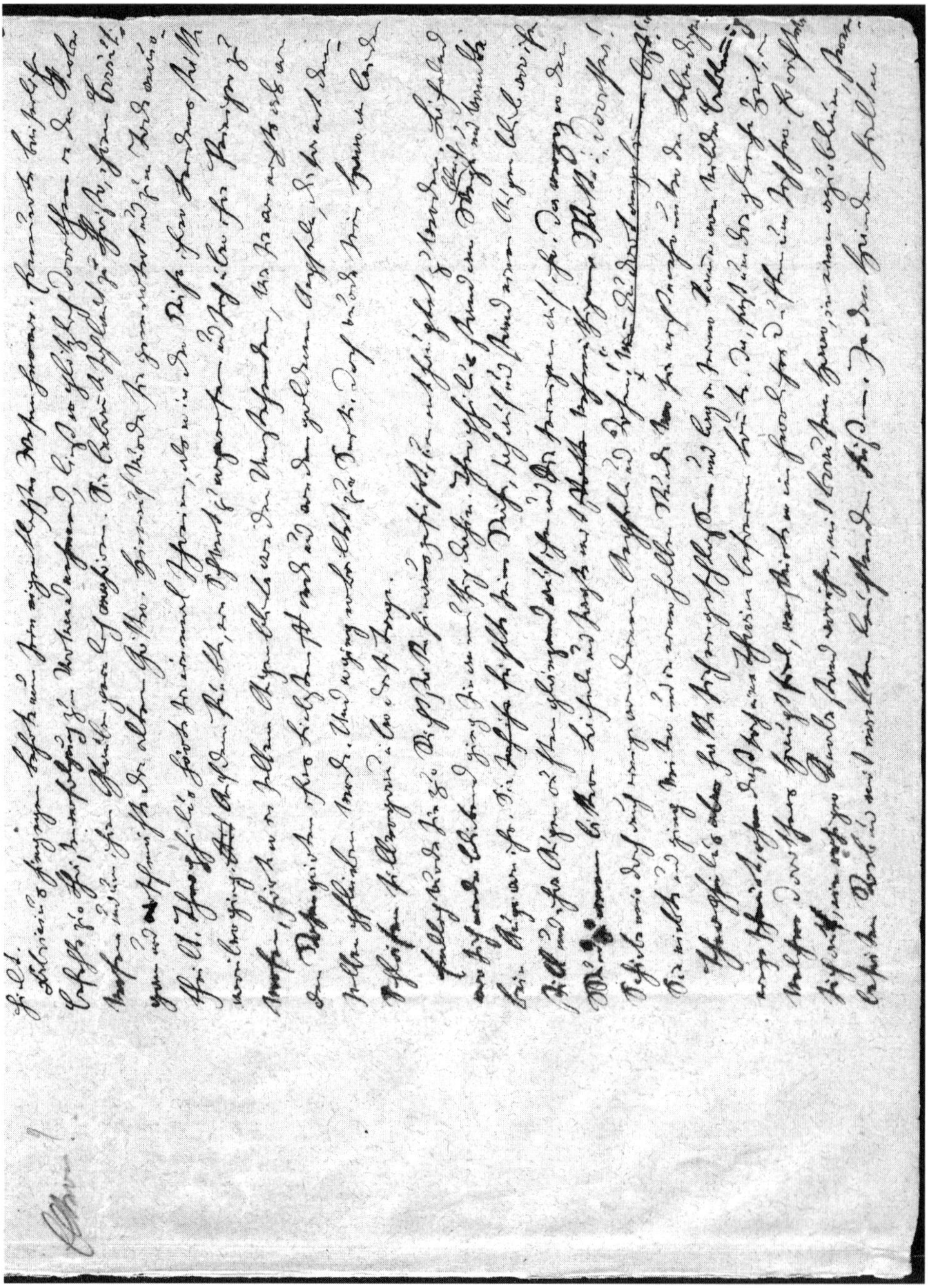

SL6 "Das Blumenkörbchen der heil. Dorothea.", Ms. GK 14a, S. 37 unten

37.21 Befehle zur Christenverfolgung zum Vorwand nehmend, ließ er plötzlich Dorotheen in den Kerker 416.20
werfen und um ihren Glauben peinlich verhören. Sie bekannte sich laut zu Christo, ihrem Bräutigam und [verschmähte] ⟨schmähte⟩ die alten Götter. Hierauf wurde sie gemartert und zum Tode verur-
theilt. Theophilus hörte sie einmal schreien, als er in der Nähe ihrer Leidensstätte (417.05)
37.25 vorüberging. [Auf]¬ Auf dem Punkte, ein Schwert zu ergreifen und sich über ihre Peiniger zu
werfen, hörte er in selbem Augenblicke von den Umstehenden, wie sie von nichts als von
den Rosengärten ihres Liebsten [sp]¬ rede und von den goldenen Aepfeln, die sie mit demselben pflücken werde. Und er ging erkältet zur Seite. Doch wurde sein Haar an beiden
Schläfen silbergrau über diese Tage.

37.30 Endlich wurde sie zur Richtstätte hinausgeführt, um enthauptet zu werden. Lächelnd 417.22
vor sich nieder blickend ging sie anmuthig dahin. Theophilus stand am Wege ⟨bleich⟩ [115] und wandte
kein Auge von ihr. Sie [sah ihn]¬ fühlte seine Nähe, sah auf und stand einen Augenblick vor ihm
still und ihre Augen ruhten glänzend auf ihm und [s]¬ die seinigen auf ihr. Da verzog er den
Mund zu einem bittern Lächeln und sagte mit [spotte]¬ wehmüthigem Spotte: „Dorothea!
37.35 Schicke mir doch auch einige von deinen Aepfeln und [Rosen, wenn du dort angekommen bist!"]
Rosen!"
37.36 Sie nickte und ging weiter und in einer halben Stunde war sie nicht mehr unter den Lebendigen.

Theophilus β[aber] hatte sich eingeschlossen und lag in seiner Kammer von wilder Beklemmung
eingeschnürt, ohne daß sich eine Thräne befreien konnte. Da, fast um die gleiche Zeit, in
welcher Dorotheas Haupt fiel, verspürte er ein herrliches Duften um sich her. Er richtete 418.22
37.40 sich auf, ein rosiger Knabe stand vor ihm, mit krausem Haar, in einem azurblauen, sternen-
besäten Rock und mit nackten leuchtenden Füßen. In den Händen hielt er

---

115 37.31 bleich] *Einfügung mit Einweisbogen, vermutlich an falscher Stelle.*

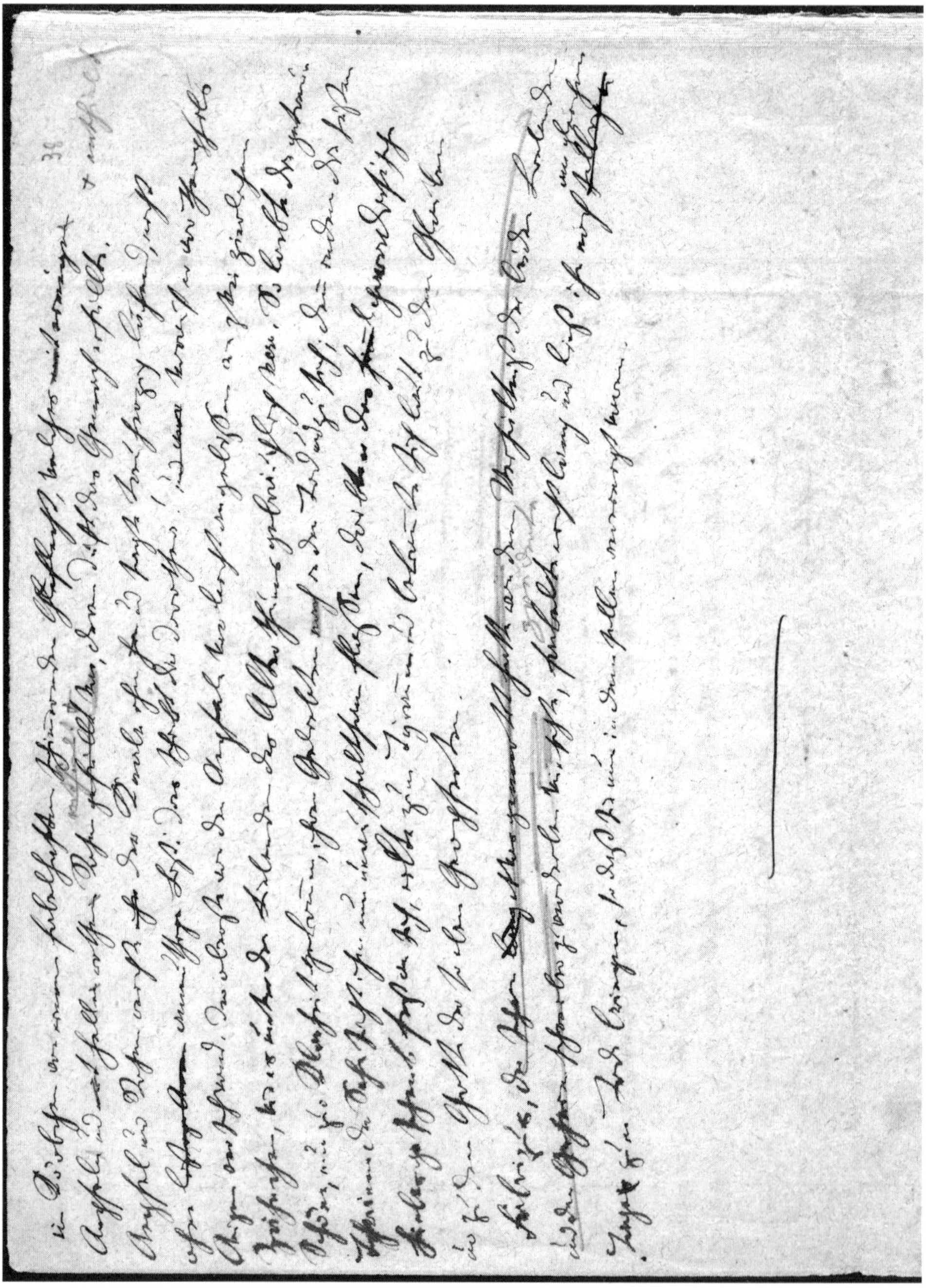

SL6 "Das Blumenkörbchen der heil. Dorothea.", Ms. GK 14a, S. 38 oben

I–> α ein Körbchen von einem fabelhaften schimmernden [Gl]¬ Geflecht, welches [mit einigen]
β einige
α [Aepfeln] und [mit hellen rothen] Rosen [gefüllt war,] deren Duft das Gemach erfüllte.
–>I β Aepfel helle rothe [enthielt] ⟨enthielt⟩,[116]

Aepfel und Rosen reichte [ihm]¬ der Knabe ihm β[hin] und sagte treuherzig [lä]¬ lachend, nicht ohne [listige Anm]¬ anmuthige List: Dies schickt dir Dorothea! [und ver]¬ worauf er vor Theophil's Augen verschwand. Der oberste von den Aepfeln war leicht angebissen von zwei zierlichen Zähnchen, wie es unter den Liebenden des Alterthums gebräuchlich war. So lockte die getreue Schöne, nun zur Klarheit gekommen, ihren Geliebten β[nach] in den Tod und zu sich; denn indem die süßen Thränen der Sehnsucht ihm nun unaufhaltsam flossen, drückte er das [himml]¬ paradiesische Liebesgeschenk fest an sich, eilte zum Tyrannen und bekannte sich laut zu dem Glauben und zu dem Gotte der so eben Geopferten.

418.30
419.04
(419.09)

I–> α Fabrizius, [der schon [lang] etwas gemerkt hatte von dem Verhältniß der beiden Liebenden]
β
α 1 [und den Geheimschreiber zu verderben wünschte,] fackelte nicht lang und ließ ihn noch [selbigen]
α 2 [ ] am gleichen
β zauderte
419.20
α 1 [Tages] zum Tode [bringen.]
–>I α 2 Tage bringen, so daß sie nun in dem^selben vereinigt waren.

---

116 38.02 enthielt] *Zur Verdeutlichung arR wiederholt (+).*

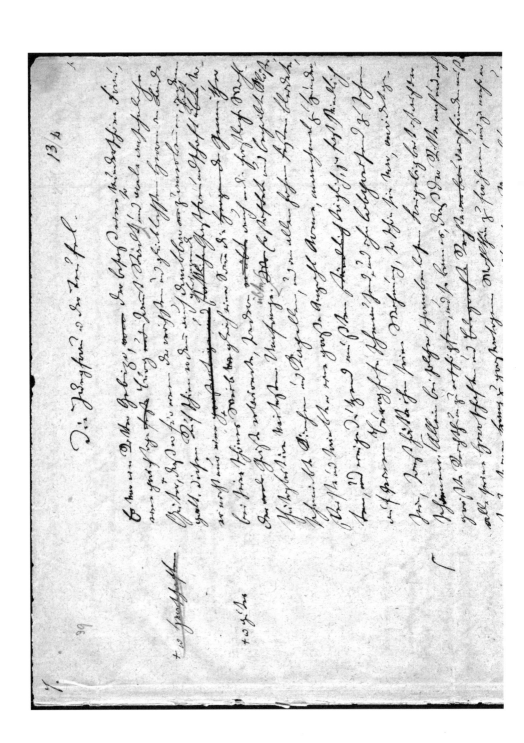

SL2 "Die Jungfrau und der Teufel.", Ms. GK 14a, S. 39 oben

39.01 Die Jungfrau u der Teufel.

Es war ein Ritter Gebizo, [von]¬ der besaß eine wunderschöne Frau,

39.03 α eine prächtige [feste] Burg [und]¬ sammt Stadt und viele ansehnliche
α¿ [ ] so
β Städtchen

39.04 α [Güter,] daß er für einen der reichsten und glücklichsten Herren im Lande
α [Güter u Herrschaften,] [117]
δ Güter,

39.05 galt. Diesen Ruf schien er denn auch dankbar [an]¬ zu anerkennen, indem

39.06 er nicht nur eine [großartige und] [stattliche] Gastfreundschaft [übte,] wo-
glänzende hielt,

39.07 bei [seine] ⟨sein⟩ schönes Weib [wie]¬ gleich einer Sonne die [Herzen der]¬ Gemüther
u gutes [118]

39.08 ⊢> α der [viele]¬ Gäste erwärmte, sondern [er übte] auch [*vi*]¬ die christliche Wohl-
β

39.09 α thätigkeit im weitesten [Umfange.] [W*o*]¬ Er stiftete und begabte Klöster,
–>⊣ β Umfange übte.

39.10 schmückte Kirchen und Kapellen, und an allen hohen Festen kleidete,
speiste und tränkte er eine große Anzahl Arme, manchmal zu Hunderten, und einige Dutzend mußten [stündlich]¬ täglich, ja fast stündlich
auf [*x*]¬ seinem Burghofe schmausend[,] und ihn lobpreisend zu sehen
sein, sonst hätte ihm seine Wohnung, so schön sie war, verödet ge-

39.15 [sch*ei*nen] ⟨schienen⟩.⟨¶⟩ Allein bei solcher schrankenlosen Freigebigkeit ist auch der

---

117 39.04 u Herrschaften] *Am Korrekturrand (+), später wieder gestrichen.*

118 39.07 u gutes] *Am Korrekturrand (+).*

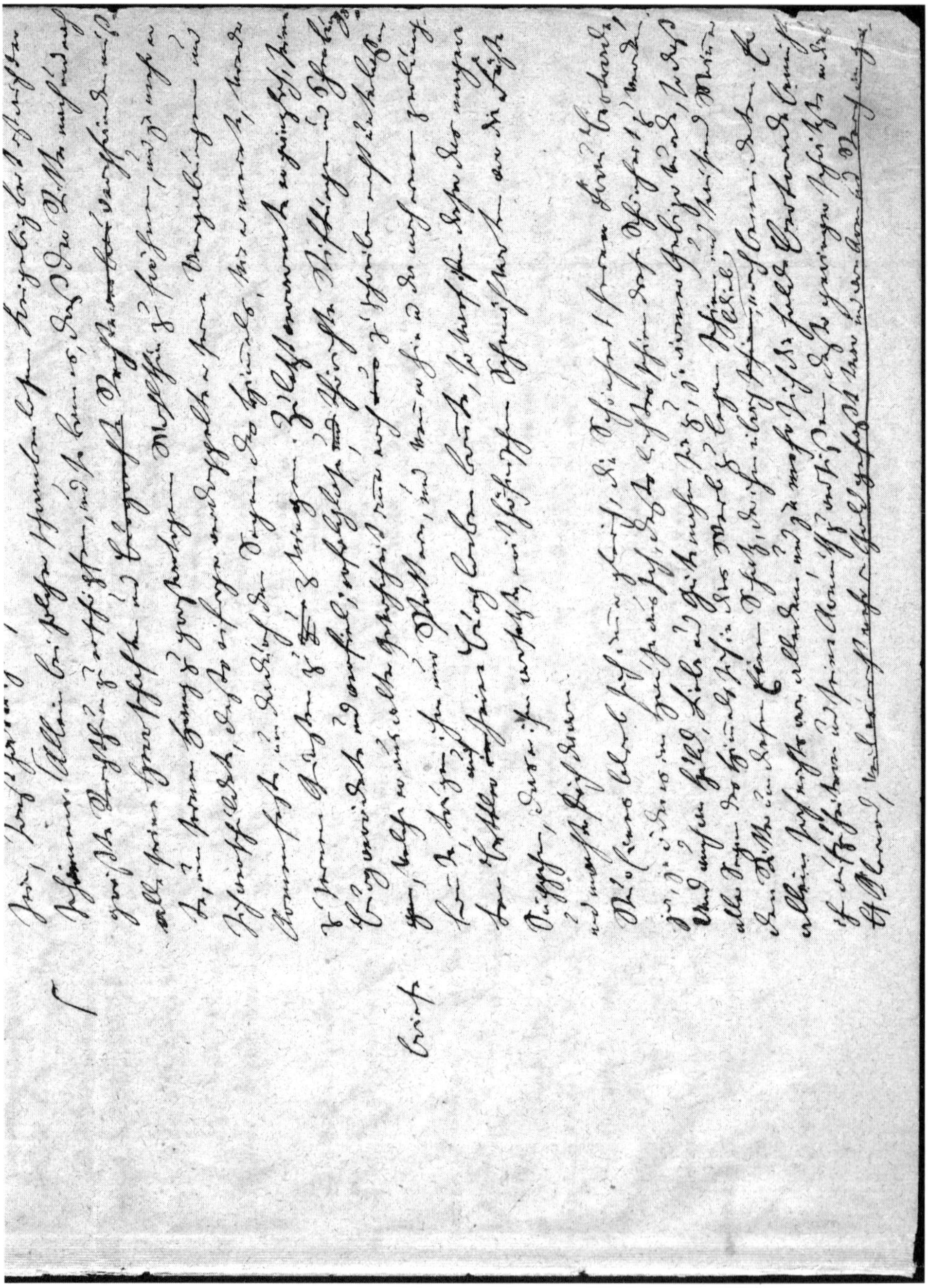

SL2 "Die Jungfrau und der Teufel.", Ms. GK 14a, S. 39 unten

39.16 größte Reichthum zu erschöpfen, und so kam es, daß der Ritter nach und nach
alle seine Herrschaften und [Burgrechte]¬ Rechte [verkau]¬ verpfänden mußte, um seinem Hang zu großartigem Wohlthun zu fröhnen, und je mehr er 356.01
sich verschuldete, desto eifriger verdoppelte er seine Vergabungen und
39.20 Armenfeste, um dadurch den Segen des Himmels, wie er meinte, wieder
zu seinen Gunsten zu [zu *x*]¬ zwingen. Zuletzt verarmte er gänzlich, seine
39.22 Burg verödete und verfiel; erfolglose [und]⟨,⟩ thörichte Stiftungen und [Schenkun\gen,]
Schenkungs\briefe,[119]
39.23 welche er aus alter Gewohnheit immer noch [aus]¬ zu schreiben nicht unterlassen
konnte, trugen ihm nur Spott ein, und wenn er hie u da noch einen zerlump-
39.25 ten Bettler [in] ⟨auf⟩ seine Burg locken konnte, so warf ihm dieser das magere 356.10
Süppchen, das er ihm vorsetzte, mit höhnischen Schmähworten vor die Füße
und machte [d]¬ sich davon.

Nur Eines blieb sich immer gleich, die Schönheit seiner Frau Bertrade,
ja, je öder es im Hause aussah, desto lichter schien diese Schönheit zu werden.
39.30 Und auch an Huld, Liebe und Güte nahm sie zu, je ärmer Gebizo wurde, so daß
aller Segen des Himmels sich in dies Weib zu legen schien und tausend Männer
den Ritter um diesen Einen Schatz, der ihm übrig [schien] ⟨blieb⟩, noch beneideten. Er
allein sah nichts von alledem, und je mehr sich die holde Bertrade bemühte, 356.20
ihn aufzuheitern und seine Armuth zu versüßen, desto geringer schätzte er dies
39.35 [*G*]¬ Kleinod, [weil es nicht mehr in Gold gefaßt war und von Arm und Reich *an ger-*]¬

119 39.22 Schenkungsbriefe,] -gs- *am Zeilenende angefügt,* -briefe *vor gestrichenem* -gen *am Beginn der Folgezeile (Korrekturrand).*

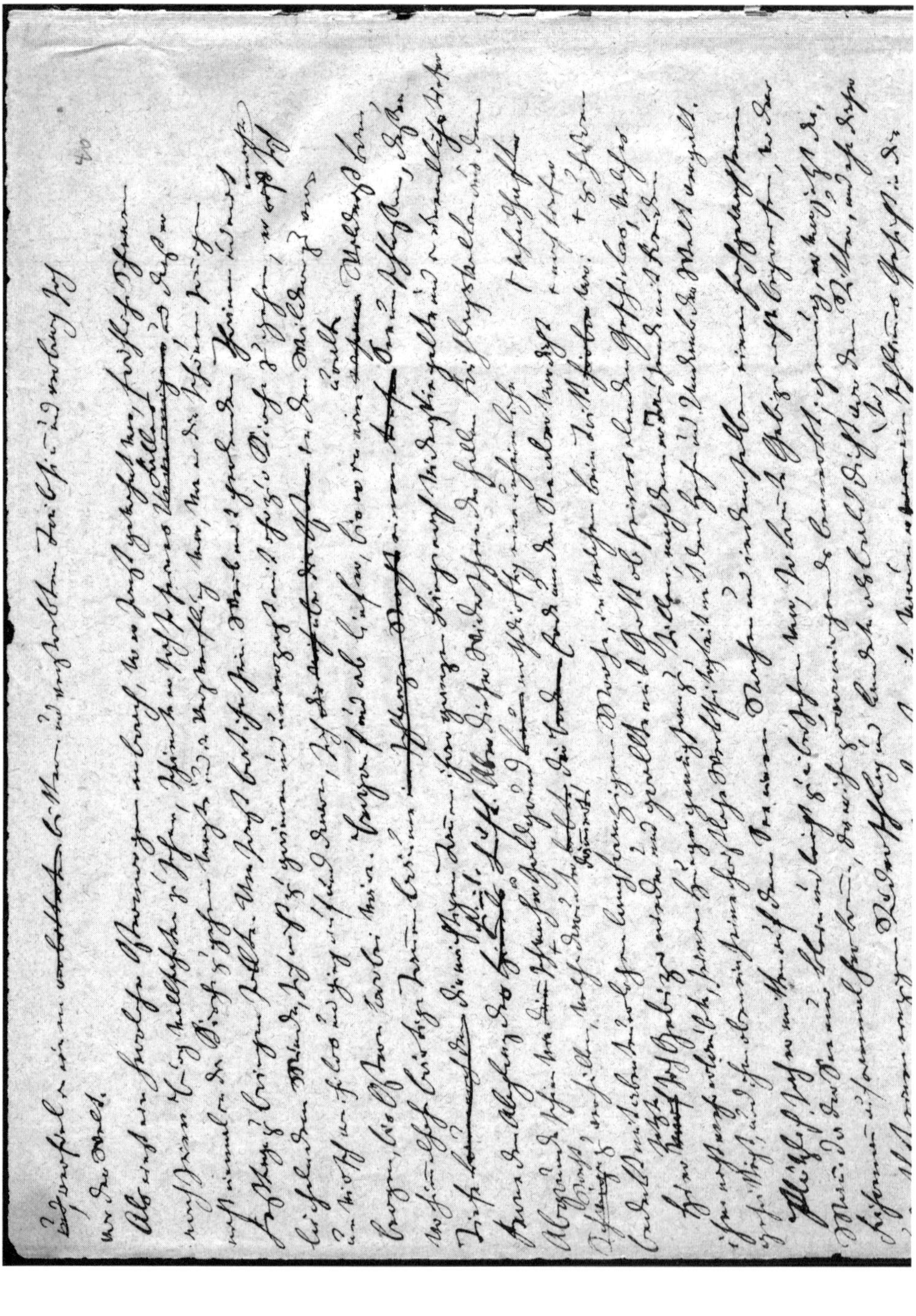

SL2 "Die Jungfrau und der Teufel.", Ms. GK 14a, S. 40 oben

40.01 [und]⟨,⟩ verfiel in einen [verbitterten]¬ bittern und verstockten Trübsinn und verbarg sich
vor der Welt.

Als einst ein herrlicher Ostermorgen anbrach, wo er sonst gewohnt war, fröhliche Schaaren
40.04 nach seiner Burg wallfahrten zu sehen, schämte er sich so seines [Unvermögens] [und]¬, daß er
Falles
40.05 nicht einmal in die Kirche zu gehen wagte und in Verzweiflung war, wie er die schönen sonnigen
Festtage zubringen sollte. Umsonst bat ihn sein Weib mit perlenden Thränen und mit
lächelndem Munde, sich nicht zu grämen und unverzagt mit ihr zur Kirche zu gehen, er [riß] ⟨machte⟩ sich 356.30
unwirsch von ihr los und ging auf und davon, sich [die]¬ [wäh]¬ [über die Ostern] in den Wäldern zu verbergen, bis Ostern vorbei wäre. Bergauf und ab lief er, bis er in eine [einsame] ⟨uralte⟩ Wildniß kam, 357.01
40.10 wo himmelhohe bärtige Tannenbäume [in schwarzer Nacht] einen [tiefen] See umschlossen, dessen
40.11 Tiefe [kaum noch dem]¬ die nächtigen Tannen ihrer ganzen Länge nach widerspiegelte und in [unendliche]
unendlich tiefer
40.12 Ferne den Abglanz [des Himmels]¬ der himml. Luft. Aber dieser Widerschein der hellen Frühlingswolken aus dem
Abgrunde schien wie [dünn]¬ schwacher ⟨u⟩ ⟨schadhafter⟩ [120] Goldgrund [kaum] nothdürftig eine unheimliche
40.14 [Schwärze] zu verhüllen, welche ⟨noch tiefer⟩ [121] darunter [bebte,] [der Boden]¬ die Erde um den See aber war dicht
Nacht dämmerte,
40.15 bedeckt mit abenteuerlichem langfranzigem Moose, in welchem kein Tritt [hörbar] ⟨zu hören⟩ [122] war.

Hier [warf] ⟨setzte⟩ sich Gebizo nieder und grollte mit Gott ob seines elenden Geschickes, welches
ihm nicht mehr erlaubte, seinen Hunger genügsam zu stillen, nachdem er Tausende mit Freuden
gesättigt, und ihm obenein seine christliche Werkthätigkeit mit dem Hohn und Undank der Welt vergalt. 357.10

Plötzlich sah er mitten auf dem See einen Nachen und in^demselben einen hochgewachsenen

---

120 40.13 schadhafter] *Am Zeilenende (+), die Textzeile verkürzend; Plazierung im Text nur durch das nach* schwacher *eingeschobene* u *angedeutet.*
121 40.14 noch tiefer] *Am Zeilenende (+), die Textzeile verkürzend.*
122 40.15 zu hören] *Am Absatzende arR (+).*

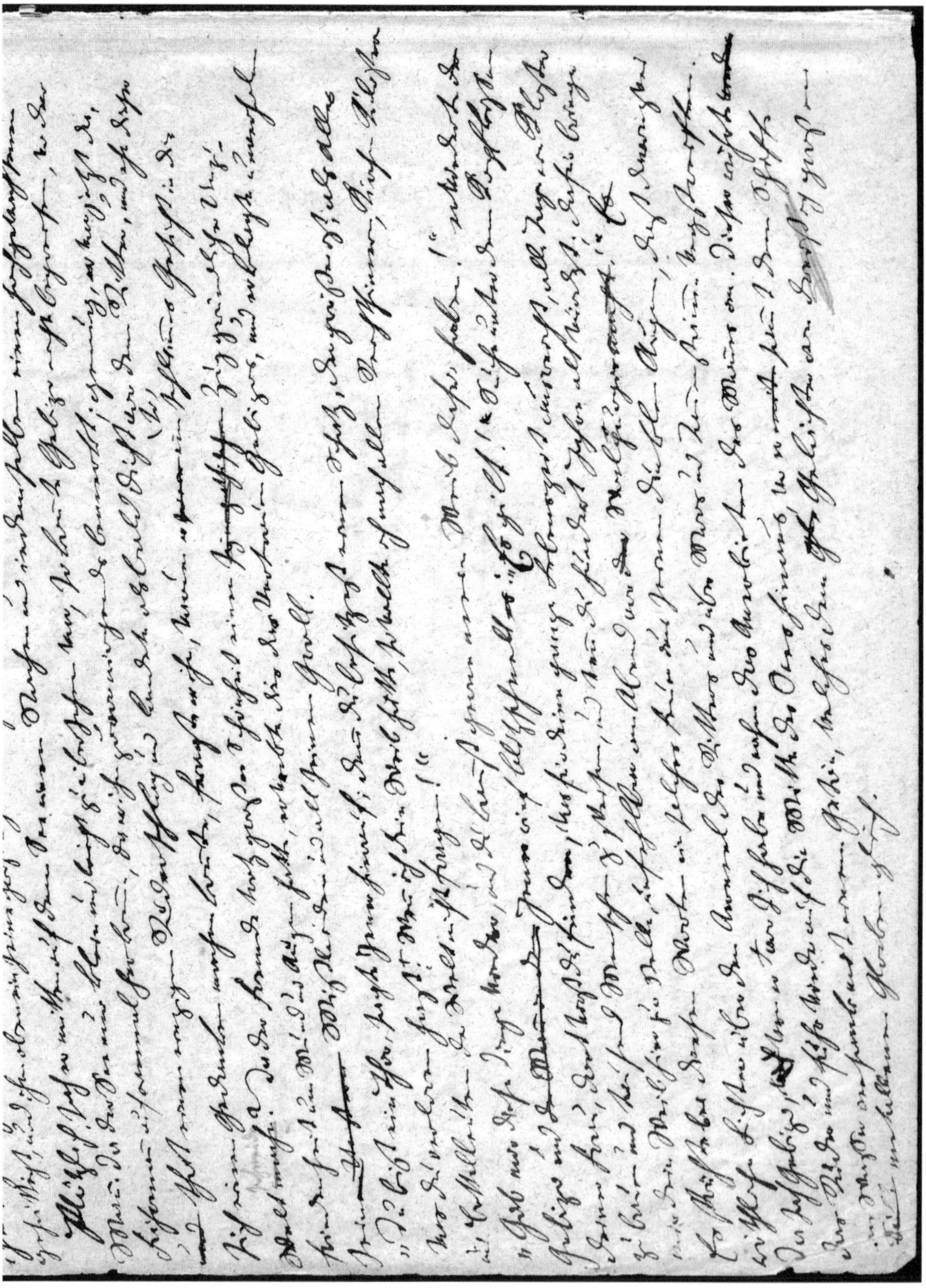

SL2 "Die Jungfrau und der Teufel.", Ms. GK 14a, S. 40 unten

Mann. Da der See nur klein und leicht zu übersehen war, so konnte Gebizo nicht begreifen, wo der
Fährmann auf einmal herkomme, da er ihn zuvor nirgends bemerkt; genug, er war jetzt da,[123]
[und] that einen einzigen Ruderschlag und landete alsbald dicht vor dem Ritter, und ehe dieser
sich einen Gedanken machen konnte, fragte er ihn, warum er [so ein]¬ ein ⟨so⟩ schlimmes Gesicht in die 357.20
α Welt [mache?] Da der Fremde trotz großer Schönheit einen [sympathischen] Zug gründlicher Unzu-
β schneide?
friedenheit um Mund und Augen hatte, erweckte dies das Vertrauen Gebizos, und er klagte unverholen
[seinen Unstern]¬ sein Mißleiden und all seinen Groll.

„Du bist ein Thor, sagte Jener hierauf; denn du besitzest einen Schatz, der größer ist, als Alles
was du verloren hast[!]⟨;¿⟩ Wenn ich dein Weib hätte, so wollte ich nach allen Reichthümern, Kirchen Klöstern
und Bettelleuten der Welt nicht fragen!“

„Gib[124] mir diese Dinge wieder, und du kannst gerne mein Weib dafür haben!“ erwiederte [der]¬ 357.30
Gebizo und [der Mann in dem]¬ Jener rief blitzschnell [es]¬: „Es gilt![“] Suche unter dem Kopfkissen
deiner Frau, dort wirst du finden, was für deine ganze Lebenszeit ausreicht, alle Tage ein Kloster 358.01
zu bauen und tausend Menschen zu speisen, und wenn du hundert Jahre alt würdest; dafür bringe
mir dein Weib hier zur Stelle, unfehlbar am Abend vor [der Walpurgisnacht] ⟨Walpurgis⟩!“ [Es]¬

Es sprühte bei diesen Worten ein solches Feuer aus seinen dunklen Augen, daß davon zwei
röthliche Lichter über den Aermel des Ritters und über Moos und Tannenstämme wegstreiften.
Da sah Gebizo, [woh]¬ wen er [*x*]¬ vor sich habe und nahm das Anerbieten des Mannes an. Dieser rührte [wieder] 358.10
das Ruder und fuhr wieder auf die Mitte des Sees hinaus, wo er [mit *e*]¬ sammt dem Schiffe
im Wasser versank mit einem Getön, welches dem [Gle]¬ Gelächter von β[dreißig] großen
[Silb]¬ metallenen Glocken glich.

---

123 *40.21* da,] *Komma ev. erst bei Streichung von* und *ergänzt.*

124 *40.30* Gib] *Ev.* Gieb *– vgl. Kap. 2.1 Die Textzeugen, S. 60.*

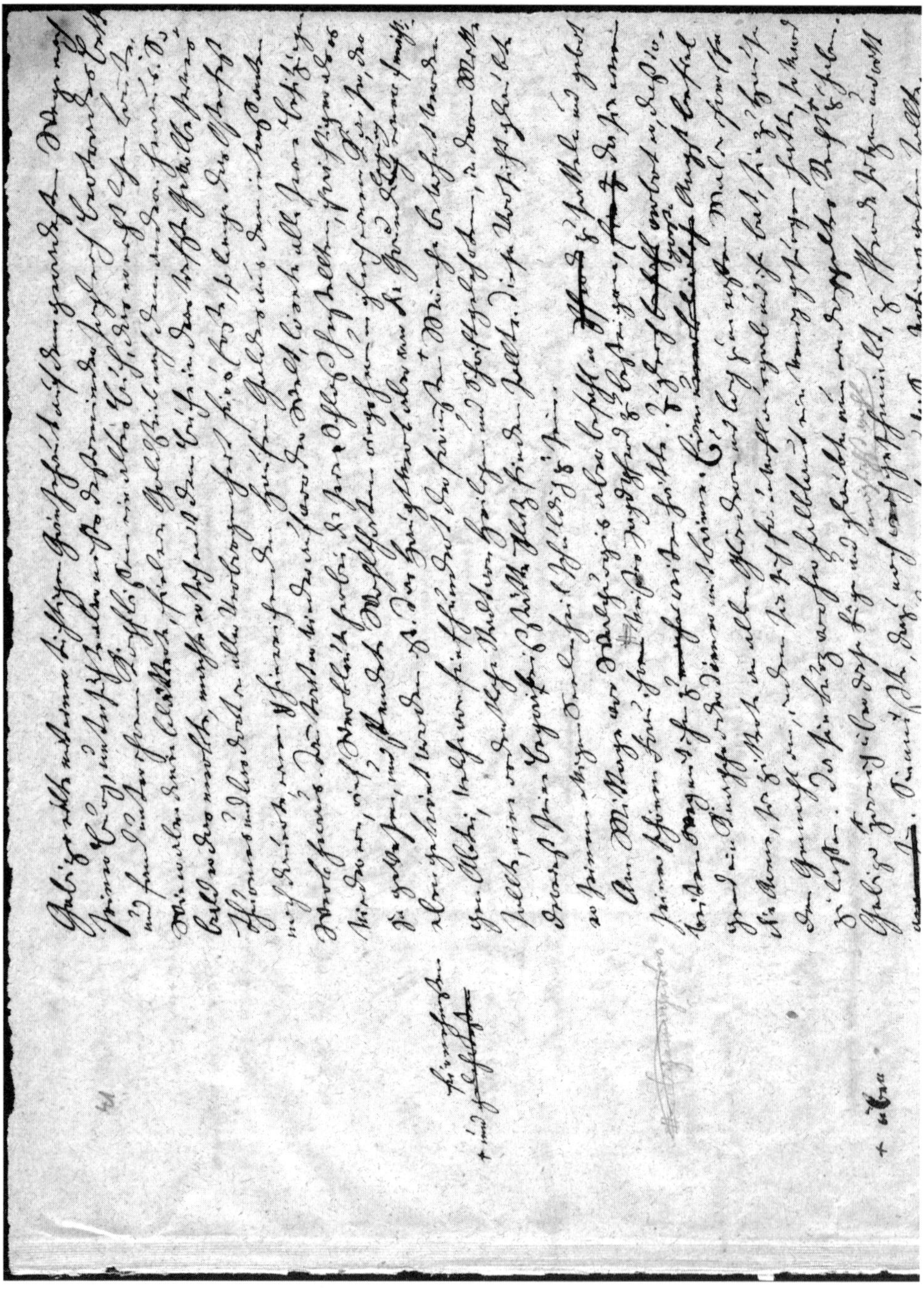

SL2 "Die Jungfrau und der Teufel.", Ms. GK 14a, S. 41 oben

41.01 Gebizo eilte mit einer tüchtigen Gänsehaut auf dem geradesten Wege nach
seiner Burg, untersuchte aber nichts destominder sogleich Bertrades Bett
und fand unter ihrem Kopfkissen ein altes Buch, das er nicht lesen konnte.
Wie er aber darin blätterte, fiel ein Goldstück nach dem andern heraus. So-
41.05 bald er das merkte, machte er sich mit dem Buche in das tiefste Gewölbe seines 358.20
Thurmes und las dort in aller Verborgenheit für's Erste, so lange das Osterfest
noch dauerte, einen [*g*]¬ hinreichenden Haufen Goldes aus dem intressanten
Werk heraus. Dann trat er wieder auf vor der Welt, lösete alle seine Besitzungen
wieder ein, rief Werkleute herbei, die [seine]¬ sein Schloß herstellten, prächtiger als es
41.10 je gewesen, und spendete Wohlthaten rings^herum gleich einem Kaiser, der
eben gekrönt worden ist. Das Hauptwerk aber war die [Gründung] ⟨Grundlegung⟩ einer [*f*]¬ mächti-
41.12 ¿ gen Abtei, welche von fünfhundert der frömmsten und [gelehrtesten fürnehmsten[125]] Mönche bewohnt werden 358.30
41.13 sollte, eine ordentliche Stadt von Heiligen und Schriftgelehrten, in deren Mitte
dereinst seine [Begrä*f*]¬ Begräbnißstätte Platz finden sollte. Diese Vorsicht glaubte
41.15 er seinem ewigen Seelenheil schuldig zu sein. 359.01

Am Mittage vor Walpurgis aber befahl er [Pferde] zu satteln und gebot
41.17 α β seiner schönen Frau [ihren]¬ ihr [abgemagertes][126] weißes Jagdpferd zu [besteigen. Ein Z]¬ besteigen, da sie einen
41.18 weiten Weg mit ihm zu [machen]¬ reiten hätte. Zugleich [befahl]¬ verbot er, daß ir-
gend ein Knappe oder Diener mit^käme. Eine [unerklärliche] ⟨große⟩ Angst befiel
41.20 die Arme, sie zitterte an allen Gliedern und log zum ersten Mal in ihrer Ehe
den Gemahl an, indem sie sich für unwohl ausgab und ihn bat, sie zu Hause
zu lassen. Da sie kurz vorher halblaut ein wenig gesungen hatte, so ward 359.10

---

125 *41.12* *Ergänzung mit Streichung am Korrekturrand (+).*

126 *41.17* abgemagertes] *Am Korrekturrand (#); vermutlich sofort wieder gestrichen.*

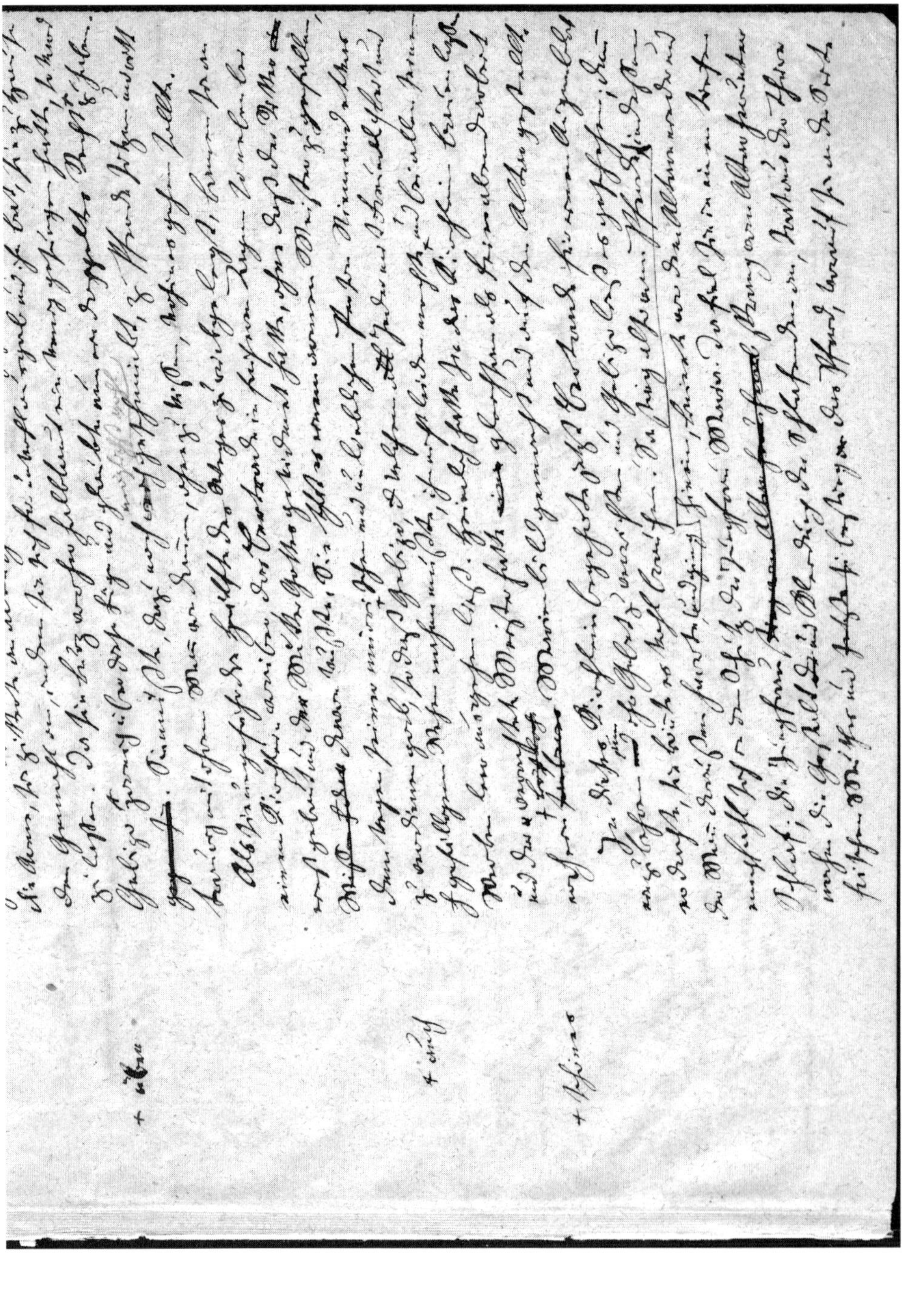

SL2 "Die Jungfrau und der Teufel.", Ms. GK 14a, S. 41 unten

41.23 |–> α 1 Gebizo [*x*]¬ zornig über diese Lüge und glaubte nun ein doppeltes Recht zu [haben]
2 über[127] haben.

41.24 α 1 [gegen sie]. Sie mußte, dazu noch reich geschmückt, zu Pferde sitzen und ritt
–>| 2 [ ]
β möglichst wohl

41.25 traurig mit ihrem Mann von dannen, ohne zu wissen, wohin es gehen sollte.

Als sie ungefähr die Hälfte des Weges zurückgelegt, kamen sie an
einem Kirchlein vorüber, das Bertrade in früheren Tagen so nebenbei
|–> einst gebaut und der Mutter Gottes gewidmet hatte, ohne daß der Ritter [ein]
–>| [Wissen [h]¬ da*r*]¬¬ davon wußte. Sie that es einem armen Meister zu gefallen,
41.30 dem wegen seiner mürrischen und unlieblichen Person Niemand etwas 359.20
zu verdienen gab, so daß ⟨auch⟩[128] Gebizo, [d]¬ welchem [all]¬ Jeder mit Freundlichkeit und
[h]¬ gefälligem Wesen nahen mußte, ihn nicht leiden mochte[,] und bei allen seinen
Werken leer ausgehen ließ. Heimlich hatte sie das Kirchlein bauen lassen
und der [*x*]¬ verachtete Meister hatte [eine]¬ [ein]¬ gleichsam als Feierabendarbeit
41.35 noch ein [sauberes] Marienbild gemacht und auf den Altar gestellt.
[köstliche]¬ schönes[129]

41.36 In dieses Kirchlein begehrte jetzt Bertrade für einen Augenblick
einzukehren [und] ⟨um⟩ ihr Gebet zu verrichten[130] und Gebizo ließ es geschehen; denn
41.38 |–> 1 er dachte, sie könnte es wohl brauchen! Sie stieg also vom [Pferde,] indessen
2 Pferde und ging,[131] 359.30
41.39 1 der Mann draußen harrte, [und ging] hinein, knieete vor dem Altare nieder und
–>| 2
41.40 empfahl sich in den Schutz der Jungfrau Maria. Da fiel sie in einen tiefen 360.01
Schlaf; die Jungfrau [stieg vom Altar [herun]¬ herab]¬ sprang vom Altar herunter
nahm die Gestalt [de]¬ und Kleidung der Schlafenden an, trat aus der Thüre
frischen Muthes und [setzte si]¬ bestieg [*a*]¬ das Pferd, worauf sie an der Seite

---

127 *41.23* über] *Am Korrekturrand (+), ohne Wiedereinfügung des gestrichenen* sie *(41.24).*

128 *41.31* auch] *Am Korrekturrand (+).*

129 *41.35* schönes] *Am Korrekturrand (+).*

130 *41.37–38* verrichten ... brauchen!] *Ev.* verrichten, ... brauchen.

131 *41.38–39* und ging] *Korrektur durch Umstellbogen; ev. Sofortkorrektur.*

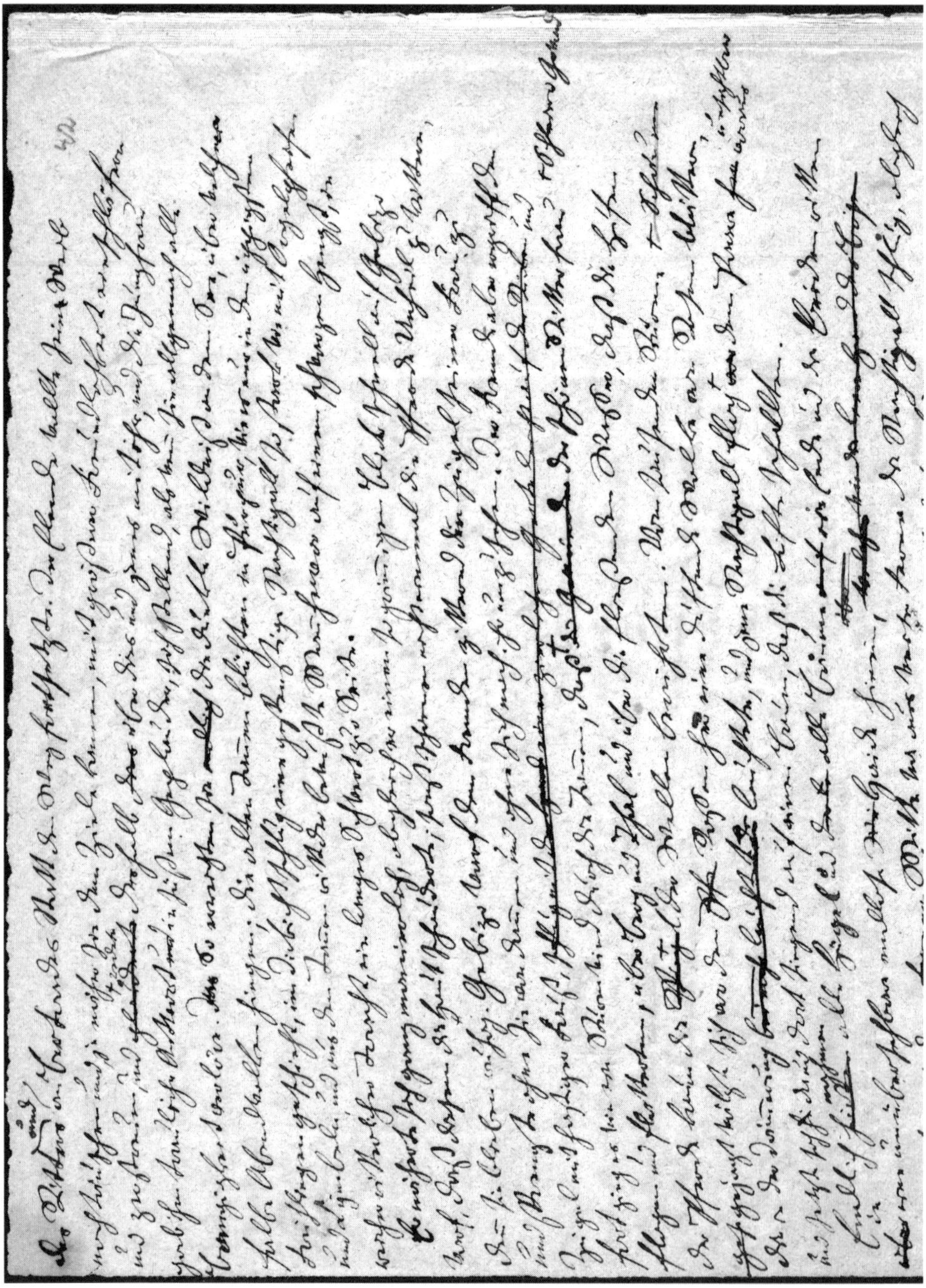

SL2 "Die Jungfrau und der Teufel.", Ms. GK 14a, S. 42 oben

des Ritters ⟨und⟩ an Bertrades Statt den Weg fortsetzte. Der Elende wollte [seine]¬ sein Weib noch täuschen und, je näher sie dem Ziele kamen, mit größerer Freundlichkeit einschläfern und zerstreuen, und [plauderte] ⟨redete⟩ deshalb [dies]¬ über dies und jenes mit ihr, [132] und die Jungfrau gab ihm trauliche Antwort [und] in süßem Geplauder, sich stellend, als wenn sie allgemach alle Bangigkeit verlöre. [Das]¬ So erreichten sie [endlich] die dunkle Wildniß an dem See, über [welchem] ⟨welcher⟩ falbe Abendwolken hingen; die alten Tannen blühten in Purpur, wie es nur in den üppigsten Frühlingen geschieht, im Dickicht schlug eine gespenstige Nachtigall so stark wie mit Orgelpfeifen und Cymbeln, und aus den Tannen ritt der bewußte Mann hervor auf einem schwarzen Hengst, in reicher ritterlicher Tracht, ein langes Schwert zur Seite.

Er näherte sich ganz manierlich, obgleich er einen so grimmigen Blick schnell auf Gebizo warf, daß diesem die Haut schauderte; sonst schienen nicht einmal die Pferde Unheil zu wittern, denn sie blieben ruhig. Gebizo warf dem Fremden zitternd [die] ⟨den⟩ Zügel seiner Frau zu und sprengte ohne sie von dannen und ohne sich nach ihr umzusehen. Der Fremde aber ergriff den Zügel mit hastiger Faust, [schlug mit [der Hand]¬ einer zierlichen Gerte leicht auf den Rücken] und fort ging es wie ein Sturmwind durch die Tannen, daß [die Gewänder] ⟨Schleier u Gewand⟩ [133] der schönen Ritterfrau flogen und flatterten, über Berg und Thal und über die fließenden Wasser, daß die Hufen der Pferde kaum die [Spiegel] ⟨Schäume⟩ [134] der Wellen berührten. Vom sausenden Sturme [ges*x*]¬ gejagt wälzte sich vor den [Pfe]¬ Rossen her eine duftende Wolke von Rosenblättern, die in der Dämmerung [[beinahe] [leuchtende]¬ leuchtete]¬ leuchtete, und jene Nachtigall flog vor dem Paare her
unsichtbar [135] [ ] [voraus [136]]
¿
und setzte sich [hi]¬ da und dort singend auf einen Baum, daß die Lüfte schallten.

---

132 *42.03* ihr] i- *vermutlich verdeutlichend nachgezogen.*
133 *42.15* Schleier u Gewand] *arR (+).*
134 *42.17* Schäume] *Am Zeilenende (+), die Textzeile verkürzend; nachträglich mit Bleistift unterstrichen oder durchgestrichen.*
135 *42.19* unsichtbar] *arR.*
136 *42.19* voraus] *Am Zeilenende, unterhalb von* unsichtbar *und vermutlich erst danach notiert.*

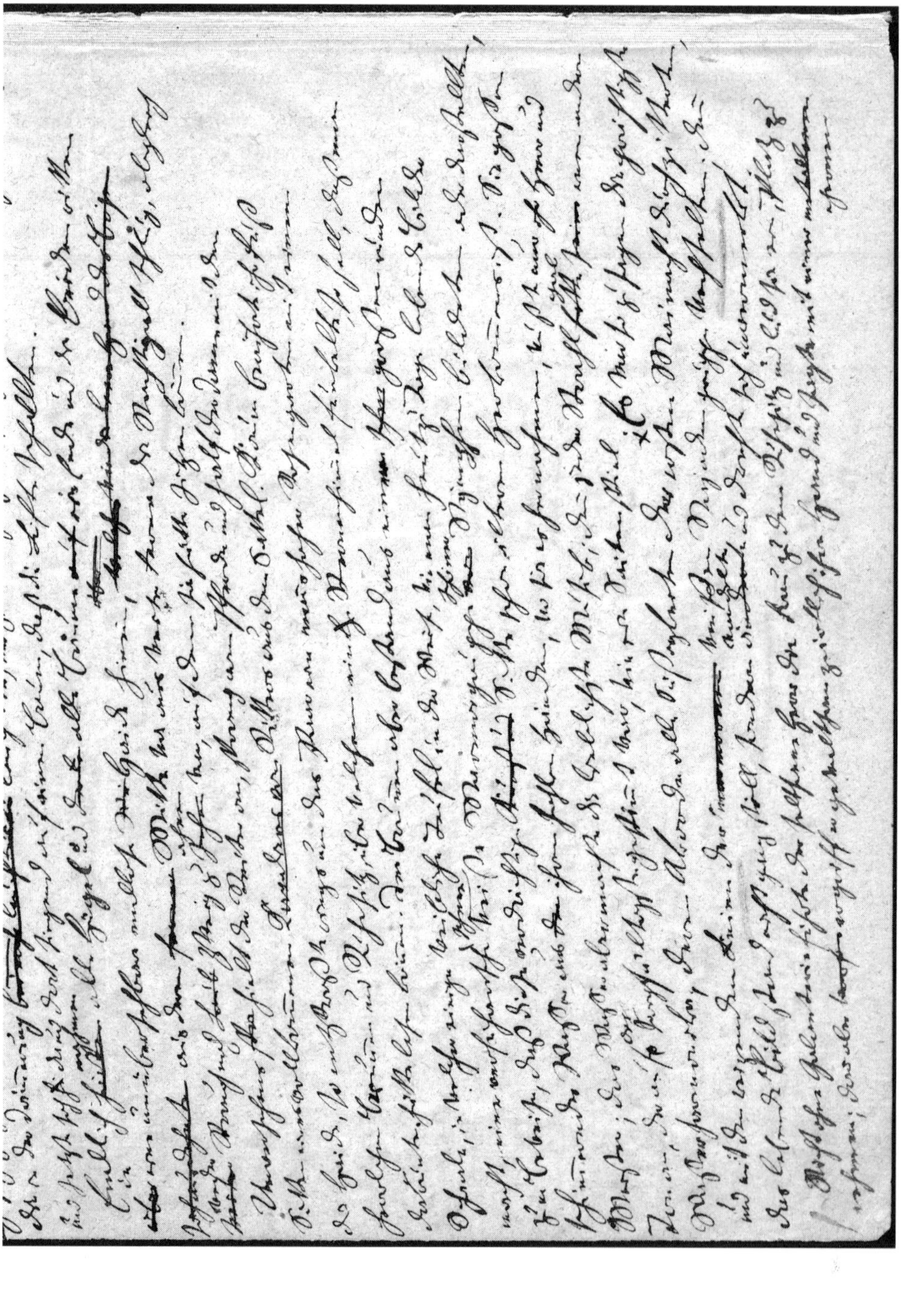

SL2 "Die Jungfrau und der Teufel.", Ms. GK 14a, S. 42 unten

42.21 Endlich [hörten] alle Hügel und [die *le*]¬ alle Bäume [auf]¬¬
nahmen ein Ende und die Beiden ritten 361.01

42.22 |-> 1 [über] eine unübersehbare endlose [Wü]¬¬
2 in Haide hinein, [welche] [wie die leere Hand des Bösen]
3 [über welcher]¬

42.23 2 [sich ausdehnte]¬¬
->| 3 aus deren [ferner]¬ Mitte wie aus weiter Ferne die Nachtigall schlug, obgleich

42.24 [weiter] ⟨weder⟩ Strauch noch [Laub]¬ Zweig zu [sehen] ⟨ahnen⟩ war, auf dem sie hätte sitzen können.

42.25 Unversehens [spr]¬ hielt der Reiter an, sprang vom Pferde und half der Dame mit den
Sitten eines vollkommenen [Kavaliers vom]¬ Ritters aus dem Sattel. Kaum berührte ihr Fuß
die Haide, so entsproßte rings um das Paar ein mannshoher Rosengarten mit einem 361.10
herrlichen Brunnen und Ruhesitz, über welchem ein [H]¬ Sternenhimmel funkelte, so hell, daß man
[da*x*]¬ darunter hätte lesen können. Der Brunnen aber bestand aus [einem schm]¬ einer großen runden
42.30 Schaale, in welcher einige weibliche Teufel in der Weise, wie man heutzu Tage lebende Bilder
42.31 ¿ macht, eine verführerische [weiße] Marmorgruppe [von] Nymphen bildeten oder darstellten,
schneeweiße schöner
42.32 zum Beweise, daß diese verdächtige [Kunst und] Sitte schon älteren Herkommens ist. Sie gossen
schimmerndes Wasser aus [den]¬ ihren hohlen Händen, wo sie es her^nahmen, wußte nur ihr Herr und
Meister; das Wasser aber machte die lieblichste Musik; denn jeder Strahl [hatte] ⟨gab⟩ [seine]¬ einen andern
42.35 ¿ Ton an, der [aufs sorgfältigste] gestimmt war, wie ein [Saitenspiel; es] war so zu sagen die prächtigste 361.20
auf das Sorgfältigste Saitenspiel. Es
42.36 Wasserharmonika, deren Akorde alle Süßigkeiten der ersten Mainacht durchzitterten,
und mit den reizenden Linien [137] der [marmornen]¬ [weis*e*]¬ weißen Najadengruppe wechselten; [138] denn
das lebende Bild stand nicht ganz still, sondern [änderte] ⟨wandelte⟩ und drehte sich unvermerkt.

Nicht ohne Galanterie führte der seltsame Herr die Frau zu dem Ruhesitz und lud sie ein, Platz zu
42.40 nehmen; dann aber [warf *er*]¬ ergriff er gewaltsam zärtlich ihre Hand und sagte mit einer [metallenen] ⟨ehernen⟩

---

137 42.37 Linien] *Mit Blaustift unterstrichen.*
138 42.37 wechselten] *Mit Blaustift unterstrichen.*

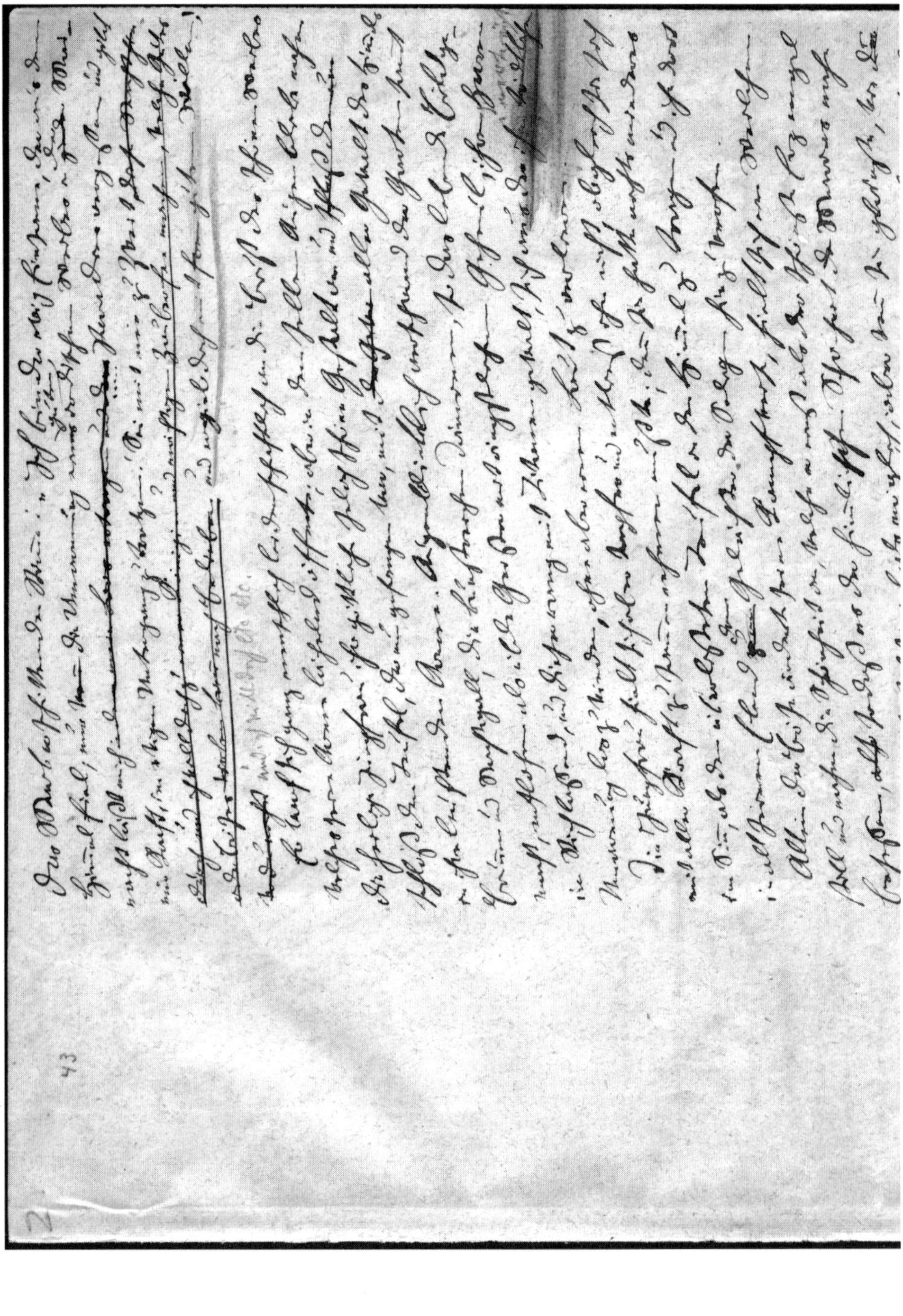

SL2 "Die Jungfrau und der Teufel.", Ms. GK 14a, S. 43 oben

43.01 das Mark erschütternden Stimme: „Ich bin der ewig Einsame, der aus dem
Himmel fiel; nur [wenn]¬ die Umarmung eines ⟨guten⟩ irdischen Weibes in [jeder] ⟨der⟩ Mai- 361.30
nacht läßt mich [in d*em*]¬ [mein Loos ertragen und das] ⟨das⟩ [139] Paradies vergessen und gibt
43.04 I–> α 1 mir Kraft, im ewigen Untergang zu trotzen! Sei mit mir zu [Zweit diese Nacht hin-]
2 Zweit,
43.05 α 1 [durch und ich will dich zu einer Königin und mächtigen Zauberfee machen, welche Gutes] 362.01
2
43.06 α 1 [oder Böses wirken kann nach Belieben]¬¬
2 und ergieb dich mit [fre]¬ gutem [Willen,]
3 δ[Willen!] [140]
43.07 α 2 [wo du nicht]¬¬
–>I ¿β und ich will dich etc etc.

43.08 Er warf sich ganz menschlich leidenschaftlich an die Brust des schönen Weibes
welches seine Arme lächelnd öffnete; aber in dem^selben Augenblicke nahm
43.10 die heilige Jungfrau ihre göttliche selig schöne Gestalt an und [schloß den nun]¬
schloß den Teufel, der nun gefangen war, mit [der Gewa]¬ aller Gewalt des Himmels
in ihre leuchtenden Arme. Augenblicklich verschwand der Garten sammt
Brunnen und Nachtigall, die kunstreichen Dämonen, so das lebende Bild gemacht, entflohen als üble Geister mit ängstlichem Geheul, ihren Herren 362.10
43.15 α im Stich lassend, und dieser rang mit Titanengewalt, sich aus der ihm [tödtlichen] [141]
β unerträgl
43.16 Umarmung los^zu^winden, ohne aber einen Laut zu verlieren.

Die Jungfrau hielt sich aber tapfer und entließ ihn nicht, obgleich sie sich
mit aller Kraft zusammen^nehmen mußte; denn sie hatte nichts minderes
im Sinn, als den überlisteten Teufel in den Himmel zu tragen und ihn dort
43.20 in all seinem Elend [zum] ⟨dem⟩ Gelächter der Seligen hin^zu^werfen.

Allein der Böse änderte seine Kampfweise, hielt sich ein Weilchen

---

139 43.03 das] *Durch Unterpunktung wieder eingesetzt.*

140 43.06 *Unklarer zeitlicher Zusammenhang zwischen Schicht δ (Rotstift) und Schicht β, welche mit* etc etc. *den ersten Ansatz (ab Z. 43.05) wieder aufnimmt.*

141 43.15 aus … tödtlichen] *Tintenklecks, über ganzes Zeilenende hin verwischt.*

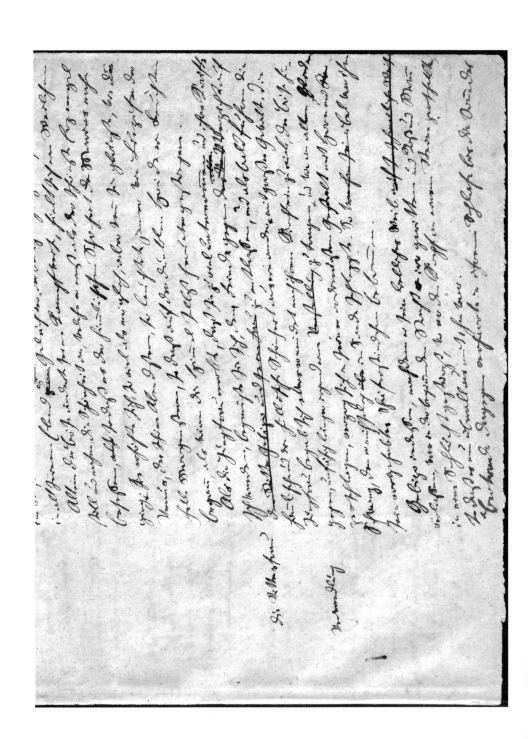

SL2 "Die Jungfrau und der Teufel.", Ms. GK 14a, S. 43 unten

43.22 still und nahm die Schönheit an, welche er einst als der schönste Erzengel 362.20
besessen, [also]¬ sodaß es der himmlischen Schönheit [d*e*]¬ Marias nahe
[ging; sie] ⟨ging. Sie⟩ erhöhte sich, so viel als möglich; aber wenn sie glänzte, wie [die]
43.25 Venus, der schöne Abendstern, so leuchtete jener wie Luzifer der
helle Morgenstern, so daß auf der dunklen Haide ein Leuchten
begann, als wären die Himmel selbst herunter gestiegen.

Als die Jungfrau merkte, daß sie zu viel unternommen und ihre Kräfte
43.29 |–> *1* schwanden, begnügte sie sich, [dem Feinde] gegen [[das Ve]¬ [V]]¬¬ [142]
2¿ den Feind [allen] Verzicht auf
43.30 *2* [den Ritter Gebizo und seine Frau] zu entlassen, und alsbald fuhren die
–>| *¿3* die Rittersfrau [143]
43.31 himmlische und die höllische Schönheit auseinander[,] mit großer Gewalt. Die 362.30
Jungfrau begab sich etwas ermüdet nach ihrem Kirchlein zurück, der Böse hin-
gegen, unfähig länger irgend eine [Verstellung] ⟨Verwandlung⟩ [144] zu tragen[,] und wie an allen Gliedern
zerschlagen, verzog sich in seiner ordinärsten [Ge*x*]¬ Gestalt mit Horn und [S*w*]¬ 363.01
43.35 Schwanz, den er mühselig [über]¬ im Sande schleppte. So [war ihm sei]¬ übel war ihm
sein vorgehabtes Schäferstündchen bekommen.

Gebizo indessen, nachdem er sein liebliches Weib [auf so schmäliche Weise]
verlassen, war in der beginnenden Nacht [in]¬ irr geritten und Roß und Mann
in eine Schlucht gestürzt, wo er den Kopf an einem Steine zerschellte,
43.40 so daß es nun überall aus mit ihm war.

Bertrade dagegen verharrte in ihrem Schlafe bis die Sonne des

---

142 *43.29* *Stelle des Abbruchs von 1 nicht sicher.*
143 *43.30* die Rittersfrau] *Vor der Streichung am Zeilenbeginn (Korrekturrand).*
144 *43.33* Verwandlung] *Am Korrekturrand.*

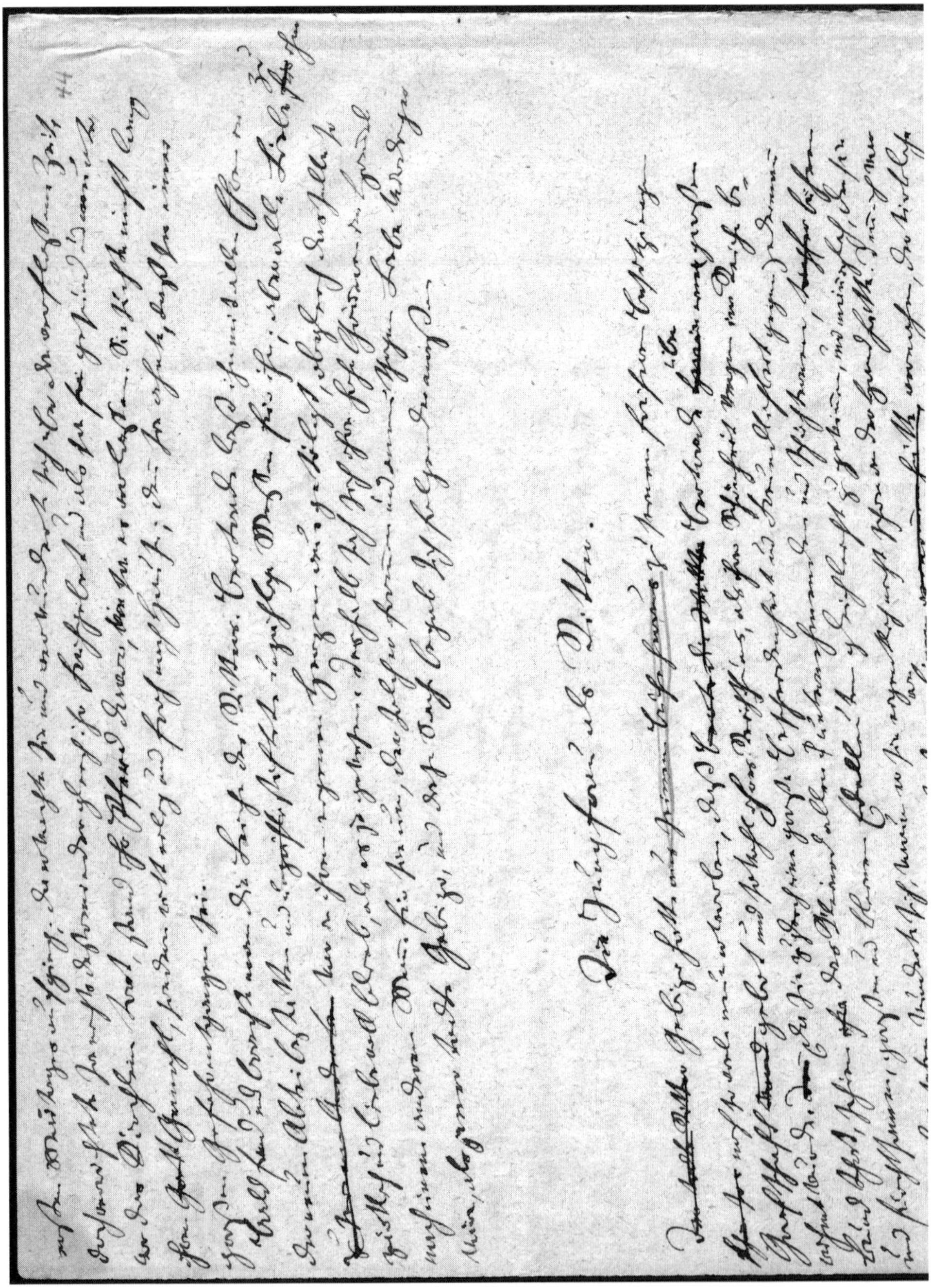

SL2 "Die Jungfrau und der Teufel.", Ms. GK 14a, S. 44 oben

44.01 ersten Maitages aufging; da erwachte sie und verwunderte sich über die verflossene Zeit, 363.10
doch verrichtete sie nichts^destominder gleich ihr Frühgebet und als sie [f*ri*]¬ gesund und munter
vor das Kirchlein trat, stand ihr Pferd davor, [*an*]¬ wie sie es verlassen. Sie suchte nicht lang
ihren [Gatt]¬ Gemahl, sondern ritt eilig und froh nach Hause; denn sie ahnte, daß sie einer
44.05 großen Gefahr entgangen sei.

Bald fand und brachte man die Leiche des Ritters. Bertrade ließ ihn mit allen Ehren in
der neuen Abtei bestatten und [unzähli]¬ stiftete unzählige Messen für ihn; aber alle Liebe
44.08 [zu seinem Andenken] war in ihrem eigenen Herzen ausgetilgt, obgleich dasselbe so
[für ihn]
zu ihm 363.20
44.09 zärtlich und liebevoll blieb, als es je gewesen. Deshalb sah sich ihre hohe Gönnerin im Himmel
44.10 nach einem anderen Manne für sie um, der solcher frommen und anmuthigen Liebe würdiger
wäre, als jener todte Gebizo, und diese Sache begab sich folgendermaßen

44.12 Die Jungfrau als Ritter. 364.01

[Der todte] [Ritter] Gebizo hatte β[aus seinem Buche heraus] zu seinen früheren Besitzungen 364.12
44.14 I–> ¿ 1 [schon so v]¬ noch so viele neue erworben, daß [Bertr]¬ [die Wittwe] Bertrade [Herrin einer] großen
2 über eine
44.15 1 Grafschaft [ward]¬¬
–>I 2 gebot und sowohl ihres Reichthums, als ihrer Schönheit wegen im Reiche be-
44.16 rühmt wurde. [Denn da] ⟨Da⟩ sie zugleich eine große Bescheidenheit und Freundlichkeit gegen Jedermann

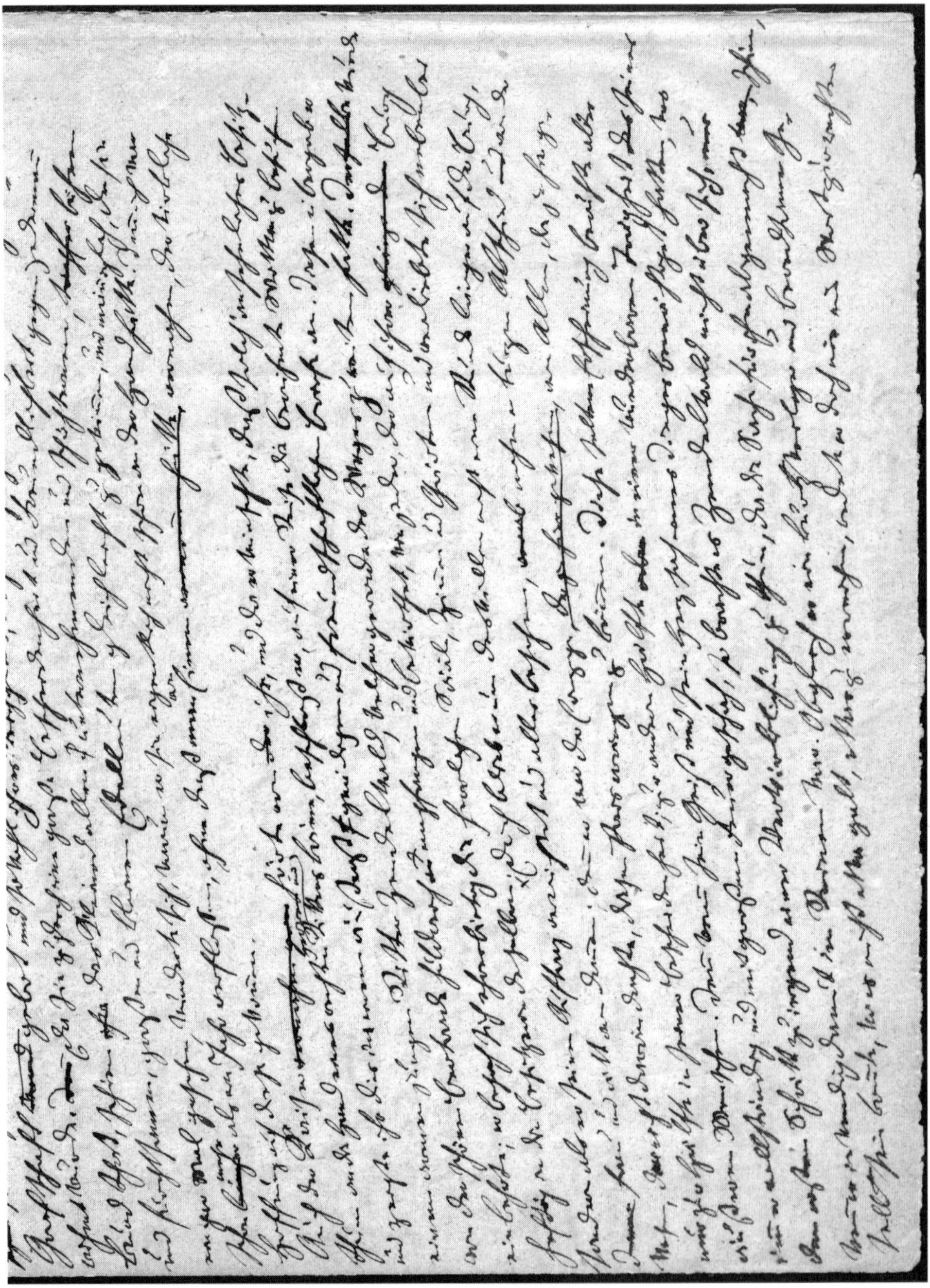

SL3 "Die Jungfrau als Ritter.", Ms. GK 14a, S. 44 unten

kund that, schien [ihre]¬ das Kleinod allen [u]¬ unternehmenden und schüchternen, [tapfer]¬ kühnen und furchtsamen, großen und kleinen Edelleuten gleich leicht zu gewinnen, und männiglich, der sie ein par Mal gesehen, wunderte sich, warum er sie eigentlich nicht schon an der Hand hätte. Dennoch war schon [länger] ⟨mehr⟩ als ein Jahr verflossen, ohne daß man ⟨von⟩ Einem [vernommen hätte,]¬ vernahm, der wirkliche Hoffnung auf diese gewonnen.

Auch der Kaiser [vernahm von]¬ hörte von [der]¬ ihr, und da er wünschte, daß solch' ansehnliches Besitzthum an die Hand eines rechten ⟨Herren und⟩ Ritters käme, beschloß er, auf einer Reise die berühmte Wittwe zu besuchen und zeigte ihr dies [im] ⟨in⟩ einem äußerst [f]¬ gnädigen und freundschaftlichen Briefe an. Diesen übergab er einem armen jungen Ritter Zendelwald, welcher gerade des Weges zu reiten hatte. [Derselbe] ⟨Der⟩ wurde von der schönen Bertrade huldreich [au]¬ empfangen und bewirthet, wie jeder, der auf ihrer [glänzenden] Burg einkehrte; er besah sich ehrerbietig die herrlichen Sääle, Zinnen und Gärten und verliebte sich nebenbei heftig in die Besitzerin [deselben; doch] ⟨deselben. Doch⟩ blieb er um deswillen nicht eine Stunde länger auf der Burg, sondern als er seinen Auftrag verrichtet und alles besehen, [verab]¬ nahm er kurzen Abschied [und]¬ von der [Dame]¬ Frau und ritt von dannen; denn er war der [Einzige, der je hier gewesen,]¬ Einzige von Allen, die je hier gewesen, der nicht daran dachte, diesen Preis erringen zu können. Diese seltene Erscheinung beruhte [a*ll*]¬ aber nur zur Hälfte in seiner Bescheidenheit; zur andern Hälfte [aber] in einer wunderbaren Trägheit [des] ⟨seines⟩ äußeren Menschen. Denn wenn sein Geist und sein Herz sich eines Dinges bemächtiget hatten, was immer vollständig und mit großem Feuer geschah, so brachte es Zendelwald nicht über sich, nur den ersten Schritt zu irgend einer Verwirklichung zu thun, da die Sache für ihn abgemacht [war,] ⟨schien,⟩ wenn er inwendig damit im Reinen war. Obgleich er ein [kur*t*]¬ kurzweiliger und beredsamer Gesell sein konnte, wo es nicht etwa galt, etwas zu erreichen, redete er doch nie ein Wort zur rechten

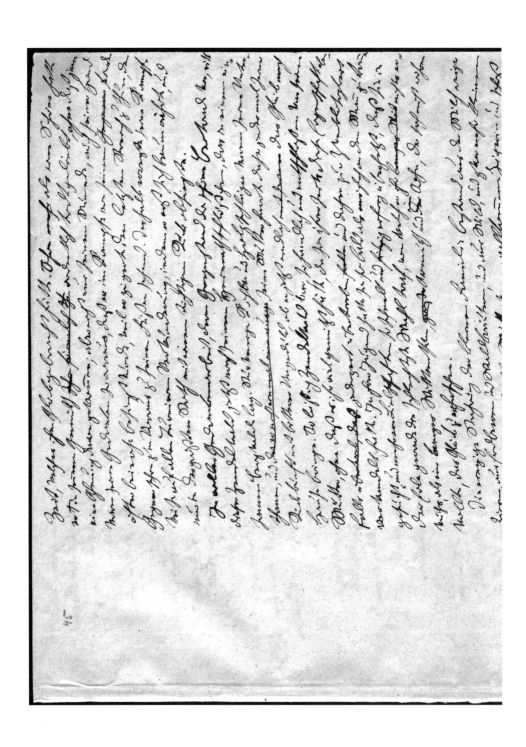

SL3 "Die Jungfrau als Ritter.", Ms. GK 14a, S. 45 oben

Zeit, welches ihm Glück gebracht hätte. Schon mehr als eine Schöne hatte
er [s]¬ in seinem Gemüth [schon] [förmlich *th*]¬ ordentlich todt^geliebt, ohne daß jene
eine Ahnung davon gewonnen; aber nicht nur seinem Munde, auch seiner Hand
waren seine Gedanken so voraus, daß er im Kampfe von seinen [Gegnern]¬ Feinden
öfter beinahe besiegt wurde, weil er zögerte den letzten Streich zu thun, den
Gegner schon zum Voraus zu seinen Füßen sehend. Deshalb erregte seine Kampfweise auf allen Turnieren Verwunderung, indem er erst sich kaum rührte, und
nur in der größten Noth mit einem tüchtigen Ruck obsiegte.

In voller Gedankenarbeit, deren Gegenstand die schöne Bertrade war, ritt *365.30*
dieser Zendelwald jetzt nach seinem Heimathschlößchen, das in einem ein-
samen Bergwalde lag. Nur wenige Köhler und Holzschläger waren seine Unterthanen, und [da er nicht einmal ein ausge]¬ seine Mutter harrte daher jedesmal seiner *366.01*
Rückkunft mit bitterer Ungeduld, ob er jetzt endlich [mit *seiner*]¬ das Glück nach
Hause bringe. So lässig Zendelwald war, so handlich und entschlossen war seine
Mutter, ohne daß es ihr viel genützt hätte, da sie ihrerseits diese Eigenschaft ebenfalls [übertrieb, daß]¬ jederzeit übertrieben [hatte] und daher zur Zwecklosigkeit
verwandelt hatte. In ihrer Jugend hatte sie so bald als möglich an den Mann zu kommen
gesucht[,] und mehrere Liebschaften so schnell und [hitzig]¬ eifrig überhetzt, daß sie in
der Eile gerade die schlechteste Wahl traf, von welcher ihr [langes Wit]¬ nichts er- *366.11*
wuchs, als ein [*k*]¬ langes Wittwenthum, [große] Armuth und [der] ⟨ein⟩ Sohn, der sich nicht rühren
wollte, das Glück zu erhaschen.[145]

145 *45.21* erhaschen.] *Ev.* [haschen] ⟨erhaschen⟩.

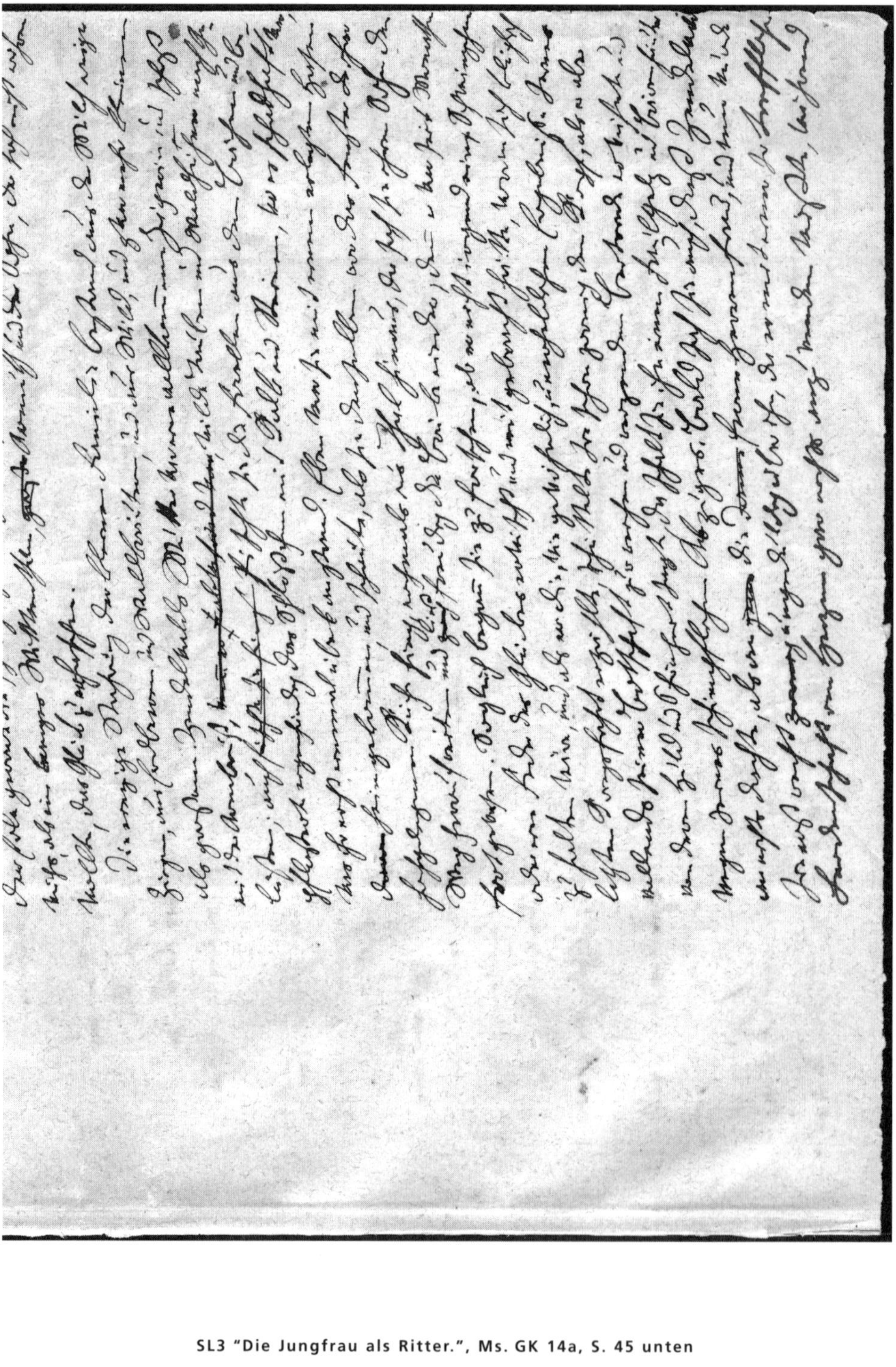

SL3 "Die Jungfrau als Ritter.", Ms. GK 14a, S. 45 unten

Die einzige Nahrung der kleinen Familie bestand aus der Milch einiger
Ziegen, aus Erdbeeren und Waldkräutern, und aus Wild, und zwar mehr kleinem
als großem. Zendelwalds Mutter war eine vollkommene Jägerin[,] und schoß
mit der Armbrust, [wenn er [f]¬ abwesend war,] wilde Tauben und Waldhühner nach Ge-
lüsten; auch [fischte sie]¬ [fing s]¬ fischte sie die Forellen aus den Bächen und bepflasterte eigenhändig das Schlößchen mit Kalk und Steinen, wo es schadhaft war,
was ihr nicht einmal übel anstand. Eben war sie mit einem erlegten Hasen 366.20
[da*ran*]¬ heimgekommen, und schaute, als sie denselben vor das Fenster [de]¬ ihrer
hochgelegenen Küche hing, nochmals in's Thal hinaus, da sah sie ihren Sohn den
Weg herauf^reiten und [zog] ⟨ließ⟩ freudig die Brücke nieder, denn er war seit Monathen
fort gewesen. Sogleich begann sie zu forschen, ob er nicht irgend [eine]¬ ein Schwänzchen
oder eine Feder des Glückes erwischt und mit gebracht hätte, woran sich klüglich
zu halten wäre, und als er die, wie gewöhnlich, unerheblichen Ergebnisse [seines] ⟨seiner⟩
letzten Kriegsfahrt erzählte, schüttelte sie schon zornig den Kopf, als er aber
vollends seiner Botschaft zur reichen und reizenden Bertrade erwähnte und 366.30
von deren Huld und Schönheit sagte, da schalt sie ihn einen Faulpelz und Bärenhäuter
wegen seines schimpflichen Abzuges. Bald sah sie auch, daß [Zendelwad] ⟨Zendelwald⟩ 367.01
an nichts dachte, als an [jene]¬ die [Dame]¬ ferne Herrenfrau, und nun wurde
sie erst recht [zornig]¬ ungeduldig über ihn, da er mit einer so trefflichen
Leidenschaft im Herzen gar nichts anzuwenden wüßte, während

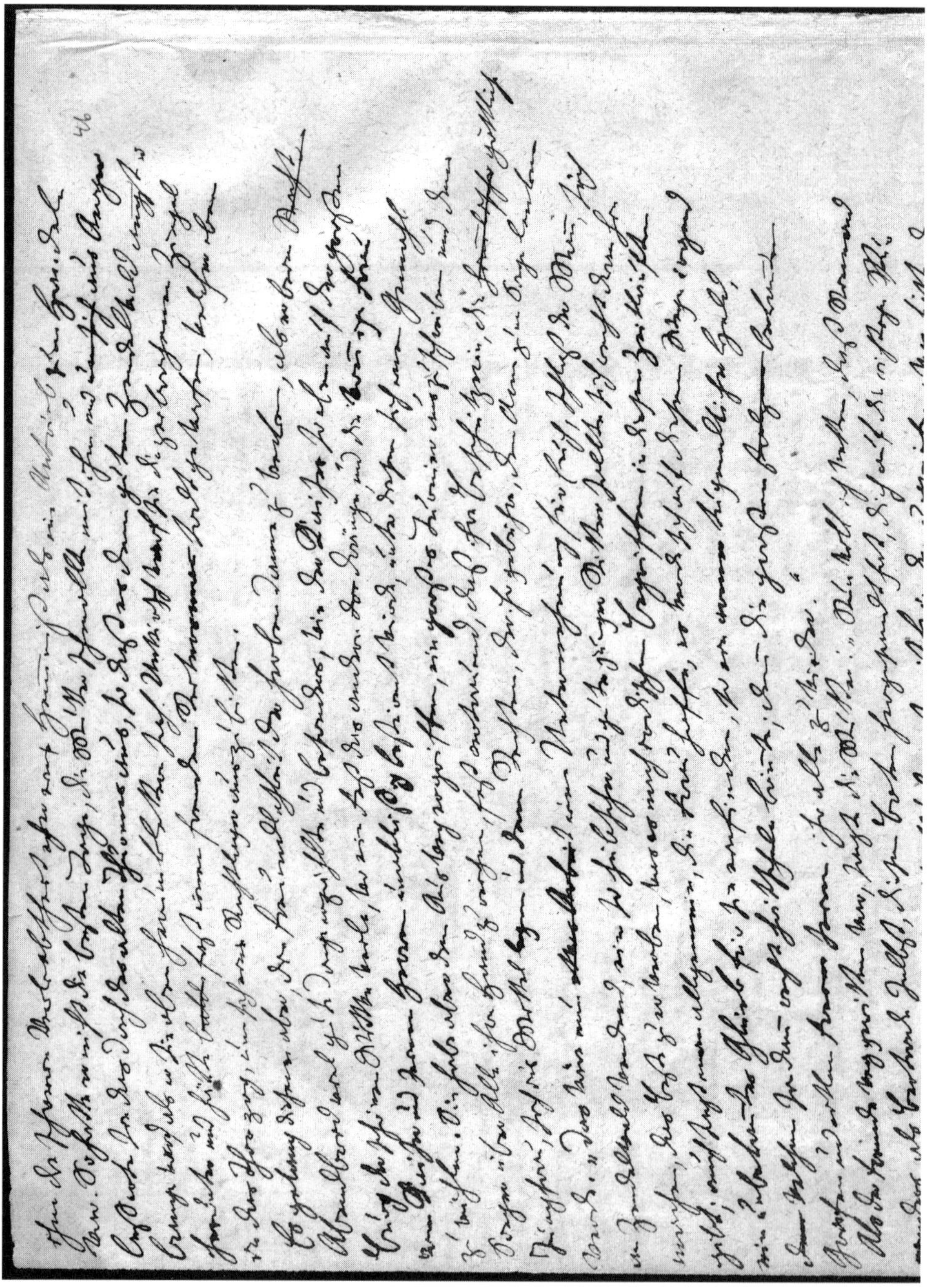

SL3 "Die Jungfrau als Ritter.", Ms. GK 14a, S. 46 oben

ihm die schwere Verliebtheit eher [eine] ⟨ein⟩ Hemmniß als ein Antrieb zum Handeln war. So hatte er nicht die besten Tage, die Mutter schmollte mit ihm und [um sich]¬ aus Aerger besserte sie das Dach des alten Thurmes aus, so daß es dem guten Zendelwald angst u bange [war] ⟨ward⟩, als er sie oben herum^klettern sah. Unwirsch warf sie die zerbrochenen Ziegel herunter und hätte [bald]¬ fast einen fremden Reitersmann todt geworfen, welcher eben in das Thor zog, um sich [eine]¬ ein Nachtlager auszubitten.

Es gelang diesem aber, die Freundlichkeit der herben Dame zu wecken, als er beim [Nacht-]¬ Abendbrod viel gute Dinge erzählte und besonders, wie der Kaiser so eben auf der großen Burg der schönen Wittwe weile, wo ein Fest das andere [dr]¬ dränge, und die wonnige Frau vom Kaiser und seinen Herren unablässig bestürmt würde, unter diesen sich einen Gemahl zu wählen. Sie habe aber den Ausweg ergriffen, ein großes Turnier auszuschreiben und dem Sieger über Alle ihre Hand zu reichen, fest vertrauend, daß ihre Beschützerin, die [himmlische] ⟨göttliche⟩ Jungfrau, sich in's Mittel legen und dem Rechten, der ihr gebühre, den Arm zum Siege lenken werde. „Das wäre nun [etwas Arbeit]¬ eine Unternehmung für Euch, schloß der Mann, sich an Zendelwald wendend, ein so hübscher und guter junger Ritter sollte sich recht dran hin machen, das Beste zu erwerben, was es nach irdischen Begriffen in diesen Zeitläuften gibt; auch sagt man allgemein, die Frau hoffe, es werde sich auf diesem Wege irgend ein unbekanntes Glück für sie einfinden, so ein armer tugendlicher Held, [den]¬ welchen sie dann recht hätscheln könnte; denn die großen [stolzen]¬ bekannten Grafen und eitlen Freier seien ihr alle zuwieder."

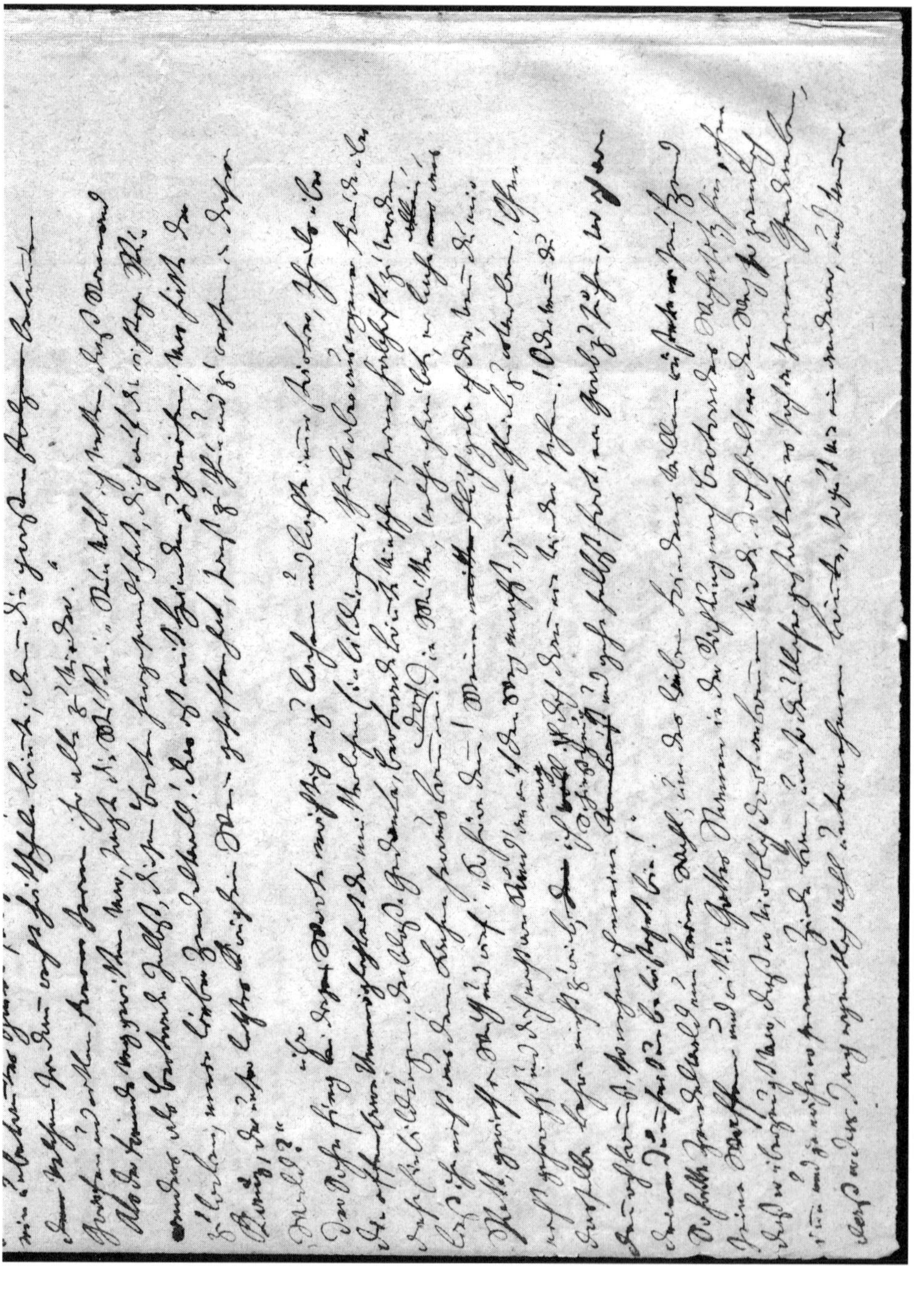

SL3 "Die Jungfrau als Ritter.", Ms. GK 14a, S. 46 unten

46.21 Als der Fremde weg^geritten war, sagte die Mutter: „Nun will ich wetten, daß Niemand
anders, als Bertrade selbst, diesen Boten hergesandt hat, dich auf die richtige Spur
zu locken, mein lieber Zendelwald! das ist mit Händen zu greifen; was hätte der
Kauz, der unser letztes Krüglein Wein gesoffen hat, sonst zu thun und zu reisen in diesem
46.25 Wald?“

Der Sohn fing [bei diesen]¬ über diese Worte mächtig an zu lachen und lachte immer stärker, theils über 368.10
die offenbare Unmöglichkeit der mütterlichen Einbildungen, theils aber aus eigener Freude über
diese Einbildungen; der bloße Gedanke, Bertrade könnte wünschen, seiner habhaft zu werden,
ließ ihn nicht aus dem Lachen heraus kommen. ⟨doch⟩ Die Mutter, welche glaubte, er lache [nur] aus
[allein]
46.30 Spott, gerieth in Wuth und rief: „So höre denn! Meinen [mütter]¬ Fluch gebe ich dir, wenn du mir
nicht gehorchst und dich nicht von Stund’ an auf den Weg machst, jenes Glück zu erwerben! Ohne
46.32 dasselbe kehre nicht [zurück; denn] ich [will]¬ [ich]¬¬
zurück, mag dich dann nie wieder sehen! Oder wenn du
46.33 dennoch kommst, so nehme ich meine [Armbrust] ⟨Schießzeug⟩ und gehe selbst fort, ein Grab zu suchen, wo ich von 368.20
deiner Dummheit unbelästiget bin!“

46.35 So hatte Zendelwald nun keine Wahl; um des lieben Friedens willen rüstete er seufzend
seine Waffen und ritt in Gottes Namen in der Richtung nach Bertrades Wohnsitz hin, ohne
daß er überzeugt war, daß er wirklich dort ankommen würde. Doch hielt er den Weg [z]¬ so ziemlich
inne und je näher er seinem Ziele kam, um so deutlicher gestaltete es sich in seinen Gedanken,
daß er das Ding eigentlich wohl unternehmen könnte, so gut wie ein anderer, und wenn er

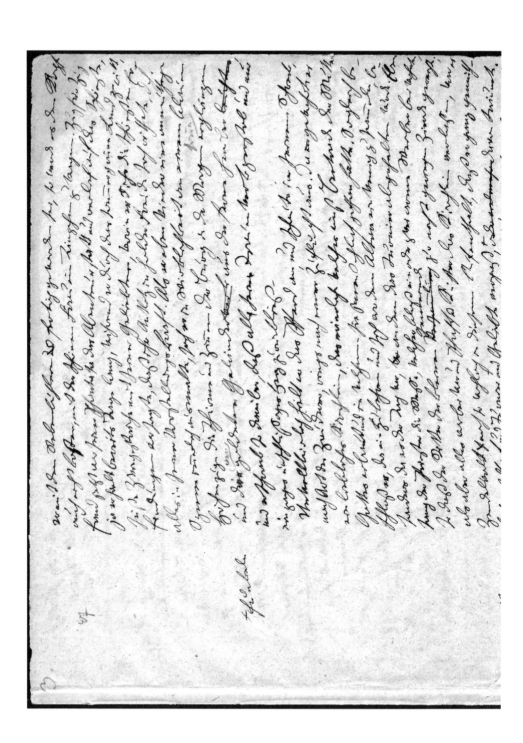

SL3 "Die Jungfrau als Ritter.", Ms. GK 14a, S. 47 oben

er mit den Nebenbuhlern [und]¬ fertig geworden sei, so werde es den Kopf
auch nicht [kox]¬ kosten, mit der schönen Frau ein Tänzchen zu wagen. Zug für Zug
fand jetzt vor seiner Phantasie das Abenteuer statt und verlief auf das Schönste,
ja er hielt bereits Tage lang, während er durch das sommergrüne Land [z]¬ ritt,
süße Zwiegespräche mit seiner Geliebten, worin er [d]¬ ihr die schönsten Erfindungen vor sagte, daß ihr Antlitz in holder Freude sich röthete, d. h.
alles in seiner Vorstellungskraft. Als er eben wieder eine anmuthige
Szeene innerlich ausmalte, sah er in Wirklichkeit an einem blauen
α Höhenzuge die Thürme und Zinnen der Burg in der [Morgen] erglänzen
β Morgensonne
α und [das goldene Geländerwerk] aus der Ferne herüber [leuchten] ⟨funkeln⟩,[146]
β die vergoldeten Geländer
und erschrack so darüber, daß [alle seine]¬ all sein Traumwerk zerstob und nur
ein zages unschlüssiges Herz zurückließ.

Unwillkürlich hielt er das Pferd an, und schaute in seinem Schreck,
nach Art der Zauderer, rings nach einer Zuflucht aus. Da [*er*]¬ gewahrte er
ein liebliches Kirchlein, das nämliche welches einst Bertrade der Mutter
Gottes erbaut und in welchem sie jenen Schlaf gethan hatte. Sogleich beschloß er, da [eink]¬ einzukehren und sich vor dem Altare ein wenig zu sammeln, besonders da es der Tag war, [wo]¬ an dem das Turnier abgehalten wurde. Eben
sang der Priester die Messe, welcher bloß ein oder zwei arme Weiber beiwohnten,
so daß der Ritter der kleinen [Versammlung] ⟨Gemeinde⟩ zur nicht geringen Zierde gereichte;

146 47.10 funkeln] *Am Korrekturrand (+).*

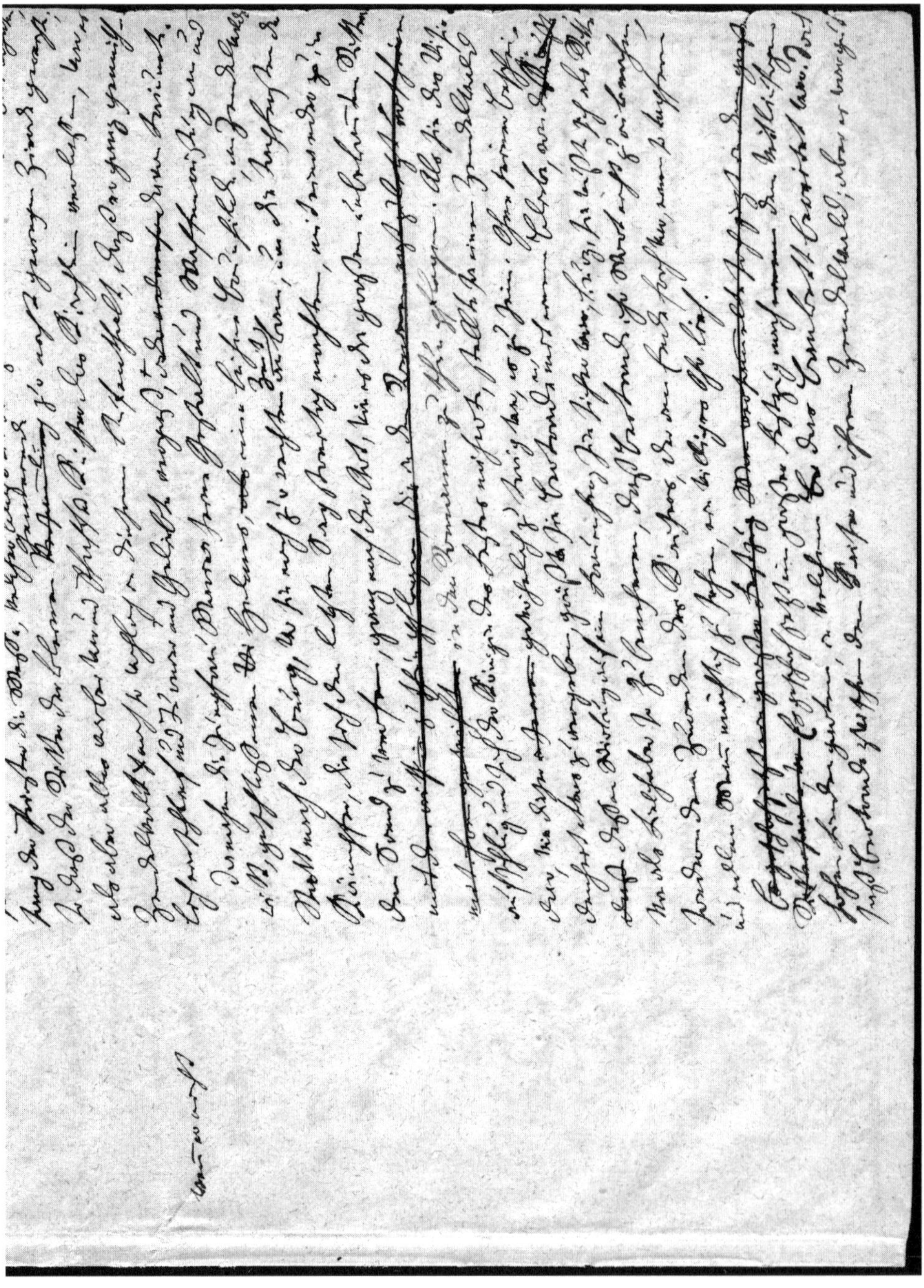

SL3 "Die Jungfrau als Ritter.", Ms. GK 14a, S. 47 unten

als aber alles vorbei war und Pfaff u Küster das Kirchlein verlassen, war es
[Zendelwal*t*] ⟨Zendelwald⟩ [s]¬ noch so wohlig in diesem Aufenthalt, daß er ganz gemüthlich einschlief und Turnier und Geliebte vergaß, [oder vielmehr] ⟨wenn er nicht⟩ [147] davon träumte.

Da nahm die Jungfrau Maria seine Gestalt und Waffenrüstung an und
ritt, geschlossenen [Vi]¬ Helmes, [als] eine kühne Brunhilde, an Zendelwalds
Statt nach der Burg, wo sie noch zur rechten ⟨Zeit⟩ ankam, um die tapfersten der
Kämpfer, die sich den letzten Sieg streitig machten, mit^einander [zu]¬ in
den Sand zu werfen, ganz nach der Art, wie es die großen unbekannten Ritter
|-> [mit den räth]¬ [in]¬ [zu thun pflegen, die in den Romanen erst zuletzt erscheinen]
->| [mit ihren gewählten]¬¬ in den Romanen zu thun pflegen. Als sie das Visir
aufschlug und sich der Königin des Festes näherte, stellte sie einen Zendelwald 373.02
dar, wie dieser [in seinen]¬ gewöhnlich zu träg war, es zu sein. Ohne seiner Beschei-
|-> denheit etwas zu vergeben, grüßte sie [Bertrade] ⟨Bertraden⟩ mit einem Blicke, von [dem ⟨sie⟩ wußte,]
->| [daß]¬¬ [dessen]¬ dessen [148] Wirkung auf ein Frauenherz sie sicher war, kurz, sie wußte sich als Ritter
wie als Liebhaber so zu benehmen, daß Bertrade ihr Wort nicht zurücknahm,
sondern dem Zureden des Kaisers, der am Ende froh war, einen so tapfern
und edlen Mann mächtig zu sehen, ein williges Ohr lieh. 373.10

|-> [Es geschah jetzt ein großer Festzug]¬ [Man versammelte sich jezt in dem großen]
->| [Rittersaale, wo]¬¬ Es geschah jetzt ein großer Festzug nach [einem]¬ dem weitläufigen
hohen Lindengarten, in welchem [B*a*]¬ das Bankett bereitet war. Dort
saß Bertrade zwischen dem Kaiser und ihrem Zendelwald; aber es war gut

147 *47.23* wenn er nicht] *Am Korrekturrand.*
148 *47.34* dessen] *Neuansatz nach vorheriger schwer lesbarer Überschreibung.*

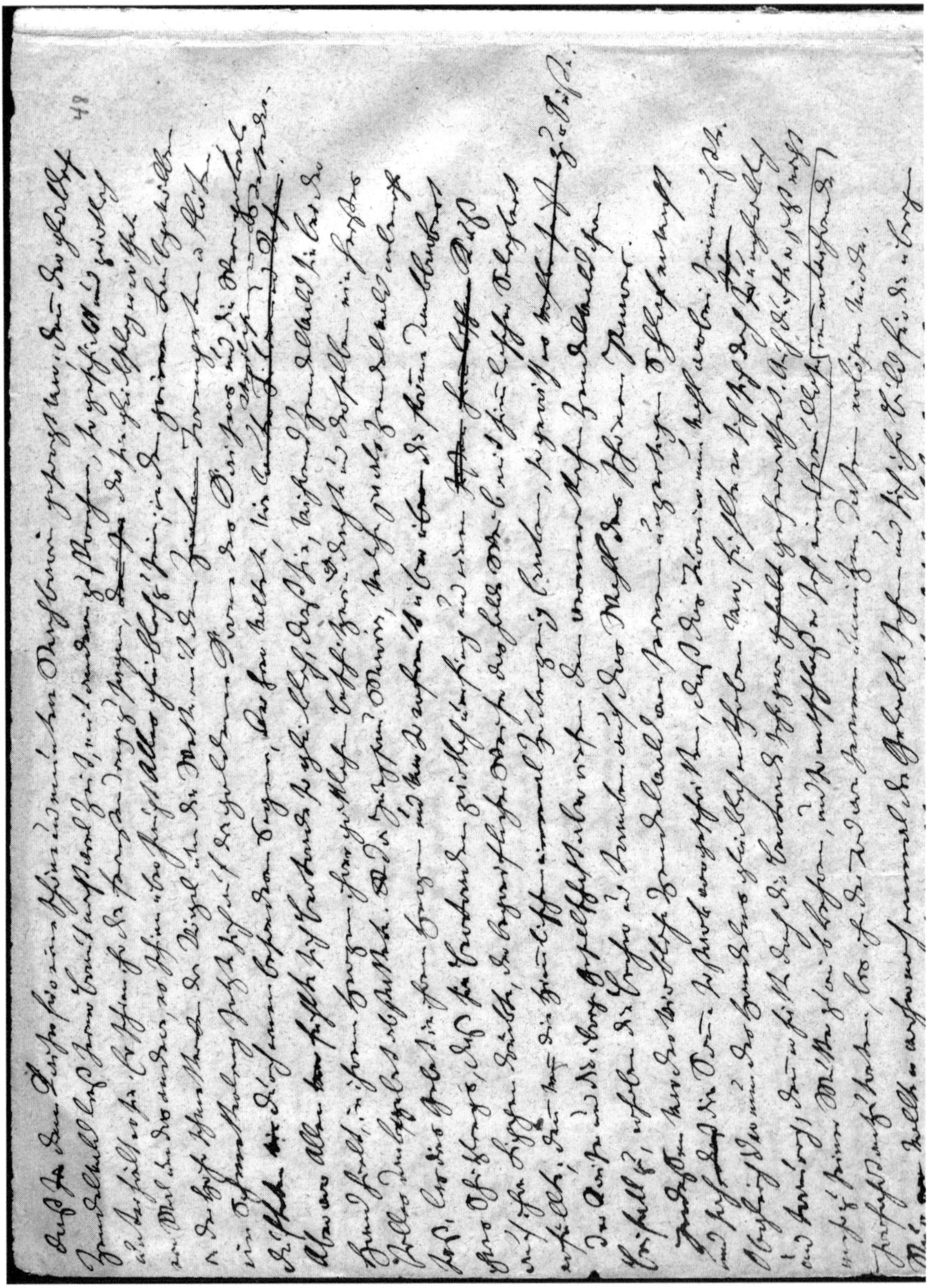

SL3 "Die Jungfrau als Ritter.", Ms. GK 14a, S. 48 oben

48.01 daß [sie] dem Kaiser für eine schöne und muntere Nachbarin gesorgt war; denn der glückliche
Zendelwald ließ seiner Braut nicht viel Zeit, mit andern zu sprechen, so geschickt und zärtlich
unterhielt er sie. Er schien ihr die feinsten Dinge zu sagen, [denn sie]¬ da sie glückselig erröthete
ein Mal um das andere, es schien überhaupt Alles glücklich zu sein; in den grünen Laubgewölben
48.05 in der Höhe schmetterten die Vögel um die Wette mit den [Zinken]¬ Trompeten u Flöten, 373.20
ein Schmetterling setzte sich auf die goldene Krone des Kaisers und die Weinpokale
48.07 dufteten [wie] durch einen besonderen Segen, der hier waltete, wie [lauter Lilien und Rosen.][149]
¿ε Veilchen u Reseda.

48.08 Aber vor Allen [war]¬ fühlte sich Bertrade so glücklich, daß sie, während Zendelwald sie bei der
Hand hielt, in ihrem Herzen ihrer göttlichen Beschützerin [dachte] ⟨gedachte⟩ und derselben ein heißes
48.10 stilles [Danke]¬ Dankgebet abstattete. [M]¬ Die Jungfrau Maria, welche ja als Zendelwald neben ihr
saß, las dies Gebet in ihrem Herzen und war so erfreut über [über] die fromme Dankbarkeit 373.30
ihres Schützling's, daß sie Bertraden zärtlich umfing und einen [süßen] [himmlischen] Kuß
auf ihre Lippen drückte, der begreiflicher Weise das holde Weib mit himmlischer Seligkeit
48.14 erfüllte; denn wenn die Himmlischen einmal Zuckerzeug backen, so geräth es [wohl.]
[süß.]
zur Süße.[150] 374.01

48.15 Der Kaiser und die übrige Gesellschaft aber riefen dem vermeintlichen Zendelwald ihren
Beifall zu, erhoben die Becher und tranken auf das Wohl des schönen Paares.

Indessen war der wirkliche Zendelwald von seinem unzeitigen Schlaf erwacht
und [sah, daß] ⟨sah⟩ die Sonne so stark vorgeschritten, daß das Turnier nun wohl vorbei sein mußte.
Obgleich [d]¬ er nun des Handelns glücklich enthoben war, fühlte er sich sich doch [[so] ⟨sehr⟩] unglücklich 374.10
48.20 und traurig, denn er hätte doch die Bertrade sehr gern [gehabt]¬ geheirathet. Auch durfte er jetzt nicht

---

149 48.07 Reseda.] *Absatzende unsicher.*
150 48.14 *Ersetzungen (vermutlich nachträglich) nebeneinander am Absatz- bzw. Zeilenende.*

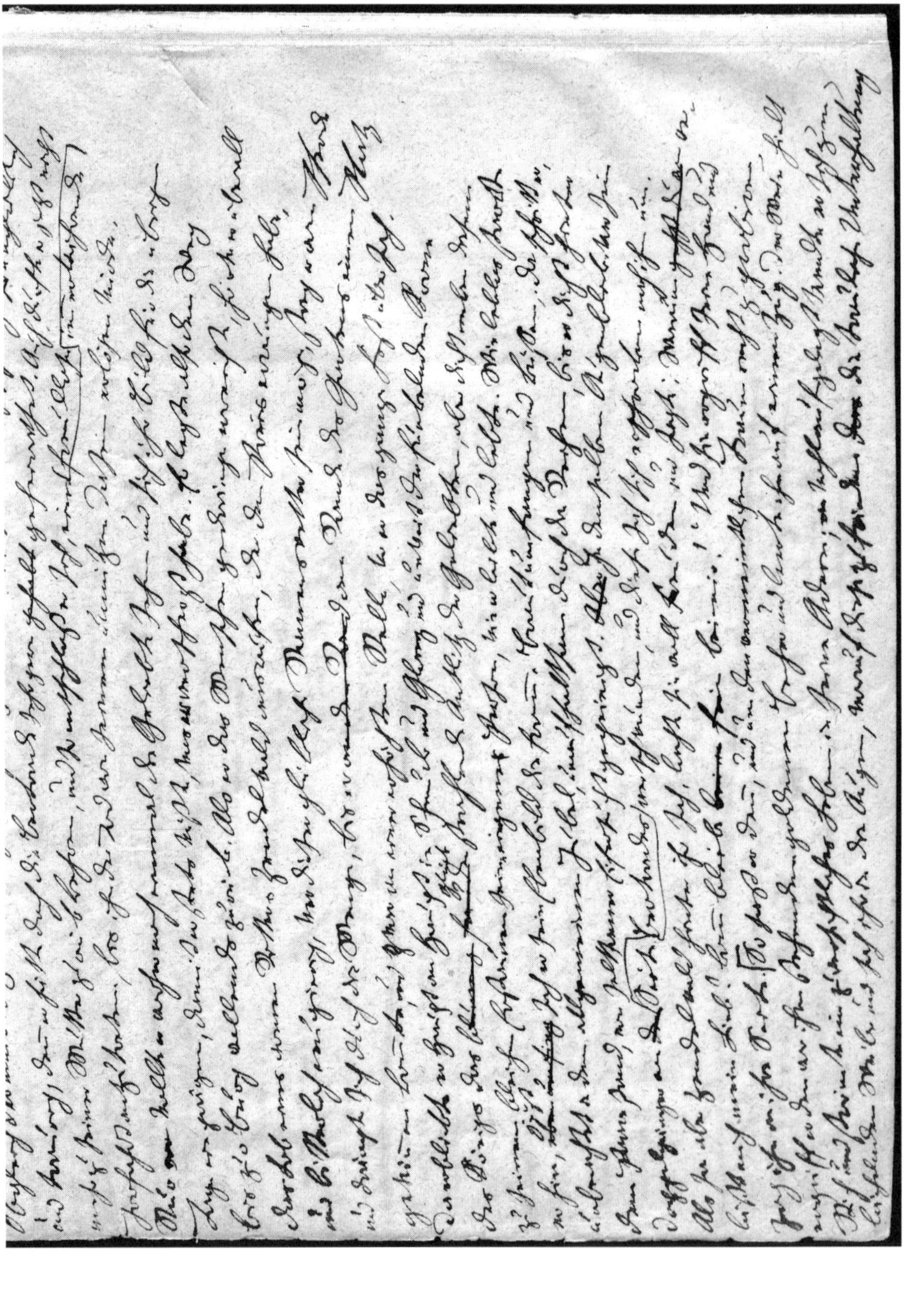

SL3 "Die Jungfrau als Ritter.", Ms. GK 14a, S. 48 unten

48.21 mehr zu seiner Mutter zurück kehren, und so entschloß er sich, eine [freudlose] immerwährende
freudlose
48.22 Irrfahrt anzutreten, bis ihn der Tod von seinem unnützen Dasein erlösen würde.
Nur [vor]¬ wollte er vorher noch einmal die Geliebte sehen und sich ihr Bild für die übrigen
Tage einprägen, damit er stets wüßte, was er verscherzt habe. Er legte also den Weg
48.25 bis zur Burg vollends zurück. Als er das Menschengedränge erreichte, hörte er überall
das Lob eines armen Ritters Zendelwald ausrufen, der den Preis errungen habe, 374.20
und bitterlich neugierig, wer dieser glückliche Namensvetter sein möge, stieg er vom Pferde
und drängte sich durch die Menge, bis er [an den Rand]¬ am Rande des Gartens einen Platz
gewinnen konnte, und [*x*]¬ zwar an einer erhöhten Stelle, wo er das ganze Fest übersah.[151]

48.30 Da erblickte er Haupt an Haupt in Schmuck und Glanz und unweit der funkelnden Krone
48.31 des Königs das [blumeng]¬ [freudenstrahlende] Antlitz der Geliebten, aber dicht neben diesem
glückstrahlende
48.32 zu seinem bleichen Erstaunen [sein eigenes]¬ seine eigene Person, wie er leibte und lebte. Wie leblos starrte 374.30
er hin, [eben] ⟨just⟩ [umfing]¬ sah er sein Ebenbild die fromme Braut umfangen und küssen; da schritt er,
unbeachtet in dem allgemeinen Jubel, unaufhaltsam durch die Reihen, bis er dicht hinter 375.01
48.35 dem Paare stand, von seltsamer Eifersucht gepeinigt. [Aber in] ⟨In⟩ demselben Augenblicke war sein
48.36 Doppelgänger an [der] Seite [Bertrades] verschwunden, und diese sah sich erschrocken nach ihm um.
Bertrades
48.37 Als sie aber Zendelwald hinter ihr sah, lachte sie voll Freuden und sagte: Warum [gehst du von]¬ ver-
läßt mich mein Lieb? komm bleibe [bei m]¬ fein bei mir!“[152] Und sie ergriff seine Hand und
zog ihn an ihre Seite.⟨¶⟩ So saß er denn, und um den vermeintlichen Traum recht zu probiren,
48.40 ergriff er den vor ihm stehenden goldenen Becher und leerte ihn auf einen Zug. Der Wein hielt
Stich und strömte ein zuversichtliches Leben in seine Adern; [*a*]¬ wohlaufgelegt wandte er sich zum 375.10
lächelnden Weibe und sah ihr in die Augen, worauf diese zufrieden [das]¬ die trauliche Unterhaltung

---

151 48.29 übersah.] *Absatzende unsicher.*
152 48.38 mir!“] *Korrespondierendes Anführungszeichen in 48.37 fehlt.*

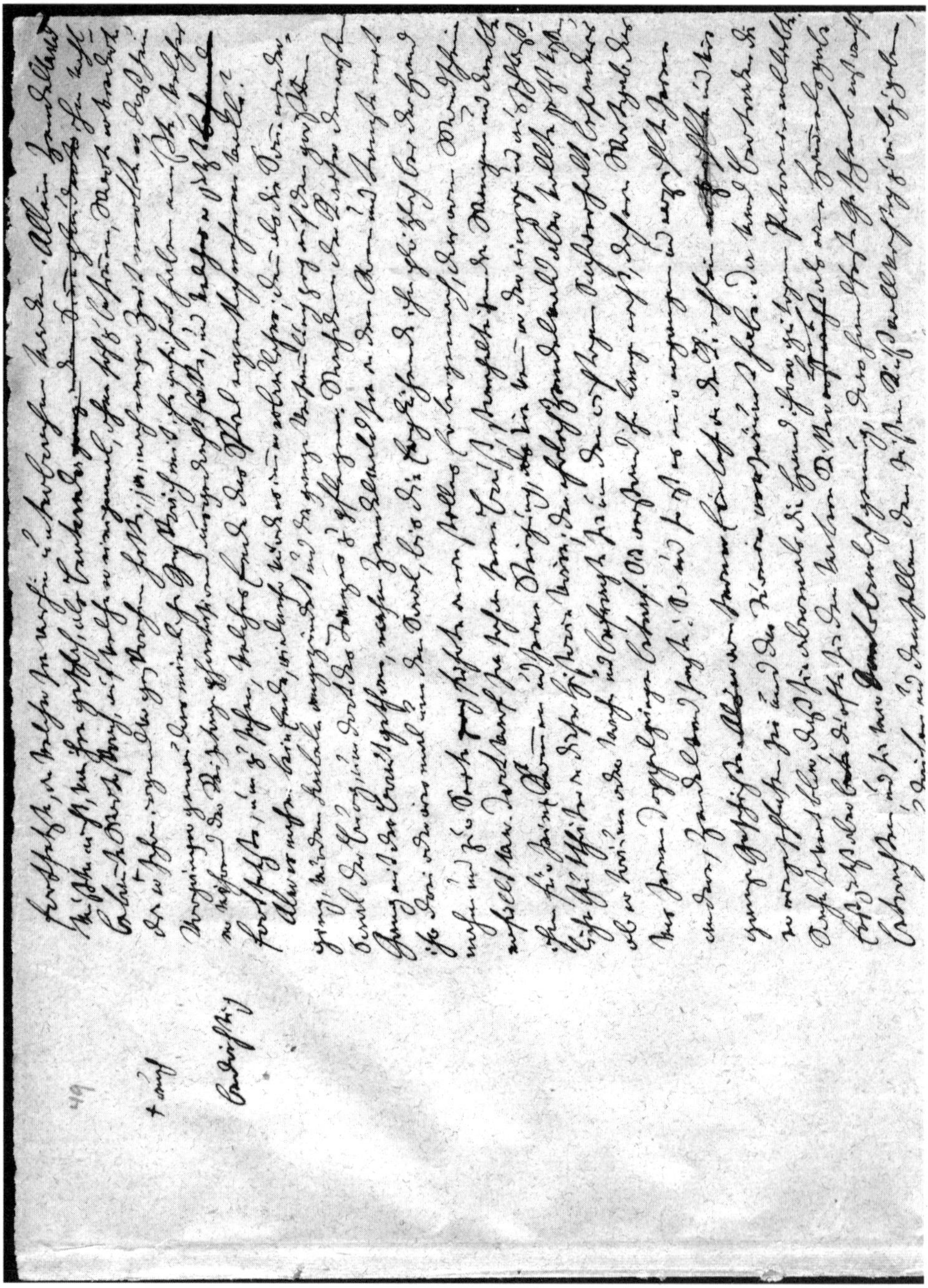

SL3 "Die Jungfrau als Ritter.", Ms. GK 14a, S. 49 oben

fortsetzte, in welcher sie vorhin unterbrochen worden. Allein Zendelwald wußte nicht, wie ihm geschah, als Bertrade [ganz] [in dem Sinne plauderte]¬ ihm wohlbekannte Worte sprach, auf welche er einigemal, ohne sich zu besinnen, Worte erwiederte, die er ⟨auch⟩[153] schon irgendwo gesprochen hatte; ja, nach einiger Zeit merkte er, daß sein Vorgänger genau das nämliche Gespräch mit ihr geführt haben mußte, welches er während der Reisetage phantasirend ausgedacht hatte, und welches er jetzt [behende] ⟨bedächtig⟩[154] fortsetzte, um zu sehen, welches Ende das Spiel eigentlich nehmen wolle?

Aber es nahm kein Ende, vielmehr wurde es immer erbaulicher; denn als die Sonne niederging, wurden Fackeln angezündet und die ganze Versammlung zog auf den [größten] ⟨großen⟩ Saal der Burg, um dort des Tanzes zu pflegen. Nachdem der Kaiser den ersten Gang mit der Braut gethan, nahm Zendelwald sie in den Arm und tanzte mit ihr drei oder vier mal um den Saal, bis die Erglühende ihn plötzlich bei der Hand nahm und zur Seite [zog]¬ führte in ein stilles Erkergemach, das vom Mondschein erfüllt war. Dort warf sie sich an seine Brust, streichelte ihm die Wangen und dankte ihm für [seine]¬ sein Kommen und seine Neigung, [als]¬ wie wenn er der einzige und ausschließliche Gutthäter in dieser Historie wäre; der ehrlich Zendelwald aber wollte jetzt wissen, ob er träume oder wache und befragte sie um den richtigen Sachverhalt, besonders was seinen Doppelgänger betraf. Sie verstand ihn lange nicht, doch ein Wort gab das andere, Zendelwad sagte: So und so ist es mir ergangen und erzählte seine

α ganze [Geschichte. Als er] von seiner Einkehr in dem Kirchlein [[erw]¬ erzählte][155] und wie
β Geschichte

er eingeschlafen sei und das Turnier versäumt habe. Da ward Bertraden die Sache soweit klar, daß sie abermals die Hand ihrer gütigen Patronin erblickte.

---

153 49.04 auch] *Am Korrekturrand (+).*
154 49.06 bedächtig] *Am Korrekturrand.*
155 49.20–21 Als er … habe.] *Ellipse (α) erst in Schicht β aufgelöst.*

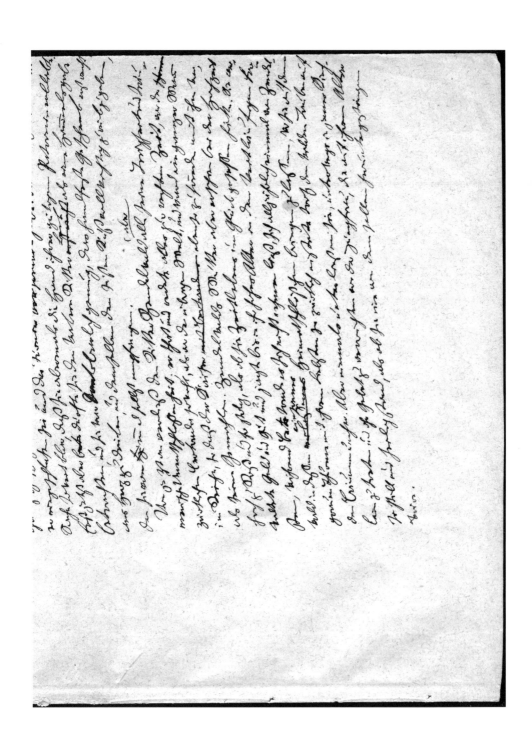

SL3 "Die Jungfrau als Ritter.", Ms. GK 14a, S. 49 unten

Erst jetzt aber [betr]¬ durfte sie den wackern Ritter [erst recht] ⟨keck⟩ als eine Himmelsgabe betrachten, und sie war [*x*]¬ dankbarlich genug, das handfeste Geschenk erst recht ans Herz zu drücken, und demselben den süßen Kuß vollwichtig zurückzugeben, den sie vom Himmel[156] selbst empfangen.

Von jetzt an verließ den Ritter Zendelwald ⟨aber⟩ alle seine Trägheit und träumerische Unentschlossenheit; er that und redete alles zur rechten Zeit, vor der [schönen]¬ zärtlichen Bertrade sowohl, als vor der übrigen Welt, und ward ein ganzer Mann im Reiche, so daß der Kaiser [mit Bertradens]¬ ebenso zufrieden mit ihm war, als seine Gemahlin. Zendelwalds Mutter aber erschien bei der Hochzeit hoch zu Roß und so stolz, als ob sie Zeitlebens im Glück gesessen hätte. Sie verwaltete Geld und Gut und jagte bis in ihr hohes Alter in den weitläufigen Forsten, während [Bet]¬ Bertrade es sich nicht nehmen ließ, sich alljährlich einmal von Zendelwald in dessen [verlassenes] ⟨einsames⟩ Heimatschlößchen bringen zu lassen, wo sie auf dem grauen Thurme mit ihrem Liebsten so zärtlich nistete trotz den wilden Tauben auf den Bäumen umher. Aber niemals unterließen sie, unterwegs in jenes Kirchlein zu treten und ihr Gebet zu verrichten vor der Jungfrau, die auf ihrem Altar so still und heilig stand, als ob sie nie von dem^selben herunter^gestiegen wäre.

---

156 *49.26* Himmel] Hi- *mit Tinte durchgestrichen.*

Zu Entstehung und Quellen vgl. Kap. 1.1 Entstehung und Kap. 3.2 Quellentexte

SL1 Eugenia

337.02–05 *Motto: H1–H2: Vgl. Zwingli-Bibel (Ausgabe der* Zürcherschen Bibel-Gesellschaft. *Zürich: Orell Füßli 1817):* Ein Weib soll nicht tragen was dem Mann zustehet, und ein Mann soll nicht Weiberkleider anthun. Denn wer solches thut, der ist dem Herrn deinem Gott ein Gräuel. – *E1–GW: Vgl. Luther-Bibel (*Stereotyp-Ausgabe. Bremen. Gedruckt für die Amerikanische Bibelgesellschaft. *Leipzig: Reclam o.J.; ZB: 43.201):* Ein Weib soll nicht Mannsgeräthe tragen, und ein Mann soll nicht Weiberkleider anthun; denn wer solches thut, der ist dem Herrn, deinem Gott, ein Greuel.

337.05 5. Mos. 22.5.] *H1:* Genes. 5.22.5 – *H2:* 5. Gen. 22.5. – *Zur falschen Quellenangabe vgl. Keller an Rambert, 22.1.1872, Dok.*

339.05 Konsul] *H1: Aquilinus wird* Consul *(339.05, 341.01, 353.01),* Prokonsul *(338.26, 348.07) und* Statthalter *(350.01) genannt; vgl. dagegen die Zuordnung dieser Titel zu verschiedenen Personen bei Kosegarten; vgl. Kap. 3.2 Quellentexte, zu SL1, S. 439–443. – H2–GW: überall außer 338.26* Prokonsul *vereinheitlicht zu* Consul *(bzw.* Konsul*: ab E1: 339.05, 348.07, 350.01; ab E3: 341.01, 353.01).*

342.12–14 „Wie eine Hindin ... Gott!"] *Psalm 42,2 f.; in Kellers Bibel (vgl. oben zu 337.02–05):* 2. Wie der Hirsch schreiet nach frischem Wasser, so schreiet meine Seele, Gott, zu dir. 3. Meine Seele dürstet nach Gott, nach dem lebendigen Gott. *[...] – Die männliche Form* Hirsch *statt* Hindin *findet sich in allen konsultierten Bibel-Übersetzungen des 19. Jahrhunderts; vgl. die Glosse zu dieser Stelle in:* Biblia Das ist: Die gantze heilige Schrifft \ Durch D. Martin Luther verteutscht: Mit D. Pauli Tossani hiebevor ausgangnen Glossen und Außlegungen *[...].* Basel \ In Verlegung Caspar Mangoldts. 1665*:* Hirsch Oder \ hinde: weil das beygefügte wort im Hebr. in genere fœminino gesetzt ist \ wiewol die Hebreer sonst ein eigenes Wort haben \ welches eine hinde bedeutet.

347.22–23 den schon das Weib des Potiphar eingeschlagen] *Vgl. 1. Mos. 39,7–18.*

349.22 empfunden] *Trennung* em-pfunden *nach Regeln 1880, § 28 korrekt; vgl. auch 395.18, 402.06.*

354.25 gewannen.] *Streichung des in E1–E2 anschließenden Satzes ev. veranlaßt durch Fontanes Kritik in seiner Rezension* Gottfried Keller. Ein literarischer Essay von O. Brahm, *8.4.1883, Dok; vgl. Kap. 1.1 Entstehung, S. 18 f.*

SL2 Die Jungfrau und der Teufel

355.02–07 *Motto: Vgl. Kellers Exemplar, das ihm Varnhagen von Ense geschenkt hatte:* Johannis Angeli Silesii Cherubinischer Wanders-Mann *[...]. München: Lindauer 1827 (ZB: 43.912), S. 178:* Man muß den Feind nicht auf den Leib lassen. \\ Freund! wach' und schau dich um, der Teufel geht stets runden, \ Kommt er dir auf den Leib, so liegest du schon unten. *(6. Buch, Nr. 206) – Jeder der* Geistreichen Sinn- und Schluss-Reime *dieses Bandes ist am äußeren Rand mit einem oder mehreren vertikalen Strichen (zum größten Teil mit Bleistift) markiert, die vermutlich alle oder fast alle von Rahel Varnhagen stammen (vgl. Kellers Eintrag gegenüber der Titelseite:* Rahels Exemplar. Die

Bleistiftstriche sind von ihrer Hand \ G. Keller Berlin 1853.). *Der hier zitierte Zweizeiler ist mit einfachem Bleistiftstrich markiert;* Kommt er dir auf den Leib, *ist mit Bleistift unterstrichen.*

355.07 IV. Buch] *E2–GW: Falsche Quellenangabe (statt* VI. Buch*); korrigiert in GW 1909.*

SL3 Die Jungfrau als Ritter

364.02–11 *Motto: Vgl. Angelus Silesius:* Cherubinischer Wanders-Mann *(vgl. oben zu 355.02–07), S. 93 f.:* Maria. \\ Maria wird genenn't ein Thron und Gott's Gezelt, \ Ein Arche, Burg, Thurm, Haus, ein Brunn, Baum, Garten, Spiegel, \ Ein Meer, ein Stern, der Mond, die Morgenröth, ein Hügel: \ Wie kann sie alles seyn? sie ist ein' andre Welt. *(4. Buch, Nr. 42; einfacher vertikaler Bleistiftstrich am äußeren Rand) – Zur Beibehaltung der alten Orthographie in E3–E4 vgl. Kap. 2.1 Variantenverzeichnis 364.02–11.*

364.11 2. Buch] *H2–GW: Falsche Quellenangabe (statt* 4. Buch*); korrigiert in GW 1909.*

364.15 deutschen] *Ergänzung in H2 ev. im Zusammenhang mit dem Deutsch-Französischen Krieg 1870/71; vgl. unten zu 369.29–372.31.*

369.29–372.31 Als sie ... auf dem Platze.] *Ergänzung in H2; die Schilderung des Kampfes der Jungfrau mit den Rittern Guhl und Maus bezeichnete Keller selbst als Anspielung auf den Deutsch-Französischen Krieg; vgl. Keller an Vischer, 29.6.1875, Dok.*

374.27 Krone des Königs] *An allen anderen Stellen von SL3 die Bezeichnung* Kaiser.

376.27 wie die wilden Tauben] *H1:* trotz den wilden Tauben *– Änderung in H2 ev. in Angleichung an das Motto von* Die Jungfrau und die Nonne *(377.02–04) und an den Schluß von* Dorotheas Bumenkörbchen *(419.24).*

SL4 Die Jungfrau und die Nonne

377.02–04 *Motto: Vorlage vermutlich Thomas von Kempis:* Das Büchlein von der Nachfolge Christi. *[...] Leipzig: Tauchnitz 1824 (ZB: 42.734), S. 114:* Sehnlich wünschte frey auffliegen zu können jener heilige Sänger, der da sprach: Wer giebt mir Taubenflügel, daß ich auffliege und Ruhe finde (Ps. 55,7.) *(Drittes Buch, 31. Hauptstück, Nr. 1; Bibelzitat durch Sperrung hervorgehoben; Seite wohl von Keller mit Eselsohr markiert); vgl. Zwingli-Bibel (vgl. oben zu 337.02–05):* O, hätte ich Flügel wie eine Daube, ich wollte hinfliegen, daß ich irgend wo Ruhe fände. *– und Luther-Bibel (vgl. oben zu 337.02–05):* O, hätte ich Flügel wie Tauben, daß ich flöge und etwa bliebe!

379.22 Wonnebold] *Vgl. den Namen* Wunbald *in Kosegartens* Legende von der heiligen Walpurgis *(Kosegarten, Bd. 1, S. 294); vgl. auch Kap. 2.1 Variantenverzeichnis, S. 120, Anm. 75.*

383.12 achtzehn Jahre] *H1:* fünfzehn Jahre *– vgl. Kap. 3.2 Quellentexte, zu SL4, S. 447:* Als die funfzehn Jahre um waren *[...].*

385.07 die er dem Reichsheere zuführte.] *H1:* die er selbst in einen Krieg führte. *– Änderung in H2 ev. im Zusammenhang mit dem Deutsch-Französischen Krieg (vgl. oben zu 369.29–372.31).*

SL5 Der schlimm-heilige Vitalis

386.02–06 *Motto: Vgl. Thomas von Kempis:* Das Büchlein von der Nachfolge Christi *(vgl. oben zu 377.02–04), S. 10:* Meide den vertraulichen Umgang mit einem Weibe, empfiehl du lieber überhaupt das ganze andächtige Geschlecht dem lieben Gott. *(Erstes Buch, 8. Hauptstück, Nr. 2; Seite wohl von Keller mit Eselsohr markiert)*

396.05 Jole] *Die der griechischen Herkunft des Namens entsprechende Schreibung und Aussprache wäre* Iole. *Da sich in deutscher Schrift und Fraktursatz* I *und* J *nicht unterscheiden, der Name aber nicht durch lateinische Schrift (in H1–H2) bzw. Antiqua-Druck (in E1–GW) als Fremdwort gekennzeichnet ist, wird hier die deutsche Schreibung mit* J *statt* I *bevorzugt.*

SL6 Dorotheas Blumenkörbchen

411.02–04 *Motto: Vgl. Angelus Silesius:* Cherubinischer Wanders-Mann *(vgl. oben zu 355.02–07), Vorrede, S. XII f.:* Insonderheit beym Ludovico Blosio, da er im 12. Cap. seiner geistlichen Unterrichtungen sehr schön also redet: „In der geheimen Vereinigung verfließt die liebhabende Seele, und vergehet von ihr selbst, und verfallet, als wäre sie zu nicht worden, in den Abgrund der ewigen Liebe: Allda sie ihr todt ist, und Gott lebet, nichts wissend, nichts fühlend, als die Liebe, welche sie schmecket; denn sie verlieret sich in der überaus großen Wüste und Finsterniß der Gottheit. Aber sich so verlieren, ist mehr sich finden. Da wird wahrlich, was da ist das menschliche Ausziehende und göttliche Anziehende, in Gott verwandelt. *[...]*" *– Der als Motto von SL6 zitierte Satz mit einfachem Bleistiftstrich am Rand (ev. von Keller) markiert.*

411.21 Statthalter] *H1:* Landpfleger *(auch 412.10, 412.31, 415.11). – H2: durchgehend* Statthalter *(in 415.11 und 416.25 korrigiert aus* Landpfleger*) außer 415.26* Prokonsul *(korrigiert aus* Landpfleger*).*

411.23 Dorotheas Eltern] *H1:* Dorotheens Vater hingegen, Dorus, und ihre Mutter Thea *– zu den Namen vgl. Kap. 3.2 Quellentexte, zu SL6, S. 450.*

SL7 Das Tanzlegendchen

421.02–07 *Motto: H2: nachträglich in gedrängter Form eingefügt; vgl. Luther-Bibel (vgl. oben zu 337.02–05), Jer. 31,4: [...]* du Jungfrau Israel, du sollst noch fröhlich pauken, und heraus gehen an den Tanz. *und Jer. 31,13:* Alsdann werden die Jungfrauen fröhlich am Reigen sein, dazu die junge Mannschaft, und die Alten mit einander. *[...] – Vgl. auch Kap. 3.2 Quellentexte, zu SL7, S. 455, wo Jer. 31 zu den Beweisstellen des Mönchs, daß im Himmel getanzt werde, gehört.*

422.16 baumelten] *H2:* bammelten *– vgl. HKKA 23.1, Kap. 2.3 Stellenkommentar zu 291.29 und 291.32.*

423.15 bewies ihr durch viele Bibelstellen] *Vgl. Kap. 3.2 Quellentexte, zu SL7, S. 455; dort auch ein Verweis auf die* Psalmen Davids, *ev. die Anregung zur Einführung der David-Figur. – H1: Die Korrektur von* Schriftstellen des alten und neuen Testamentes *in* Bibelstellen *hängt ev. damit zusammen, daß der Tanz im intendierten (positiven) Sinn nur im Alten Testament vorkommt.*

423.16 sowie durch sein eigenes Beispiel] *Vgl. Davids Tanz vor der Bundeslade, 2. Sam. 6,14–16.*

424.07 grobes] *E4* großes *– zum Druckfehler vgl. Keller an Hertz, 10.5.1888, Dok.*

425.32–426.02 saßen ... leisteten ... bekamen ... mußten] *Zum Tempus (seit E1 Präteritum statt Präsens) vgl. Keller an Weibert, 11.2.1872, Dok.*

426.09 Die emsige Martha aus dem Evangelium] *Vgl. Luk. 10,38–42.*

427.24–27 Endlich ... bringen.] *Nach Baechtold, Bd. 3, S. 27 f. war diese Rolle ursprünglich dem* Stadttambour des himmlischen Jerusalem *zugedacht.*

LESARTEN ANDERER AUSGABEN

Die folgende Aufstellung von Lesarten beschränkt sich auf die frühe Niederschrift (H1) von 1857/58 und betrifft v. a. die Entzifferung problematischer Stellen. Angeführt werden vorwiegend von der HKKA abweichende Entzifferungen bei Reichert 1965 und DKV 6, soweit es sich nicht um eindeutige Fehllesungen handelt. Die Lemmas beziehen sich auf die integrale Wiedergabe von H1 (Kap. 2.2), mit zusätzlichem Verweis auf die entsprechende Stelle im edierten Text (HKKA 7). – Zur Charakterisierung dieser und weiterer Ausgaben vgl. Kap. 1.3 Editionen.

SL1 Legende der Eugenia.

01.05–06 *(337.06)* daß man, [oder vielmehr weib]] *Diese Entzifferung schon bei Zollinger, 10. Teil, S. 279; dagegen SW, S. 360, syntaktisch unwahrscheinlich:* daß man [, oder vielmehr weil]

02.06–08 *(339.04)* [Denn Frauen ... verlieben.]] *Streichung bei Reichert, S. 47 f. und DKV, S. 704 nicht gekennzeichnet*

03.23 *(341.30)* [machen]] *Faksimile 1919: gestrichenes Wort am Zeilenende wegretuschiert*
Luft.] *Reichert, S. 50 und DKV, S. 707 Absatzende*

07.01 *(349.09)* Preis gäben!] *DKV, S. 714 kein Absatzende*

08.05 *(351.16)* an den Sternen] *Reichert, S. 60 und DKV, S. 716:* in den Sternen

09.39 *(354.19)* Verfolgung] *Reichert, S. 64 und DKV, S. 719:* Christenverfolgung

SL4 Legende von der Maria Stellvertreterin.

11.34 *(380.13)* angelegent[...]] *Reichert, S. 68:* angelegen; *DKV, S. 741:* angelegent.

13.05 *(382.28)* möchte.] *Reichert, S. 70 und DKV, S. 743:* mochte.

13.25 *(383.25)* ließ die die] *Reichert, S. 71 und DKV, S. 744:* ließ sie die

13.31 *(384. 04)* Statt. Jetzt] *Reichert, S. 72:* Statt; doch; *DKV, S. 744:* Statt; jetzt

13.34 *(384. 08)* dies u jenes] *Reichert, S. 72 und DKV, S. 744:* das und jenes

13.39–14.38 *(384.16)* Nachdem ... gedrückt.] *Der 1871 ergänzte Schluß fehlt bei Reichert*

SL7 Tanzlegendchen.

16.05 *(421.13)* Weise;] *Reichert, S. 98 und DKV, S. 775:* Weise:

16.07 *(421.17)* Altare] *Reichert, S. 98:* Altar

16.16 *(422.06)* [überhaucht] ⟨haucht⟩] *Reichert, S. 98:* überhaucht; *DKV, S. 775:* [überhaucht] ⟨behaucht⟩

16.16 *(422.06)* [Harfen] /und/ Flötenmusik] *Reichert, S. 98:* Harfen- und Flötenmusik; *DKV, S. 775:* Harfen und Flötenmusik

16.29	*(422.26)*	athmete] *Reichert, S. 99 und DKV, S. 776:* laut atmete
15.10	*(423.16)*	genössen] *Reichert, S. 100:* genossen
15.28	*(424.13)*	[Gebet] ⟨Gebete⟩] *Reichert, S. 101:* Gebet
14.20	*(425.28)*	dem ... Kreisen] *Reichert, S. 102:* den ... Kreisen

SL5 **Der bekehrte Märtyrer.**

19.34	*(389.23)*	vor die Stirne] *Reichert, S. 24 und DKV, S. 749:* vor der Stirne
22.05	*(391.27)*	ausfündig] *Reichert, S. 26 und DKV, 750:* ausfindig
23.17	*(393.05)*	Gut [und]⟨,⟩ sagte] *Reichert, S. 28 und DKV, 752:* Gut und sagte
25.15	*(395.26)*	hätt'] *Reichert, S. 30 und DKV, S. 754:* hätte
25.35	*(396.18)*	bedauren.] *Reichert, S. 31 und DKV, S. 755:* bedauern.
25.38	*(396.21)*	es war] *Reichert, S. 31 und DKV, S. 755:* er war
28.01	*(400.04)*	zugehört."] *DKV, S. 759 kein Absatzende*
29.03	*(401.20)*	eigenen] *DKV, S. 760:* eignen
29.06	*(401.22)*	guten] *DKV, S. 760:* wackern
31.03	*(404.26)*	desselben] *Reichert, S. 39 und DKV, S. 763:* derselben
31.22	*(405.18)*	[nach] dem Männchen] *Reichert, S. 40 und DKV, S. 763:* nach dem Männchen
34.30	*(410.07)*	vernahm, ... untröstlich] *Reichert, S. 45 und DKV, S. 768 folgen Schicht α.*

SL6 **Das Blumenkörbchen der heil. Dorothea.**

36.29	*(415.07)*	Christenthume] *Reichert, S. 76 und DKV, S. 772:* Christenthum
37.13	*(416.08)*	der Jungfrauen] *Reichert, S. 77 und DKV, S. 772:* der Jungfrau

SL2 **Die Jungfrau und der Teufel.**

40.05	*(356.27)*	wie er] *Reichert, S. 80 und DKV, S. 721:* wo er
42.05	*(360.11)*	[welchem] ⟨welcher⟩] *Reichert, S. 83 und DKV, S. 724:* welchem
42.34	*(361.19)*	andern] *Reichert, S. 85 und DKV, S. 726:* anderen
43.39	*(363.06)*	wo ... zerschellte,] *Fehlt bei Reichert, S. 87*

Dokumentation

3.1 DOKUMENTE ZU ENTSTEHUNG, ÜBERLIEFERUNG UND REZEPTION

Die Auswahl der Dokumente umfaßt v. a. die Verhandlungen mit Verlegern und Herausgebern, die Diskussion mit Schriftstellerkollegen, Kritikern, Übersetzern sowie Rezensionen bzw. Monographien, welche die Sieben Legenden *betreffen und dokumentierbare Reaktionen Kellers bei der Weiterbearbeitung des Werks oder zumindest in der Korrespondenz hervorgerufen haben.*[1] *– Obwohl die Briefe des Verlegers Wilhelm Hertz an Keller fehlen, ermöglichen es die im Cotta-Archiv vorhandenen Entwürfe und Durchschriften, diese Überlieferungslücken einigermaßen zu schließen.*

Die der Dokumentation vorangestellte chronologische Übersicht[2] *verzeichnet hinter jedem Brief die Bibliothekssignatur des Originals, auf das den Prinzipien der HKKA gemäß wenn möglich zurückgegriffen wird, und weist – wo vorhanden – einen repräsentativen Abdruck nach.*[3] *Die Seitenzahl bezeichnet jeweils den Beginn des zitierten Briefs. Briefe ohne Drucknachweis sind bisher unveröffentlicht. Bei den Rezensionen und Monographien (Rez.) wird der Ort der Erstpublikation nachgewiesen.*[4]

16.3.1857	*Keller an Franz Duncker*	*vgl. HKKA 23.1, Dok*
6.7.1857	*Keller an Theodor Creizenach*	*Ms. GK 99a Nr. 20; GB 4, S. 396*
22.4.1860	*Keller an Ferdinand Freiligrath*	*GSA 17/VIII, 53; GB 1, S. 264*
9.5.1861	*Keller an Ludmilla Assing*	*BJK: VS16; GB 2, S. 99*
13.9.1862	*Adolf Strodtmann an Keller*	*Ms. GK 79f3 Nr. 63*
23.2.1863	*Adolf Strodtmann an Keller*	*Ms. GK 79f3 Nr. 64*
2.4.1871	*Keller an Paul Heyse*	*Ms. GK 78c Nr. 1/8; GB 3.1, S. 18*

1 *In der elektronischen Edition sind die Rezensionen ungekürzt wiedergegeben.*

2 *In mehreren, jeweils neu datierten Anläufen geschriebene Briefe sind unter dem Datum des zitierten Teils eingeordnet – mit Anmerkungs-Verweis auf das Datum des Briefanfangs.*

3 *Zu den verwendeten Kurztiteln und Siglen vgl. Anhang 1 Literaturverzeichnis und Anhang 7 Verzeichnis der Siglen. Am häufigsten ist der Verweis auf die von Carl Helbling herausgegebenen* Gesammelten Briefe *(GB).*

4 *Vgl. auch die Liste der Rezensionen zu den* Sieben Legenden *im Anhang 1.2.2 Literaturverzeichnis: Rezensionen.*

2.8.1871	*Ferdinand Weibert an Keller*	*Ms. GK 79b Nr. 97; GB 3.2, S. 223*
20.8.1871	*Keller an Ferdinand Weibert*	*Ms. GK 77 Nr. 11/1; GB 3.2, S. 225*
22.8.1871	*Ferdinand Weibert an Keller*	*Ms. GK 79b Nr. 98*
1.10.1871	*Keller an Friedrich Theodor Vischer*	*SNM: Vischer 41855; GB 3.1, S. 127*
18.10.1871	*Friedrich Theodor Vischer an Keller*	*Ms. GK 79f3 Nr. 226; GB 3.1, S. 129*
5.11.1871	*Eugène Rambert an Keller*	*Ms. GK 79f1 Nr. 5*
9.12.1871	*Eugène Rambert an Keller*	*Ms. GK 79f1 Nr. 6; GB 4, S. 143*
10.12.1871	*Keller an Eugène Rambert*	*SLA: Nachlaß Eugène Rambert; GB 4, S. 144*
25.12.1871	*Eugène Rambert an Keller*	*Ms. GK 79f1 Nr. 7; GB 4, S. 144*
28.12.1871	*Keller an Ferdinand Weibert*	*Ms. GK 77 Nr. 11/2; GB 3.2, S. 225*
30.12.1871	*Ferdinand Weibert an Keller*	*Ms. GK 79b Nr. 100; GB 3.2, S. 226*
30.12.1871	*Vertrag* Sieben Legenden *(Weibert)*	*Ms. GK 79b Nr. 101; GB 3.2, Abb. nach S. 228*
7.1.1872	*Keller an Ferdinand Weibert*	*Ms. GK 77 Nr. 11/3; GB 3.2, S. 227*
12.1.1872	*Ferdinand Weibert an Keller*	*Ms. GK 79b Nr. 102*
15.1.1872	*Keller an Ferdinand Weibert*	*Ms. GK 77 Nr. 11/4*
18.1.1872	*Keller an Ferdinand Weibert*	*Ms. GK 77 Nr. 11/4; GB 3.2, S. 228*
22.1.1872	*Keller an Eugène Rambert*	*SLA: Nachlaß Eugène Rambert; GB 4, S. 145*
Jan. 1872	*Ferdinand Weibert an Keller*	*Ms. GK 79b Nr. 103*
25.1.1872	*Keller an Ferdinand Weibert*	*Ms. GK 77 Nr. 11/5; GB 3.2, S. 228*
29.1.1872	*Ferdinand Weibert an Keller*	*Ms. GK 79b Nr. 104*
11.2.1872	*Keller an Ferdinand Weibert*	*Ms. GK 77 Nr. 11/6; GB 3.2, S. 229*
19.3.1872	*Ferdinand Weibert an Keller*	*Ms. GK 79b Nr. 105*
22.3.1872	*Keller an Friedrich Theodor Vischer*	*SNM: Vischer 41857; GB 3.1, S. 132*
22.3.1872	*Ferdinand Weibert an Keller*	*Ms. GK 79b Nr. 106*
24.3.1872	*Keller an Ferdinand Weibert*	*Ms. GK 77 Nr. 11/7; GB 3.2, S. 230*
25.3.1872	*Paul Heyse an Keller*	*Ms. GK 79c Nr. 186; Heyse/Keller, S. 68*
30.3.1872	*Ferdinand Weibert an Keller*	*Ms. GK 79b Nr. 107*
2.4.1872	*Friedrich Theodor Vischer an Keller*	*Ms. GK 79f3 Nr. 220; GB 3.1, S. 133*
3.4.1872	*Keller an Emil Kuh*	*Ms. GK 77 Nr. 19/3; GB 3.1, S. 162*
10.4.1872	*Rez. Berthold Auerbach*[5]	
13.4.1872	*Keller an Ferdinand Weibert*	*Ms. GK 77 Nr. 11/8; GB 3.2, S. 231*
20.4.1872	*Ludmilla Assing an Keller*	*Ms. GK 79 Nr. 66; GB 2, S. 127*
21.4.1872	*Annonce der Göschenschen Verlagshandlung*[6]	
22.4.1872	*B. Badau an Keller*	*Ms. GK 79 Nr. 153*
17.5.1872	*Rez. Julius Stiefel*[7]	
19.5.1872	*Keller an Friedrich Theodor Vischer*	*SNM: Vischer 41856; GB 3.1, S. 133*
28.5.1872	*Ferdinand Weibert an Keller*	*Ms. GK 79b Nr. 108*
31.5.1872	*Keller an Ferdinand Weibert*	*Ms. GK 77 Nr. 11/9; GB 3.2, S. 232*
31.5.1872	*Quittung*	*Ms. GK 77 Nr. 11/10*

5 *⟨Berthold Auerbach⟩:* Sieben Legenden von Gottfried Keller. *In:* Beilage zur Allgemeinen Zeitung, *Nr. 101, 10.4.1872, S. 1517 f.*

6 *In:* Neue Zürcher-Zeitung, *Nr. 200, 21.4.1872, 1. Blatt.*

7 *⟨Julius Stiefel⟩:* Ein literarisches Wunderwerklein. (Sieben Legenden von Gottfried Keller. *[...])* *In:* Neue Freie Presse, *Nr. 2776, 17.5.1872, Abendblatt.*

6.6.1872	*Rez. Emil Kuh*[8]	
7.6.1872	*Ferdinand Weibert an Keller*	*Ms. GK 79b Nr. 109*
8.6.1872	*Emil Kuh an Keller*	*WSL: I.N. 126.744; Kuh/Keller, S. 50*
16.6.1872	*Jakob Baechtold an Keller*	*Ms. GK 79 Nr. 154*
28.7.1872	*Keller an Emil Kuh*	*Ms. GK 77 Nr. 19/4; GB 3.1, S. 163*
24.10.1872	*Keller an Ludmilla Assing*	*BJK: VS 20; GB 2, S. 128*
31.10.1872	*Ludmilla Assing an Keller*	*Ms. GK 79 Nr. 67; GB 2, S. 130*
16.1.1873	*Julius Duboc an Keller*	*Ms. GK 79a Nr. 83*
10.2.1873	*Emil Kuh an Keller*	*WSL: I.N. 126.746; Kuh/Keller, S. 60*
27.2.1873	*Keller an Ludmilla Assing*	*Ms. GK 99a Nr. 12; GB 2, S. 132*
5.3.1873	*Keller an Ferdinand Weibert*	*Ms. GK 77 Nr. 11/13; GB 3.2, S. 236*
21.11.1873	*Keller an Jakob Frey*	*Ms. GK 78e Nr. 23; GB 4, S. 94*
12.2.1874	*Keller an Emil Kuh*	*Ms. GK 77 Nr. 19/8; GB 3.1, S. 172*
22.–29.7.1874	*Rez. Friedrich Theodor Vischer*[9]	
24.12.1874	*Hermann Hettner an Keller*	*Heid.Hs.2751 Nr. 43; GB 1, S. 449*
30.12.1874	*Emil Kuh an Keller*	*WSL: I.N. 126.759; Kuh/Keller, S. 135*
29.6.1875	*Keller an Friedrich Theodor Vischer*	*SNM: Vischer 41859; GB 3.1, S. 136*
18.8.1875	*Emil Kuh an Keller*	*WSL: I.N. 126.762; Kuh/Keller, S. 161*
11.12.1875	*Emil Kuh an Keller*	*WSL: I.N. 126.764; Kuh/Keller, S. 175*
21.12.1875	*Ferdinand Weibert an Keller*	*Ms. GK 79b Nr. 170*
25.12.1875	*Keller an Ferdinand Weibert*	*Ms. GK 77 Nr. 11/42; GB 3.2, S. 263*
31.12.1875	*Ferdinand Weibert an Keller*	*Ms. GK 79b Nr. 172*
3.1.1876	*Keller an Ferdinand Weibert*	*Ms. GK 77 Nr. 11/43; GB 3.2, S. 265*
5.8.1876	*Julius Rodenberg an Keller*	*Ms. GK 79f1 Nr. 63*
1877	*Rez. Ferdinand Kürnberger*[10]	
24.12.1876	*Keller an Ferdinand Weibert*	*Ms. GK 77 Nr. 11/48; GB 3.2, S. 271*
3.1.1877	*Keller an Ferdinand Kürnberger*	*Ms. GK 78e Nr. 29; GB 4, S. 178*
26.10.1877	*Adolf Exner an Keller*	*Ms. GK 79a Nr. 177; GB 2, S. 266*
Nov. 1877	*Journalisten- und Schriftsteller-verein* Concordia *an Keller*	*Ms. GK 79g Nr. 220*
1.6.1882	*Rez. Otto Brahm*[11]	
22.7.1882	*Keller an Julius Rodenberg*	*GSA 81/VI,7,11 Nr. 83; GB 3.2, S. 396*
1.1.1883	*Paul Heyse an Keller*	*Ms. GK 79c Nr. 207; GB 3.1, S. 86*
8.4.1883	*Rez. Theodor Fontane*[12]	

8 *(Emil Kuh):* Die Fabulirkunst in der Kirche. *In:* Neue Freie Presse, *Nr. 2795, 6.6.1872, Morgenblatt.*

9 *Friedrich Theodor Vischer:* Gottfried Keller. Eine Studie. *In:* Beilage zur Allgemeinen Zeitung, *Nr. 203–204, 22.–23.7.1874 und Nr. 207–210, 26.–29.7.1874, zit. Nr. 209, 28.7.1874, S. 3266–3268 und Nr. 210, 29.7.1874, S. 3283.*

10 *Ferdinand Kürnberger:* Gottfried Kellers „Sieben Legenden". *In:* Literarische Herzenssachen. *Wien 1877 (erschienen Dez. 1876; ZB: 43.439), S. 239–254, datiert mit* Juli 1872, *zit. S. 240–242 und S. 250–252.*

11 *Otto Brahm:* Gottfried Keller. *In: DR, Bd. 31 (Mai–Juni 1882), S. 403–435 (ZB: 42.331), zit. S. 417–421 (Juni).*

12 *(Theodor Fontane):* Gottfried Keller. Ein literarischer Essay von O. Brahm. *In:* Vossische Zeitung, *Nr. 14, 8.4.1883.*

29.6.1883	*Keller an Ferdinand Weibert*	*Ms. GK 77 Nr. 11/94; GB 3.2, S. 312*
14.7.1883	*Quittung*	*Ms. GK 77 Nr. 11/95*
16.7.1883	*Keller an Ferdinand Weibert*	*Ms. GK 77 Nr. 11/95; GB 3.2, S. 313*
30.10.1883	*Keller an Ferdinand Weibert*	*Ms. GK 77 Nr. 11/96; GB 3.2, S. 313*
6.7.1884	*Wilhelm Petersen an Keller*	*Ms. GK 79f Nr. 120; Petersen/Keller, S. 260*
18.10.1884	*Josef Viktor Widmann an Keller*	*Ms. GK 79g Nr. 123; GB 3.1, S. 247*
9.11.1884	*Keller an Josef Viktor Widmann*	*Ms. GK 78f Nr. 14; GB 3.1, S. 249*
24.12.1884	*Johann Salomon Hegi an Keller*	*Ms. GK 79c Nr. 115; Hegi/Keller, S. 263*
9.3.1885	*Vertragszusatz (Weibert / Hertz)*	*CA: Vertr. 4b; Davidis 1981, Sp. 1512*
9.3.1886	*Emile Pierret an Wilhelm Hertz*	*CA: Fasz. X Nr. 104*
12.3.1886	*Wilhelm Hertz an Emile Pierret*	*CA: Fasz. X Nr. 104, Abschrift*
10.12.1887	*Wilhelm Hertz an Keller*	*CA: Fasz. X Nr. 131, Durchschrift*
20.12.1887	*Quittung*	*Ms. GK 99a Nr. 70*
10.1.1888	*Keller an Wilhelm Hertz*	*Ms. GK 99a Nr. 44; GB 3.2, S. 462*
10.5.1888	*Keller an Wilhelm Hertz*	*Ms. GK 78w Nr. 21; GB 3.2, S. 463*
11.5.1888	*Wilhelm Hertz an Keller*	*CA: Fasz. XI Nr. 3, Durchschrift*
18.5.1888	*Keller an Wilhelm Hertz*	*Ms. GK 99a Nr. 45; GB 3.2, S. 464*
5.9.1888	*Carl Schüddekopf an Keller*	*Ms. GK 79f2 Nr. 109; GB 4, S. 319*
11.9.1888	*Keller an Carl Schüddekopf*	*GB 4, S. 320*
18.1.1889	*Jules Zeller an Wilhelm Hertz*	*CA: Fasz. X Nr. 133*
10.2.1889	*Vertrag* Gesammelte Werke	*vgl. HKKA 23.1, Dok*

16. 3. 1857 Keller an Franz Duncker

Vgl. HKKA 23.1, Dok

6. 7. 1857 Keller an Theodor Creizenach

[...] Allerdings liegt eine Reihe v. Novellchen[13] fertig da, allein ich kann aus inneren Gründen, die Sie vielleicht theilen würden, keine derselben einzeln abdrucken lassen, ohne Kenntniß des Ganzen mitgeben zu können. Daß ich also aus kritischen Gründen unterlassen habe, Ihnen das erste Beste, was vorliegt, zu übergeben, wird Sie | gewiß überzeugen, daß nicht lediglich die Habsucht mich bestimmt.

[...]

---

13 *Betr. vermutlich die* Sieben Legenden, *mit deren Niederschrift Keller 1857/58 beschäftigt war.*

22. 4. 1860 Keller an Ferdinand Freiligrath

[…]

Ferner sind nächstens fertig die Fortsetzung der Leute v. Seldwyla[14] und 2 Bändchen Novellen mit dem Titel: die Galatee.[15] Einer ließt Logaus Distichon:

Wie willst du weiße Lilien zu rothen Rosen machen?
Küß eine weiße Galatee, sie wird erröthend lachen!

und reis't aus, das Ding zu probiren, bis es am Ende des 2t. Bandes gelingt. In diesen Novellen sind unter anderm 7 christliche Legenden eingeflochten. Ich fand nämlich eine Legendensammlung v. Kosegarten in einem läppisch frömmelnden u einfältiglichen Style erzählt (von einem norddeutschen Protestanten doppelt lächerlich) in Prosa u Versen. Ich nahm 7 oder 8 Stück aus dem vergessenen Schmöcker, fing sie mit den süßlichen u heiligen Worten Kosegärtchens an und machte dann eine erotisch-weltliche Historie daraus, in welcher die Jungfrau Maria die Schutzpatronin der Heirathslustigen ist. Wenn Gutzkow[16] den Handel entdeckt, so wird er mich des Plagiats beschuldigen. *[…]*

9. 5. 1861 Keller an Ludmilla Assing

[…]

Ich habe seit einigen Monaten angefangen, von meinen neuen, oder bald ungedruckt alt gewordenen Sachen vorzulesen,[17] so daß ich bald ein wahrer Paleske[18] sein werde. Nach einigen Gesichtern, so die Damen dazu geschnitten haben, dürfte Ihr Kriterium: Sonderbar![19] wieder in Anwendung

14 Die Leute von Seldwyla. *[…]* Zweite vermehrte Auflage in vier Bänden, *erschienen erst 1873/74 bei Göschen.*

15 *Der von dem Logau-Epigramm ausgehende Novellenzyklus erschien erst 1881 unter dem Titel* Das Sinngedicht *bei Hertz in einem Band.*

16 *Karl Gutzkow war Herausgeber der Zeitschrift* Unterhaltungen am häuslichen Herd, *in der* Die Leute von Seldwyla *kritisch rezensiert worden waren. Vgl.* Unterhaltungen am häuslichen Herd, *Neue Folge, 1 (1856), S. 591.*

17 *Keller könnte damals durchaus auch aus den* Sieben Legenden *vorgelesen haben; vgl. Keller an Friedrich Theodor Vischer, 1.10.1871, Dok.*

18 *Der Dramatiker, Schauspieler, Vortragskünstler und Schiller-Biograph Emil Palleske (1823–1880) war ein gemeinsamer Bekannter Kellers und Ludmilla Assings. Keller schrieb zum Anlaß einer Schweizer Vortragsreise Palleskes den Artikel:* Emil Palleske*; in:* Neue Zürcher-Zeitung, *Nr. 495, 30.9.1875.*

19 *In ihrem Brief vom 9.10.1860 hatte Ludmilla Assing vom* Fähnlein der sieben Aufrechten *als von einer* seltsamen, sonderbaren, eigenthümlichen Geschichte *gesprochen (Ms. GK 79*

kommen. Halten Sie mir das Wort daher ja recht hübsch parat, daß es gleich zur Hand ist, wenn der Schuß losgeht!

[...]

13. 9. 1862 Adolf Strodtmann an Keller

Redaktion
des
Orion
Adr. Hoffmann & Campe.

Hamburg. d. 13. Sept. 1862.

Geehrter Herr!

Vom December d.J. an gedenke ich im Verlage von Hoffmann und Campe hieselbst eine literarisch-kritische Monatsschrift unter dem Titel „Orion" herauszugeben, deren Hauptaufgabe es sein wird, der Kunst- und Literaturkritik wieder eine geachtete und würdige Stellung zu erkämpfen, einen Vereinigungspunkt für die besseren Schriftsteller, denen es Ernst mit der Kunst ist, zu bilden, und eine Brücke der Vermittlung zwischen diesen und dem gebildeten Publikum schlagen zu helfen. Bereits haben mir namhafte Autoren, wie Friedrich Hebbel, Moritz Hartmann etc, ihre eifrige und fortgesetzte Mitwirkung zugesagt. Für die ersten Hefte habe ich mir gleichfalls Beiträge von Freiligrath, Fr. Vischer, Josef Bayer, Berthold Auerbach, Fr. Spielhagen, Alfred Meißner, Fr. Eggers, Herm. Hettner, A. Schöll, Karl Simrock, Wilhelm Hertz, Adolf Stahr und Anderen erbeten *[...]*. |

Ich erlaube mir, durch diese Zeilen auch Sie zu thätiger Mitwirkung bei meinem Journal aufzufordern *[...]*. Ich zahle vorläufig ein Honorar von 3 Louis d'or[20] per 16seitigen Bogen im Formate von J. Rodenberg's „Deutschem Magazin", und hoffe, das Honorar bald erhöhen zu können. Sollten Sie schon jetzt höhere Ansprüche machen, so bitte ich Sie, mir gütigst Ihre Forderung mitzutheilen, damit ich Alles aufbieten kann, Ihren Wünschen zu entsprechen.

Es wäre mir höchst erwünscht, schon bis Anfang Novembers ein oder ein paar Gedichte von Ihnen zu erhalten. Haben Sie eine kürzere Novelle in

---

Nr. 38). Keller erinnerte daran schon im Brief an Ludmilla Assing vom 9.11.1860 (BJK: VS 15; GB 2, S. 97).

20 3 Louis d'or *entsprechen ca. 16 Talern oder 48 Mark; zu den Währungen vgl. im folgenden Anhang 5 Worterläuterungen; zu Honorarfragen vgl. im allgemeinen HKKA 23.1, Kap. 1.1.4 Entstehung: Autorhonorar.*

Ihrem Pulte, die Sie mir überlassen möchten, so würden Sie mich dadurch | ganz besonders verpflichten. *[...]*

3. 2. 1863 Adolf Strodtmann an Keller

Hamburg, den 23. Febr. 1863.

Hochgeehrter Herr!

Es thut mir unendlich leid, auf die Ehre und das Vergnügen, Sie unter die Zahl meiner Mitarbeiter zu rechnen, einstweilen verzichten zu müssen. Die mir zu Gebot stehenden finanziellen Mittel gestatten mir nicht, ein höheres Honorar, als 25 Thlr. Pr. C.[21] für den 16seitigen Bogen, zu zahlen, und auch dies geschieht nur ausnahmsweise für einzelne Novellen. So gern ich daher Ihre Legenden für meine Zeitschrift acquiriert hätte, die sich schon der allseitigsten Theilnahme und der bereitwilligsten Mitwirkung unserer namhaftesten Schriftsteller erfreut, bedauere ich aufrichtig, Ihre Bedingungen[22] für jetzt mit Dank ablehnen zu müssen. *[...]*

2. 4. 1871 Keller an Paul Heyse

[...]

In zwei Monaten wird es sich entscheiden, ob ich meine Amtsstelle, welche Einen doch vor Mangel u den Wechselfällen des Bücherschicksals schützt, noch länger behalten oder wieder in | die Linie der Literaturbeflissenen rücken werde. Auch im erstern Falle werde ich eine definitive Zeitanwendung einführen und mir die rechtmäßige Muße nicht mehr durch Geschäft oder unsere verfluchte südgermanische Kneiperei, die ich satt habe, rauben lassen. Schon letzten Winter hat mir die Lampe fleißig gebrannt u ich bin fast fertig mit einem 2t. Bande von den Leuten von Seldwyla.[23] Auch habe ich eine Anzahl Novellchen ohne Lokalfärbung liegen, die ich alle 1½ Jahr einmal besehe u ihnen die Nägel beschneide, sodaß sie zuletzt ganz putzig aussehen werden.

[...]

21 25 Thaler Preußisch Courant, *also bedeutend mehr als die ursprünglich angebotenen ca. 16 Taler.*

22 *Für* Das Fähnlein der sieben Aufrechten *im* Volks-Kalender auf das Jahr 1861 *hatte Keller von Auerbach 50 Taler pro Bogen bekommen (vgl. Auerbach an Keller, 22.2.1860, Ms. GK 79 Nr. 73; HKKA 22, Dok). Möglicherweise orientierte sich die Forderung in seinem nicht erhaltenem brieflichen Angebot an Strodtmann daran.*

23 *Die* zweite vermehrte Auflage *der* Leute von Seldwyla *erschien 1873/74.*

2. 8. 1871 Ferdinand Weibert an Keller

Stuttgart 2 August 1871.

Hochverehrter Herr

vor wenigen Tagen habe ich zum ersten Male in Heyse u Kurz's Novellenbuch „Romeo u Julia auf dem Dorfe“ [24] gelesen, und ich bin jetzt noch ganz entzückt von dieser wunderbar schönen Erzählung.

Gestatten Sie mir, Ihnen für diese geniale Schöpfung meine vollste Bewunderung auszusprechen, und erlauben Sie mir eine etwas eigennützigere Nebenabsicht gleichbald damit verknüpfen zu dürfen. Und diese ist nichts mehr noch weniger, als bei Ihnen anzufragen, ob Sie sich nicht entschließen könnten Einiges aus Ihrer Mappe, welche gewiß manches Fertiges enthält, meiner G. J. Goeschenschen Verlagshdlg zum Verlage zu übertragen.

Ich habe diese alte Handlung vor 2 Jahren aus den Händen der Eigenthümer der Cottaschen Buchhdlg angekauft, u wie Sie aus dem unter Xband [25] folgenden Kataloge ersehen wollen, befinden sich die besten Namen, wie Lessing Klopstock Wieland Thümmel pp | darunter. Ich bemühe mich diese Handlung, welche im Besitze Cotta's ihren Schiller und Goethe Verlag verlor, und seit 30 Jahren gezwungen war auf Neues zu verzichten, auf ihre alte Höhe zurückzuführen, und das Beste für sie zu erwerben.

So habe ich in der kurzen Zeit seit diese Handlung in meinen Händen ist, dieselbe mit Herwegh's Gedichten 9t. Aufl., mit Freiligraths gesammelten Dichtungen 6 Bde bereichert, und dazu Moerikes sämmtliche Dichtungen und Freiligraths sociale u pol. Gedichte angekauft.

Für die nächste Zeit ist mir von Herwegh ein zweiter Band Gedichte und von Moerike die 2te Auflage des „Maler Nolten“ zugesagt.

Ferd. Freiligrath, dieser vortreffliche und mir äußerst freundschaftlich gesinnte Dichter, bestärkte mich in der Absicht, Etwas aus Ihrer vortrefflichen Feder für meine Verlagshandlung zu erwerben, und erklärte sich sehr gerne bereit, mein Gesuch mit persönlicher Empfehlung zu unterstützen. |

Könnten Sie sich nun, hochverehrter Herr, entschließen mir Etwas zu übertragen? Es würde mir zu hoher Ehre gereichen, meinen Verlag mit Ihrem Namen schmücken zu dürfen!

---

24 *Gottfried Keller:* Romeo und Julia auf dem Dorfe. *In:* Deutscher Novellenschatz. *Hg. von Paul Heyse und Hermann Kurz. Bd. 3. München: Oldenbourg ⟨1871⟩, S. 233–348.*

25 *Kreuzband; vgl. Anhang 5 Worterläuterungen.*

Ich empfehle mich Ihrem geneigten Wohlwollen und verbleibe
in ausgezeichneter Hochachtung
Ihr ergebener
Ferd. Weibert.
G. J. Goeschen'sche Verlagshdlg.

20. 8. 1871 Keller an Ferdinand Weibert

Hochgeehrter Herr!

Ich bin Ihnen sehr verbunden für die freundliche Zusendung, mit welcher Sie mich unter'm 2 d Mts. beehrt haben.

Eine größere Arbeit, welche mich seit Jahren, wenn es die Muße erlaubt, beschäftigt, ist mit Beziehung auf das Verlagsgeschäft schon untergebracht resp. verpflichtet.[26]

Dagegen liegt ein wunderliches Werklein vor, das im Druck etwa 8–10 Bogen stark würde, und das ich einmal wieder vornehmen | und durchsehen will. Wenn ich dazu gelange, dasselbe zu überarbeiten, und zu veröffentlichen, so wird es mir Vergnügen machen, Ihnen alsdann die Sache mitzutheilen, da die Verlagsgesellschaft, welche Sie unsereinem anbieten, eine so gute u ehrenvolle ist.

Mir also weitere Mittheilungen vorbehaltend empfehle ich mich mit
ausgezeichneter Hochachtung
als Ihr ergebenster
Dr. Gottfr. Keller

Zürich 20 August 1871

22. 8. 1871 Ferdinand Weibert an Keller

Stuttgart 22 August 1871.

Hochverehrter Herr

Ihr Geehrtes vom 20 dss ist mir geworden, und mit großer Freude habe ich daraus erfahren, daß Sie meinem Verlage ein 8–10 Bogen starkes Werklein übertragen wollen. Möchte es Ihnen nur gefallen, dasselbe recht bald druckfertig zu machen!

26 *Das trifft sowohl auf den Novellen-Band* Galatea *zu, über den Keller am 30.9.1855 mit Franz Duncker einen Vertrag abgeschlossen hatte, als auch auf die Fortsetzung der* Leute von Seldwyla, *die mit Vertrag vom 17.12.1856 Vieweg zugesprochen waren.*

Vielleicht erlaubt es Ihre Muse, das Werkchen noch diesen Herbst für den Weihnachtsmarkt zu bringen – wie Sie nun auch darüber bestimmen: jeder Tag an welchem Ihr Manuscript eintrifft (und ich kann nur beifügen je eher, je lieber) wird mir ein Ehrentag sein.

[…]

1. 10. 1871 Keller an Friedrich Theodor Vischer

Zürich 1 Oct. 1871.

Hochverehrter Herr und hoffentlich immer noch Freund u Gönner!

Entschuldigen Sie mich vor Allem wenn die Adresse dieses Briefes mit Bezug auf Ihnen zukommende Titel nicht vollständig ist und belehren Sie mich gütigst, wenn Sie überhaupt zu einer freundlichen Antwort die Muße finden!

Der Anlaß, der mich treibt, die Zahl der Sie stets heimsuchenden literarischen Plagegeister zu vermehren, ist folgender: Herr Ferd. Weibert, Inhaber der Göschen'schen Verlagshandlung in Stuttgart hat mich auf außerordentlich freundliche u schmeichelhafte Weise aufgefordert, ihm etwas in den Verlag zu liefern. Das hat mich nun wirklich | auf den Gedanken gebracht, nachzusehen und dem Herren ein kleineres Werklein anzuvertrauen, das nur noch einer corrigirenden Abschrift bedarf. Nun ist es aber nicht selten, daß solche freundliche u agressive Verleger gerade hinsichtlich der Temporalia nicht die zuverlässigsten und loyalsten sind, wie denn z.B. Scheffel Schlimmes erdulden mußte. Ich erlaube mir deshalb, eine kleine vertrauliche Information bei Ihnen anzustellen. Ich möchte bei Leibe nicht Ihnen zumuthen, Nachfrage zu halten u wünschte dies nicht einmal; nur wenn etwas Ungünstiges, Abmahnendes bereits verlautbar sein sollte (ist das nicht schön gesagt?), so würde ich Sie um geheime Kundgebung in zwei Worten bitten. Wenn man so wenig zu drucken hat, so mag man es eben nicht noch mit Verdruß und Schaden thun. Alles dies natürlich der Respektabilität | des Herrn W. unbeschadet.

Da ich einmal auf den Wegen der Unverschämtheit wandle, so will ich Sie gleich noch ein wenig weiter plagen. Das Büchlein, um das es sich handelt, würden jene ironisch reproducirten 7 Legenden sein, von denen Sie, wenn ich nicht irre, mich vor Jahren auch haben vorlesen hören bei Wesendonks.[27] Als Titel dächte ich mir, auf alte Heiligenbilder anspielend, zu setzen „Auf

27 *Zu Kellers Lesungen vgl. auch Keller an Ludmilla Assing, 9.5.1861, Dok.*

Goldgrund, sieben Legenden von N. N" Hielten Sie diesen Titel für affektirt, oder irreführend, oder läppisch usw? Ferner ist eine kleine Vermittlung nöthig bei dem „plötzlichen" Gegenstand. Wäre ein kurzes ebenfalls humoristisches Vorwort, etwa des Inhalts, der Verfasser habe einmal in einer Stimmung, wo man sage, es sei zum Katholischwerden, sich wirklich mit diesem Gedanken beschäftigt und deshalb das Leben der Heiligen, die acta sanctorum, die Kirchenväter studirt; vorliegende Legenden seien solche Quellenstudien; da er aber sich wieder anders besonnen, | so sei das Unternehmen liegen geblieben usw usw – wäre ein solches Vorwort taktlos, mißverständlich oder schädlich und thäte man besser, gar nichts zu sagen? Am meisten fürchte ich, die Kritik würde den Vorwurf des Heinisirens machen, obwohl mit Unrecht; denn vor Heine war Voltaire u vor diesem Lucian da und wegen aller dieser kann sich der spätere Wurm doch regen.

Ein par Worte von Ihnen würden mich sehr erfreuen; seien Sie so knapp u abtrumpfend als möglich!

Ich kann dem erwähnten Werklein bald endlich den zweiten Band L. v. Seldwyla folgen lassen mit fünf ordentlichen Erzählungen.[28]

Ich möchte Ihnen gern einläßlich zum Krieg u deutschen Reich gratuliren und über die Franzosenbornirtheit fluchen, die sich beim großen Haufen in unserer alten Schweiz breit machte u noch glimmt, aber das würde mich jetzt zu weit führen.

Mit herzlichen Grüßen Ihr ergeb.

Gottfr. Keller

18. 10. 1871 Friedrich Theodor Vischer an Keller

Stuttgart 18. Oct. 1871.
Kepplerstraße 34.

Verehrter Freund!

Recht herzlich hat es mich gefreut, einmal einen Brief von Ihnen zu bekommen als directes Zeugniß, daß ich bei Ihnen in freundlichem Andenken bin. Auch mein Sohn hat mir dankbar erzählt, wie freundlich Sie gegen ihn gewesen sind.[29] Was mich aber ganz besonders freut, das ist, daß die Welt endlich einmal wieder, etwas von Ihnen zu lesen bekommen soll. In meinem Schreibtisch liegt ein Blatt Papier mit einigen fast erloschenen Bleistift-

28 *Vgl. Anm. 14.*

29 *Robert Vischer (1847–1933), später Professor für Kunstgeschichte, studierte u.a. in Zürich, bevor er 1872 in Tübingen promovierte.*

Notizen, – etwa 14 Jahre alt. Es war ein erster Anlauf zu einem Concept für eine Anzeige der Leute von Seldwyla. Ich wollte mit der Ausführung warten, bis etwas Neues von Ihnen erschienen wäre. Eigentlich war es nicht recht, wohl etwas aufschiebende Faulheit, doch diese nicht so stark, daß ich sie nicht überwunden hätte, wenn ein neuer Schub gekommen wäre. – Ich kann betheuern, daß ich dieß nicht aus Eitelkeit sage, – daß es nicht bedeuten soll: „sieh, so bist du um das gekommen" etc., behüte! nur chronometrisch | ist es gemeint, nur als Zeit-Elegie, – nur ein bischen wohlweis, sanft flötender Predigtklang. Aber also bravo! daß es jetzt in's Laufen kommt. Dem Weibert ein Verdienst-Orden erster Klasse mit Eichenlaub! Um zur Beantwortung Ihrer Fragen zu gelangen: ich weiß für jetzt nichts über ihn, will mit der Antwort nicht zögern u. habe doch in den paar Tagen seit m. Rückkehr noch Niemand gefunden, den ich fragen könnte. Wir wollen es so halten: wenn in 14 Tagen kein Brief von mir kommt, der Nachtheiliges meldet, so machen Sie Ihren Contract.

„Auf Goldgrund"? Ich wäre nicht dafür. 1.) Weil ich gegen die Titel bin, die aus Satztheilen bestehen. Sie sind unbequem. „Haben Sie „„Auf Goldgrund"" gelesen?" – Was sagen Sie über „„Auf Goldgrund""? Oder: „G. K. schrieb hierauf Legenden – auf Goldgrund – oder: „„Auf Goldgrund"". 2.) Es klingt ironisch. Nun werden freilich die Legenden selbst Ironie auf die Legende sein; aber nicht so, wie plumbe Köpfe es verstehen, sondern eine gemüthliche Ironie, eine Ironie, die den wirklichen Goldgrund der Liebe hat. Die | scharfe Kürze eines Titels aber könnte den Schein einer Ironie ohne solche schöne Grundlage mit sich führen, könnte zu sagen scheinen: gebt einmal Acht, was das für ein Goldgrund sein wird. Man könnte zwar sagen: wenn Sie einfach setzen: 7 Legenden von G. K., so klingt das eben auch recht ironisch; – wohl, aber es ist nicht so zugespitzt markirend, wie: „Auf Goldgrund!"; es gibt gleich zu denken, so daß man sich fragt: was Donnerwetter, mögen das für Legenden sein von G. K.!, aber es enthält diesen Anreiz doch nur in der stillen Form objectiv gehaltenen Titelstils. Kurz: „Auf Goldgrund" klingt mir zu subjectiv, zu erregt u. erregend, auffordernd.

Nicht so bestimmt weiß ich auf die Frage betreffs eines humoristischen Vorworts zu erwidern. Das eine Mal will mir scheinen, es wäre besser, Sie ließen die Legenden ganz für sich sprechen, das andremal meine ich, es wäre Schade um das nette Vorwort, wenn es wegbliebe. Es wäre selbst so eine kleine Legende, die von Ihrer Hand gewiß allerliebst ausfiele. Doch will mir immer wieder das erste Gefühl die Oberhand gewinnen. Je objectiver Alles, je besser. Sie müßten das Vorwort doch ein bischen ausspinnen, dann würde es leicht zu viel Erfindung; wollten Sie es aber | ganz kurz halten, so würde es scharf ironisch abschnappen, was eben auch dem wirklichen Sinn der Novellen – der gemüthlichen Ironie – nicht recht entspräche.

[...]

Nachschrift.

Weibert höchst solid. – Aus guter Quelle.

Noch einmal herzlichen Gruß
von
Fr. Vischer.

20. Oct. 1871

5. 11. 1871 Eugène Rambert an Keller

Hottingen, près Zurich, le 5 nov. 1871.

Mon cher Monsieur,

J'apprends que vous allez faire paraître prochainement un volume de nouvelles. Permettez-moi de vous faire à ce sujet une proposition qui ne peut avoir de valeur que pour le cas où la mise en vente n'aurait pas lieu avant trois semaines.

Je suis convaincu que la Bibliothèque universelle[30] serait très heureuse de donner la traduction en français d'une de vos nouvelles au moment même où elles paraîtront en allemand. Seulement, il est dans ses principes de ne pas donner la traduction d'un ouvrage déjà connu, et c'est pourquoi je suis obligé d'indiquer ce terme de trois semaines, la Bibliothèque ne paraissant qu'une fois par mois, le premier du mois.

Je n'ai pas de grands avantages | pécuniaires à vous offrir. La Bibliothèque paie, en général, ses articles à raison de 50 fr. la feuille de 16 pages, et quand il s'agit d'articles traduits, ce n'est, à l'ordinaire, que 40 fr. Mais j'ai pensé qu'il vous serait peut-être agréable d'être immédiatement introduit devant le public de la Suisse française. La traduction serait faite par ma femme, qui est de la Suisse allemande (de Zofingen) et elle ne passerait à l'imprimerie qu'après avoir été revue par moi avec le plus grand soin. *[...]*

Je crois vous avoir dit précédemment que je songeais à un article critique destiné à populariser votre œuvre dans la Suisse | française. Il viendra. Je

30 *Die* Bibliothèque universelle et Revue suisse *wurde in Lausanne von Edouard Tallichet unter Mitabeit von Eugène Rambert herausgegeben. In Bd. 44 (1872), Nr. 173 (Mai), S. 115–121, erschien* La Petite Légende de la danse *– zwar nach der Buchpublikation von Ende März 1872, aber ohne den neuen Schluß.*

serais trop heureux s'il était précédé d'une traduction d'une de vos nouvelles. Ce que peut faire la critique, même la plus bienveillante, ne vaut pas l'auteur présenté directement au public.

[...]

9. 12. 1871 Eugène Rambert an Keller

Hottingen, près Zurich, le 9 déc. 1871.

Mon cher Monsieur,

Ma femme a été souffrante ces temps passés. Une migraine, qui l'a fort tourmentée, s'est continuée par des maux de tête qui ont duré plusieurs jours. De là les retards qu'a subis son travail. Elle a traduit la Petite Légende de la Danse, le Mauvais saint Vitalis et Eugenia. J'ai revu les deux premières traductions. Je suis en train de revoir la troisième. J'aurai fini très prochainement, j'espère demain soir. Je ne veux cependant pas vous laisser plus longtemps sans nouvelles de vos précieux manuscrits. Je vous en renvoie 3, ci joints, ne gardant pour 48 heures encore qu'Eugenia.

Je trouve ces légendes de plus en plus originales, | piquantes, charmantes. Ma femme pense de même. Elle ne fait qu'une objection, savoir que pour un homme qui est encore à marier vous connaissez trop bien les femmes.

[...]

10. 12. 1871 Keller an Eugène Rambert

Mon cher Monsieur

Je suis en train de finire la dernière Legende c'est à dire la fin du petit livre. Ne vous hâtez donc pas trop avec Madame Eugenie, je pense que la semaine passera encore avant de faire partire mon manuscriptum.

Je vous remercie humblement de votre très bienvieillante et trop flatteuse lettres, qui m'encourage cependant un peu à croire, que la chose ne soit pas tout à fait manquée

Quant à ma connaissance des femmes, elle n'est point grande, autrement je me serais marié de bonne heure. Mais autre chose est de peindre les | beaux nuages du ciel, comme l'on les voit de loin, l'un les reproduit semblablement mieux que l'autre sans que toutefois tous les deux sachent la moindre chose de leur véritable forme et matière.

[...]

25. 12. 1871 Eugène Rambert an Keller

Hottingen près Zurich, Mercredi 25 déc 1871

Mon cher Monsieur,

Voici enfin votre manuscrit. Vous trouverez dans un pli à part deux feuilles auxquelles il est arrivé un accident, ce sont les deux premières. Vous les retrouverez, mais copiées de la main de ma femme, à leur place naturelle, en tête du manuscrit. Ma femme s'est donné quelque peine pour copier de son mieux, d'une écriture bien lisible, et sur un papier identique au vôtre.[31] Mais il n'en reste pas moins que le manuscrit n'est plus comme auparavant d'une seule et même écriture, plus identique à ce qu'il était quand vous nous l'avez livré, ce dont elle a grand chagrin et ce qu'elle vous prie de lui pardonner. – C'est mon mâtin de petit garçon qui s'est jeté sur elle au moment où elle travaillait et par un brusque mouvement a renversé l'encre sur | la table. *[...]*

28. 12. 1871 Keller an Ferdinand Weibert

Zürich 28 Dec. 1871.

Hochgeehrter Herr!

Es war mir nicht mehr möglich, Ihnen mitfolgendes Manuskript vor Weihnachten vorzulegen, wie Sie es gewünscht hatten.

Dagegen stehen Ihnen nunmehr diese „Sieben Legenden" für Ihren Verlag zur Verfügung, insofern Sie noch immer Lust dazu haben. Im letzteren Falle würde ich Sie bitten, einen Contrakt zu entwerfen, in welchen ich meinerseits die Bedingung aufgenommen wünschte, daß wenn ich oder meine Rechtsnachfolger je dazu kämen, gesammelte Werke von mir herauszugeben (was in den nächsten Jahren keinesfalls in Aussicht steht, da eben nichts zu sammeln ist) alsdann diese „Sieben Legenden" ohne Weiteres in solche „gesammelte Werke" aufgenommen werden dürfen.

Was die Größe der Auflage und das Honorar betrifft, so wünschte ich, daß Sie (indem ich seit Jahren derartigen Verkehr nicht mehr hatte) die Ihnen angemessen u zweckmäßig scheinenden Vorschläge | machen möchten.

Auch wünschte ich, daß das Werklein noch vor Ostern erschiene, aus persönlichen Gründen, ansonst ich es noch liegen gelassen hätte.

Ich habe geglaubt, ein kleines Vorwort machen zu sollen. Wenn Sie Herren Professor Vischer in Stuttgart kennen u Sie vielleicht ebenfalls Zweifel

31 *Vgl. dazu Kap. 1.2 Die Textzeugen, zu H2, S. 31.*

in die Zweckmäßigkeit eines solchen setzen, so haben Sie vielleicht die Güte, ihm, wenn Sie den Druck wirklich beschließen, dasselbe zu zeigen. Er weiß von der Sache.[32] Wenn er der Ansicht wäre, gar nichts zu sagen, so würde man das Vorwort einfach weglassen.

Ihre gefälligen Mittheilungen nun gewärtigend verbleibe ich mit ausgezeichneter Hochachtung

Ihr ergebenster
Gottfried Keller

30. 12. 1871 Ferdinand Weibert an Keller

[...]

Ob ich den Verlag übernehme? Gewiß und mit großer Freude, wie ich auch das Manuscript sofort in die Druckerei beförderte. Revisionsbogen werden Ihnen demnächst zugehen, so daß das Werk in ca. 14 Tagen ausgesetzt sein wird. Mit dem Drucke möchte ich aber erst einige Wochen später beginnen, weil ich tagtäglich auf ein Manuscript von H. Lingg warte,[33] und darnach die Papierbestellung aufzugeben wünsche.

Die Versendung könnte ohnedem nicht vor Ende Februar stattfinden, weil die Sortimenter in den nächsten 8 Wochen vollauf mit Remittiren beschäftigt sind, und in dieser Zeit erfahrungsgemäß fast | nichts für Neuigkeiten thun.

Ich erlaube mir Ihnen anliegend Contract in duplo zu übermachen, und hoffe daß die Paragraphen nach Ihren Wünschen eingerichtet sein werden.

Was das Honorar betrifft, so habe ich den Ansatz Ihrem besseren Ermessen vorbehalten, und bitte ich Sie die Ausfüllung vorzunehmen. Ich möchte Ihnen desfalls in keiner Weise vorgreifen, indem ich überzeugt bin, daß Niemand ein Werk besser zu schätzen weiß, als der Autor selbst.

[...]

32 *Vgl. Keller an Vischer, 1.10.1871, Dok.*

33 Dunkle Gewalten. Epische Dichtungen von Hermann Lingg. Stuttgart. G. J. Göschen'sche Verlagshandlung. 1872. *(ZB: 42.577)*

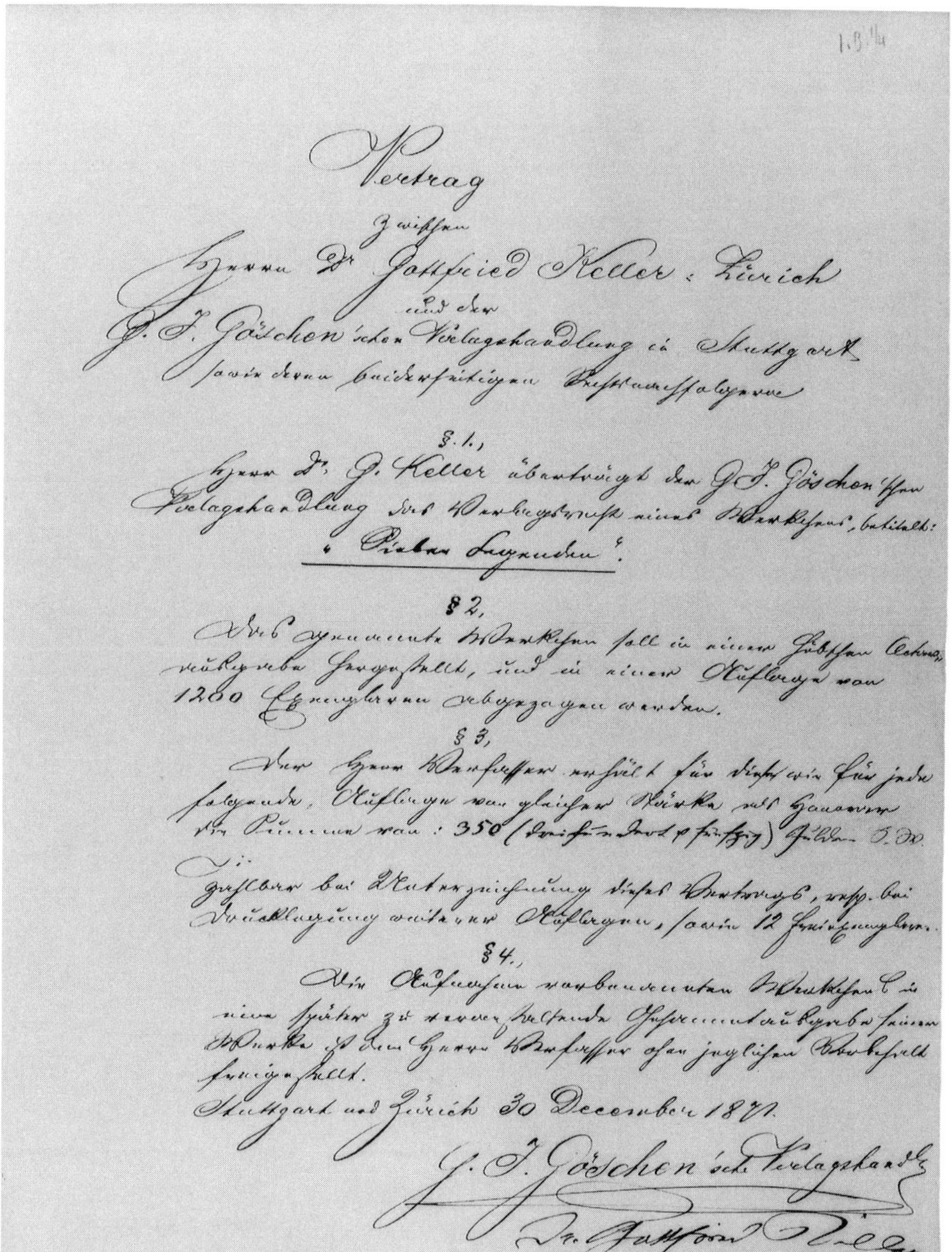

Vertrag
zwischen
Herrn Dr. Gottfried Keller, Zürich
und der
G. J. Göschen'schen Verlagshandlung in Stuttgart
sowie deren beiderseitigen Rechtsnachfolgern

§ 1.

Herr Dr. G. Keller überträgt der G. J. Göschen'schen Verlagshandlung das Verlagsrecht eines Werkchens, betitelt: „Sieben Legenden".

§ 2.

Das genannte Werkchen soll in einer hübschen Octav-Ausgabe hergestellt, und in einer Auflage von 1200 Exemplaren abgezogen werden.

§ 3.

Der Herr Verfasser erhält für diese wie für jede folgende Auflage von gleicher Stärke als Honorar die Summe von: 350 (dreihundert fünfzig) Gulden S. W.
zahlbar bei Unterzeichnung dieses Vertrags, resp. bei Drucklegung weiterer Auflagen, sowie 12 Freiexemplare.

§ 4.

Die Aufnahme vorbenannten Werkchens in eine später zu veranstaltende Gesammtausgabe seiner Werke ist dem Herrn Verfasser ohne jeglichen Vorbehalt freigestellt.

Stuttgart und Zürich 30 December 1871.

G. J. Göschen'sche Verlagshandlung

Dr. Gottfried Keller

Verlagsvertrag "Sieben Legenden" mit Ferdinand Weibert (30.12.1871)
ZB: Ms. GK 79b Nr. 101 (vgl. S. 388)

30. 12. 1871 Vertrag "Sieben Legenden"

Vertrag
zwischen
Herrn Dr Gottfried Keller in Zürich
und der
G. J. Göschen'schen Verlagshandlung in Stuttgart
sowie deren beiderseitigen Rechtsnachfolgern.

§. 1.,

Herr Dr G. Keller überträgt der G. J. Göschen'schen Verlagshandlung das Verlagsrecht eines Werkchens, betitelt:
„Sieben Legenden".

§ 2,

Das genannte Werkchen soll in einer hübschen Octavausgabe hergestellt, und in einer Auflage von 1200 Exemplaren abgezogen werden.

§ 3,

Der Herr Verfasser erhält für diese, wie für jede folgende, Auflage von gleicher Stärke als Honorar die Summe von: 350 (dreihundert u fünfzig) Gulden S. W.[34] zahlbar bei Unterzeichnung dieses Vertrags, resp. bei Drucklegung weiterer Auflagen, sowie 12 Freiexemplare.

§ 4.,

Die Aufnahme vorbenannten Werkchens in eine später zu veranstaltende Gesammtausgabe seiner Werke ist dem Herrn Verfasser ohne jeglichen Vorbehalt freigestellt.

Stuttgart und Zürich 30 December 1871.

G. J. Göschen'sche Verlagshdlg
Dr. Gottfried Keller

7. 1. 1872 Keller an Ferdinand Weibert

Zürich 7 Januar 1872.

Hochgeehrter Herr!

Ich danke Ihnen höflichst für Ihre abermaligen freundlichen Zeilen vom 30

34 *Der Betrag von 350 Gulden süddeutscher Währung (600 Mark) ist von Keller selbst eingesetzt.*

Dec. 71 u die zuvorkommende Uebersendung des Contracts über die „Sieben Legenden".

Den Honorarpunkt habe ich mit dem Ansatz von 350 fl. süddeutscher Währung erledigt. Betreffend die Freiexemplare bin ich wegen einer Menge diesfälliger Verbindlichkeiten etwas verlegen. Wenn es sein könnte, so würde ich gerne 25 Exemplare erhalten u dagegen bei allfälligen künftigen Auflagen auf weitere Freiexemplare | verzichten. Doch stelle ich diesen unerheblichen Punkt Ihrem Ermessen ganz anheim. Am Besten wäre es, wenn die Herren Buchhändler in's Gemein beschließen würden, die Freiexemplare ganz abzuschaffen bis auf 2 Stück.

Ich sehe nun mit Vergnügen der Mittheilung der Revisionsbogen entgegen und verbleibe inzwischen, indem ich Ihnen für das angetretene neue Jahr ebenfalls meine besten Glückswünsche darbringe, mit ausgezeichneter Hochachtung

Ihr ergeb.
G. Keller

Das eine Vertragsexemplar folgt anbei zurück

12. 1. 1872 Ferdinand Weibert an Keller

[...]

Die Sieben Legenden sind nahezu ausgesetzt (sie geben 9¼ Druckbogen) und erhalten Sie in den nächsten Tagen sämmtliche Revisionsbogen. Ich habe die Sache sehr beschleunigt, weil mit übermorgen bei uns Setzer u Drucker-Strike eintritt – die guten Leute wollen nicht weniger als 40% Lohnaufschlag u 2 Stunden täglich weniger Arbeitszeit. Mit andern Worten, die Herstellungskosten eines Werkes werden sich nahezu verdoppeln.

[...]

15. 1. 1872 Keller an Ferdinand Weibert

Von Herren Ferd. Weibert, Namens der G. J. Göschen'schen Verlagshandlung, Preußische Cassenscheine im Betrage von rt 200 = fl. 350 = Fr. 750 als Honorar für die erste Auflage meiner „Sieben Legenden" mittelst Briefes vom 12 Januar 1872 heute richtig empfangen zu haben

bescheinigt

Zürich den 15 Januar 1872

Dr. Gottfr. Keller.

18. 1. 1872 Keller an Ferdinand Weibert

Hochgeehrter Herr!

Indem ich für die gefäll. Uebersendung des stipulirten Honorars für die „Sieben Legenden" meinen verbindlichen Dank abstatte, beehre ich mich, Ihnen einen Empfangschein für diese Zahlung beizulegen.

[...]

Ich weiß nicht, ob Sie eine Verwahrung gegen Nachdrucke etc auf Ihre Verlagswerke zu drucken pflegen; für meine Person liebe ich dergleichen Verzierungen nicht. Dagegen pflegen die Herren Zeitungsverleger u Redaktoren meines Vaterlandes mit oder ohne Anfragen über meine Sachen herzufallen, wenn etwas erscheint, unter dem Prätext, dem Büchlein zu nützen. In Wahrheit schadet es aber nur; denn die Leute | sind dann mit dem vorgesetzten Muster ganz befriedigt u lassen das Buch links liegen. Ein Werklein von 9 Bogen ist auf diese Weise leicht aufzufressen. Wenn es Ihnen daher recht ist, so werde ich alle derartigen Erlaubnißgesuche auch befreundeten Leuten gegenüber rund abschlagen u mich hiebei auf Ihre entschiedene Nichteinwilligung berufen.

Mit ausgezeichneter Hochachtung

Ihr ergebenster
G. Keller

Zürich 18 Januar 1872.

22. 1. 1872 Keller an Eugène Rambert

Monsieur!

J'ai découvert un terrible lapsus calami sur la feuille, qui a éte si joliment illustrée par Monsieur votre fils. Sous le „Motto" de la legende Eugénie au lieu de „5 Genesis, 22, 5" on devrait lire „5 Moïse 22, 5", parceque le nom de Genesis ne convient qu'au premier libre de moïse.[35] Par plaisanterie j'ai voulu me donner un air de theologien savant dans la choix de ces motti, mais comme en effet je suis Böotien j'ai au lieu de „Pentat." écrit: Genes. Restons donc chez l'expression populaire de Moïse. S'il est temps encore, je vous

35 *Der Irrtum ist in E1 korrigiert, nicht aber in dem von Marie Rambert kopierten Anfang des Druckmanuskripts H2; vgl. Rambert an Keller, 25.12.1871, Dok.*

prie | de bien vouloir corriger ce malheur ridicule, ce que vous avez cependant peutêtre déja fait. Quel beau français!

Votre très devoué
G. Keller

Z. 22. I. 72.

Januar 1872 Ferdinand Weibert an Keller

[...]

Eine Verwahrung gegen Nachdruck drucke ich auf keinem meiner Verlagswerke, denn es hat keinen Werth. In Deutschland würde ein Nachdruck, welcher unberechtigt in einer Zeitung erschiene, sofort gerichtlich verfolgt werden können.

Anders ist es aber der Schweiz gegenüber. Diese hatte früher Alles was bei uns erschien nachgedruckt, aber der Verein der Buchhändler hat diesem Treiben seit länger einen guten Riegel vorgeschoben. Was aber die Zeitungen nachdrucken, das müssen wir erleiden, denn da die Schweiz keine internationale Verträge hat, so hat sie für Fremdes auch kein Verlagsrecht; ein Fall ausgenommen, und gerade dieser trifft bei unserer Edition zusammen mit unserem Wunsche das Buch gegen Plünderung zu schützen, die unter allen Fällen nur nachtheilig wäre.

[...][36]

Wollten Sie also Ihr Werk vor Plünderung schützen, so müßte ein Expl. in Zürich deponirt u. Ihre Autorschaft amtlich bekannt gemacht werden. Damit wäre jedem Nachdrucker ohne Weiteres der Weg verlegt, und die Strafen sind derart (Confiscation u Geld bis zu fcs 1000–) daß sich Jeder vor einem solchen Schritt hüten würde.

[...]

25. 1. 1872 Keller an Ferdinand Weibert

Hochgeehrter Herr!

Beiliegend erhalten Sie die mir gefäll. übersandten Revisionsbogen zurück

36 *Weibert erläutert im folgenden den angesprochenen einen Fall: In einer Reihe von Kantonen, zu denen Zürich gehöre, könne ein auswärts gedrucktes Werk der Schutzfrist von dreißig Jahren unterstellt werden, wenn ein Exemplar davon bei der Kantonsregierung deponiert werde. Weibert beruft sich auf den Vertrag der eidgenössischen Stände vom 1.1.1857. Vgl. dagegen Keller an Weibert, 25.1.1872, Dok.*

und gewärtige gerne den Rest. Ich bedaure die Verlegenheiten, in welche Sie durch die Stricke-Geschichten[37] kommen. *[...]*

Den Nachdruck in der Schweiz betreffend, so haben wir das von Ihnen angeführte Concordat nicht nöthig, da mit allen deutschen Staaten seit 1869 Verträge existiren. Ich lege Ihnen dieselben bei, da Sie vielleicht hin u wieder davon Gebrauch machen können. Auch für das Innere der Schweiz wird bald allgemein gesorgt sein, indem der Schutz des literarischen Eigenthums durch die gegenwärtige Revision der Bundesverfassung eingeführt wird. Ich wollte Sie dagegen ersuchen, | allfällige Anfragen über Erlaubniß zum Abdruck eines Stückes in Zeitungsfeuilletons, welche in biederer Weise an mich gerichtet werden, ebenfalls zurückzuweisen, wenn ich mich beim Abschlagen solcher Gesuche auf den Herren Verleger berufe.

Mit ausgezeichneter Hochachtung

Ihr ergebenster
G. Keller

Zürich 25. I. 72

29. 1. 1872 Ferdinand Weibert an Keller

Stuttgart 29 Januar 1872.

Hochverehrter Herr

Mit Ihrem Geehrten vom 25 dss habe ich Revision 1/6 zurückerhalten, welche sofort in die Druckerei wanderten.

Heute gingen dagegen Bog 7/10 an Sie ab.

Der Strike scheint noch lange nicht beendigt zu werden.[38] Unsere hiesigen Setzer sind ausgewandert, und fremde kommen nicht, weil die Strikler sie durch alle möglichen Mittel abhalten.

Gewiß ist es ein Segen, wenn weniger gedruckt wird – geschrieben wird aber wohl deßhalb kein Wort weniger werden, und die Verleger müssen nun schon hartherziger werden, und mehr ablehnen, als seither geschehen.

Für gefl. Mittheilung der internationalen Verträge danke ich verbindlich. Darnach wäre Ihr Buch auch in der Schweiz geschützt, und sollten sich Zeitungen zum Abdruck melden, so werde ich – wie Sie, hochverehrter Herr – unbedingt ablehnen.

---

37 *Vgl. Weibert an Keller, 12.1.1872, Dok.*

38 *Vgl. Weibert an Keller, 12.1.1872, Dok und Keller an Weibert, 25.1.1872, Dok.*

Ich hoffe Ihnen bald | Aushängebogen zugehen lassen zu können, und empfehle mich Ihnen

in ausgezeichneter Hochachtung
Ihr ergebenster
Ferd. Weibert.

11. 2. 1872 Keller an Ferdinand Weibert

Zürich 11 Febr. 1872.

Hochgeehrter Herr!

Hiemit sende ich Ihnen das besprochene Anhängsel[39] zu der 7ten Legende oder dem „Tanzlegendchen". Nun muß ich Sie aber ersuchen, weiter vorn in demselben Stücke noch eine kleine Correktur vornehmen zu wollen, da ich den Text nicht mehr bei Handen habe. Wo nämlich erzählt wird, daß die Musen, was Gregor von Nyssa zwar bestreite, derjenige von Nazianz aber aufrecht halte, zuweilen im Himmel Aushülfe leisten müßten etc., ist nun, dem neuen Schlusse gemäß, statt der gegenwärtigen Zeit, die vergangene in den bezüglichen Zeitwörtern zu gebrauchen, so daß | statt „müssen" es heißen soll „mußten" etc etc.[40]

Für Verursachung dieser Bemühung um Entschuldigung bittend verbleibe ich mit ausgezeichneter Hochachtung und Ergebenheit

Ihr
G. Keller.

19. 3. 1872 Ferdinand Weibert an Keller

Stuttgart 19. März 1872

Hochverehrter Herr

im Anschlusse beehre ich mich Ihnen 25 Freiexemplare der „Sieben Legenden" zu übermachen, u hoffe daß das Büchlein, so, wie es fertig ausgestattet vorliegt, Ihres Beifalls sich erfreuen möge.

In ungefähr 8 Tagen wird dann die allgemeine Versendung vorgenommen.

Alles, was Etwas von diesem Buche in Erfahrung brachte, so Freiligrath, Prof. Scherer, Prof. Moerike, Dr Vollmer pp freut sich unendlich auf diese

39 *Betr. die zweite Schlußerweiterung zum* Tanzlegendchen *427.01–30.*
40 Das Tanzlegendchen *425.32–426.02; vgl. Kap. 1.2 Die Textzeugen, S. 33 f.*

Gabe, und ich kann nicht umhin Ihnen, hochverehrter Herr, wiederholt meinen verbindlichsten Dank für diesen Verlag auszusprechen!

Möchten Sie meine Firma auch in Zukunft nicht vergessen! Sie dürfen überzeugt sein, daß mir Alles willkommen ist, was aus Ihrer Feder fließt. Ihre Werke sind mir nicht nur Geschäftssache, wie so vielen Verlegern, sondern weit mehr Ehrensache, und gereichen mir persönlich zu wahrem Vergnügen.

[...]

22. 3. 1872 Keller an Friedrich Theodor Vischer

Hochverehrter Freund u Herr!

Endlich bin ich im Stande, Ihnen auf Ihre in Zürich mir geschenkten vielfachen reichen Geistesgaben wenigstens anfangsweise mit einem kleinen Kümmerling zu antworten, den ich heute unter Band an Sie abgeschickt habe. Ich habe aber jetzt Angst, daß das kleine Wesen als eine Narrheit oder Kinderei werde aufgefaßt werden in seiner Isolirung u Plötzlichkeit. | Ihre freundlichen u guten Räthe betreffend Titel u Vorwort habe ich, wie Sie sehen, weislich befolgt. Etwas Vorwort glaubte ich doch anfertigen zu müssen, um einer allzu großen Willkür in Beschreibung oder Erwähnung des Büchleins wenigstens das Loch zuzumachen. Nachträglich danke ich Ihnen aber herzlichst für jenen wohlwollenden Brief und die gute Information, mit welcher Sie sich bemüht haben.[41] Hoffentlich kann ich bald ein dickeres Buch drucken lassen, um die Scharte dieser lückenbüßerischen Legenden auszuwetzen. | *[...]*

22. 3. 1872 Ferdinand Weibert an Keller

Stuttgart 22 März 1872

Hochverehrter Herr

meine Sendung mit den Freiexemplaren der „Sieben Legenden" wird hoffentlich gut bei Ihnen angelangt sein, und ich beehre mich heute Ihnen anliegendes Inserat für Ihr Werk zu übermachen, mit der höfl. Bitte mir gefl. sagen zu wollen, ob Sie mit der Fassung desselben einverstanden sind.[42]

41 *Vgl. Vischer an Keller, 18.10.1871, Dok.*

42 *Vgl. Kellers Reaktion vom 24.3.1872, Dok und die endgültige Fassung der Annonce vom 21.4.1872, Dok.*

Herrn Freiligrath habe ich gestern Ihr Büchlein übergeben. Er hatte eine große Freude daran, und trägt mir auf Ihnen seine freundlichsten Grüße zu übermitteln.

Ich verbleibe

in ausgezeichneter Hochachtung
Ihr gzergebener
Ferd. Weibert.

24. 3. 1872 Keller an Ferdinand Weibert

Zürich 24 März 1872.

Hochgeehrtester Herr!

Die 25 Freiexemplare der Legenden sind wohlbehalten angekommen und ich danke Ihnen verbindlichst sowol für die Sendung als auch für den wohlwollenden Brief mit welchem Sie dieselbe zu begleiten so freundlich waren. Es ist mir lieb, daß Sie Freiligrath gleich ein Exemplar gegeben haben. Darf ich Sie bitten, seine Grüße herzlichst für mich zu erwiedern.

Sodann sende ich Ihnen den Inseratsentwurf[43] zurück, welchen Sie mir mit geehrtem Schreiben vom 22 dieß mitzutheilen so gefällig sind. Ich habe mir ein par Abänderungen erlaubt, die eine etwas unrichtige Auffassung verhindern sollen. Namentlich habe ich die Legenden nicht mittelst „einzelner Pinselstriche“ bearbeitet, sondern es sind völlig frei geschriebene kleine Novellen. Bei der Mehrzahl nahm der Raum der zu Grunde liegenden Erzählung in der von mir benutzten Quelle[44] kaum eine Seite, auch nur eine halbe Druckseite ein, und über zwei bis drei Seiten lang, vom gleichen | Druck, wie Ihr Büchlein, ist keines meiner Urbilder.

Da ich jetzt hoffe, meine Muße wieder mehr der literarischen Produktion zuwenden zu können und sogar manigfache Projekte u Anfänge vorhanden sind, so werde ich wohl in den Fall kommen, von Ihrer freundlichen Unternehmungslust in Zukunft wieder Gebrauch zu machen,[45] obschon ich für den 2t. Band der Leute von Seldwyla allerdings dem Vieweg'schen Verlage verpflichtet bin und auch bezüglich eines anderen Werkleins schon seit Jahren ein Abkommen getroffen ist.[46] Ich glaube daß nach Abwicklung

43 *Vgl. Weibert an Keller, 22.3.1872, Dok.*

44 *Ludwig Theoboul Kosegarten:* Legenden. *2 Bde. Berlin: Voss 1804; vgl. Kap. 3.2 Quellentexte.*

45 *Vgl. Weiberts Anfrage vom 19.3.1872, Dok.*

46 *Betr. den Vertrag mit Duncker über das spätere* Sinngedicht*; vgl. HKKA 23.1, Kap. 1.1 Entstehung, S. 45–47.*

dieser Dinge und je nach der Aufnahme, die sie finden, sich eine An- und Aussicht für mein weiteres Gebahren wird feststellen lassen.

[...]

25. 3. 1872 Paul Heyse an Keller

Lieber Freund!

Ich will meine Freude und Dankbarkeit nicht kalt werden lassen, zunächst auch, um den vielen Andern, die Ihnen ihr großes Ergötzen an dem kleinen Büchlein bezeigen werden, den Rang abzulaufen, da ich sonst als Ihr allergeneigtester Leser, der mit Ihnen durch Dick und Dünn geht, kein anderes Verdienst und Würdigkeit aufweisen kann, was Ihnen meine kritischen i.e. kritiklosen Zurufe werth machen könnte. In diesen selben Tagen habe ich zufällig eine andere Herzstärkung kennen und schätzen lernen, die in ihrer geistlich-profanen, magenwärmenden und adernbefeuernden Kraft die merkwürdigste Ähnlichkeit mit Ihren Legenden hat: jenen hochwürdigen Schnaps, Benedictine genannt, der Ihnen hoffentlich nicht unbekannt ist. Wenn ja, so möchte ich Ihnen ein Fläschchen schicken, damit Sie die überraschende Ähnlichkeit | studiren und den Vergleich hernach nicht mehr für eine Sottise halten. Eben so tropfen- oder doch gläschenweise habe ich Ihr Büchlein genossen und gleich letzten Samstag, da ich es erhielt, meine „Krokodile“[47] damit bewirthet, die über den „Vitalis“ in ein unisones Schnalzen und Schmatzen ausbrachen.

[...]

30. 3. 1872 Ferdinand Weibert an Keller

[...]

Ich wollte dieser Tage mit einem Exemplar Ihrer Legenden zu Prof. Vischer wandern, traf ihn aber nun zufällig, und erfuhr von ihm, daß er das Buch schon von Ihnen erhalten habe.

Er wird einem lange gegebenen Versprechen nachkommen, und im |

47 Zur Gesellschaft der Krokodile – *einer von Paul Heyse 1854 mitbegründeten und ab 1868 bis zu deren Auflösung 1883 präsidierten Münchner Dichtergruppe – gehörten Emanuel Geibel, Felix Dahn, Wilhelm Hertz, Heinrich Leuthold, Ferdinand Kürnberger und andere.*

Anschluß der „Legenden“ einen größeren Artikel über Sie und Ihre Werke, voraussichtlich für die Allgemeine Zeitg, schreiben.[48]

[...]

2. 4. 1872 Friedrich Theodor Vischer an Keller

Verehrter Freund!

Für heute nur Weniges; es ist noch Vacanzzeit u. ich reise zu meinem Bruder aufs Land. Ihre Legenden, für deren Zusendung ich herzlich danke, sind zwar kein ganzer Beweis, was Sie können, aber so unzweifelhaft originale Poesie, daß ich recht Lust habe, sie anzuzeigen, – wiewohl nicht ohne einige Kriteleien, im Wesentlichen aber einfach mit dem Prädicat des Herzerfreuenden. Kommt aber bald mehr, so wird es besser sein, zu warten; es folgen vermuthlich Novellen? Dann könnte man den Dichter betrachten wie er es auf dem realen Boden treibt, gegenüber seiner Lebenswahrheit, Schwung, Styl u. | Humor auf dem mythisch-phantastischen Boden.

[...]

3. 4. 1872 Keller an Emil Kuh

Hochverehrter Herr!

Ich bin zur Publikation eines kleinen Zwischengerichts, eines lächerlichen Schäälchens eingemachter Pflaumen verleitet worden, welches ich Ihnen hiemit pflichtschuldigst übersende, um Ihre mir erwiesenen Freundlichkeiten[49] wenigstens mit einer winzigen Abschlagszahlung zu erwiedern. Möchten Ihnen diese 7 Legendchen nicht allzu abgelegen u absonderlich vorkommen. Sollen sie überhaupt etwas sein, so sind sie vielleicht ein kleiner Protest gegen die Despotie des Zeitgemäßen in der Wahl des Stoffes und eine Wahrung freier Bewegung in jeder Hinsicht.

[...]

---

48 *Vgl. Vischers Studie* Gottfried Keller *in der* Allgemeinen Zeitung, *22.–29.7.1874, Dok.*

49 *Betr. Kuhs Besprechungen des* Grünen Heinrich *in der* Neuen Freien Presse, *7.1.1871 und 19.7.1871.*

10. 4. 1872 Berthold Auerbach: "Sieben Legenden von Gottfried Keller." (Beilage zur Allgemeinen Zeitung)

B. A. Legenden vom Dichter des „grünen Heinrich" und der „Leute von Seldwyla", der sich zum Leidwesen seiner Freunde und aller Freunde edler Dichtkunst seit Jahren so beharrlich ausgeschwiegen hat! Ist es denn möglich daß Gottfried Keller von Zürich unter die Frommen gegangen?

[...] Gerade eine Zeit die sich kaum mehr polemisch verhält zu den Verunstaltungen welche eine Klosterphantasie auf das Volksgemüth ausübte – gerade eine solche Zeit kann die inwohnende dichterische Kraft unbefangen erkennen, und hier Bildungen aufnehmen die aus dem Kirchenglauben in das Himmelreich der Kunst zu erlösen sind.

Und so hat es gar nichts verwunderliches daß Gottfried Keller eine heilige Zahl von Legenden dichterisch erneuerte.

[...]

Gottfried Keller gibt nicht an wo der Grundtext zu dieser Legende sei, und bezeichnet überhaupt nie einen solchen. Und er hat daran ganz wohlgethan. Er ist so fern von der Romantik die sich an derartigem berauschte, als er auch fern ist von einem nüchternen Rationalismus. Er ist eben ein Dichter und hat diese Aufgaben dichterisch erfaßt. *[...]* <1518> *[...]*

Das Leben in Alexandria, wo das Christenthum noch mit der heidnischen Welt und dem antiken Empfindungsleben zu kämpfen hatte, und doch noch eine gewisse erste Naivetät herrschte, wird mehrfach vorgeführt. Es finden sich auch cölibatäre Phantasien,[50] die das Büchlein nicht gerade für Mädchen-Pensionate empfehlen. Aber neben der feinen und zarten sachlichen Fassung läßt auch Gottfried Keller den Humor walten, und der Humor hat das Recht auch ein überzwerches Licht hereinfallen zu lassen.

[...]

13. 4. 1872 Keller an Ferdinand Weibert

[...] Sodann danke ich ebe⟨n⟩falls höflich für die mir zugesandte Nummer der Allgemeinen Zeitung mit dem Artikel über unser Büchlein.[51] Dem ganzen Tenor nach zu urtheilen sowie wegen der pressanten Abfassung des Artikels ist *[der]* derselbe ohne Zweifel von Berthold Auerbach. Mit dem |

50 *Vgl. Kellers Reaktion auf diese Wendung im Brief an Weibert, 13.4.1872, Dok.*

51 *Berthold Auerbach:* Sieben Legenden von Gottfried Keller, *10.4.1872, Dok.*

Satze von den cölibatären Phantasieen am Schlusse hat er mir übrigens einen geringen Dienst geleistet.

[…]

20. 4. 1872 Ludmilla Assing an Keller

Florenz, den 20. April 1872.
Via Luigi Alamanni 27.

Lieber, verehrter Herr Keller,

Sie haben mir eine große Freude bereitet, und ich danke Ihnen herzlichst dafür. Ich freute mich wie ich Ihr Buch erblickte, wie ich Ihre Handschrift sah, und dann wie ich las. Wie seltsam sind diese sieben Legenden! Wie viel Herz, Poesie, Gemüth, Tiefe und Originalität ist in diesen Skizzen verborgen! Sie haben alles das, was den meisten Anderen fehlt; niemand kann gleichgültig bleiben, jeder muß mehr oder weniger ergriffen werden von solchen Gaben. Wenn ich Einfluß auf Sie haben könnte, so würde ich alle möglichen Bitten und Schmeicheleien anwenden, um Sie zum Aufgeben mancher Kraftausdrücke zu bewegen; aber das betrifft nur die Form, denn den eigentlichen Inhalt, die Seele des Ganzen würde ich nie zu tadeln haben. Ich erinnere mich noch so deutlich, daß wie ich die ersten Seiten vom „grünen Heinrich“ gelesen hatte, ich Sie lieb hatte; dasselbe Gefühl hatte ich später bei „Romeo und Julia auf dem Dorfe,“ und nun eben wieder bei diesen wunderbaren Geschichten, über die ich noch lange nachzusinnen haben werde. Es ist zugleich etwas Dämonisches in dieser Art zu schreiben. Die silberne Agnes [52] zum Beispiel hat mehr in meinen Gedanken gewohnt als manche lebende Person, und hat dieselben eigentlich nie mehr verlassen. Mich freut immer so die Art Ihrer Lebensauffassung, die so frei von allen herkömmlichen anerzogenen Schranken ist, ursprünglich und ächt und schön. |

[…]

21. 4. 1872 Annonce der Göschenschen Verlagshandlung (Neue Zürcher-Zeitung)

Soeben ist erschienen, und kann durch alle Buchhandlungen bezogen werden:

52 *Vgl. GH I, Bd. 3, v.a. S. 276, 291.*

Sieben Legenden
von
Gottfried Keller.
8° broschirt, 24 Sgr. oder fl. 1. 24 kr.[53]

In manchen unserer altchristlichen und mittelalterlichen Legenden, sagt das Vorwort, scheinen nicht nur die kirchliche Fabulirkunst sich geltend zu machen, sondern wohl auch die Spur einer ehemaligen, mehr profanen Erzählungslust vorhanden zu sein. Der berühmte Verfasser des „grünen Heinrich“ und der „Leute von Seldwyla“ hat aus dem großen Vorrath des Stoffes sieben Bilder ausgewählt, und aus ihnen theils mit köstlicher Ironie, theils mit feinem Humor, ebenso viele kleine Meisterstücke geschaffen, deren Inhalt der Widerspruch bildet zwischen den grillenhaften Aeußerungen ascetischer Laune und dem unveränderlichen Walten der Natur.
Stuttgart, April 1872.

G. J. Göschen'sche Verlagshdlg.

22. 4. 1872 B. Badau an Keller

Revue des deux Mondes
Paris
17, rue Bonaparte

Paris, le 22 avril 1872.

Monsieur,

nous avons l'intention de consacrer une notice au charmant volume que vous venez de publier sous le titre de Sieben Legenden, et nous voudrions y insérer, à titre de spécimen, la traduction d'une de ces légendes.[54] Bien qu'assurés que ce projet ne rencontrera pas d'objection de votre part, nous croyons cependant devoir vous en instruire. Peut-être pourrons-nous plus tard revenir sur le roman que vous avez fait paraître en 1854.[55]

En attendant, veuillez agréer, Monsieur, l'expression de nos sentiments les plus distingués

B. Badau

53 *24 Silbergroschen (ca. 2.40 Mark), 1 Gulden 24 Kreuzer (ca. 2.10 Mark).*

54 *In der* Revue des deux Mondes *erschien im Mai 1872 unter dem Titel* Frère Eugenius *eine Übersetzung der* Eugenia-*Legende.*

55 Der grüne Heinrich, *1854/55.*

17. 5. 1872 Julius Stiefel: "Ein literarisches Wunderwerklein." (Neue Freie Presse)

[...]

Wo der gemeinsame charakteristische Grundzug dieser Dichtungen: der Widerstreit von Genuß und Askese, von Sinnenglück und Heiligkeit, von Natur und Zucht in spielendem Humor und allerliebster Laune sich darstellte, da gelang die Reproduction auch für modernes Gefühl anmuthend. Wo das Asketisch-christliche in der krankhaften Energie jener Zeiten der Bekehrungshitze und der Verfolgungsschwüle dem Legendenstoffe anhaftete, da enthüllte sich das Veraltete des Stoffes und die Unzulänglichkeit dieser Erzählungsform für die wahre und schöne seelische Entfaltung. Und nicht selten geht uns dabei die Freude an der edlen Formenschönheit des Dichters verloren.

Und muthet nicht die Darbietung dieser Legenden durch Gottfried Keller selber wie eine Legende an? Ist er nicht der Dichter, in dessen Liedern einst wehte der Hauch der Berge, der Athem der Freiheit und der Geist der Zeit? Hatte er nicht einen Roman geschaffen, der die Höhen und Tiefen des Lebens zu erstürmen und zu ergründen gestrebt? Hatte er nicht aus dem innersten Kern seines, ja eines jeglichen Volkes heraus das Juwel einer Dorfgeschichte gebildet? Und nach fünfzehnjährigem Schweigen redet er in den Warnungen der Heiligen Schrift, in den weisen und tiefen Sprüchen aus Angeli Silesii Cherubinischer Wandersmann, Thomas a Kempis' Nachfolge und Francisci Ludovici Blosii geistlichem Unterricht zu uns.[56] Und in den Tagen, da seines und jeglichen Volkes Blick besorgt an die Fahne des Vaterlandes geheftet ist; da unser Ohr dem Rauschen unseres eigenen Blutes lauscht, damit wir inne würden, wozu das erregte, gährende uns antreibe; da aus der Brust der Menschheit ein Aufschrei erschallt wider die Knechtschaft der Kirche: tritt er hervor mit einer lustigen Unterhaltung, aus der kirchlichen Fabulirkunst ausgelesen. Wunderbar! Doch das Wunder ist einmal Thatsache in den Legenden von Gottfried Keller.

Julius St-l.

19. 5. 1872 Keller an Friedrich Theodor Vischer

[...]

Mit den Legenden geht es mir seltsam; ich glaubte die Freiheit der Stoffwahl damit zu behaupten gegenüber dem Terrorismus des äußerlich Zeit-

56 *Stiefel zitiert die Quellen der Mottos zu den einzelnen Legenden.*

gemäßen, immerhin aber eine deutliche gut protestantische Verspottung katholischer Mythologie zu begehen. Nun lese ich heute, wie ein junger Landsmann, der Dr. Stiefel, den Sie auch kennen, | der viel zu mir in's Haus kam u mich genau kennen kann, in der Wiener „freien Presse" aus dem Büchlein eine Art schmählicher Denunciation à la Wolfgang Menzel gegen mich schmiedet![57] Es scheint überhaupt zuweilen, als ob die jungen Aesthetiker jetzt dociren u schreiben, ehe sie lesen können, oder aber ein angehendes hinterlistiges Pfaffenthum bilden, welches das Wetter machen will. Mündlich muß ich diese unglücklichen 7 Geschichtchen auf alle mögliche Art commentiren u erklären. Um so deutlicher werde ich in den nächsten Sachen für manche Leute sein.

[...]

28. 5. 1872 Ferdinand Weibert an Keller

[...]

Heute gereicht es mir zu großem Vergnügen Ihnen mitzutheilen, daß die 7 Legenden nach ausgedehnter Versendung so stark nachverlangt worden sind, daß der Vorrath auf wenige Exemplare zusammengegangen ist. Obgleich nun fast Alles à Condition (d.h. mit Recht der Rücksendung zur nächsten Ostermesse des nicht Abgesetzten) bestellt und verschickt ist, so läßt sich doch annehmen, daß der größte Theil der Auflage schon verkauft ist.

Ich möchte deßhalb, und um den Fluß des Buches nicht zu stören, sofort mit der Herstellung einer zweiten Auflage beginnen, beehre mich Ihnen angeschloßen das stipulirte Honorar mit

rt 200.– in *[...]* preuß. Cassenscheinen[58]

zu übermachen, und werde Ihnen in den nächsten Tagen schon Revisionsbogen zugehen lassen können.

[...]

57 *Vgl. Julius Stiefel:* Ein literarisches Wunderwerklein, *17.5.1872, Dok. – Der Dramatiker und Literaturkritiker Wofgang Menzel (1789–1873), nach liberalen Anfängen ein äußerst konservativer Verfechter eines christlichen Teutonismus, war als vernichtender Rezensent gefürchtet, der moralische und politische Überzeugungen zum Maßstab ästhetischer Wertung heranzog.*

58 *Vgl. Vertrag* Sieben Legenden, *§ 3, 30.12.1871, Dok.*

31. 5. 1872 Keller an Ferdinand Weibert

Zürich 31 Mai 1872.

Hochgeehrter Herr

Es ist mir allerdings eine freundliche u angenehme Ueberraschung daß Sie eine zweite Auflage der Legenden nach so kurzer Zeit veranstalten wollen, und ich möchte es gerne als ein aufmunterndes Glückszeichen betrachten für eine anhaltende Wiederaufnahme u Abrundung meiner poetisch-literarischen Existenz. Sollten Sie indessen durch Ihr rasches Vorgehen wirklich zu Schaden kommen, so läßt sich derselbe bei Gelegenheit nachträglich schon ausgleichen; denn bei dem etwas starken Honorar möchte ich das nicht haben.

[...]

Der etwelche Erfolg dürfte doch hauptsächlich | in dem unversehenen Abspringen des Büchleins auf einen weltbekannten u doch so zur Seite liegenden Stoff liegen. Dabei muß ich aber dankbar der wohlthuenden Freundlichkeit gedenken, welche Sie von Anfang an dem kleinen Wesen zugewendet haben.

[...]

Revisionsbogen der 2t. Auflage sind mir allerdings erwünscht; denn schon habe ich in der 1t. Auflage ein Dutzend Stylkorrekturen angemerkt, u zwar keine überflüssigen.[59]

31. 5. 1872 Keller an Ferdinand Weibert

Empfangschein

Der Unterzeichnete bescheinigt anmit, von der G. J. Göschen'schen Verlagshandlung in Stuttgart 350 fl als das contractgemäße Honorar für eine zweite Auflage der „Sieben Legenden“ in zwei „Hundert Thaler“ Noten der Sächsischen Bank in Dresden richtig empfangen zu haben.

Zürich den 31 Mai 1872

Dr. Gottfried Keller.

59 *Vgl. Kap. 1.2 Die Textzeugen, zu p1, S. 40 f.*

6. 6. 1872 **Emil Kuh: "Die Fabulirkunst in der Kirche." (Neue Freie Presse)**

Den Vorhang, der schon lange nicht angerührt worden, hat Gottfried Keller gehoben, den meßgewandstoffigen Vorhang, hinter welchem sich Maria und die Heiligen der Kirche im Schmucke der Dichtung zeigen. „Sieben Legenden" nennt sich das kleine Buch, das uns der karge Poet, der lange mit einer neuen Gabe zurückhielt, vor wenigen Wochen darreichte. Frommer bist du nicht geworden, kannst du nicht geworden sein! sagte sich schon beim Anblicke des Titelblattes der Kenner seiner Kunstübung. Solche Verwandlungen ereignen sich doch nur in Seelen matter Anlage; auf Ueberraschungen dieser Art hat es höchstens ein lyrischer Tenor abgesehen, der, wie Oskar v. Redwitz, heute Amaranth-Arien vorträgt, um morgen den Pulverdampf bei Wörth und den Schlachtendonner bei Sedan zu besingen. Aber auch nicht Genußmüdigkeit, die nur den Stachel des Ungewöhnlichen begehrt, hat dich, gleich Franz Liszt, in die Welt der Wunder und des Glaubens geführt, damit du mit himmlischen Freuden deinen irdischen Gaumen reizest. Und müßige Lust an einer künstlichen Wiederbelebung alter Formen, die Lust der deutschen Romantiker, ist vollends deine Sache nicht, du naturvoller Dichter des „Grünen Heinrich" und der „Leute von Seldwyla"! In der That, wer diese Erzählungen gelesen hat, erkennt und empfindet sofort, daß die Legende unter Keller's Händen erneut hervorgegangen ist. An dem Verjüngungsacte dichterischer Formen, der sich in den wechselnden Epochen der Geschichte von Zeit zu Zeit vollzieht, hat auch die Legende ihren reichen Antheil.

[...]

7. 6. 1872 **Ferdinand Weibert an Keller**

Stuttgart 7 Juni 1872

Hochverehrter Herr

Ihr Geehrtes vom 31. v. M. versichert mich des Eintreffens der Honorarsendung für die 2te Auflage der „Sieben Legenden" und Ihrer wohlwollenden Gesinnungen bezüglich des raschen Vorgehens mit dem Neudruck. Ich bin der Zuversicht, daß der Absatz meine Handlungsweise rechtfertigen wird, u ich wünsche nur, daß es mir gestattet sein möchte, Ihnen recht bald eine dritte Auflage anzuzeigen.

Von der ersten Auflage habe ich jetzt kein Exemplar mehr, und die Bestellungen der letzten Tage sind auf 54 Ex für feste Rechnung, und ca 40 à

Condition aufgelaufen. Das verspricht das Beste; jetzt noch eine reichliche à Condition Versendung, so hoffe ich daß bis zum Schluß des Jahres ein schönes Resultat erzielt sein wird.

Die Legenden sind eben auch meisterhaft behandelt, darin stimmen alle Urtheile überein, die ich gehört. Ed. Mörike, dessen Kritik ich aus langjährigem Verkehr am höchsten stelle, sagte: einen größeren Genuß als diese Lectüre hätte er seit lange nicht gehabt, und eine vollendetere Darstellung wüßte er an keinem neueren Buche zu rühmen.

[...]

P.S. Revision Bog 1. 2. der 2t. Aufl. der 7 Legenden sind vor 2 Stunden auf die Post gekommen.[60]

8. 6. 1872 Emil Kuh an Keller

Wien. 8. Juni 72.
III. Salesianerg. 13.

Hochverehrter Herr,

Zwischen meinem letzten Briefe und diesem Blatte ist beinahe ein Jahr abgelaufen. Aber es war in der That ein Tumult von Arbeiten, in die ich sofort gerieth, als meine Ferienzeit in Berchtesgaden zu Ende gegangen. Was mir Ihre Dichtung bedeutet sagt Ihnen wiederum das Buch,[61] welches ich hiermit in Ihre Hände lege. Sie werden an manchen Stellen, auch dort, wo nicht ausdrücklich Ihr Name zu lesen ist, den nachhaltigen Eindruck wahrnehmen, den Ihre Poesie auf mich geübt hat und fortwährend übt. Vielleicht erfahre ich gelegentlich, wie Sie über die beiden Monographieen: Franz Grillparzer und Adalbert Stifter denken. Ihr aufrichtiges Urtheil wird mir von hohem Werthe sein. Sie lassen sich gewiß dabei nicht von einer Rücksicht auf meine Beweise der Freundlichkeit, wie Sie sich ausdrücken,[62] bestimmen. Was ich über Sie geschrieben und gegen Sie ausgesprochen, das wurde nicht geschrieben und gesprochen, um Ihnen zu gefallen, das entstammt der Nöthigung meiner innersten Natur.[63] Mögen Sie nur zum zehnten Theile soviel Behagen an meinem kürzlich erschienenen Aufsatze

60 *Betr. vermutlich e1; vgl. Kap. 1.2 Die Textzeugen, zu e1, S. 42.*

61 Zwei Dichter Oesterreichs: Franz Grillparzer – Adalbert Stifter. Von Emil Kuh. Pest. Verlag von Gustav Heckenast. 1872. *(ZB: 43.346)*

62 *Vgl. Keller an Kuh, 3.4.1872, Dok.*

63 *Vgl. Emil Kuh:* Die Fabulirkunst in der Kirche, *6.6.1872, Dok; vgl. auch Keller an Kuh, 28.7.1872, Dok und 12.2.1874, Dok.*

über Ihre Sieben Legenden empfinden als ich Genuß bei Lesung derselben empfunden habe. Diese Legenden sind nach der künstlerischen Seite Ihre vollendetste Leistung. |

[...]

16. 6. 1872 Jakob Baechtold an Keller

Schaffhausen, 16 Juni 72.

Lieber Herr Doctor!

Ich komme von einem längern Aufenthalt in Paris u London heim u will Ihnen nur geschwind danken für den herrlichen – in der Fremde so lang entbehrten – Genuß, den Sie auch mir mit Ihren „7 Legenden" gemacht haben. Ich soll Ihnen gleicherweise im Namen einer schönen Frau in London, die Sie im Geiste küßt, brieflich die Hand drücken. Meiner Adresse schließt sich ferner an, Wilhelm Appell am Kensington Museum, an den Sie sich gewiß noch erinnern. Mein Freund Appell war vor etwa 20 Jahren in Zürich, (mit Schulz) kennt Sie u grüßt bestens. –

Daß Sie den lieben Heiligen die Köpfe | so lustig gedreht haben, das werden Sie verantworten können, doch fürcht ich fast

„ – wenn Ihr abgeschiedner Geist dereinst
Sich frech genug, des Paradieses Pforte naht,
Der rosigen, wo, Wache haltend, hellgelockt
Ein Engel lehnet, hingesenkt ein träumend Ohr
Den ew'gen Melodien, die im Innern sind:
Aufschaut der Wächter, misset ruhig die Gestalt
Von Kopf zu Fuß, die fragende, u schüttelt jetzt
Mit sanftem Ernst, mitleidig fast, das schöne Haupt,
Links deutend, ungern, mit der Hand, abwärts den Pfad."[64]

Doch damit mags noch gute Weile haben!

Die „Revue des deux mondes", die eine Uebersetzung des „Eugenius"[65] enthält, ist Ihnen wohl zu Gesicht gekommen. |

Ich hoffe, Ihnen demnächst ebenfalls 2 hübsche Legenden, die ich nebst

---

64 *Zitat aus Eduard Mörikes Gedicht* An Longus*; Keller nahm das Gedicht auf in die Anthologie:* Der schweizerische Bildungsfreund. Ein republikanisches Lesebuch. Poetischer Theil. *Hg. von Thomas Scherr, neubearbeitet von Gottfried Keller. Zürich: Orell Füßli 1876, S. 285–287.*

65 *Vgl. Badau an Keller, 22.4.1872, Dok.*

andern altdeutschen Sachen aus Handschriften des brittischen Museums veröffentlichen will, zusenden zu können.[66]

[...]

28. 7. 1872 Keller an Emil Kuh

Zürich 28 Juli 1872.

Verehrtester Herr!

Das heiße u doch beschäftigte Sommerleben hat mich lange in meiner Briefschuld stecken lassen. Doch jetzt danke ich Ihnen endlich herzlich für Ihre neuen Gaben, für die Besprechung der Legenden u das Grillparzer- u Stifterbuch.[67] *[...]*

24. 10. 1872 Keller an Ludmilla Assing

[...]

Es hat mich sehr amüsirt, daß Sie in dem kleinen Legendenbüchlein wieder Kraftausdrücke gefunden haben! Sie armes harmloses Täubchen u Lämmlein![68]

[...]

31. 10. 1872 Ludmilla Assing an Keller

[...]

Daß Sie sich nun darüber lustig machen, daß ich Ihre Kraftausdrücke erwähnt, ist wahrlich zu arg. Vielleicht hätten Sie aber doch einige weggelassen, wenn ich recht schön gebeten hätte. Wie dem aber auch sei, ich liebe Ihr Buch auch so wie es ist, und daß Sie Neues vorbereiten, gehört für mich zu den angenehmsten und erwünschtesten Nachrichten.

[...]

66 Deutsche Handschriften aus dem Britischen Museum. *Hg. Jacob Baechtold. Schaffhausen: Baader 1873.*

67 *Vgl. Emil Kuh:* Die Fabulirkunst in der Kirche, *6.6.1872, Dok und Kuh an Keller, 8.6.1872, Dok.*

68 *Vgl. Ludmilla Assing an Keller, 20.4.1872, Dok.*

16. 1. 1873 Julius Duboc an Keller

[...] Es ist beinahe Jahr und Tag her, daß ich diese Zeilen an Sie richten wollte, die nur den außerordentlichen Genuß bezeugen helfen sollen, den mir einige Ihrer Dichtungen bereitet haben. Es wurde verschoben, als unnütz bei Seite gelegt, ganz aufgegeben und schließlich sitze ich wiederum da und finde, daß ich es durchaus einmal gesagt haben muß – mag der Dichter mit diesem Tribut alsdann | anfangen, was er will – mit welchem Entzücken ich den mir so spät bekannt gewordenen grünen Heinrich und Romeo u Julia auf dem Dorfe gelesen habe. *[...]*

Es klingt beinahe komisch aber es ist wahr, daß ich nach der Lectüre dieser beiden Werke die Lust verlor Weiteres von Ihnen zu lesen. Der Dichter, den ich nun kennen gelernt, war mir so lieb geworden, daß ich immer nur zu verlieren fürchtete und ich wollte den Geistesfreund, | den ich mir, wenn auch in der Ferne und persönlich unbekannt zugelegt, nicht wieder einbüßen. Diesen Sommer wich ich von der mir gemachten Regel ab und wurde einigermaßen bestraft: ich las Ihre Legenden, die hier vielfach bewundert wurden, aber ich konnte mich nur mit dem reizenden Tanzlegendchen – wenn ich dieses mit dem Satz „in den tönenden und leuchtenden Reihen verlor" (p 145) schließen darf – mit dem schlimmheiligen Vitalis und der Jungfrau als Nonne, für mich ein Cabinetsstück, näher befreunden.

[...]

10. 2. 1873 Emil Kuh an Keller

[...]

Gegen Ihre Bedenken in Betreff meines Wunsches, Sie sollten mir biographische Skizzen über Ihr Leben senden, habe ich nichts zu bemerken. Aber ein Mißverständniß, durch meinen letzten Brief hervorgerufen, möchte ich beseitigen. Sie irren vollständig, falls Sie meinen, ich stellte mir Ihre Vergangenheit | als einen seltsamen oder schauerlich verschlungenen Knoten vor. *[...]* Im Gegentheile. Ich bin überzeugt, dß sich Ihr Leben äußerlich ziemlich normal abgewickelt hat *[...]* Auch „entern" will ich Ihr „treibendes Schifflein" nicht.[69] Daß ich Ihre Dichtungen genieße, nicht als Rezensent betrachte, dächte ich denn doch durch meine Artikel über Ihren Roman und Ihre Legenden dargethan zu haben.

[...]

69 *Kuh zitiert aus Kellers Einwänden gegen eine biographische Skizze im Brief vom 29.12.1872, Ms. GK 77 Nr. 19/5; GB 3.1, S. 165.*

27. 2. 1873 Keller an Ludmilla Assing

[...]

Mein 2t. Band Leute von Seldwyla kommt endlich nächstens unter die Presse u zugleich die 2t. Auflage des ersten Theiles; beides als „Neue Ausgabe in 2 Bänden" Auch jene kleinen Legendchen haben es zu einer 2t. Auflage | gebracht. *[...]*

5. 3. 1873 Keller an Ferdinand Weibert

[...]

Daß Herr Prof. Mörike meine kleinen Sachen nicht verachtet, freut mich über alle Maßen; möchte es mir gelingen, seine freundl. Meinung noch zu rechtfertigen, so gut als möglich. Herrn Prof Scherer habe ich dieser Tage zu schreiben Anlaß.[70]

Was die Verlagsangelegenheiten betrifft, so haben Sie gerade in diesem Augenblick Gelegenheit zu einem Wagniß, wenn Sie wirklich Lust haben. Ich bin nämlich mit den Leuten von Seldwyla von Herrn Vieweg | abgelöst.[71] *[...]*

Ich bin also nun in die Lage versetzt, einen neuen Herren Verleger suchen zu müssen und biete Ihnen das Geschäft hiemit in erster Linie an. Mit Bezug auf den 1t. Band ist dasselbe nicht ganz unbedenklich, da es lange gebraucht hat, bis die 1t. Auflage verkauft war. Dagegen habe ich manche Anzeichen dafür, daß ich erst anfange, ein größeres Publikum | zu kriegen; die Legenden haben offenbar den Verkauf der Leute v. S. beschleunigt u der 2t. Band dürfte auch den 1t. wieder flott machen.

[...]

21. 11. 1873 Keller an Jakob Frey

[...]

Ihnen wünschte ich aber das Buch zuzustellen, weil Sie so freundlich

---

70 *Vgl. Weibert an Keller, 7.6.1872, Dok und 24.2.1873, wo Weibert versichert,* daß nicht nur Ihre Freunde, sondern auch Ihre Verehrer, wie Prof. Mörike, Prof. Scherer, O. Müller, Dr. Vollmer u. A. mit Spannung Ihren neuen Werken entgegensehen *(Ms. GK 79b Nr. 112).*

71 *Am selben Tag hatte Keller 400 Taler an Vieweg überwiesen* behufs Rückzahlung des im Jahr 1856 für den 2t. Band der „Leute von Seldwyla" mir gewährten Vorschusses von Thlr. 200 und der auf ihm lastenden Zinsen von Thlr. 200, womit fragliches Contraktverhältniß nun gelöst ist. *(Keller an Heinrich Vieweg, 5.3.1873, Ms. GK 78v Nr. 97; GB 3.2, S. 157)*

waren, vor einem Jahre die Legenden zu besprechen[72] u weil ich für den Fall, daß Sie auf die neuen Leute v. S. neugierig wären, nicht wollte, daß Sie das nicht billige Buch etwa gar kaufen sollten als Selbstschriftsteller. Es handelt sich also mehr um eine retrospektive Erkenntlichkeit. *[…]*

12. 2. 1874 Keller an Emil Kuh

[…]

Die Placirung Ihrer Besprechung der Legenden in der N. Fr. Presse habe ich nicht bemerkt, dagegen haben Sie recht, wenn Sie Ihre Arbeiten nicht gern hinter diejenigen meines Mit-Zürich-Bewohners u guten Bekannten Scherr gesetzt sehen, der alle Tage trivialer und seiltänzerischer wird.[73]

[…]

22.–29.7.1874 Friedrich Theodor Vischer: "Gottfried Keller. Eine Studie." (Beilage zur Allgemeinen Zeitung)

[…] Frei spielt der Humor in den komischen Schicksalen, und wir müssen ihn nun in seiner Selbständigkeit und nicht bloß als Stimmung, sondern in der Kraft seiner Anschaulichkeit ausdrücklich ins Auge fassen. Zuerst denn jetzt etwas von der närrischen Vorstellung! Sie kann eine ganz objective Beobachtung sein; ich meinestheils gestehe daß ich laut auflachen mußte als ich im „grünen Heinrich" die Stelle las wie der ländliche Gast am feierlich stillen Sonntagmorgen die verlorenen Laute der Predigt von ferne hört: „Sie klangen seltsam und manchmal wie hollaho! manchmal wie juchhe oder hopsa! bald in hohen Fisteltönen, bald tief grollend, jetzt wie ein nächtlicher Feuerruf und dann wieder wie das Gelächter einer Lachtaube." [74] *[…]* Von vollendet originaler Anschaulichkeit ist das Bild wie Spiegel das Kätzchen und die Eule mit einander an der Mündung des Schornsteins die Hexe in einem Netze fangen, die eben zum Blocksberg fliegen will und die sie dem H. Pineiß zur Ehehälfte bestimmt haben[75] *[…]*

---

72 *Jakob Frey:* Sieben Legenden. Von Gottfried Keller. *In:* Der Bund, *Nr. 156, 7.6.1872.*

73 *Kuh hatte sich darüber beklagt, daß seine* Legenden-*Rezension in der* Neuen Freien Presse *hinter einen* ordinairen Pariser Brief *an die zweite Stelle gesetzt worden war, während die Besprechung von Johannes Scherrs* Hammerschläge und Historien *in einer anderen Nummer den ersten Platz bekommen hatte (Kuh an Keller, 8.1.1874, WSL: I.N. 126.741; Kuh/Keller, S. 84).*

74 *GH I, Bd. 2, S. 235 f.*

75 Die Leute von Seldwyla, *HKKA 4, 307.07 f.*

In der fünften der sieben Legenden versucht der h. Vitalis sein Bekehrungswerk an einer junonisch schönen, rothbackigen Hetäre von besonderer Gefährlichkeit, da „große schöne Menschenbilder immer wieder die Sinne verleiten ihnen einen höheren menschlichen Werth zuzuschreiben als sie wirklich haben.“[76] Sie umschlingt ihn, der starke Mönch ringt mit ihr, bindet sie mit Mühe an Händen und Füßen, und „warf den ganzen Pack mit einem mächtigen Ruck auf das Bett, worauf er sich wieder in seinen Winkel begab und seine Gebete fortsetzte, als ob nichts geschehen wäre.“[77]

Den sieben Legenden müssen wir nun in diesem Zusammenhang eine besondere Betrachtung widmen. In der Novellensammlung „die Leute von Seldwyla“ steht „Spiegel das Kätzchen“ isolirt als Märchen da, als Probe des freien Spiels der Phantasie. Daß Keller zu dieser traumartigen Form neigt, werden die Leser aus allem Bisherigen leicht geschlossen haben. Der geborne Dichter wird sie sich überhaupt nicht nehmen lassen. Daß er da wo er die Gesetze der Natur und des Geschehens einhält, doch das Wirkliche nicht um der gemeinen sogenannten Wahrheit willen nachbildet, sondern im Feuer der Phantasie zur höheren Wahrheit umschmelzt, dieß wird er immer auch dadurch geltend machen daß er der Phantasie Stellen vorbehält wo sie frei von der Ordnung des causalen Zusammenhangs sich in ihrem Elemente bewegt. Es ist eine wirkliche Probe des Dichters ob er auch traumhaft dichten kann. Die entfesselt spielende mystische Bilderwelt der eigentlichen Traumphantasie wachend schaffen, ist kein Kleines. Ist der Dichter „in mehr als einem Sinn ein hellsehender Schlafwandler,“ so beweise er es dadurch daß er auch einmal ganz wachend träumt. *[...]* In den sieben Legenden nun hat es Keller gewagt die heidnisch weltlichen Elemente die sich in diesen christlich heiligen Sagen finden herauszukehren, und ihnen so „freilich zuweilen das Antlitz nach einer andern Himmelsgegend hinzuwenden, als nach welcher sie in der überkommenen Gestalt schauen.“ (Vorwort) In einem großen Theile derselben bleibt das Wunder, das ja doch eine Geburt der traumhaften Phantasie ist, stehen; aber die ganze Begebenheit wird so gewendet daß ein weltlich naturgemäßer und gesunder Sinn herausspringt, man kann es als ein Protestantisiren der katholisch heiligen Märchen bezeichnen. *[...]*

<3267> *[...]*[78]

76 Der schlimm-heilige Vitalis, *390.17*.

77 Der schlimm-heilige Vitalis, *390.31 f.*

78 *Es folgen Nacherzählungen aller sieben Legenden, zuletzt des* Tanzlegendchens, *das im Verhältnis zur vorangehenden Legende* erst recht ein freies Phantasiebild *genannt wird.*

Wir stellen es den Phantasielosen anheim dieses freie, hochkomische und hocherhabene Traumbild der freien Phantasie zu bemängeln, und unterlassen nicht länger auf eine Aehnlichkeit hinzuweisen welche manchem Leser bei diesem ganzen Passus eingefallen sein wird: in dieser Neigung zu dem was ich die närrische Vorstellung nenne, erinnert Keller stark an Justinus Kerner. Man denke an die Reiseschatten und das Bilderbuch aus meiner Knabenzeit. Der große Unterschied ist daß Kerner im Ernst ein Wundermann wurde; doch hat er seinen Humor behalten und hätte zu den sieben Legenden herzlich gelacht!

[...] <3268> *[...]* Auf wenige gefallene Maschen ist da und dort hingezeigt schon in der Frage der Motivirung; das sind Ausnahmen, weit die Mehrzahl der Novellen und Legenden ist so befriedigend durch die Composition wie erfreulich durch die Erfindung, und das freie, klare, heitere Schauen das uns gegönnt wird, die Feinheit der Kunst kommt gleich der Potenz der Erzeugung.

<3283> Allerdings nicht durchaus ist dieses Gleichgewicht eingehalten. Wir müssen noch einen etwas verdrießlichen Punkt berühren, der immerhin bei der Compositionsfrage zur Sprache gebracht werden muß. Es handelt sich von gröblichen Klötzen, die an einer und der andern Stelle aus diesen feinen Bildern herausstarren. Keller ist eine Natur und steht daher mit der Natur auf gutem Fuß. Nun aber führt die Natur wohl im Ganzen ihre Kinder mit sicherer Hand; die Natur die wir meinen, ist ja nicht die blinde, sondern ein geistig zartes und tactvolles Wesen, aber sie hat doch auch Launen, läßt einmal den Zügel ihrer Hand entgleiten und ihre Lieblinge auf die schlammige Erde fallen. Daher braucht es außer der Natur doch auch noch Disciplin. Keller erscheint auf einzelnen – zwar nur sehr wenigen – Punkten als eine Natur die mit der Disciplin noch nicht ganz fertig geworden ist. *[...]* Wohl ist, wie wir ja mit allem Nachdruck schon gesagt haben, ein himmelweiter Abstand zwischen Kellers Erdreich und der beliebten Hülle seines Landsmanns Bitzius, und seine Derbheit geht in der guten Stunde nur so weit als sie Namens des Ur- und Grundrechts der Poesie gehen darf, die, so lang' es Dichter gab, den Teufel nach zimpferlichen Gouvernanten und Tanten gefragt hat. Aber da sind nun also ausnahmsweise doch gewisse Knollen, Knorren, Batzen – unappetitlich, plump, unverdaulich. Ich nenne nur die Stellen: „gr. Heinrich“ 2, 373; – auch gegen das Tabakrauchen beim Theaterspiel hat der Schulmeister

(367) ja doch Recht; ferner: „Leute von Seldwyla" B. 2, S. 139,[79] B. 3, S. 32;[80] „Sieben Legenden" S. 56 (die gewissen Zöpfe des Ritters „Maus der Zahllose"[81]); die zwei renommistischen Turnierritter sind überdieß gar zu tolle Gestalten.

Weiter nichts, es ist wenig, aber doch viel zu viel. Solche Dinge sind nicht nett, nicht lustig, sind klobig.

[...]

24. 12. 1874 Hermann Hettner an Keller

[...]

Auch für die prächtigen Legenden nachträglich den besten Dank. | Schreibe mir recht bald. Ich sehne mich, ein altes Freundeswort von Dir zu hören.

[...]

30. 12. 1874 Emil Kuh an Keller

Meran, 30. December 74.

Hier ist die kleine Characteristik der Leute von Seldwyla. Wenn Ihnen nur der Gesammtton und ein paar Stellen Vergnügen gewähren, dann bin ich in Rücksicht auf diese Arbeit vollauf zufrieden. In den letzten Monaten habe ich mit einer freisinnigen Frau, der Princessin Marie Hohenlohe in Wien, (der Tochter der Liszt-Enthusiastin Fürstin Wittgenstein) einige Briefe über Ihre Dichtungen gewechselt, namentlich über Ihre Sieben Legenden, welche dort auf Widerstand gestoßen sind. Sie vertheidigte sich gegen meine Einwürfe anmuthig und zwar so, dß Sie selber daran Ihre Freude haben könnten.

[...]

29. 6. 1875 Keller an Friedrich Theodor Vischer[82]

[...]

Wegen Ihrer Aufsätze über meine Siebensachen[83] muß ich aber doch ein

79 Die drei gerechten Kammmacher, *HKKA 4, 250.18 ff.*

80 Kleider machen Leute, *HKKA 5, 027.28 ff.*

81 Die Jungfrau als Ritter, *371.01–371.07.*

82 *Begonnen am 31.1.1875, fortgesetzt am 29.6.1875.*

83 *Vgl. Friedrich Theodor Vischer:* Gottfried Keller. Eine Studie, *22.–29.7.1874, Dok.*

bischen Widerbellen, natürlich nur unter uns, in zwei Punkten. Ihre strafende Bemerkung über gewisse Unzukömmlichkeiten, Batzen, wie Sie's nennen, sind mir nur an zwei Orten verständlich u auch da sind die vermeintlichen Schweinereien eine tragikomische Folge einer an sich harmlosen Künstelei, die dadurch bestraft wurde.

Nämlich die „Nasenzöpfe" in einer der Legenden, mit diesen verhält es sich so. Ich wollte, unter dem Eindruck des Krieges, nationale Tendenzen hineingeheimnissen. Guhl der Geschwinde (Guhl alemannisch Hahn z.B. bei Hebel) sollte Frankreich vorstellen, Maus, der Zahllose, den Panslawismus, welche die Muttergottes als deutscher Recke successive besiegt. Das äußere Wesen des Slawischen sollte unter anderm durch allerlei gezopftes Haar- u Schnauzwerk gemalt sein u da dachte ich mir als Uebertreibung wirkliche lange barbarische Nasenhaare als Zöpfchen u es fiel mir nicht im Traum ein, daß etwas wirklich Ekelerregendes, wie Nasenschleim u d.gl. in's Spiel komme. | Die andere Stelle ist in den gerechten Kammmachern, wo einer derselben ruft: Ich sehe, wie die verehrl. Jungfer Bünzlin mir wollüstig zuwinkt u die Hand auf – das Herz legt, sollte es heißen. *[...]*

18. 8. 1875 Emil Kuh an Keller

[...]

Das plastische Talent bei Ludwig entstammt nach meiner Empfindung, meiner Ueberzeugung einer zuweilen poetisch verdichteten Stimmung, es ist, wenn ich so sagen darf, die Plastik des Zustandes, nicht die Plastik der Gestalt, die er gibt.[84] Wenn ich Ihre Eugenia lese oder Ihren Dietegen, so verlieren sich niemals die Contouren in den Luft- Licht- und Dunstwellen des einen und andern Gemüthszustandes der Personen, gleichsam in der eben herrschenden Tageszeit der Seele, in dem Farbenton derselben, mit Einem Worte in der Stimmung; und dennoch sind die Contouren von der jeweiligen Situation, wie Stimmung der Personen modifizirt, bald blasser, bald heller, bald im Profil, bald en face zu sehen. Ludwigs Personen jedoch, wo sie nicht die Formel ihres Seins aussprechen, sondern sich einmal unbefangen ausleben, werden derart dem Stimmungsgeiste der Scene, die

84 *Kuh spielt an auf die Charakterisierung Kellers als Kolorist – nicht Zeichner und Plastiker – in einem Brief Otto Ludwigs an Auerbach, die Julian Schmidt in seinem Artikel* Otto Ludwig *(in:* Westermann's Illustrirte Deutsche Monatshefte, *Februar 1874, S. 545) zitiert hatte und in der Keller ein Beispiel für das Schiefe und Unwahre vieler bildlicher Definitionen sah; vgl. Keller an Kuh, 28.6.1875, Ms. GK 77 Nr. 19/16; GB 3.1, S. 194.*

sich eben ereignet, botmäßig, daß eine Scheidung nicht mehr angeht, weshalb ich von seinen Characteren ungefähr den selben Eindruck zu empfangen wähne, wie von einem eigenthümlich beleuchteten Baum oder wie von Felsengesichtern in einer Landschaft. Es | ist schwierig, sich hiebei verständlich zu machen und ich weiß nicht, ob mir dies annähernd gelungen ist.

[...]

11. 12. 1875 Emil Kuh an Keller

Was sind doch Ihre Sieben Legenden, verehrter Freund, für köstliche Dichtungen! Eben genoß ich wieder Ihre Eugenie, nachdem ich durch Robert Hamerlings Aspasia,[85] die ich in Folge einer übereilten Zusage lesen muß, kalt und nüchtern geworden war. Die Stimmung, die mich erfüllt, wenn ich den schlimmen Eindruck falscher Poesie mit den Wirkungen der echten zu tilgen suche, hat Aehnlichkeit mit den kleinen Schnabelstößen des Vogels, der sein Mäulchen nach der Mahlzeit reinigt. In zehn Zeilen, worin Sie einen landschaftlichen Hintergrund markiren, ist mehr Klima und Tagestemperatur fühlbar, als in zehn Capiteln eines Poeten von der Artung Hamerlings. *[...]*

21. 12. 1875 Ferdinand Weibert an Keller

[...]

Sie hatten sr. Zt. die Güte mir für Ende dieses Jahres einen neuen Band Erzählungen in Aussicht zu stellen.[86] Könnte ein solcher vielleicht so rasch erscheinen, daß eine theure | Ausgabe bis zur Druckvollendung der wohlfeilen Ausgabe der Leute v. S.[87] nahezu zu verkaufen ist – vielleicht mit einer etwas kleineren Auflage – so könnte man einen wohlfeilen Druck (mit den Legenden) den Leuten v. S. anreihen. Das ist aber nur ein unmaßgeblicher Gedanke.

[...]

85 Aspasia. Ein Künstler- und Liebesroman aus Alt-Hellas. Von Robert Hamerling. Hamburg. Verlag von J. F. Richter. 1876.

86 *Am 20.5.1875 informierte Keller Weibert über ein* Convolut kleiner Geschichten, *die er unter dem Titel* Zürcher Novellen *zu veröffentlichen plane; vgl. Ms. GK 77 Nr. 11/34; GB 3.2, S. 252.*

87 Die Leute von Seldwyla *erschienen in 3. Auflage als* wohlfeile Ausgabe *im Mai 1876 bei Göschen.*

25. 12. 1875 Keller an Ferdinand Weibert

[...]

Auch für die „Legenden“ hätte ich gelegentlich ein gutes Stück hinzuzufügen, wobei aber der Titel „Sieben Legenden“ verloren ginge u nur „Legenden“ bliebe.[88] Was meinen Sie hiezu?

31. 12. 1875 Ferdinand Weibert an Keller

[...]

Von den Legenden 2te Aufl. habe ich leider noch ziemlichen Vorrath, so daß ich eine neue vermehrte Auflage für jetzt noch nicht machen könnte. Wäre der Vorrath nur wenige 100 Explre so würde ich auf diese gerne verzichten, u. zu einer neuen Ausgabe schreiten. Oder wünschten Sie vielleicht, daß ich zu dem jetzigen Vorrath die neue Legende druckte – aber ich bemerke eben, daß dieß nicht angeht, weil der Bogen mit 7 Legenden normirt ist.

Haben Sie vielleicht schon in Betracht gezogen, ob der neue Novellenband in zweiter Auflage ebenfalls in wohlfeiler Ausgabe erscheinen soll, und läge es in diesem Falle nicht in ihren Wünschen, wenn diese Ausgaben dann unter einem Sammeltitel, etwa „Gesammelte Erzählungen“ erscheinen würden, unter welche dann auch die vermehrten Legenden gereiht werden könnten.[89] Es früge sich dann wohl, ob die „Leute v. S.“ nicht gleich als $1^{t.}$ u $2^{t.}$ Band erscheinen sollte, obwohl die Titeleinfügung später auch ohne Anstand erfolgen könnte. |

[...]

3. 1. 1876 Keller an Ferdinand Weibert

[...]

Was die Vermehrung der Legenden betrifft, so wurde ich zu meiner Bemerkung blos durch Ihre Anregung einer spätern Sammlung der verschiedenen Sachen veranlaßt u ich denke selbstverständlich nicht daran, den Absatz der gegenwärtigen Ausgabe irgendwie zu stören.

[...]

88 *Vgl. dazu Kap. 1.1 Entstehung, S. 19 und ebd., Anm. 43.*

89 *Die* Züricher Novellen *erschienen bei Göschen im Dezember 1877 (vordatiert auf 1878), in zweiter Auflage 1879; weder eine wohlfeile Ausgabe noch eine Ausgabe unter einem Sammeltitel kam zustande.*

5. 8. 1876 Julius Rodenberg an Keller

[...] Uebrigens gilt auch hier für uns das Wort: „Nulla dies sine Gottfried Keller", indem wir uns an Ihren „Sieben Legenden" ergötzen, die uns eine gar liebe Reisebegleitung geworden. *[...]*

1877 Ferdinand Kürnberger: "Gottfried Kellers 'Sieben Legenden'." (Literarische Herzenssachen)

[...]

In den „Sieben Legenden" ist Gottfried Keller, wenn ihr wollt, satyrisch wie Voltaire, naiv wie Homer, graziös wie Heine, humoristisch wie Jean Paul. Aber da er das Alles zugleich ist, so müßt ihr jetzt ein Neues wollen; denn wenn diese Namen diese Prädicate gleichsam wie einen Stoff besitzen, der sich zählen und wägen läßt, so ist er bei Gottfried Keller ein imponderabile, aufgelöst zu einem feinen und flüchtigen Aethergeist, und das eben ist sein Geist, Gottfried Keller's eigener Geist. An einem einzelnen dieser Prädicate könnt ihr ihn nicht fassen und festhalten, denn, sollen sie ihn nicht erdrücken (Jean Paul wurde es schon von dem seinigen), so kann er sie vereint und gleichzeitig nur besitzen in einer völlig neuen und ihm allein gehörigen Form dieses Besitzes; aber <241> nennt dann die neue Form nicht mit alten, sondern auch mit einem neuen Namen: – Gottfried Keller.

[...] Er sagt nicht: lächle, aber liebe, was ziemlich leicht ist, sondern er sagt, was sehr schwer ist: lächle, aber achte! Und achte mir den Belächelten, nicht weil er ein Mensch ist, was auch wieder leicht wäre; nein! in seiner ganzen Besonderheit, als Individualität achte und respectire mir ihn. Humor mit Respect! So werden wir erlöst von der Schablone „humoristisch wie Jean Paul," denn dieser Humor, Gottfried Keller's Humor, <242> ist wieder eine neue Spielart, ist sein Eigenthum, ist sich ihr eigenes Original.

[...]

Lächle, aber achte! Ein Künstler, dem das mit wundergleicher Kunst-Eminenz bei den Menschen gelingt, sieht nur noch Eine nächst höhere Kunstaufgabe vor sich: es auch mit den Göttern und Heiligen zu probiren!

Wohlan, das ist die Kunstzeugung der „Sieben Legenden".

[...] <250> *[...]*

Keller's Legendengeist hat den katholischen Glauben innerlich um kein Tüpfelchen einer Nadelspitze verletzt: er hat diesen Glauben nur mit der Miene der Unschuld und mit der Folgerichtigkeit der Consequenz über eine Linie geführt, über welche ein Katholik ihn um keinen Preis führen würde.

Sein ganzes Verfahren liegt in den Worten Hippels.[90] Er hört von Gottes Auge und Gottes Mund sprechen, aber wer Auge und Mund hat, der muß auch Bauch und Schenkel haben. So nimmt er denn den Glauben bei seinem eigenen Worte und spricht in der Einfalt seines Herzens – von Gottes Bauch und von Gottes Schenkel. Er thut, als ob er nicht wüßte, daß es ein allgemeines Uebereinkommen ist, davon nicht zu sprechen! Das ist die ganze ausgepichte Grausamkeit seiner Legendenerzählung. Habt ihr einen Gott, der ein Mensch ist, – nun gut, ich bin euer Mann; er sei menschlich.

Enfant terrible nennt man ein Kind, das in der Gesellschaft der Erwachsenen nicht eben unanständige und ungehörige Dinge sagt, sondern blos sagt, was zu verschweigen unter den Erwachsenen die fable convenue und das allgemeine Uebereinkommen ist.

Als ein solches katholisches enfant terrible hat Gottfried Keller seine Legenden erzählt.

Keiner, wie er, hat die Kindesmiene so zu Gebote; er ist ein für ewige Zeiten unerreichbares Ideal von Naivetät in den „Sieben Legenden“. Wenn ihr daher sagt: „naiv wie Homer“, so ist es richtig; wir haben nichts dagegen. Aber <251> jetzt sind wir auch dort, wo wir solche Prädicate begrenzen können. Homer ist naiv wie ein Kind, nur sprach er auch zu Kindern. Gottfried Keller ist naiv wie ein Kind, aber er weiß sehr genau, daß er zu Erwachsenen spricht! Das macht den Unterschied.

Nennt daher getrost seine homerische Naivetät „satyrisch wie Voltaire“; wir haben wieder nichts dagegen. Nur wäre die ganze Satyre Voltaire's nicht, wenn sie nicht mit offen, ja leidenschaftlich eingestandenen Absichten auf ihren Gegenstand losginge; sie nennt und bekennt diesen Gegenstand, er ist die lebendigste Thatsache ihres Bewußtseins. Selbstverständlich weiß auch Gottfried Keller von dem Gegenstande seines Spottes, aber er thut, als ob er nicht davon wüßte. Das macht wieder den Unterschied! Er erreicht seine Satyre, ohne sie zu wollen und just weil er sie nicht zu wollen scheint. Zwischen Homer und Voltaire in der Mitte, steht daher seine Naivetät und seine Satyre auf ganz anderen Punkten als bei jenen.

[...]

„Graziös wie Heine“ können wir daher gleichfalls annehmen, soll damit der Superlativ ausgedrückt werden, der von der Grazie der deutschen Prosa

90 *Anspielung auf einen Satz Theodor Gottlieb von Hippels, den Kürnberger seinem Aufsatz als Motto voranstellte:* Wer von Gottes Mund spricht, thut etwas sehr Gewöhnliches; wer aber nur die Hälfte von Gottes Nase spräche, von seiner Stirn, oder von seinen Beinen, würde Gott danken können, wenn man ihn nicht für eine Art Gotteslästerer hielte. Warum das?

bisher erreicht worden ist. Wir können es aber nicht annehmen mit allen übrigen Nebenumständen.

Denn kurz, die Naivetät Homer's, die Satyre Voltaire's, der Humor Jean Paul's, die Grazie Heine's steht im Buche; <252> es sind in sich fertige Kunsterscheinungen. Bei Gottfried Keller's Sieben Legenden stehen wir selbst im Buche; er hat seinen Edelstein geschliffen mit unvergleichlich weiser Berechnung des Feuers und Farbenspiels, welches erscheint, wenn wir selbst die Folie dazu sind. Wie das Stereoskop runde Bilder aus dem Ebenen macht, dadurch, daß es unser eigenes Auge und seine Gesetze nachahmt, so macht Gottfried Keller seinen schelmischen Legendenglauben mit unserm Unglauben, den er aus dem seinigen freilich zu berechnen weiß, während der seinige aber streng aus dem Spiele bleibt. Man kann Figuren wie die beiden „Hyacinthen" als Meisterstücke humoristischer Naivetät nicht genug loben; wie aus alten Mignaturen herausgeschnitten, stehen und wandeln sie da vor uns.[91] Und doch hat Gottfried Keller im „grünen Heinrich" solche Bilder und Bildchen zu tausenden aus dem Aermel geschüttelt; seht nur genau zu, was ihr an den „Hyacinthen" lobt und was auf euch wirkt. Nicht der Bildspaß selbst, nicht die Figuren als solche, nicht die Figuren als Staffage, sondern Luft und Landschaft, worin sie stehen. Das aber sind wir, die Luft, die wir athmen, die Luft des neunzehnten Jahrhunderts. *[…]*

24. 12. 1876 Keller an Ferdinand Weibert

[…]

Nachträglich danke ich Ihnen höflichst für neuliche Zusendung von Journalnummern, welche meine Sachen besprechen. Wollen Sie eine recht krasse Lobpreisung lesen über die Legenden, so schlagen Sie in „Literarische Herzenssachen von Ferdinand Kürnberger" nach (Wien, L. Rosner 1877), die eben erschienen sind.

3. 1. 1877 Keller an Ferdinand Kürnberger

[…]

Daß ich der ehrenvollen Stelle, welche Sie meiner Geringfügigkeit in dem Buche vergönnt haben,[92] dankend erwähne, halten Sie wohl für menschlich begründet, | ebenso aber auch, daß ich über die gesteigerte, ja fast absolute

91 Eugenia, *338.02 ff.*

92 *Vgl. S. 417–419.*

Form, in welche Sie Ihre Zustimmung gefaßt haben, mich bescheidentlich nur dahin äußere: Möge es mir vergönnt sein, Ihnen nie eine allzu tiefe Herabstimmung zu bereiten.

Immerhin erkenne ich soviel von Ihrem Lobe dankbar an, daß Sie nicht, wie andere u zwar tüchtige Leute, mit der schulmeisterlichen Stoff- und Quellenfrage an das ganz freie Spiel herangetreten sind, sondern mit ganz dem Sinne, in welchem es entstanden ist. Sie haben mich damit in dem damals empfundenen Vorsatze bestärkt, sich durch keine Ausschlußtheorien und zeitgemäße Wegverbote von irgend einem Stoffe wegscheuchen zu lassen, der mir eine frische Ader weckt. Wo wird denn das sogenannte Zeitgemäße meistens | bleiben, wenn die Zeit oder das Zeitlein vorüber ist?

Jene Ausschlußtheorien, die jetzt so manche Produzierende für ihr persönliches Bedürfniß zuschneiden und ihren Produkten voransenden, gleichen zudem allzusehr den Trommeln, welche die Inhaber von Sehenswürdigkeiten auf den Jahrmärkten zu rühren pflegen.

[...]

26. 10. 1877 Adolf Exner an Keller

[...]

Die Legenden habe ich diesen Sommer mit meiner Braut gelesen (mit weislicher Ausnahme des Herrn Vitalis) u die Freude, die sie daran hatte, ist mir ein werthvoller Beweis für echten Geschmack. |

[...]

November 1877 Journalisten- und Schriftstellerverein "Concordia" an Keller

Journalisten- und Schriftstellerverein
„Concordia." I. Werderthorgasse 12.
Wien, im Novemb. 1877

Verehrter Herr!

Der Journalisten- und Schriftsteller-Verein „Concordia" in Wien trägt sich mit dem Gedanken, im nächsten Monate März zu Gunsten seines Pensionsfonds einen Kunst-Bazar zu inszeniren, für dessen Gelingen Schriftsteller und Künstler ihr Contingent beitragen sollen.

Wir erlauben uns nun im Interesse dieses Bazars die kollegiale Bitte an Sie zu richten, uns bei diesem projectirten Unternehmen durch Ihre liebenswürdige Mitwirkung unterstützen zu wollen.

Diese Unterstützung würde darin bestehen, daß Sie | uns für den erwähnten, wohlthätigen Zweck ein Autograph abließen, unter dem wir am liebsten ein vollständiges Manuscript Eines Ihrer bereits edirten Werke verstanden wissen möchten.

Ihre gefällige Zusage, eventuelle Einsendung eines solchen handschriftlichen Beitrages wird den Verein „Concordia" überaus ehren und zu großem Danke verpflichten, für den wir Ihnen schon vorwegs so viel versprechen können, daß wir die Schriftsteller-Autographe in die würdige Nachbarschaft hervorragender Werke von den besten bildenden Künstlern bringen werden. |

Indem wir nach wiederholter Bitte auf Ihre zusagende Antwort rechnen, zeichnen wir mit voller Verehrung

Ergebenst

Edgar Spiegl	Johannes Nordmann
Redakteur der „deutschen Ztg"	Präsident der „Concordia"
Ludw. Heer	Ad Löwe
Red. d. N. W. Tagblatt	Red. d. N. fr. Presse
Fried Stern	A Kulka
Red. d. „Vorstadtztg"	Red. d. Gerichtshalle
	Wilhelm Frey
	Red. d N. W Tagblatt

Sr Wohlgeboren
Herrn Gottfried Keller,
berühmter Schriftsteller in Zürich[93]

1. 6. 1882 Otto Brahm: "Gottfried Keller."[94]
(Deutsche Rundschau)

[…] <417> *[…]*

Seldwyla, irgendwo in der Schweiz gelegen, ist eine lustige und „seltsame" Stadt. Ein idealer Ort, ein neues Schilda, auf das alle Thorheiten und Narrheiten gehäuft werden. In jeder Stadt und in jedem Thale der Schweiz

93 *Keller überließ dem 1871 gegründeten Journalisten- und Schriftstellerverein die* Legenden-*Handschrift H1; vgl. Kap. 1.2 Die Textzeugen, S. 23. Kellers Begleitbrief vom 25.1.1878 ist belegt im Auktionskatalog Nr. XLIII von Karl Ernst Henrici (Versteigerung von Autographen in Berlin vom 14.–16.3.1918); sein heutiger Standort ist nicht bekannt.*

94 *Vgl. dazu die Rezension Theodor Fontanes:* Gottfried Keller. Ein literarischer Essay von O. Brahm, *8.4.1883, Dok.*

ragt ein Thürmchen von Seldwyla und die Ortschaft ist mithin als eine Zusammenstellung solcher Thürmchen zu betrachten. In einer so seltsamen Stadt kann es aber natürlich an seltsamen Geschichten und Lebensläufen nicht fehlen; die Thaten der Seldwyler müssen der originellen Phantasie des Dichters eben so werthvollen Stoff liefern, wie einst die Thaten der Schildbürger ihrem Historiker. Wie vieles an diesen Menschen ist „seltsam" und „wunderlich", in den „Leuten von Seldwyla" und sonst bei Keller. Um nur von einigen Fällen und in des Dichters eigenen Worten zu sprechen: „Romeo und Julia auf dem Dorfe" ist die „wunderlichste Verkleidung" der alten schönen Fabel, Frau Marianne, im „Landvogt von Greifensee" ist „die seltsamste Käuzin von der Welt, wie man um ein Königreich keine zweite aufgetrieben hätte",[95] der schlimmheilige Vitalis, ebenfalls ein Unicum, besitzt „eine Liebhaberei, die mit so seltsamer Selbstentäußerung vermischt ist, wie in der Welt kaum wieder vorkam".[96] *[...]* Immer neue und immer drolligere Dinge weiß der unerschöpfliche humoristische Sinn des Dichters zu erfinden. *[...]*

Solche phantastischen Gestaltungen noch wirksamer zu machen, arbeitet Keller mit merkwürdigen Contrasten und haarscharf zugespitzten Gegensätzen: des sonnigen und wonnigen Seldwyla Nachbarstadt ist das graue und finstere Ruechenstein, oder die Nachbarin der frommen und milden Frauen im „Verlorenen Lachen" das häßliche, böse Oelweib; der passive, langsame, unselbständige Ritter Zendelwald, in der „Jungfrau und dem Ritter", hat eine höchst energische, übereifrige Mutter, das düstere Schloß Schwarz-Wasserstelz, im „Hadlaub", beherbergt die lichte Fides, während auf dem heiteren Weiß-Wasserstelz die finstere Hexe, ihre Tante, haust. *[...]* <418> *[...]*

Alle diese Erfindungen, in denen die reiche Phantasie des Dichters sich voll Kraft und Farbe und Leben offenbart, erzwingen trotz ihrer Seltsamkeit zuletzt immer unsern Glauben, weil sie auf dem Boden der gesundesten Mäßigung ruhen, weil ein tief ethischer Zug durch alle Gestaltungen geht und wohl in der äußeren Form, aber nie im Wesen der Dinge Willkür und Laune uns entgegentritt. Jede Kunst hat ihren besonderen Stil und wer über das „Unwahrscheinliche" gewisser Keller'scher Dichtungen nicht hinweg kann, ist in die Art seiner Kunst nur wenig eingedrungen. Alle großen Humoristen, Cervantes, Sterne, Jean Paul, haben in diesem Sinne „unwahrscheinliche" Erfindungen uns zugemuthet. *[...]*

95 Züricher Novellen, *HKKA 6, 150.04 f.*

96 Der schlimm-heilige Vitalis, *386.12–15.*

Eine starke Phantasie, wie sie Keller besitzt, erzeugt leicht das Verlangen, einmal ungehindert von den Gesetzen der Causalität, in freiem Fabuliren sich ergehen zu können. Das hat Keller zu dem Märchen „Spiegel das Kätzchen“ geführt, dessen Held, der beschauliche philosophische Kater, der bekannten romantischen Kater-Generation angehört. *[...]*

Dasselbe Verlangen, das Keller zum Märchen geführt hat, hat ihn auch <419> zu den „Sieben Legenden“ geführt. Aber hier wie dort hat er die Freiheiten, die ihm der Stoff ließ, maßvoll benutzt; er hat von dem Rechte Gebrauch gemacht, mit dem Wie und Warum einmal leichter umzuspringen, aber nicht als ein Romantiker, mit schrankenlos ausschweifender Phantasie, sondern wieder mit gesundem, sittlichem Empfinden und mit strenger Kunst, als ein moderner Realist. Wenn die alten Legenden die transcendentale Frömmigkeit des männlichen oder weiblichen Heiligen verherrlichen, so reizt es den Schweizer in Gottfried Keller, den sehr menschlichen Rückschlag der zu hoch gespannten überirdischen Anforderungen darzustellen. Glaubet nicht, über die allgemeinen Grundlagen unserer Natur euch erheben zu können, ihr Heiligen, sonst rächt sich das verleugnete Körperliche! Sonst zwingt es euch dennoch unter seine Macht zurück und erpreßt das Bekenntniß: Homo sum! Lassen wir den Himmel Himmel sein und bleiben wir einstweilen hübsch auf der Erden! Das sind die einfachen Wahrheiten, welche Keller unversehens aus den Legenden entgegengesprungen sind, als er den Antrieb empfand, jene „abgebrochen schwebenden Gebilde zu reproduciren“:[97] gewiß, das Antlitz wurde ihnen nach einer andern Himmelsgegend gewendet, als nach welcher sie in der überkommenen Gestalt schauen, aber ihr Reiz wurde dadurch für uns nicht vermindert. Mehrfach hat Keller in diesen Dichtungen den Sieg der Erde über den Himmel, der Sinne über die Askese, kurz das Hervorbrechen des Natürlichen dargestellt *[...]* Alles dieses ist nicht frivoler Spott über Dinge, die andern heilig sind, sondern es ist, in des Dichters Sinne, der Sieg der Wahrheit, Natur und Sittlichkeit, es ist, wie in den Seldwyler Geschichten, Läuterung.

[...] <420> *[...]*

Aber Keller hat nicht nur nach der ethischen Seite hin die Vorlage verbessert, sondern eben so herrlich nach der poetischen. Alles weiß er zu beleben und zu beseelen: die Menschen macht er persönlich, die Dinge sinnlich greifbar. Stimmung bringt er hinzu und Farbe, Duft und Zauber. Hier bringt er einen Einfall, so unglaublich komisch, wie jener vom Ritter Maus

97 Vorwort, *333.11 f.*

dem Zahllosen, der „zum Zeichen seiner Stärke die aus seinen Naslöchern hervorstehenden Haare etwa sechs Zoll lang wachsen lassen, und in zwei Zöpfchen geflochten, <421> welche ihm über dem Mund herabhingen und an den Enden mit zierlichen rothen Bandschleifen geschmückt waren“[98] – dort gibt er eine Schilderung von so entzückend sonniger Stimmung, wie jene von dem Banket, an welchem Zendelwald-Maria gnadenvoll theilnimmt: „Es schien überhaupt alles glücklich zu sein; in den grünen Laubgewölben in der Höhe sangen die Vögel um die Wette mit den Musikinstrumenten, ein Schmetterling setzte sich auf die goldene Krone des Kaisers und die Weinpokale dufteten wie durch einen besonderen Segen gleich Veilchen und Reseda.“[99] Dazu nun eine Macht und ein gesättigter Ton der Darstellung, eine Knappheit des Wortes bei innerlich quellendem Reichthum, denen gegenüber es nur einen Ausdruck gibt: vollendet. Was zuerst soll man preisen und was höher? So schlicht alles und so bezeichnend, jedes Wort das richtige und deckende, keines zu viel und keines zu wenig, keine Kluft zwischen der Sache und der Form, Satz um Satz heranrollend nach innerem Rhythmus. Hier hat sie ihren Gipfelpunkt erreicht, die Erzählungskunst Keller's, und kein Stück ist mir bekannt von deutscher Prosa, das höher stände, als die „Sieben Legenden“.

[…]

22. 7. 1882 Keller an Julius Rodenberg

[…]

Was soll ich zu Otto Brahms Aufsatz sagen? Man ist immer in Verlegenheit, solch' übervoll gemessenem Lobe gegenüber sich angemessen auszusprechen. Freuen thut man sich trotz aller Anstandsregeln doch heimlich, wenn auch nur des „Geschäfts“ wegen, von welchem wir abhangen. Aber jedenfalls erregt ein freundlicher Sinn dieser Art, den man ja nicht provocirt hat, auch ein Wohlgefühl an sich und für sich. Danken Sie dem Herrn Doctor, mit dem so ehrenvoll zu spazieren ist, recht herzlich in meinem Namen und auch sich selbst, der Sie jetzt schon so oft die Räume der „Rundschau“ so gastlich zu meinen Gunsten geöffnet haben.

Zu Brahms in gutem Sinne gegebener | Kritik muß ich mich indessen auch etwas kritisch verhalten, wie das so menschlicher Brauch ist. Das

98 Die Jungfrau als Ritter, *371.03–08*.

99 Die Jungfrau als Ritter, *373.18–23*.

Prinzip, aus zusammengerafften oder vermuteten Personalien die Charakteristik eines poetischen Werkes aufzubauen und alles so viel möglich auf Erlebtes zurückzuführen, so lange der Hervorbringer sein Leben nicht selbst geschlossen hat, ist, abgesehen von den Inconvenienzen, die daraus entstehen können, nicht richtig, schon weil der fern Stehende auf bloßes Hörensagen, auf Klatsch und flaches Combiniren hin arbeiten muß und darüber das freie Urtheil über das Werk, wie es vor ihm liegt, beeinträchtigt oder ganz verliert. So werden namentlich mittelst solcher Methode die verschiedenen Stoffmotive geradezu unrichtig behandelt und auf nicht existirende Quellen zurückgeführt. Auch mit Bezug auf das Technische ist Brahms Methode noch etwas unsicher. So hebt er z.B. ausführlich meine Vorliebe für die Adjectiven seltsam und wunderlich hervor, während dieselbe erstens oberdeutsches Gemeingut ist u zweitens, wo sie zu sehr hervortreten sollte, von Vater Göthe her angelesen ist, welcher mit der Vorliebe für die beiden Wörtchen schon vor hundert Jahren voranging oder wenigstens | vor 80–90 Jahren. Die Norddeutschen brauchen dafür immer das Wort „sonderbar" und etwa einmal „merkwürdig", und beide letztern Ausdrücke dienen uns eben nicht so gut, wie jenes seltsam u wunderlich, in den jeweilig gegebenen Fällen nämlich. Doch genug mit diesem undankbaren Genergel! Mit Ihnen glaube ich, daß der feurig belebte, geistvolle und von gesunder Gesinnung beseelte junge Mann eine schöne Zukunft hat.

[...]

1. 1. 1883 Paul Heyse an Keller[100]

[...]

Neulich hat mir ein Landsmann von Dir ein Büchlein zugehen lassen,[101] das mir freilich einen so dicken allegorisch-mythologischen Qualm aufwirbelt, wie ich noch keinen erlebt, so daß ich nach vergeblichen Versuchen, mich durchzutappen, schleunigst Kehrt gemacht und mich in die reine und lieblich durchsonnte Luft Deiner Sieben Legenden geflüchtet habe. Zu meinem größten Erstaunen höre ich, daß dieser Nebulist in Eurer klaren Höhenwelt schwärmerische Anhänger gefunden hat, so den trefflichen

100 *Wohl wegen des Jahreswechsels von Heyse irrtümlich mit* 1882 *datiert.*

101 Extramundana. Von C. Felix Tandem. Leipzig, Verlag von H. Haessel. 1883. – *Heyse erhielt das Buch Tandems (= Carl Spittelers) von Haessel, C. F. Meyers Verleger in Leipzig; vgl. C. F. Meyer an Heyse, 11.12.1882 (Meyer Briefe, Bd. 2, S. 339).*

Widmann[102], der an Schack in überschwänglichen Ausdrücken von diesem tandem aliquando auferstandenen Genius geschrieben hat. *[...]*

8. 4. 1883 **Theodor Fontane: "Gottfried Keller. Ein literarischer Essay von O. Brahm."[103] (Vossische Zeitung)**

[...]

Was ist nun Stil? Ueber diese Frage haben wir uns freilich zuvörderst schlüssig zu machen. Versteht man unter „Stil" die sogenannte charakteristische Schreibweise, deren Anerkenntniß in dem Buffon'schen „le style c'est l'homme" gipfelt, so hat Keller nicht nur Stil, sondern hat auch mehr davon als irgend wer. Aber diese Bedeutung von „Stil" ist antiquirt, und an die Stelle davon ist etwa die folgende, mir richtiger erscheinende Definition getreten: „Ein Werk ist um so stilvoller, je objektiver es ist, d.h. je mehr nur der Gegenstand selbst spricht, je freier es ist von zufälligen oder wohl gar der darzustellenden Idee widersprechenden Eigenheiten und Angewöhnungen des Künstlers.⟨"⟩ Ist dies richtig (und ich halt' es für richtig), so läßt sich bei Keller eher von Stil-Abwesenheit als von Stil sprechen. Er giebt eben all und jedem einen ganz bestimmten, allerpersönlichsten Ton, der mal paßt und mal nicht paßt, je nachdem. Paßt er, so werden, ich wiederhol' es, allergrößte Wirkungen geboren, paßt er aber nicht, so haben wir Dissonanzen, die sich gelegentlich bis zu schreienden steigern. Er kennt kein Suum cuique, verstößt vielmehr beständig gegen den Satz: „Gebet dem Kaiser, was des Kaisers, und Gott, was Gottes ist." Erbarmungslos überliefert er die ganze Gotteswelt seinem Keller-Ton.

Dieser Fehler – denn ein solcher ist es, und nur von „Eigenart" sprechen wäre Beschönigung – tritt einem in allen Keller'schen Arbeiten entgegen, am meisten aber in seinen vielgefeierten und in der That entzückenden „Sieben Legenden", entzückend wenn man von Stil abzusehen vermag oder zu den noch Glücklicheren gehört, die, weil sie selber keinen haben, auch keinen vermissen. Alle diese Legenden fallen in ihrem humoristisch-

---

102 *Josef Viktor Widmann (1842–1911), von 1880 bis 1911 Feuilletonredakteur beim Berner* Bund.

103 *Vgl. S. 421–424. – Schon am 2.6.1882 notierte Fontane im Tagebuch:* Emilie liest mir einen längeren Aufsatz O. Brahm's über Gottfried Keller vor; gescheidt, fleißig, aber langweilig und überflüssig; das Eigentliche wird nicht gesagt. *(Theodor Fontane:* Tagebücher. *Bd. 2. Berlin: Aufbau 1995, S. 177)*

spöttischen und zugleich stark liberalisirenden G. Keller-Ton völlig aus dem Legendenton heraus und verstimmen mich, aller Kunst des Vortrags unerachtet, durch etwas ihnen eigenes Perverses, Widerspruchsvolles und „Schiefgewickeltes". An diesem Berolinismus dürfen Keller-Schwärmer am wenigsten Anstoß nehmen, denn ihres Lieblings Schreibart ist reich an Wendungen der Art oder auch an gewagteren. Keller selbst ist sich übrigens des Anti-Legendenhaften in seinen Sieben Legenden oder was dasselbe sagen will, einer inneren Umgestaltung des ihm Ueberlieferten völlig bewußt gewesen und schreibt deshalb, seine Handelsweise rechtfertigend, in einem kurzen Vorwort im Wesentlichen das folgende. „Wie der Maler durch ein fragmentarisches Wolkenbild, eine Gebirgslinie, durch das radirte Blättchen eines verschollenen Meisters zur Ausfüllung eines Rahmens gereizt wird, so verspürte der Verfasser die Lust zu einer Reproduktion alter Legenden, jener abgebrochen schwebenden Gebilde, wobei ihnen freilich zuweilen das Antlitz nach einer andern Himmelsgegend hingewendet wurde, als nach welcher sie in der überkommenen Gestalt schauen." So Keller. Richtiger wäre vielleicht die Bemerkung gewesen, „daß er ihnen, wie eben so vielen Tauben, den Kopf umgedreht habe." Denn sie sind todt.

Ein Musterbeispiel für dieses Todt-sein giebt uns die Legende von der heiligen Eugenia. Nach der alten Ueberlieferung begab sich Eugenia von Alexandrien her, wo sie gemeinschaftlich mit zwei Knaben, die beide Hyacinthus hießen, erzogen worden war, nach Rom, und erlitt dort bei der unter Kaiser Valerianus stattfindenden Christenverfolgung als Glaubensheldin den Märtyrertod. Dies das Ueberlieferte, das mir nirgends zum Spott herauszufordern scheint. In Keller's Sieben-Legenden-Buch aber erhält die Geschichte folgenden Abschluß. „Eugenien's Gewalt über Aquilinus, ihren Gemahl, war so groß, daß sie auch die beiden Hyacinthen aus Alexandrien mit nach Rom nehmen konnte, allwo dieselben ebenfalls die Märtyrerkrone gewannen. Erst neulich sind in einem Sarkophage der Katakomben ihre Leiber vereinigt gefunden worden, gleich zwei Lämmchen in einer Bratpfanne, und es hat sie Papst Pius einer französischen Stadt geschenkt, welcher die Preußen ihre Heiligen verbrannt haben. Ihre Fürsprache soll namentlich für träge Schülerinnen gut sein, die in ihren Studien zurückgeblieben sind."

Ich bin für das, was hierin komisch ist, keineswegs unempfindlich und finde beispielsweise die „zwei Lämmchen in einer Bratpfanne" witzig und anschaulich. Aber die Legende, so lange sie sich Legende nennt, verträgt diesen Ton nicht; sie hat vielmehr ihren besonderen Stil, und diesen vermiß' ich hier.[104] Das heilig Naive der Legende sollte vielleicht überhaupt gegen solche Behandlungsweise gefeit sein; wenn aber nicht, wogegen ich schließlich nichts habe, so gebietet sich wenigstens ein Flaggenwechsel. Was wir hier haben, ist einfach der Corsar unterm Sternen-Banner. Und das mißfällt mir. Ich kann O. Brahm nicht zustimmen, wenn er zur Vertheidigung der Keller'schen Trutz und Spott-Legende sagt: „Es reizt den Schweizer in Gottfried Keller, den sehr menschlichen Rückschlag der zu hoch gespannten, überirdischen Anforderungen darzustellen. Glaubt nicht, über die allgemeinen Grundlagen unsrer Natur euch erheben zu können, ihr Heiligen, sonst rächt sich das verleugnete Körperliche, zwingt euch unter seine Macht zurück und erpreßt euch das Bekenntniß: Homo sum. Lassen wir den Himmel Himmel sein und bleiben wir einstweilen hübsch auf der Erde." Alles sehr gut, und es liegt mir fern, einen erneuten Hinweis auf solche Wahrheiten für überflüssig erklären zu wollen. Es muß dergleichen gesagt werden, immer wieder und wieder, aber nicht in einem Buche, das sich „Sieben Legenden" nennt. Diese Sieben Legenden sind einfach keine Legenden mehr, es sind Märchen, in denen sich poesievoller Humor und scharfe Satire die Wage halten.

Ueberhaupt, und hierauf leg' ich Gewicht, wird sich alles was über G. Keller gesagt werden kann, in die Formel bringen lassen: er ist der Mann des Märchens; der Märchenton ist seine Tugend und seine Schuld. Und so mög' es denn noch einmal ausgesprochen werden: er hat diesen Ton wo er hingehört und hat ihn leider auch da wo er nicht hingehört; im ersteren Fall ist er sans phrase bezaubernd, im letzteren ist er vom Uebel, alles Bestrickenden unerachtet, das ihm auch an der unrechten Stelle noch verbleibt.

[...]

29. 6. 1883 Keller an Ferdinand Weibert

Zürich 29 VI. 1883.

Hochgeehrter Herr!

Mit Ihrem sehr Geschätzten von Gestern[105] machen Sie mir die gefällige Mittheilung, daß der Druck einer neuen Auflage der sieben Legenden

---

104 *Diese Kritik Fontanes war vermutlich der Anlaß für die Streichung des Vergleichs der toten Hyazinthen mit* zwei Lämmchen in einer Bratpfanne *(vgl. Kap. 2.1 Variantenverzeichnis 354.25), die Keller im September 1883 bei der Revision für E3 vornahm; vgl. Kap. 1.1 Entstehung, S. 18 f.*

105 *Die Briefe Weiberts an Keller sind nur bis zum 4.7.1882 erhalten.*

bevorstehe, und wünschen zu erfahren, wie es sich mit der s. Z. beabsichtigten Erweiterung des Büchleins[106] verhalte?

Hiemit steht es nun so: ich hatte damals die par neuen Legenden noch nicht geschrieben, sondern bloß projektirt. Da aber von einem Neudruck nicht die Rede sein konnte, seither aber eine Reihe von Jahren verflossen ist, so geriet mir die Sache aus dem Gesicht, und jetzt bin ich | nicht in der Lage, die bezügliche Arbeit auszuführen, deren Opportunität mir außerdem nun wieder problematisch erscheint.

Die neue Orthographie ist in den Zürch. Novellen allerdings etwas ungleich und incorrekt ausgefallen, und zwar durch meine Schuld. Da sich seit 10 Jahren für die Legenden eine Reihe kleiner stilistischer Correkturen angesammelt hat (in meinem Handexemplar) so wünschte ich die Revision der neuen Auflage jedenfalls zu besorgen und werde dann auch versuchen, das th in Ordnung zu bringen, das in Fremdwörtern und Eigennamen etc. bestehen bleiben soll.[107]

Mit ausgezeichneter Hochachtung

mich empfehlend Ihr ergebenster
Gottfr. Keller

14. 7. 1883 Keller an Ferdinand Weibert

Empfangschein.

Von der Tit. G. J. Göschen'schen Verlagshandlung in Stuttgart Frs. 750 als Honorar für die dritte Auflage der „Sieben Legenden" heute richtig erhalten zu haben bescheinigt hiemit

Zürich 14 Juli 1883

Gottfried Keller

16. 7. 1883 Keller an Ferdinand Weibert

Zürich 16 Juli 1883

Hochgeehrter Herr.

Indem ich Ihnen mit bestem Danke anliegende Quittung über das nach Anleitung bei der hiesigen Schweiz. Creditanstalt bezogene Honorar für die

---

106 *Vgl. Keller an Weibert, 25.12.1875, Dok.*

107 *Im Juli 1882 hatte Keller mit Weibert anläßlich der 3. Auflage der* Züricher Novellen *ausführlich über die Orthographiefrage korrespondiert (vgl. HKKA 22, Dok); vgl. auch HKKA Einführungsband, S. 225 f.*

3t. Auflage der Legenden zu übermachen mich beehre, sende ich gleichzeitig die mit meinen Correcturen versehenen Bogen des genannten Buches zurück, wobei ich die Versicherung ausgezeichneter Hochachtung erneuere

Ihr ergeb.
Gottfr. Keller

30. 10. 1883 Keller an Ferdinand Weibert

[...]

Bei diesem Anlasse hole ich zugleich die Empfangsanzeige über die 12 Exemplare der Legenden nach, welche Sie mir mit Begleitschreiben vom 29 Sept. abhin zuzustellen so gütig waren. |

[...]

6. 7. 1884 Wilhelm Petersen an Keller

Schleswig 6. Juli 1884

Heute Morgen 6 Uhr, lieber Freund und verehrter Gönner, begleitete ich die Familie zum Bahnhofe, um einen Theil der Ferien auf einem Gute zuzubringen, wo die Kinder bei den ländlichen Arbeiten, bei Buttern, Käsen u. s. w. helfen (d. h. spielend), und mit Wonne die maßlosen Schnitten Roggenbrodes mit noch größern Schnitten Käse und gelber Butter belegt futtern und Milch nach Bedürfniß trinken. Diese Aufenthalte gehören in das System der Erziehung. Ich wanderte dann mit dem Gefühle der Verlassenheit in den Wald, lagerte mich auf der Höhe am Rande, wo ein kühlender Windhauch einzudringen Raum hatte, ließ die Augen über Wald und Wiesen, wogende Kornfelder und blaue Fernen schweifen und vertiefte mich dann in Gottfried Kellers sieben Legenden, welche mir für die derzeitige Lage der geeignetste Born der Erquickung schienen. Die Wahl war gut, denn am Mittage wanderte ich strahlend von guter Laune heim zum einsamen Mahle. Ich wollte nur etwa drei Legenden lesen und die übrigen für einen andern Tag des Bedürfnisses aufsparen, aber ich las alle sieben, | zwischen den einzelnen je eine kluge Pause einschiebend, während welcher ich auf die tirilirenden Lerchen draußen und auf die flötenden und trillernden Amseln und sonstiges Gesindel über mir horchte, die mich beschnuppernden jungen Mäuschen beobachtete, die Züricher Tage[108] an mir vor-

108 *Petersen war vom 20. bis 23.3.1884 zum vierten Mal in Zürich.*

überziehen ließ und die Schattenrisse der zierlichen Halme, welche so verlockend auf mein Buch fielen, sorgältig zeichnete, daß sie wie echte Schatten aussahen, auch Ort und Datum hinzufügte zur Erinnerung an die schönen stillen Stunden. Welch köstliche Geschichten es sind! Ein echtes und rechtes Behagen bereiten sie dem Gemüthe. Bisweilen habe ich laut gelacht, daß die Vögel erschreckt davon stoben, auch ernstlich gerührt wurde ich, als ich Wonnebold mit seinen Söhnen in die Kapelle treten sah. Ich leide beim Lesen so oft an Unglauben indem die Gestalten nicht Fleisch und Blut gewinnen wollen trotz allen guten Willens – bei Ihren Geschichten ist mir das freilich nie geschehen – aber hier würde ich feierlichst beschwören, daß Alles genau so sich zugetragen hat, wie der fromme Erzähler berichtet.

Am Nachmittage zog ich wieder in den Wald zu einem einsamen Fleckchen, wo ich die Musik einer Gartenmusik hören konnte | und nahm die Züricher Novellen vor und zog dann am Abend in schöner friedlicher Stimmung heim. So habe ich den ganzen, echten Hochsommer-Sonntag mit Ihnen, theurer Freund, verlebt. *[...]*

18. 10. 1884 Josef Viktor Widmann an Keller

[...]

Inzwischen bin ich für jenen Musiker Frank aus Hannover, der Sie in diesem Sommer besuchte, als Librettist thätig.[109] Zwar Ihr Tanzlegendchen, das Hr. Frank von mir wünschte als eine Art Concertstück (cantatenhaft), habe ich noch nicht angetastet. Aber ich bearbeite ihm Shakespeare's „Sturm“. *[...]*

9. 11. 1884 Keller an Josef Viktor Widmann

[...]

So ist auch die Zumuthung jenes Herrn Frank, meinen leichten Prosacontur des Tanzlegendchens eigenhändig in eine Cantate umzuwandeln, was ja natürlich nur im rechtgläubig katholischen Stile, mit Abstreifung aller Ironie, also mit Verkehrung in's Gegentheil möglich wäre, nicht gerade klug gewesen.

[...]

109 *Ernst Frank (1847–1889), ab 1879 Kapellmeister am Hoftheater in Hannover.* – Der Sturm *(Libretto von J. V. Widmann) wurde 1887 uraufgeführt.*

24. 12. 1884 Johann Salomon Hegi an Keller

Genf d. 24. Dezmb. / 84.

Theurer Freund!

Fürchte nicht, daß ich ein „pecavi" singen, u. dann recht gründlich Alles aufzählen werde, was meine scheinbare Faulheit u. Rücksichtslosigkeit entschuldigen könnte. Das aber wirst Du am Platz finden, dß. ich Dir kurz die Ursache erwähne, die mich bis heute verhinderte, Dir den Empfang Deines werthen opus „d. 7 Legenden" anzuzeigen, u. meinen Dank dafür Dir auszusprechen.

[...]

Die VII Legend. waren ein vademecum, bis ich sie gelesen, dann gab ich sie H. Rotschi – der sie mir dieser Tage zurückgab, worauf sie wieder genossen wurden, ohne dß. der Apetit gesättigt wäre. Das ist das angenehme, wenn man ein Buch eigen hat, dß. man zu jeder Zeit nachschlagen kann, wenn man was auffrischen will – da kannst Du Dir vorstellen, wie oft ich Dir danke.

[...]

9. 3. 1885 Weibert – Hertz: Zusatz zum Vertrag vom 30.12.1871[110]

Vorstehenden VerlagsVertrag mit allen uns aus demselben erwachsenden Rechten und Pflichten cedieren wir hierdurch an Herrn Wilhelm Hertz, Besser'sche Buchhandlung in Berlin.
Stuttgart 9 März 1885.

G. J. Göschen'sche Verlagshdlg.

9. 3. 1886 Emile Pierret an Wilhelm Hertz

Paris, 9 mars 1886.

Monsieur,

J'ai le désir de faire paraître soit dans un journal soit dans une revue de Paris la traduction de la 1ere des „Sieben Legenden" von Gottfried Keller.[111]

110 *Der Zusatzvertrag steht in Zusammenhang mit der Verlagsübergabe von Weibert an Hertz; vgl. Kap. 1.1 Entstehung S. 19.*

111 *Eine Übersetzung ist nicht nachgewiesen.*

Voudriez-vous avoir l'obligeance de demander à l'auteur s'il permettrait la traduction et dans quelles conditions.

En vous remerciant d'avance, | je vous prie, Monsieur, d'agréer l'assurance de ma considération distinguée.

E. Pierret

M. E. Pierret.
attaché à la Bibliothèque Nationale
72, rue d'Amsterdam.
Paris.

12. 3. 1886 Wilhelm Hertz an Emile Pierret

12/III 86.

Sehr geehrter Herr! Auf die Frage vom 9t. theilen wir ergebenst mit, dass unsererseits kein Bedenken gegen die von Ihnen beabsichtigte Übersetzung der ersten Legende aus den „Sieben Legenden von Gottfried Keller" vorliegt. Hochachtungsvoll und ergebenst

gez. Bessersche Buchhdlg
W. Hertz

10. 12. 1887 Wilhelm Hertz an Keller

Berlin W. 17 Behrenstraße. 10/XII. 1887.

Hochverehrter Herr! Die „Legenden" sind, wie ich mündlich im Herbst mitzutheilen die Freude hatte, neu zu drucken und Ihre Genehmigung vorausgesetzt, soll diese vierte Auflage in 1200 Exemplaren hier veranstaltet werden, wo auch, wenn Sie nicht anders bestimmen, die Druckcorrectur durchaus besorgt werden kann. Das Honorar von 350 fl (nach § 3 der Abrede vom December 1871) bin ich so frei hier mit 600 M einzuschließen![112] *[...]*

20. 12. 1887 Keller an Wilhelm Hertz[113]

<u>Quittung.</u>

Von der Besser'schen Buchhandlung (Herrn Wilh. Hertz) in Berlin 750 Frs

112 *Vgl. den Vertrag* Sieben Legenden, *§ 3, 30.12.1871, Dok.*

113 *Abgeschickt wohl erst mit dem Brief vom 10.1.1888, Dok.*

(siebenhundert Franken) als Honorar für die vierte Auflage der „Sieben Legenden⟨“⟩ richtig empfangen zu haben, bescheinigt
Zürich 20 December 1887

Gottfried Keller

10. 1. 1888 Keller an Wilhelm Hertz

Zürich 10 Jan. 1888

Hochverehrter Herr!

Sehr verspätet zeige ich Ihnen dankbarst den Empfang Ihres freundl. Schreibens vom 17 vor. Mts. an, mittelst dessen Sie mir 600 Mark = Frs. 750 als Honorar für die vierte Auflage der Sieben Legenden zu übersenden so gefällig waren, und lege zugleich eine besondere Quittung bei.

[...]

10. 5. 1888 Keller an Wilhelm Hertz

[...]

Die unterm 1 Febr. mir gefälligst übersandten 2 Exemplare der neuen Auflage der Legenden habe ich richtig erhalten und erlaube mir, um gelegentliche Nachsendung von 2 oder 3 Exemplaren zu ersuchen. Leider habe ich bis jetzt sowol einige Druckfehler (durch versetzte Buchstaben) als auch andere Worte, wie S. 141 Zeile 9 von oben „großes“ statt „grobes“ Gewand.[114] Es ist dies ein wehmütiger Vorschmack der unheilbaren Verwitterung, welche die Zeit bringt und schon bei Lebzeiten eintritt, wenn man alt wird |

[...]

11. 5. 1888 Wilhelm Hertz an Keller

11 Mai 88

Hochverehrter Herr! Mit bestem Danke für Ihr freundliches Schreiben vom 10t., beginne ich diese ergebene Antwort, welche Ihnen zunächst den Abgang von drei „Legenden“ nach Zürich meldet. Ich beklage es daß die leidigen Druckfehler Ihnen Unbehagen bringen mußten. Die Schreib- und Lesewelt bleibt leider nicht Sieger in diesem Kampfe „von jeher“ gegen den SatzKobold. Wenn es Ihnen erwünscht ist, so wollen wir ein Druckfehler-

114 *Der Fehler (424.07) wurde in GW korrigiert, vgl. Kap. 1.2 Die Textzeugen, zu E4, S. 56.*

Verzeichniß zu den Legenden auf einem Blättchen drucken lassen, welches wir den nicht bereits gebundenen Exemplaren des Buches beifügen. Dann bitten wir, uns das Verzeichniß zugehen lassen zu wollen. *[...]*

18. 5. 1888 Keller an Wilhelm Hertz

Zürich 18 Mai 1888

Hochverehrter Herr! Mit bestem Danke zeige ich Ihnen den Empfang der drei Exemplare Legenden an, welche Sie mir unterm 11 d. Mts. zu senden die Gefälligkeit hatten. Die Druckfehler betreffend möchte ich Sie bitten, von dem Anfügen eines Druckfehlerverzeichnisses absehen zu wollen. Die Leute merken es vielleicht noch weniger. Für einen definitiv reinen Text werde ich in einem besondern Exemplar sorgen.

[...]

5. 9. 1888 Carl Schüddekopf an Keller

55 Chelsham Rd.
Clapham. London S. W.
5. IX. 88

Hochgeehrter herr!

In der hoffnung, daß Sie meine anfrage nicht für dreiste neugier, sondern als das nehmen werden, was sie ist, ein rein litterarisches interesse, erlaube ich mir, Ihnen folgende bitte vorzutragen.

In J. W. Wolfs Niederländischen Sagen (Leipzig, Brockhaus 1843) steht als nummer 344 eine „von einem alten Klostergeistlichen mündlich" erzählte legende von Maria als pförtnerin. Die grundlage derselben, die jungfrau Maria als stellvertreterin für eine pförtnerin Beatrix, welche für eine weile | die welt und ihre lust aufsucht, ist identisch mit der vierten Ihrer „Sieben Legenden", von der Jungfrau und der Nonne, so sehr auch sonst die rohe sage in einzelheiten von Ihrer in eine ganz andere sphäre gerückten erzählung abweicht. Da ich mich nun mit ähnlichen Marialegenden beschäftige, so wäre es mir von größtem interesse, zu erfahren, ob Wolfs mitteilung die quelle Ihrer erzählung ist, oder ob dieselbe auf einer andern gedruckten sage beruht.

Selbstverständlich würde ich von einer diesbezüglichen mitteilung keinen indiskreten gebrauch machen, obgleich ich das gefühl habe, daß manche Ihrer verehrer – auch hier in England – mit mir einen erhöhten genuß von Ihren | legenden haben würden, wenn sie selbst vergleichen könnten, was unter Ihren händen aus einer rohen überlieferung geworden ist.

In dieser gesinnung einer geneigten antwort entgegensehend verbleibe ich

mit größter verehrung
ergebenst
Dr. C. Schüddekopf.

11. 9. 1888 Keller an Carl Schüddekopf

Zürich, 11. September 1888

Geehrtester Herr!

Auf Ihre mit wertem Schreiben vom 5. ds. an mich gerichtete Anfrage habe ich lediglich mitzuteilen, daß ich die „Sieben Legenden" resp. deren Motive einer Legendensammlung entnommen habe, die L. Th. Kosegarten im Jahre 1804 herausgegeben hat. Dieselbe ist bekannt und besteht aus Übertragungen aus den sog. Quellen: Apokryphen der ersten christlichen Jahrhunderte, den Kirchenvätern, den mittelalterlichen Legenden der Passionale, Lektionarien usw., darunter die lombardische Goldene Legende des Jakobus a Voragine, Sebastian Brant.[115]

Im Kontext der Sammlung sind die einzelnen Quellen nicht ausgeschieden oder bezeichnet, z.B. eine Anzahl Marienlegenden fortlaufend ohne Sondertitel aneinander gehängt.

Die Stelle betreffend die Nonne füllt nicht ganz eine kleine Oktavseite und erzählt knapp, wie die Beatrix aus dem Kloster gegangen sei, 15 Jahre als gemeine Person sich herumgetrieben, dann bereut und sich wieder im Kloster eingefunden habe.

Übrigens hat Boccaccio diese Legende schon im „Decamerone" zu einer Novelle verwendet. Die Kosegartensche Sammlung ist nur eine beschränkte Auswahl, wie es gewiß eine Menge von Mariengeschichten gibt, deren er nicht erwähnt.

Ich selber habe mich mit diesen Dingen nicht weiter befaßt.

Mit vorzüglicher Hochachtung und Ergebenheit

G. Keller

115 *Keller schöpfte diese Informationen aus Kosegartens* Vorrede *zu seiner Legendensammlung.*

18. 1. 1889 Jules Zeller an Wilhelm Hertz

Institut de France.

Paris le 18 Janvier 1889

Monsieur,

Le Romancier de grand talent que Vous éditez, Gottfried Keller, n'est peut-être pas encore assez connu en France. C'est pourquoi j'ai eu l'idée de faire traduire par ma fille, qui, comme moi, sait bien l'allemand, quelques une de ses oeuvres qui pourraient être le mieux appréciées chez nous.

Pour commencer, j'ai choisi d'abord les Sept legendes et fait agréer déjà la traduction de la première: Eugenia, dans un recueil fort répandu chez nous et connu en Allemagne: La Nouvelle Revue.[116]

Mais avant de tenter ce premier essai et de publier Eugenia, nous avons besoin de votre autorisation et de celle de l'auteur. Si cette première tentative réussit auprès de nos lecteurs, nous continuerons avec les autres légendes et peut-être avec quelqu'autre ouvrage de l'auteur. Après avoir paru en articles, comme essais, dans la Nouvelle Revue nous tenterions la publication en volume, toujours avec Votre autorisation.

J'ai donc l'honneur de vous prier Monsieur de vouloir bien m'envoyer l'autorisation nécessaire pour Eugenia et les Sept légendes.

Peut-être ai-je quelque droit à obtenir cette faveur. Membre de l'Institut de France, connu en France par mes travaux historiques, j'ai été chargé comme président de l'Institut de France, en 1886, de parler au nom des Académies et Universités de France et de l'étranger aux mémorables fêtes du cinqcentenaire de l'université de Heidelberg, qui restent dans mes meilleurs souvenirs.

En attendant votre réponse aussi prompte que possible, j'ai l'honneur de vous prier de me mettre en rapport épistolaire avec M Gottfried Keller en m'indiquant sa résidence, et d'agréer vous même mes salutations les plus empressées

Jules Zeller
membre de l'Institut de France
1 Rue Le Goff

10. 2. 1889 Vertrag "Gesammelte Werke"

Vgl. HKKA 23.1, Dok

116 *Eine Übersetzung der* Sieben Legenden *in der* Nouvelle Revue *ist nicht nachgewiesen.*

Als Quelle verwendete Keller nach eigener Aussage[1] *die zweibändige Sammlung* Legenden. Von Ludwig Theoboul Kosegarten. *[...]* Berlin, in der Vossischen Buchhandlung. 1804 *(ZB: 42.739 + a).*[2] *Darin findet sich für jede der* Sieben Legenden *eine Vorlage, aus welcher das zentrale Motiv und wesentliche Teile der Handlung stammen; in drei Fällen kommen dafür zwei inhaltlich weitgehend übereinstimmende Erzählungen in Frage (SL5, SL6, SL7). Verschiedene Einzelmotive gehen ebenfalls auf Kosegarten-Legenden zurück (z.B. in SL1, SL2, SL6).*

*Die einzelnen Quellentexte werden im folgenden den sieben Legenden Kellers zugeordnet. Texte, die bei Kosegarten nur eine römische Ziffer als Überschrift tragen, wurden mit den dort im Inhaltsverzeichnis angegebenen Titeln (durch * gekennzeichnet) versehen.*

SL1 Eugenia

Die Legende von der heiligen Eugenia.* *(*Zweites Buch, XI. – *Bd. 1, S. 190–198)*

Eugenia war die Tochter des Philippus, eines edlen Römers, welcher, da ihm vom Senat die Statthalterschaft von Egypten übertragen wurde, <191> mit seiner Gattinn Claudia, mit seinen beiden Söhnen, Sergius und Avitus, und mit jener seiner einigen Tochter nach Alexandrien zog. Hier besuchte Eugenia die Schulen der Weisen, in welchen sie der Philosophie, der Dialektik und Rhetorik mit solchem Eifer oblag, daß endlich ihre Lehrer selbst nicht mehr im Stande waren, ihre Wißbegierde zu befriedigen. Zween Jünglinge, Söhne von Freigelassenen, die in ihres Vaters Hause geboren und erzogen waren, und Prothus und Hyazinthus hießen, theilten alle ihre

1 *Vgl. v.a. Keller an Ferdinand Freiligrath, 22.4.1860, Dok sowie Keller an Ferdinand Weibert, 24.3.1872, Dok und Keller an Carl Schüddekopf, 11.9.1888, Dok.*

2 *Vgl. Kap. 1.1 Entstehung, S. 11, Anm. 4 sowie Baechtold, Bd. 3, S. 29f. – Weitere Literatur: Andreas Rosenauer:* Gottfried Keller's Legenden und ihre Quellen. *Mediasch: Reissenberger 1911; Ermatinger 1915, Bd. 1, S. 445–478; Carl Beck:* Gottfried Kellers Sieben Legenden. *Berlin: Ebering 1919; Albert Leitzmann:* Die Quellen zu Gottfried Kellers Legenden. Nebst einem kritischen Text der „Sieben Legenden" und einem Anhang. *Halle: Niemeyer 1919; Alexis Ernst von Stackelberg:* Gottfried Kellers „Sieben Legenden" und ihre Vorlagen. *Diss. masch. Bonn 1948; DKV 6, S. 837–881.*

Studien, und machten ebenfalls in den Wissenschaften gute Fortschritte. Als Eugenia funfzehn Jahr alt war, gewann Aquilinus, der Sohn des Konsuls, sie lieb, und bewarb sich um ihre Hand. Eugenia aber sagte zu ihm: Zu einer zufriednen Ehe bedarf es weniger der Gleichheit des Standes, als der Gleichheit der Gesinnung. Um diese Zeit fielen ihr die Schriften des Apostels Paulus in die Hände; diese las sie mit großem Fleiße, und wurde durch sie für das Christenthum gewonnen.

Nun war den Christen erlaubt worden, in der Nähe der Hauptstadt auf dem Lande ihres Gottesdienstes zu pflegen. Als Eugenia Eines Sonntags Vergnügens halber mit ihren beiden Jugendgefährten auf ein benachbartes Landhaus fuhr, und der <192> Weg sie eine Kirche der Christen vorüberführte, hörte sie die Worte des Psalms singen: Der Heiden Götter sind Götzen; der Herr aber hat den Himmel gemacht. Hört ihr auch, sprach sie zu ihren Gefährten, was diese singen? Ist die Wahrheit auf ihrer Seite, so haben unsre Redner, Dichter und Weisen, so haben Aristoteles und Platon uns irregeführt, und wir befinden uns auf dem Wege zum Verderben. Meine Freunde, fuhr sie fort, durch die Geburt bin ich eure Gebieterinn geworden, durch die Weisheit aber eure Schwester. Lasset uns vollends Brüder, lasset uns Christen werden. Die Jünglinge waren es wohl zufrieden. Sogleich vertauschte Eugenia ihren weiblichen Anzug mit männlicher Kleidung, und begab sich sammt den Jünglingen zu einem nahen Mönchskloster der Helenus-Vorstadt. Helenus war ein Mann Gottes. Als er einstens mit einem Ketzer disputirte, und durch Gründe seiner nicht mächtig werden konnte, ließ er ein großes Feuer anzünden, und ging, Gott anrufend, mitten hindurch, ohne einigen Schaden zu nehmen. Das durfte der Ketzer nicht wagen, und bestand darüber mit Schanden. Diesem Helenus stellte Eugenia sich und ihre Begleiter als drei junge Männer vor, welche, der Welt mißtrauend, für ihre Seele sorgen wollten. <193> Es war jedoch dem Manne Gottes das Geschlecht der Eugenia durch den Geist geoffenbaret worden. Obgleich er nun sonst kein Weibsbild in seiner Nähe zu dulden pflegte; so sprach er doch zu dieser: Wiewohl kein Mann, ist gleichwohl deine Handlungsweise eines Mannes würdig. Hierauf ließ er sie den geistlichen Habit anziehn, und nahm sie auf in dem Kloster. Eugenia galt hier allgemein für einen Mann, und hieß nicht anders, als Bruder Eugenius.

Als indessen ihr Wagen leer zu Hause gekommen war, geriethen ihre Eltern in die äußerste Unruhe, und ließen sie aufs sorgfältigste suchen. Als sie nirgend zu finden war, befragte ihr Vater die Wahrsager, welche ihm anzeigten, daß seine Tochter von den Göttern entrückt, und unter die Sterne versetzt sey. Hierauf ließ Philippus ihre Statue in den Tempeln aufstellen, und befahl, ihr göttliche Ehre zu erzeigen. Mitlerweile führte Eugenia sammt ihren Gefahrten ein heiliges Leben, und, als der Vorsteher des Klosters starb, wurde der Bruder Eugenius von der Congregation zu dessen Nachfolger ernannt.

Damalen lebte zu Alexandrien eine Matrone von gutem Stande und vielem Reichthum, Namens Melania. Diese erkrankte am viertägigen <194> Fieber, und ward durch das Gebet und die Bemühungen des Bruders Eugenius wieder hergestellt. Dafür war sie sehr dankbar, schickte ihm häufige Geschenke, die er nie annahm, besuchte ihn auch zuweilen in seinem Kloster. Zugleich aber machte die Schönheit seiner Person und die Anmuth seines Umgangs einen solchen Eindruck auf sie, daß sie endlich Tag und Nacht keine Ruhe hatte, sondern nur immer darauf sann, wie sie seiner Liebe und seines Besitzes theilhaftig werden möchte. Um zu ihrem Zwecke zu gelangen, stellte sie sich, als sey sie aufs neue krank geworden, und ließ den Bruder Eugenius bitten, sie zu besuchen. Kaum aber hatte er sich an ihrem Bette eingefunden, als sie ihm in den feurigsten Ausdrücken ihre Liebe entdeckte, zugleich auch ihm um den Hals fiel, ihn mit großer Inbrunst küßte, und auf die schaamloseste Weise zur Sünde reizte. Eugenius aber riß sich mit Abscheu von ihr los, und sprach verweisend: Nicht mit Unrecht, wahrlich, wirst du Melania# genannt, die du eiterst von geheimer Bosheit, ein Kind der Finsterniß bist, und eine Erbinn der höllischen Flammen. Melania, von ihm verschmäht <195> sich sehend, und besorgend, daß er ihre Schande offenbaren möge, glaubte, ihm zuvorkommen zu müssen, erhub ein Zetergeschrei, und erzählte den herzueilenden Mägden, daß der Mönch ihr habe Gewalt anthun wollen. Hiemit nicht zufrieden, ging sie zu dem Statthalter Philippus, und redete also: Eugenius, ein christlicher Klosterbruder, kam zu mir, als ich krank war, und erbot sich, mir Arzenei zu geben. Als er sich aber allein mit mir fand, muthete er mir Schnödes zu, fiel über mich her, und würde seinen schändlichen Willen mit mir vollbracht haben, wenn nicht meiner Mägde eine, die auf mein Geschrei herbeieilte, mich von seinen Händen erlöset hätte. Der Statthalter gerieth in einen heftigen Zorn, und schwur, daß dieser Bösewicht den wilden Thieren solle vorgeworfen werden. Zugleich sandte er die Häscher aus, und befahl ihnen, die sämmtlichen Brüder jenes Klosters vor ihn zu führen. Ihr Verruchten, sprach er zu ihnen, hat euer Meister euch gelehrt, unter der Larve der Heiligkeit ein unreines Herz zu verbergen, und schaamlos die Zucht unsrer Frauen zu verhöhnen? Eugenia, die Augen niedersenkend, damit der Vater sie nicht kennen möge, antwortete mit bescheidner Zuversicht: Unser Meister hat die Reinigkeit gepredigt, und denen, die sich <196> von der Welt unbefleckt erhielten, das ewige Leben verheißen. Daß diese Melania eine falsche Zeuginn sey, können wir beweisen. Lasse man doch jene Magd erscheinen, auf die sie sich beruft, ob diese auch das Herz haben möchte, uns ins Angesicht auf ihrer Lüge zu beharren. Die Magd ward vorgefordert, bezeugte eben, als die von Melanien erkauft und abgerichtet worden, daß ihre Gebieterinn die lautere Wahrheit gesprochen habe; dasselbige bezeugte auch das sämmtliche Hausgesinde. Jetzt hielt Eugenia sich nicht länger. Die Zeit des Schweigens, sprach sie, ist vorüber, und die Zeit des Redens ist erschienen. Gott will nicht, daß seine Heiligen der Gottlosigkeit geziehen werden, und daß die Bosheit siege; so will ich dann die Wahrheit darthun, nicht zu meiner Rechtfertigung, sondern Gott zu Ehren. Als sie dieß gesprochen, faßte sie ihr Gewand, zerriß es von der Brust bis zum Gürtel herab, und stand als Jungfrau da. Erkenne deine Tochter, sprach sie zu dem Statthalter. Erkennet eure Schwester, sprach sie zu ihren daneben stehenden Brüdern. Ich bin Eugenia, die ihr so schmerzlich richtet. Hier diese sind Prothus und Hyazinthus. Als der Statthalter seine Tochter erkannte, fiel er ihr um den Hals mit lautem Weinen. Dasselbige thaten auch die Mutter <197> und die Brüder. Hierauf ward Eugenia mit güldnen Kleidern angethan, und auf den Schultern des Volks nach Hause getragen. Melania aber und ihre Mitschuldigen wurden durch Feuer vom Himmel zu Asche verbrannt.

Darnach, als Eugenia ihre Eltern, ihre Brüder, und ihr ganzes Haus zum Christenthum bekehrt hatte, entsagte Philippus der Statthalterschaft, und ward von den Christen zum Bischof erwählt. Nicht lange hernach ward er, im Gebet beharrend, von den Heiden erschlagen. Claudia kehrte mit ihren Kindern, wie auch mit Prothus und Hyazinthus, nach Rom zurück, woselbst viele Menschen durch sie bekehrt wurden. Als nun Valerianus, der der Christen Feind war, an das Reich gelangte, befahl er, Eugenien mit einem an den Hals gebundenen Stein in die Tiber zu versenken; allein der gelösete Stein versank, und Eugenia wandelte unbeschädigt auf den Wellen. Hierauf ward sie in einen glühenden Ofen geworfen, welcher gleich einer kühlenden Laube ihr gemahnte. Darnach ward sie in einen düsteren Kerker eingeschlossen, welcher alsbald von überirrdischer Klarheit erglänzte. Nachdem sie darinnen eilf Tage ohne einige Speise zugebracht hatte, erschien unser Herr Christus ihr, reichte ihr das allerweißeste <198> Brod, und sprach: Nimm diese Speise von meiner Hand Ich bin derjenige, den du bis in den Tod geliebet hast. Harre noch eine kleine Weile. Am Tage, da ich in die Welt gekommen, will ich dich von der Welt erlösen. Am heiligen Weihnachtstage trat der Nachrichter ins Gefängniß, und schlug Eugenien das Haupt ab. In derselbigen Nacht erschien sie ihrer Mutter, und verhieß ihr, daß sie am

nächsten Sonntag ihr folgen solle. Der nächste Donnerstag erschien, und Claudia gab betend ihren Geist auf. Prothus und Hyazinthus wurden in den Tempel geschleppt, um den Göttern zu opfern. Durch die Kraft des Gebets zermalmten sie die Götzenbilder, und gewannen hierauf die Märtyrerkrone. Als man schrieb nach Unsers Herrn Geburt: Zweihundert sechs und funfzig.
d. i. Schwarzinn.

> *Zum Motiv der Frau im Männerkloster vgl.* Die Legende von der heiligen Euphrosine.* *(*Zweites Buch, XV. – *Bd. 1, S. 236 f.); zu Eugenias Forderung, daß ihr Ehemann ihre wissenschaftlichen Interessen teilen müsse,* Die Legende von der heiligen Katharina, unsers Herrn verlobten Braut.* *(*Zweites Buch, V. – *Bd. 1, S. 146 f.):*

Es war ein reicher, edler König, Namens Costus. Derselbige hatte eine einige Tochter, die hieß Katharina, und war über die Maßen schön und klug, sittig und tugendsam. Als sie sechs Jahr alt war, schickte man sie in die Schule. Daselbst erlernte sie alle weltliche Gelehrsamkeit, und ward eine Meisterinn in den sieben freien Künsten.

Zu der Zeit war Maxentius Kaiser im Römischen Reiche. Als Katharina dreizehn Jahr alt war, schrieb Maxentius dem König Costus einen Brief, und bat ihn, daß er zu ihm käme. König Costus machte sich auf mit seiner Frau und Tochter, und einem gar ansehnlichen Geleit, und zog zum <147> Kaiser gen Alexandrien; daselbst ward er vom Kaiser gar ehrlich empfangen, und mit großen Gaben begabet. Auch verwunderte sich männiglich über Katharinens ausbündige Weisheit und seltne Schönheit. Als König Costus nun eine Weile beim Kaiser verharret war, beurlaubte er sich von ihm, und zog wieder in sein Land. Daselbst erkrankte er und starb, worüber seine Frau und seine Tochter gar traurig wurden.

Als Maxentius hörte, daß König Costus todt sey, that es ihm sehr leid. Doch gedachte er, wie schön und klug und reich seine Tochter sey, und bat die Königinn, daß sie solche seinem Sohne zur Ehe gebe. Die Königinn berichtete das der Tochter, und bat sie, sich darein zu fügen. Katharina schauete in den Spiegel, und als sie ihrer sonderlichen Schönheit wahrnahm, sprach sie: Ich sehe wohl, daß ich schöner bin, als alle Jungfrauen zu Alexandrien, darum will ich keinen Bräutigam haben, er gleiche mir denn in vier Stücken: an Adel, an Reichthum, an Weisheit und an Schönheit. Diese vier Stücke finde ich keineswegs an dem Sohne des Kaisers. Uebertrifft er mich an Adel, so übertreffe ich ihn an Schönheit und an Weisheit. Darum kann er mein Bräutigam nicht seyn. *[…]*

SL2 Die Jungfrau und der Teufel

Die Jungfrau und der Böse. (Erstes Buch, V. – *Bd. 1, S. 34–38)*

Ein gewisser sehr reicher und sehr mächtiger Ritter, welcher durch unzeitige Freigebigkeit sein Gut beträchtlich geschwächet, gerieth am Ende in solche Dürftigkeit, daß er, welcher sonst das Größte auszuspenden pflegte, jetzt des Kleinsten bedurfte. Es hatte aber derselbige eine überaus züchtige und fromme Ehegenossin, welche der heiligen Jungfrau all ihre Lebetage mit sonderlicher Andacht zu gedenken pflegte. Als nun eine gewisse Festlichkeit sich nah'te, bei welcher besagter Ritter große Vergabungen auszutheilen <35> gewohnt war, er aber nicht hatte, wovon er diesmal geben könne, gerieth er in große Herzensangst und Bekümmerniß, beschloß endlich, so lange jene Festlichkeit dauerte, über Land zu reisen, und vertiefte sich in eine wüste, seiner Taurigkeit angemessene, Gegend, um dort seiner Bekümmerniß nachzuhängen, der Beschämung aber zu entrinnen. Siehe, da sprengte mit einemmahle ein gewisses sehr gräßliches Roß auf ihn an, welches einen noch viel gräßlicheren Reuter auf seinem Rücken trug, welcher ihn sofort anredete, und nach der Ursach seines Kummers forschte. Als er ihm nun alles, was sich begeben hatte, nach der Ordnung auseinander gesetzet, sagte jener: Wenn du mir zu Willen seyn willst in einer einzigen ganz geringen Sache, so will ich dir zu größerem Ansehen und Reichthum verhelfen, als du vorhin jemalen besessen. Sogleich gelobte jener sich dem Fürsten der Finsterniß zu getreuen Diensten, und verhieß alles zu thun, was er ihm beföhle; nur solle er sein Versprechen erfüllen. Hierauf sagte der Böse: Gehe nach Hause, und suche nach an dem und dem Orte; so wirst du so und so viel Pfund Goldes, so und so viel Zentner Silbers, und einen großen Haufen köstlicher Edelsteine finden. Dagegen begehre ich weiter nichts von dir, als daß du an dem und dem Tage deine Ehegenossin zu mir herführen mögest auf diesen selbigen Ort. Nachdem der Ritter solches versprochen, <36> kehrte er nach Hause zurück, suchete nach am bestimmten Platze, und fand alles, was ihm war verheißen worden. Sogleich hub er an, Palläste zu bauen, Vergabungen zu spenden, die verpfändeten Grundstücke wieder einzulösen, Knappen und Knechte sich zuzulegen, wie vormalen. Als aber der anberahmte Tag sich nahte, rief er seiner Gemahlinn, und sprach zu ihr: Liebe Frau, setze dich eiligst zu Pferde, denn du hast einen weiten Weg mit mir zu machen. Die fromme Frau erschrak von Herzen, hub an zu zittern und zu beben, wagte gleichwohl nicht, dem Ehegemahl zu widersprechen, sondern befahl sich in die Hut der heiligen Jungfrau, und folgte ihrem Manne. Als sie nun eine ziemliche Strecke fortgeritten, und unterweges eine Kirche gefunden, stieg die fromme Frau vom Pferde, und trat in die Kirche, während der Mann haussen harrete. Als sie nun hier der heiligen Jungfrau sich auf das allerandächtigste befohlen, ist sie plötzlich in einen tiefen und süßen Schlummer gefallen, und ist dagegen die glorwürdige Jungfrau vom Altar herunter getreten, hat alle Gestalt und Kleidung besagter Frauen angenommen, ist hinausgegangen, und hat sich zu Pferde gesetzt, während jene schlafend in der Kirche zurückblieb. Es wußte aber der Ritter nicht anders, als daß es seine Hausfrau wäre, welche ihm folgte. Als sie nun an den <37> bewußten Ort gelangten, stürmte der Fürst der Finsterniß daher gewaltiglich, und sprengte gegen sie an mit großem Ungestüm. Sobald er aber näher gekommen, hub er an zu zittern und zagen dermaßen, daß auch seine Kniee schwankten, und seine Schenkel unter ihm zu brechen schienen. Und sprach zu dem Ritter: O du allerungetreuester der Menschen, wie hast du mich so böslich betrogen! wie vergiltst du mir solches für alle meine Gutthaten! Deine Ehegenossin solltest du mir bringen, und du bringst mir die Mutter Gottes selber. Deine Gattinn wollte ich haben, und du bringst mir die allerseligste Maria. Dein Weib, das mir von jeher viel gebranntes Herzeleid zugefügt, wollte ich peinigen an diesem Ort, und du bringst mir meine allergrimmigste Feindinn, die mein Reich gewaltiglich und unversöhnlich verstöret. Als solches der Rittersmann hörte, entsetzte er sich über die Maßen sehr, und vermochte vor Furcht und Verwunderung auch kein Wörtlein zu reden. Die heilige Jungfrau aber sprach zu dem Bösen: O du Arger, wie hast du dich vermessen mögen, meiner Dienerinn, die mir gewidmet ist, zu schaden. Solche Frechheit soll dir nicht ungestraft ausgehen. Fahre hinunter augenblicklich an deinen Ort, und nimmer wieder versuche einer solchen zu schaden, welche mich mit Andacht anruft. Also sagte die Jungfrau, und von Stund an schied der <38> Böse von hinnen mit großem Geheul und Wehklage. Der Ritter aber stieg vom Pferde, und warf sich der heiligen Jungfrau zu Füßen. Diese, nachdem sie die Sünde ihm auf das schärfste verwiesen, befahl ihm zu der Kirche zurückzukehren, wo er seine Hausfrau noch schlafend finden würde, sofort aber alle Schätze des Bösen von sich zu werfen. Der Ritter that wie ihm befolen, und kehrte zurück zu seiner schlafenden Gattinn, welche er weckte, und alles was begegnet war, ihr getreulich hinterbrachte. Als sie nun zu Hause gekommen, und alle Schätze des Bösewichts von sich geworfen hatten, sind sie all ihr Lebetage beharret im Lobe und Dienste der allerseligsten Jungfrau. Und hat die heilige Jungfrau ihnen in den folgenden Tagen größere Ehre und Reichthümer zugewandt, als sie vorhin jemalen besaßen.

Zum Motiv des von der Jungfrau zermalmten Teufels (362.03–363.03)[3] *vgl.* Die heilige Margaretha und der Drache.* *(*Erstes Buch, IX. – *Bd. 1, S. 60):*

[...]
Da krümmte sich der ungeheure Wurm
Lautheulend zu der Jungfrau zarten Füßen.
Sich ängstlich windend, rief er ängstlich aus:
Laß Jungfrau ab, laß ab, du Heilige.
Dein Fuß ist eisern; deiner Fersen Kraft
Zermalmt die Sehnen mir bis auf das Mark.
[...]

SL3 Die Jungfrau als Ritter

Aus: Legenden von der Jungfrau Maria.* *(*Zweites Buch, II. – *Bd. 1, S. 124)*

[...]

Es war einmal ein Ritter, der hieß Walter von Birberg. Derselbige hatte Unsre Liebe Frau sehr lieb, und ritt einstens in einen Turnier. Als er nun unterwegs an eine Kirche kam, bat er seine Gesellen, zuvor mit ihm eine Messe zu hören. Diese wollten nicht, und ritten fürbaß. Also blieb Ritter Walter alleine dort, ließ Unsrer Lieben Frauen zu Ehren eine Messe singen und opferte mit großer Andacht. Dann ritt er in den Turnier. Unterwegs begegneten ihm viele Menschen, welche sagten, daß der Turnier bereits vorüber wäre. Er fragte, wer am besten gestochen habe? Die sagten, das hat Herr Walter von Birberg gethan, den rühmet man vor allen andern. Das nahm den Ritter Wunder; doch ritt er fürbaß, und kam noch frühe genug, um den Turnier sammt andern Rittern mit großem Lobe zu enden. Nach geendigtem Turnier kamen viele Ritter zu ihm, und befahlen sich seiner Gnade, als solche, welche im Stechen von ihm wären überwunden worden. Da erkannte er wohl, daß solche Ehre ihm von Unsrer Lieben Frauen Gnade wiederfahren wäre, und dankte ihr mit großer Andacht, und diente ihr, derweil er lebte.

[...]

3 *Vgl. auch den vom Pferdehuf getretenen Teufel in SL3 (369.29–370.08).*

SL4 Die Jungfrau und die Nonne

Aus: Legenden von der Jungfrau Maria.* *(Zweites Buch, II. – Bd. 1, S. 117 f.)*

[...]

In einem Kloster war eine schöne Nonne, die hieß Beatrix, und war Küsterinn. Dieselbe ward von sündlichen Gedanken gar heftig angefochten. Als sie es nun nicht länger zu ertragen vermochte, trat sie eines Nachts vor den Altar Unsrer Lieben Frau und sprach zu ihr: O, du allerliebste Frau Maria, ich habe dir bisher gedient auf das beste, als ich nur vermochte. Aber jetzt nimm du die Schlüssel zu dir; ich kann das Leiden in meinem Herzen nicht länger ertragen. Als sie das gesprochen, legte sie den Schlüssel auf den Altar, ging zum Kloster hinaus, und ergab sich dem gemeinen Leben volle funfzehn Jahr. Als die funfzehn Jahre um waren, empfand sie große Reue in ihrem Herzen, ging zu der Pforte des Klosters, und sprach zu der Pförtnerinn: Kennst du eine Frau hier inne, welche Beatrix heißt, und ist Küsterinn? Die Pförtnerinn sprach: Recht gut kenne ich sie. Sie ist eine fromme Frau, und aus der Maßen demüthig, und hat sich allzeit wohlgehalten. Als das Beatrix hörte, wollte sie wiederum gehn. Da trat Unsre Liebe Frau zu ihr, und sprach: Komm nur wieder herein, und bessere dich; ich bin die ganze Zeit über Küsterinn gewesen an deiner Statt. Da <118> ging Beatrix wieder in das Kloster und that Buße, und erzählte allen Frauen, wie große Gnade ihr von Unser Lieben Frauen wiederfahren sey.

[...]

SL5 Der schlimm-heilige Vitalis

Die Barmherzigkeit des heiligen Johannes, genannt der Almosenier.* *(Viertes Buch, X. – Bd. 2, S. 283–286)*

[...]

Dieselbe liebreiche Schonung bewies der fromme Erzbischof einem Mönche, Vitalis genannt, welcher eine ganz eigne Weise ersonnen hatte, die öffentlichen Buhlerinnen der Hauptstadt zu bekehren. Er zeichnete sie sämmtlich auf, besuchte denn die eine nach der andern, und sprach zu jeder: Gewähre mir die und die Nacht, und versage dich an keinen andern. Sobald er nun um die bestimmte Stunde in das Haus und in die Kammer trat, fiel er in einer Ecke des Gemachs auf die Knie, und betete für die Besitzerinn des Hauses die ganze Nacht. Früh morgens verließ er sie, und <284> verbot ihr aufs schärfste zu sagen, was er bei ihr gemacht hätte. Dies trieb Vitalis eine geraume Zeit, und richtete dadurch seinen guten Namen völlig zu Grunde. Befand er sich bei einbrechender Nacht etwa in einer Gesellschaft, so pflegte er zu sprechen: Was mache ich doch? Hätte ich doch bald vergessen, daß die und die Freundin mich erwartet. Ich muß hin, auf daß sie nicht über mich zürne. Ward er von andern wegen solchen anstößigen Wandels gestraft, so sprach er: Was denkt ihr doch? Meint ihr, daß ich von Stahl und Eisen sey? Bildet ihr euch ein, daß Gott den Mönchen nicht auch ein bischen Freude gönne? Die Mönche sind Menschen, so gut wie die andern. Manche sagten zu ihm: Vater, nehmt euch lieber eine eigne Frau, und legt den geistlichen Habit ab, damit die andern sich nicht an euch ärgern. Hierauf pflegte er zu antworten: Wer sich ärgern will, der ärgere sich, und renne meinethalb mit dem Kopf gegen die Mauer. Seyd aber ihr über mich zu Richtern bestellt? Bekümmert euch um euch selbst, für mich sollt ihr Gott keine Rechenschaft ablegen. Solches sagte er mit großem Lärmen und Geschrei. Als nun die Sache vor den Erzbischof gebracht wurde, wegerte er sich, dem sonst frommen Mönche etwas so Frevelhaftes zuzutrauen; <285> ihm ahnete, daß irgend eine löbliche Absicht unter einem so frechen Aeußern verborgen bliebe, und er vertrauete, daß Gott solche zu seiner Zeit schon an das Licht bringen werde. Wirklich gelang es dem Mönche, manche dieser Metzen zu bekehren, und in Klöstern unterzubringen. Als er eines Morgens aus dem Hause eines solchen Weibsbildes heraustrat, begegnete ihm einer ihrer Buhler, gab ihm eine Maulschelle und sprach: Willst du noch nicht ablassen, Bösewicht von diesen ruchlosen Gängen. Vetalis antwortete: Für diese Maulschelle wirst du eine andre empfahen, welche über ganz Alexandrien erschallt. Gleich darauf erschien der Teufel dem Wüstling in Gestalt eines Mohren, versetzte ihm eine erschreckliche Maulschelle, und sprach: Die schickt dir der Abt Vitalis. Von Stund an, fuhr der Teufel in ihm, und plagte ihn erbärmlich; bis Vitalis ihn durch sein Gebet befreyte. Vitalis beharrte in dieser Bekehrungsweise so lange er lebte. Als er gestorben war, fand man an den Wänden seiner Zelle diese Worte geschrieben: Richtet nicht vor der Zeit! Die gewesene Buhlerinnen, welche durch Vitalis Tod ihres ihm geleisteten Versprechens entbunden wurden, bekannten nun, in welcher Absicht er sie besucht, und was er bei ihnen gemacht <286> habe. Als das Johannes vernahm, preisete er Gott, der solches offenbart hatte. Auch sprach er: O wie gern hätte ich die Maulschelle hingenommen, die Vitalis empfing!

[...]

Zum Motiv der Bekehrung einer Hetäre durch einen Mönch vgl. auch Die Legende von der heiligen Thais der Buhlerinn.* *(*Zweites Buch, XIII. – *Bd. 1, S. 212–216):*

Die Buhlerinn Thais war von so auserlesener Schönheit, daß viele Jünglinge um ihretwillen ihr ganzes Vermögen verschwendeten, und am Ende in die bitterste Armuth geriethen. Auch war ihre Hausthür der Tummelplatz unaufhörlicher Balgereien, und ihre Schwelle war häufig gefärbt mit dem Blute der eifersüchtigen Liebhaber. Als das der heilige Paphnutius hörte, zog er einen weltlichen Habit an, steckte einen Solidus zu sich, und reiste zu ihr, die in einer Egyptischen Stadt ihr Wesen trieb. Als er nicht ohne Mühe vor sie gekommen war, reichte er ihr den Solidus statt des Sündenlohnes. Sie nahm das Geld, und sprach zu ihm: Laß uns in die Kammer gehn. Als sie in die Kammer kamen, und die Buhlerinn ihn einlud, ein prächtiges, mit reichen Decken geziertes Bette zu besteigen, sprach Paphnutius: Wenn du ein geheimeres Gemach hast, so laß uns in dieses gehn. Sie führte ihn <213> in ein solches, dann in ein drittes, dann in ein viertes und fünftes. Immer noch dauchte es dem Fremden nicht geheim genug. Immer noch besorgte er, daß ihn jemand sehen möge. Thais sprach: Ich habe freilich noch ein Gemach, wo es unmöglich ist, daß ein menschliches Auge uns finden möge. Scheuest du dich aber vor Gott, so bedenke, daß kein Gemach so geheim ist, wohin sein Auge nicht dringe. Als das Paphnutius hörte, sprach er zu ihr: So weißt du also, daß ein Gott sey. Sie sprach: Ich weiß, daß ein Gott ist, und auch, daß es eine vergeltende Ewigkeit giebet. Da sprach der Abt: Wenn du das weißt, warum hast du denn so viele Seelen zu Grunde gerichtet? Wisse, daß du nicht bloß für deine Seele, sondern auch für die ihrigen wirst strenge Rechenschaft geben müssen. Als das die Buhlerinn hörte, fiel sie zu des Abtes Füßen, und sprach, unter Vergießung vieler Thränen: Ich weiß, daß es auch eine Buße giebt, und hoffe durch dein Gebet die Vergebung zu erlangen. So bitte ich dich dann, daß du mir nur einen dreistündigen Aufschub gewährest; hernach will ich gehn, wohin du willst, und thun, was du mich heißest. Nachdem der Abt ihr hierauf einen Ort bezeichnet hatte, wo sie zu ihm kommen solle, <214> trug sie alles zusammen, was sie mit ihren Sünden erworben hatte, machte einen großen Haufen daraus, und verbrannte es Angesichts des Volks auf öffentlichem Markt. Es betrug aber der Werth des Ganzen nicht weniger, denn einhundert Pfund Goldes. Als alles in Asche verwandelt war, ging sie an den Ort, den ihr der Abt bestimmt hatte. Dieser führte sie in ein Jungfrauenkloster, und verschloß sie daselbst in einer ganz kleinen Zelle. *[...]* Als Thais auf diese Weise drei Jahre eingeschlossen geblieben war, jammerte Paphnutius ihrer, und er reiste zum heiligen Antonius, um von ihm zu erfahren, ob Gott ihr ihre Sünden erlassen habe. *[...]* <215> *[...]* Paphnutius aber <216> sprach: Gehe heraus, meine Tochter; denn deine Sünden sind dir vergeben. *[...]* Also ging Thais aus ihrer Zelle hervor, lebte noch bis in den funfzehnten Tag, und entschlief in Frieden.

SL6 Dorotheas Blumenkörbchen

Die Legende von der heiligen Dorothea.* *(Zweites Buch, IX. – Bd. 1, S. 182–188)*

Dorus, der Römischen Senatoren einer, war sehr reich an Aeckern und Heerden, an Pallästen, Landhäusern und Weinbergen. Als aber eine herbe Verfolgung über die Bekenner Christi ausbrach, verließ er alles um Christi willen, und flohe mit seiner Gattinn Thea, und mit zwei Töchtern, Christe und Calliste genannt, über das Meer in das Land Cappadocia, in dessen Hauptstadt <183> Cäsarea er seinen Wohnsitz nahm. Hier wurde ihm eine Tochter geboren, welche der Bischof des Ortes heimlich taufte, und zugleich ihr einen Namen gab, der aus denen des Vaters und der Mutter zusammengesetzt war. Dorothea ward schon als ein zartes Mägdlein mit dem heiligen Geist erfüllt. Als sie aber heranwuchs, übertraf sie alle Jungfrauen der Hauptstadt, wie an leiblicher Schönheit, so auch an Zucht, Weisheit und Frömmigkeit. Das verdroß den Erbfeind alles Guten, und er beschloß, nicht zu ruhen, er habe denn die fromme Jungfrau entweder leiblich oder geistig verderbet. Zu solchem Ende entzündete er das Herz des Landpflegers Fabricius gegen die Jungfrau, und gab ihm ein, mit Darbietung aller seiner Schätze um sie zu werben. Doch der heiligen Dorothea dauchten alle Schätze der Erde verächtlicher, als taube Spreu, und auf das bestimmteste erklärte sie, wie sie keines andern Bräutigams begehre, als dessen, der mit seinem Blute sie zu seinem Eigenthum erworben habe.

Dazumalen hatten Diocletian und Maximian die allerletzte und allergrausamste Verfolgung über die Kirche verhängt. Froh des Vorwands, setzte Fabricius sich auf seinen Richterstuhl, und hieß <184> die Jungfrau von ihrem Glauben Red' und Antwort geben. Da nun Dorothea sich nicht nur öffentlich zum Christenthum bekannte, sondern auch die Thorheit und Sündlichkeit des Götzendienstes mit eindringender Beredsamkeit darthat, befahl Fabricius, sie in ein Gefäß voll siedendes Oeles zu setzen. Das schadete der heiligen Jungfrau so wenig, daß sie vielmehr mit einem köstlichen

Balsam gesalbet, und nur noch schöner und schimmernder geworden zu seyn schien. Durch dieses Wunder wurden viel Heiden bekehret. Fabricius aber schrieb es zauberischen Künsten zu, und befahl, Dorotheen in den Kerker zu legen, worinn sie neun Tage verblieb, ohne daß ihr das geringste an Speise und Trank gereichet ward; dessen sie denn auch nicht bedurfte, als die von ihrem himmlischen Bräutigam sattsam und überflüssig gespeiset wurde.

Am zehnten Tage ließ Fabricius eine hohe Säule errichten, und auf deren Spitze den Abgott Apollo setzen. Dann hieß er Dorotheen holen, und befahl ihr, den Götzen anzubeten. Sie sprach: Ich bete Gott an, und keinen Dämon. Zugleich fiel sie nieder, hub Hände und Augen gen Himmel, und bat den Allmächtigen, daß er doch ein Zeichen bewähren möge, daß er allein <185> Gott sey, und außer ihm kein andrer. Plötzlich traf ein Donnerschlag die Säule, und zermalmte sie dergestalt, daß auch kein Stäubchen weder von ihr, noch von dem Götzenbilde zu finden war. Die fliehenden Dämonen aber schrien in der Luft: Dorothea, Dorothea, was verfolgst du uns! Da wurden viel tausend Heiden gläubig, bekannten sich laut zu Christo, und drängten sich zum Martertode. Dorothea ward an den Füßen aufgehenkt, mit Ruthen gehauen, mit Skorpionen gegeißelt, mit eisernen Kämmen zerrissen, mit brennenden Fackeln gesengt. Halb todt ward sie in den Kerker zurückgeführt. Am Morgen war alle Spur einiger Verletzung verschwunden.

Darüber verwunderte sich der Landpfleger selber. Dorothea, sprach er, anmuthiges Mägdlein, du bist genug gezüchtigt worden. Möchtest du wenigstens jetzt noch eines Besseren dich besinnen! Und er befahl, sie zu ihren Schwestern, Christe und Calliste, zu bringen, welche aus Furcht des Todes vom Glauben abgefallen waren, hoffend, daß ihr Beispiel auch die Schwester zum Abfall bewegen würde. Statt dessen aber redete Dorothea ihren Schwestern zu mit so erweichender Freundlichkeit, pries die Süßigkeiten der göttlichen Liebe ihnen mit solcher Begeisterung, schilderte die <186> Freuden des ewigen Lebens ihnen in so glühenden Farben, daß sie, ihren Abfall schmerzlich bereuend, sich aufs neue zu Jesu Christo wandten. Als das der Landpfleger erfuhr, befahl er, beide, Rücken gegen Rücken gebunden, ins Feuer zu werfen. Also errangen diese die Märtyrerkrone.

Zu Dorotheen aber sprach er: Wie lange, du Zauberinn, willst du unser spotten? Entweder opfre, daß du lebest, oder wisse, daß ich das Todesurtheil über dich sprechen werde. Sie sprach: So sprich es denn fein balde. Schon längst verlangt mich, zu meinem Liebsten zu gelangen, in dessen Garten ich Rosen und Aepfel pflücken, und mich ewig mit ihm laben werde. Der Tyrann ergrimmte, und befahl, ihr anmuthiges Angesicht dermaßen zu zerfetzen, daß auch keine Spur ihrer Schönheit übrig bliebe. Das thaten die Henker, und zerarbeiteten sich dermaßen über dem grausamen Geschäfte, daß ihre Arme endlich ermüdet niedersanken. In der Nacht aber heilte Christus seine liebe Braut, und gab ihr die verlorne Schönheit gänzlich wieder.

Am folgenden Tage sprach der Landpfleger das Todesurtheil über Dorothea. Als sie nun zum Thor der Stadt hinausgeführt wurde, und viel Volks ihr folgte, gedachte Theophilus, der Geheimschreiber, <187> an die Worte, welche sie zum Landpfleger gesprochen hatte, und bat verhöhnend, ihm doch auch von den schönen Rosen und Aepfeln zu schicken, die sie im Garten ihres Liebsten pflücken würde. Das versprach die Jungfrau, und Theophilus lachte des eitlen Versprechens. Als aber Dorothea betend niederkniete auf dem Richtplatz, um den Schwertstreich zu empfahen, siehe, da stand ein Knabe vor ihr, angethan mit einem purpurnen Mantel voll goldner Sterne; sein Haar war kraus, die Füße bloß, sein Angesicht sehr schön und holdselig. In Händen trug er ein Körbchen, worinn drei Rosen und drei Aepfel lagen, die reichte er Dorotheen. Dorothea aber sprach zu ihm: Thue mir den Gefallen, lieber Bruder, und bringe diese Aepfel und Rosen dem Geheimschreiber Theophilus. Hierauf befahl sie sich Gott, empfing den Schwertstreich, und gelangte selig zum Anschaun des himmlischen Geliebten. Das geschah an dem Idus des Februar, im Jahr Christi Zweihundert acht und achtzig.

Theophilus stand im Pallast des Landpflegers am Fenster. Plötzlich stand der Knabe vor ihm, zog ihn bei Seite, und sprach zu ihm: Diese Rosen und Aepfel schickt meine Schwester Dorothea dir aus dem Garten ihres Liebsten. Als er solches <188> gesprochen, verschwand er. Augenblicklich brach Theophilus aus in laute Lobpreisungen Jesu Christi und der heiligen Dorothea. Auch wurde durch die Gewalt seiner Predigt, und durch die Anmuth des Zeichens fast die ganze Provinz zu Christo bekehrt. Als das der Landpfleger erfuhr, befahl er, Theophilus noch grausamer zu martern, als Dorotheen geschehen war, hierauf aber ihn in kleine Stücke zu zerhauen, und die Stücke den Hunden vorzuwerfen. Also ward Theophilus getauft mit Wasser und mit Blut, und Dorothea empfing ihn freundlich im Garten des Geliebten.

Der Garten des Liebsten. (Erstes Buch, X. – *Bd. 1, S. 62–65*)

D o r o t h e a, jung und schön und edel,
Ging den herben Gang, den Gang zum Tode.
Willig ging ihn die erhabne Jungfrau,
Pries sich glücklich, für den Vielgeliebten,
Welcher einst für sie am Kreuz geblutet,
Auszubluten ihr jungfräulich Leben.
Zwar die Freunde, zahlreich sie geleitend,
Weinten, schluchzten, rangen wund die Hände.
Dorothea aber sprach verweisend:
Weint ihr, meine Trauten? Seht, ich lache!
Schluchzt und heult ihr? Dorothea frohlockt!
Ringt ihr eure Hände? Dorothea
Klatschet in die ihrigen. Denn der Vorhang
Ist gesunken, wohlgespielt die Rolle.
Und es war im Herzen jetzt des Eismonds.
Als ein Schloßenschwall nun aus den Wolken
Niederbrauste, sprach die fromme Jungfrau:
Ach wie rauh ist diese Luft! Wie schneidend
Weht der Ostwind! Wie so nackt und öde
Steht der winterliche Boden ... Wohl mir!
<63> Noch ein Stündchen, und spatzieren werd' ich
Mit dem Liebsten in des Liebsten Garten.
Schöne Rosen wird mein Freund mir pflücken,
Süße Aepfel mir vom Baume brechen.
Ruhen werd' ich in des Liebsten Armen
Am krystallnen Bach im weichen Grase.
Also sprach die Jungfrau kindlich spielend.
Und T h e o p h i l u s, des Landvoigts Schreiber,
Dorotheens frommes Wort vernehmend,
Sprach zu ihr verhöhnend: Ey so schicke
Doch auch mir von diesen schönen Rosen,
Doch auch mir von diesen süßen Aepfeln,
Die da wachsen in des Liebsten Garten.
Dorothea sah ihn an bedeutend.
Was du bittest, Jüngling, soll geschehen,
Sprach sie lächelnd und ging ruhig weiter.
Als sie nun erreicht die Opferstätte,
Als sie nun die schöne Welt gesegnet,

Als sie nun Valet gesagt den Freunden,
Als sie nun im Kreise hingeknieet,
Stand vor ihr ein wunderschöner Knabe,
Angethan mit einem blauen Mantel,
Hie und da bestreut mit goldnen Sternen;
Kraus und goldfarb waren seine Locken,
Und smaragdgrün die gesenkten Schwingen.
Und es trug der schöne Knab' in Händen
<64> Ein aus Silberdrath geflochtnes Körbchen,
Drinn drey Rosen und drey Aepfel lagen.
  Liebe Schwester, sprach der schöne Knabe,
Diese Rosen, diese rothen Aepfel
Schickt der Liebste dir aus seinem Garten.
  Lieber Bruder, sprach die fromme Jungfrau,
Diese Rosen, diese rothen Aepfel
Trag behende zu des Landvoigts Schreiber,
Zu Theophilus, und sprich, ihm sende
Dorothea sie zum Angedenken.
  Also sprach sie, winkte dann dem Henker,
Und ihr schönes Haupt entsank dem Nacken.
  Eilend aber ging der schöne Knabe
Zu Theophilus, des Landvoigts Schreiber,
Fand gedankenvoll ihn stehn am Fenster
In des Landvoigts Pallast, reichte freundlich
Ihm das Körbchen hin, und sprach bedeutend:
Diese Rosen, diese Aepfel sendet
Dorothea dir zum Angedenken.
  Als der Jüngling Dorothea hörte,
Als er sah die rothen Sommerkinder,
Aufgeschlossen in des Eismonds Strenge,
Schlug er an die Brust sich, sprach hochseufzend:
Weh mir! Gott hab' ich gelästert, habe
Christus keusche Braut verhöhnet, weh mir!
Heil'ge Jungfrau, bitte für den Sünder!
  <65> Und Theophilus, des Landvoigts Schreiber,
Ward bekehrt von Stund' an, glaubt' an Christus,
Predigte gewaltig, warb dem Heiland
Viele Jünger, und nach wohlbestandnem
Kampfe krönet' ihn die Märtrerkrone.

Zum Motiv der als Rosen wahrgenommenen brennenden Kohlen vgl. Bd. 2, S. 96 und v.a. Lieben und Leiden der heiligen Agnes. *(*Erstes Buch, VI. – *Bd. 1, S. 50):*

[...]

Doch der Tyrann befahl zu wecken das schlummernde Mägdlein,
Feurige Kohlen zu breiten, die Glut zu schüren, die Jungfrau
Gar zu begraben im röthlichen Brande der feurigen Kohlen.
Aber auf Rosen, auf Kohlen nicht, lag ruhend die Jungfrau.

[...]

SL7 Das Tanzlegendchen

Aus: Legenden von der Jungfrau Maria.* *(*Zweites Buch, II. – *Bd. 1, S. 118–120 und 126 f.)*

[...]

Es war ein Fräulein von ritterbürtigem Geschlecht, das tanzte gar gerne. Eines Tages kam ein Prediger in ihres Vaters Haus; der fragte, was des Fräuleins liebster Zeitvertreib und größtes Vergnügen sey? Man sagte ihm: Das Tanzen. Da sprach er zu ihr: Liebes Fräulein, möchtet ihr wohl Einen Tag lang euch aller Fröhlichkeit enthalten, um darnach ein ganzes Jahr lang nach eures Herzens Lust in Freuden zu leben? Und möchtet ihr wohl ein ganzes Jahr lang des Tanzens müßig gehn, dafern ihr hernach all euer Lebelang so oft und so viel tanzen dürftet, als ihr nur immer begehrtet. Das Fräulein sprach: Das möchte ich ganz gerne. Weiter sprach der Mönch: Wolltet ihr nicht ablassen von der Liebe der Welt, und das vergängliche eitle Tanzen verschmähn, damit ihr dermaleinst mit Gott der ewigen Freude genösset, und tanzen und springen möchtet mit seiner lieben Mutter Maria und mit allen himmlischen Heerscharen? Da schwieg das Fräulein stille eine lange Weile, und seufzte schwerlich. Endlich sprach sie: Um einiges vergänglichen Gutes willen möchte ich das Tanzen nicht verschwören, wohl aber um mit <119> Gott und seinen Heiligen des ewigen Tanzes zu genießen. Könnt ihr mir nun beweisen, daß man auch im Himmel tanzet und springet, so will ich allem irrdischen Tanz absagen, und will thun was ihr mich heißet. Da bewies ihr der Mönch aus dem ein und dreißigsten Capitel des Jeremias, imgleichen aus den Psalmen Davids, und aus vielen andern Stellen der Schrift, daß auch im Himmel getanzt werde. Auch sagte er: Es stehet geschrieben, daß die Seligen im Himmel sollen die volle Genüge haben in allem was sie begehren. Gesetzt nun, sie überkämen eine Begierde zu tanzen, und es wäre im Himmel kein Tanz, so hätten sie nicht die volle Genüge, sondern es gebräche ihnen ein Ding, dessen sie begehrten, das wäre gegen das klare Wort Gottes. Als das das Fräulein hörte, gelobte sie dem Mönch, daß sie das Tanzen lassen wolle, Gotte und seiner lieben Mutter zu Lieb. Deß wurden ihr Vater und ihre Mutter sehr froh, und ließen ihr ein geistlich Kleid machen, wie sie es wünschte; darinnen diente sie Gotte in ihrer Eltern Hause mit großer Innigkeit. Als vier Jahre um waren, ward sie heftig krank, und verziehe sich des Lebens. Die Freunde und Verwandten riethen ihr, daß sie sich möchten berichten lassen. Sie sprach: Ich will warten damit bis mein <120> geistlicher Vater kömmt; ich bin gewiß, ich werde nicht sterben so lange er nicht da ist, ich habe meinen Bräutigam, Jesum Christum, darum gebeten, und er hat es mir gewähret. Da kam der Prediger, durch Gottes Schickung, aus fernen Landen, und wußte nicht, daß das Fräulein krank sey. Zu dem sprach das Fräulein: Lieber Vater, ich werde nun von hinnen scheiden mit eurem Urlaub. Da versorgete der Prediger sie mit unsers Herrn Frohnleichnam und mit dem heiligen Oele. Sie aber wandte die Augen gen Himmel und sahe den Prediger fröhlich an und sprach: Lieber Vater, als du mich bekehrtest, gelobtest du mir, daß auch im Himmel getanzt und gesprungen werden solle; des Gelübdes entlass' ich dich; denn eben jetzt zur Stunde habe ich unsern lieben Herrn mit seiner lieben Mutter und den heiligen Jungfraun im Himmel in einem schönen Tanze gesehn; derselbige Tanz ist auch mir bereit in Ewigkeit. Als sie solches gesprochen, verschied sie in großen Freuden.

[...]

Sanct Gregorius gedenkt einer Jungfrau, Namens Musa, die tanzte außer der Maßen gerne; und vor und nach dem Tanze diente sie Unser Lieben Frau mit großem Ernste. Als diese einstens im Gebet begriffen war, kam Unsre Liebe Frau zu ihr mit vielen schönen Jungfrauen, die tanzten mit <127> einander einen gar anmuthigen Tanz. Maria fragte die Jungfrau, ob sie wohl auf diese Weise ewiglich mit den Jungfrauen tanzen und spielen möchte? Sie sprach: Recht gerne. Da sprach Maria: So laß dein Tanzen mir zur Lieb' von heut an bis in den dreißigsten Tag; und am dreißigsten Tage will ich wieder zu dir kommen, und will dich zu dem ewigen Freudenreigen führen. Damit verschwand Unsre Liebe Frau. Die Jungfrau aber beichtete und that Buße, und hütete sich von Stund' an vor dem Tanze und vor andern Sünden. Und am dreißigsten Tage kam Unsre Liebe Frau, wie sie gelobet hatte, und holte die Jungfrau zur ewigen Freude.

[...]

Anhang

I LITERATURVERZEICHNIS

Selbständige Publikationen bis 1890 (Kellers Todesjahr) und Ausgaben der Werke Kellers bis 1920 (Ablauf der Schutzfrist) werden in der Regel nach Titelblatt zitiert; normalisiert werden die Titel von Sammelschriften sowie Publikationen nach 1890 und Ausgaben der Werke Kellers nach 1920. Außer bei Kellers eigenen Werken werden Titel, die sich nachweislich in Kellers Besitz befanden, mit der Signatur der Zentralbibliothek Zürich gekennzeichnet.

1.1 WERKE UND BRIEFE GOTTFRIED KELLERS

1.1.1 Ausgaben bis 1890

1.1.1.1 Einzelne Werke

(chronologisch angeordnet)

Der grüne Heinrich. Roman von Gottfried Keller. In vier Bänden. Braunschweig, Druck und Verlag von Friedrich Vieweg und Sohn. *(Bd. 1–3: 1854; Bd. 4: 1855)*

Die Leute von Seldwyla. Erzählungen von Gottfried Keller. Braunschweig, Druck und Verlag von Friedrich Vieweg und Sohn. 1856.

Das Fähnlein der sieben Aufrechten. Erzählung von Gottfried Keller. *In:* Berthold Auerbach's deutscher Volkskalender auf das Jahr 1861. *Leipzig: Keil 1861, S. 17–67. (erschienen 1860)*

Romeo und Julia auf dem Dorfe. Von G. Keller. *In:* Deutscher Novellenschatz. *Hg. von Paul Heyse und Hermann Kurz. Bd. 3. München: Oldenbourg ⟨1871⟩, S. 233–248.*

Sieben Legenden. Von Gottfried Keller. Stuttgart. G. J. Göschen'sche Verlagshandlung. 1872.
Zu den übrigen Auflagen vgl. Kap. 1.2 Die Textzeugen.

La Petite Légende de la danse. *In:* Bibliothèque universelle et Revue suisse, *Jg. 77, Bd. 44 (1872), Nr. 173 (Mai), S. 115–121.*

Légendes humoristiques d'un conteur allemand. *In:* Revue des deux Mondes, *Jg. 42, Bd. 99 (1872), S. 211–224.*

Die Leute von Seldwyla. Erzählungen von Gottfried Keller. Zweite vermehrte Auflage in vier Bänden. Stuttgart. G. J. Göschen'sche Verlagshandlung. 1874.

Der schweizerische Bildungsfreund. Ein republikanisches Lesebuch. Von Dr. Thomas Scherr. Poetischer Theil. Sechste Auflage. Neu bearbeitet von Dr. Gottfried Keller, Staatsschreiber in Zürich. Zürich, Verlag von Orell, Füßli und Co. 1876.

Züricher Novellen. Von Gottfried Keller. Stuttgart. G. J. Göschen'sche Verlagshandlung. 1878. *2 Bde.*
Zweite Auflage. *[...]* 1879. *2 Bde.*
Dritte Auflage. *[...]* 1883. *2 Bde.*

Das Tanzlegendchen. Von Gottfried Keller. *In: Jakob Baechtold:* Deutsches Lesebuch für höhere Lehranstalten der Schweiz. (Obere Stufe.) *Frauenfeld: Huber 1880, S. 39–42.*
– *2. Aufl. Hg. von W. von Arx und Ed. Haug. Solothurn: Gaßmann 1900, S. 28–31.*
– *3. Aufl. Hg. von W. von Arx und Ed. Haug. Solothurn: Gaßmann 1905, S. 28–31.*

Das Sinngedicht. Novellen von Gottfried Keller. *In:* Deutsche Rundschau, *Bd. 26 (Jan. – März 1881), S. 1–38 (Jan.), 161–192 (Febr.), 321–342 (März); Bd. 27 (April – Juni 1881), S. 1–38 (April), 161–194 (Mai).*

Das Sinngedicht. Novellen von Gottfried Keller. Berlin. Verlag von Wilhelm Hertz (Bessersche Buchhandlung) 1882.

Gottfried Keller *[...]. In:* Chronik der Kirchgemeinde Neumünster. Herausgegeben von der Gemeinnützigen Gesellschaft von Neumünster. (Selbstverlag der Gesellschaft.) Zürich *[...]* 1889, *S. 430–433.*

1.1.1.2 Werkausgabe

GW Gottfried Keller's Gesammelte Werke. *[...]* Berlin. Verlag von Wilhelm Hertz. (Bessersche Buchhandlung.) 1889.

GW 1 Der grüne Heinrich. Roman von Gottfried Keller. Erster und zweiter Band.
GW 2 Der grüne Heinrich. Roman von Gottfried Keller. Dritter Band.
GW 3 Der grüne Heinrich. Roman von Gottfried Keller. Vierter Band.
GW 4 Die Leute von Seldwyla. Erzählungen von Gottfried Keller. Erster Band.
GW 5 Die Leute von Seldwyla. Erzählungen von Gottfried Keller. Zweiter Band.
GW 6 Züricher Novellen. Von Gottfried Keller.
GW 7 Das Sinngedicht. Novellen. / Sieben Legenden von Gottfried Keller.
GW 8 Martin Salander. Roman von Gottfried Keller.
GW 9 Gesammelte Gedichte von Gottfried Keller. Erster Band.
GW 10 Gesammelte Gedichte von Gottfried Keller. Zweiter Band.

Zu späteren Auflagen vgl. Kap. 1.3 Editionen.

1.1.2 Ausgaben nach 1890

1.1.2.1 Einzelausgaben, Briefe und Tagebücher

Baechtold Gottfried Kellers Leben. Seine Briefe und Tagebücher. Von Jakob Baechtold. Stuttgart und Berlin *[...]* J. G. Cotta'sche Buchhandlung Nachfolger. *3 Bde. (1. Auflage 1894–97)*
- *Bd. 1:* 1819–1850. Vierte verbesserte Auflage. Anastatischer Neudruck *(1895).*
- *Bd. 2:* 1850–1861. Vierte Auflage *(1903).*
- *Bd. 3:* 1861–1890. Dritte Auflage. Anastatischer Neudruck *(1897).*

Ermatinger 1915 Gottfried Kellers Leben, Briefe und Tagebücher. Auf Grund der Biographie Jakob Baechtolds dargestellt und herausgegeben von Emil Ermatinger. *[...]* Stuttgart und Berlin. *[...]* J. G. Cotta'sche Buchhandlung Nachfolger. *1915–1916. 3 Bde.*
- *Bd. 1:* Gottfried Kellers Leben *(1915).*
- *Bd. 2:* Gottfried Kellers Briefe und Tagebücher 1830–1861 *(1916).*
- *Bd. 3:* Gottfried Kellers Briefe und Tagebücher 1861–1890 *(1916).*

Faksimile 1919 Gottfried Keller. Sieben Legenden. Faksimiledruck nach der bisher unveröffentlichten ersten Fassung der Originalhandschrift in der Zentralbibliothek, Zürich. Rascher & Co. Zürich 1919.

GB Gottfried Keller. Gesammelte Briefe in vier Bänden. *Hg. von Carl Helbling. Bern: Benteli 1950–1954. (Bd. 3 aufgeteilt in 3.1 und 3.2)*

Hegi/Keller *Fridolin Stähli:* Gefährdete Künstler. Der Briefwechsel zwischen Gottfried Keller und Johann Salomon Hegi. Edition und Kommentar. *Zürich und München: Artemis 1985.*

Heyse/Keller „Du hast alles, was mir fehlt …“. Gottfried Keller im Briefwechsel mit Paul Heyse. *Hg. von Fridolin Stähli. Stäfa: Gut 1990.*

Kuh/Keller Gottfried Keller – Emil Kuh. Briefwechsel. *Hg. von Irmgard Smidt und Erwin Streitfeld. Stäfa: Gut 1988.*

Petersen/Keller Mein lieber Herr und bester Freund. Gottfried Keller im Briefwechsel mit Wilhelm Petersen. *Hg. von Irmgard Smidt. Stäfa: Gut 1984.*

Reichert 1965 Gottfried Keller. Galatea-Legenden. Im Urtext herausgegeben von Karl Reichert. *Frankfurt a. M.: Insel 1965 (=* Insel-Bücherei, *Bd. 829).*

Schroll 1919 Sieben Legenden von Gottfried Keller. Mit 16 Originallithographien und Buchschmuck von Fritzi Löw. Kunstverlag Anton Schroll & Co. G.m.b.H. in Wien 1919.

Kunstwart 1899 Das Tanzlegendchen. Von Gottfried Keller. *In:* Kunstwart, *Jg. 12, H. 13 (April 1899), S. 260–264 (unter:* Lose Blätter. *Mit Vorbemerkung von Ferdinand Avenarius).*

1.1.2.2 Werkausgaben

(chronologisch angeordnet)

GW 1902 Gottfried Keller's Gesammelte Werke. *[…]* Stuttgart und Berlin 1902. J. G. Cotta'sche Buchhandlung Nachfolger G.m.b.H.
– *Bd. 7:* Das Sinngedicht. Novellen. Sieben Legenden von Gottfried Keller. Fünfundzwanzigste Auflage.

GW 1906 Gottfried Kellers Gesammelte Werke. *[…]* Stuttgart und Berlin 1906. J. G. Cotta'sche Buchhandlung Nachfolger.
– *Bd. 7:* Das Sinngedicht. Novellen. Sieben Legenden. Von Gottfried Keller. Fünfunddreißigste Auflage.

GW 1909 Gottfried Kellers Gesammelte Werke. *[…]* Stuttgart und Berlin 1909. J. G. Cotta'sche Buchhandlung Nachfolger.
– *Bd. 7:* Das Sinngedicht. Novellen. Sieben Legenden. Von Gottfried Keller. 45.–49. Auflage.

Rascher 1918 Gottfried Keller. Gesammelte Werke in zehn Bänden. Rascher und Co., Verlag, Zürich, 1918 *(=* Schweizerische Klassikerausgaben*).*
– *Bd. 7:* Gottfried Keller. Das Sinngedicht. Novellen. Sieben Legenden.

Jubiläumsausgabe Gottfried Kellers Gesammelte Werke. Jubiläums-Ausgabe. Stuttgart und Berlin 1919. J. G. Cotta'sche Buchhandlung Nachfolger. *10 Bde.*
– *Bd. 7:* Das Sinngedicht. Novellen. Sieben Legenden von Gottfried Keller.

Wohlfeile Ausgabe Gottfried Keller. Gesammelte Werke. Neue wohlfeile Ausgabe. *[…]* Verlegt bei der J. G. Cotta'schen Buchhandlung Nachf. in Stuttgart und Verlagsanstalt Herm. Klemm A.G. in Berlin-Grunewald *o. J. 5 Bde.*
– *Bd. 4:* Gottfried Keller. Martin Salander. Das Sinngedicht.
– *Bd. 5:* Sieben Legenden. Gesammelte Gedichte.

Nußberger Kellers Werke. Kritisch-historische und erläuterte Ausgabe. *Hg. von Max Nußberger. Leipzig: Bibliographisches Institut ⟨1921⟩ (=* Meyers Klassiker-Ausgaben*). 8 Bde.*
– *Bd. 6:* Züricher Novellen *und* Sieben Legenden.

Zollinger Gottfried Kellers Werke in zehn Teilen. *Hg. von Max Zollinger in Verbindung mit Heinz Amelung und Karl Polheim. Berlin u. a.: Bong ⟨1921⟩.*
– *Teil 2:* Sieben Legenden. *Hg. von Karl Polheim.*

– *Teil 10:* Vermischte Schriften. *Hg. von Max Zollinger. – Karl Polheim:* Anmerkungen zu Teil 2. Sieben Legenden, *S. 277–286.*

SW Gottfried Keller. Sämtliche Werke. *Hg. von Jonas Fränkel (1926–1939) und Carl Helbling (1942–1949). Erlenbach-Zürich/München: Rentsch 1926–1927; Bern/Leipzig: Benteli 1931–1944; Bern: Benteli 1945–1949. 22 in 24 Bdn.*

SW 10 Züricher Novellen. Zweiter Band. Sieben Legenden. *Hg. von Carl Helbling. Bern: Benteli 1945.*
Zu den übrigen Bänden vgl. HKKA Einführungsband, S. 344 f.

Goldammer Gottfried Keller. Sämtliche Werke in acht Bänden. *Hg. von Peter Goldammer. Berlin: Aufbau 1958.*
– *Bd. 5:* Martin Salander. Roman. Sieben Legenden.

DKV Gottfried Keller. Sämtliche Werke in sieben Bänden. *Hg. von Thomas Böning u.a. Frankfurt a.M.: Deutscher Klassiker Verlag 1985–1996.*

DKV 6 Sieben Legenden. Das Sinngedicht. Martin Salander. *Hg. von Dominik Müller (1991).*
Zu den übrigen Bänden vgl. HKKA Einführungsband, S. 345.

1.2 ZEITGENÖSSISCHE REZENSIONEN UND STUDIEN

*Die mit * versehenen Rezensionen sind in Kellers Nachlaß unter den Signaturen Ms. GK 83.1 und 84.1 aufbewahrt.*

(anonym) „Sieben Legenden" von Gottfried Keller. Der dichtende Volksgeist im Gewande der Legende. *In:* Frankfurter Zeitung, *Nr. 119, 28.4.1872 (unter:* Literarisches*). (*)*

(anonym) Gottfried Keller, der treffliche „Fabulirer" *[...]. In:* Ueber Land und Meer, *Nr. 37, 2.6.1872 (unter:* Literatur*). (*)*

– (H. J.) Sieben Legenden von Gottfried Keller. *In:* Tagespost, *Nr. 166, 15.7.1872, Abendblatt. (*)*

– (K. B.) Gottfried Keller: Sieben Legenden. *In:* Magazin für die Literatur des Auslandes, *Nr. 26, 29.6.1872, S. 333 f. (*)*

– (O. B.) Sieben Legenden von Gottfried Keller. *In:* Leipziger Novellenzeitung, *Nr. 35, 30.8.1872, S. 560. (*)*

– (-s-) Keller, Gottfried. Sieben Legenden. *In:* Allgemeiner literarischer Anzeiger, *Nr. 63, 1.12.1872, S. 462 f. (*)*

⟨Auerbach, Berthold⟩ Sieben Legenden von Gottfried Keller. *In:* Beilage zur Allgemeinen Zeitung, *Nr. 101, 10.4.1872, S. 1517 f. (*)*

⟨Baudissin, Wolf Graf⟩ Die Originale zweier unter den „Sieben Legenden" von Gottfr. Keller. *In:* Beilage zur Allgemeinen Zeitung, *Nr. 208, 26.7.1872, S. 3197 f. (*)*

Brahm, Otto Gottfried Keller. *In:* Deutsche Rundschau, *Bd. 31 (Juni 1882), S. 403–435. (ZB: 42.331) – Selbständige Buchpublikation:* Gottfried Keller. Ein literarischer Essay von Otto Brahm. Berlin. Verlag von A. B. Auerbach. 1883 (= Charakterbilder aus der Weltliteratur des Neunzehnten Jahrhunderts, *Bd. 1).*

⟨Fontane, Theodor⟩ Gottfried Keller. Ein literarischer Essay von O. Brahm. *In:* Vossische Zeitung, *Nr. 14, 8.4.1883.*

⟨Frenzel, Karl⟩ Aus dem Legendenschatz des Mittelalters. *In:* Nationalzeitung, *Nr. 290, 25.6.1872. (*)*

⟨Frey, Jakob⟩ Sieben Legenden. Von Gottfried Keller. *In:* Der Bund, *Nr. 156, 7.6.1872.*

⟨Gutzkow, Karl⟩ Die Leute von Seldwyla. *In:* Unterhaltungen am häuslichen Herd, *Neue Folge 1 (1856), S. 591.*

⟨Kraus, Otto⟩ Das Sinngedicht. Novellen von Gottfried Keller. 3. Auflage. *In:* Allgemeine Conservative Monatsschrift für das christliche Deutschland *40 (1883), Bd. 2, S. 636 (Nov.). (*)*

Kürnberger, Ferdinand Gottfried Keller's „Sieben Legenden". *In:* Literarische Herzenssachen. Reflexionen und Kritiken von Ferdinand Kürnberger. *Wien: Rosner 1877, S. 239–254. (ZB: 43.439)*

⟨Kuh, Emil⟩ Die Fabulirkunst in der Kirche. *In:* Neue Freie Presse, *Nr. 2795, 6.6.1872, Morgenblatt. (*)*

Scherer, Wilhelm Ein neues Buch von Gottfried Keller. *In:* Die Presse, *Nr. 134, 16.5.1872. (*)*

Schott, Sigmund Les romanciers modernes de l'Allemagne. *In:* Revue internationale *[...]* sous la direction de M. Angelo de Gubernatis, *Jg. 5, Bd. 18 (1888), S. 387–405 und S. 503–526. – Selbständige Buchpublikation in:* Les romanciers modernes de l'Allemagne par Sigmund Schott. Frankfurt a.M. Druck und Verlag von Gebrüder Fey. 1888. *(zu Keller: S. 10–19; ZB: 43.434)*

⟨Stiefel, Julius⟩ Ein literarisches Wunderwerklein. (Sieben Legenden von Gottfried Keller. *[...])* *In:* Neue Freie Presse, *Nr. 2776, 17.5.1872, Abendblatt (unter:* Literatur-Blatt*). (*)*

Vischer, Friedrich Theodor Gottfried Keller. Eine Studie von Friedrich Vischer. *In:* Beilage zur Allgemeinen Zeitung, *Nr. 203, 22.7.1874, S. 3173–3175; Nr. 204, 23.7.1874, S. 3191 f.; Nr. 207, 26.7.1874, S. 3241–3243; Nr. 208, 27.7.1874, S. 3250 f.; Nr. 209, 28.7.1874, S. 3266–3268; Nr. 210, 29.7.1874, S. 3283 f. – Erweiterte Buchpublikation in:* Altes und Neues. Von Friedr. Theod. Vischer. Zweites Heft. Stuttgart. Verlag von Adolf Bonz & Comp. 1881, *S. 135–216.*

1.3 ÜBRIGE LITERATUR

Angelus Silesius Johannis Angeli Silesii Cherubinischer Wanders-Mann, oder Geistreiche Sinn- und Schluss-Reime zur Göttlichen Beschaulichkeit anleitende. Neue unveränderte Auflage. München, 1827. Bey Michael Lindauer. *(ZB: 43.912)*

Anton 1970 *Herbert Anton:* Mythologische Erotik in Kellers „Sieben Legenden" und im „Sinngedicht". *Stuttgart: Metzler 1970 (=* Germanistische Abhandlungen, *Bd. 31).*

Baechtold 1873 Deutsche Handschriften aus dem Britischen Museum. In Auszügen herausgegeben von Dr. Jacob Baechtold *[...].* Schaffhausen. Verlag von C. Baader. 1873.

Banasik 1986 *Anya Banasik:* Gottfried Keller's Adaption of Medieval Legends for the XIXth c. Audience. *In:* „Legenda aurea": sept siècles de diffusion. Actes du colloque international sur la „Legenda aurea" *[...]* à l'Université du Québec à Montréal 11–12 mai 1983. *Montréal: Bellarmin, Paris: Vrin 1986, S. 283–288 (=* Cahiers d'études médiévales, *cahier spécial 2).*

Beck 1919 *Carl Beck:* Gottfried Kellers Sieben Legenden. *Berlin: Ebering 1919 (=* Germanische Studien, *H. 2).*

Bentz 1979 *Rudi Richard Bentz:* Form und Struktur der „Sieben Legenden" Gottfried Kellers. *Diss. Zürich 1979.*

Bettschart 1947 *Oscar Bettschart:* Gottfried Kellers Sieben Legenden. Eine Untersuchung. *Diss. Freiburg/Schweiz 1947.*

Bibel	Die Bibel oder die ganze Heilige Schrift des alten und neuen Testaments nach Dr. Martin Luthers Uebersetzung. Stereotyp-Ausgabe. Bremen. Gedruckt für die Amerikanische Bibelgesellschaft. *Leipzig: Reclam o.J. (ZB: 43.201)*
Bibel 1817	Die Bibel. Das ist: Alle Bücher der ganzen Heiligen Schrift, des Alten und Neuen Testaments. Nach der in Zürich kirchlich eingeführten Uebersetzung, auf's Neue mit Sorgfalt durchgesehen. Gedruckt auf Kosten der Zürcherschen Bibel-Gesellschaft. Zürich, gedruckt bey Orell, Füßli und Compagnie 1817.
Cattaneo 1991	*Gabriella Cattaneo:* König David in Gottfried Kellers „Tanzlegendchen". *In:* Sprachkunst *22 (1991), Bd. 1, S. 71–79.*
Davidis 1981	*Michael Davidis:* Der Verlag von Wilhelm Hertz. *In:* Archiv für Geschichte des Buchwesens *22 (1981), Sp. 1253–1575. – Selbständige Buchpublikation: M. D.:* Der Verlag von Wilhelm Hertz. Beiträge zu einer Geschichte der Literaturvermittlung im 19. Jahrhundert, insbesondere zur Verlagsgeschichte der Werke von Paul Heyse, Theodor Fontane und Gottfried Keller. *Frankfurt a. M.: Buchhändler-Vereinigung 1982 (= Sonderdruck aus:* Archiv für Geschichte des Buchwesens, *Bd. 22).*
Dönni 1991	*Gerd Dönni:* Der Teufel bei L. Th. Kosegarten und in G. Kellers „Sieben Legenden". *In:* Sprachkunst *22 (1991), Bd. 1, S. 61–70.*
Dörr 1970	*Dieter Dörr:* Satire und Humor in Gottfried Kellers „Sieben Legenden". *Diss. München 1970.*
DR	Deutsche Rundschau. Herausgegeben von Julius Rodenberg. *[...]* Berlin. Verlag von Gebrüder Paetel. *Bd. 1 ff. 1874 ff. (ZB: 42.301 ff.)*
Duden 1880	Vollständiges Orthographisches Wörterbuch der deutschen Sprache von Dr. Konrad Duden, Direktor des Königl. Gymnasiums zu Hersfeld. Nach den preußischen und bayerischen Regeln. Leipzig. Verlag des Bibliographischen Instituts. 1880.
Fontane	*Theodor Fontane:* Tagebücher. 1866–1882. 1884–1898. *Hg. von Gotthard Erler. 2. Aufl. Berlin: Aufbau 1995* (Große Brandenburger Ausgabe. *Hg. von Gotthard Erler.* Tagebücher und Reisetagebücher, *Bd. 2).*
Fränkel 1911	*Jonas Fränkel:* Gottfried Kellers Legenden. (Nach einer akademischen Vorlesung). *In:* Die Alpen, *Jg. 6, H. 1 (Sept. 1911), S. 1–13.*
Fränkel 1919	*Jonas Fränkel:* Die früheste Gestalt der „Sieben Legenden". *In:* Neue Zürcher Zeitung, *Nr. 1078, 20.7.1919.*
Fränkel 1952	*Jonas Fränkel:* Gottfried Keller-Philologie. *In:* Euphorion *46 (1952), S. 440–463.*
Goldammer 1958	*Peter Goldammer:* Ludwig Feuerbach und die „Sieben Legenden" Gottfried Kellers. *In:* Weimarer Beiträge *4 (1958), S. 311–325.*
Helbling 1945	*Carl Helbling:* Die Handschriften von Gottfried Kellers „Sieben Legenden". *In:* Freundesgabe für Eduard Korrodi zum 60. Geburtstag. *Hg. von Hans Barth u. a. Zürich 1945, S. 50–54.*
Henkel 1956	*Arthur Henkel:* Gottfried Kellers „Tanzlegendchen". *In:* Germanisch-Romanische Monatsschrift, *Neue Folge 6 (1956), H. 1, S. 1–15.*
Kempis	Das Büchlein von der Nachfolge Christi. Vier Bücher verfaßt von Thomas von Kempis und neu übersetzt von Johannes Goßner. Stereotyp-Ausgabe. Leipzig bei Karl Tauchnitz. 1824. *(ZB: 42.734)*
Kosegarten	Legenden. Von Ludwig Theoboul Kosegarten. *[...]* Berlin, in der Vossischen Buchhandlung. 1804. *2 Bde. (ZB: 42.739 + a)*

Leitzmann 1919 — *Albert Leitzmann:* Die Quellen zu Gottfried Kellers Legenden. Nebst einem kritischen Text der „Sieben Legenden" und einem Anhang. *Halle: Niemeyer 1919* (= Quellenschriften zur neueren deutschen Literatur, *Nr. 8).*

Meyer 1929 — *Kurt Meyer:* Die Poetisierung der „Sieben Legenden" Gottfried Kellers. *Borna-Leipzig: Noske 1929.*

Polheim 1908 — *Karl Polheim:* Die zyklische Komposition der Sieben Legenden Gottfried Kellers. *In:* Euphorion *15 (1908), S. 753–765.*

Regeln 1880 — Regeln und Wörterverzeichnis für die deutsche Rechtschreibung zum Gebrauch in den preußischen Schulen. Herausgegeben im Auftrage des Königlichen Ministeriums der geistlichen, Unterrichts- und Medizinal-Angelegenheiten. Berlin, Weidmannsche Buchhandlung. 1880.

Reichert 1963 — *Karl Reichert:* Die Entstehung der „Sieben Legenden" von Gottfried Keller. *In:* Euphorion *57 (1963), S. 97–131.*

Renz 1993 — *Christine Renz:* Gottfried Kellers „Sieben Legenden". Versuch einer Darstellung seines Erzählens. *Tübingen: Niemeyer 1993* (= Studien zur deutschen Literatur, *Bd. 129).*

Reusse 1963 — *Walter Reusse:* G. Kellers „Sieben Legenden". Veranschaulichung und Erörterung der Säkularisation im Deutschunterricht auf der Oberstufe. *In:* Der Deutschunterricht *15 (1963), H. 4, S. 104–120. (vgl. dazu: Walter Reusse:* Texte zu G. Kellers „Sieben Legenden". *In:* Der Deutschunterricht. Beilage zu Heft 4/63, *S. 1–8)*

Rosenauer 1911 — *Andreas Rosenauer:* Gottfried Keller's Legenden und ihre Quellen. *Mediasch: Reissenberger 1911.*

Schwade 1927 — *Norbert Schwade:* Die Urfassung von Gottfried Kellers Sieben Legenden. *Jena: Neuenhahn 1927.*

Stackelberg 1948 — *Alexis Ernst von Stackelberg:* Gottfried Kellers „Sieben Legenden" und ihre Vorlagen. *Diss. masch. Bonn 1948.*

Wallerstein 1896 — *Max Wallerstein:* Die Legende von der heiligen Eugenia. Im Urbild und in der Umgestaltung durch Gottfried Keller. *In:* Nord und Süd, *Bd. 76 (Jan. – März 1896), S. 72–88.*

Watenphul 1904 — *Heinrich Watenphul:* Die Geschichte von Beatrix der Küsterin. *Neuwied: Heuser 1904. (zu Keller: S. 80–85)*

SL1 Eugenia

H1	*GW*		*H2*	*GW*		*E3*	*GW*		*SW*	*GW*	
Seite	Seite.Zeile	Wort	Seite	Seite.Zeile	Wort	Seite	Seite.Zeile	Wort	Seite	Seite.Zeile	Wort
1	337.01	01	1	337.01	01	1	337.01	01	189	337.01	01
2	338.28	02	2	337.18	07	3	337.06	01	190	337.20	01
3	340.27	02	3	338.24	01	4	337.21	08	191	338.24	01
4	342.27	01	4	339.15	07	5	338.20	06	192	339.19	01
5	345.06	01	5	340.07	04	6	339.10	01	193	340.14	02
6	347.09	03	6	340.28	09	7	339.30	08	194	341.09	01
7	349.10	01	7	341.20	09	8	340.20	09	195	342.04	09
8	351.09	01	8	342.13	06	9	341.09	01	196	343.01	02
9	353.04	01	9	343.07	01	10	341.31	01	197	343.29	01
			10	343.31	05	11	342.21	09	198	344.25	02
			11	344.24	01	12	343.12	02	199	345.21	01
			12	345.16	10	13	344.02	01	200	346.16	08
			13	346.09	08	14	344.25	01	201	347.13	01
			14	347.05	04	15	345.15	06	202	348.09	02
			15	347.32	01	16	346.05	08	203	349.05	01
			16	348.27	03	17	346.28	05	204	349.32	01
			17	349.19	10	18	347.18	04	205	350.28	02
			18	350.14	07	19	348.08	06	206	351.22	01
			19	351.07	06	20	348.30	08	207	352.17	08
			20	352.01	10	21	349.20	02	208	353.13	01
			21	352.25	05	22	350.09	09	209	354.08	09
			22	353.20	07	23	350.31	08			
			23	354.15	07	24	351.20	07			
						25	352.10	06			
						26	353.01	01			
						27	353.22	02			
						28	354.12	08			

SL2 Die Jungfrau und der Teufel

H1	*GW*		*H2*	*GW*		*E3*	*GW*		*SW*	*GW*	
Seite	Seite.Zeile	Wort	Seite	Seite.Zeile	Wort	Seite	Seite.Zeile	Wort	Seite	Seite.Zeile	Wort
39	355.01	01	24	355.01	01	29	355.01	01	210	355.01	01
40	356.22	03	25	355.25	04	31	355.08	01	211	355.23	01
41	358.15	01	26	356.22	02	32	355.24	08	212	356.26	01
42	360.04	02	27	357.15	07	33	356.22	03	213	357.22	02
43	361.28	02	28	358.10	02	34	357.12	01	214	358.18	01
44	363.09	03	29	359.03	01	35	358.02	10	215	359.13	01
			30	359.30	01	36	358.25	07	216	360.08	01
			31	360.25	03	37	359.15	01	217	361.03	02
			32	361.20	02	38	360.05	01	218	361.31	01
			33	362.17	06	39	360.27	07	219	362.26	01
			34	363.12	06	40	361.18	01	220	363.21	03
						41	362.08	02			
						42	362.30	03			
						43	363.20	04			

SL3 Die Jungfrau als Ritter

H1 Seite	*GW* Seite.Zeile	Wort
45	365.20	09
46	367.04	08
47	368.29	04
48	373.14	03
49	375.12	06

H2 Seite	*GW* Seite.Zeile	Wort
35	364.01	01
36	365.03	02
37	366.01	05
38	366.29	03
39	367.26	08
40	368.22	08
41	369.18	01
42	370.09	01
43	370.31	02
44	371.24	08
45	372.22	01
46	373.18	06
47	374.12	10
48	375.06	08
49	375.31	04
50	376.24	05

E3 Seite	*GW* Seite.Zeile	Wort
45	364.01	01
47	364.12	01
48	365.03	02
49	365.25	06
50	366.16	05
51	367.07	01
52	367.29	06
53	368.19	09
54	369.09	03
55	369.31	05
56	370.21	06
57	371.11	03
58	372.01	06
59	372.23	08
60	373.16	03
61	374.06	07
62	374.30	04
63	375.19	03
64	376.09	07

SW Seite	*GW* Seite.Zeile	Wort
221	364.01	01
222	364.24	01
223	365.26	01
224	366.21	01
225	367.17	01
226	368.12	07
227	369.08	01
228	370.04	01
229	370.31	07
230	371.25	08
231	372.22	01
232	373.17	10
233	374.14	08
234	375.10	01
235	376.06	03

SL4 Die Jungfrau und die Nonne

H1 Seite	*GW* Seite.Zeile	Wort
10	377.01	01
11	378.32	01
12	380.24	01
13	382.22	06

H2 Seite	*GW* Seite.Zeile	Wort
51	377.01	01
52	378.02	04
54	379.22	01
55	380.18	03
56	381.11	10
57	382.10	08
58	383.09	01
59	384.09	05
60	385.06	05

E3 Seite	*GW* Seite.Zeile	Wort
65	377.01	01
67	377.05	01
68	377.20	05
69	378.19	02
70	379.09	07
71	379.30	05
72	380.21	01
73	381.10	04
74	381.32	05
75	382.24	01
76	383.14	07
77	384.06	01
78	384.29	01
79	385.20	01

SW Seite	*GW* Seite.Zeile	Wort
236	377.01	01
237	377.21	08
238	378.26	01
239	379.22	01
240	380.18	01
241	381.12	01
242	382.08	01
243	383.05	01
244	384.01	01
245	384.29	01

SL5 Der schlimm-heilige Vitalis

H1 Seite	*GW* Seite.Zeile	Wort
17	386.01	01
18	387.11	03
19	388.16	05
20	389.24	05
21	390.25	01
22	391.22	09
23	392.21	08
24	393.27	08
25	395.09	03
26	396.20	04
27	398.17	03
28	400.03	03
29	401.17	05
30	402.32	05
31	404.24	01
32	406.08	02
33	407.26	01
34	409.02	06

H2 Seite	*GW* Seite.Zeile	Wort
61	386.01	01
62	387.05	02
63	388.01	01
64	388.29	08
65	389.24	06
66	390.16	09
67	391.08	01
68	391.30	09
69	392.23	01
70	393.14	10
71	394.08	07
72	394.32	08
73	395.26	05
74	396.22	01
75	397.18	01
76	398.13	01
77	399.09	01
78	400.05	01
79	401.01	01
80	401.29	04
81	402.24	07
82	403.21	01
83	404.15	06
84	405.12	01
85	406.10	02
86	407.05	04
87	408.02	02
88	408.30	04
89	409.25	02

E3 Seite	*GW* Seite.Zeile	Wort
81	386.01	01
83	386.07	01
84	386.23	05
85	387.23	03
86	388.14	06
87	389.05	01
88	389.28	06
89	390.18	06
90	391.08	06
91	391.30	09
92	392.20	10
93	393.11	04
94	394.02	01
95	394.24	03
96	395.14	04
97	396.05	06
98	396.29	01
99	397.18	10
100	398.08	08
101	398.31	08
102	399.22	09
103	400.12	07
104	401.03	01
105	401.25	09
106	402.15	06
107	403.06	03
108	403.27	08
109	404.18	01
110	405.09	01
111	406.01	01
112	406.22	05
113	407.11	10
114	408.01	07
115	408.23	11
116	409.16	01
117	410.06	01

SW Seite	*GW* Seite.Zeile	Wort
246	386.01	01
247	386.22	08
248	387.26	09
249	388.25	01
250	389.20	10
251	390.15	01
252	391.11	02
253	392.06	01
254	393.01	08
255	393.30	01
256	394.26	01
257	395.22	01
258	396.17	09
259	397.13	01
260	398.08	01
261	399.04	01
262	399.32	03
263	400.27	02
264	401.21	07
265	402.16	01
266	403.11	11
267	404.06	10
268	405.02	01
269	405.30	01
270	406.25	01
271	407.21	01
272	408.17	01
273	409.13	02
274	410.09	01

SL6 Dorotheas Blumenkörbchen

H1 Seite	*GW* Seite.Zeile	Wort
35	411.01	01
36	412.28	01
37	415.16	04
38	418.27	01

H2 Seite	*GW* Seite.Zeile	Wort
90	411.01	01
91	411.21	07
92	412.21	08
93	413.13	10
94	414.05	07
95	414.30	07
96	415.07	07
97	416.02	05
98	416.27	01
99	417.18	06
100	418.10	01
101	419.03	01
102	419.26	08

E3 Seite	*GW* Seite.Zeile	Wort
119	411.01	01
121	411.05	01
122	411.21	07
123	412.20	08
124	413.10	05
125	413.32	04
126	414.23	01
127	415.12	07
128	416.02	01
129	416.23	11
130	417.14	01
131	418.04	01
132	418.25	06
133	419.16	06
134	420.06	08

SW Seite	*GW* Seite.Zeile	Wort
275	411.01	01
276	411.22	01
277	412.26	01
278	413.20	11
279	414.17	01
280	415.12	08
281	416.09	01
282	417.04	07
283	417.31	01
284	418.26	08
285	419.22	01

SL7 Das Tanzlegendchen

H1	*GW*		*H2*	*GW*		*E3*	*GW*		*SW*	*GW*	
Seite	Seite.Zeile	Wort	Seite	Seite.Zeile	Wort	Seite	Seite.Zeile	Wort	Seite	Seite.Zeile	Wort
14	425.02	04	103	421.01	01	135	421.01	01	286	421.01	01
15	423.06	07	104	422.06	07	137	421.08	01	287	421.23	01
16	421.01	02	105	422.31	04	138	421.24	03	288	422.24	08
			106	423.29	02	139	422.20	10	289	423.19	08
			107	424.21	08	140	423.10	06	290	424.14	10
			108	425.15	06	141	424.01	01	291	425.09	01
			109	426.10	08	142	424.23	02	292	426.04	01
			110	427.01	01	143	425.12	05	293	426.31	04
			111	427.22	05	144	426.02	03	294	427.28	01
						145	426.24	06			
						146	427.15	03			

Seite

Textzeugen-Siglen

E1, E2 ...	*Selbständige Publikationen (Novellenzyklen, Romane)*
H1, H2 ...	*Handschriften*
J1, J2 ...	*Publikationen in Zeitschriften*
D1, D2 ...	*Separatdrucke einzelner Texte*
e1, e2 ...	*Drucke (E1, E2 ...) mit handschriftlichen Einträgen, als Textvorlagen für neue Auflagen*
k1, k2 ..., kJ	*Korrekturbogen (für E1, E2 ..., J1)*
p1, p2 ..., pJ	*Handexemplare des Autors mit Korrektureintragungen*

Diakritische Zeichen

	Korrekturen:
[Text]	*Texttilgung*
⟨Text⟩	*Texteinfügung*
[Text]¬	*Textabbruch (mit Sofortkorrektur des eingeklammerten Ausdrucks)*
Text¬¬	*Textabbruch (mit Korrektur im vorangehenden Textzusammenhang)*
I–>	*Beginn einer zeilenübergreifenden Korrektur*
–>I	*Ende einer zeilenübergreifenden Korrektur*
α, β, γ, δ ...	*Zeitlich oder graphematisch separierbare Schichten*
1, 2, 3 ...	*Zeilenübergreifende zusammengehörige Korrekturen*
A, B ...	*Kleinere, sich ersetzende Textansätze*
I, II ...	*Umfangreichere, sich ersetzende Textansätze*
¶	*Absatzende (nur wenn besondere Kennzeichnung nötig)*
	Herausgeberbezogene Zeichen:
*/*Text*/*	*Tilgung durch Herausgeber*
[...]	*Auslassung durch Herausgeber*
*⟨*Text*⟩*	*Einfügung durch Herausgeber*
/	*Zeilenumbruch durch Herausgeber*
Te*xt*	*Unsichere Entzifferung*

x, xx …	*Unentzifferte(s) Zeichen*
X	*Unentzifferte Zeichenfolge (Wort)*
¿	*Unsichere Schichtbezeichnung oder unsichere Zusammengehörigkeit von Textteilen oder unsichere Einfügung/Streichung oder unsicheres Satzzeichen*
Text^Text	*Unsichere Getrenntschreibung*
	Sonstiges:
grotesk	*Textpassage in lateinischer Schreibschrift bzw. Antiqua-Druck*
[…]	*Textlücke wegen Schreibabbruch, Textzeugenbeschädigung u. ä.*
\	*Zeilenumbruch*
|	*Seitenumbruch*
°	*Verweis auf kritische Lesarten (Textband) oder Verweis auf Stellenkommentar (Variantenverzeichnis)*
i	*Aufhebung der Generalisierungsregel (Variantenverzeichnis)*
→	*Verweis auf Korrektur in Korrekturbogen u. ä. (Variantenverzeichnis; z. B. k3 →)*
(LA)	*Verweis im Variantenverzeichnis auf kritische Lesarten im Textband*

à condition	*Auslieferungsmodus, welcher den Buchhandlungen ermöglicht, nicht verkaufte Bücher bis zur nächsten Ostermesse an den Verlag zurückzusenden (Remittenden)*
Bogen	*Bei Buchausgaben normalerweise Oktavbogen zu 16 Seiten;* Die Leute von Seldwyla *wurden in Duodezbogen zu 24 Seiten honoriert*
in Bausch und Bogen	*pauschal; bei Honoraren: Festsetzung einer Summe aufgrund von vorgängigen Umfangsberechnungen, im Gegensatz zur Abrechnung nach tatsächlich gedruckten Bogen*
unter Kreuzband *(*Xband, per Band*)*	*Postversand als Drucksache zu ermäßigten Gebühren; gilt neben Briefpost auch für Bücher, Manuskripte und Korrekturbogen, die so zu verschnüren sind, daß ihr Inhalt leicht kontrolliert werden kann (im Gegensatz zu den normalen und langsameren Fahrpostsendungen)*
recommandi(e)rt	*eingeschriebene Post, die den Empfängern gegen Quittung ausgehändigt wird (auch bei Drucksachen möglich)*
fl.	*Abkürzung für* Florin, *gleichbedeutend mit* Gulden
Franken, fr.	*1 Franken entspricht 0.80 Mark*
Gulden	*1 Gulden zu 60 Kreuzer entspricht 0.57 Taler (1.70 Mark)*
Louisdor	*1 Louisdor entspricht 5.36 Taler oder 9.41 Gulden (ca. 16 Mark)*
Mark	*1 Mark zu 100 Pfennig entspricht 1/3 Taler oder 1.25 Franken; ab 1871 verbindliche Währung im Deutschen Reich*
rt, Rt	*Abkürzung für* Reichsthaler *(Taler)* *(in Kurrentschrift auch als* rx, rh *u. ä. abgekürzt)*
Thaler	*1 Taler zu 30 Silbergroschen (zu je 12 Pfennig) entspricht 1.75 Gulden (3 Mark)*

aoR	*am oberen Rand*
auR	*am unteren Rand*
alR	*am linken Rand*
arR	*am rechten Rand*
Aufl.	*Auflage(n)*
Bd.	*Band*
Bde	*Bände*
Bl.	*Blatt*
Bll	*Blätter*
Dbl.	*Doppelblatt*
Dbll	*Doppelblätter*
Dok	*Verweis auf die Dokumentation (Kap. 3.1)*
Hg.	*Herausgeber*
hg.	*herausgegeben*
H.	*Heft*
Hs.	*Handschrift*
Hss	*Handschriften*
hs	*handschriftlich*
Kap.	*Kapitel*
Konv.	*Konvolut*
LA	*kritische Lesart (Verweis im Variantenverzeichnis)*
Ldr	*Louisdor(s)*
p. B.	*pro Oktavbogen (v. a. bei Honorar- und Umfangsberechnungen)*
Rez.	*Rezension*
S.	*Seite*
Ss	*Seiten*
Sp.	*Spalte*
Str.	*Strophe*
V.	*Vers*
Z.	*Zeile*
Zz	*Zeilen*

BJK	*Biblioteka Jagiellońska, Krakau*
CA	*Cotta-Archiv. Schiller-Nationalmuseum. Deutsches Literaturarchiv, Marbach am Neckar*
DKV	Gottfried Keller. Sämtliche Werke in sieben Bänden. *Hg. von Thomas Böning u. a. Frankfurt a. M.: Deutscher Klassiker Verlag 1985–1996*
DR	Deutsche Rundschau. *Hg. von Julius Rodenberg*
GB	Gottfried Keller. Gesammelte Briefe in vier Bänden. *Hg. von Carl Helbling. Bern: Benteli 1950–1954*
GG	Gesammelte Gedichte *1883*
GH	Der grüne Heinrich
GH I	Der grüne Heinrich, *1. Auflage, 1854/55 (bei Differenzierung)*
GH II	Der grüne Heinrich, *2. Auflage, 1879/80 (bei Differenzierung)*
GSA	*Goethe- und Schiller-Archiv Weimar*
GW	Gottfried Keller's Gesammelte Werke. *Berlin: Hertz 1889*
Heid.	*Universitätsbibliothek Heidelberg*
HKKA	Historisch-Kritische Gottfried Keller-Ausgabe
LS	Die Leute von Seldwyla
LS I	Die Leute von Seldwyla, *1. Auflage, 1856 (bei Differenzierung)*
LS II	Die Leute von Seldwyla, *2. vermehrte Auflage, 1874 (bei Differenzierung)*
MS	Martin Salander
NG	Neuere Gedichte *1851/1854*
SG	Das Sinngedicht
SL	Sieben Legenden
SL1	Eugenia
SL2	Die Jungfrau und der Teufel
SL3	Die Jungfrau als Ritter
SL4	Die Jungfrau und die Nonne
SL5	Der schlimm-heilige Vitalis
SL6	Dorotheas Blumenkörbchen
SL7	Das Tanzlegendchen
SLA	*Schweizerisches Literaturarchiv, Bern*
SLK	*Schleswig-Holsteinische Landesbibliothek, Kiel*
SNM	*Schiller-Nationalmuseum. Deutsches Literaturarchiv, Marbach am Neckar*
StAZ	*Staatsarchiv des Kantons Zürich*
SW	Gottfried Keller. Sämtliche Werke *(1926–1948). Hg. von Jonas Fränkel, seit 1942 von Carl Helbling*
WSL	*Wiener Stadt- und Landesbibliothek*
UB	*Universitätsbibliothek Basel*
ZB	*Zentralbibliothek Zürich*
ZN	Züricher Novellen

ZB: 42.xxx / ZB: 43.xxx	*Bücher, deren Signatur mit ZB: 42. oder ZB: 43. beginnt, stammen – wo nicht anders vermerkt – aus Kellers Nachlaß*
Ms. GK ...	*Signatur der Keller-Handschriften in der Zentralbibliothek Zürich (Handschriftensammlung)*

Anhang